für Mucki und Hans
Jansastraße 11
Berlin-Neukölln

Herausgeber
Andreas Stephainski · Hagen Königseder
Autoren
Michael Schwibbe · Peter Huth
Gunnar Schupelius · Oliver Ohmann

ZEIT
REISE

1200 Jahre
Leben in
Berlin

EDITION
ZEIT REISE

Impressum

ZEIT REISE - 1200 Jahre Leben in Berlin
Herausgeber
Andreas Stephainski und Hagen Königseder

Verlag
ZEIT REISE Verlagsgesellschaft mbH
Palais am Festungsgraben
Am Festungsgraben 1
10117 Berlin

Kooperation
B.Z. Ullstein GmbH
Kurfürstendamm 21/22
10719 Berlin

Projektleitung
Roland Ermrich

Artwork / Redaktionsleitung
Andreas Stephainski

Autoren
Peter Huth, Oliver Ohmann,
Gunnar Schupelius, Dr. Dr. Michael Schwibbe

Gastautor
Klaus Wowereit

Redaktion
Christoph Blase, Kathrin Dukic,
Rüdiger Franke, Rüdiger Radke

Historische Supervision
Prof. Dr. Dr. Gudrun Schwibbe (bis 1945)
Rüdiger Radke (ab 1945)

Produktionsleitung
Lars Fischer

Titelfotos
Harald Thierlein

Bildrecherche
Nicole Wiechern

Archiv
ullstein bild

Mediendesign
Gaby Berger, Kathrin Dukic, Antje Engelhardt,
Lars Fischer, Rüdiger Franke, Sebastian
Günther, Erik Neumann, Mike Seeger

Verlagskoordination
Jaqueline Schröder, Doris Ernst

Lektorat
Vera Schulze

Vertrieb
Roland Ermrich, Nicole Barnkothe

Druck
Grafisches Zentrum Cuno
GmbH & Co. KG
Gewerbering West 27
39240 Calbe

Bildnachweise auf Seite 324
Dieses Buch wurde auf chlor- und säurefreiem Papier gedruckt.
Edition ZEIT REISE™ · Copyright© 2008 · ASTtext+bild / ZEIT REISE Verlagsgesellschaft
Besuchen Sie uns im Internet unter www.zeit-reise.de, E-Mail info@zeit-reise.de

ISBN: 978-3-00-024613-5

Editorial

Die Geschichte der faszinierenden deutschen Hauptstadt auf 332 Seiten dieser ZEIT REISE zu erzählen - länger als zwei Jahre hat uns diese große Aufgabe gefordert. Vom Projektbeginn bis zum Druck des Buches haben sich Herausgeber, Historiker, Autoren und Redakteure immer wieder die Frage nach den Schwerpunkten und damit nach dem Themen-Mix dieser modernen Chronik neu gestellt. Nun sind wir gespannt - auf Ihr Urteil, sehr geehrte Leserinnen und Leser.

Mit diesem ambitioniertesten Buch der Edition haben wir unser Markenzeichen, das typische ZEIT REISE - Sujet, weiterentwickelt. Geschichte ist immer aktuell, stets spannend, bisweilen haarsträubend, deprimierend, aber auch heiter - und komisch. Berliner Geschichte und ihre Geschichten: Wir erzählen sie aus der Journalisten-Perspektive; im Buchdesign haben wir unsere Idee des lebendigen modernen Infotainments verankert. Ob Inhalt oder Gestaltung: Etwaige Respektlosigkeiten gegenüber „großen Tieren" mag uns der Leser verzeihen...

Mit der „ZEIT REISE - 1200 Jahre Leben in Berlin" legen wir eine „offene Chronik" vor. Unseren Leserinnen und Lesern gilt das Angebot des Dialogs: Von Auflage zu Auflage wollen wir nicht nur die rasante Stadt-Geschichte fortschreiben, sondern auch möglichst viele Ideen, Anregungen oder auch Fundstücke aus unserer Leserschaft berücksichtigen. Wir freuen uns also auf viele Briefe oder Mails, siehe Impressum.

Als Herausgeber wünschen wir Ihnen, sehr geehrte Leserinnen und Leser, gute Lektüre.

Hagen Königseder   Andreas Stephainski

Von den ersten Wurzeln
bis in die vielversprechende Zukunft

Zeitreisen in die Berliner Stadtgeschichte sind immer für Überraschungen gut. So stießen Archäologen kürzlich unter dem Petriplatz auf eine Holzbohle, die in einem mittelalterlichen Erdkeller steckte und bereits 1192 gefällt worden sein muss. Galt bislang 1237 als Geburtsjahr Berlins, so muss man heute annehmen, dass die Stadt ein gutes Stück älter ist. Ein spektakulärer Fund!

Tief gegraben haben auch die Autoren dieses Bandes. Dabei haben sie viele spannende Entdeckungen gemacht. Entstanden ist dieses Kaleidoskop der Geschichte und Geschichten, das Sie auf eine ebenso unterhaltsame wie lehrreiche ZEIT REISE durch die Jahrhunderte mitnimmt.

Spuren der Geschichte begegnet man in Berlin auf Schritt und Tritt. Sie erinnern uns an die mittelalterlichen Wurzeln, den preußischen Aufstieg, den Aufbruch der Gründerzeit, aber auch an den nationalsozialistischen Terror, die Verfolgung und Ermordung der Juden und den Zweiten Weltkrieg. Viele Spuren hat auch die jahrzehntelange Teilung hinterlassen. Regelrecht aufgeblüht ist Berlin seit dem Fall der Mauer 1989. Die Zeugnisse der Geschichte vermitteln uns einen lebendigen Eindruck davon, wie die deutsche Hauptstadt zu einer weltoffenen und internationalen Kulturmetropole und zu einer der innovativsten Regionen Europas wurde, die Kreative und Talente aus aller Welt anzieht und mit offenen Armen empfängt.

Den Leserinnen und Lesern wünsche ich viel Vergnügen bei dieser ZEIT REISE durch die Berliner Geschichte - von den ersten Wurzeln über eine aufregende Berliner Gegenwart bis in die vielversprechende Zukunft des Jahres 2020.

Klaus Wowereit
Regierender Bürgermeister von Berlin

Visionen 2020:
Den Gastbeitrag von Klaus Wowereit
lesen Sie in der ZEIT REISE
auf den Seiten 322/323.

Inhalt

Riesenhirsch aus Rixdorf brutzelt bei Neanderthalern

Sie beherrschten das Feuer, auf dem die Beute ihrer ausgefeilten Jagdtechniken brutzelte: Mammut, Wollnashorn, Steppenwisent oder der Riesenhirsch. Ihre Bestattungsriten verraten den Glauben an das Jenseits. Die frühesten „Berliner" haben Spuren in Hohenschönhausen, Schulzendorf bei Königs Wusterhausen und Treuenbrietzen hinterlassen: Klingen und Faustkeile aus Feuerstein.

Mehrfach hatten in den zurückliegenden 200.000 Jahre gewaltige Eismassen den Norden und die Mitte Europas bis zu den Mittelgebirgen hin bedeckt. Wenn das Eis in wärmeren Perioden wieder schmolz, entstand an seinen Rändern eine Vegetation ähnlich der heutigen Tundren. Sie bot Nahrung für inzwischen ausgestorbene Tiere - und für die frühen Menschen dieser Zeit.

Eine an die eiszeitlichen Bedingungen besonders gut angepasste Menschenart, nach ihrem ersten Fundort bei Düsseldorf im Jahr 1856 „Neanderthaler" genannt, zog in Horden dem jagdbaren Wild nach - so auch bei Rixdorf, wo sich tierische Fossilien fanden. Das Eis drang erneut nach Süden vor, und die Spuren der Neanderthaler verloren sich. Nach dem Ende der letzten Eiszeit vor 20.000 Jahren gruben die Schmelzwasser den heuti- gen Spreeverlauf als Urstromtal in den Boden. Die Hochebene des

Bornim im Nordosten und die Teltower Hochfläche im Südwesten zwängten den Fluss in sein Bett.

Vor 10.000 Jahren erreichte der heutige moderne Mensch - *Homo sapiens* (der Vernunftbegabte) - auf seiner Wanderung von Afrika aus den Raum Berlin. Großfamilien durchstreiften die Gegend auf den Spuren von Rentieren. In Tegel fanden Archäologen ein Lager dieser frühzeitlichen Jäger mit Feuerstein-Werkzeugen und -abschlägen, in Spandau Äxte aus Hirschgeweih. Mit der zunehmenden Erwärmung Mitteleuropas wurden die saisonalen Wanderungen des Wildes allmählich beendet; die Menschen waren nicht mehr gezwungen, ihrer Beute hinterherzuziehen.

Die Sesshaftigkeit begann. Von jahrelang genutzten Lagerplätzen aus gingen die Männer auf die Jagd: Standorttreue Tiere wie Hirsche, Elche, Rehe und Wildschweine traten auf den prähistorischen Speiseplan. Die Frauen sammelten im näheren Umkreis Früchte des Waldes und der Auen, und der Fischfang gewann an Bedeutung. Die planmäßige Vorratshaltung nahm nun auch im Norden Europas ihren Anfang. Im heutigen Schmöckwitz hinterließen die frühen Siedler erste Töp-

fe aus Keramik. Hier legten sie auch Gräber für ihre Verstorbenen an. Mit einer Wanderwelle im vierten Jahrtausend vor unserer Zeitrechnung (v.u.Z) aus dem Süden Europas, wahrscheinlich aus dem Gebiet der heutigen Türkei, gelangten die Techniken von Ackerbau und Viehzucht nach Nordeuropa. Die ersten fest ansässigen Gruppen, deren Anwesenheit sich bei Britzen nachweisen lässt, stammten aus der „Trichterbecherkultur".

Mit Schweine- und Rinderzucht sowie Getreideanbau sorgten die Menschen an Spree und Havel für ihr Auskommen. Im Lichterfelder Bäketal hatten sie ein kleines Dorf mit sieben rechteckigen Häusern errichtet, die sich um einen Anger gruppierten; ein Dorf bei Buch zählte sogar um die 100 Bauten. Die Wände ihrer Pfostenhäuser hatten die Bewohner aus Flechtwerk mit Lehm gebaut, die Dächer waren mit Schilf oder Stroh gedeckt.

Mit der Sesshaftigkeit setzte sich auch die Differenzierung in verschiedene Berufe durch. Eine herausragende Stellung nahmen die Schmiede ein, die Zinn und Kupfer zu Bronze verarbeiteten. Der Handel mit Bronze reichte bis weit in den Westen und Süden Europas.

Ein steinzeitlicher Geweihstab, gefunden bei Klein-Malchow.

Neanderthaler erlegen ein Wollnashorn.

Der moderne Mensch erreichte vor etwa 10.000 Jahren den Norden Europas.

Die Schmiede der Bronzezeit waren höchst kunstfertige Handwerker. Dieses belegt der „Berliner Goldhut" im Museum für Vor- und Frühgeschichte. Er ist aus purem Gold in einem Stück getrieben. 74,5 Zentimeter hoch und zirka 490 Gramm schwer, diente er einem Priester als rituelle Kopfbedeckung. Die Ornamente beschreiben wahrscheinlich in verschlüsselter Form den 19-jährigen Mondzyklus. Oben: Ein bronzezeitlicher Kultwagen, entdeckt bei Burg in Brandenburg.

Mehr als 200 Fundstellen von Waffen, Kult- und Gebrauchsgegenständen zeugen von einer dichten Besiedlung im Spree- und Havelgebiet. Die Zeit der intensiven Bronzeverarbeitung dauerte etwa von 2.200 bis 900 vor unserer Zeitrechung.
2.000 Jahre v.u.Z. begann die „Kugelamphorenkultur", deren Menschen auf dem Teltow und dem Barnim siedelten. Für eine gewisse Zeit teilten sie sich den Lebensraum mit den „Schnurkeramikern". Ihre Gruppen lebten im Gelände der heutigen Museumsinsel und breiteten sich schließlich bis zur Oder aus. Gegen Ende der Bronzezeit ging die

Zierscheibe aus der Bronzezeit, gefunden bei Lichtenrade.

Besiedelungsdichte auf dem Barnim und dem Havelgebiet wieder zurück. Wahrscheinlich war dafür der um 700 v.u.Z. einsetzende Klimawandel mit deutlich niedrigeren Temperaturen und erhöhtem Niederschlag verantwortlich. Die Bewaldung nahm wieder zu.
Die ersten Germanen drangen in das Gebiet vor. Sie gehörten zur „Jastorfkultur" und lebten von der Rinder- und Schweinezucht. Außerdem hielten sie Pferde, Ziegen und Schafe, bauten Flachs an und verarbeiteten ihn zu Leinen.
Die germanischen Sippen schlossen sich zu Stämmen zusammen und entwickelten mit einem jährlichen Treffen auf dem Thing eine eigenständige lokale Rechtspflege.
Mit dem Schmelzen von Raseneisenstein und der Bearbeitung des Metalls begann in Nordeuropa um 800 v.u.Z. die Eisenzeit; sie löste die Periode der Bronzeverarbeitung allmählich ab. In Holzkohle-Öfen gewannen die Germanen das Erz aus den Steinknollen. Zur Zeitenwende waren bereits die Verfahren des Biegens, Lochens, Schweißens und Streckens bekannt.
Die Germanen der Region errichteten Langhäuser. In der Marzahn-Siedlung, die länger als 500 Jahre Bestand hatte, erreichte die größten Gebäude ein beträchtliches Ausmaß von 19 mal 6,5 Metern. Hier lebten Großfamilien mit abgeteilten Stallungen. Ein offenes Feuer, meist an der Nordseite, diente der Essenszubereitung und als Heizung. Im Rauch hingen Teile des Schlachtviehs zur Konservierung. Die Römer nannten die Germanen im Havel-Spree-Gebiet „Semnonen". Der Stamm gehörte zum Volk der Sueben. Kurz vor der Jahrtausendwende setzte eine kleine Völkerwanderung von Semnonenfamilien nach Westen ein.
Dort stellten sie sich den nach Osten vordringenden Römern am Rhein entgegen.
Unter dem Druck der römischen Invasoren schlossen sich viele germanische Stämme zusammen. Im Kriegsfall wählten sie Herzöge, die zunächst nur kurzfristig das Sagen hatten, im Lauf der Zeit aber mit ihren Familien eine Adelsklasse bildeten. Ein Körpergrab mit wertvollen

Beigaben aus dem ersten Jahrhundert in Rudow belegt, wie unter den Germanen eine Schichtendifferenzierung eintrat.
Im 2. Jahrhundert verließen erneut einzelne Semnonensippen den Havel-Spree-Raum und kämpften sich nach Süden durch. Aus dem Odergebiet und der Lausitz drangen germanische Stämme nach, die später den Namen „Burgunder" tragen sollten. Sie brachten die Töpferscheibe in die Region.
Ende des 4. Jahrhunderts setzte europaweit eine große Völkerwanderung ein, wahrscheinlich verursacht durch äußeren Druck der Reitervölker im Osten und durch klimatisch ungünstige Bedingungen. Die Germanen gaben den Spree- und Havelraum schließlich auf, überschritten 406 den Rhein und gründeten das bis in die Mitte des 6. Jahrhunderts bestehende Burgunderreich in Südwestfrankreich.
Bis auf eine kleine germanische Restpopulation war die Region um das spätere Berlin entvölkert.

Goldschatz von Eberswalde aus dem 10. Jahrhundert v.u.Z.

Eine Ratsversammlung germanischer Stämme.

Heveller, Spreewanen: Dauerkrach um Land und Vieh

Sie kamen aus dem Süden und Südosten Europas. Aus dem Balkan hatte sie das Reitervolk der Awaren verdrängt. So gelangten die Slawen in das von den Germanen weitgehend verlassene Gebiet des heutigen Berlin. Gegen Ende des sechsten Jahrhunderts erreichten die Stämme der Wilzen das Gebiet von Spree und Havel. Die Bezeichnungen ihrer neuen Siedlungsräume übernahmen die Slawen von der germanischen Restbevölkerung. Im Großraum des heutigen Berlin siedelten sich zwei Gruppen der Wilzen an: die Heveller lebten im Havelbogen und dem angrenzenden Seengebiet von Brandenburg über Potsdam bis zum Tegeler See. Ihr Gau „Heveldun" umfasste in der Mitte des 8. Jahrhunderts auch Zehlendorf, Wilmersdorf, Reineckendorf und Spandau. Zum Osten hin - an der Spree zwischen Teltow und Barnim - siedelten die Spreewanen im Gebiet des heutigen Pankow, Lichtenberge und Treptow sowie in der Umgebung des Müggelsees.

Die Slawen legten befestigte Dörfer an. Ackerbau, Fischfang und Viehzucht bildeten die Lebensgrundlage der Dorfgemeinschaft. Sie waren geschickte Handwerker und

Ringe und Schläfenringe der Slawen.

entwickelten hohe Kunstfertigkeiten in der Metallverarbeitung. Zur Mode: Über einem leinenen Unterhemd trugen die Frauen das Kleid, der Verzierungsgrad der Gürtelschnalle zeigte der Stand an. Auch die Männer trugen Leinenunterwäsche, darüber einen Kittel (im Winter einen Pelz) und bis über die Waden geschnürte Lederschuhe. Spitze Mützen oder Kappen aus Pelz, Filz oder Stoff bedeckten den Kopf. Frauen schmückten sich mit Ringen und Reifen an Fingern, Ohren, Armen, um den Hals und die Schläfen.

Bei den Slawen bildete sich eine Adelskaste; sie zog die Organisation des Gemeinwesens an sich. Ständig gerieten die Adligen miteinander in Fehden und bewaffnete Streitigkeiten um Land, Vieh und Einfluss. Deshalb legten die beiden im Spree-Havel-Raum siedelnden Stämme feste Burgen an: die Heveller in Brandenburg auf der heutigen Dominsel sowie auf einer Havelinsel bei Spandau, die Spreewanen in Köpenick. Innerhalb der Wälle, Gräben und Palisaden zog sich auch die Landbevölkerung zu ih-

ren Stammesführern zurück, wenn Konflikte drohten. Die Slawen dehnten ihren Einfluss über die Elbe nach Westen aus und errichteten im Vorfeld des Flusses eine Reihe von Burganlagen. Die germanischen Merowinger dagegen versuchten, von Frankreich aus ihren Einfluss nach Osten auszuweiten - zunächst ohne besonderen militärische Erfolge. Erst unter Karl dem Großen (unten) und seinem gleichnamigen Sohn gelang es ihnen, bis an die Elbe vorzustoßen.

Die Franken errichteten 805 bei Magdeburg und 806 bei Halle je einen Vorposten, um die Übergriffe der Slawen zu stoppen. Die beiden slawischen Siedlungen in Berlin lagen an einem wichtigen Knotenpunkt einer Nord-Süd-Route, auf der Händler von der Ostsee bis zum Mittelmeerraum reisten. Die Havelniederungen boten den Kaufleuten sowohl einen Landweg nach Polen als auch den Wasserweg bis zur Elbe an. So entwickelten sich die Siedlungen um Köpenick, Spandau und Brandenburg zu Drehscheiben des Handels - mit Bernstein, Pelzen, Honig, Wachs und auch mit Sklaven. Aus dem Westen und Süden bezogen die Spreewanen und Heveller Edelsteine, Gewürze, Stoffe und auch Wein. Die Franken wollten auch weiterhin von den Rohstoffen der slawischen Gebiete profitieren, erlaubten den Warenaustausch ab 805 aber nur noch an ausgewählten Flussübergängen, um so vor allem den Handel mit Waffen zu unterbinden. Mit Siegen über die Sachsen konnten die Franken schließlich ihr Einflussgebiet bis an die Elbe ausdehnen. Gegenseitige Überfälle an dieser Grenze waren an der Tagesordnung.

Slawische Ansiedlung nach einer Rekonstruktion aus dem 19. Jahrhundert.

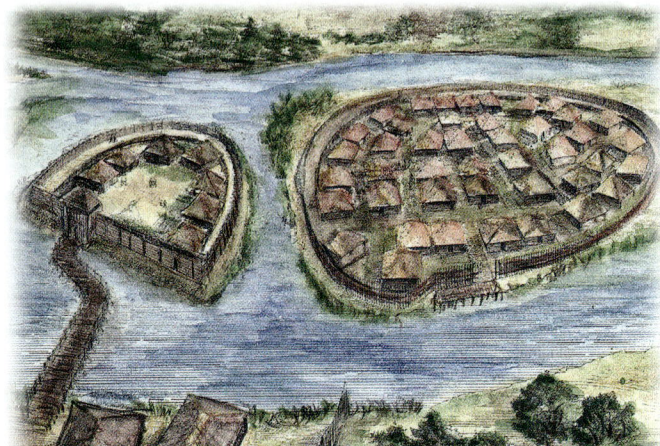

Die Spreewanen errichteten die Burg und das befestigte Dorf Spandau.

Nach dem Kreuzzug: Steuergeschenke locken zur Taufe

Fränkische Burgwarde sollten die Herrschaft über die Slawen dauerhaft absichern.

Als 919 mit Herzog Heinrich I. sogar ein Sachse an die Spitze des deutschen ostfränkischen Königreichs gelangte, spitzte sich für die Slawen die Situation zu. Die größte Bedrohung für die Integrität seines Königsreiches sah Heinrich in den Slawen an seiner labilen Ostgrenze, die sich zudem mit den Ungarn verbündet hatten. Heinrich stellte ein Heer von mehr als 1.000 Mann auf und steigerte die Kampfkraft noch dadurch, dass er die geplanten Angriffe gegen die Slawen zum Kreuzzug erklärte. Damit hatten die Truppen auch den Segen des Papstes auf ihrer Seite. Die verschiedenen Stämme der Elbslawen konnten sich nicht auf einen gemeinsamen Führer gegen die drohenden Sachsen-Angriffe einigen. Heinrich I. (Mitte links) überschritt im Herbst 928 die Elbe und konnte mit seinen Truppen bis ins Kernland der Heweller und Spreewanen vorstoßen. Als die slawische Brennaburg (Brandenburg) fiel, stand der Weg bis zur Oder frei. Die zerstrittenen slawischen Adligen hatten der Macht des deutschen Königs keinen ernsthaften Widerstand mehr entgegenzusetzen und gerieten in die Tributpflichtigkeit. Heinrich ließ die eroberten Burgen verstärken, zu Burgwarden ausbauen und mit eigenen Gefolgsleuten besetzen - der slawische Adel war zu Vollzugsorganen der Eroberer degradiert. Der militärischen Besetzung folgten die Missionare. Heinrichs Nachfolger Otto I., von den Chronisten später „der Große" genannt, baute Magdeburg zum Zentrum der Christianisierung aus. Zunächst einmal teilte er die eroberten Gebiete in Marken auf und ließ sie von durch ihn ernannte Grafen verwalten. Den letzten Widerstand im Havel-Spree-Gebiet brach Markgraf Gero für seinen König. Zur Bekehrung der slawischen „Heiden" gründete Otto 946 das Bistum Havelberg und 949 das Bistum Brandenburg; beide Gebiete unterstellte er dem Erzstift Magdeburg. Die weltlichen und kirchlichen Verwalter der Burgwarde und

Bischofssitze zogen von der slawischen Bevölkerung den Zehnten ein und verpflichteten sie zu Frondiensten. Einwohnern, die sich taufen ließen, gewährten die Besatzer einen Steuernachlass. Heiraten zwischen Christen und Heiden waren untersagt.

Was den Slawen vor den Angriffen der Sachsen nicht gelungen war, bahnte sich nun langsam an: Die Wilzen, Liutizen und Abodriten rückten zusammen und begannen, sich gegen ihre Unterdrücker zu organisieren. Auf einen gemeinsamen Anführer konnten sie sich trotzdem nicht einigen. Am 29. Juli 983 brach schließlich ein großer Aufstand in den ostelbischen Gebieten aus: Die slawischen Verbände eroberten die Bischofssitze Havelberg und Brandenburg und zerstörten die sächsischen Adelssitze. Bischof Dudo von Havelberg fand dabei den Tod. Wer von den fränkischen Besatzern sich retten konnte, flüchtete nach Magdeburg. Für die Heweller und Spreewanen begann eine Periode von mehr als 150 Jahren, in der sie vor germanischen Einfällen weitgehend verschont blieben. Für den Großteil der Bevölkerung änderten sich die Lebensverhältnisse jedoch kaum. Zumindest durften sie wieder ihre eigene Religion ausüben und ihren Göttern „Swantovit" (rechts) und „Svarozic" huldigen. In die geräumten Burgen rückte slawischer Adel ein und profitierte von den erprobten germanischen Verwaltungsstrukturen. Manche slawischen Fürsten waren inzwischen sogar zur christlichen Religion übergetreten und unterhielten weiterhin Kontakt zum Königs- und Kaiserhof in Magdeburg. Der alte Kampfbund gegen die Sachsen zerfiel.

Ungarn greifen eine befestigte Stadt an (oben).

Die Slawen erheben sich und greifen fränkische Truppen an (unten).

Welt-Zeit

622
Beginn des islamischen Kalenders.

681
Gründung des Bulgarischen Reiches.

711
Die Muslime landen in Andalusien und schlagen die Westgoten.

800
Der fränkische König Karl der Große wird in Rom vom Papst zum Kaiser gekrönt.

862
Normannen unter Rurik erobern Nowgorod.

870
In Köln wird der Hildebold-Dom, Vorgänger des Kölner Doms, eingeweiht.

875
Der Wikinger Gunnbjørn entdeckt Grönland.

885
Dänische Wikinger beginnen mit der Belagerung von Paris.

941
Igor von Kiew versucht vergeblich, Konstantinopel einzunehmen.

970
Gründung der Al-Azhar-Universität in Kairo.

976
In China wird der Kettenantrieb für mechanische Uhren erfunden.

988
Der Emir Hischam von Cordova erobert Barcelona und Léon.

1000
Der befürchtete Weltuntergang bleibt aus.

Immer Ärger mit Sachsen und Polen

Die Adelssitze und bewirtschafteten Gebiete der Spreewanen und Heveller lagen zwischen den Sachsen im Westen und den Polen im Osten. Dort war unter dem Piastengeschlecht ein Königreich entstanden, das sowohl nach Norden als auch in westlicher Richtung über die Oder auf spreewanisches Gebiet expandieren wollte. Besonders den Handelsplatz an der Burg Spandau suchte der polnische Adel zu kontrollieren. Und auch der Erzbischof von Magdeburg hatte ein Auge auf den Wasserweg von der Elbe über die Havel nach Osten geworfen.

Somit standen die Heveller und Spreewanen von zwei Seiten aus unter Druck. Die Folge: Ständige Gefechte an den Grenzen; die frühen Berliner überschritten zeitweise Elbe und Oder, mussten sich aber auch

immer wieder vor den Gegenangriffen der Sachsen und Polen in ihre Burgen zurückziehen. Der slawische Adel erkaufte sich den Frieden an seinen Grenzen durch die regelmäßige Zahlung von Tributen. Dabei gerieten die Heveller allmählich in die Abhängigkeit der Sachsenkönige und des Bischofs von Magdeburg; die Spreewanen dagegen arrangierten sich mit den polnischen Herzögen und Königen.

Damit ging ein Riss quer durch die Slawengesellschaften des späteren Berliner Raums, wo deutsche und polnische Expansionsbestrebungen kollidierten. König Boleslaw

Münze des Slawenfürsten Pribislaw.

Kaiser Lothar III. von Süpplingenburg.

III. (links) drang bis an die Müritz und in Richtung Köpenick vor. Von den Markgrafschaften Meißen und Niederlausitz im Süden aus richteten die Wettiner ein begehrliches Auge auf spreewanisches Gebiet.

Im Hevellerland regierte seit 1127 Fürst Pribislaw; bereits sein Vorgänger Meinfried hatte sich zum Christentum bekannt. Auf den christlichen Namen Heinrich getauft, stand Pribislaw in enger Verbindung zum deutschen westelbischen Adel und wahrscheinlich zum sächsischen Kaiser Lothar III. von Süpplingenburg, denn dieser verlieh ihm den Rang eines Unterkönigs.

Der Slawenfürst pflegte auch gute Beziehungen zu dem Askanier Albrecht I. von Ballenstedt am Harz, dessen Land direkt an die Elbe grenzte. Albrecht bat Pribislaw, Taufpate seines Sohnes Otto zu werden. Pribislaw zeigte sich geehrt und schenkte dem Haus der Askanier das Ge-

biet der Zauche. Damit stand das Land der Heveller weitgehend unter deutschem Einfluss. 1134 übertrug Kaiser Lothar dem Askanier Albrecht die Nordmark, die an das Land der Heveller und Spreewanen grenzte. Um der Machtfülle Albrechts gleichzeitig einen Riegel vorzuschieben, ernannte der Kaiser als Gegengewicht Pribislaw zum König der Heveller. Albrecht aber gelang es, Pribislaw davon zu überzeugen, ihn zum Erben des Slawenlandes einzusetzen.

Als mehrere deutsche Herzöge und Grafen 1147 einen Kreuzzug gegen die Slawen planten, sorgte Albrecht dafür, dass deren Truppen einen großen Bogen um sein slawisches heidnisches Erbe schlugen. Pribislaw starb 1150 ohne Nachkommen. Verabredungsgemäß nahm der Askanier die Brandenburg und auch die Burg von Spandau ein. Die Bevölkerung der Heveller, die im Gegensatz zu ihrem Fürsten noch den slawischen Gottheiten anhing, stand Albrechts Machtübernahme eher ablehnend gegenüber, obwohl der Askanier und seine Priester keineswegs nach dem Missionsmotto „Taufe oder Tod" handelten.

Denkmal Albrechts des Bären vor der Spandauer Zitadelle.

Rekonstruktion der Slawenburg Köpenick (copnic) auf der Dahme-Insel (links). Jaxa auf der Flucht vor Albrecht dem Bären, Relief am Jaczoturm in Gatow (rechts).

Heidenfürst betet zu Christen-Gott: geht doch!

Eine 1845 errichtete Gedenksäule erinnert an die Bekehrung des Heidenfürsten.

Das deutsche Reich hatte sich damit bis an die Grenze des polnischen Einflussgebiets ausgedehnt. Auf der Gegenseite stand Jaxa, der Fürst der slawischen Spreewanen, mit seinen Burgen in Köpenick und Treptow. Sein Verhältnis zum polnischen König gestattete ihm einen weiten Handlungsspielraum. Er konnte in seinem Machtbereich eigene Münzen prägen und war damit Herr über den Handel, der durch sein Gebiet verlief. Die Zahlungsmittel zeigen Jaxa mit Schwert und Palme. Der Fürst ahnte, dass die Landnahme der Askanier nicht vor seinem Gebiet Halt machen würde, und ging zum Gegenangriff über. Dabei konnte er auf Waffenhilfe des polnischen Adels zählen. Gemeinsam zogen sie gegen Albrecht (Beiname „der Bär") zu Felde. Da sich die slawische Bevölkerung von den askanischen Landesherren ausgebeutet fühlte, gelang es Jaxa 1153 mit ihrer Hilfe, die Brandenburg zu erobern. Dabei sollen auch Bestechung der Torwärter und weibliche Ränke im Spiel gewesen sein...

Drei Jahre konnte sich Jaxa auf der Brandenburg behaupten. Albrecht „der Bär" machte jedoch gegen ihn mobil - mit Unterstützung des Magdeburger Erzbischofs Wichmann von Seeburg. Nach langen blutigen Kämpfen musste sich Jaxa den Truppen der Askanier durch Flucht nach Osten entziehen. Und nach der Sage betätigte sich der Christen-Gott als Fluchthelfer des Heiden-Fürsten - geht doch!

Jaxa betete zu seinem Gott Triglaw und sprang mit seinem erschöpften Pferd in die Havel. Als das Tier in den Fluten zu versinken drohte, rief er den aus seiner Sicht heidnischen Christengott an - prophylaktisch; und siehe da: Jaxa fühlte eine göttliche Hand seinen erhobenen Schild ergreifen und ihn über Wasser halten. Mit Müh und Not erreichten Ross und Reiter das Ufer an einer kleinen Landzunge an der Havel. Jaxa dankte dem „Herren" und hing Schild und Horn ihm zu Ehren an einer Eiche auf. Seitdem heißt diese Stelle im Ortsteil Grunewald „Schildhorn".

Nach einer am 11. Juli 1157 ausgestellten Urkunde nannte sich der Askanier Albrecht I. von Ballenstedt nun „Herzog von Brandenburg" (Adelbertus Dei gratia marchio in Brandenborch). Dieses Datum betrachten heutzutage viele Historiker als den Beginn der Geschichte der Mark Brandenburg.

In die Brennaburg zog wieder ein Bischof ein und teilte sich die Gebäude mit einem

kaiserlichen Vogt. Beide nahmen ihre Ämter aus der Zeit vor dem Slawenaufstand 983 wieder ein. Markgraf Albrecht entschied sich dafür, die slawische Befestigung in Spandau niederzulegen und an ihrer Stelle eine askanische Burg errichten zu lassen. Ein Palisadenwall, umgeben von einem Graben, fasste das Areal ein. In der Mitte stand wahrscheinlich ein aus Stein errichteter Turm. In einem Palais - im Untergeschoss aus Backstein, im Obergeschoss aus Fachwerk - residierte Albrecht, wenn er die Mark bereiste.

So recht konnte sich der Askanier aber seiner Erwerbungen nicht erfreuen. Denn die östlichen Landesteile standen von Anfang an unter Druck: Aus dem Südwesten begann der Erzbischof von Magdeburg, Teile der Mark streitig zu machen, und errichtete in Jüterbog als Vorposten einen Bischofssitz. Von Nordosten her drangen polnische Herzöge auf das Spree- und Havelgebiet vor und gelangten bis in die Niederlausitz. Dieser Landstrich wiederum gehörte zum Einflussgebiet der Wettiner von Meißen. Konrad II. von Landsberg besetzte Köpenick und geriet so mit dem Haus der Askanier aneinander. Und Heinrich der Löwe aus Braunschweig widersetzte sich der kaiserlichen Belehnung Albrechts mit der Herzogwürde in Sachsen und verbündete sich sogar mit den slawischen Liutizen gegen den „Bären" - schwere Zeiten für die Mark.

Münzen des Slawenfürsten Jaxa.

Die „Geburtsurkunde" von Berlin: Streit um Steuern für den Klerus

„28. Oktober der Menschwerdung des Herrn 1237": Die Urkunde oben markiert den „amtlichen" Geburtstag der Stadt, noch unter dem Namen Cölln. 1244 dann das erste Dokument mit dem Namen „Berlin", links daneben.

Noch war der Name „Berlin" in keinem Bericht mittelalterlicher Chronisten über die Mark Brandenburg gefallen, denn im Fokus der Geschichtsschreibung standen Spandau, Köpenick und Brandenburg. Dennoch hatten sich Kaufleute zu beiden Seiten der Spree (im heutigen Bezirk Mitte) angesiedelt. Und dann flossen den Verfassern zeitgenössischer Urkunden im Jahr 1237 die Namen „Cölln" und 1244 auch „Berlin" aus der Feder. Einem Pfarrer und zukünftigen Berliner Propst namens „Symeon von Cölln" verdankt die spätere Doppelstadt ihre urkundliche Ersterwähnung - noch unter dem Namen Cölln. Der Geistliche hatte die Beilegung eines Streites über die Zahlung von Kirchensteuern zwischen dem Brandenburger Bischof Gernand

und den Markgrafen Johann I. und Otto III. schriftlich bezeugt. Und das Datum dieser Urkunde – „der 28. Oktober im Jahr der Menschwerdung des Herrn 1237" - betrachten die Historiker als den offiziellen Geburtstag von Berlin. Die Anfänge der Doppelstadt Cölln-Berlin reichen jedoch mindestens sechzig Jahre weiter zurück. Ausgrabungen unter der Nikolaikirche lassen darauf schließen, dass die Siedlungen bereits um 1170 entstanden waren.

Sofort nach seiner Landnahme im Gebiet der Spreewanen und Heveller hatte Albrecht der Bär damit begonnen, Siedler aus dem Westen anwerben zu lassen. Die ersten Einwanderer stammten wahrscheinlich aus dem östlichen Vorharz und der Altmark. In einer zweiten Phase warben Albrechts Emissäre Bauern und Handwerker aus Flandern und dem Rheingebiet an. Eine wichtige Rolle spielten dabei Holländer, die nach verheerenden Sturmfluten an ihren Küsten eine neue Existenz suchten. Erfahren im Deichbau an der Nordsee, begannen sie um 1160 in ihren neuen Siedlungsgebieten, die Flüsse Elbe, Spree und Havel einzudeichen. Damit konnten sich die neuen Bewohner nun auch in den Flussniederungen niederlassen. Auf zwei Sandinseln in den Spree-Auen entstanden an der schmalsten Stelle des Flusses zwischen Barnim und Teltow neue Ansiedlungen: Cölln im Süden und Berlin im Norden. Die Historiker und Archäologen sind sich allerdings nicht einig, ob schon zu dieser Zeit ein Seitenarm der Spree im Norden um Berlin verlief, oder ob der Stadtgraben erst zu späterer Zeit künstlich angelegt wurde. Somit könnten die Wurzeln der Stadt Berlin zunächst direkt am rechten Spreeufer gelegen haben.

Die Wurzeln Berlins legten Bauern und Handwerker (unten) aus Altmark und Harz, die dem Aufruf Albrecht des Bären gefolgt waren. Später trafen Holländer mit Know-how im Deichbau ein: Sie schützten die jungen Siedlungen zu beiden Seiten der Havel vor Überschwemmungen.

Am Schnittpunkt eines Handelsweges von Magdeburg nach Posen und einer Nord-Süd-Route von der Ostsee über Leipzig ins heutige Böhmen gewannen die Orte schnell wirtschaftliche Bedeutung: Hier boten Furten in der Spree Kaufleuten die Möglichkeit zum Überqueren des Flusses. Außerdem ließen sich Handelswaren auf den Inseln weitgehend sicher vor Hochwasser stapeln und von Achse auf Kiel umladen. Warum waren für die askanische Kontrolle des Handels an der Furt gleich zwei Siedlungen an der Spree notwendig? Historiker halten ein recht plausibles Argument bereit: Zwei Einwanderungsgruppen aus verschiedenen Herkunftsländern siedelten an der Spree. Die Petrikirche auf Cöllner Gebiet und die Nikolaikirche in Berlin zeugen zudem von unterschiedlichen Schutzheiligen der Siedlungsgründer. Die eine Siedlergruppe übernahm nach Meinung der Historiker die Bezeichnung ihres neuen Lebensraumes von den Slawen: „Brlo" für Feuchtgebiet oder Sumpf wandelte sich zu „Berlin".

Zur Namensgebung von Cölln zwei Theorien: Vielleicht kamen die Neusiedler tatsächlich aus dem Raum Köln am Rhein. Denn ihre erste Pfarrkirche auf der Spreeinsel war - wie der Kölner Dom - dem heiligen Petrus geweiht. Möglicherweise aber leiten sich die Namen „Cölln" und „Köln" auch nur gemeinsam vom lateinischen „Colonia" ab: Siedlung. Sicherlich prägten die Gruppen der Zuwanderer zunächst weniger Kaufleute, die ein neues Betäti-

gungsfeld suchten, sondern vornehmlich Fischer, Bauern und Handwerker. Sie schufen die Vorraussetzung für den Aufbau eines funktionsfähigen Gemeinwesens und errichteten Häuser und Hütten, kultivierten Land und stellten Werkzeuge her. Dazu war die Hilfe der benachbarten Slawen sicherlich willkommen.

Die Anfänge von Cölln-Berlin scheinen den Menschen eine friedliche Zeit beschert zu haben. Von Auseinandersetzungen mit den Spreewanen und Hevellern ist in den Chroniken keine Rede. Menschen unterschiedlicher Kulturkreise traten in Kontakt und gingen eheliche Verbindungen ein. Die Religionszugehörigkeit in der Gründungsphase von Cölln-Berlin: noch eine Nebensache. Nur der Papst im fernen Rom wies die Askanier an, sich doch etwas mehr um die Heidenmission zu kümmern... Albrecht der Bär starb 1170 im damals hohen Alter von 70 Jahren. Ihm folgte sein Sohn Otto I., der die Siedlungspolitik und Stabilisierung der Mark Brandenburg mit Geschick fortsetzte. Verheiratet war Otto mit der die Piastin Judith, einer Schwester der Polenherzöge Boleslaw IV. und Mieszko III. Mit dieser Verbindung gelang es ihm, seine Ostgrenze weitgehend abzusichern. Im Jahr 1180 gründete Otto I. in der Zauche mit Lehnin das erste märkische Kloster, in dem er vier Jahre später seine letzte Ruhestätte fand. Den reichlich bedachten Zisterziensern fiel die Aufgabe der Missionsarbeit in der Mark zu. Die Markgrafen Otto III. und Johann I., die seit 1225 ihr Land gemeinsam verwalteten, gründeten 1232 in Spandau ein weiteres Kloster, in das Benediktinerinnen einzogen. Ihnen standen die Zehnteneinnahmen aus den Dörfern

Klosterkirche Lehnin

Lietzow, Lankwitz, Gatow, Lübars, Tegel und Dalldorf zu. Die inzwischen wohlhabenden Zisterzienser von Lehnin erwarben von dem Brüderpaar 1242 die Einkommensrechte an Krummensee in der Krummen Lanke, Zehlendorf und Slatdorp, und sie gründeten das Nonnenkloster in Zehdenick.

Die Markgrafen förderten Cölln und Berlin nach Kräften. Auf der Berliner Insel legten sie einen Wirtschaftshof zur Verwaltung der beiden Siedlungsorte an, Aufsicht über die Einhaltung der Gerichtsordnung und zur Kontrolle über die Zolleinnahmen an den Land- und Wasserwegen. Der rasante Aufstieg von Cölln-Berlin zu einer Handelsmetropole in der Mark Brandenburg beann. Die Konkurrenz Köpenick verlor allmählich an Bedeutung, da der Ort immer wieder in kriegerische Auseinandersetzungen zwischen den Askaniern und den Wettinern geriet.

Eine Urkunde zur Verleihung der Mark- oder Stadtrechte, wie im Jahr 1232 für Spandau ausgestellt, können weder die Cöllner noch die Berliner vorweisen. Aber indirekt lässt sich die Stellung des Doppelortes aus dem Quellenmaterial zur Stadtgeschichte doch erschließen: Eine Urkunde aus dem Jahr 1247 berichtet von einem Mann namens „Marsilius" als „Schultetus" (Schultheiß) von Berlin. Er nahm seine Aufgaben vom Wirtschaftshof am Spreeufer aus wahr. Zum ersten Mal bezeichnet 1251 eine Urkunde Berlin als „Stadt". Und zwei Jahre später verlieh Markgraf Johann I. am 12. Juli 1253 dem Ort Frankfurt an der Oder das Stadtrecht „nach Berliner Vorbild" - also nach einem bereits erprobten Modell.

Über den Schwingen des Adlers

Mit der Verleihung der Stadtrechte kontrollierte der Landesherr stets auch die Organisation eines Gemeinwesens. Stadträte oder Ratsmannen übernahmen die Verwaltungsfunktionen in den Städten Brandenburgs; sie standen unter der Aufsicht eines vom Grafen eingesetzten Schultheißen. Bei aller Selbstständigkeit der Städte wollte der Landesherr jedoch nicht auf seine Präsenz in Berlin verzichten. Markgraf Otto III. ließ daher auf einem Grundstück am Oderberger Tor einen Hof errichten. Das Gebäude, das „Hohe Haus" genannt, diente aber nicht – wie in anderen Städten üblich – als Zwingburg, sondern als Residenz des Markgrafen, wenn er die Stadt besuchte.

Für Cölln und Berlin galt das Brandenburger Recht, das sich am Magdeburger Recht orientierte. Grundlage war der Sachsenspiegel, verfasst um 1230. Das Regelwerk stattete die Städte mit weitgehenden Freiheiten aus, sich selbst zu organisieren sowie Regeln und Gesetze zu erlassen, die allerdings nicht im Widerspruch zum landesherrlichen Recht stehen durften.

Die Rechtsfähigkeit Berlins bei der Ausstellung von Urkunden und Verträgen bezeugt das Stadtsiegel aus dem Jahr 1253. Die Umschrift in der Übersetzung: „Das Siegel der Bürger von Berlin." Im Mittelpunkt - unter Mauerkronen und vor dem Stadttor - steht der Brandenburgische Adler. Ein Siegel Cöllns ist aus dieser Zeit nicht bekannt. Erst 80 Jahre später zeigt ein Abdruck die Inschrift: „Siegel der Stadt Cölln der Mark Brandenburg."

Im größeren Berlin übernahmen zwölf, im kleineren Cölln sechs Ratsmannen die Stadtvertretung gegenüber dem Schultheißen. Ihre Hauptaufgabe lag zunächst in der Organisation des Wirtschaftslebens. Dabei teilten die Räte die Verantwortlichkeiten auf: Ein Ratsmann beaufsichtigte die Qualität der Waren, die auf die Wochenmärkte gelangten. Er kontrollierte Maße und Gewichte

und konnte Strafen für Übertretungen verhängen. Ein anderer Ratsmann, der Bauherr, beaufsichtigte die Bautätigkeit in den Städten und organisierte den Kalkabbau vor den Toren. Unter seiner Aufsicht stand auch die Herstellung von Backsteinen in den Ziegelscheunen.

Gemeinsam entschieden die Ratsmannen darüber, welche Zuzügler das Bürgerrecht erhalten sollten, Voraussetzung für die Ausübung eines städtischen Gewerbes. Der Rat legte außerdem die Höhe der städtischen Grundsteuer, die „Bede", fest und investierte sie in die Infrastruktur der Stadt: in Wege, Brücken, Palisaden. Zusammen mit dem Schultheißen entwickelten die Ratsmannen Pläne zur Befestigung der Stadt und erließen Sonderabgaben zum Ausbau und zur Sicherung der Wasserwege, zur Verstärkung der Befestigungen und später zum Bau einer Mauer um Cölln-Berlin.

Die verantwortungsvollste Aufgabe war die des Stadtkämmerers: Er verwaltete die Finanzen, ließ durch Knechte das Geld von säumigen Steuerzahlern einziehen und musste den übrigen Ratsmännern über alle finanziellen Transaktionen Rechenschaft ablegen. Um die finanziellen Geschäfte zu beurkunden und ein Register der Verwaltungsakte anzulegen, stellte der Rat spätestens 1288 einen Notar und einen Stadtschreiber ein.

Die Bürger der Stadt wählten die Ratsmänner für ihre ein- bis zweijährige Amtszeit nicht direkt, sondern der Schultheiß ernannte erfahrene Männer mit Organisationstalent aus der Kaufmannschaft. Sie hatten ein Vorschlagsrecht. Um Kontinuität zu gewährleisten, blieb jeweils die Hälfte aller Ratsmitglieder im Amt, wenn die Kaufleute aus ihren Reihen Nachfolger benannten und dem Schultheißen zur Bestätigung vorlegten.

Plan der Doppelstadt um 1230. Das Stadtsiegel der Bürger von Berlin aus dem Jahr 1253 (Seitenmitte).

Otto, genannt der Fromme, regierte mit seinem Bruder Johann (links) bis 1267.

Silbergeld: Erster Schritt zur Unabhängigkeit

Bald gingen die Mitgliedschaften im Stadtrat auf die Söhne der Ratsmänner über. So entwickelte sich ein städtisches Patriziertum. Handwerker und Stadtbauern, die das Rückgrat der städtischen Entwicklung bildeten, waren dagegen nicht an den Entscheidungen über die Geschicke der Stadt beteiligt.

Der Versammlungsort der Patrizier war das Kaufhaus, in Berlin auf dem Molkenmarkt, in Cölln auf dem Fischmarkt. Dort boten die Kaufleute in den Gewölben ihre Waren an und verhandelten mit ihren Geschäftspartnern über neue Lieferungen. In den Ratssälen trafen sich die Stadtväter zu ihren gemeinsamen Beratungen über städtische Belange. Das Kaufhaus entwickelte sich auf diese Weise zu einem Rathaus, in dem alle für die Stadt wichtigen Entscheidungen fielen. Die innerstädtische Gerichtsbarkeit stand unter der Aufsicht eines Gerichtsherrn des Rates. Nach Magdeburger Recht standen ihm bei der Urteilsfindung sieben auf Lebenszeit gewählte Schöffen zur Seite, die ebenfalls aus dem Kreis der Kaufmannschaft stammten. Sie stellten ein Kontrollorgan dar - denn wenn Recht gesprochen war, erhielten bei allen Geldstrafen sowohl der Landesherr, als auch der Schultheiß und der Gerichtsherr jeweils einen Teil für die eigene Kasse. Wahrscheinlich stand Ende des 13. Jahrhunderts vor dem Rathaus eine Rolandfigur als Symbol der städtischen Gerichtsbarkeit sowie der Unabhängigkeit vom jeweiligen Landesherrn.

Die Strafjustiz übte der Schultheiß aus. Dazu musste er sich mit seinem Landesherrn abstimmen. Denn die Verstümmelung, Blendung oder gar Tötung der Untertanen war nicht unbedingt im Sinne des Markgrafen, der sein Land weiter entwickeln wollte.

Die Rolandfigur auf dem Molkenmarkt.

Otto IV., Markgraf von Brandenburg und Landesherr der Doppelstadt.

Landesherr Otto IV. empfand die Verwaltungsstruktur von Berlin offenbar als vorbildlich. Deshalb bestellte er bereits im Jahr 1280 die Stände und die Vertreter des Adels sowie aller Städte seiner Mark Brandenburg, der Altmark, der Prignitz und der Mittelmark nach Berlin. Hier verhandelte er mit ihnen über die Abgaben an den Brandenburger Hof und diskutierte die politische Lage an den Grenzen. Noch im gleichen Jahr konnte Berlin einen Coup landen: Der Rat kaufte Otto IV. das Privileg ab, eigenes Silbergeld prägen zu lassen. Die Ratsmänner brachten Berlin damit auf einen Weg, an dessen Ziel die Unabhängigkeit vom Landesherrn stehen sollte. Diese Absicht kommt auch in dem seit 1280 verwendeten Stadtsiegel zum Ausdruck.

Zwei nach außen strebende, rückwärts gewandte Bären flankieren den Greifen des Hauses Brandenburg. Die Umschrift lautet nun herausfordernd: „Ich bin das Siegel der Bürger Berlins."

Der Ursprung des Bären-Signums und des späteren Wahrzeichens von Berlin bleibt im Dunkel der Geschichte verborgen: Übernahm die Stadt die Tierfigur vom Beinamen ihres vermeintlichen Gründers Albrecht I., des „Bären"? Oder hatten die frühen Stadtväter „Berlin" als „Bärlein" verstanden - und damit die slawische Herkunft ihrer Ortsbezeichnung vergessen?

Anfang des 14. Jahrhunderts entschloss sich die Doppelstadt, dem landesherrlichen Schultheißen aus ihrer Sicht gleichgestellte Verhandlungspartner entgegenzusetzen. Sie wählten aus dem jeweils ausscheidenden „Alten Rat" Bürgermeister, „gekronene olderlüde". Berlin bot zwei Altmänner, Cölln einen zur Wahrnehmung ihrer Interessen auf.

Das Siegel aus dem Jahre 1280.

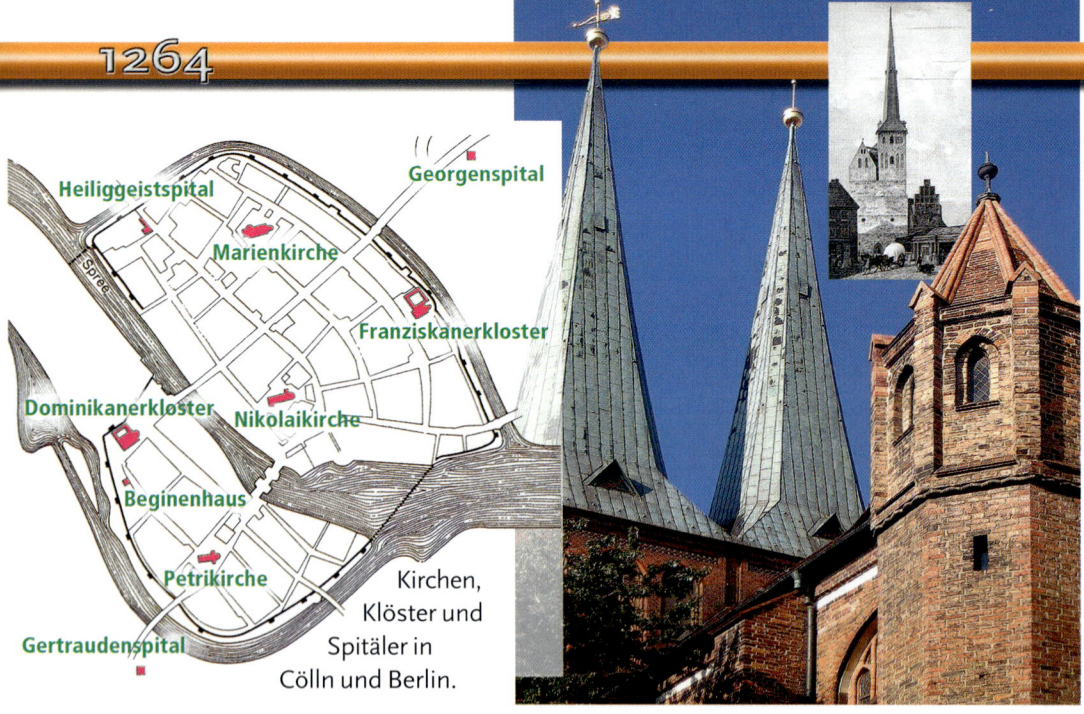

Kirchen, Klöster und Spitäler in Cölln und Berlin.

„Gaben der Liebe" für das erste Gotteshaus St. Nikolai

Das Leben der Menschen im Mittelalter war von tiefer Gläubigkeit geprägt. Zusammen mit den Siedlern, die Mitte des 12. Jahrhunderts Cölln und Berlin gründeten, waren vermutlich auch Geistliche in die Region gelangt. Während des Aufbaus der beiden Siedlungen errichteten die Ankömmlinge auf den höchsten Stellen der Talsandinseln zunächst einfache Holzkirchen. Nachdem sie ihre ersten festen Unterkünfte fertiggestellt hatten, begannen die frühen Cöllner und Berliner auch damit, Gotteshäuser aus Stein zu erbauen. Als erste Kirche fand 1264 St. Nikolai (oben rechts) in Berlin am Alten Markt (Molkenmarkt) einen urkundlichen Niederschlag: In diesem Jahr erließ Bischof Heinrich von Brandenburg allen, die am Jahrestag der Kirchweihe das Gotteshaus besuchten oder zu ihrem Bau durch „Gaben der Liebe" beigetragen hatten, die ihnen auferlegten Bußen. Bei der Nikolaikirche handelte es sich zunächst um eine kreuzförmige Basilika im Stil der späten Romanik, die dem Heiligen Nikolaus geweiht war, dem Patron der Schiffer, Kaufleute und Bäcker. Archäologische Ausgrabungen machen es wahrscheinlich, dass dieses Gotteshaus bereits um 1230 zusammen mit St. Petri, der ersten Pfarrkirche in Cölln, entstanden war. Beide Kirchen dienten allerdings nicht nur religiösen Zwecken, sondern boten mit ihren starken Felssteinmauern den Anwohnern auch Rückzugsmöglichkeiten im Falle feindlicher Angriffe. Von der Petrikirche in Cölln am Fischmarkt - urkundlich ersterwähnt im Jahr 1285 - konnten die Archäologen nur noch die ungefähre Grundfläche von 45 Metern in der Länge und 20 Metern in der Breite feststellen. Das Gotteshaus unterschied sich wahrscheinlich nicht wesentlich von der Nikolaikirche. St. Petri aber hat Berliner Geschichte geschrieben: Denn ihrem ersten Pfarrer Symeon verdankt die Stadt ihre Ersterwähnung.

Auf einem Fundament aus Granit und Felssteinen erbauten die Berliner in der Mitte des 13. Jahrhunderts am Neuen Markt als zweite Pfarrkirche St. Marien (links unten). Die Baumeister konzipierten die Hallenkirche von vornherein im Stil der Backsteingotik mit drei Schiffen und einem Chor. St. Marien konnte in ihrer historischen Gestalt bis heute überdauern. An der nördlichen Innenwand der Turmhalle befindet sich das älteste Wandbild Deutschlands, der „Totentanz", ein spätgotisches Fresko aus dem letzten Drittel des 15. Jahrhunderts.

Noch während des 13. Jahrhunderts gingen die Bürger der Doppelstadt daran, auch ihre beiden alten Gotteshäuser - St. Petri und St. Nikolai - von Grund auf nach der neuen, gotischen Architektur umzugestalten: Auf den Feldsteinfundamenten errichteten sie Hallenkirchen aus Backstein.

Die Aufsicht über die Gottesdienste, die Ernennung der Pröpste und Pfarrer sowie die Verwaltung des Kirchzehnten, den die Gläubigen der Pfarrgemeinden abzuführen hatten, lag in den Händen der Bischöfe von Brandenburg.

Aber auch die askanischen Landesherren, für die der Kirchen- und Klosterbau eine wichtige Komponente in der Entwicklung der Mark Brandenburg darstellte, holten Nonnen und Mönche ins Land - wohl kaum zur Freude der einheimischen Pfar-

Die Klosterbrüder brachten Bildung ins Land.

rer, die in den Neuankömmlingen eine Konkurrenz um Spenden und Einnahmen aus Trauungen, Taufen und Hochzeiten sahen.

Um 1250 ließ sich der Franziskanerorden am östlichen Stadtrand auf dem Besitz des Landesherren nieder. Der Vorsteher Hermann von Langele diente den Markgrafen sogar als Beichtvater. Sofort begann der Bettelorden mit dem Bau eines Klosters und einer Kirche: Auf einem Rechteckbau

Ruinen der Klosterkirche des Franziskanerordens.

Kapelle des Heilig-geistspitals.

mit den beeindruckenden Ausmaßen von 52 mal 16 Metern errichteten die Mönche eine Basilika. Schon um 1265 erneuerten sie ihre ursprüngliche Feldsteinkirche durch eine dreischiffige, kreuzgewölbte Basilika im frühgotischen Backsteinstil. Diese entwickelte sich rasch zu einem gut besuchten Gotteshaus und einer Grablege für die Patrizier der Stadt sowie Angehörige des Askanierhauses. 1271 schließlich schenkten die Markgrafen Otto IV. und Albrecht III. den Franziskanern sogar das Gelände an der Klosterstraße.

Die Dominikaner siedelten sich um 1297 im nordwestlichen Cölln an der Stelle des heutigen Schlossplatzes an. Die Bezeichnung „Brüderstraße" verweist auf die ehemalige Lage des Klosters. Auf einem Feldsteinsockel errichteten die Mönche aus Backsteinen eine hochgotische dreischiffige Hallenkirche, die mit einer Länge von 63 Me-

Die Orden widmeten sich auch der Krankenpflege.

tern die des Franziskanerklosters in Berlin noch übertraf. Im Gegensatz zu allen anderen Kirchen in der Doppelstadt war die Blickachse dieses Gotteshauses nicht nach Osten, sondern auf die Lange Brücke hin ausgerichtet.

Beide Orden widmeten sich neben der Seelsorge auch der Krankenpflege. Bei ihren Klostern errichteten sie Gebäudekomplexe, in denen Alte, Sieche und Kranke Aufnahme fanden. Die Brüder erfüllten damit eine wichtige soziale Funktion in der Stadt, konnten aber bei Weitem nicht allen Anfragen auf Unterbringung und Versorgung gerecht werden. Deshalb schlossen sich betuchte Bürger der Stadt zusammen und stifteten um 1270 zwei eigene karitative Einrichtungen: Das Heiliggeistspital innerhalb der Stadt, erstmals 1272 erwähnt, diente nicht

nur zur Versorgung kranker Menschen, sondern fungierte auch als eine Art Altersheim, in dem zeitweilig bis zu 35 Männer und Frauen ihren Lebensabend verbrachten.

Das zweite Spital - St. Georgen - lag vor dem Oderberger Tor außerhalb der Stadtmauern. Hier fanden besonders Menschen mit ansteckenden Krankheiten (beispielsweise Lepra) Unterkunft. In beiden Spitälern standen auch Räumlichkeiten für Durchreisende zur Verfügung.

Nicht zu unterschätzen ist die Bedeutung des Frauenordens der Beginen für das Gemeinwesen der Stadt. Seit 1295 berichten die Urkunden über deren Werke. Die klösterliche Gemeinschaft - nicht der lebenslangen Ehelosigkeit verpflichtet - in der Brüderstraße nahe dem Dominikanerkloster finanzierte sich durch eingebrachtes Vermögen und Erbteile sowie durch die Arbeit der Frauen selbst. Diese widmeten sich in Berlin und Cölln der häuslichen Krankenpflege.

Im Umkreis der Doppelstadt waren weitere Klöster entstanden, unter ihnen auch „Tempelhoven" (oben rechts): Im Rahmen der Orientierung des Templerordens nach

Nord- und Osteuropa hatte der Landesherr den streitbaren Kreuzritter um 1200 gestattet, in der Mark Brandenburg eine Komturei, einen eigenen Verwaltungssitz, zu etablieren. Vom heutigen Tempelhof aus gründeten sie die Siedlungen Richardsdorp (Rixdorf), Margendorp (Mariendorf) und Merghenvelde (Marienfelde, unten). Vermutlich hatte Markgraf Otto IV. den Templern 1288 sogar das Patronat über die Berliner Nikolaikirche übertragen. Doch Papst Clemens V. wurde der Orden zu mächtig. 1312 verbot er die Glaubensgemeinschaft; die Besitzungen der Templer fielen an die Franziskaner Berlins.

Mauern, Türme, Tore: Wehrhafter Platz des Handels

Schon kurz nach der Verleihung der Stadtrechte an Cölln und Berlin begannen die Ratsmänner, Pläne für eine neue Stadtbefestigung zu entwickeln: Sie wollten die alten Palisaden und Wälle durch festes Mauerwerk ersetzen. Beide Städte entschieden sich, die dem Hauptarm der Spree abgewandten Teile ihrer Siedlung mit einem steinernen halb offenen Ring zu umgeben. In der ersten Bauphase errichteten die angeworbenen Arbeiter und städtischen Handwerker rund um die Städte Mauern aus Bruchstein, in Cölln wegen des sumpfigen Untergrundes verstärkt durch zugespitzte, senkrecht ins Erdreich getriebene Eichenpfähle.

Die neuen Mauern umschlossen in Berlin eine Fläche von 47, in Cölln von 23 Hektar mit einem Drittel der Spreeinsel. Bis ins ausgehende Mittelalter legte die Mauerführung die Stadtgrenzen fest. Noch während des 13. Jahrhunderts, als im Befestigungsbau zunehmend gebrannter Ziegel an die Stelle von Felsstein trat, begannen die Stadtväter von Cölln und Berlin damit, die Mauern mit Backsteinen, fest verbunden mit weißlich-grauem Kalkmörtel, ausbessern und erhöhen zu lassen. An den kräftigsten Stellen erreichte die Anlage eine Breite von 2,50 und eine Höhe von fünf Metern.

Ein umlaufender Wehrgang mit eingelassenen Schießscharten ermöglichte es den Verteidigern, schnell und aus der Deckung heraus die Abwehr zu organisieren. Drei Tore ermöglichten den Zugang zur Stadt Berlin: das Stralauer Tor im Osten, das Oderberger Tor im Nordosten und das Spandauer Tor im Nordwesten. Cölln bot Zugang über das Köpenicker Tor im Südosten und das Teltower Tor im Südwesten. Oberhalb der Tore ragten zehn bis 25 Meter hohe Türme auf. Zug um Zug errichteten die Baumeister entlang der gesamten Anlage Wehrtürme aus Fels- oder Backstein. Auf der Cöllner Seite verlief ein Spreearm um die Stadt

Hinter den umlaufenden Wehrgängen (oben) postierten sich die Armbrustschüzen (unten).

herum in seinem natürlichen Bett. Ein Stadtgraben - wahrscheinlich in einem Altarm der Spree künstlich angelegt - bot zusätzlichen Schutz für Berlin. Ausschließlich über Holzbrücken an den Toren waren die Städte zu erreichen. In den „Vorwerken" vor den Brücken kontrollierten städtische Bedienstete die Zugangsberechtigungen der Handwerker und Bauern des Umlands und der Fernhändler.

Mitten durch die Doppelstadt floss die Spree. Somit drohten Angriffe vom Wasser her. Deshalb legten die Stadtväter der Doppelstadt im Oberlauf wie auch im Unterlauf der Spree Barrieren an. Ein ausgeklügeltes System von eisenbewehrten Pfählen leitete den Schiffsverkehr in die Häfen von Cölln und Berlin. Nachts versperrten städtische Knechte die verbliebenen schmalen Durchfahrten mit schwimmenden, durch Ketten verbundenen Baumstämmen: Dem „Oberbaum" etwa in der Höhe des heutigen Märkischen Museums und dem „Unterbaum" in der Nähe des heutigen Doms an der Fischerbrücke.

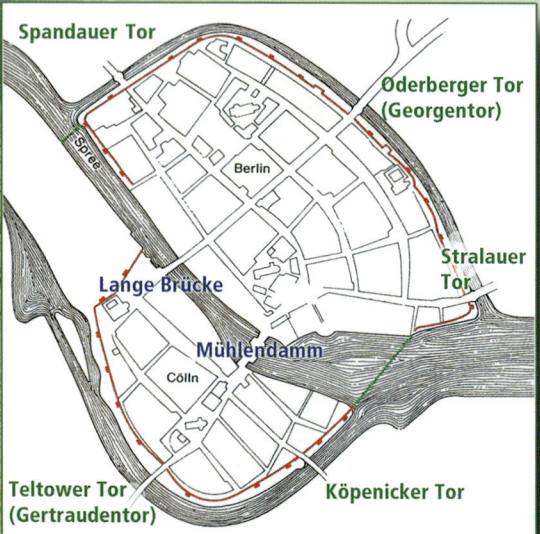

Spandauer Tor

Oderberger Tor (Georgentor)

Berlin

Spree

Lange Brücke

Stralauer Tor

Mühlendamm

Cölln

Teltower Tor (Gertraudentor)

Köpenicker Tor

Links der Verlauf der Stadtmauern und die Lage der Tore, links außen Reste der Stadtmauer in der Waisenstraße.

Weder Beginn noch Abschluss der Bauarbeiten an der Stadtbefestigung sind urkundlich dokumentiert. Vermutlich erstreckte sich der Bau der für mittelalterliche Verhältnisse bedeutenden Anlage von beinahe drei Kilometern Länge über einen großen Zeitraum, wahrscheinlich über mehrere Generationen. Spätestens aber seit 1319 sprechen die Chronisten von Gebäuden „intra muros civitatis Berlin", innerhalb der Mauern der Stadt Berlin. Die Doppelstadt war damit wohl befestigt. An der nördlichen Stadtmauer Berlins, südöstlich vom Oderberger Tor, bot das „Hohe Haus" dem Landesherrn hinter schützenden Mauern ein sicheres Domizil - im Notfall. Wahrscheinlich erwogen die Markgrafen schon zu dieser Zeit, ihre Burg Spandau zugunsten einer Residenz in Berlin aufzugeben. Der Cöllner Flussarm und der Berliner Stadtgraben waren nicht schiffbar. Eine Durchfahrt lag auch nicht im Interesse der einheimischen Kaufleute und Ratsmannen. Denn vermutlich hatte der Landesherr mit den Stadtrechten auch das Stapelprivileg verliehen: Alle Güter, die auf dem Land- oder Wasserweg Cölln oder Berlin erreichten, mussten für mehrere Tage in der Stadt zum Verkauf angeboten werden. Die Händler durften nur Waren weitertransportieren, die sie nicht an die städtischen Kaufleute veräußern konnten. Einzelne Fernhändler ließen sich von der Stapelpflicht befreien, mussten dafür aber hohe Durchlasszölle an den Rat abführen.

Zunächst verband eine Holzbrücke an der Furt die beiden Städte. Hier ließen die Ratsherren der Doppelstadt den

Knochenjob: der Bau von Wehrtürmen.

Rechts: Die Doppelstadt Berlin (links) und Cölln vor dem Bau der Langen Brücke, im Vordergrund das Spandauer Tor.

Flussübergang zu einem Knüppeldamm ausbauen, der die Spree aufstaute. Mehr als 40.000 Baumstämme mussten im Verlauf von Jahrzehnten in das Flussbett gerammt werden. Kalkstein aus Rüdersdorf und Findlinge aus den Grundmoränen gaben dem Damm zusätzlichen Halt. Mit dem Stau stieg die Wasserzufuhr für den Seitenarm der Spree um Cölln und den Stadtgraben um Berlin. Das Wasser staute sich auch flussaufwärts. Somit konnten selbst schwer beladene Kähne mit größerem Tiefgang weiter in Richtung Köpenick und in die Lausitz vorstoßen. Als gewünschter Nebeneffekt erschwerte der gestiegene Wasserstand vor den Stadtmauern auch eine feindliche Flussquerung erheblich.

Auf dem Damm hatten die Stadtväter an gezielt eingerichteten Durchflüssen „unterschlächtige" Wassermühlen errichten lassen: 1285 erstmals erwähnt die Cöllnische Mühle und 1306 die Berliner Mühle. Am unteren Ende des Stadtgrabens und des Cöllner Nebenarms regelten bewegliche Wehre durch

Das Stapelprivileg verlangte von jedem Händler, seine Waren in der Stadt anzubieten.

Rückstau den Wasserstand vor dem Mühlendamm. Die Bewirtschaftung der Mühlen behielt sich der Markgraf selbst vor. Es herrschte Mühlenzwang: Sämtliches Korn, das aus dem Umland nach Berlin oder Cölln gelangte, durfte nur dort gemahlen werden. Auch verpflichtete der Landesherr mehr als 20 Dörfer im Barnim und zwölf im Teltow auf den Mühlenzwang am Damm. Alle Einnahmen flossen unter Kontrolle eines Vogtes in die Kassen der Askanier.

Der Mühlendamm erwies sich bald als zu klein für den gesamten Verkehr über die Spree. Deshalb entschlossen sich Stadträte, eine weitere Brücke zwischen Cölln und Berlin anzulegen. Vom Oderberger Tor im Nordosten gelangten die Kaufleute nun auf kürzestem Weg quer durch Berlin an das Spreeufer, wo die „Neue Brücke", auch „Lange Brücke" genannt, den Fluss querte. Auf Cöllner Seite endete die Brücke direkt an der nördlichen Stadtmauer und lenkte den Verkehr in Richtung Dominikanerkloster.

Auf dem Mühlendamm standen Wassermühlen mit unterschlächtigen Rädern.

·23·

„uppe deme rathuse twischen Berlin unde Collen"

Die Stadtrechte von Berlin und Cölln basierten auf dem Magdeburger Recht, der markgräfliche Vogt mit Sitz in Berlin wachte auch über die Geschicke von Cölln. Das zwang zu Kooperation: Beide Städte mussten sich über die Verleihung von Bürgerrechten absprechen, und schließlich erforderte auch das Verteidigungskonzept mit der Stadtmauer und den Flussabsperrungen eine enge Absprache zwischen den Ratsherren der Doppelstadt. Da erwies es sich als Vorteil, dass die Patrizier Cöllns und Berlins miteinander verwandt und verschwägert waren, denn sie heirateten standesgemäß in ihren Kreisen.

Es lag also durchaus nahe, eine gemeinsame Verwaltung für Cölln und Berlin aufzubauen. Dafür benötigten die Städte allerdings die Genehmigung des Landesherrn. Die Stadträte von Cölln und Berlin schlugen also dem Markgrafen Hermann („der Lange") vor, eine Union zu bilden. Am 20. März 1307 stimmte der Landesherr zu. Somit kann das heutige Berlin über die Ersterwähnung im Jahr 1237 hinaus eine zweite, 70 Jahre jüngere Geburtsurkunde vorweisen. Berlin hatte zwei Rathäuser errichtet; in Cölln tagten die Ratsmannen in ihrem Stammhaus am Fischmarkt. Als äußeres Zeichen ihrer neuen Organisationsform ließen die Räte nun gemeinsam auf der Mitte der Langen Brücke ein weiteres Versammlungsgebäude errichten. Hier - „uppe deme rathuse twischen Berlin unde Collen" - traten sie zu Beratungen über beiderseitige Angelegenheiten zusammen. In das neue Gremium, den Magistrat, entsandte Berlin als die größere und bevölkerungsreichere Kommune zwölf Ratsherren. Sechs Vertreter repräsentierten Cölln. Von einer Vereinigung waren die Städte zu dieser Zeit aber noch weit entfernt. Denn beide führten weiterhin eigenständige Haushalte und Siegel. Auch die Innungen schlossen sich nicht zusammen. Für die innerstädtischen Angelegenheiten der Partnerstädte waren weiterhin die getrennt tagenden Ratsmannen verantwortlich. Der Magistrat vertrat lediglich die Interessen der Union nach außen. Alle Zahlungen an den Landesherrn teilten sich die Städte im Verhältnis von 2:1 zu Lasten Berlins.

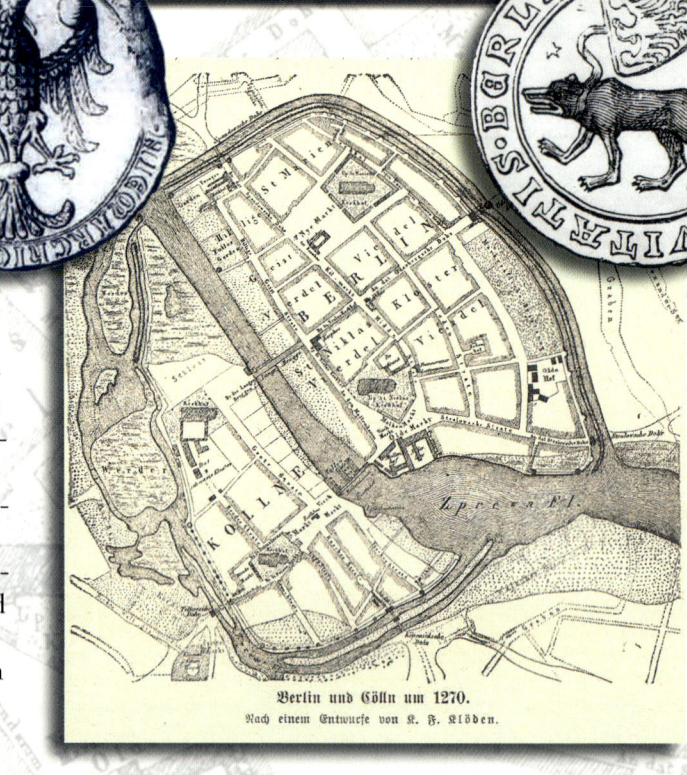

Der Plan der Doppelstadt Cölln - Berlin um 1300.

Berlin und Cölln verpflichteten sich jedoch gegenseitig, die Wehrhaftigkeit ihrer Kommunen aufrechtzuerhalten und auszubauen. Schon 1308 ging die Stadtunion ein Schutz- und Trutzbündnis mit Salzwedel, Frankfurt/Oder und Brandenburg ein. Vordergründig richtete sich dieser Zusammenschluss gegen Raubzüge und Übergriffe des Adels. Dahinter stand aber auch die Befürchtung, Markgraf Woldemar könne Verträge aufkündigen und die Städte mit neuen Abgaben belegen.

Der Magistrat richtete außerdem ein gemeinsames Stadtgericht ein, das anteilig

Während Cölln (linkes Siegel) nur den Brandenburger Adler im Siegel führt, hängt der Vogel ganz locker am Halsband des Bären - ein Zeichen des städtischen Selbstbewusstseins.

mit vier Schöffen aus Berlin und drei aus Cölln besetzt war. Landesherr Woldemar erkannte dieses Gericht 1317 an und übertrug ihm die Rechtsprechung nicht nur über alle Bürger der Doppelstadt, sondern auch über die eigenen Vasallen in seiner Residenz in Berlin, dem „Hohen Haus". Nur zwei Jahre später reagierte auch Bischof Johann von Brandenburg auf die Stadtunion: Er gründete eine einheitliche Propsteiverwaltung mit Sitz in Berlin. Ihr unterstand die Gerichtsbarkeit über alle Kleriker beider Städte.

Somit bildeten Cölln und Berlin in ihrer Stadtunion einen Rechts- und Steuerbezirk mit einer gemeinsamen Kirchenleitung sowie einer politischen und militärischen Außenvertretung.

Die Bürgermeister von Berlin und Cölln besiegeln den Zusammenschluss und zeigen auf die Wappen ihrer Städte.

Markgraf Woldemar aus dem Hause Askanien.

Land im Chaos: Propst endet auf dem Scheiterhaufen

Der letzte Askanier, Heinrich II., starb 1320.

Ludwig V. aus den Hause Wittelsbach - seit 1323 Landesherr von Brandenburg.

Der letzte Askanier in Brandenburg hieß Woldemar. Seit 1309 regierte der Markgraf ein Land im Chaos: Von „großem Morden, Brennen und Rauben" des regionalen Adels berichten die Chronisten. Als er 1319 starb, versuchten die benachbarten Grafen und auch die geistlichen Landesherren mit Gewalt, Teile der Mark an sich zu reißen.

Agnes, die Witwe Woldemars, stellte sich unter die Vormundschaft des askanischen Herzogs Rudolf von Sachsen-Wittenberg und konnte zumindest das Kerngebiet mit Brandenburg sowie Cölln und Berlin unter ihrer Kontrolle halten - jedoch nur unter weit reichende Zugeständnisse an die Doppelstadt: Die Verhandlungsführer handelten die jährlichen Steuern auf den bescheidenen Betrag von 150 Mark herunter.

Als auch der jugendliche Vetter Woldemars (Heinrich II.) 1320 starb, erlosch die brandenburgische Linie der Askanier. Damit fiel das Reichslehen der Mark an den deutschen König zurück. Cölln, Berlin, Spandau, Köpenick, Finkenwerder und weitere Städte schlossen 1321 ein Bündnis, um gemeinsam Position im drohenden Kampf um die Mark zu beziehen. König Ludwig IV., „der Bayer", übertrug 1323 die Herrschaft in Brandenburg an seinen minderjährigen Sohn Ludwig V.

König Ludwig IV. (links) übertrug 1323 die Herrschaft in Brandenburg an seinen Sohn Ludwig V.

Daraufhin traten die Vertreter des Städtebündnisses in Berlin zusammen, um ihr gemeinsames Vorgehen abzusprechen. Erst danach huldigten sie dem neuen Landesherrn und fielen von Agnes und ihrem Vormund Rudolf von Sachsen ab.

Damit aber gerieten Berlin und Cölln in die Auseinandersetzung zwischen den bayerischen Wittelsbachern und dem Luxemburger Herrscherhaus um die Krone im Deutschen Reich, denn auch Johann von Luxemburg erhob Anspruch auf Brandenburg und erkannte Ludwig als Markgrafen nicht an. Papst Johannes XXII. stand dabei auf Seiten der Luxemburger. Er verhängte den Kirchenbann über Ludwig und dessen Sohn und verpflichtete seine brandenburgischen Kleriker darauf, gegen die Wittelsbacher zu agieren. Allen Städten, die weiterhin auf deren Seite stehen wollten, drohte er mit Kirchenstrafen.

Die Spannung zwischen der königstreuen Bürgerschaft und den Klerikern der Stadtunion Berlin-Cölln entlud sich am 6. August 1325: Propst Nikolaus von Bernau wetterte von der Kanzel der Marienkirche gegen die Bürger, die weiter zu ihrem Landesherrn Ludwig hielten. Des Volkes Wut entlud sich, als der Propst aus der Kirche kam: Aufgebrachte Bürger prügelten ihn zu Tode. Dann errichteten sie einen Scheiterhaufen und verbrannten den Leichnam vor der Marienkirche.

Nun verhängte der Papst den Kirchenbann über Cölln und Berlin: Trauungen, Taufen, Beerdigungen und Gottesdienste waren ver-

Das Sühnekreuz vor der Marienkirche.

boten. Nur die Franziskaner hielten es mit dem päpstlichen Edikt nicht so genau und übernahmen eine Notversorgung der Bevölkerung mit geistlichen Dienstleistungen. Erst 20 Jahre später ließen sich mit Geld und Zeichen des guten Willens die Unannehmlichkeiten des Kirchenbanns aus dem Wege räumen: Für 750 Mark Feinsilber, mit der Installation eines steinernen Sühnekreuzes vor der Marienkirche sowie dem Versprechen, einen Altar zu errichten, auf dem jährlich zwölf Schock Groschen für den Bischof von Bandenburg eingehen sollten, war die päpstliche Absolution zu erhalten.

Am 18. Juni 1345 übermittelte Bischof Ludwig von Brandenburg dem Propst in Berlin, dass der Vatikan unter Clemens VI. den Kirchenbann aufgehoben habe. Als Zeichen ihrer Unabhängigkeit setzten die Berliner nun den Bären in die Mitte des Stadtsiegels, lose verbunden mit Brandenburger Greifen im Schild.

Papst Johannes XXII. belegte die Stadt mit dem Kirchenbann.

Aufgebrachte Bürger erschlugen 1325 Propst Nikolaus von Bernau.

Rinder, Brot und Leinen - wehe, wenn zu dürr, dünn, schmal

Handwerker, Fleischer und Krämer: Sie sicherten die Versorgung und prägten das Wirtschaftsleben in Cölln und Berlin. In Fragen der Stadtpolitik hatten jedoch andere das Sagen: Kaufleute, die den Stadtrat dominierten und hier die Ratsmänner stellten. Der Rat verfolgte vornehmlich die Interessen seiner Klientel und entschied deshalb nicht immer im Sinne der kleinen Gewerbe. Erst im Jahr 1311 beurkundeten die Stadtväter die Rechtsfähigkeit einer Innung.

Die Doppelstadt wirkte wie ein Magnet auf Handwerker und Bauern des Umlandes. Dieser Konkurrenz wollten die Gewerbetreibenden der Stadtunion einen Riegel vorschieben. Sie sahen die Lösung des Problems im Zusammenschluss zu Gilden, Zünften oder Innungen. Dazu war allerdings zunächst die Genehmigung des Landesherrn und später allein die des Stadtrats erforderlich.

Die Kaufleute im Rat fürchteten jedoch, dass ein Zusammenschluss und eine Ausgrenzung der auswärtigen Konkurrenz die Preise in die Höhe treiben könnte. Und: eine Zunft bedeutete immer auch eine politische Größe, auf die der Rat immerhin Rücksicht nehmen musste. Dagegen sprach für die Zünfte, dass die Stadtväter nicht mit jedem einzelnen Handwerker über Aufstellung und Einhaltung von Mindeststandards seiner

Dienstleitungen zu verhandeln hatten, sondern nun mit einem Innungsmeister als autorisierten Ansprechpartner für eine Gruppe von Gewerben.

Schon in der zweiten Hälfte des 13. Jahrhunderts hatte der Rat den Bäckern, Fleischern und Schuhmachern (1253), den Kürschnern (1280) und Schuhflickern (1284), den Schneidern (1288) und Tuchmachern (1289) erlaubt, sich zu Zünften zusammenzuschließen. Die Entscheidung über die Einsetzung der Zunftmeister und die Ausformulierung der Gewerbeordnungen behielten sich die Stadtväter vor.

Die Gewerbeordnungen regelten Herstellung und Verkauf der Waren bis ins Kleins-

Gildesiegel um 1442 in Berlin (links) und Cölln.

Der mittelalterliche Markt an der Nikolaikirche, heute Molkenmarkt genannt, unten.

Schuhmacher

Tuchmacher

Fleischer

Bäcker

te: Die Fleischer durften als Schlachtvieh keine „milchenden Säue" oder abgemagerte Rinder auf dem Markt anbieten. Als Schlachtorte waren nur der Platz vor dem Heilig-Geist-Spital in Berlin und der Wurstmarkt in Cölln vorgesehen.

Die Schlachter standen unter besonderer Kontrolle des Rates.

Die Bäckerordnung legte das Gewicht und die Zusammensetzung des Brotes fest. Sie verpflichtete die Innung, stets genügend Ware zur Versorgung der Bevölkerung anzubieten. Die Brotschau lag in der Verantwortung des Rates gemeinsam mit den Innungsmeistern.

Qualitätskontrolle: Die Bäckerordnung regelte das Gewicht des Brotes.

Die Gildeordnungen der Tuchmacher, Wollen- und Leineweber regelten die Länge und die Breite des Materials sowie die Verkaufsmodalitäten. Bei falschen Maßen ließen die Inspektoren das Tuch sogar verbrennen. Die Patrizier der Stadt behielten sich ein Vorkaufsrecht vor. Erst wenn sie ihren eigenen Bedarf für den Fernhandel gedeckt hatten, durften die Weber ihre Tuche auf den Märkten der Spreestädte zum Verkauf anbieten. Die starken Webergilden mit ihren zahlreichen Angehörigen zwangen die Ratsmannen und auch die Innungsmeister zum regulierenden Eingriff, um die innerstädtische Konkurrenz einzudämmen und Preisstabilität zu sichern: Sie beschränkten kurzerhand die Anzahl der Webstühle.

Der Verkaufsstand eines Tuchmachers.

Erst Anfang des 14. Jahrhunderts hatte eine Innung die volle Rechtsfähigkeit in den Verhandlungen mit den Stadtvätern erreichen können: Ein Siegel der Fleischerinnung ergänzt eine städtische Urkunde aus dem Jahr 1311 über die Vererbbarkeit der Verkaufstände („Scharren"). Die Fleischer stellten neben der Zunft der Bäcker die wichtigste Vereinigung für die Versorgung der Einwohnerschaft dar. Mit der Erbpacht der Scharren konnte die Innung den Nachkommen ihrer Mitglieder nun berufliche Sicherheit bieten.

Die Mitgliedschaft in einer Innung, Gilde oder Zunft setzte eine eheliche Geburt voraus. Den Söhnen von Vätern mit „unehrlichen" Berufen (Abdecker, Scharfrichter, Totengräber, Müller, Spielmänner und Betreiber von Badestuben) war der Zugang verwehrt. Grundsätzlich galt die Regelung, dass jeder, der in eine Innung eintreten wollte, zunächst einmal durch eine Probearbeit seine Befähigung unter Beweis stellen musste. Fiel diese zur Zufriedenheit des Innungsmeisters aus, so empfahl er eine Aufnahme. Nun konnten die Ratsmannen dem Bewerber das Bürgerrecht verleihen, und die Innung nahm ihn auf. Im Jahr 1253 mussten die Bäckergesellen dafür drei Schillinge an die Stadtkasse und drei Schillinge an die Innungskasse zahlen. Schon 1272 waren diese Beträge auf zwölf Schillinge angewachsen. Ein Pfund Wachs, um

den Schutzheiligen der Innungen Kerzen aufzustellen, galt stets als Pflichtgabe. Darüber hinaus verlangten die Stadtväter, dass der neue Geselle oder das neue Zunftmitglied den Rat unter Eid als höchste Instanz anerkennen müsse.

Die Gesellen und Lehrlinge gehörten zum Haushalt der Familie. Lehrlinge erhielten ihren Lohn in Form von Unterkunft und Verpflegung, Gesellen hingegen hatten einen Anspruch auf Entlohnung ihrer Arbeitsleistung. Ihnen war es streng verboten, bei mehreren Meistern zu arbeiten und „nachts bei Licht" anderen Gewerben auszuhelfen.

Zwischen den Zünften herrschte eine strenge Hierarchie. An der Spitze des öffentlichen Ansehens standen die „Viergewerke" mit den Tuchmachern, Fleischern, Bäckern und Schuhmachern (oben), auf der untersten Stufe die Krämer als Kleinhändler, die Waren aus der Region einführten. Wenn ein Sohn eines Meisters oder Gesellen eine Tochter oder Witwe aus einer niederen Zunft heiratete, verlor er seine Innungszugehörigkeit. Damit sorgten die Zunftmeister und Gesellen dafür, dass ihre Töchter gut „unter die Haube" kamen und die Witwen eine gesicherte Versorgung fanden.

Unerwartete Hilfe für die Stellung der Innungen im Gemeinwesen der Spreestädte kam aus Bayern: Die politische Lage in Brandenburg war instabil - angesichts fürstlicher Erbstreitigkeiten über die Besetzung der Stelle des Markgrafen. In dieser Situation gelang es den Innungen 1345, mit Hilfe des Wittelsbacher Landesherrn Ludwig des Älteren und seines Statthalters Johann II. von Nürnberg (links) die Macht des von den Kaufleuten dominierten Rates einzuschränken. Seit 1346 durften die Berliner Zünfte zeitweilig vier, die Cöllner zwei Vertreter in die Ratsmannschaft entsenden.

Keine Gesellen-Karriere ohne ein Pfund Wachs

Zur Überwachung der Innungsvorstände setzte der Stadtrat zwei Abgeordnete ein. Die Meister waren verpflichtet, Übertretungen der Stadtgesetze, Arbeitsverweigerungen und schlechte Leistungen ihrer Gesellen und Lohnarbeiter an den Rat zu melden. Damit übten die Stadträte indirekt die Kontrolle über die Qualität der Produkte und die Arbeitsmoral aus. Strafgelder verhängte der Rat selbst. Sie fielen zu zwei Dritteln an die Stadtkasse und zu einem Drittel an die Innung. Auch über die Vereinbarungen zwischen Gesellen, Lehrlingen und Meistern zum alltäglichen Geschäftsbetrieb wollte der Rat stets informiert sein: Die Meister durften ihre Morgenansprachen nur im Beisein von zwei Ratsmitgliedern halten.

Luxus? Klunker? Schulden? Rat verbietet Lifestyle

Oberkleider aus feinen Stoffen und mit Gold oder wenigstens Silber durchwirkten Bordüren - todschick. Ganz Ladys von Welt, trugen die Bürgerinnen bodenlang. Ihre Vorbilder: die Damen des Hofes in Brandenburg, die sich in der Stadt zeigten, wenn der Landesherr im Hohen Haus Quartier bezogen hatte. Klingende Kassen in der Oberschicht ermöglichten Lifestyle in der Doppelstadt. Den Reichtum trugen die Kaufleute und Fernhändler gern zu Schau, ebenso wie deren Damen, Töchter und Söhne. Da wollten die Angehörigen der Innungen und Zünften natürlich nicht zurückstehen. Und schließlich versuchten sogar die Tagelöhner, mit den Vorbildern aus der „High Society" zu konkurrieren.

Den Ratsherren missfiel das mächtig. Waren sie doch der Ansicht, dass die Gelder besser in den Ausbau der Städte und in die Geschäfte zu investieren seien. Zudem hatten viele Bürger und Bürgerinnen zur Finanzierung ihres Lebensstandards vornehmlich bei den jüdischen Geldverleihern Kredite aufgenommen und Teile ihres Vermögens verpfändet. Deshalb sahen sich die Räte von Cölln und Berlin gezwungen, eine gemeinsame Ordnung zu erlassen, die tief ins Leben der Bewohner eingreifen sollte.

Mittelalterliches Tanzvergnügen.

Von 1334 an auf dem Index: Golddurchwirkte Stoffe, Zobelbesatz und kostbare Bordüren. Als Leitwährung für die „Luxusordnung" dienten Wert oder Gewicht der Silbermark. So sollten unverheiratete Frauen keine Spangen oder anderes Geschmeide tragen, das über das angegebene Gewicht hinausginge, und sich nicht mit Perlen schmücken, die mehr als eine halbe Mark wert wären. Verheiratete Frauen lebten „unter der Haube", junge Mädchen trugen als Kopfschmuck eine Krone oder einen Reif. Auch deren Wert begrenzten die Stadtväter auf eine Mark. Wenn ein Bürger eine Frau von außerhalb heiratete, galt allerdings eine Ausnahme: Die neue Bürgerin durfte ihre „Klunkern" vier Wochen lang tragen. Dann hatte auch sie sich den städtischen Kleidungsrichtlinien zu unterwerfen.

Beim eigenen Outfit allerdings hielten sich die Ratsherren in ihrem Dokument

Feine Leute beim Flanieren.

sehr bedeckt. Trends der aktuellen Herrengarderobe: geknöpftes Wams mit anliegenden Ärmeln (in), das lange Gewand von früher dagegen mega-out. Modisch korrekt galt auch das darunter getragene Seidenhemd. Die Herren der Schöpfung schätzten fein gewirkte flandrische Stoffe, italienische Knöpfe und bis zu 40 Zentimeter lange Schnabelschuhe. Pelzbesetzte Seidenroben hatten immer schon zum „Business dress" der Kaufleute und Patrizier gezählt; daran wollte die Obrigkeit offensichtlich nicht rütteln.

Gute Geschäfte: Bürger verschuldeten sich bei jüdischen Geldverleihern.

Cölln und Berlin im 14. Jahrhundert.

Hoch die Tassen - aber nur bis 22 Uhr

Auch in Familienfeste griff die Luxusordnung ein: Sie erlaubte bei Hochzeiten nicht mehr als 40 Gäste, nur zehn Aufwärter (Kellner) und sechs Spielleute. Schlemmen ja, aber nach fünf Gängen war das Maximum in der kulinarischen Versorgung erreicht. Angesichts der hohen Säuglingssterblichkeit galten Kindstaufen in dieser Zeit noch nicht als „Event". Stattdessen ehrte die Kirche die Mutter nach der Geburt eines Kindes durch einen besonderen Gottesdienst. Die Wöchnerin besuchte in Begleitung ihrer Freundinnen und Ammen das Gotteshaus, und nach alter Sitte standen ihr üppige Präsente zu. Nun aber legte die Luxusordnung fest, dass die Frauen auf Geschenke verzichten sollten und nur noch sechs Frauen ihrer Wahl sie zur Andacht begleiten durften.

„Tassen hoch" in den Wirtshäusern? Noch ein Ärgernis für die Ratsherren: Den Gastwirten verboten sie kurzerhand, nach dem letzten Glockenläuten um 22 Uhr Bier oder Wein auszuschenken. Den Nachschwärmern legte die Ordnung bei Strafe nahe, nicht noch auf den Straßen zu tanzen. Die Patrizier der Stadt tranken ihren abendlichen Schoppen in der Regel im Ratskeller. Ob die Kneipenordnung auch für sie galt, ist nicht bekannt…

…und auch nicht, ob die Patrizier selbst fortan die Finger vom Knobelbecher ließen. Für ihre Untertanen jedenfalls regelten sie das Glücksspiel. Egel ob Würfeln oder Kegeln, der Einsatz durfte fünf Schillinge nicht überschreiten. Die Gildeordnung der Wollen- und Leineweber (links oben) hatte eine Steilvorlage dazu geliefert: Sie hatte schon seit 1331 den Höchsteinsatz für ihre Mitglieder auf täglich einen Pfennig (!) beschränkt. Und an den Verkaufsständen der Wurstmacher und Fischer war

Die Luxusverordnung beschränkte die Anzahl der Hochzeitsgäste.

bereits das Spiel um mehr als einen halben Pfennig, den „Scherf", strafbar. Die Schuhmacher zogen 1384 mit einer ähnlichen Regelung nach. Und wenn einer ihrer Gesellen Stiefel, Schuhe, Hemd oder Hose verspielte, griffen sie dem nackten Kollegen in die Tasche: ein Pfund Kerzenwachs war fällig - für die Innung.

„Schluss mit lustig": Nach dem letzten Glockenläuten um 22 Uhr durften Wirte (links außen) keinen Alkohol mehr ausschenken. Auch das Tanzen auf der Straße untersagten die Ratsherren. Ob die Kneipenordnung auch für die Patrizier galt, ist nicht bekannt…

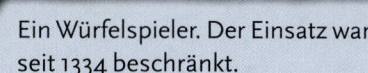

Ein Würfelspieler. Der Einsatz war seit 1334 beschränkt.

„Heimkehrer" Woldemar - rechtmäßiger Landesherr oder nur ein Müller aus der Mark?

Lebt Markgraf Woldemar? Hatte der Landesherr seinen Tod im Jahr 1319 nur vorgetäuscht, um nach Jerusalem zu pilgern und dort allen weltlichen Dingen zu entsagen? Sollte Woldemar im Heiligen Land vom Chaos daheim gehört und sich entschlossen haben, wieder für Ruhe zu sorgen? Fragen, die im Jahr 1348 die Mark Brandenburg bewegten.

König Karl IV. aus dem Hause Luxemburg hatte den „Heimkehrer Woldemar" sofort als rechtmäßigen Landesherrn von Brandenburg anerkannt und damit die Chance genutzt, den Wittelsbacher Markgrafen Ludwig zu entmachten. Auf der Seite des Königs stand auch Erzbischof Otto von Magdeburg, ein Erzfeind der bayerischen Wittelsbacher. Unter großem Jubel der Bevölkerung zog Woldemar, der auch noch seinen askanischen Siegelring vorweisen konnte, in die Mark ein. Politische und militärische Unterstützung erhielt der „Heimgekehrte" von allen Gegnern des Hauses Wittelsbach.

Cölln und Berlin schlugen sich nach anfänglichem Zögern auf die Seite ihres ehemaligen

Klicknig Karl IV. (links) erkannte „Woldemar" als rechtmäßigen Landesherrn von Brandenburg an.

König Karl IV. (links) erkannte „Woldemar" als rechtmäßigen Landesherrn von Brandenburg an.

askanischen Landesherrn. Am 20. September zog Woldemar in Begleitung Rudolfs von Sachsen und Albrechts von Anhalt in der Doppelstadt ein. Für die Huldigung der Bürger gewährte er der Stadtunion umfangreiche Privilegien und erließ ihnen einen Teil der Abgaben an die landesherrlichen Mühlen auf dem Damm.

Im Gegenzug gab die Doppelstadt Woldemar ein Darlehen in Höhe von 208 Pfund Silber. Auch andere Städte der Mark schlossen sich Woldemar an, ausgenommen Frankfurt/Oder und Brietzen (deshalb erlaubte Markgraf Ludwig der Stadt, sich den Ehrentitel „Treuenbrietzen" zuzulegen). Ludwig ließ Cölln/Berlin durch Truppen seines Verbündeten König Waldemar IV. von Dänemark belagern - allerdings vergeblich. Bald aber änderten sich die politischen Rahmenbedingungen: Ludwig gewann durch seine Bündnisse mit Dänemark, Polen und Pommern wieder an Boden. König Karl IV. sah sich gezwungen, mit den Wittelsbachern Frieden zu schließen, Ludwig erneut mit der Mark Brandenburg zu belehnen und den „Fall Woldemar" neu aufzurollen.

Am 6. August 1350 erklärte das Reichsgericht Woldemar zum Betrüger. Schon eine Woche vorher hatte Karl IV. Berlin und Cölln von der bevorstehenden Entscheidung benachrichtigt. Köpenick und die Doppelstadt aber hielten an Woldemar

fest. Wenn er ein Betrüger sei, so argumentierten die Stadtväter, so wollten sie gern einem neuen Landesherrn huldigen, nicht jedoch dem Wittelsbacher Ludwig. Der aber kündigte den Städten die Fehde an und ließ sie durch seine Streitkräfte belagern. Am 22. Juli 1351 schloss die Stadt Cölln/Berlin Frieden mit ihrem rechtmäßigen Markgrafen. Die Versöhnung feierten die ehemaligen Kontrahenten und Bürger mit einem Fest auf dem Tempelhof.

Wer war nun der umstrittene Woldemar? Vermutlich hatten die Gegenspieler der Wittelsbacher den Müller

Jakob Rehbock auf die Rolle als „wieder auferstandenen Woldemar" vorbereitet. Eine andere Theorie besagt, dass der exzentrische Woldemar ein Scheinbegräbnis habe inszenieren lassen, um unerkannt ins Heilige Land reisen zu können. Davon geht auch die dritte Variante aus: Der Pilger Woldemar habe in Rom einen Gedächtnisverlust erlitten und sich fortan für den Müller Rehbock gehalten. Wie auch immer: Woldemar verzichtete erst am 10. Mai 1355 auf die Mark Brandenburg. Bis zu seinem Tod 1356 lebte er am Hof der Grafen von Anhalt-Dessau.

Links das Siegel von „Woldemar" - Betrüger oder Rückkehrer aus der „Heiligen Stadt" Jerusalem (oben)?

Oder war das sein „Schloss" (links): Eine Mühle in der Mark?

Geschäfte blühen unter dem Schutz der Hanse

Wimpel und Flaggen in Rot und Weiß wehten von den Masten und Kastellen ihrer Koggen, mit denen die Hanse die Handelsrouten über die Ostsee erschlossen hatte: Garant für den Warenverkehr im mittelalterlichen Nordeuropa. Der Zusammenschluss von Handelsstädten bot Schutz - und somit wirtschaftliche Sicherheit für die Kaufmannschaft von Cölln und Berlin; 1359 schickten sie eine Delegation zum Hansetag in Lübeck. Sowohl auf dem Wasserweg in Richtung Elbe als auch zu Lande auf der Nord-Süd-Route errichteten die Geschäftsleute der Doppelstadt unter dem Schirm der Hanse stabile Handelswege.

Zwei Erzeugnisse der Region prägten die Wirtschaftsverbindungen von Cölln und Berlin: Holz und Getreide. Die Städte an der Nordsee-

Kaufleute beten vor der Fahrt auf einer Hansekogge. Unten: Schifffahrt vor der Doppelstadt, links Berlin - rechts Cölln.

küste benötigten ständig Material für den Ausbau ihrer Häfen und den Bau der hochseetüchtigen Koggen. Nach der Rodung des direkten Umlands transportierten die Berliner das Holz aus den oberen Spreegebieten auf Ochsenkarren westwärts. Auf den abgeholzten brandenburgischen Flächen des Barnim und des Teltow bauten Bauern Getreide an. Die Fernhändler kauften dort das als „Berliner Roggen" bekannte Korn auf und transportierten es auf Kähnen Richtung Hamburg. Der damals bevorzugte Schiffstyp war der bis zu 15 Meter lange und 2,50 Meter breite Prahm. Seit 1340 konnten die Kaufleute bereits in Magdeburg ihre Waren zoll- und abgabenfrei vermarkten.

Das Hamburger „Stapelprivileg" zwang die Berliner, ihre

Produkte eine gewisse Zeit im Hafen der Hansestadt zu lagern und zum Kauf anzubieten. Bei den dortigen „Pfeffersäcken" nahmen die Berliner Fernhändler Kredite auf ihre gestapelten Waren auf. Allein im Jahr 1288 betrugen ihre Umsätze 4.569 Silbermark. Auf diese Weise mit Bargeld ausgestattet, konnten sie weiter nach Gent und Brügge reisen, um feine Tuche und Spezialitäten des Vorderen Orients zu erwerben. Auf den Ladelisten der Rückreisen elbeaufwärts standen Ingwer, Safran, Olivenöl, Feigen, Pfeffer und Lorbeer.

„Berliner Roggen" gelangte bis nach Hamburg.

Wein aus Oberitalien, Spanien und Griechenland transportierten die Kaufleute auf der Nord-Süd-Route, edle Tropfen aus dem Rhein-Main-Gebiet auf der West-Route in die Mark. Aus dem Osten gelangten mit polnischen und baltischen Händlern die viel begehrten Zobel- und Hermelin-Felle sowie Bienenwachs-Ladungen für Kerzen nach Cölln und Berlin. Und aus Thüringen transportierten Händler Farbstoffe für die Herstellung von blauem Leinen auf die Märkte.

Von der Ostseeküste führten die Kaufleute - seit 1367 mit zollfreiem Oderzugang - vornehmlich Fisch ein: Besonders in der fleischlosen Fastenzeit ein Verkaufsschlager. Frische Ware brachten die Flussschiffer auf dem Wasserweg im „Drebel", einem eigens dafür gebauten Boot, nach

Cölln und Berlin. Ihre Gilde stiftete 1340 einen Altar für die Nikolaikirche und fand so ihre Ersterwähnung. Bis nach Magdeburg versorgte die Kaufmannschaft die Einwohner mit Stockfisch und gepökelten Meeresfrüchten. Das Salz dafür kam aus Halle und Lüneburg.

Die Hanse diente nicht nur der Sicherung des freien Handels, sondern verteidigte auch die Freiheiten ihrer Mitglieder gegenüber den Landesherren. So versuchten die brandenburgischen Markgrafen mehrfach, die Macht der Kaufleute in Berlin und Cölln zu beschneiden. Im Jahre 1345 stellten sie sich sogar auf die Seite der aufständischen Innungen und damit gegen den Rat. Dennoch riefen die Stadtväter nie den Bündnisfall aus. Sie beteiligten sich auch nicht an militärischen Auseinandersetzungen zwischen anderen Hansestädten und ihren jeweiligen Landesherren.

Der Brand von 1376 beschädigte besonders Cölln.

Geißler liefen durchs Land und riefen zur Buße auf. Links: In Massengräbern fanden die Toten ihre letzte Ruhe.

Brunnenvergifter: Pest und Pogrome

Die zweite Hälfte des 14. Jahrhunderts war für Berlin und Cölln von mehreren Katastrophen geprägt, die das Zusammenleben der Bürger schwer erschütterten. Ein nicht genau datierbarer Brand wütete um 1360 in der Doppelstadt, zerstörte zahlreiche der mit Stroh oder Holzschindeln gedeckten Fachwerkhäuser, beschädigte das Berliner Rathaus und dezimierte die Lager der Kaufmannschaft schwer. Wichtige Urkunden über Privilegien gingen verloren.

Der verarmte Landadel nutzte den Zwist zwischen den Wittelsbacher und Luxemburger Fürstenhäusern um die Mark Brandenburg dazu, sich durch Überfälle auf Dörfer und Kaufleute zu bereichern. Doch weder die Markgrafen noch Städtebündnisse konnten dieses Problem lösen. Die befestigten Städte Cölln und Berlin waren zwar sicher, aber auf Lebensmittel und Dienstleistungen des Umlandes angewiesen. Dort jedoch herrschten Angst und Schrecken: Die Raubritter stahlen das Vieh und hinterließen niedergebrannte Felder und Häuser, erschlagene Bauern und Knechte, vergewaltigte Frauen.

Schließlich brach in Cölln/Berlin die Pest aus. Die Seuche hatte die Mark über Handelsrouten sowohl von Westen als auch von Süden her erreicht. Genauere Informationen

Arzt am Bett eines Pestkranken.

über das Ausmaß des Sterbens in der Doppelstadt und im Umland sind nicht bekannt. Aus anderen Städten aber sind Bevölkerungsverluste von bis zu 30 Prozent urkundlich belegt. Der Zuzug von Einwohnern des Umlandes konnte die Bevölkerungsverluste einigermaßen ausgleichen. Auf jeden Fall aber schwächte die Epidemie den Handel beträchtlich, denn die Kaufleute mieden größere Städte. Geißler liefen durchs Land und riefen zur Buße auf. Die Infektionswege der Pest über Ratten und Flöhe waren noch nicht bekannt. Sündenböcke für die Seuche fanden die Einwohner - wie überall anderswo - in den Juden, deren Anwesenheit in der Doppelstadt erstmalig für das Jahr 1295 belegt ist.

Schon 1343 hatten sich die Bürger darüber beschwert, dass die Juden krankes oder übel riechendes Fleisch auf dem Markt angeboten hätten. Für den Ausbruch der Pest machten die biederen Bürger nun die Juden verantwortlich: sie hätten verdorbene Lebensmittel verkauft und die städtischen Brunnen vergiftet. Die Pfarrer schütteten von den Kanzeln Öl ins Feuer und warfen den jüdischen Bewohnern „Hostienschändung" vor.

Die Juden standen unter dem Schutz des Landesherrn. Dafür hatten sie eine jährliche Steuer zu zahlen. Diese Abgaben hatte Markgräfin Agnes, die Witwe des echten Woldemar, 1320 der Stadt überschrieben. Die Juden galten zwar in den Spreestädten als gut integriert; dennoch blieben ihnen die Bürgerrechte verwehrt. Einige ihrer Familien lebten vom Geldverleih und erhoben Zinsen, was Christen strikt untersagt war. Viele Bürger hatten sich bei

den jüdischen Geldverleihern verschuldet. In der antijüdischen Stimmung sahen sie nun eine ideale Möglichkeit, auf die Schnelle ihre Verbindlichkeiten loszuwerden. Verschärfend wirkte in dieser Situation, dass sich die Juden im Streit um die Mark Brandenburg auf der Seite des Wittelsbachers Ludwig geschlagen hatten, während die Bürger mehrheitlich dem „falschen" Woldemar und König Karl IV. zuneigten.

Zwischen 1348 und 1351 kam es zu mehreren Pogromen in der Doppelstadt. Eine nicht bekannte Anzahl von jüdischen Einwohnern fand den Tod, unter ihnen die Rabbiner Josef und Solomon sowie der reiche Kaufmann und Geldverleiher Meyer. Sämtliche überlebenden Juden mussten schließlich die Stadt verlassen - ohne Hab und Gut. Der Rat war über diese Entwicklung gar nicht glücklich, denn der Stadtkasse entgingen nun die jährlichen Zahlungen ihrer „Schutzjuden". Sechs Jahre später, 1354, durften sich aber schon wieder sechs jüdische Familien in der Stadt niederlassen. „Alle Geschichten, die geschehen sind, namentlich an Juden, die sollen aus meinem Herzen ganz entfernt sein", so bekundete der Wittelsbacher Landesherr Ludwig („der Römer") seine Genugtuung, dass Juden wieder in Cölln und Berlin ihren Geschäften nachgehen konnten: Seit 1363 mussten die Juden ihre Schutzgelder wieder an die markgräfliche Kasse abführen.

Die Berliner enthaupteten 1364 einen Geistlichen, der eine Bürgerin ins Badehaus geladen hatte.

Nach schweren Misshandlungen durch die Spreestädter zog sich Priester Nicolaus Hundewerper ins Kloster Lehnin zurück.

Ritter Erich - kopflos nach Brandstiftung

Die Doppelstadt kam nicht zur Ruhe. Schon im Jahr 1376 brach in Cölln erneut ein Feuer aus, das die Stadt schwer beschädigte, Berlin aber weitgehend verschonte. Brandstiftung? Als Übeltäter machten die Stadtmannen den Priester Nicolaus Hundewerper aus. Die Kirchenleitung war sensibilisiert, denn gerade zwölf Jahre zuvor hatten die Berliner einen Magdeburger Geistlichen kurzerhand enthauptet, weil dieser eine Patrizierfrau „unzüchtig ins Bad geladen" hatte.

Deshalb zog die Kirchenleitung den vermeintlichen Brandstifter Hundewerper sofort aus dem Verkehr, setzte ihn in Lehnin fest und verurteilte ihn zu zehn Jahren Klosterhaft. Da die Bürger den wahrscheinlich unschuldigen Priester schwer misshandelt hatten, verhängte der Vatikan über die Spreestädte einen bis 1393 andauernden Kirchenbann. Am 10. und 11. August 1380 fegte erneut ein Feuersturm über Cölln und Berlin hinweg. Diesmal war besonders Berlin betroffen. Wieder fielen wertvolle Urkunden, die das Verhältnis der Stadt zum Landesherrn und die Beziehungen zwischen dem Rat und den Zünften regelten, den Flammen zum Opfer. Die Marien- und die Nikolaikirche lagen in Schutt und Asche. Kaum mehr als sechs Häuser sollen noch gestanden haben: „Dat dar kume 6 hus bleven stande." Die Berliner begannen sofort mit dem Wiederaufbau, verbreiterten die Straßen und ließen die untersten Stockwerke der neuen Häuser aus Fels- oder Backstein errichten. Statt der Holzschindeln installierten sie nun Ziegeldächer. Jedem, der zum Wiederaufbau der abgebrannten Marienkirche bei-

tragen wollte, erteilte Kardinal Mileus trotz des Kirchenbanns einen Ablass. Markgraf Sigismund, der seit 1378 die Mark regierte, besuchte die niedergebrannten Städte und erließ Berlin für fünf, Cölln für drei Jahre sämtliche Steuern.

Als Brandstifter identifizierten die Ratsherren dieses Mal einen Ritter: Erich Falke, der auf der Burg Saarmund südlich von Berlin residierte und schon wiederholt mit der Stadt in Fehde gelegen hatte. Das Stadtgericht setzte einen gedungenen Schergen auf seine Spur und ließ ihn ermorden. Den aufgespießten Kopf stellten sie auf dem Oderberger Tor zur Schau. Die Ausgaben für den Kampf gegen die Raubritter, die Steuerausfälle nach den Pogromen, der Einbruch der Zolleinnahmen durch die Pest sowie die Wiederaufbaukosten nach den Bränden

stellten für die Stadtunion eine ernsthafte Belastung dar. Mit der Begründung, sie hätten ihre Gelder in den Wiederaufbau der eigenen Stadt zu investieren, verweigerten die Cöllner ihre Zahlungen an die Berliner Stadtkasse. Die Union stand kurz vor der Auflösung. Landesherr Sigismund musste die Ratsherren mehrfach zur Beilegung ihrer Streitigkeiten ermahnen und drang darauf, die gemeinsame Stadtverwaltung beizubehalten.

Sigismund von Luxemburg, Kurfürst von Brandenburg, zwischen 1378 und 1388.

Stadtbuch: Chronik der Verbrechen

Alle Auseinandersetzungen zwischen den Wittelsbacher und Luxemburger Fürstenhäusern um die Herrschaft in der Mark Brandenburg hatte die Stadtunion von Cölln und Berlin gestärkt überstanden. Den wechselnden Landesherren, ständig in Geldnöten, waren die Ratsherren gern behilflich: Sie zahlten Kredite für neue Privilegien aus, erwarben 1369 das Münzrecht, außerdem die Mühlen auf dem Damm und weitere Zollrechte im Umland. 1387 konnte der Berliner Stadtrat sogar die Pfandherrschaft über Burg und Stadt Köpenick an sich ziehen.

Nur die Gerichtsbarkeit lag weiterhin in der Obhut des Landesherrn. Er verpfändete das Amt des Richters an einen der reichsten Bürger der Stadt, seinen Schultheißen Thilo Brügge. Ihm standen Einnahmen aus allen in der Stadt verhängten Geldstrafen zu. Als Brügge 1391 starb, gelang es den Berliner Ratsherren, seinem Erben das Richteramt mit einer einmaligen Zahlung von 356 Schock böhmischer Groschen abzukaufen. Mit der niederen und der hohen Gerichtsbarkeit war Berlin nun Herr über Leben und Tod, auch für Cölln. Als sichtbares Zeichen ihrer Stadtfreiheiten errichteten die Ratsherren auf dem Alten Markt (dem späteren Molkenmarkt) eine Roland-Statue. Damit signalisierten sie ihre Unabhängigkeit von den brandenburgischen Landesherren.

Um 1390 begannen die Berliner damit, ein „Stadtbuch" zu führen, in dem ein Schreiber alle Verwaltungsakte, Verordnungen und Privilegien des Landesherren rückwirkend bis

Sieben Schöffen urteilten über die Angeklagten (links).

Register des ersten Kapitels im Berliner Stadtbuch (rechts).

1272 dokumentierte. Damit zogen sie die Konsequenzen aus den Bränden von 1376 und 1380, in denen wichtige Urkunden den Flammen zum Opfer gefallen waren.

Dieses Buch gewährt eindrucksvolle Einblicke in das Leben der mittelalterlichen Stadt: In vier Abschnitte gegliedert, enthält es die wichtigsten Urkunden, Zunftordnungen, Verzeichnisse der städtischen Einnahmen sowie das geltende Stadtrecht. Auch die Bedingungen für den Erwerb des Bürgerrechts und Veränderungen in den Besitzverhältnissen sind dort nachzulesen wie auch Aufzeichnungen zu Renten und Schulverschreibungen. Dem dritten Kapitel „der schepen rechtlichkeit" verdankt die Nachwelt eine detaillierte Aufstellung von städtischen Gerichtsfällen und dem vierten Kapitel Angaben zur Bestrafung der Übeltäter. 135 Kriminalfälle und Urteile sind im Stadtbuch bis 1448 festgehalten.

Das Stadtgericht tagte stets öffentlich. Der Berliner Richter und die sieben Schöffen aus Berlin und Cölln traten alle 14 Tage mittwochs in der Gerichtslaube am Rathaus zusammen. War der Angeklagte auf frischer Tat erwischt worden oder geständig, gelangten

Die alte Berliner Gerichtslaube steht heute in Babelsberg.

die Schöffen rasch zu einem Rechtsspruch. Andernfalls ordneten sie Folter an.

Mit der Todesstrafe gingen die Schöffen und der vorsitzende Richter nicht gerade zimperlich um: Im Zeitraum von 57 Jahren übergaben sie durchschnittlich zwei Personen jährlich dem Scharfrichter - nach dem Vergeltungsprinzip: je schwerwiegender das Vergehen, umso grausamer die Strafe. An der Spitze der blutigen Statistik standen Hinrichtungen durch den Strang und Enthauptungen: 24 Straßenräuber, ein Kindsmörder und zwei Männer, denen Mordversuch nachgewiesen werden konnte, fielen dem Schwert des Scharfrichters zum Opfer. Zwei Angeklagte fanden auf diese Weise den Tod, weil sie angeblich Kinder an Juden verkauft hatten. Der Schuhmachergeselle Hencze Strutz verlor sein Haupt, weil er der Ehefrau des Hans Angermunden nachgestellt hatte, ja sogar des Nachts in ihre Kammer gestiegen war. Den Diebstahl von Abendmahlskelchen in der Petrikirche zu Cölln büßte Hans Brasche durch Enthauptung - eine Gnade des Bürgermeisters: Brasche hätte auch gerädert oder gehängt werden können.

Thilo Brügge, der Richter des Landesherren und sein Siegel.

Hinrichtungen mit dem Rad waren besonders schmerzhaft.

Die gängigsten Hinrichtungsarten des Mittelalters.

Wer als Hexe verdächtig war, endete meist auf dem Scheiterhaufen.

50 Männer, „mit Seilers Tochter verheiratet"

Während die Strafe des Enthauptens noch als relativ ehrenvoll galt, zählte der Tod am Galgen zu den entwürdigenden Todesstrafen. Mit „Seilers Tochter verheirateten" die Henker 50 Männer vornehmlich wegen Raubes, Diebstahls und Hehlerei. Jungen betrachtete das Gesetz vom 13. Lebensjahr an als strafmündig. Den Sohn eines Pfarrers aus Teltow ließ der Scharfrichter wegen Pferdediebstahls hängen, den Sohn eines Bademeisters wegen heimlichen Fischens. Ein weiterer Knabe endete am Galgen, weil er eingelegte Heringe hatte mitgehen lassen.

Zu den schmerzhaftesten Hinrichtungsarten zählte das Rädern. Dazu zerschlugen der Henker und seine Knechte dem Todeskandidaten Zug um Zug die Knochen und flochten seine Gliedmaßen durch die Speichen eines Rades. Elf

Männer, die das Gericht des Mordes, des Kirchenraubes und der Brandstiftung für schuldig befand, endeten auf diese Weise.

Straffälligen Frauen blieb die Hinrichtung durch das Rad oder den Strang erspart. Sie endeten meist auf dem Scheiterhaufen oder noch viel schlimmer: lebendig begraben. Eine Frau namens Dorothea traf diese Strafe, weil sie einem Bauern Speck, Gefäße und Kochgeschirr gestohlen hatte. Dasselbe Schicksal erlitt eine Dirne namens Anna, die aus einer Schankwirtschaft Kleider der Gäste entwendet hatte, und eine Ehefrau wegen Meineids. Deren Ehemann und Mittäter endete dagegen am Galgen.

Im Zeitraum von 57 Jahren fanden 14 Personen den Tod auf dem Scheiterhaufen, so eine Frau, die Allerheiligen einigen Gottesdienstbesuchern den Geldbeutel abgeschnitten hatte, eine andere wegen Kirchendiebstahls in St. Marien sowie vier Giftmischerinnen. Frau Wolborg hatte einer Nebenbuhlerin vergiftete Beeren zum Geschenk gemacht: Sie starb wegen „Zauberei" den Feuertod. Weil man bei einer alten Frau ein „Hexenpulver" fand, trat auch sie ihren letzten Gang ins Feuer an. Das Pulver, hergestellt aus dem Herzen eines ungetauften Kindes, sollte vor den Schmerzen der Folter schützen.

Drei Männer wurden wegen Betrugs verbrannt: Sie hatten Blei und Zink als Silber in Umlauf gebracht. Cleyne Jurigen starb auf dem Scheiterhaufen, weil er gefälschte Würfel hergestellt und mit ihnen um Geld gespielt hatte. Ein ge-

wisser Nicolaus brannte, weil er Gefangenen mit Kunstgriffen (Zauberei) Geld abgenommen und es mit „losen Weibern" durchgebracht hatte. Auch die Eheleute Jesmann beendeten ihr Leben im Feuer: Sie hatten ihre unmündige Tochter - jünger als zwölf Jahre - mit einem Komtur auf dem Tempelhof verkuppelt.

Als Richtstätte diente der Rabenstein vor dem Oderberger Tor. Dort standen der dreiarmige Galgen und die aufgerichteten Räder, dort brannten die Scheiterhaufen.

Das Schwert schwang der Scharfrichter vor den Rathäusern in Cölln und Berlin. Für jede Exekution kassierte er fünf Schillinge, das Rädern dagegen kostete das Doppelte.

Zu den „Leibesstrafen" gehörten auch Verstümmelungen und öffentliche Auspeitschungen am Pranger. Straffällige Bürger, die das Gericht der Stadt verwies, ließ es mit einem Brandmal auf der Schulter zeichnen. Gertrude, der Ehefrau des Tile Wolf aus Cölln, schnitt der Henkersknecht wegen Diebstahls eines Mantels ein Ohr ab und verprügelte sie mit Ruten. Diese Strafe traf auch eine Badefrau, die in den Öfen der Badestube am Krögel Bilsenkraut verbrannte, „daß die Leuthe beinah ersticket wären". Mit Auspeitschungen kamen zwei Dirnen, die einen Reitersmann ausgenommen hatten, eine Magd, die öffentlich „Mädchen für die Priester" forderte sowie eine Salzdiebin noch glimpflich davon...

Kleinere Vergehen büßten die Übeltäter am Schandpfahl auf der Gerichtslaube.

Raubritter und Fehden - Brandenburg im Chaos

Totales Chaos der Mark Brandenburg: Weite Landstriche waren durch Pest und Landflucht entvölkert. Die Adligen verarmten, denn ihnen fehlten die Zehntabgaben (Steuern) ihrer Untertanen. Mit sinkendem Lebensstandard stieg die Brutalität: Ihre Raubzüge durch die verödeten Landstriche führten die Ritter bis zu den gut befestigten Städten.

Eine staatliche Ordnungsmacht in der ausgebluteten Mark Brandenburg existierte nicht mehr. Die Wittelsbacher Landesherren zeigten sich nur dann in der Region, wenn sie mit den finanzkräftigen Städten über finanzielle Zuwendungen gegen die Gewährung neuer Privilegien verhandeln wollten.

Als Markgraf Otto (den die Nachwelt bezeichnenderweise „den Faulen" nannte) 1379 starb, kaufte Kaiser Karl IV. für 500.000 Gul-

Raubritter und verarmter Landadel bereicherten sich an wehrlosen Bauern.

Markgraf Otto, den die Nachwelt „den Faulen" nannte.

den die Mark Brandenburg von den Wittelsbachern zurück. Er setzte seinen Sohn Wenzel als Kurfürsten ein. Damit endete deren Herrschaft in Brandenburg endgültig. Der Doppelstadt bestätigte Karl am 27. August alle Privilegien einschließlich des neu erworbenen Münzrechts.

Mit einem „Landbuch" ließ der Kaiser eine Bestandsaufnahme über alle landesherrlichen Privilegien und alle Einnahmen für die Landeskasse erstellen. Dabei stellte sich die Doppelstadt Cölln-Berlin als Haupteinnahmequelle für die Markgrafschaft heraus.

Diesem Landbuch sind entscheidende Informationen über die damalige Besiedelung der Mark zu verdanken. Viele Dörfer des Umlandes fanden dort ihre Ersterwähnung, so zum Beispiel Biesdorf, Blankenburg, Blankenfelde, Bohnsdorf, Britz, Buch, Buckow, Glienicke, Hellersdorf, Hohen- und Niederschönhausen, Karow, Lichtenrade, Lübars, Pichelsdorf, Rahnsdorf, Reinickendorf, Rosenthal, Schmöckwitz, Steglitz und Wartenberg. Der Kurfürst ließ seinen Landeshauptmann in Brandenburg mit dem Aufbau tragfähiger

Verwaltungsstrukturen beginnen. Die Ruhe aber währte nicht lange: Als der Kaiser 1378 starb, ging die Regentschaft über Brandenburg auf Wenzels Halbbruder Kurfürst Sigismund über. Wieder beherrschten Raub und Fehden das Leben in der Mark. Die Familien der Quitzows, der Bredows und der Edlen Gänse von Putlitz machten die Region unsicher. Aus dem Norden fielen auch die Herzöge von Pommern in die Mark ein - in Komplizenschaft mit den räuberischen Banden des aufrührerischen Landadels.

Sigismund ermächtigte deshalb 1384 die Ratsleute und Bürger von Berlin und Cölln, alle Räuber und Missetäter hinzurichten, die sie erwischen konnten. Und wieder geriet die Mark in neue Hände: Sigismund verpfändete 1388 das Gebiet aus Geldnot an seinen Vetter Jobst von Mähren. Mehrfach besuchte Jobst die Mark Brandenburg und versprach den Städten, sich entschieden gegen die Bedrohung ihrer Interessen durch die Raubritter einzusetzen. Stattdessen aber verkaufte oder verpfändete er gegen harte Gulden oder Freiberger Silber Burgen und befestigte Orte an den räuberischen Adel. Auf diese Weise gelangte die Familie Quitzow sogar in den Besitz von

Auszug aus dem Brandenburger Landbuch für den „Barnym im districtus Berlin".

Burg und Stadt Köpenick. Um ihre Handelswege zu verteidigen und ihre Ansprüche gegenüber dem Landesherrn durchzusetzen, griffen die Städte zur Selbsthilfe: Am 22. Februar 1393 und noch einmal am 9. Juli 1399 schlossen sich mehrere mittelmärkische Städte unter Führung Berlins zu zeitlich begrenzten Militärbündnissen zusammen. Die Berliner stellten fünf Panzerreiter und zwei Schützen, Cölln jeweils einen Krieger weniger. Außerdem erließen die Räte ein „Vermummungsverbot" in ihren Städten und ihrem direkten Umland.

Das Siegel der Stadt Cölln von 1383. Seitenmitte: Johann, Stammvater der Edlen Gänse von Putlitz, vor dem Familienwappen.

Die Quitzows: Nur Ärger mit der wilden Truppe

Den Raubrittern der Familie Quitzow - Vater Kuno und den beiden Söhnen Dietrich und Johann - war es gelungen, den Handel bis zur Elbe und zur Nordsee sowie die Schifffahrt auf Spree und Havel zu kontrollieren - ohne sich mit dem länderübergreifenden Städtebündnis der Hanse anzulegen. Denn die Cölln-Berliner Stadtväter riefen den Bündnisfall nicht aus: ihren Städten konnten die Raubritter nichts anhaben. Wenn aber die marodierenden Haufen ins Umland einfielen, konnten die Berliner gar nicht so schnell ihre lokalen Verbündeten aus Brandenburg und Frankfurt alarmieren, wie sich die Raubritter wieder zurückzogen.

Die Innungen waren mit der Stadtpolitik nicht einverstanden, denn sie mussten zur

Die Stadtväter von Cölln und Berlin luden die Quitzows zum Feiern ein. Im Hintergrund: Eine Darstellung der Raubzüge der Quitzows am Roten Rathaus.

Verteidigung erhebliche finanzielle Beiträge leisten und Soldaten stellen. Die Familie der Quitzows versuchte daher, die unzufriedenen Handwerker zur Revolte gegen den Rat aufzuwiegeln. Die Stadtväter gingen daraufhin ein kalkuliertes Risiko ein: Sie verhandelten mit der Familie der Quitzows und übertrugen Dietrich 1404 die Führung über ihre Streitkräfte, um die Landsknechte der Pommerschen Fürsten abzuwehren, die in Brandenburg eingefallen waren. Damit kündigte die Doppelstadt indirekt ein Bündnis aus dem Jahr 1399 mit Brandenburg und Frankfurt an der Oder auf, was bei ihren Partnern auf Unverständnis und Empörung stieß. Für 80 Schock böhmische Groschen sagte Dietrich der Doppelstadt seinen Schutz für ein Jahr zu, stellte sich an die Spitze der mittelmärkischen Truppen und vertrieb die Besatzer.

Die Stadtväter - begeistert - luden die Quitzows nach Berlin ein. Die Bevölkerung empfing die wilde Truppe mit Freudengesängen und Tanzvergnügen mit „schön gezierten Jungfrauwen" und „welchem Wein". Doch bald wollten die

Das Kirchenfenster von Kuhsdorf (Prignitz) mit dem Wappen derer von Quitzow.

Stadtväter von Berlin und Cölln ihren Söldner-Boss wieder loswerden. Sie verlangten von den Quitzows die Übergabe von Stadt und Burg Köpenick und sicherten sich die Unterstützung des Markgrafen Jobst von Mähren. Der sah eine Möglichkeit, sich an den Auseinandersetzungen zu bereichern, und übertrug Köpenick für 700 Schock Groschen an Berlin. Dietrich Quitzow zog sich aus der Stadt Köpenick zurück, hielt aber die Burg besetzt. Da Berlin ihm Zahlungen aus erpressten Lösegeldern während des Pommernfeldzugs verweigerte, hielt sich Quitzow im September 1410 an den Bauern des Umlands und dem Stadtvieh schadlos: Seine Schergen erschlugen die Hirten und trieben die Tiere auf die Burg von Bötzow, dem heutigen Oranienburg. In Berlin läuteten die Glocken Sturm.

Die Bürger sammelten sich zur Verfolgung der Übeltäter. An ihrer Spitze ritt der Patrizier und Ratsherr Niklas Wyns.

Fehdebrief der Quitzows an die Bauern von Lichtenberg.

In der Jungfernheide stellte er die Viehräuber. Nach einem kurzen heftigen Kampf hatten die Raubritter gesiegt. Der Ratsherr und 16 Bürger gerieten in die Hände der Quitzows. Erst nach zwei Jahren ließen sie ihre Gefangenen frei - gegen bare Münze.

Nun begann Dietrich, detaillierte Pläne zur Eroberung Berlins zu schmieden, um die Mark „vom Haupte her" aufzurollen, und besetzte die Burg Saarmund. Auch die Burgen und Städte Plaue, Rathenow, Friesack, Bötzow und Köpenick kontrollierte er.

Gefahr drohte Berlin auch von innen: 1411 schloss sich die Bürgergemeinde zu einer Verschwörung gegen den Rat zusammen - hatte Dietrich von Quitzow seine Hand im Spiel? Alle Versuche, Cölln und Berlin angesichts der Bedrohung zu einer Stadt zu vereinigen, schlugen fehl. Zu stark waren die Eigeninteressen der Räte der Doppelstadt.

Quitzows Schergen hielten sich an friedlichen Bauern schadlos.

„Faule Grete" macht Raubrittern Beine

War es Gift? Markgraf Jobst war 1411 kinderlos in Brünn verstorben - unter mysteriösen Umständen. Sein Vetter König Sigismund (Seitenmitte) übernahm die Mark nun wieder selbst. Die Abgesandten Brandenburgs - an der Spitze die Bürgermeister Hans von Dannewitz und Thomas Heidicke aus Berlin sowie Carl Nabel aus Cölln - schilderten dem König in Prag die schlimme Lage in der Mark. Sigismund setzte daraufhin seinen Weggefährten, den Burggrafen Friedrich VI. von Nürnberg aus dem Hause Hohenzollern, als Landeshauptmann ein.

Als Friedrich 1412 vor den Toren von Berlin eintraf, wollten ihn die Ratsherren gern empfangen. Sie bestanden aber darauf, dass keiner seiner bewaffneten fränkischen Begleiter die Stadt betreten dürfe. Denn die Ratsherren standen dem neuen Verwalter der Mark skeptisch gegenüber, erkannten aber die Möglichkeit, sich mit seiner Hilfe der Dauerprobleme zu entledigen, die ihnen die marodierende Sippschaft des Raubritters Quitzow bereitete.

Am 7. Juli huldigten Bürger und Räte Berlins dem neuen Landeshauptmann. Sie stellten ihm Reiter, Schützen und Fußsoldaten für seinen Feldzug gegen die Plagegeister zur Verfügung. Cölln hingegen weigerte sich beharrlich, Söhne der Stadt und Söldner in einen drohenden Waffengang zu schicken.

Bald läutete Friedrich zum Sturm auf die Burgen des märkischen Raubadels. Zunächst machte sich Dietrich von Quitzow noch über den neuen Landesherrn lustig: Er bezeichnete ihn als „Tand aus Nürnberg" und wollte sogar seinen Kameraden Caspar Gans von Putlitz gegen ihn als Landeshauptmann aufstellen. Bereits im Oktober 1412 standen die Truppen der Hohenzollern am Kremmer Damm den Raubrittern unter Führung von Dietrich gegenüber. Zwar konnten sie den aufrührerischen Adel und dessen Verbündete aus Pommern nicht besiegen; aber die pommerschen Fürsten zeigten

sich beeindruckt und zogen sich aus dem Konflikt zurück. Nunmehr war der märkische Landadel auf sich allein gestellt. Der geschmähte „Nürnberger" ließ sich Zeit, sammelte neue Truppen und eroberte Zug um Zug die Burgen der Region. Im Februar 1414 hatten die Feldzüge gegen die Quitzows und ihre Freunde begonnen. Und wieder waren die Berliner dabei. Sie sollen sogar die Glocken der Marienkirche für die Herstellung von Kanonen eingeschmolzen haben. Ein besonders starkes Geschütz, die gefürchtete „faule Grete", lieh sich Friedrich beim Landgrafen von Thüringen aus.

Als die ersten Mauern von Dietrich Quitzows Burg Friesack fielen, gab der Ritter auf und floh. Nun wandte sich Friedrich der Burg und dem Ort Plauen zu, dem Stammsitz von Dietrichs Bruder Johann. Nach der Eroberung nahm Friedrich seinen Gegner gefangen und übergab ihn dem Erzbischof von Magdeburg, Günther II. von Schwarzburg. Der verfrachtete den Störenfried hinter Gittern in Calbe. Dietrich Quitzow hatte sich über die Elbe abgesetzt und starb

Belagerung der Burg Friesack mit der „Faulen Grete".

Kurfürst Friedrich I. mit seinen Gefolgsleuten Johann Graf von Hohenlohe (links) und Wend von Ileburg auf der ehemaligen Siegesallee.

kurz darauf in Schloss Harbke bei Helmstedt. Im März verkündete Friedrich dann ein Landfriedensgesetz, das alle Fehden in der Mark Brandenburg unter Strafe stellte.

Damit war der Siegeszug des Hohenzollern erfolgreich beendet. Über die Befriedung eines der unruhigsten Gebiete seines Herrschaftsbereiches zeigte sich König Sigismund höchst erfreut und ernannte Friedrich 1415 zum Markgrafen in Brandenburg. Im Franziskanerkloster nahm dieser vom 18. bis zum 21. Oktober die Huldigung der Stände Brandenburgs entgegen.

Beim Konzil in Konstanz verlieh der König am 18. April 1417 seinem Markgrafen die höchste Würde, die er im Reich zu vergeben hatte, die eines Kurfürsten. Und diese Regentschaft sollte bis 1918 dauern.

Belehnung des Hohenzollern Friedrich mit der Mark Brandenburg durch König Sigismund.

Zusammengerauft - zur Stadt Berlin

Die Stadträte von Cölln und Berlin rauften sich 1432 zusammen. Sie wollten ihre ständigen Streitigkeiten beilegen und endlich ihre wichtigsten Verwaltungsorgane vereinigen. Hinter der Absicht stand aber nicht nur Vernunft, sondern auch die Bedrohung der städtischen Freiheiten durch den neuen Landesherrn und ein innerer Druck der Innungen - sie wollten endlich bei Machtfragen in der Doppelstadt mitreden.

Kurfürst Friedrich I. besuchte die Mark Brandenburg recht selten und setzte seinen Sohn Johann (der „Alchemist") zum Stellvertreter ein. Während Friedrich noch der Meinung war, dass die Städte das Rückgrat des Reiches bildeten, wollte Johann die Macht des Landesherrn zu Lasten von Berlin, Cölln, Frankfurt an der Oder und Brandenburg stärken. Er begann damit, die während der Raubritterzeit verliehenen Privilegien, verpfändeten Güter und Lehen wieder einzuziehen.

Auch forderte er eine Beteiligung an seinen Kriegen gegen die pommerschen Fürsten ein, die in die Uckermark einmarschiert waren, und an den Feldzügen gegen die böhmischen Hussiten, die an

Die Tuchmacher gehörten zu den einflussreichsten Innungen des „Viergewerkes".

der Oder entlang nach Norden vorstießen. An der Spitze der Verweigerer stand Frankfurt, das zur Bestätigung seiner alten Privilegien sogar ein Rechtsgutachten vom Schöffengericht in Magdeburg einholte. Als Johann sich auch noch der Hilfe des Hochmeisters des Deutschen Ordens gegen die unbotmäßigen Städte versicherte, reagierten diese 1430 mit einem engeren Anschluss an die Hanse. Im Februar des darauffolgenden Jahres schlossen Frankfurt, Cölln und Berlin zusätzlich ein gesondertes Beistandsabkommen, um dem Zugriff des Landesherrn auf ihre verbrieften Rechte in der Mark auch militärisch Einhalt zu gebieten.

In der sich anbahnenden Schwächung der Stadträte sahen die Innungen eine Möglichkeit, ihre eigenen kommunalen Ansprüche durchzusetzen und mithilfe von Johann, dem „Alchemisten", den Einfluss des Magistrats in der Stadtverwaltung zu reduzieren. Die ältesten Innungen, die „Viergewerke" mit den Tuchmachern, Fleischern, Bäckern und Schuhmachern, hatten zwar schon hin und wieder Vertreter in den Stadtrat schicken dürfen. Die weniger bedeutenden Zünfte jedoch standen außerhalb al-

ler Entscheidungen zum Wohle der Stadt. Es rumorte in der einfachen Bevölkerung, der „Meinheit". Angesichts dieser Situation warfen die Stadträte von Cölln und Berlin ihre von vielen Bündnispartnern als Kleinkrieg empfundenen Animositäten über Bord und schlossen sich am 28. Juni 1432 zu einer Stadt unter der Führung Berlins zusammen. In den gemeinsamen Stadtrat zogen zehn Berliner und fünf Cöllner ein. Ihnen standen zwei Bürgermeister aus Berlin und ein Vertreter Cöllns vor. Das Gerichtskolleg bildeten vier Berliner und drei Cöllner Schöffen. Sie hatte der gemeinsame, mit einfacher Mehrheit entscheidende Rat ins Amt berufen, der im Rathaus auf der Langen Brücke tagte. Auf beiden Seiten der Spree galt nun einheitliches Bürgerrecht. Die Jahr- und Wochenmärkte organisierten die Partner an unterschiedlichen Tagen.

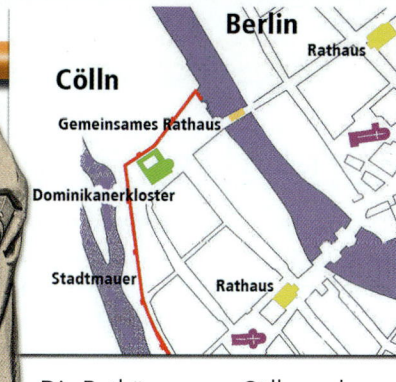

Die Rathäuser von Cölln und Berlin. Links: Kurfürst Friedrich I.

Und die „Allmende" beider Städte - Wälder, Wiesen, Weiden und Lehmkuhlen - standen einer gemeinsamen Nutzung offen. Alle Bürger konnten im gesamten Stadtgebiet Besitz erwerben.

Die zu dieser Zeit ratsfreundlich gestimmten „Viergewerke" hatten der Vereinung der Städte zugestimmt und sich ihrerseits zusammengeschlossen. Die kleinen Innungen der ehemaligen Doppelstadt aber folgten diesem Beispiel nicht.

Versammlung von Schöffen zur Beilegung innerstädtischer Zwistigkeiten. Links: Hussiten bedrohten auch die Mark Brandenburg. Ihre stärkste Taktik: die Wagenburg.

Zerstritten - Aus für Stadtunion

Als ein Erfolgsmodell erwies sich die Vereinigung von Cölln und Berlin zu einer Stadt zunächst nicht. Zwischen den Räten auf der einen Seite und den Innungen sowie der Meinheit (Bevölkerung) auf der anderen brachen schwere Konflikte aus, denn die Patrizier wollten die Macht auf keinen Fall teilen. Bürgerkriegsähnliche Unruhen und bewaffnete Auseinandersetzungen waren die Folge. Auch die Viergewerke stellten sich gegen ihre Stadtväter.

Die Innungen entschieden sich, das Problem ihrem Kurfürsten vorzutragen. Friedrich II. erkannte die Möglichkeit, seinen Einfluss in der Stadt zu vergrößern, und schlug sich auf die Seite der Bittsteller. Vorsichtshalber rückte er gleich mit 600 Reitern an; die Bürger öffneten dem Landesherrn sogleich die Stadttore. Offiziell wollte der Kurfürst eine vermittelnde Rolle einnehmen, setzte aber den Rat solange unter

Wilke von
Blankenfelde

In Cölln und Berlin herrschten bürgerkriegsähnliche Zustände (links).

Druck, bis dieser geschlossen zurücktrat. Friedrich erklärte die Union von Berlin und Cölln für aufgelöst, ließ sich die Stadtschlüssel übergeben und forderte freien Zugang zum Hohen Haus, das er für sich reklamierte. Nun hatte der Kurfürst das Sagen und ließ am 29. August 1442 eine Unterwerfungsurkunde ausstellen.

Den Innungen und der Meinheit gestand der Kurfürst nun das Recht zu, Abgeordnete in die Ratsversammlungen zu entsenden. Die Stadt Berlin sollte zwölf Ratsherren entsenden, die Stadt Cölln fünf. Die Bestätigung ihrer Ernennung behielt sich der Landesherr vor - das galt auch für den Bürgermeister Wilke von Blankenfelde.

Einen politischen oder militärischen Zusammenschluss von Cölln und Berlin mit anderen Städten, auch der Hanse, untersagte der Kurfürst. Er entzog der Stadt die Hohe Gerichtsbarkeit und legte sie in die Hände eines beamteten Hofrichters. Zu dessen Sitz bestimmte er das ehemalige Rathaus auf der Langen Brücke. Durch den Entzug des Stapelrechts schwächte Friedrich die Vormacht der Berliner Kaufleute in der Mark.
Bald erschien ihm das Hohe Haus in Berlin nicht mehr als adäquates Domizil

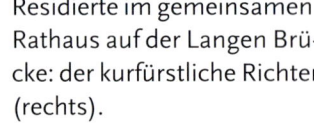

Als melancholischer Mensch galt Kurfürst Friedrich II. - seine Härte gegen die Städte Brandenburgs brachte ihm den Namen „Eisenzahn" ein.

für einen Kurfürsten. Zwischen dem Dominikanerkloster und der Stadtmauer in Cölln fand er auf der brach liegenden Landzunge Baugrund für einen neuen Fürstensitz. Am 31. Juli 1443 legte Friedrich II. persönlich den Grundstein für sein künftiges Schloss und verkündete seine Absicht, Cölln-Berlin zu einer Resi-

Residierte im gemeinsamen Rathaus auf der Langen Brücke: der kurfürstliche Richter (rechts).

denzstadt in Brandenburg erheben zu wollen.

Höchst geschickt hatte Kurfürst Friedrich II. damit der Stadtunion fast alle Privilegien entzogen, die ein selbstständiges Gemeinwesen ausmachten und die Cölln-Berlin länger als als zwei Jahrhunderte - oft gegen hohe Zahlungen an ihre jeweiligen Landesherren - hatte erwerben können.

Die Erwartungen der Bevölkerung an eine Beteiligung an den Stadtgeschicken erfüllten sich nicht. Denn den Unterwerfungsvertrag scheinen die Stadtväter als nicht besonders bindend angesehen zu haben: Bald standen wieder die alten Patrizierfamilien im Vordergrund des politischen Handelns.

Und auch die strikte Trennung der Verwaltungen der Doppelstadt hatte nicht lange Bestand: In mehreren Rechtsfragen entschieden die Berliner und Cöllner Räte schon seit Ende 1443 wieder gemeinsam. Sie nahmen sich sogar das Recht heraus, Todesstrafen zu verhängen, und ließen einen Schmiedegesellen enthaupten, weil er ein Freudenmädchen des städtischen Bordells geschlagen hatte.

Die Doppelstadt musste sich dem Kurfürst unterwerfen.

„Eisenzahn" packt ins Fell des Bären

Argwöhnisch sahen die Einwohner von Cölln und Berlin zu, wie an der Spree ein Gebäude emporwuchs, das statt der Bezeichnung „Schloss" eher den Namen „Zwingburg" verdiente. Von den beiden Türmen der Anlage aus lag die gesamte Doppelstadt im Schussfeld der Kanonen. Zwischen der Burg, im Volksmund „Zwing Cölln" genannt, und der Stadt ließ Kurfürst Friedrich II. einen 15 bis 20 Meter breiten, durch die Spree gefluteten Graben ausheben. Und stellte damit seinen Beinamen „Eisenzahn" nachdrücklich unter Beweis.

Die Bürgerschaft bemerkte die Absicht und war verstimmt. So hatten sich die kleinen Innungen und die Meinheit die Hilfeleistung ihres Landesherrn gegen das Patriziat nicht vorgestellt. Und die Kaufleute und Räte der Stadt befürchteten mit der Einschränkung ihrer Handelsfreiheiten deutliche Geschäftseinbußen.

Als der Kurfürst auch noch damit begann, die Besitzverhältnisse im direkten Umland Berlins zu prüfen und streitige Fälle einzuziehen, war für alle das Maß voll. Denn nicht nur die Patrizier hatten Land außerhalb der Stadtmauern erworben, sondern auch viele Handwerker. Den noch 1442 verfeindeten Gruppen war ein gemeinsamer Gegner erwachsen: „Eisenzahn".

Trotz des Verbots, ein Bündnis mit der Hanse einzugehen, beteiligte sich Berlin mit 31 Bewaffneten im Jahr 1443 an einer Koalition gegen die Landesherren von Brandenburg, Sachsen, Pommern, Mecklenburg und Braunschweig. Den Richter des Markgrafen, Balthasar Haken, nahmen die Bürger im Januar 1448 gefangen. Sie stürmten das Hohe Haus, die Landesvertretung Friedrichs, und verbrannten Dokumente sowie Beurkundungen des kurfürstlichen Besitzes in der Stadt und im Umland. Nun richtete sich der „Berliner Unwille" gegen den Bau der Residenz: Die Aufständischen zerstörten das Wehr der Bewässerung des Schlossgrabens und überfluteten die Baustelle.

Der Kurfürst scheute eine direkte militärische Konfrontation mit seiner designierten Residenzstadt und setzte auf den Verhandlungsweg, indem er die Cöllner und Berliner Stadtväter vor sein Gericht in Spandau bat.

Die Räte verweigerten jedoch die Teilnahme und bereiteten die Verteidigung vor; sie sicherten die Lücke mit Palisaden, die der Bau der Zwingburg in der Stadtmauer hinterlassen hatte.

Mehrere Städte Brandenburgs hatten Berlin Unterstützung für die Erhebung gegen den Landesherrn zugesagt. Dann gaben sie jedoch der geschickten Landespolitik Friedrichs nach und rückten wieder von ihren Versprechungen ab.

Das Siegel zeigt als Zeichen der kurfürstlichen Herrschaft einen gezähmten Berliner Bären.

Kurfürst Friedrich II., „Eisenzahn", zeigte sich versöhnlich.

Auch die Hanse hielt sich heraus, obwohl seit 1447 zu einer militärischen Intervention verpflichtet. Die aufrührerischen Städte Berlin und Cölln waren damit wieder auf sich allein gestellt.

Friedrich verzichtete auf Rache. Per Dekret stellte er den „Status quo ante" vor der Bürgererhebung wieder her und forderte die Rechte ein, die ihm nach dem Vertrag von 1442 zustanden. Im „kleinen Stübchen" im Rathaus von Spandau ließ er sich am 23. September 1448 von den Ratsherren der Doppelstadt erneut huldigen. Gegen die Rädelsführer im Patriziat verhängte er Geldstrafen, entzog einigen Teile ihrer Ländereien und verbannte andere aufs Land, unter ihnen den Cöllner Bürgermeister Bernd Ryke.

Als äußeres Zeichen seiner Herrschaft über Berlin verordnete Friedrich der Stadt ein neues Siegel: Statt eines „freien Bären" mit einem Brandenburger Wappen am Halsband griff nun der Adler von oben in das Fell des kleinen Berliner Bären.

Berlin - im 15. Jahrhundert eine gut befestigte Stadt (links).

Sauer auf den Landesherren: Plündernde Bürger (rechts).

Burg und Bildungsbürger auf dem Weg zur Residenz

Friedrich II. „Eisenzahn" ließ seine künftige Residenz in Cölln zügig ausbauen. 1451 war der dreigeschossige und 88 Meter lange Backsteinbau mit seinem Feldstein-Fundament bezugsfertig. Im Erdgeschoss empfing der Kurfürst seine Gäste, in den oberen Stockwerken zog er mit seinem Hofstaat ein. Als Zeichen seiner Rechtshoheit quartierte „Eisenzahn" das Hofgericht ebenfalls im Schloss ein. Die Baumeister hatten in das Gebäude einen Turm der alten Stadtmauer inte-

Das Stadtschloss in Cölln am Ende des 15. Jahrhunderts.

griert und aufgestockt. Auf dessen Kupferdach wuchs schnell der Grünspan. Mit einigem Respekt von den Einwohnern „Grüner Hut" genannt, beherbergte der Keller des Turms die Kerker.
Friedrich, ein frommer Mann, war auch ins Heilige Land gezogen. Die Reinheit der päpstlichen Lehre lag ihm sehr am Herzen. Deshalb griff er gegen religiöse Abweichler in der Mark entschieden durch und ließ beispielsweise 1458 den Schneider Matthäus Hagen wegen Ketzerei auf dem Neuen Markt in Berlin verbrennen.
Seiner Schlosskapelle, dem Heiligen Erasmus geweiht, stiftete der

Ketzern drohte stets der Feuertod.

Kurfürst mehrere Reliquien und auch eine von Papst Nikolaus V. gesegnete goldene Rose. Mit neun von ihm finanzierten Domherren seines Stifts und dem Berliner Propst an der Spitze wollte Friedrich in seiner Residenz die Funktion eines weltlichen Bischofs übernehmen. Bei allen Anstrengungen, Cölln-Berlin zur Residenz zu erheben, blieb aber die Anwesenheit des Kurfürsten in seinem Schloss die Ausnahme. Angesichts der ständigen Kämpfe gegen die Pommern verzichtete Friedrich „Eisenzahn" 1470 auf seine

Kurwürde und trat sie seinem Bruder Albrecht III. ab, einem tapferen Ritter, dem Papst Pius den Beinamen „Achilles" verlieh. Mit der Einrichtung von Frauengemächern und einer Badestube im Garten sorgte Albrecht Achilles für mehr Komfort in der Burg. Eine Schießbahn auf dem Werder und ein Turnierplatz dienten zum Training seiner Ritter, aber auch dem kurfürstlichen Zeitvertreib. Abends trafen sich die Damen und Herren des Hofstaats in einem neu errichteten Tanzsaal „hinden uf den grabin".
In der „Dispositio Achillea", dem Hausgesetz der Hohenzollern, setzte Albrecht Achilles das Erstgeburtsrecht in der Vererbung der Kurwürde durch und bestimmte seinen ältesten Sohn Johann zu seinem Nachfolger. Die Mark Brandenburg erklärte er für unteilbar.
Johann, der wegen seiner großen Beredsamkeit und Kenntnis der lateinischen Sprache den Beinamen „Cicero" führte, hatte bereits 1473 das Amt des stellvertretenden Regenten in der Mark Branden-

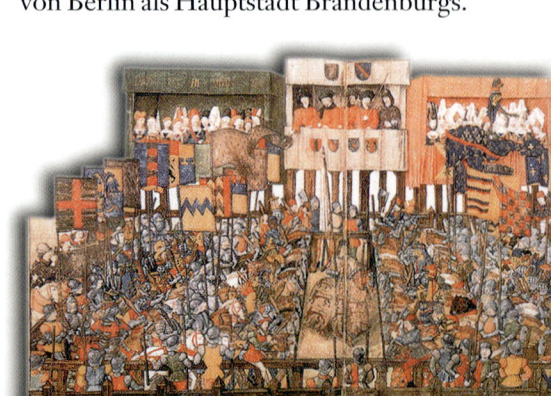

Kurfürst Johann Cicero

Bei einem Turnier auf der Stichbahn vor dem Schloss hatte der Sieger 17 Gegner mit der Lanze aus dem Sattel gehoben.

Albrecht, genannt Achilles, war Kurfürst bis 1486. Rechts: der Achilles-Gold-Gulden.

burg angetreten. In die Zeit seiner Herrschaft fällt die Gründung der ersten Hochschule in Berlin: 1477 schlossen die Dominikaner ihre Studienorte Erfurt und Magdeburg, konzentrierten die Ausbildung in ihrem Cöllner Kloster und beriefen anerkannte Theologen wie Clemens Lossow oder Andreas Breckenfeld an die Spree.
Die Franziskaner zogen nach und gründeten im „Grauen Kloster" das Berliner Gymnasium, das die Schüler zur Hochschulreife führte und später die Kirchenschulen von St. Nikolai und St. Marien ersetzte. Bildung, bislang von den Stadtvätern vernachlässigt, verbreitete sich in der Doppelstadt.
Im März 1486 starb Albrecht während des Reichstags in Frankfurt am Main. Johann Cicero bestätigte am 11. April 1486 die Privilegien der Doppelstadt Berlin-Cölln aufs Neue. Diese Bestimmung zu seiner ersten Residenz markiert den Geburtstag von Berlin als Hauptstadt Brandenburgs.

Totentanz: Schlechte Noten für den Herzog

Im Jahr 1484 war in Berlin erneut die Pest ausgebrochen. Die Bürger sahen darin eine Strafe Gottes dafür, dass Landesherr Kurfürst Albrecht Achilles 1480 den Festaltar aus der Marienkirche in die Erasmuskapelle seines Schlosses in Cölln hatte abtransportieren lassen. Die Berliner waren tiefgläubige Menschen. Sie beauftragten einen Mönch, wahrscheinlich einen Franziskaner, mit der Anfertigung eines Totentanzfreskos im Vorraum der Marienkirche. „Memento mori" - „gedenke, dass du sterben musst", so lautet die Aussage für alle Stände des Fürsten-

tums. Um 1490 entstand dieses Meisterwerk (oben eine Rekonstruktion). Zentrale Szene des Reigens ist die Kreuzigung. Von einem predigenden Franziskanermönch, vor dessen Kanzel ein Teufel mit der Flöte zum Tanz aufspielt, bewegen sich die geistlichen Stände auf das Zentrum zu: Küster, Prediger, Mönch, Domherr, Abt, Bischof, Kardinal und schließlich Papst - jeweils in Begleitung des Todes.
Auf der rechten Seite, dem Kreuz nicht immer zugewandt, sind die weltlichen Stände abgebildet: Kaiser und Kaiserin,

König, Herzöge, Ritter, Bürgermeister, Wucherer, Kaufmann, Handwerker bis hin zum Narren. Unter jeder Figur hat der unbekannte Künstler ein fiktives Zwiegespräch geschaffen, das der Tod mit seinem Opfer über dessen Leben führt.
Besonders schlecht kommen dabei der Herzog und die Ritter weg, gut dagegen die Bettelmönche (Franziskaner) und die Handwerker. Deshalb ist es wahrscheinlich, dass die Innungen der Stadt den Auftrag für das 22 Meter lange und mit den Schriftzügen 2,50 Meter hohe Fresko an einen Mönch aus diesem Orden vergeben hatten. Schon bald nach seiner Entstehung verschwand das Gemälde unter einem neuen Anstrich des Kirchenraums - rund 250 Jahre lang. Erst 1860 bei Renovierungsarbeiten wiederentdeckt, ist das Fresko heute in den erhaltenen Teilen zu sehen.

Freigelegte Fresken des Totentanzes. Wahrscheinlich schuf ein unbekannter Franziskanermönch (rechts) das Meisterwerk.

Links die Marienkirche Ende des 15. Jahrhunderts, rechts das Gotteshaus heute.

43

Erst „bluten" Hostien, dann verbrennen 31 Juden

Welt-Zeit

1255
Prag erhält Stadtrecht.
1262
Grönland wird von Norwegen erobert.
1267
Erfindung der Augengläser für Weitsichtige.
1271
Marco Polo reist nach China.
1313
Schwarz erfindet das Schießpulver.
1337
Erste regelmäßige Wetterbeobachtung in Oxford.
1348
Pestepidemie mit 25 Millionen Toten in Europa.
1348
Gründung der ersten deutschen Universität in Prag.
1351
Das Aztekenreich mit Hauptstadt Tenochtitlan entsteht in Mexiko.
1383
John Wiclif übersetzt das Neue Testament ins Englische.
1397
Athen wird von den Türken erobert.
1445
Gutenberg erfindet den Buchdruck mit beweglichen Lettern.
1480
Leonardo da Vinci beschreibt den ersten Fallschirm.
1492
Columbus entdeckt Amerika.

Dauerproblem in der christlich geprägten Stadt: Ein ständiges Hin und Her kennzeichnete den Umgang mit den jüdischen Bürgern. Mehrfach vertrieb der Landesherr die jüdischen Bewohner, holte sie aber kurz darauf wieder ins Land. Arme Juden wollten die Bürger nicht in ihren Mauern dulden, reiche waren willkommen. Sie finanzierten den Stadtvätern gegen Zinsen Baumaßnahmen, unterstützten ihren Landesherrn finanziell bei Kriegszügen und sicherten ihm einen angemessenen Lebensstandard. Mehrfach entlud sich in der verschuldeten Bevölkerung Zorn gegen die vom Landesherrn und seit 1320 vom Rat geschützten jüdischen Gemeinden. Mord und Totschlag waren häufig die Folge. Im Jahr 1510 aber gewann die Gewalt in Brandenburg eine neue Dimension: Es kam zu einer Massenhinrichtung von Einwohnern jüdischen Glaubens aus der Mark.

Das Drama begann mit einem Kirchenraub: In der Dorfkirche von Knoblauch bei Ketzin im Havelland vermisste der Küster eine geweihte Kapsel mit zwei Hostien sowie eine Monstranz. Am Tatort fanden die Kirchenleute das Messer und den Lötkolben des christlichen Kesselflickers Paul Fromm aus Bernau und in der Nähe seines Hauses auch Teile der Monstranz. Im Verhör gab der Verhaftete den Diebstahl zu und bekannte, beide Hostien verspeist zu haben. Der Ermittler des Brandenburger Bischofs, Heinrich von Betzschitz, wollte Genaueres erfahren und ordnete die Folter an. Fromm korrigierte jetzt seine Aussage und erklärte, eine der Hostien habe er für neun märkische Groschen dem Spandauer Juden Salomon verkauft. Rechtsfällen mit jüdischer Beteiligung regelte seit 1442 der Landesherr. Salomon gestand den Folterknechten im „peinlichen Verhör", mehrfach auf die

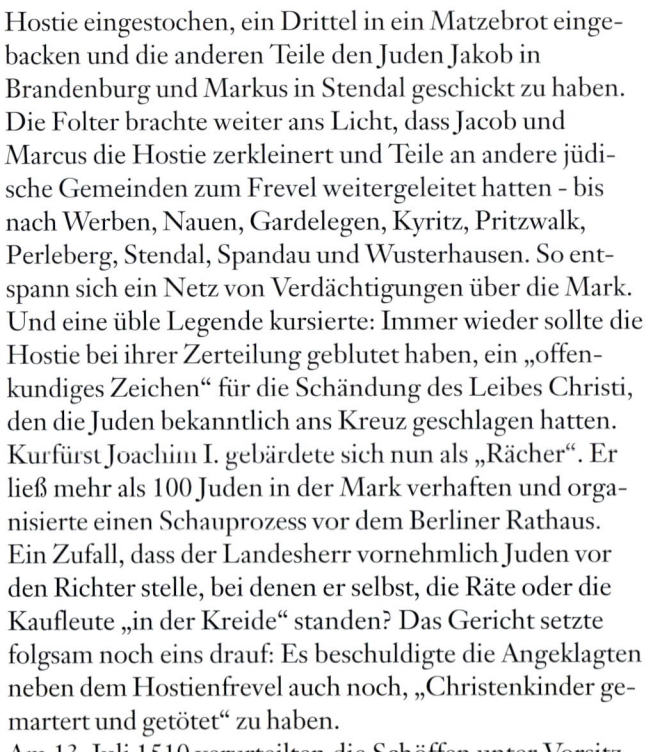

Viele Juden lebten im 16. Jahrhundert vom Geldverleih.

Hostie eingestochen, ein Drittel in ein Matzebrot eingebacken und die anderen Teile den Juden Jakob in Brandenburg und Markus in Stendal geschickt zu haben. Die Folter brachte weiter ans Licht, dass Jacob und Marcus die Hostie zerkleinert und Teile an andere jüdische Gemeinden zum Frevel weitergeleitet hatten - bis nach Werben, Nauen, Gardelegen, Kyritz, Pritzwalk, Perleberg, Stendal, Spandau und Wusterhausen. So entspann sich ein Netz von Verdächtigungen über die Mark. Und eine üble Legende kursierte: Immer wieder sollte die Hostie bei ihrer Zerteilung geblutet haben, ein „offenkundiges Zeichen" für die Schändung des Leibes Christi, den die Juden bekanntlich ans Kreuz geschlagen hatten. Kurfürst Joachim I. gebärdete sich nun als „Rächer". Er ließ mehr als 100 Juden in der Mark verhaften und organisierte einen Schauprozess vor dem Berliner Rathaus. Ein Zufall, dass der Landesherr vornehmlich Juden vor den Richter stelle, bei denen er selbst, die Räte oder die Kaufleute „in der Kreide" standen? Das Gericht setzte folgsam noch eins drauf: Es beschuldigte die Angeklagten neben dem Hostienfrevel auch noch, „Christenkinder gemartert und getötet" zu haben.

Am 13. Juli 1510 verurteilten die Schöffen unter Vorsitz des Bürgermeisters Hans Brakow 31 Juden zum Tod auf dem Scheiterhaufen. Die Henkersknechte schafften die Delinquenten auf einer blutigen Kuhhaut zum Richtplatz. Den Auslöser des Geschehens, den Kirchendieb Paul Fromm, ließen die Richter vorher noch mit heißen Zangen quälen, bevor er in einem „eigenen Feuer" abseits der Juden endete.

Drei Angeklagte traten zum christlichen Glauben über. Zwei von ihnen gewährte das Gericht die „Gnade" eines mildere Urteils: Enthauptung. Den dritten Konvertiten begnadigten die Schöffen angesichts dessen besonderer Kenntnisse in der Augenheilkunde. 60 weitere Verdächtige mussten ohne ihre Habe das Land verlassen.

Der Berliner Judenprozess wegen Hostienfrevels (ganz oben). Auf einer blutigen Kuhhaut zogen Pferde die Delinquenten zum Richtplatz (oben). Enthauptung war ein mildes Urteil im Vergleich zum Feuertod (unten).

Sintflut? Flotter Fürst flieht

Gefundenes Fressen für Klatschreporter und Paparazzi von heute, welche Turbulenzen im frühen 16. Jahrhundert die feine Gesellschaft Berlins erschütterten: Feiger Fürst flüchtet vor Sintflut, steigt der schönen Katharina nach. Seine Frau lässt ihn sitzen, bei Nacht und Nebel und Hals über Kopf. Schließlich setzt es auch noch Ohrfeigen - für die Mätresse. Und „Schuld" daran war nur dieser Luther, der am 31. Oktober 1517 (der Sage nach) seine Thesen an die Schlosskirche im fernen Wittenberg genagelt hatte!

Als Martin Luther seinen Weg zur Reformation des Glaubens beschritt, stand die Mark Brandenburg unter der Regentschaft von Kurfürst Joachim I. Sowohl aus religiösen als auch aus politischen Erwägungen hatte sich Kurfürst Joachim gegen den Reformator aus Wittenberg gestellt. Er befürchtete „mancherley Aufruhr" und verbot seinen Untertanen bei Geldstrafen und Landesverweisung das Studium der lutherischen Schriften wegen „vielhundert Irrtümern". In der Bevölkerung aber machte er sich lächerlich, als er 1525 vor einer Sintflut - angekündigt von seinem Hofastrologen Johann Carion - auf den Tempelhofer Berg flüchtete.

Joachim war seit 1502 mit Elisabeth verheiratet, der Tochter des Königs Johann von Dänemark. Es kriselte in der Ehe, denn der Kurfürst gebärdete sich recht umtriebig: Eine sei-

Damit fing alles an: Luther nagelt seine Thesen an die Wittenberger Schlosskirche - der Sage nach.

Johann Carion

ner Mätressen gebar ihm 1516 einen Sohn, den er auf den Namen „Achalatus Brandenburg" taufen ließ - kaum zur Freude seiner Frau. Zudem hatte er noch ein Auge auf die Berliner Bürgerin Katharina Hornung geworfen. Ihren Ehemann Wolf, der sie deswegen mit einem Messer angegriffen haben soll, ließ Joachim kurzer Hand aus der Stadt verbannen. Luther entrüstete sich über das Lotterleben des Kurfürsten und schrieb ihm persönlich einen Rügebrief.

Sehr zum Unwillen ihres Gemahls hatte Elisabeth schon früh mit Luthers Ideen zur Reformation der Kirche sympathisiert. Der kurfürstliche Arzt Matthäus Ratzeberger versorgte sie heimlich mit den Schriften Luthers. Kaum weilte ihr flotter Ehemann außer Landes, trat sie zum neuen Glauben über und ließ sich das Abendmahl mit dem Laienkelch verabreichen. Als Joachim davon erfuhr, soll er Elisabeth verprügelt und ihr angedroht haben, sie einmauern zu lassen. Die Bischöfe Brandenburgs rieten zur Mäßigung und gaben der Kurfürstin eine Bedenkzeit.

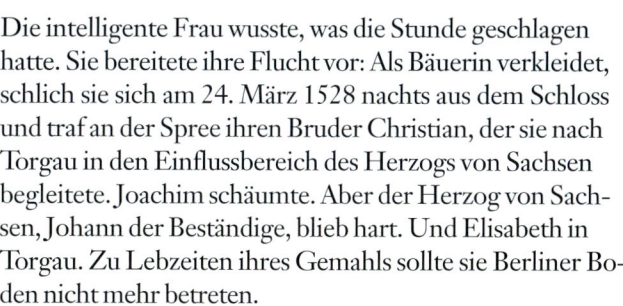

Elisabeth empfängt heimlich das Abendmahl. Anlass für Kurfürst Joachim I., seine Ehefrau zu verprügeln.

Die intelligente Frau wusste, was die Stunde geschlagen hatte. Sie bereitete ihre Flucht vor: Als Bäuerin verkleidet, schlich sie sich am 24. März 1528 nachts aus dem Schloss und traf an der Spree ihren Bruder Christian, der sie nach Torgau in den Einflussbereich des Herzogs von Sachsen begleitete. Joachim schäumte. Aber der Herzog von Sachsen, Johann der Beständige, blieb hart. Und Elisabeth in Torgau. Zu Lebzeiten ihres Gemahls sollte sie Berliner Boden nicht mehr betreten.

Auch die Familie Hornung bereitete dem Kurfürsten nichts als Ärger: Jetzt hatte seine Mätresse Katharina aus dem Hornung-Clan mit dem verhassten Luther einen Briefwechsel begonnen, den Joachim unterbinden ließ. Das Verbot soll er mit Ohrfeigen unterstrichen haben. Auch Wolf Hornung schrieb an den Reformator - mit Bitte um Vermittlung zwischen ihm und dem Kurfürsten, da er wieder nach Berlin zurückkehren wollte. Vergebens. Jetzt hatte der Kurfürst die Nase voll: Er stattete Katharina mit eine Leibrente aus und schickte sie mit ihrem Sohn nach Frankfurt an die Oder. Der Name des Sprösslings: Joachim.

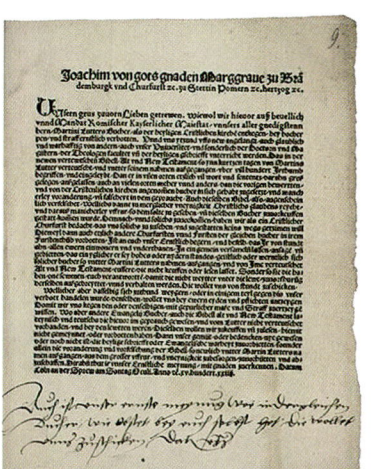

Schwerenöter Kurfürst Joachim I. verbot Luthers Schriften in Brandenburg.

Macht vor Recht: Kläger, Räuber, Volksheld

Ein Stück Kultur- und Rechtsgeschichte sollten die Ereignisse schreiben, die am 1. Oktober 1532 begannen. An diesem Tag machte sich Hans Kohlhase, ein als rechtschaffen und ehrlich bekannter Cöllner Kaufmann, mit Honig, Speck und Heringen auf den Weg zur Leipziger Messe. Seine Waren schickte er voraus und kam selbst mit seinem Reit- und einem Packpferd nach. Im sächsischen Wellaune konfiszierte der Landjunker Günther von Zaschwitz Kohlhases Pferde und behauptete, er habe ihm diese

Kohlhases Ende: Gerädert auf dem Rabenstein.

gestohlen. Kohlhase musste zu Fuß nach Leipzig weiterreisen.

Auf dem Rückweg forderte er seine Pferde wieder ein. Der Junker verlangte jedoch Unterhaltsgelder für die Tiere. Kohlhase weigerte sich zu zahlen. Zudem hatte er in Leipzig Verluste erlitten, da er die Messe mit Verspätung erreicht hatte. Deshalb geriet er in Berlin bei seinen Gläubigern in Zahlungsverzug und musste seinen Besitz verpfänden. 1533 strengte Kohlhase im sächsischen Düben einen Prozess gegen den Landjunker an. Doch trotz eindeutiger Rechtslage verweigerten die Richter seine Entschädigung. Ein Berufungsgericht in Jüterbog gestand Kohlhase zwar 600 Gulden an Ersatz zu, aber der sächsische Kurfürst intervenierte und ließ das Gerichtsurteil kassieren. Begründung: „Aus Unverständnis entschieden."

Der verbitterte Kläger blieb selbst dann noch auf dem Rechtsweg, als er Zaschwitz und dem Land Sachsen ordnungsgemäß eine private Fehde ankündigte. Und da er ein gläubiger Mann war, schilderte er auch Martin Luther seinen Fall. Der Reformator schrieb am 8. Dezember 1534 zurück: „Unrecht wird durch ander Unrecht nicht zurecht bracht […] nehmet Friede an, wo er euch werden kann." Kohlhase aber dachte anders. Er sammel-

Die Rechtswaage neigte sich immer zu Lasten des kleinen Mannes.

te unzufriedene Tagelöhner und Abenteurer um sich und begann (unter der klammheimlichen Freude des Brandenburger Kurfürsten) damit, Kaufleute und Dörfer in Sachsen auszurauben. Nur widerwillig erlaubte der Brandenburger den sächsischen Verfolgern, auf der Jagd nach den Räubern seine Grenze zu überschreiten.

Mit einer „Panne" begann Anfang Februar 1540 Kohlhases Ende. Er hatte mit einer Bande einen Transport überfallen, um sächsische Waren zu erbeuten. Stattdessen fiel den Räubern eine Lieferung von Silberbarren für Kurfürst Joachim II. von Brandenburg in die Hände. Dieser Zwischenfall - im heutigen Ortsteil Wannsee am „Kohlhasenbrück" - wendete das heimliche Wohlwollen des Fürsten in blanke Wut: Er brandmarkte Kohlhase zum „Landesfeind". Als das Gerücht kursierte, Kohlhase sei in der Stadt, ließ der Landesherr die Tore Berlins schließen und alle Häuser durchkämmen. Schließlich fanden seine Leute den Gesuchten im Haus von Thomas Meissner, dem Küster der Nikolaikirche.

Der Prozess in der Gerichtslaube des Berliner Rathauses war kurz: Die Vergehen lagen auf der Hand. Hans Kohlhase hatte den kaiserlichen Landfrieden gebrochen, so der Vorwurf. Der Angeklagte jedoch

Ordnungsgemäß kündigte Kohlhase dem Kurfürstentum Sachsen die Fehde an.

fühlte sich im Recht und bereute seine Taten nicht. Das Urteil lautete: Tod durch Rädern.

Am 22. März 1540 starb Kohlhase auf dem Hinrichtungsort, dem Rabenstein, zusammen mit seinem Mittäter Georg Nagelschmidt und dem Küster Thomas Meissner. Der Sage nach soll Kohlhases Körper als Zeichen seiner Unschuld noch einen Monat lang geblutet haben. In den Augen der Bevölkerung Brandenburgs war Kohlhase ein Märtyrer und Volksheld, der das Gesetz in die eigene Hand nahm, weil die Obrigkeit vor Gericht den Adel bevorzugt hatte.

Anfang des 19. Jahrhunderts, während der französischen Besatzungszeit, nahm sich der in Berlin stationierte Heinrich von Kleist (rechts) der Geschichte an. In seinem Stück „Michael Kohlhaas" aus dem Jahr 1810 thematisiert er die Polaritäten von Freiheit und Unterdrückung, Rechtsstaat und Willkür, Ideal und Wirklichkeit.

Reformation - ein Kompromiss mit Segen des Kaisers

Erster protestantischer Hofprediger: Johannes Agricola aus Eisleben.

Brandenburgische Kirchenordnung (1540)

Kurfürst Joachim I. blieb Zeit seines Lebens ein Hardliner - nicht nur als Ehemann und jähzorniger Liebhaber seiner Mätressen, sondern ganz entschieden auch gegenüber Luther und der Reformation. Seine Residenz sah er als letzte Bastion gegen den verhassten Protestantismus, der sich in den umliegenden Ländern ausbreitete. Noch auf seinem Sterbebett nahm Joachim seinen Söhnen das Versprechen ab, dass Brandenburg und damit das Haus Hohenzollern an der katholischen Lehre festhalten werde. Doch kaum war er am 11. Juli 1535 verblichen, setzten seine Söhne Johann und Joachim ihrer protestantischen Mutter, die in Verbannung in Torgau leben musste, eine stattliche Leibrente aus.

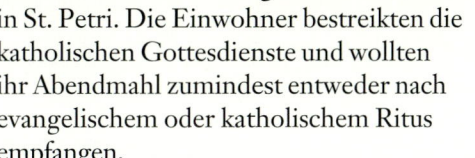

Rausgeworfen. Die dominikanischen Mönche mussten die Klosterkirche verlassen.

Zunächst fühlte sich der neue Landesherr Joachim II. seiner Zusage noch verpflichtet und lehnte Luthers Reformation strikt ab. Er bestimmte die Klosterkirche des Domini-

Philipp Melanchthon

kanerordens zum Dom seiner Residenz und zur Grabstätte der Hohenzollern, außerdem stattete er die Kirche mit zahlreichen Reliquien und Preziosen aus. Das Klostergelände wollte er zum Ausbau seines Schlosses nutzen. Deshalb wies Joachim II. 1536 den Mönchen das Dominikanerkonvent in Brandenburg zu. In der Mark Brandenburg hatte sich heimlich die lutherische Lehre verbreitet - und auch in Cölln-Berlin. Im Jahr 1538 predigte mit Johannes Baderske zum ersten Mal ein evangelischer Pfarrer in St. Petri. Die Einwohner bestreikten die katholischen Gottesdienste und wollten ihr Abendmahl zumindest entweder nach evangelischem oder katholischem Ritus empfangen.

Joachims Bruder, der Markgraf Johann von Küstrin, trat zum evangelischen Glauben über - und mit ihm viele Adlige der Altmark. Die Bürger Berlins stellten beim Kurfürsten den Antrag, beide Varianten der Religionsausübung zuzulassen. Joachim II. geriet mit seiner starren katholischen Haltung allmählich in die Defensive. Er pflegte eine aufwendige Hofhaltung und nahm ständig neue Gelder für seine Lebensführung auf. Seine Berater

machten ihm klar, dass mit der Auflösung der Klöster, wie sie die Reformation vorsah, und der Überführung in kurfürstlichen Besitz erhebliche Mittel in die Kasse des Landesherren fließen würden. Da knickte Joachim ein: Am 1. November 1539 besuchte der Kurfürst in Begleitung einiger Adliger und des Bischofs von Brandenburg, Matthias von Jagow, zum ersten Mal eine lutherische Abendmahlsfeier in der Spandauer Nikolaikirche. Dieses Datum gilt als offizieller Beginn der Reformation im Kurfürstentum. Die Räte und die Bürgerschaft von Berlin und Cölln zogen einen Tag später nach.

Seinen Schritt hatte Joachim gut vorbereitet. Seine neue Kirchenordnung, an der auch Reformator Philipp Melanchthon mitgewirkt hatte, bot einen Kompromiss zwischen den Riten des Papsttums und der Lutherlehre und gestattete die Priesterehe, das Abendmahl mit Luthers Katechismus sowie seine Rechtfertigungslehre. Sogar der katholische Kaiser Karls V. bestätigte Joachims Kirchenordnung. Zur Festigung der neuen Strukturen setzte der Kurfürst mit Johannes Agricola einen

engen Vertrauten Martin Luthers als Dom- und Hofprediger ein.

Das Nonnenkloster in Spandau ließ er säkularisieren; das Kirchensilber des Grauen Klosters der Franziskaner zog er ein. Den Mönchen aber gewährte Joachim II. weiterhin ein Wohnrecht auf Lebenszeit. „Visitatoren" vereinheitlichten das Schulwesen in der Mark und hielten die Pfarrer und Küster dazu an, das Lesen, Schreiben und Rechnen zu lehren. Außerdem riet die Kommission dazu, die Marien- und die Nikolasschule in Berlin zu vereinigen. Der Rat der Stadt hatte von nun an für arme Kinder Schulgeld zu zahlen.

Der Kurfürst trat 1539 zum lutherischen Glauben über.

Das Renaissance-Schloss in Cölln.

Ein Trinkerrelief aus dem Jagdschloss Grunewald.

Protz und Party: Was Joachim II. seinen Gästen bot

Im Gegensatz zu seinem eher spartanischen Vater gab sich Kurfürst Joachim II. (oben links) dem frohen, sinneslustigen Leben eines Feudalherren der Renaissance hin. Die Grundlage dafür sollte ein repräsentatives Schloss mit einer glänzenden Hofhaltung bieten. Dazu ließ Joachim in Cölln die als Zwingburg konzipierte Anlage seines Großvaters abreißen. Er holte den sächsischen Architekten und Baumeister Caspar Theiss an den Hof und ließ von ihm - nach dem Vorbild des Wettiner Schlosses in Torgau - auf den alten Grundmauern ein Renaissance-Schloss errichten.

Auf einem Sockelgeschoss aus Sandsteinquadern erhoben sich drei Stockwerke mit den kurfürstlichen Wohnräumen, Gästezimmern und Sälen. Protzig und komfortabel: Über eine breite Wendeltreppe konnten der Kurfürst und seine Ritter die Hauptsäle vom Hof aus zu Pferd erreichen. Der Schlossbereich umfasste neben dem alten Burggelände auch die Gebäude und Gärten des ehemaligen Dominikanerklosters. Dort standen dem Hof und seinen Gästen nun ein Ball- und ein Reithaus sowie ein Jägerhof zur Verfügung. Von einem Mittelbalkon des Schlosses aus nahm der Kurfürst die Huldigung seiner Untertanen entgegen, die ihm von der Langen Brücke entgegenzogen.

Joachim II. entwickelte die Doppelstadt Cölln-Berlin zu einem Zentrum seiner Macht- und Prunkentfaltung. Anlässlich des „Beilagers", der Eheschließung von drei adligen Paaren im Schloss, organisierte der Kurfürst 1545 auf der Stechbahn ein Turnier, bei dem 60 gepanzerte Ritterpaare zu Ross aufeinanderprallten. Der Event verlief nicht ganz nach Plan: Ein Zuschauer fiel aus dem Fenster, Stallburschen prügelten sich, Tote waren zu beklagen. Doch „the show must go on" - trotz dieser Widrigkeiten: Troubadoure spielten auf, Gaukler zeigten ihre Künste. Ein armloser Artist warf mit seinem Fuß ein Beil - und traf auf etliche Meter einen Taler. Der Kurfürst hatte seinen Gästen wirklich viel zu bieten...

Etwas Gottgefälligkeit aber sollte das Leben auch prägen. Der Baumeister stattete die alte Schlosskapelle mit einem neugotischen Netzgewölbe aus. Ein mit Holz überdachter Laubengang mit steinernen Pfeilern verband das Schloss mit dem Dom. Die von den Dominikanern eingezogene Klosterkirche ließ Kurfürst Joachim von Grund auf umbauen und erhob sie zum Domstift. An der Westfront errichteten die Baumeister zwei Türme nur aus Fachwerk, die allerdings keine Glocken tragen konnten. Dafür nutzten die Stiftsherren einen steinernen Wehrturm der Cöllner Stadtmauer, der im Volksmund bald „die Glock" hieß.

Die von der Reformation geforderte Schlichtheit der Gotteshäuser übersah der Kurfüst geflissentlich: 14 Altäre sowie mit Gold geschmückte und mit Edelsteinen besetzte Reliquienschreine sollten den Besuchern einen Eindruck von dem Reichtum des Brandenburger Kurfürsten vermitteln. Die Gebeine seines Großvaters Friedrich Eisenzahn und seines Vaters Joachim I. ließ er feierlich aus dem Kloster Lehnin nach Cölln überführen und in der Grablege der Hohenzollern in seinem neuen Dom bestatten.

Turnier Ende des 16. Jahrhunderts im Cöllner Schlosshof.

Im „Grünen Wald" ließ sich der Kurfürst ein Jagdschloss anlegen (unten). Artisten und Gaukler sorgten für Kurzweil.

Die Herrschaften des 16. Jahrhunderts gingen gerne auf die Jagd.

Konkurentinnen: Kurfürstin Magdalene von Sachsen, ganz links, residierte vornehmlich auf dem Land. Anna Sydow, die „schöne Gießerin" - jahrelang die geliebte Mätresse des Kurfürsten.

Dolce Vita - am liebsten mit der „schönen Gießerin"

Zur angemessenen Hofhaltung zählte im 16. Jahrhundert auch das Jagdvergnügen. 15 Kilometer von der kurfürstlichen Residenz entfernt lag ein Wald- und Wiesengelände, das sich durch großen Wildreichtum auszeichnete: der „Grüne Wald". Kurfürst Joachim betraute seinen Baumeister Theiss mit der Aufgabe, ein Jagdschloss zu errichten, das ihm und ausgewählten Gästen standesgemäße Unterkunft bieten sollte. So entstand ein kleines Wasserschloss auf der Teltower Heide am See der Familie Spile, dem späteren Grunewaldsee. Von einem Graben umgeben, prägten zwei Eckflügel zur Seeseite hin und ein zentraler Turm dessen Architektur.

Damit die kurfürstliche Gesellschaft ihr Jagdgebiet trockenen Fußes erreichen konnte, gab Joachim den Bau eines Knüppeldamms von seiner Stadtresidenz bis zum Wasserschloss in Auftrag. Dieser Reitweg sollte noch Geschichte schreiben: Unter der Bezeichnung „Kurfürstendamm" erreichte er Weltruhm.

Damit nicht genug. Joachim ließ die alte Burg Köpenick auf der Insel in der Dahme schleifen und durch den Architekten Wilhelm Zacharias ein weiteres Jagdschloss mit zwei Wohnflügeln und einer umlaufenden Wehrmauer errichten, obwohl die Landstände sein Jagdvergnügen immer wieder anprangerten. Mit der Burg Spandau verfolgte Joachim andere Ziele: Unter Einbeziehung des Burgfrieds, des Juliusturms, ließ Joachim die Anlage nach Plänen des Venezianers Chiaramello de Candino zu einer verteidigungsfähigen Zitadelle umbauen. Hier wollte der Kurfürst mit seinem Hof im Kriegsfall Zuflucht finden. Kurfürstin Magdalene von Sachsen nahm am Dolce Vita ihres Mannes kaum teil und residierte mit ihrem Sohn Johann Georg, dem designierten Thronfolger, vornehmlich auf dem Land. Joachims zweite Frau, Hedwig von Polen, war am Hof nicht gelitten. Nach einem Unfall auf Schloss Grimnitz 1551 konnte sie nur noch an Krücken gehen. Und damit passte sie nicht mehr zum Lifstyle am Hof: Joachim II. teilte sein Vergnügen lieber mit seinen Mätressen.

Unter den Geliebten stieg Anna Sydow zur „Chef-Mätresse" auf. Die Angetraute des kurfürstlichen Eisengießers in Grimnitz hatte schnell ihren Spitznamen weg: „die schöne Gießerin". Länger als 20 Jahre lang becirte sie Johann. Sie begleitete ihn ständig auf seinen Jagdausflügen, meist in Männerkleidung.

Am liebsten hielt sie sich im Jagdschloss Grunewald auf, wo sie jeweils für den Sommer Quartier bezog. Immer wieder bedachte der Kurfürst sie und ihre gemeinsame Tochter Magdalena mit großzügigen Geschenken. All das kostete Geld, sehr viel Geld. Der Kurfürst lebte auf Pump. Als Joachim II. am 3. Januar 1571 starb, hinterließ er seinem Sohn einen Schuldenberg von 2,5 Millionen Gulden.

Die weiße Frau

Joachim II. liebte seine Mätresse Anna Sydow wirklich. Als er sein Ende kommen sah, rief er seinen Sohn Johann Georg ans Sterbebett und bat ihn, für die Versorgung von Anna und ihrer Tochter Sorge zu tragen. Er wusste, dass sein Sohn es nie hatte verwinden können, dass er dessen Mutter zugunsten von Anna vernachlässigt hatte. Johann versprach, für die Sicherheit der Mätresse zu sorgen, und nahm diese Zusage nach dem Ableben seines Vaters zynisch wörtlich: Er setzte sie in der Spandauer Zitadelle fest, wo sie in den feuchten Katakomben verstarb.

Sofort setzte die Sagenbildung ein. Das Gerücht grassierte, der neue Kurfürst habe die „schöne Gießerin" in einem Eckturm der Zitadelle lebendig einmauern lassen. Seit dieser Zeit spukt die arme Anna als „weiße Frau" durch alle Hohenzollernschlösser und lässt die Nachfahren von Johann Georg nicht zur Ruhe kommen. In der Nacht vor dem Tod eines jeden Regenten erscheint sie - meist mit schwarzen Handschuhen angetan - dessen Familie.

Der Juliusturm der Feste Spandau

Von nun an spukte die „weiße Frau" durch die Geschichte der Hohenzollern.

„Knüppelkrieg": Lädiertem Kurfürsten vergeht Lachen

Gähnende Langweile am Hof? Aber nicht beim Kurfürst und seinen Schranzen. Stets auf der Suche nach neuen „Events" für den Hof und seine Gäste, entwickelte Joachim II. im August 1567 die Idee, seine Untertanen aus Spandau und Berlin zu einem Scheinkampf auf der Havel gegeneinander antreten zu lassen - in voller Rüstung. Aber statt sich mit Schwertern, Spießen und Feuerwaffen zu massakrieren, sollten die Kontrahenten lediglich mit Knüppeln und langen, spitzen Stangen antreten (rechts). Den Ausgang des Manövers hatte der Kurfürst von vornherein festgelegt: Der Sieger ist... Berlin! Wirklich?

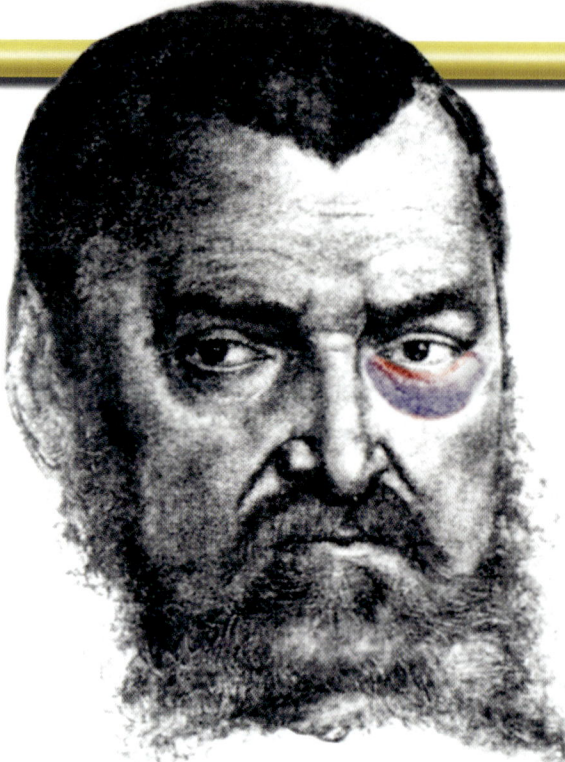

Ob sich die zu diesem Spektakel gebetenen Bürger freiwillig verprügeln lie-

Geheimer Kriegsrat: Mit einer List konnten die Spandauer ihren Gegner überwinden.

ßen oder auf Befehl, darüber schweigen sich die Chronisten aus. Jedenfalls: Unter Trompetenschall und mit donnernden Pauken lief die „siegreiche Berliner Flotte" aus, die Geschütze Spandaus begleiteten ihre Boote und Besatzungen mit Blindschüssen beim Gefecht. Zwei Tage lang warfen sich die Spandauer und Berliner gegenseitig mit den Stangen in die Havel. Am Ufer postierte Fischer zogen die Unterlegenen wieder aus dem Wasser - aber kurfürstliche Aufpasser schickten sie erneut ins Gefecht. Der Landesvater schaute mit seinem Hof von einem Schiff aus zu - und war begeistert. Er soll Tränen gelacht haben, als die Frauen und Kinder der Kämpfer ihn nach zwei Tagen anflehten, dem Treiben endlich Einhalt zu gebieten...

Der Kurfürst ließ seine Herolde zur zweiten Phase des Spektakels blasen: Dem Seekrieg folgte der Landkrieg mit einer „Feldschlacht" auf der Ebene zwischen Lietzow und Spandau. Beide Seiten schlugen mit zunehmendem Ehrgeiz zu. Nach der Anzahl der ins Wasser geworfenen Krieger lag Spandau zurück - das sollte sich nun ändern. Der „Knüppelkrieg" nahm an Härte zu, es floss Blut. Und jetzt lief der von Joachim II. festgelegte Manöverplan aus dem Ruder. Die Spandauer Krieger hatten mit ihrem Bürgermeister Bartholomäus Bier einen

Strategen in ihren Reihen. Sie täuschten einen Rückzug vor, fielen den Berlinern in den Rücken und hieben kräftig auf den eingekesselten Gegner ein. In dieser Situation wollte der Kurfürst seine Macht demonstrieren: Er ritt mitten in das Kampfgeschehen hinein, um die Streithähne zu trennen. Aber sein Pferd bäumte sich auf, er fiel aus dem Sattel. Und Majestät sah sich nun selbst von beiden Seiten den Knüppelhieben ausgesetzt.

Nur mit Mühe konnten seine Domestiken den geschundenen Landesherrn aus dem Gefecht retten (niemand wollte hinterher den Kurfürsten überhaupt wahrgenommen haben).

Erst in der Nacht endete die Schlacht. Der lädierte Kurfürst ließ den Spandauer Bürgermeister verhaften und ins Gefängnis werfen. Denn statt dem Manöverplan des Landesherrn zu folgen, hatte er mit Kriegslist Spandau zum Sieg verholfen. Um die Wunden der Verletzten zu versorgen, war nicht nur häusliche Krankenpflege gefragt. Auch die Spitäler hatten gut zu tun, das Geschäftsleben lag brach. Der Landesherr rief die Spandauer Bürger-

Fischerstechen: Ein vom 16. bis ins 18. Jahrhundert beliebtes Vergnügen des Hofes.

Außer sich vor Wut: Joachim II. hatte einige Spandauer Treffer einstecken müssen ...

vertreter auf die Zitadelle und ließ sie stundenlang auf sein Urteil zittern. Dann schickte er sie in Gnaden wieder nach Hause. Der Spandauer Bürgermeister aber büßte für seine Eigenmächtigkeit mit mehr als vier Monaten Kerkerhaft.

Die Hinrichtung Lippolds.

Mit einem Rad zertrümmerte der Henker die Gliedmaßen.

Auf der Fahrt zur Hinrichtung marterten die Knechte Lippold mit glühenden Zangen.

Folterqualen - ganz im Sinne des Hofes

Über diese Hinrichtung in Berlin, über diese Grausamkeit und Ungerechtigkeit entrüsteten sich schon die nicht gerade zimperlichen Zeitgenossen. Auf einem Schafott vor der Marienkirche beendeten die Henker und ihre Knechte 1573 das Leben des kurfürstlichen Hofjuden Lippold (unten).

Der war um 1550 mit seinem Vater und seinem Bruder von Prag nach Berlin gezogen und betrieb einen Geldverleih. Zu seiner Klientel zählten Bürger der Stadt, der Hof und mit ihm auch Kurfürst Joachim II.

Der Landesherr hatte ein wohlwollendes Auge auf den geschäftstüchtigen Mann geworfen und ihn zum Beauftragten für alle Juden seines Landes ernannt. Damit war Lippold für die Eintreibung der Schutzgelder verantwortlich, die der Kurfürst von allen jüdischen Gemeinden forderte.

Der Mann stieg auf: 1565 übertrug ihm der Kurfürst das Münzwesen in der Mark Brandenburg. Lippold ließ märkische Golddukaten mit seinem Siegel prägen, dem Davidstern. Für seinen Gönner erledigte der Hofjude die eher delikaten Geschäfte: Er veranlasste die Unterhaltszahlungen für die Mätressen Joachims II. und deren Kinder. Das Vertrauensverhältnis zum Kurfürsten erreichte seinen Höhepunkt, als dieser ihn zu seinem Kämmerer ernannte.

Am 3. Januar 1571 starb Joachim II. plötzlich und unerwartet während eines Jagdausflugs auf Schloss Köpenick. Dass Lippold dem Fürsten auf seinem Bettlager noch ein Glas Malaga gereicht hatte, nährte einen schlimmen Verdacht: Gift! Thronfolger Johann

Georg, der seinen verschwenderischen Vater verachtete, ließ dessen Günstlinge sofort festsetzen - mit ihnen auch den Kämmerer Lippold.

Kaum hatte sich die Nachricht in Berlin verbreitet, stürmten aufgehetzte Einwohner die Häuser der Schutzjuden und zerstörten die Synagoge in der Klosterstraße. Ein praktisches Pogrom: Die Bürger raubten die von ihnen selbst versetzten Pfänder und verbrannten ihre Schuldscheine.

Eine erste Untersuchung gegen Lippold als Finanzier des Kurfürsten brachte keine gerichtlich verwertbaren Unregelmäßigkeiten ans Licht. Die Richter aber stellten ihn unter Hausarrest. Nun griff der Kurfürst selbst in das Verfahren ein, denn es lag im Interesse des Hofes, die Schulden des Landesherrn und des Adels bei Lippold loszuwerden. Johann Georg ließ das Gerücht streuen, Lippolds Frau habe in der Haft zu ihrem Mann gesagt: „Wenn der Kurfürst wüsste, was du an Zauberei beherrschst, hätte er dich längst kaltgestellt."

Sofort ließ das Gericht ihn wieder in Haft nehmen und klagte ihn der Hexerei an. Akten belegen, dass Lippold am 16. Januar 1573 freiwillig die Vergiftung von Joachim II. gestand und zugab, mit einem Zauberbuch Kontakt zum Teufel aufnehmen zu können. Am 28. Januar aber widerrief er alle Geständnisse. Der Kurfürst ordnete die Folter an.

Scharfrichter Balzer ging ans Werk. Blutüberströmt gab Lippold erneut die Schuld am Tod des Landesherrn und seine Zauber-

künste zu. Das Todesurteil? Formsache. Es sah vor, den Delinquenten zunächst mit glühenden Eisenzangen zu peinigen, ihm dann mit dem Rad die Knochen von unten herauf zu zertrümmern, den Bauch aufzuschlitzen und den Brustkorb mit einem Beil zu teilen. Unter dem Johlen der Bevölkerung riss der Scharfrichter das Herz heraus und steckte es Lippold in den Mund. Die Eingeweide verbrannten die Henkersknechte zusammen mit einem angeblichen Zauberbuch unter dem Schafott. Als eine kleine Maus aus dem Scheiterhaufen rannte, sahen die Berliner den Teufel aus den Eingeweiden Lippolds entfliehen...

Johann Georg ließ alle Günstlinge seines Vaters festsetzen. Unten: Kupferstich von Köpenick. Rechts das Schloss, auf dem der Kurfürst unerwartet starb.

Schule für alle - erstes Gymnasium boomt

Das Refektorium des Grauen Klosters diente als Schulraum.

Kanzler Lamprecht Diestelmeier.

Das Schulwesen in Berlin/Cölln: unterentwickelt und rückständig. Während sich in Köpenick und Spandau sogar Stadtschreiber an der Ausbildung der männlichen Jugend beteiligen mussten, bestand die Lehrerschaft an der Cöllner Petrischule und der Berliner Nikolaischule lediglich aus einem Schulleiter und einem Kantor oder Küster. Kurfürst Johann Georg erkannte die Misere und ordnete 1574 die Gründung eines Gymnasiums an, das allen „Landeskindern" offen stehen sollte. Die Organisation und die Finanzierung seiner Bildungsstätte legte er in die Hände des kurfürstlichen Kanzlers Lamprecht Diestelmeier und des Lehnssekretärs Joachim Steinbrecher.

Johann Georg stellte dem Gymnasium das ehemalige Refektorium und den Westflügel des „Grauen Klosters" aus seinem Säkularisationsvermögen zur Verfügung. Steinbrecher und andere reiche Bürger der Stadt sorgten für die Ausstattung der fünf Klassenräume. Die Schulordnung gliederte den Unterricht in sieben Jahrgangsstufen. Die vier untersten Klassen mussten sich zwei Räume teilen. Auf dem Stundenplan - von 6 bis 9 und von 12 bis 15 Uhr - standen Religion, Rechnen, Schreiben und Lesen. Ab der fünften Klasse kamen Latein, Griechisch und Philosophie dazu. Der Unterricht in diesen Fächern diente der Vorbereitung auf ein Studium an der Landesuniversität Viadrina in Frankfurt an der Oder. Einen großen Raum nahm der Gesangsunterricht ein, denn die Jungen hatten bei Hochzeiten, Begräbnissen und Kirchenfeiern für die musikalische Begleitung zu sorgen. Mit dem Entgelt besserten die Lehrer ihre magere Bezahlung auf.

In kürzester Zeit gewann das Gymnasium große Bedeutung für die Region. Der Kurfürst hatte Schulgeldfreiheit zugesagt, und die Stadträte mussten sich daran halten. Zwei Jahre nach der Gründung standen bereits 13 Lehrer bei der Stadt in Lohn und Brot. Innerhalb von zwölf Jahren stieg die Zahl der Schüler auf 600 Jungen aus der Stadt und dem weiteren Umland an. Die auswärtigen Schüler reicher Familien fanden Unterkunft in den Bürgerhäusern. Für die ärmeren Schulbesucher unterhielt die Stadt eine „Kommunität", ein Wohnheim, in dem die Kinder kostenfrei unterkamen. Das eher konservativ ausgerichtete Cölln führte

Handschriftlich verfasste Schulordnung aus dem Jahr 1574.

die Lateinschule an der Petrikirche weiter. Die Stadt richtete auch hier eine Unterkunft für bedürftige Schüler ein. Sie durften unter der Leitung eines älteren Zöglings einen Chor bilden, der vor den Bürgerhäusern seine Gesangskunst gegen Spenden zum Besten gab.

Das Bildungsgefälle abhängig von der Finanzkraft des Elternhauses war damit aber nicht beseitigt: Reiche Bürger, die ihre Kinder nicht auf die allgemeine Grundschule schicken wollten, mieteten Räumlichkeiten an (die „Winkelschulen") und engagierten Privatlehrer für die Ausbildung ihrer Sprösslinge. Die einfachen Tagelöhner hingegen konnten ihre Kinder seit 1584 nur zwei Jahre lang in der städtisch geförderten Armenschule unterrichten lassen. Auch für die Bildung der Mädchen sorgte die Stadt. Bis zur Reformation unterrichteten die Schwestern des weltlich orientierten Beginenordens. An den Inhalten änderte sich aber auch Ende des 16. Jahrhunderts nichts: Auf dem Lehrplan der „Jungfrauen-Schule" bei der Nikolaikirche standen Beten, Singen und Handarbeiten ganz oben, gefolgt von Lesen und Schreiben. Reiche Eltern hatten für die Unterrichtung ihrer Töchter zu zahlen und finanzierten so die Ausbildung für Mädchen aus ärmeren Schichten mit.

Die Schule im Franziskanerkloster vereinigte sich 1767 mit dem Cöllner Gymnasium, im Hintergrund die Klosterkirche.

Gold in der Spree? Thurneysser seift Fürsten ein

Mineralogie, Alchemie, Botanik, Astrologie, Medizin? Alles kein Problem für diesen schillernden Schweizer, der nicht nur den Kurfürsten in Berlin gehörig einseifte, sondern auch die feinen Herrschaften an den Höfen Europas. An der Spree, in der er ungeahnte Goldadern vermutete,

schaffte es Leonhard Thurneysser, sogar bis zum Leibarzt von Johann Georg aufzusteigen. Bis er 1584 in Ungnade fiel... 13 Jahre zuvor hatte seine Star-Karriere am Berliner Hof begonnen. Kurfürst Johann Georg hatte den Universalgelehrten bereits in Frankfurt/Oder bewundert, wo Thurneysser die Drucklegung seines Buches „Pison" überwachte, in dem er die mineralogischen Substanzen der wichtigsten Flüsse Europas beschrieb. Thurneyssers Erzählungen hörte Johann Georg gern: Wasseranalysen der Spree hätten ergeben, dass im Schlamm des Flusses 23-karätiges Gold zu finden sei. Und überhaupt: In Brandenburger Sandböden seien Lagerstätten von Saphiren, Rubinen und Smaragden verborgen. Als es Thurneysser außerdem gelang, die Kurfürstin von einem langen Leiden zu kurieren, ging dem Kurfürsten das Portemonnaie auf. Den neuen Leibarzt-Job bei Johann Georg nahm der pfiffige Schweizer sofort an - schließlich winkte ein kurfürstliches Salär von fetten 1.352 Gulden pro Jahr. Im „Grauen Kloster" richtete Turneysser sein alchemistisches Laboratorium ein und

Oben links: Leonhard Thurneysser, Alchemist des Kurfürsten. Der besuchte regelmäßig sein Allroundgenie im „Grauen Kloster".

braute dort allerlei Salben und Wässerchen für die Damen des Hofes zusammen: Goldtropfen, Korallentinktur und Bernsteinöl.

Seine Medikamente waren schnell auch an den Fürstenhöfen Europas gefragt, so in England, Polen, Dänemark und Schweden. Thurneysser organisierte die erste europaweit agierende Versandapotheke auf dem Kontinent. Seine Produktpalette rundete er mit Talismanen und persönlichen Horoskopen ab. Um seine gelehrten Schriften selbst verlegen zu können, richtete der Leibarzt 1574 im „Grauen Kloster" eine Druckerei ein - samt Papiermühle, Holzschneiderei und Schriftgießerei für bewegliche Lettern. Jetzt konnte er auch Bücher in griechischer, arabischer und kaldäischer Schrift herausgeben. Unter seiner Leitung entstand in Berlin das erste naturwissenschaftliche Kabinett Brandenburgs. Mehr als 200 Männer und Frauen Berlins arbeiteten für den Gelehrten. Dass Thurneysser zu Reichtum gelangte, war zwangsläufig. Er besaß nach eigenen Angaben ein Vermögen von 12.000 Goldmark. 1579 bat er den

Schönheitswässerchen für die Damen des Hofes: eine Spezialität.

Thurneysser entwickelte ein Verfahren zur Krankheitsdiagnose aus Urin. Rechts das Druckersignet des Alchemisten.

Kurfürsten um Urlaub, verkaufte seine Druckerei und ging in die Schweiz zurück. Dort verlor er aber den größten Teil seines Vermögens, den ein Gericht in Basel seiner dritten Frau zusprach.

1580 kehrte der Magier nach Berlin zurück, erneut in die Dienste des Kurfürsten. Doch der Geldregen blieb nun aus; die Reichen, Schönen und der Adel hatten das Interesse an seinen astrologischen Tafeln und den Tinkturen verloren. Auch das noch: Thurneysser geriet in den Verdacht der Hexerei: Seine präparierte Fledermaus interpretierten die Zeitgenossen als einen „pestverbreitenden Feuervogel", seinen Skorpion in Spiritus als „kleinen Teufel in der Flasche".

Aus die Maus: Noch eine Zeit lang brannten die Feuer unter den Schmelztiegeln des Alchemisten, bis er 1584 Berlin endgültig frustriert verließ. Thurneysser ging wieder auf Wanderschaft und starb schließlich vereinsamt in Köln am 9. Juli 1595 im Haus eines befreundeten Goldschmiedes. Seinen Todestag hatte er 20 Jahre früher schon vorausgesagt...

Reformation ja - aber bitte in Jülich!

Welt-Zeit

1500
Leonardo da Vinci zeichnet den ersten Hubschrauber.

1513
Spanier unter Balboa stoßen zum Pazifik vor.

1514
Kopernikus entdeckt den Saturn.

1517
Martin Luther schlägt 95 Thesen an die Tür der Schlosskirche zu Wittenberg.

1519
Magellan beginnt die Weltumseglung.

1529
Die erste Belagerung Wiens durch die Türken.

1531
Der Halleysche „Große" Komet erscheint.

1539
Das Inka-Reich in Peru wird von Pizzaro zerstört, König Atahualpa erdrosselt.

1582
Papst Gregor XIII. führt die Schaltjahre ein.

1584
Von Irland aus verbreitet sich die Kartoffel über Europa.

1588
Untergang der spanischen Armada.

1589
Am französischen Hof wird die Essgabel eingeführt.

1590
Galilei beginnt Fallversuche am Turm zu Pisa.

1591
Shakespeare schreibt „Romeo und Julia".

Durch Erbschaften und geschickte Heiratspolitik war es dem Brandenburger Hohenzollernhaus gelungen, Ansprüche auf (Ost)-Preußen und Jülich anzumelden. Mit großem Pomp feierten die Einwohner von Cölln und Berlin den Erfolg ihres neuen Landesherrn Johann Sigismund, als dieser 1613 die beiden Herzogtümer dem Kurfürstentum Brandenburg einverleibte.

Nun war das Land konfessionell gespalten: Während die Bürger Brandenburgs mehrheitlich der Lehre Luthers zuneigten, herrschte in Preußen und Jülich der Calvinismus vor. Nach dem Augsburger Religionsfrieden von 1555 galt das Gesetz, dass die Untertanen der Religionszugehörigkeit ihres Landesherrn zu folgen hatten. Das aber wollte der lutherische Kurfürst den Einwohnern seiner Neuerwerbungen nicht zumuten.

Am Weihnachtstag 1613 traten er und 55 Adelsfamilien zum calvinistischen Glauben über. Nur die Ehefrau von Johann Sigismund und seine Tochter blieben bei der lutherischen Lehre. Die Dankpredigt im Cöllner Domstift, der Oberpfarrkirche für die gesamte Gemeinde, hielt der Calvinist Salmon Fink aus Königsberg. Die Bürger der Doppelstadt befürchteten, nun auch zum Calvinismus übertreten zu müssen. Ihre Proteste entwaffnete Johann Sigismund jedoch mit dem schlagenden Argument: Es herrsche Religionsfreiheit für den Landesherrn.

Meist nahmen es die Konvertiten mit ihrem neuen Glauben sehr genau: In Abwesenheit des Kurfürsten ließ dessen Bruder und Stellvertreter Markgraf Johann Georg 1615 die Petrikirche von allen Ausschmückungen „reinigen". In der Bevölkerung und im lutherischen Klerus rumorte es: Der junge Diakon der Petrikirche, Peter Stüler, forderte den Landesherrn von der Kanzel auf, mit seinen reformatorischen Bestrebungen doch bitte in Jülich anzufangen...

Dies war ein direkter Angriff auf die Religionshoheit des Kurfürsten. Auf das Gerücht hin, Stüber solle verhaftet werden, versammelten sich Handwerksgesellen und lutherisch gesonnene Bürger aus Cölln und Berlin vor der Wohnung des Diakons, um ihm Schutz zu gewähren. Die Glocken der lutherischen Kirchen läuteten zu den Waffen. Bürgerwachen sperrten die Brücken. Alkohol kam ins Spiel. Die Häuser der calvinistischen Pfarrer – geplündert. Markgraf Johann Georg sah sich zum Einschreiten gezwungen und ritt mit seinen Knechten auf den Petrikirchplatz. Es fielen Schüsse. Die ersten aber sollen aus den Reihen von Johann Georgs Mannen gekommen sein. Ein Stein traf Johann Georg am Oberschenkel, ein Säbelhieb im Rücken. Er ließ zum Rückzug blasen.

Der Kurfürst kehrte sofort in die Stadt zurück und leitete eine Untersuchung ein. Die Radaubrüder hatten sich bereits abgesetzt, der Diakon war nach Wittenberg geflohen. Am 27. Januar 1616 zitierte Kurfürst Johann Sigismund die Bürgermeister, Vertreter der Innungen und Ratsherren aufs Schloss. Gegen eine Einmalzahlung von 135.000 Talern für die Kriegskasse sicherte der Kurfürst seinen Untertanen nun die freie Religionswahl zu und versprach ihnen, sie nicht zum calvinistischen Glauben zu zwingen.

Die Auseinandersetzungen hatten Johann Sigismund schwer mitgenommen. Zudem litt er an den Folgen eines Schlaganfalls. Deshalb übertrug er im November 1619 die Amtsgeschäfte auf seinen Sohn Georg Wilhelm. Der Kurfürst starb am 23. Dezember im Haus seines Kammerdieners im Nikolaiviertel. Kurz vor seinem Tod soll ihm die „Weiße Frau" erschienen sein, die als Hausgeist der Hohenzollern weiterhin in der Cöllner Residenz ihr Unwesen trieb.

Kurfürst Johann Sigismund

Die Domkirche war in der Hand der Calvinisten.

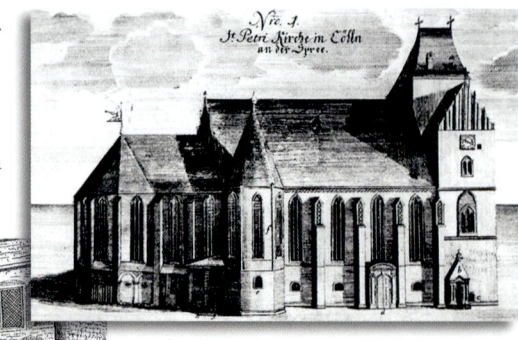

Von der Petrikirche ging der Aufstand aus. Bürger und Handwerker plünderten die Häuser der Calvinisten (links).

„Krieg ernährt den Krieg" - feiger Kurfürst feiert Feste

Mit dem Prager Fenstersturz der katholischen Statthalter (der Sage nach in einen Misthaufen) begann 1618 in Europa eine endlose Reihe von militärischen Auseinandersetzungen, die erst 1648 ihr Ende finden sollten: der Dreißigjährige Krieg. Vordergründig ein Religionskrieg zwischen protestantischen und katholischen Regenten, galten die mit bislang unbekannter Grausamkeit ausgetragenen Kämpfe zwischen den österreichischen Habsburgern, den Bourbonen in Frankreich und dem schwedischen Königshaus Wasa der Vormachtstellung auf dem Kontinent.

Die deutschen Fürsten wechselten je nach Kriegsglück mehrfach die Seiten, so auch der calvinistische Kurfürst Georg Wil-

Der Prager Fenstersturz von 1618.

helm von Brandenburg. Zunächst versuchte er, sich durch Neutralitätsversprechen aus dem Dreißigjährigen Krieg herauszuhalten, insgeheim aber sympathisierte er mit dem katholischen Kaiser Ferdinand II. Zwar kam es zunächst noch zu keiner Belagerung oder direkten Bedrohung von Cölln-Berlin, aber die Truppen der verfeindeten Seiten nutzten Brandenburg als Aufmarschgebiet.

Mit großem Pomp empfing Markgraf Sigismund, der Statthalter des Kurfürsten, am 15. November 1627 den kaiserlichen Generalissimus Albrecht Wenzel von Wallenstein in seiner Residenz in Cölln. Der Feldherr hatte gerade in Mecklenburg und Holstein die Dänen zurückgeschlagen. Die Kosten für das Winterquartier der kaiserlichen Truppen musste vornehmlich die Landbevölkerung tragen. Der Kurfürst forderte Cölln und Berlin zur Zahlung von Kontributionsleistungen

Kurfürst Georg Wilhelm sympathisierte mit Kaiser Ferdinand II. (rechts).

für Wallensteins Truppen auf und setzte sich mit 4.000 Soldaten nach Königsberg in Ostpreußen ab. Damit entblößte er Brandenburg vom Hauptteil der Verteidigungskräfte. Von Königsberg aus ordnete er 1628 noch einmal an, das Land solle Wallenstein 140.000 Taler für seine weiteren Feldzüge zur Verfügung zu stellen.

Die strategische Lage änderte sich grundlegend, als der Schwedenkönig Gustav II. Adolf am 4. Juli 1630 mit seinen Truppen auf Usedom landete und nach Berlin zog. Der Kurfürst kehrte kurzfristig aus Königsberg nach Brandenburg zurück und traf sich mit dem Schwedenkönig bei Treptow. Der Schwede verlangte das Durchzugsrecht für seine Truppen durch Brandenburg und als Rückendeckung die Übergabe der Festungen Spandau und Küstrin. Georg Wilhelm lehnte das Ansinnen seines Glaubensgenossen und Schwagers ab. Daraufhin besetzte Gustav Adolf mit 1.000 Musketieren die Stadt, nahm sich, was er wollte, und erpresste von Brandenburg 30.000 Taler pro Monat

1630 landete Schwedenkönig Gustav II. Adolf auf Usedom und zog nach Berlin.

für die Versorgung seiner Soldaten. Der Kurfürst musste sich auf die Seite der Schweden stellen.

„Der Krieg soll den Krieg ernähren" - so lautete das grausame Motto der Kriegsparteien. Die Soldaten plünderten die Dörfer, raubten das Vieh, vergewaltigten, mordeten und hinterließen verbrannte Felder, um die Versorgung des Feindes zu behindern. Die Bauern flüchteten mit ihren Familien in die Städte; im überfüllten Berlin und Cölln brach die Pest aus. Die ständig wechselnden Besatzungssoldaten hatten überdies noch Ruhr, Cholera und Pocken in die Stadt eingeschleppt. Der Handel stagnierte, Hungersnöte brachen aus.

Kurfürst Georg Wilhelm gefiel sich in der Rolle des Feldherren.

Generalissimus Albrecht Wenzel von Wallenstein (links) besuchte die Residenz in Cölln.

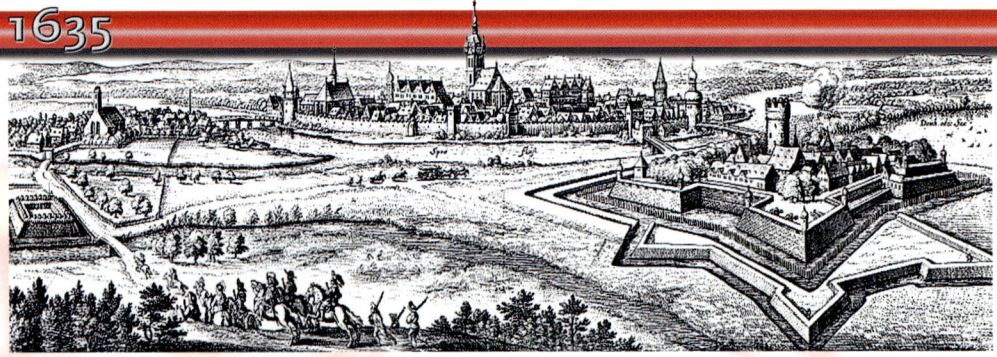

Adam Graf zu Schwarzenberg verschanzte sich in der Festung Spandau (rechts).

Flucht nach Königsberg

Gustav II. Adolf, die Symbolfigur der evangelischen Fürsten des Reiches, fiel 1632 in der Schlacht bei Lützen. Kurfürst Georg Wilhelm sah nun die Möglichkeit, sich wieder auf die Seite des Kaisers zu schlagen. Am 29. Juli 1635 schlossen Brandenburg und Sachsen in Prag Frieden mit Ferdinand II. Dessen Truppen konnten allerdings dem Kurfürstentum keinen effektiven Schutz bieten. Im Nordosten des Reichs dominierten weiterhin die Schweden. Dreimal noch - 1636, 1638 und 1639 - standen ihre Truppen vor den Toren der Städte Cölln und Berlin und erpressten Kontributionen.

Trotz alledem ging das Leben am Hof in Cölln seinen gewohnten Gang. Der Kurfürst und der Adel feierten unbekümmert ihre Feste. Zwar waren Luxusgüter nur schwer erhältlich, aber am Alkohol mangelte es wohl nicht. Das zu Brandenburg gehörende Herzogtum Jülich war weit entfernt - der Kurfürst hatte es aufgegeben. Inmitten dieser Katastrophenzeiten ließ sich Georg Wilhelm von einem Hofmaler als kraftvollen und siegreichen Feldherrn darstellen.

Als sich aber die Lage in Brandenburg bedrohlich zuspitzte, entschloss sich Kurfürst Georg Wilhelm 1638, seinen gesamten Hof nach Königsberg zu verlegen. Die Vorhaltungen seiner Landstände, er lasse seine „Schafe ohne Hirten" zurück, ließen ihn kalt. Er empfahl seinen Untertanen, zusätzliche Buß- und Bettage einzulegen. Den Oberbefehl über Brandenburg legte er in die Hände seines engsten Beraters, Adam Graf von Schwarzenberg. Der ersetzte den kurfürstlichen Geheimrat sofort durch einen Kriegsrat, der ihn bedingungslos unterstützte. Die Residenz gab der Statthalter auf und verschanzte sich in der Festung Spandau.

Zu keiner Zeit hatte der Kurfürst eine größere Anzahl von Männern unter Waf-

Soldaten plündern die Stadt.

fen stellen können, von schweren Kanonen konnte er nur träumen. Zwar hatte er immer wieder versucht, eine schlagkräftige Armee zu organisieren, dieses Vorhaben war aber am Widerstand der Landstände gescheitert: Diese hatten Georg Wilhelm die Finanzmittel verweigert. Brandenburg stellte somit weder für die Schweden noch für die Kaiserlichen jemals eine ernste Bedrohung dar. In den besten Zeiten standen lediglich 1.000 miserabel ausgerüstete Soldaten zur Verteidigung der Residenz bereit.

Auch die von den Berliner und Cöllner Räten 1634 angeworbenen Gardebrüder bedeuteten keine wirkliche Verstärkung. Sie erhielten noch nicht einmal einen regulären Sold, sondern nur das städtische „Privileg", ihren Unterhalt zusammenzubetteln zu dürfen. Brandenburg und seine Städte standen den marodierenden Haufen aller Kontrahenten weit offen. Und

Schlecht ausgebildete Truppen sollten die Doppelstadt (unten) schützen.

auch die Soldaten des Kurfürsten und die Stadtgarden führten sich auf wie im Feindesland.

Statthalter Graf Schwarzenberg (oben), vertrat in seinen Entscheidungen weniger die Interessen Brandenburgs als die des Kaisers. Da er selbst katholisch war, wuchs das Misstrauen in der lutherischen Bevölkerung. Als er um die Jahreswende 1640/1641 die Vorstädte von Berlin, Cölln, und Spandau niederbrennen ließ, um freies Schussfeld gegen einen vermeintlichen schwedischen Angriff zu schaffen, lief das Fass über: Die Einwohner begannen, sich mit den schwedischen Soldaten, ihren Glaubensbrüdern zudem, zu solidarisieren. Diese waren den lutherischen Bürgern lieber als ein calvinistischer Landesherr, der sie im Stich gelassen, sich auf die Seite des Kaisers und damit des Vatikans geschlagen hatte.

Am 1. Dezember 1640 starb Kurfürst Georg Wilhelm in Königsberg im Alter von nur 45 Jahren. Er hatte weder bei seinen wechselnden Feinden noch bei seinen Freunden je Vertrauen erwerben können. Wankelmütigkeit, Entschlusslosigkeit und maßlose Genusssucht- diese Charakterzüge bescheinigten die Historiker dem Kurfürsten.

Friedrich Wilhelm räumt auf - und stellt Weichen...

Der neue Kurfürst Friedrich Wilhelm - erst 20 Jahre alt - hatte mehrere Jahre in den Niederlanden gelebt und an der Universität Leyden studiert. Dort hatte er einen Staat kennengelernt, der trotz seiner geringen Bevölkerungszahl und fehlender Bodenschätze allein durch Handel und Seefahrt zu außerordentlichem Reichtum gelangt war. Holland war daher das Vorbild, nach dem Friedrich Wilhelm Brandenburg umgestalten wollte.

Zunächst aber war es sein Ziel, das Land aus dem weiteren Kriegsgeschehen herauszuhalten. Als der Stadtkommandant Adam Graf von Schwarzenberg noch einmal daran ging, die Vorstädte von Cölln, Berlin und Spandau einzuäschern, fing er sich einen schweren Verweis des jungen Kurfürsten ein. Denn der katholische Statthalter hatte in seinem Übereifer die Städte wieder auf ihre mittelalterlichen Grenzen zurückstutzen lassen.

Friedrich Wilhelm schloss am 24. Juli 1641 einen Friedensvertrag mit den Schweden. Zwar hörten die Plünderungen damit nicht schlagartig auf, auch Kontributionsleistungen hatte Brandenburg weiterhin zu leisten. Aber jetzt herrschte Klarheit über die Bündniszugehörigkeit und die konfessionelle Ausrichtung des calvinistischen Landesherrn. Zunächst musste Friedrich Wilhelm noch in Königsberg bleiben, um seine Ansprüche auf Preußen aufrecht zu erhalten, das er am 7. Oktober 1641 vom polnischen König als Lehen erhielt. Friedrich Wilhelms Vater hatte ein Chaos hinterlassen: Der Kurfürst fand in Bran-

Friedrich Wilhelm (links) nahm zunächst in Königsberg in Ostpreußen (oben) Residenz.

denburg ein Land vor, das mehr als 30 Prozent der Bevölkerung durch Seuchen und Krieg verloren hatte. Die baufällige Residenz in Cölln musste durch Balken abgestützt werden. Von den ehemals 1.200 Häusern in Cölln-Berlin stand etwa ein Drittel leer und verfiel. Die Doppelstadt hatte beinahe die Hälfte ihrer Bewohner eingebüßt, und den noch verbliebenen Bürgern fehlten die Finanzen zur Erhaltung ihrer Häuser.

Gleich nach seinem Regierungsantritt 1641 begann Friedrich Wilhelm mit den Planungen zur effizienten Aufrüstung Brandenburgs. Er entließ alle Söldner sowie die meisten Offiziere aus ihren Diens-

Kurfürst Friedrich Wilhelm zieht in Berlin ein (links) und lässt sich auf dem Schlosshof huldigen (links außen). Sehr viele Pfennige (rechts) brauchte der Landesherr für den Aufbau eines neuen Heeres.

ten und veranlasste den Aufbau eines Heeres von zunächst 2.700 Mann. Dazu brauchte er Geld - und erließ Steuern auf Lebensmittel und Verbrauchsgüter.

Im Frühjahr 1643 kehrte der Kurfürst aus Preußen zurück und nahm am 3. März auf dem Cöllner Schlossplatz die Huldigung der Räte und Bürger entgegen. Die Doppelstadt sah er als Zentrum seines wirtschaftlich neu aufgestellten Herrschaftsgebiets. Als äußeres Zeichen wollte Friedrich Wilhelm das verfallene Schloss renovieren lassen. Dafür aber fand der Kurfürst keine geeigneten Handwerker - eine Folge des Bevölkerungsverlustes. Er schickte Anwerber in Holland auf die Suche. Baumeister mussten Material aus Hamburg einführen, denn die heimischen Ressourcen waren erschöpft.

Friedrich Wilhelm ließ Pläne ausarbeiten, um die Bevölkerungslücken durch Einwanderungen wieder aufzufüllen und den Handel neu zu beleben. Als 1648 die Kirchenglocken den Westfälischen Frieden verkündeten, hatte der Kurfürst schon die Weichen gestellt - für Brandenburg und Preußen als Mitspieler um die Macht in Zentraleuropa.

Lustgarten für den Hof, Kartoffeln für die Untertanen

Im Jahr 1646 - also noch zu Kriegszeiten - beauftragte Friedrich Wilhelm seinem Hofgärtner Michael Hanff, den alten Lustgarten an seiner Stadtresidenz nach Vorbild der holländischen Gartenkunst aufzupolieren. Das Gelände war sumpfig. Der Gartenbaumeister verwirklichte eine verblüffend einfache Idee: Er ließ sämtlichen Schmutz aus den Stadtstraßen und Gassen zusammenkarren und in das Feuchtgebiet kippen. Größtenteils aus menschlichen und tierischen Ausscheidungen, bot der Unrat besten Dung für die Rabatten, Hecken und Bäume. Obwohl die Kasse des Landesherrn noch recht klamm war, ließ sich Friedrich Wilhelm seine Gärten einiges kosten und nahm Kredite beim wohlhabenden Landadel. Der Kurfürst importierte exotische Pflanzen aus den Niederlanden, die mit ihrer „Ostindischen Kompagnie" Handelsbeziehungen bis nach Japan pflegten. Am Ende der Anlage ließ er eine Orangerie errichten. Standbilder mythologischer Figuren, geschaffen von renommierten europäischen Bildhauern, säumten die

Wege und Rondelle. Friedrich Wilhelm war eitel. An zentraler Stelle ließ er sich 1652 von dem Wallonen Franz Duzart ein eigenes Denkmal setzen.

Den Holländern hatte Friedrich Wilhelm eine interessante Innovation abgeguckt: Die Kartoffel als Grundnahrungsmittel. In seinen kurfürstlichen Küchengärten ließ er die „Erdäpfel" probeweise anpflanzen und empfahl sie 1651 seinen Untertanen als wohlschmeckend. Allerdings war intensive Überzeugungsarbeit nötig, die „Tartuffel" in Brandenburg einzuführen. Die Landschaft in der Gegend von Bötzow erinnerte die kurfürstliche Ehefrau Louise Henriette aus dem Königshaus Oranien stark an ihre holländische Heimat. Friedrich Wilhelm stellte 1650 seinen Grundbesitz dort mit einer Meierei, Brauerei und Schäferei unter den persönlichen Schutz seiner Louise. Die ließ sich hier ein Schloss bauen, nach ihrer Herkunft „Oranienburg" genannt. Die Kurfürstin holte niederländische Siedler nach Berlin und kümmerte sich um den Aufbau eines landwirtschaftlichen

Louise Henriette

Mit Linden bepflanzt: der Reitweg vom Schloss in den Tiergarten.

Musterbetriebs. Milch, Obst, Gemüse und Blumen lieferten die Oranienburger Bauern an den Hof wie an die Märkte von Cölln und Berlin. Dem jungen Gemeinwesen stiftete Louise Henriette 1665 ein Waisenhaus. Oranienburg stieg unter dem Kurfürsten aber nie zur Stadt auf und blieb eine Siedlung unter der Verwaltung des Hofes. Die Fürsten und der Adel gingen gern dem edlen Waidwerk nach. Schon seit Anfang des 16. Jahrhunderts jagten die Kurfürsten von Brandenburg westlich des Schlosses im „Tiergarten". Das Gelände war ein-

gezäunt, der tierische Nachschub kam aus dem Umland. Der Kurfürst ließ 1647 den alten Reitweg vom Schloss in den Tiergarten befestigen und mit Linden und Nussbäumen bepflanzen. Diese Straße sollte mit dem Namen „Unter den Linden" Geschichte schreiben. Noch aber führte sie durch sandiges sumpfiges Gelände. In ihrer Verlängerung schlugen die Forstarbeiter eine breite Schneise durch den Tiergarten und legten Quer-Alleen an, so zum Beispiel die Jungfernallee. Damit legte Friedrich Wilhelm den Grundstein für die Umwandlung des Jagdreviers in eine fürstliche Parkanlage. Nach und nach kaufte der Kurfürst weitere Ländereien im Westen und Südwesten sowie im Osten auf der rechten Spreeseite hinzu.

Der Lustgarten auf der Spreeinsel, darüber der Große Kurfürst und seine Ehefrau (links). Links außen: Oranienburg, das Schloss der Kurfürstin.

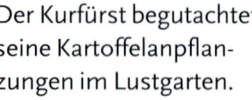

Der Kurfürst begutachtet seine Kartoffelanpflanzungen im Lustgarten.

Bildungsboom: Lernen für in der Viadrina

Die 1607 von Kurfürst Joachim Friedrich in Joachimsthal gegründete calvinistische Fürstenschule hatte der Dreißigjährige Krieg so schwer in Mitleidenschaft gezogen, dass sie geschlossen werden musste. Nun lagen die gymnasiale Schulbildung und die Vorbereitung der Schüler auf ein Studium an der landeseigenen Universität Viadrina in Frankfurt an der Oder ausschließlich in den Händen lutherischer Geistlicher im säkularisierten Grauen Kloster von Berlin.

Friedrich Wilhelm I. wollte die kurfürstliche Bildungsanstalt neu beleben. Zunächst wies er den Lehrern und Schülern Räumlichkeiten in seiner Cöllner Residenz zu. Vereinigt mit der Cöllner Stadtschule, fand die neue Fürstenschule 1650 eine Bleibe in der Heiliggeiststraße. Gut ausgebildete Lehrer unterrichteten die Schüler der Grundstufen, Fachprofessoren die höheren Klassen. Nun stand dem lutherischen Gymnasium wieder eine reformierte Einrichtung gegenüber, die es angesichts der Lehrpläne und Personalausstattung sogar mit der berühmten Fürstenschule im sächsischen Grimma aufnehmen konnte.

Die Universität in Frankfurt war weit entfernt. Einzige Möglichkeit der Wissensvermittlung außerhalb der

Johann Sigismund Elsholtz

„Alma Mater": Bücher. In Cölln und Berlin aber herrschte Notstand in der Versorgung mit Druckwerken. Der Kurfürst befahl deshalb, den Apothekerflügel des Schlosses zugunsten einer Bibliothek zu räumen.

Mit großem Sammeleifer ließ er durch seine Agenten an den Buchbörsen Europas alte Manuskripte, grundlegende und aktuelle wissenschaftliche Literatur ankaufen. Bald schon füllte der Bestand einen Saal von 150 Fuß in der Länge und 40 Fuß in der Breite. Eine zusätzliche Sammlung wissenschaftlicher Instrumente sollte den Lehrern und Schülern der beiden Gymnasien den jüngsten Stand der Technik vermitteln.

Der Buchdruck und der Handel mit Schriften aller Art lagen in Cölln und Berlin weitgehend brach. Nur die Buchhändler Christoph Runge und Martin Guhl hatten kleine Betriebe aufbauen können. Und Runge hatte seit 1617 die erste Berliner Wochenzeitung „Avisen" herausgegeben. Dem jungen Unternehmer Rupert Völker gestattete der Kurfürst 1659, direkt vor dem Schloss eine Buchhandlung zu eröffnen. Er belieferte von nun an den Hof und die Bibliothek mit Literatur. Die 1646 eingerichte-

te Post beschleunigte die Versorgung mit Büchern und Zeitschriften erheblich. 1688, im Todesjahr des Kurfürsten, umfasste der Bibliotheksbestand bereits mehr als 90.000 Bücher, 618 Handschriften und eine große Münzsammlung: Grundstock für die spätere preußische Staatsbibliothek.

Kurfürst Friedrich Wilhelm holte außerdem einen Universalgelehrten an den Hof: Johann Sigismund Elsholtz. Der „Hofmedicus" und „Hofbotanicus" hatte an der renommierten Universität in Padua promoviert und zählte zu den bedeutendsten Wissenschaftlern seiner Zeit. Mit seinen Werken über die Botanik, den Gartenbau und die Besonderheiten der Brandenburger Bodenbeschaffenheit trug Elsholtz wesentlich zur Entwicklung der Landwirtschaft im Kurfürstentum bei.

Abhandlung über Kornmotten, gedruckt bei Christoph Runge (links).

Aus der Feder des „Hofbotanicus" Elsholtz stammen die ersten Rezepte für die Bevölkerung zur Zubereitung der „Tartuffel":
• Kartoffeln weich kochen, die Haut abziehen, mit Wein aufgießen und mit Salz, Butter und Muskat würzen
• in Hühner-, Kalbs oder Rinderbrühe köcheln lassen
• gekochte Kartoffeln in Scheiben schneiden und mit Zwiebeln und Essig in der Pfanne braten.

Zitrusfrüchte aus dem „Tischbuch" von Elsholtz: Limone, Zitrone, Pomeranze, Pomesine (von oben links).

Bibliothek im alten Apothekerflügel des Cöllner Schlosses.

Kurfürst bei der Kartoffelernte vor dem Schloss.

Topmodern, aber nie genutzt: 4.000 schuften für Verteidigung

Der Dreißigjährige Krieg hatte alle Schwachstellen in der Verteidigungsfähigkeit von Cölln und Berlin offenbart. Kurfürst Friedrich Wilhelm I. wollte hinter festen Mauern in der Residenz regieren und nicht - wie sein Vater - im Kriegsfall nach Königsberg fliehen müssen. Der Kurfürst orientierte sich erneut an den Holländern und deren Verteidigungsanlagen: Diese „Fortifikationen" trotzten auch den modernsten Kriegswaffen. Zur Umsetzung seiner Pläne engagierte der Kurfürst den Baumeister und Architekten Johann Gregor Memhardt aus Holland, wo er als österreichischer

Glaubensflüchtling Asyl gefunden hatte. Memhardts Aufgabe lag zunächst in einer Bestandsaufnahme der Grenzen von Cölln und Berlin, des Verlaufs der Straßen, der Wasserwege und der Stadtmauern. Dem Österreicher verdankt das heutige Berlin deshalb den ersten Plan des Stadtgebietes, dessen Topografie sich vom Mittelalter bis zur Mitte des 17. Jahrhunderts kaum geändert hatte. Friedrich Wilhelm dachte vorausschauend: Er wollte die Doppelstadt erweitern. Dazu ließ er den Zimmermann und Wasserbaumeister Michael Matthias Smids aus Holland an die Spree kommen.

Der Kurfürst band den Adel und die Städte in seine Pläne ein. Als Gegenleistung für die freie Religionsausübung und für die Leibeigenschaft der Bauern zahlten die Landstände insgesamt 530.000 Taler - über sechs Jahre verteilt - in die Kriegskasse ein. Diese Gelder sollten hauptsächlich der Fortifikation der Residenzstädte zugute kommen. Darüber hinaus verpflichteten sich die Landstände, mit 20.000 Talern jährlich zum Unterhalt der Soldaten beizutragen. Das Heer sollte in der Endphase 22.000 Soldaten umfassen. 1654 unterstellte Friedrich Wilhelm die Truppen Brandenburgs dem Generalwachtmeister Georg Derfflinger und betraute ihn mit dem Aufbau einer schlagkräftigen Kavallerie und Artillerie. Hinter den noch mittelalterlichen Stadtmauern

König Johann Kasimir II. von Polen

von Cölln und Berlin stationierte der Kurfürst 1.500 Soldaten zusammen mit ihren 900 Frauen und Kindern. Die Einwohnerschaft musste in ihren Häusern Platz für das Militär schaffen. Cölln und Berlin stiegen zu Garnisonsstädten auf - nicht ohne Probleme. Aber: Die Soldaten zahlten für ihre Unterkünfte; neue Kaufkraft beflügelte die Wirtschaft im vom Krieg schwer gezeichneten Land. Die Pläne für die Verteidigungsanlagen entwarf Feldmarschall Otto Christoph von Sparr. Der Kurfürst beteiligte sich mit eigenen Ideen zur Erweiterung der Stadt, besonders des Werders auf der Cöllner Seite. Er ließ sich von dem renommierten Militäringenieur Matthias Dögen beraten, seinem kurfürstlichen Residenten in Den Haag. Das Resultat der Planungen war eine sternförmige, beinahe runde Anlage. Sie sollte die gesamte Doppelstadt einschließen. Die Bauleitung übernahm Johann Georg Memhardt, unterstützt von vier holländischen Ingenieuren.

Kurfürst Friedrich Wilhelm drang darauf, die Verteidigungsanlagen seiner Residenzstädte schnell fertigzustellen. Denn es drohte ein neuer Krieg - diesmal zwischen Schweden und Polen um die Vorherrschaft im Ostseeraum. Die Strategen waren uneinig, wie diese Auseinandersetzung am besten zu nutzen sei, um die volle Souveränität über (Ost)preußen (ein

Feldmarschall Otto Christoph von Sparr

Lehen des polnischen Königs) zu erlangen. Als sich der Kurfürst, zunächst noch auf der Seite Schwedens, an der Schlacht von Warschau beteiligte, brachte ihm dies die Anerkennung der Herrschaft in Königsberg durch Karl X. Gustav ein. Allerdings wechselte der Kurfürst 1657 sofort die Seite, als ihm der polnische König Johann Kasimir II. selbst die Herrschaft bestätigte.

Somit drohte erneut Ungemach von den Schweden, die Teile Pommerns besetzt hielten. Im Frieden von Oliva am 3. Mai 1660 sprachen die Vertragsmächte dem Kurfürstentum Brandenburg schließlich die Hoheit über Preußen zu.

Derfflinger (links) und der Große Kurfürst vor der Schlacht bei Warschau vom 28. bis 30. Juli 1656.

Bis heute erhalten: der „Wusterhausener Bär" als Teil des Schleusensystems.

Die konkreten Planungen für den Ausbau der Verteidigungsanlagen schloss Memhardt schon 1658 ab. Die Städte Cölln und Berlin hatten das Gelände für den Ausbau zur Verfügung zu stellen und den größten Teil der Kosten zu übernehmen. Zu den Schanzarbeiten am Wall und an den Gräben zog der Landesherr die Bauern des Umlandes heran. Und täglich um 6.00 Uhr morgens hatte sich auch ein Viertel der Bevölkerung von Cölln und Berlin zur Arbeit an der Befestigung einzufinden.
Selbst die in der Doppelstadt stationierten Soldaten und deren Familien verpflichtete der Landesherr für sein ehrgeiziges Vorhaben. Täglich schufteten 700 bis 1.000 Arbeitskräfte, in Spitzenzeiten beinahe 4.000 Frauen und Männer, mit Hacke,

Stiefel des Kurfürsten, rechts sein Degen.

Schaufel und Tragekorb an der Anlage. Die Bauarbeiten begannen am Stadtrand von Berlin. Fester, trockener Grund beschleunigte die Fertigstellung, sodass dieser Teil der Doppelstadt bereits 1662 hinter festen Mauern stand. Auf der Cöllner Seite gestalteten sich die Fortifikationen wesentlich schwieriger. Hier mussten die Baumeister mit sumpfigem Untergrund kämpfen. Der Kurfürst hatte außerdem noch angeordnet, das Feuchtgebiet des Werders in den Verteidigungsring einzubeziehen.
Bald umgab ein bis zu 55 Meter breiter Wassergraben die Doppelstadt. Schleusen an der Spree regelten den Wasserstand. Hinter dem Graben erhob sich ein acht Meter hoher und sechs Meter breiter aufgeschütteter und ummauerter Wall. Auf der Mauerkrone verlief ringsum ein Wehrgang, der in Cölln sowie in Berlin jeweils am Spreedurchfluss endete. In Berlin schützten fünf, in Cölln acht ins

Vorfeld ragende Bastionen die Städte von der Landseite her. Bis zu zehn Kanonen standen jeweils in den Kasematten zur Verteidigung bereit. Sechs Tore boten Zugang zur Stadt: Das Stralauer Tor, das Georgentor und das Spandauer Tor in Berlin, das Köpenicker Tor, das Leipziger Tor und das Neue Tor an der Residenz auf der Cöllner Seite. Vorwerke sicherten die Torbrücken nach außen ab. 25 Jahre dauerten die Arbeiten an der Befestigung von Cölln und Berlin. Als die Schweden 1675 wieder in der Mark standen, konnten sich die Städte aber schon sicher fühlen.
Die Anlage, 1683 fertiggestellt, gehörte zwar zu den modernsten Stadtbefestigungen in Europa, aber auch Reichweite und Schusskraft der Artillerie hatten erheblich zugenom-

Der Vertrag von Oliva sicherte dem Kurfürsten die Hoheit über Ostpreußen.

men. Zu einem Angriff gegen die Festung kam es jedoch nie.
Schon 60 Jahre nach der Fertigstellung ließen die Könige Preußens die Mauern und Bastionen wieder schleifen: Der Festungsring hatte die Stadtentwicklung zu sehr eingeschränkt.

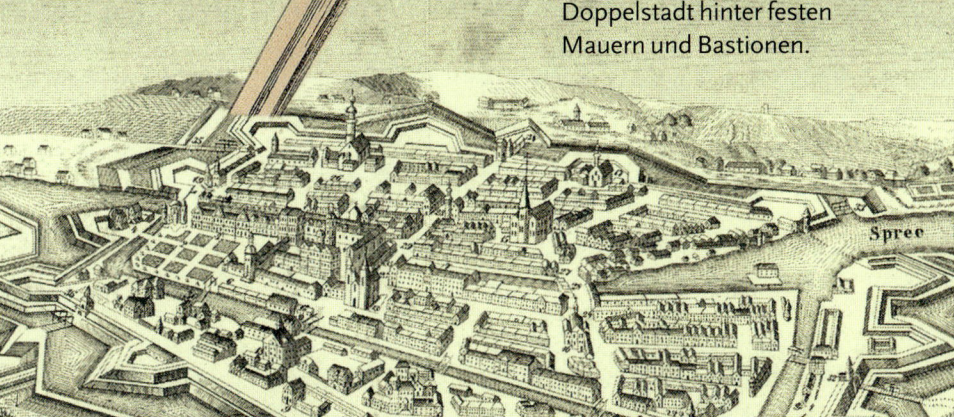

Doppelstadt hinter festen Mauern und Bastionen.

Waten im Unrat - Kurfürst kontert mit Kanälen und „Gassenmeister"

Kurfürst
Friedrich Willhelm
von Brandenburg

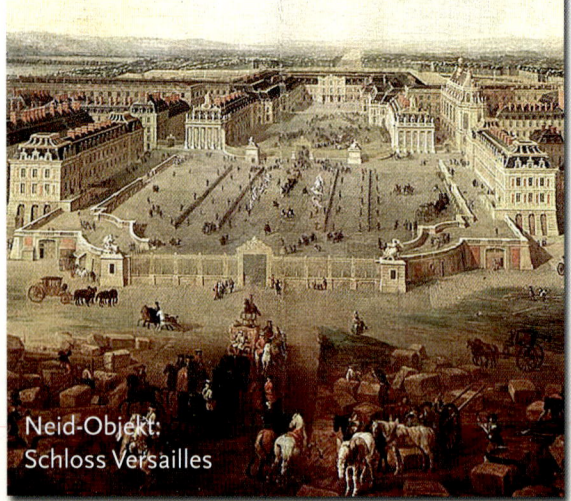

Neid-Objekt:
Schloss Versailles

Nach außen hin sicher gegen feindliche Angreifer - aber hinter den Mauern und Bastionen? Da trennten noch Lichtjahre die Doppelstadt von den Vorstellungen des Kurfürsten Friedrich Wilhelm I. Der wünschte sich Pracht, Prunk und Protz à la Paris und Versailles; neidvoll beäugten alle Regenten Europas das Dolce Vita des jungen französischen Königs Ludwig XIV. in seinem Prunk-Schloss. Nicht einmal ein Hauch von Luxus dagegen in Berlin und Cölln: Durch deren Straßen konnten der Kurfürst und sein Gefolge keinesfalls flanieren. Stattdessen wateten sie durch Unrat. Friedrich Wilhelm stank das sehr. Schon 1657 hatte der Kurfürst deshalb die übel riechenden Abwasserrinnen in seiner Residenz tiefer legen und überwölben lassen - Anfang der Berliner Kanalisation. Die Anordnung, dass alle Bauern auf dem

Rückweg aus der Stadt einen Teil ihrer Abfälle im Umland zu entsorgen hatten, zeigte keine Wirkung. Friedrich Wilhelm verbannte daraufhin in seiner Brunnen- und Gassenordnung vom 14. August 1660 die Viehhaltung in die Hinterhöfe. Zwei Brunnenmeister mit ihren Knechten hatten die 238 Brunnen in Berlin und die 141 Brunnen in Cölln zu überwachen. Eine Verunreinigung der Schächte stellte der Kurfürst unter Strafe. Die Hausbesitzer verpflichtete er, die Straßen bis zu den Rinnsteinen in der Mitte zu pflastern. Außerdem beschäftigte er Frauen zur Sammlung von Fäkalien in Eimern und zur „Entsorgung" - einfach ab damit in die Spree. Müllabfuhr? Damals schon gebührenpflichtig. Der Gassenmeister fuhr mit seiner

Pferdekarre durch die Stadt, sammelte die Abfälle ein und kassierte vor Ort.
„Er soll sich des Vollsaufens enthalten", stand vorsorglich im Dienstvertrag des Müll-Werkers. Kurfürst Friedrich Wilhelm träumte außerdem von einer Musterstadt für die Bediensteten seines Hofes. Er plante zusammen mit dem Architekten Johann Gregor Memhardt dieses Projekt im Westen seiner Cöllner Residenz auf dem weitgehend trocken gelegten Werder. Hier hatte schon sein Vater Kurfürst Georg Wilhelm Anfang des 17. Jahrhunderts Unterkünfte für seine Entourage bauen lassen, die sein Statthalter Adam von Schwarzenberg jedoch während des Dreißigjährigen Kriegs hatte abreißen lassen. Die neue Siedlung „Friedrichswerder" auf dem linken Ufer des Cöllner Spreekanals umfasste 26 Hektar (zum Vergleich: Berlin

72, Cölln 52 Hektar) und lag innerhalb des Befestigungsrings.
Am 19. September 1662 stellte der Kurfürst den noch wenigen Einwohnern einen Frei- und Schutzbrief aus, der ihnen ein eingeschränktes Bürgerrecht verlieh. Diese Konstruktion aber hatten die kurfürstlichen Berater nicht konsequent durchdacht: Da in den brandenburgischen Städten Innungszwang herrschte, die Gründung von Innungen aber eine städtische Selbstverwaltung voraussetzte, konnten sich Handwerker in der neuen Siedlung nicht niederlassen. Über geltendes Recht wollte sich der Kurfürst nicht hinwegsetzen. Er sah sich deshalb recht widerwillig dazu gezwungen, seiner Hofkolonie das Stadtrecht und den Einwohnern die Bürgerrechte zu verleihen. Seinem dritten Gemeinwesen neben Berlin und Cölln gab Friedrich Wilhelm 1669 eine Verfassung, das Recht, Innungen zu gründen, und billigte Friedrichswerder einen Magistraten zu.

Auf den Straßen Berlins lagerte der Unrat.

Rathaus von Friedrichswerder.

Friedrichswerder, Dorotheenstadt - Ideen wachsen zusammen

In der kurfürstlichen „Hitliste" der Residenzstädte rangierte Friedrichswerder hinter Cölln und Berlin, aber noch vor Brandenburg und Stendal. Im Jahr 1669 lebten in Friedrichswerder nur 92 Einwohner, unter ihnen 47 Beamte des Hofes. Wirtschaftliche Bedeutung für die Festung gewann Friedrichswerder durch den Bau von Kaimauern und Hafenanlagen am Cöllner Spreekanal. Zugang boten das Leipziger und das Neue Tor. Zugbrücken nach holländischem Muster überspannten die Wallgräben.

Mit der Besiedlung und Bebauung des Werders hatten sich die Möglichkeiten zur Stadterweiterung innerhalb des Verteidigungsrings allerdings erschöpft. Nördlich des Tiergartens aber interessierte sich der Regent für ein Gelände, das sich wegen der

Die Stadtwappen von Friedrichswerder (oben) und Dorotheenstadt.

kargen Böden für keinerlei landwirtschaftliche Nutzung eignete. Lediglich ein Meierhof, eine Schäferei, eine Ziegelei, einige Buden und ein Wirtshaus bildeten eine kümmerliche Infrastruktur. Der Kurfürst schenkte 1668 dieses 43 Hektar große Gebiet der Vorwerke am Tiergarten und vor dem Spandauer Tor seiner Frau Dorothea von Lüneburg als „Leibgedinge" zur Hochzeit.

Die Kurfürstin, durchaus geschäftüchtig, sah Entwicklungschancen. Sie beauftragte 1673 den Ingenieur Joachim Ernst Blesendorf, einen Bebauungsplan auszuarbeiten. Quergassen verbanden die drei parallel zu den „Linden" verlaufenden Hauptstraßen. Alle Häuser sollten in gleicher Höhe gebaut werden, aber niedriger ausfallen als in Friedrichswerder. Die

Kurfürstin befreite die zukünftigen Einwohner für drei Jahre vom Grundzins und stellte ihnen kostenlos Baumaterial zur Verfügung. Noch bevor die geplanten 150 Fachwerkhäuser gebaut, geschweige denn bezogen, waren, verlieh der Kurfürst der Siedlung am 2. Januar 1674 das Stadtrecht und das Privileg für Wochen- und Jahrmärkte. Zu dieser Zeit hatten sich bereits 118 Interessenten in die Wartelisten eingeschrieben, Angestellte des Hofes und viele Handwerker. Einige gründeten später Zünfte, so 1688 die Maurer. Andere Handwerker schlossen sich den Innungen von Berlin, Cölln oder Friedrichswerder an. So begannen die Städte zumindest in

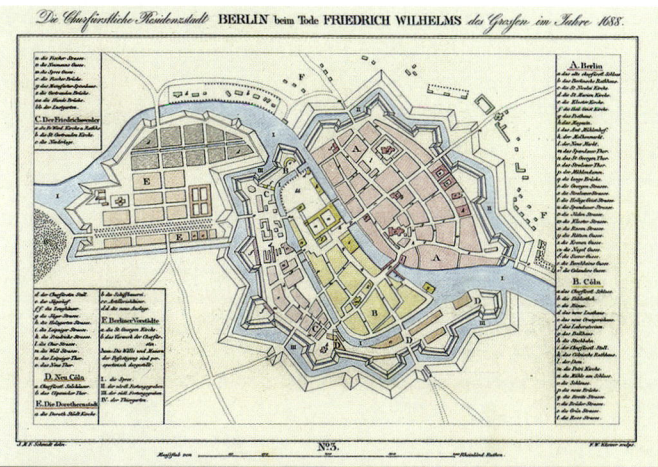

Plan der Städte Cölln, Berlin, Friedrichswerder und Dorotheenstadt aus dem Jahr 1688.

der gewerblichen Organisation allmählich zusammenzuwachsen. Eine eher symbolische Befestigung sollte die „Dorotheenstadt" sichern - mit einem gemauerten Wall, kleinen Bastionen und einem gefluteten Graben.

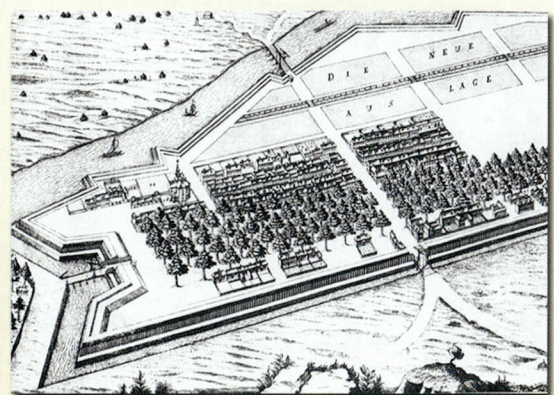

Kirche und der Stadtplan der neu gegründeten Dorotheenstadt.

Frühe Ökumene: Deutsche und Französische Kirche in einem gemeinsamen Gebäude.

Auf dem Weg zum „Tor der Welt"

Zu den „fürnehmlichsten Aufgaben eines Staates" zählen eine saubere Finanzbuchhaltung und eine gute Organisation der Schifffahrt - so die Meinung des Kurfürsten Friedrich Wilhelm. Um dem Handel seiner Berliner Residenzstädte über den Wasserweg zu fördern, realisierte er ein mehr als 100 Jahre altes Verkehrsprojekt seines Ururgroßvaters: Persönlich weihte er am 4. August 1668 zu Schiff einen Kanal zwischen Oder und Spree ein. Schon 1548 hatten sich Kurfürst Joachim II. und Kaiser Ferdinand I. darauf verständigt, gemeinsam einen Kanal von der Oder nach Cölln und Berlin bauen zu lassen. Der Handel mit Schlesien sollte nicht mehr über die von den Schweden dominierte Ostsee verlaufen. Die Idee des österreichischen Kaisers, zu dessen Einflussbereich auch Schlesien zählte, kam dem Kurfürsten recht gelegen, zumal Ferdinand den Hauptteil der Kosten tragen wollte.

Packhof mit Kran.

Die Arbeiten am „Kaiserkanal" gingen schnell voran, während der Bau am kurfürstlichen Teil aus Geldmangel 1567 schon wieder zum Stillstand kam. Aber die Vorarbeiten waren geleistet, als Kur-

fürst Friedrich Wilhelm 1662 den Auftrag gab, die Wasserstraße zwischen Spree und Oder zu bauen. Und wieder nutzten ihm seine guten Verbindungen an die Nordseeküste: Unter Leitung des Wasserbaumeisters Michael Matthias Smids und des wallonischen Ingenieurs Philipp Chièze legten holländische Bauarbeiter zehn neue Schleusen an und errichteten Zugbrücken über den 9,8 Kilometer langen Müllroser Kanal. Die während des Dreißigjährigen Krieges versandete Spree ließ Friedrich Wilhelm für den Schiffsverkehr vertiefen. Mit seinem Projekt verfolgte der Kurfürst das gleiche Ziel wie sein Vorgänger Joachim: den Warenverkehr über Berlin zu leiten und die Schweden vom Handel mit kriegswichtigen Gütern abzuschneiden, schlesischem Eisenerz beispielsweise. Der brandenburgischen Stadt Frankfurt am Oberlauf der Oder gingen damit zwar Einkünfte verloren, aber Friedrich Wilhelm nahm das in Kauf. Denn er verfolgte eine langfristige politische Strategie: Stärkung Berlins für den Handel auch von der Ostsee her und Senkung der Transportkosten für

Die Handelsschiffe fuhren vom Cöllner Hafen die Elbe hinunter bis nach Hamburg.

Handels-Schute mit Streichruder. Medaille zur Einweihung der Kammerschleuse (rechts).

Waren im Kurfürstentum. Darüber hinaus bot der Kanal noch einen durchaus gewollten Nebeneffekt: Er schwächte den Umschlagplatz Leipzig. Denn bislang war der Warenverkehr vom schlesischen Breslau zur Elbe auf dem Landweg über die reichsprivilegierte Messestadt verlaufen. Leipzig gehörte zum Kurfürstentum Sachsen, das in Gegnerschaft zum brandenburgischen Kurfürsten Friedrich Wilhelm im Kampf um die Macht im Reich stand. Sachsen bewertete die Eröffnung des Kanals als den Beginn eines Handelskrieges.

In der Residenz des Kurfürsten entstand ein überregional bedeutsamer Hafen. Die Erweiterung der hölzernen Kammerschleuse am cöllnischen Spreearm ermöglichte sogar eine durchgängige Schifffahrt. Friedrich Wilhelm ließ die Kaianlagen in Friedrichswerder und Dorotheenstadt dem erhöhten Frachtaufkommen anpassen, neue Lagerhäuser einrichten und einen Kran aufstellen. Der

Die Kammerschleuse im Cöllner Spreearm.

Gedanke reifte heran, nicht nur den Handel zu kontrollieren, sondern auch die Logistik selbst zu übernehmen. Bald schon legten holländische Schiffszimmerer in Dorotheenstadt brandenburgische Treckschuten auf Kiel. Von nun an sollte länger als 200 Jahre lang der Weg des Ost-West-Handels mit Schlesien auf dem Wasserweg über die Berliner Residenzstädte zur Elbe führen - und von dort aus weiter nach Hamburg, zum Tor zur Welt.

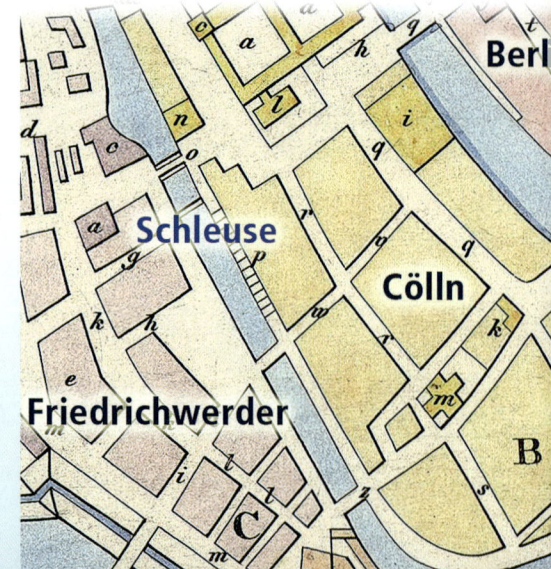

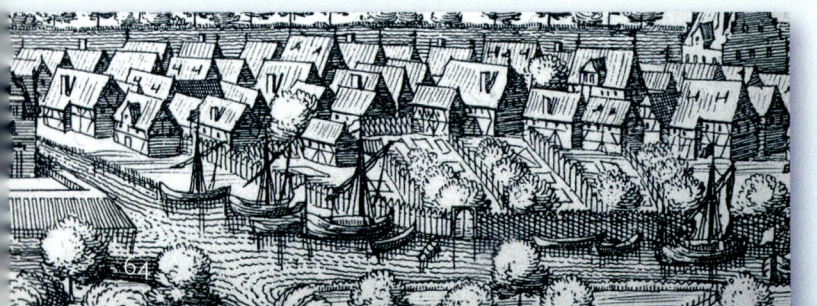

„…dass ihnen die Schuhe abfallen!"

Paul Gerhardt, streitbarer Lutheraner.

Noch heute singen die Gläubigen seine Lieder: „O Haupt voll Blut und Wunden", „Wie soll ich dich empfangen" oder „Befiehl du deine Wege". Paul Gerhardt, Dichter dieser Kirchenlieder und konsequenter Streiter für den lutherischen Glauben, verließ 1669 Berlin. Er zog damit die Konsequenzen aus einer langwierigen und erbitterten Auseinandersetzung mit dem Kurfürsten Friedrich Wilhelm über dessen Kirchenpolitik.

1651 hatten die Lutheraner den Hauslehrer Paul Gerhardt in der Nikolaikirche zum Pfarrer geweiht. Er war eng befreundet mit Johann Crüger, dem Kantor des Gotteshauses. Crüger gab ein Gesangbuch heraus, in dem er 1653 (fünfte Auflage) bereits 81 Lieder aus Gerhardts Feder veröffentlichte.

In Brandenburg herrschte Kirchenkampf. Der Landesherr und viele Adlige des Hofes folgten dem calvinistischen Glauben, die Mehrzahl der Untertanen des Kurfürsten aber war lutherisch gesonnen. Die Pfarrer von Cölln und Berlin zogen von den Kanzeln über ihre Glaubensgegner her. Der Kurfürst hatte deshalb schon zu Beginn seiner Regierungszeit Religionsgespräche initiiert, um Lutheraner und Calvinisten wieder zu einer Kirche zusammenzuführen oder zumindest zur gegenseitigen Toleranz zu bewegen. Als das nichts nützte, ließ er ab 1654 alle theologischen Schriften zensieren.

Nach einem kurzen Aufenthalt in Mittenwalde nahm Paul Gerhardt im Mai 1657 den Ruf auf die Stelle des zweiten Diakons der Nikolaikirche in Berlin an. Unerschütterlich stand er an der Spitze der Lutherischen. Paul Gerhardt verstieg sich zur Aussage, er könne die Calvinisten nicht als Mitchristen und Mitbrüder ansehen. Die Lutheraner stellten den Calvinis-

mus sogar in die Nähe des Islam. „Wer nicht lutherisch ist, der sei verflucht", tönte es von den Kanzeln. Die Reformierten hielten dagegen und bezeichneten die Lutheraner als „verkappte Papisten" und ihr Abendmahl als „vermaledeite Abgötterei".

Kurfürst Friedrich Wilhelm versuchte zu vermitteln. Die von ihm verordneten „Liebesgespräche" scheiterten jedoch 1663 am Widerstand der lutherischen Geistlichen und der Berliner Stadtbevölkerung. Maßlos verärgert drohte der Kurfürst: „Ich will sie jagen, dass ihnen die Schuhe abfallen, und erweisen, dass ich Herr des Landes sei." Er verbot 1662 seinen Untertanen, ein Studium an der konservativen lutherischen Universität Wittenberg aufzunehmen. Um weiteren Auseinandersetzungen einen Riegel vorzuschieben, erließ er 1664 ein „Toleranzedikt". Ultimativ forderte Friedrich Wilhelm die lutherischen Geistlichen auf, das Toleranzedikt zu unterschreiben.

Die erste Seite des Toleranzediktes von Kurfürst Friedrich Wilhelm 1664 (unten).

Das Gesangbuch von Paul Gerhardt aus dem Jahr 1667 (links).

Am 31. Januar 1666 sollte auch Paul Gerhardt seine Unterschrift leisten. Er weigerte sich jedoch mit der Begründung, das Edikt widerspräche seinem Gewissen.

Die schon todkranke Kurfürstin Luise Henriette, der Berliner Magistrat und angesehene Bürger intervenierten beim Kurfürsten. Sie führten auch das Argument an, dass Paul Gerhardt mit seinen Liedern inzwischen weltweit bekannt sei. Im Ausland könnte „sonderliches Nachdenken" über den Landesherrn einsetzen. Friedrich Wilhelm setzte Paul Gerhardt deshalb ein Jahr später wieder in sein Amt ein. Gerhardt blieb standhaft: Er verweigerte weiterhin die Unterschrift, und der Kurfürst verfügte seine endgültige Entlassung. Als Archidiakon fand Paul Gerhard 1669 seine letzte Wirkungsstätte in Lübben (Spreewald), wo er am 27. Mai 1676 starb. Noch auf dem Totenbett warnte er seinen Sohn eindringlich vor den „Synkretisten", die eine Aussöhnung von Calvinisten und Lutheranern anstrebten.

Ansicht der Nikolaikirche (1740).

Kunckels Korallen - und eine „verhexte" Insel

Johann Kunckel

Von seinem früheren Chef hatte der Mann die Nase gestrichen voll: Johann Kunckel hatte im Auftrag des Kurfürsten Georg II. von Sachsen versucht, in seinem Laboratorium Gold zu produzieren. Vergeblich natürlich. Und dann hatte Georg sein Gehalt gestrichen: „Kann er Gold machen, braucht er kein Geld, kann er solches nicht, warum sollte man ihm Geld geben?" Das sollte ihm nicht noch einmal passieren, als sich Kunckel am Hof zu Cölln als Experte vorstellte. Nach mehreren Audienzen hatte er den Großen Kurfürsten davon überzeugt, die nach dem Dreißigjährigen Krieg weitgehend brach liegende Glasproduktion in Brandenburg wieder aufzunehmen. Kunckel hatte dem Kurfürsten von Brandenburg, Friedrich Wilhelm, wohlweislich nicht die Herstellung von Edelmetallen, sondern

die Fabrikation von feinem Glas versprochen. Friedrich Wilhelm ging auf das Angebot ein, stellte Kunckel als geheimen Kammerdiener ein und zahlte ihm 50 Taler Reisekosten sowie 150 Taler für den Transport seines Labors nach Berlin. Im Jahr 1678 übernahm Kunckel die Drewitzer Glashütte, in der böhmische Meister Kristallglas herstellten. Brandenburg bot eine gute Infrastruktur: Reiche Vorkommen von Sand, Quarz und Kiesel. Soda gewannen die Alchimisten durch die Verbrennung von Pflanzen. Oxide von Kobalt, Eisen und Kupfer zur Farbgebung ließen sich über den Wasserweg aus Schlesien herbeischaffen. Zudem nahmen die brandenburgischen Glashütten eine Monopolstellung ein, denn der Kurfürst hatte 1656 den Import von Glas unter Strafe gestellt. Unter Kunckels Regie expandierte die Glasproduktion. Seit 1679 glühten die Feuer auch unter den Tiegeln einer Hütte am Hakendamm in Potsdam. Hier gelang die Fabrikation von feinen Glasperlen, den „Korallen"; die Erfindung des Rubinglases (Seitenmitte) durch die Beimischung von Goldpurpur folgte. Der Kurfürst verlieh Kunckel das Privileg, den Exportschlager Rubinglas herstellen und

vertreiben zu dürfen. Für den Fall, dass es auch außerhalb von Brandenburg gelingen sollte, Glas mit einer derart hohen roten Leuchtkraft herzustellen, verfügte er sicherheitshalber ein Importverbot.

Friedrich Wilhelm honorierte die Leistungen seines Alchemisten. Er schenkte Kunckel die Pfaueninsel und finanzierte den Aufbau einer weiteren Rubinglashütte und eines geheimen Laboratoriums. Die Mitarbeiter Kunckels durften die Insel jedoch nicht mehr verlassen. Windmühlen zum Schroten und Mahlen von Korn, eine Bäckerei, eine Brauerei und eine Branntweinbrennerei sollten die Versorgung des Personals sichern, Anlegen und Betreten waren bei Strafe verboten. Nur mit Rohstoffen beladene Kähne durften anlegen. Das Gerücht griff um sich, auf der Pfaueninsel sei ein „Zauberer und Hexenmeister" am Werk.

Der Kurfürst selbst aber ließ sich auf seiner Staatsbarke gern zur Pfaueninsel rudern. Dort informierte er sich über die Entwicklung und gab Kunckel neue Aufträge für die Herstellung von Röhren, Tiegeln, Kolben und Glaszylindern für

Experimente, die er selbst anstellen wollte. Dazu hatte sich Friedrich Wilhelm im Jagdschloss von Köpenick ein chemisches Laboratorium einrichten lassen.

Mit dem Tod des Großen Kurfürsten 1688 endete die Erfolgsgeschichte des Alchemisten. Seine Glashütten auf der Pfaueninsel brannten zudem ein Jahr später ab. Der neue Kurfürst, Friedrich III., überzog Kunckel mit einer Prozesswelle wegen Unterschlagung und sorgte schließlich dafür, dass er Berlin verließ. Der Alchemist emigrierte 1692 nach Schweden. Dort würdigte König Karl XI. sein Lebenswerk und erhob ihn in den Adelsstand: Johann Kunckel von Lövenstjern starb 1702 in Bernau.

Schmelzofen zur Glasherstellung (oben). Rechts die Werkstatt eines Glasmachers.

„Ars vitaria": Kunckels Buch über die Glasmacherkunst (rechts).

Karriere: Pirat, Direktor, Admiral

Brandenburg stand seit 1674 im Krieg mit den Schweden, die Teile Polens, Pommerns und Mecklenburgs besetzt hatten. Kurfürst Friedrich Wilhelm I. konnte dem Gegner am 28. Juni 1675 bei Fehrbellin eine Niederlage beibringen und trug von nun an den Beinamen „der Große". Zu Lande hatte Friedrich Wilhelm die Macht der Schweden zwar eindämmen können, zu Wasser aber hatte er ihnen nichts entgegenzusetzen. Er versicherte sich deshalb der Dienste des flandrischen Kaufmanns und Freibeuters Benjamin Raule und stellte ihm einen Kaperbrief für die Ostsee aus. Mit kurfürstlicher Erlaubnis jagten Raule und seine Korsaren schwedische Fregatten und Handelsschiffe, aber auch niederländische Besatzungen, die Häfen der kurfürstlichen Gegner zur Versorgung anlaufen wollten. Der Kurfürst schätzte bald die Talente seines Freibeuters und beauf-

Der Große Kurfürst an Bord (rechts). An der Spree entstand ein Schiffsbauhof (unten).

tragte ihn 1678 mit dem Aufbau der brandenburgischen Marine. Pirat Raule, vorläufig mit dem Titel „Generaldirektor" ausgestattet, überzeugte seinen Landesherrn davon, nicht nur Schiffe zu kaufen, sondern selbst in deren Produktion einzusteigen. Friedrich Wilhelms Pläne gingen sogar noch weiter: Er wollte Brandenburg zu einer globalen Seemacht erheben - nach dem Vorbild Hollands mit seinen Kolonien in Asien und Afrika, mit seiner Handelsflotte und seinen Kriegsschiffen. In den Ostsee-Städten warb Raule nun Schiffszimmerer ab und holte den holländischen Baumeister Georg Rebbelhering nach Berlin. An der Dorotheenstädter Spree entstand nach Raules Plänen ein Schiffsbauhof für die Produktion hochseetüchtiger Einheiten. Eichenholz als Baumaterial bot Brandenburg in Hülle und Fülle; außerdem kosteten

die Stämme nur einen Bruchteil dessen, was Händler in den Städten an Nord- und Ostsee verlangten. Die Spree ließ der Große Kurfürst weiter ausheben, damit auch Schiffe mit größerem Tiefgang zur Elbe fahren konnten.

Die Fertigungslisten der Dorotheenstädter Werft sind verschollen, sodass Anzahl und Größe der in der Residenz gebauten Schiffe unbekannt sind. Ein Exportschlager jedenfalls waren die brandenburgischen Kriegsschiffe nicht. Sie hatten nur geringen Tiefgang, denn sie mussten über Flüsse und Kanäle das offene Meer erreichen - wo der fehlende Tiefgang die Seetüchtigkeit verminderte. Noch bis ins 18. Jahrhundert kreuzten jedoch die in den kurfürstlichen Werften gebauten Zweimaster „Chur-Prinz" und „Chur-Prinzessin" über die Weltmeere, bestückt mit je 40 Kanonen.

Friedrich Wilhelm und der inzwischen zum Admiral beförderte Raule mieteten für den Eigenbedarf auch Kriegsschiffe in

Benjamin Raule

den seefahrenden Ländern Europas. Zum ersten Mal nahmen die traditionellen Herren der Meere - England, Portugal und die Niederlande - die Brandenburger Flotte erstaunt zur Kenntnis, als deren Kriegsschiffe gegen Spanien zogen. Die Spanier schuldeten den Berliner Hohenzollern noch die Rückzahlung von Hilfsgeldern (Subsidien) aus vorangegangenen Kriegen. Deshalb hielten sich die Freibeuter des Großen Kurfürsten an den spanischen Handelsschiffen schadlos. Neben zwei Silberschiffen kaperten sie 1680 die königliche Fregatte „Carolus Secundus". Wert der Ladung: 100.000 Taler! Unter dem Namen „Markgraf von Brandenburg" stellte der Kurfürst die erbeutete Fregatte als Flaggschiff in den Dienst seiner Marine. 16 schnelle Fregatten und 18 kleinere Schaluppen umfasste die Kriegsflotte Friedrich Wilhelms in ihrer besten Zeit: Der rote Brandenburger Adler als Schrecken der Weltmeere.

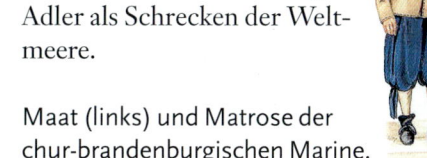

Maat (links) und Matrose der chur-brandenburgischen Marine.

Die chur-brandenburgische Flotte auf offener See.

Roter Adler an schwarzen Küsten

Mit Landkäufen in Ostfriesland war es dem Großen Kurfürsten gelungen, seinem Einflussgebiet einen direkten Zugang zu den Weltmeeren zu verschaffen. Zunächst lag seine Flotte in Greetsiel, dann im sicheren Schutz der Stadt Emden.

Dort gründete Friedrich Wilhelm I. die brandenburgische Admiralität mit dem Ex-Piraten Benjamin Raule an der Spitze. Er ließ 30 Handelsschiffe und zehn Kriegsschiffe von Königsberg und Pillau aus an die Nordseeküste verlegen.

Raule überführte auf eigene Kosten eine bewaffnete Handelsflotte an die Küste von

Das Magazin der chur-brandenburgischen Flotte in Emden.

Guinea. Er hatte holländische Kapitäne verpflichtet, die mit den Gewässern vor der Westküste Afrikas vertraut waren. Allerdings zeigten sie sich nicht besonders loyal gegenüber ihrem Auftraggeber, als es zu Seegefechten mit der niederländischen Ostindienkompagnie kam. Zwar ging die „Wappen von Brandenburg" an die Holländer verloren, die „Morian" aber kehrte reich mit Gold und Elfenbein beladen in die Heimat zurück. Der Kurfürst war begeistert und ließ Golddukaten in Umlauf bringen, gefertigt aus der afrikanischen Beute.

Friedrich Wilhelm sah sich im Kreis der Seemächte Europas angekommen und gründete 1682 die halbstaatliche „Afrikanische Handelskompagnie". Ihr größter Finanzier: Benjamin Raule. Zusammen mit Emdener Kaufleuten stattete er eine neue Expedition nach Ghana aus, um „Deutschland und Brandenburg zu beneficiren".

Die Fregatten „Chur-Prinz" und „Morian" erreichten am 1. Januar 1683 die Goldküste. An Land hissten die Seeleute die brandenburgische Flagge: roter Adler auf weißem Grund. Der erst 25-jährige Major und Expeditionsleiter

Erinnerungsmedaille an die Landung in Afrika (Seitenmitte). Eingeborenendorf, bezeichnet als „Negerey" (links).

Otto von der Groeben schloss mit 14 Häuptlingen einen Schutzvertrag. Die Brandenburger verpflichteten sich darin, den Häuptlingen in Auseinandersetzungen mit benachbarten Stämmen beizustehen. Dafür sagten ihnen die Afrikaner den Schutz der Niederlassungen und Arbeitskräfte zum Aufbau einer Befestigung zu.

Groeben ließ ein provisorisches Fort errichten und kehrte mit der „Morian" in die Heimat zurück. Die „Chur-Prinz" segelte mit einer Ladung Sklaven in die Karibik. Für weitere Transporte des „schwarzen Goldes" pachtete ihr Kapitän ein Gelände auf der Insel Sankt Thomas. Die Ausgangsbasis in Ghana ließ der Große Kurfürst zur Festung „Groß-Friedrichsburg" ausbauen. Von vier gemauerten Bastionen aus drohten 32 Geschütze ins Land. Hinter den Mauern der Garnison lebten rund 90 Europäer: Soldaten und Kaufleute, die Sklaven, Edelmetalle, Elfenbein und Gummi gegen Glasperlen und primitive Feuerwaffen eintauschten.

Das „Unternehmen Afrika" verlief für den Kurfürsten sehr erfolgreich. Er ließ deshalb weitere Militärbasen errichten, so die Dorotheenschanze und das Fort Sophie Luise. Nach einigen besonders günstigen Geschäftsjahren - auf den brandenburgischen Schiffen hatten während der Fahrt in die Karibik in einem Jahr „nur" 109 von 1.297 Sklaven ihr Leben lassen müs-

Die Festung „Groß-Friedrichsburg" (oben). Links ein Grundriss des Militärstützpunkts „Dorotheenschanze".

sen - konnte der Kurfürst seine Gläubiger in Emden auszahlen. Die Kompagnie pachtete Stützpunkte in Mauretanien, Togo und in der Karibik hinzu.

In den englischen, holländischen und französischen Handelskompagnien wuchs die Zahl der Neider; sie kündigten Handels- und Pachtverträge auf. Die brandenburgische Flotte stand unter Druck und musste in Seegefechten Verluste hinnehmen. Nur 35 Jahre sollte das brandenburgische Engagement in Afrika dauern. 1718 verkaufte der preußische König Friedrich Wilhelm I. seine ghanaischen Kolonien an die niederländisch-westindische Handelskompagnie.

Der „Brandenburgische Adler" (rechts) und die Fregatte „Chur-Prinz" (unten) vor der Küste Afrikas.

Relief am Roten Rathaus, gewidmet den Zuwanderern.

Umworbene Flüchtlinge: Null Steuern, Baugrund gratis

Die Unterschrift des Großen Kurfürsten Friedrich Wilhelm vom 29. Oktober 1685 unter das Edikt von Potsdam markierte den Höhepunkt einer erfolgreichen Politik zur Beseitigung der Bevölkerungsverluste aus dem Dreißigjährigen Krieg in Brandenburg. Allen reformierten Hugenotten - in Frankreich ihrer Religion wegen verfolgt - bot er in Brandenburg eine sichere Niederlassung, freie Religionsausübung und mehrjährige Gewerbefreiheit an und setzte damit die Einwanderungspolitik fort, die mit seinen Edikten zwischen 1661 und 1669 begonnen hatte. Schon in dieser Zeit waren mehr als 700 Flüchtlinge calvinistischen Glaubens nach Berlin gekommen. Im März 1671 gestattete Friedrich Wilhelm auch 50 jüdischen aus Wien vertriebenen Familien, sich in Berlin niederzu-

Chur-Brandenburgisches EDICT,
Betreffend
Diejenige Rechte / Privilegia und andere Wolthaten/ welche Se. Churf. Durchl. zu Brandenburg denen Evangelisch-Reformirten Französischer Nation so sich in Ihren Landen niederlassen werden daselbst zu verstatten gnädigst entschlossen seyn.

Geben zu Potstam/ den 29. Octobr. 1685.

Das Edikt bot französischen Glaubensflüchtlingen eine sichere Zukunft.

lassen (unten links). Voraussetzung: Jeder Haushalt hatte ein Barvermögen von mehr als 10.000 Talern vorzuweisen. Damit durchbrach der Große Kurfürst das seit 1571 gültige Ansiedlungsverbot für Juden in Brandenburg. Den Aufbau der jüdischen Gemeinde beschränkte er jedoch auf Berlin. Den neuen Bürgern wies der Kurfürst eine eigene Wohngegend zu, die Judengasse. Eine Synagoge blieb ihnen vorerst verwehrt. Die Gemeinde durfte allerdings einen Friedhof an der Großen Hamburger Straße anlegen. Gewerbefreiheit gewährte Friedrich Wilhelm den Juden allerdings nicht und beschränkte ihre Tätigkeitsbereiche auf Geld-, Pfand- und Kreditgeschäfte. Aber auch mit Gebrauchswaren konnten die jüdischen Kaufleute ihr Brot verdienen. Damit entstand den innungsgebundenen Krämern eine erhebliche Konkurrenz. Diese nahm der Kurfürst in Kauf, denn er kassierte von den jüdischen Bewohnern acht Taler pro Jahr und Familie als Schutzgeld. 8.000 Taler musste die Gemeinde dafür zahlen, dass Friedrich Wilhelm ihren Mitgliedern den gelben Flecken an der Kleidung oder den roten Hut als Zeichen ihrer Religionszugehörigkeit erließ.

No. II. Edict wegen auffgenommenen 50. Familien Schutz-Juden, jedoch daß sie keine Synagogen halten. Vom 21. May 1671.

Mit dem Edikt von Potsdam verschaffte der Große Kurfürst auch Glaubensbrüdern Zugang nach Brandenburg. Wenn er sich davon auch eine Stärkung des Calvinismus versprach, so war dies allenfalls eine erwünschte Nebenwirkung. 20.000 Hugenotten wanderten als Folge der Aufhebung des Toleranzediktes von Nantes durch Ludwig XIV. (Seitenmitte) von Frankreich nach Brandenburg aus. Agenten des Kurfürsten leiteten die Flüchtlinge über Sammellager in Amsterdam, Frankfurt und Hamburg zu ihren Zielorten. Allein 6.000 neue Bürger fanden in den gerade gegründeten Residenzstädten Friedrichswerder und Dorotheenstadt sowie in Cölln und Berlin Aufnahme. Ein Spendenaufruf an die Bevölkerung zur Unterstützung der Hugenotten erbrachte nicht den gewünschten Erfolg. Daraufhin erhob der Kurfürst am 22. Januar 1686 bei seinen Untertanen eine einmalige Zwangsabgabe. Der Große Kurfürst stattete die Einwanderer mit zahlreichen Privilegien aus und benachteiligte die örtlichen Handwerker: So erließ Friedrich Wilhelm den Glaubensflüchtlingen für zehn Jahre die Gewerbe- und Grundsteuern

sowie alle städtischen Abgaben. Den Baugrund für Wohnhäuser und Gewerbebetriebe stellte er den „Réfugiés" kostenlos zur Verfügung. Die Handwerker durften sich entscheiden, ob sie sich den Innungen anschließen oder für 15 Jahre als Freimeister arbeiten wollten. Da die Zünfte von der neuen Konkurrenz wenig begeistert waren, legten sie den Neubürgern allerlei Stolpersteine in den Weg. Deshalb entschlossen sich die meisten Handwerker dazu, die Freijahre in Anspruch zu nehmen, und gründeten eigene Gilden.

Friedrich Wilhelm begrüßt seine neuen Untertanen aus Frankreich.

Seide, Gold und Silber - aber auch blanker Hass...

Die Hugenotten beflügelten die Wirtschaft der Residenzstädte mit zahlreichen Innovationen. Sie führten neue Verfahrenstechniken ein - in der Tuchmacherei, Wollkämmerei, in der Herstellung von Seidenstoffen, Tapeten und Bordüren, bei feinen Email- und Metallarbeiten wie in der Gold- und Silberdrahtzieherei. Ärzte, Apotheker, Goldschmiede, Perückenmacher, Schneider und Schuster konkurrierten mit den eingesessenen Handwerkern.

Die Zuwanderer sorgten auch für eine völlig neue handwerkliche Organisationsstruktur in Brandenburg: das Manufakturwesen. Kleine Betriebe mit Lohnarbeitern konkurrierten mit den familiär organisierten Innungsgewerken besonders in der Textilherstellung. In den umliegenden Dörfern siedelten sich vornehmlich französische Bauern und Gärtner an. Sie bauten erstmalig in Brandenburg Blumenkohl, Tabak und Spargel an und pflanzten Maulbeerbäume ein, um Seidenraupen zu züchten. Gewächshäuser nach französischem Muster entstanden auf dem Land. Zur Vermarktung ihrer Pro-

Noch auf dem Totenbett bat der Kurfürst seinen Sohn, sich um die Hugenotten zu kümmern.

dukte setzten die hugenottischen Bauern und Handwerker auf ihre alten Geschäftsverbindungen nach Frankreich. So belebten sie den Außenhandel Brandenburgs, auch mit den rheinischen Provinzen des Kurfürstentums.

Die französischen Betriebe agierten allerdings nicht immer so erfolgreich, wie sich das der Große Kurfürst erhofft hatte. Viele Unternehmen produzierten ihre Luxusartikel am Bedarf der Bevölkerung vorbei - mit immer neuen staatlichen Subventionen. Der Kurfürst befreite sie von den Exportabgaben und belegte zu ihrem Schutz vergleichbare Erzeugnisse mit Importzöllen. In den alteingesessenen Betrieben grassierte Neid. Warenboykott, Brandstiftungen und eingeschlagene Fensterscheiben bei den neuen Unternehmen sowie Schlägereien zwischen den Berlinern und den Neubürgern, den „Paddenschluckern" (Froschessern), sind aktenkundig. 600 französische Offiziere und etwa 1.000 Soldaten verstärkten die Armee. Für die Hugenotten galt die städtische Verwaltung nicht. Der Kurfürst gewährte ihnen das Recht ei-

Bereits 1690 verfasste Charles Ancillon ein Geschichtswerk zur Ansiedlung der Hugenotten in Brandenburg.

ner eigenen Verfassung sowie einer unabhängigen Gerichtsbarkeit und Polizeigewalt. Sie durften weitgehend die ihnen aus Frankreich bekannten Rechtsprechung mit drei Instanzen und bei ihren Amtsgeschäften die Muttersprache beibehalten. Bis 1720 stand ein „Chef de la nation" an der Spitze des hugenottischen Verwaltungsapparates.

Die neuen Bürger organisierten ihr eigenes Schulwesen und bauten das „Hôpital francais" zur Versorgung ihrer Kranken, Alten und Armen. Die Bezahlung der calvinistischen Pfarrer in den französischen Gemeinden übernahm die Staatskasse. Bis ins 19. Jahrhundert predigten sie noch in französischer Sprache. Der Nordteil des kurfürstlichen „Reithauses" in Friedrichswerder diente den Réfugiés als Kirche und Gemeindehaus. Somit hatte sich ein völlig neues Gemeinwesen etabliert, das um 1700 ein Fünftel der Einwohnerschaft

1705 feierlich eingeweiht: die französische Kirche in Friedrichstadt.

Unterzeichnung der Stiftungsurkunde für die erste französische Kirche.

der Berliner Residenzstädte umfasste. Kein Wunder also, dass zunehmend französische Mode das Leben am Hof in Berlin und Cölln ebenso prägte wie in der Bürgerschaft. Ein Kritiker notierte bissig: „Französische Musik... französische Krankheit... bald wird auch ein französischer Tod eingeführt."

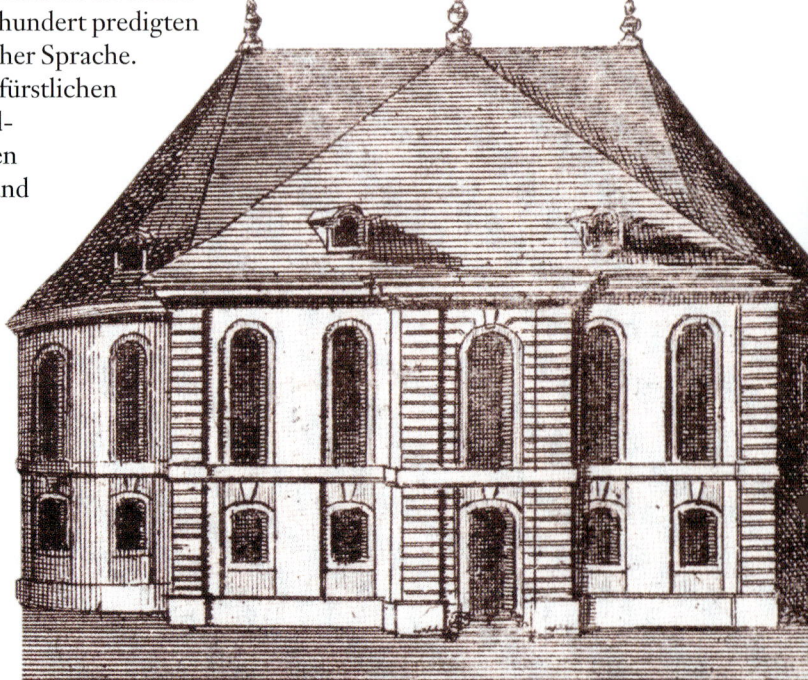

In Charlottes Schloss hatte der Kurfürst nichts zu suchen

„Er war groß in Kleinigkeiten und klein in großen Dingen", sollte Friedrich II. (der Große) später einmal über ihn urteilen: Nach dem Tod des Großen Kurfürsten Friedrich Wilhelm im Jahr 1688 hatte dessen Sohn Friedrich III. die Amtsgeschäfte seines Vaters übernommen - ein kleiner körperbehinderter Mann im Alter von 31 Jahren. Zu den ersten Amtshandlungen des neuen Kurfürsten gehörte der Auftrag an den brandenburgischen Baumeister Johann Arnold Nering, eine neue Siedlung südlich der Dorotheenstadt anzulegen, die später den Namen „Friedrichstadt" tragen sollte.

Das Gelände in der Feldmark im Westen Cöllns war sumpfig. Unter Aufsicht des Ingenieurs Johann Heinrich Behr und des Architekten Martin Grünberg ließen Wasserbaumeister das Areal durch Gräben trocken legen und Pfähle in

Standbild der Kurfürstin Sophie Charlotte am Charlottenburger Tor. Seitenmitte: Das Stadtwappen von Friedrichstadt.

den Boden rammen, auf denen die Häuser einen festen Grund finden sollten. Innerhalb kürzester Zeit waren 300 zweistöckige Gebäude an den im Schachbrettmuster angelegten breiten Straßen entstanden. Schon 1691 verlieh Kurfürst Friedrich III. seiner Neugründung die Stadtrechte. Er wies die Handwerker an, sich zusammenzuschließen und in der Kochstraße Zunfthäuser zu errichten. Die lutherische und die reformierte Gemeinde legten 1701 gleichzeitig den Grundstein für zwei Kirchen, die Deutsche Kirche und die Französische Kirche an der Friedrichstraße, der zukünftigen Hauptstraße unter den 23 Verkehrswegen in Friedrichstadt.

Vier Jahre nach der Verleihung der Stadtrechte an Friedrichstadt übereignete der Kurfürst seiner Frau Sophie Charlotte das Dorf Lietzow und das Vorwerk Ruhleben. Die Kurfürstin beauftragte Hofbaumeister Nering mit dem Bau eines Schlosses (die „Lietzenburg"), den die Architekten Martin Grünberg und Johann Friedrich Eosander von Göthe zu Ende führten. Zusammen mit dem französischen Gar-

Oben links das Charlottenburger Schloss, darunter die Friedrichstadt (im Hintergrund Cölln und Berlin).

tenbauarchitekten Simon Godenau entwarf die Fürstin selbst Pläne für eine barocke Gartenanlage. Sophie Charlotte residierte allein in ihrem Schloss. Der Kurfürst durfte die Anlagen nur auf ihre Einladung hin betreten, so auch 1699 zur Einweihung an seinem Geburtstag, dem 11. Juli. Sophie Charlotte gab glanzvolle Feste, lud Wissenschaftler und Künstler zu Gesprächen ein.

Die Ansiedlung von Bediensteten der Kurfürstin wertete das ländliche Lietzow auf. Handwerker ließen sich dort nieder, die bei den jahrzehntelangen Neu- und Umbauten am Schloss Arbeit gefunden hatten. Das Dorf expandierte im Glanz des „Musenhofes" von Sophie Charlotte. Obwohl die Lietzenburger Dorfgemeinde noch recht klein war, verlieh ihr der inzwischen zum König aufgestiegene Landesherr am 5. April 1705 das Stadtrecht und den Namen „Charlotten-

burg". Spöttischen Zungen zufolge waren die kriegsgefangenen Kammertürken der Königin, Friedrich Aly und Friedrich Wilhelm Hassan, die ersten „Charlotten-Bürger". Den Gebrauch der Bezeichnung „Lietzow" stellte der Fürst unter Strafe. Eine Stadtrechtsurkunde stellten die Ministerialen des Königs allerdings nie aus, denn sie befürchteten eine Benachteiligung der anderen Residenzstädte. Noch im April setzte der König einen Magistrat ein und bestimmte sich selbst zum Ehrenbürgermeister.

Der Kurfürst begutachtet den Fortgang der Bauarbeiten (links).

Welt-Zeit

1602
Die Niederländer gründen die Kapkolonie in Südafrika.

1606
Willem Janszoon entdeckt Australien.

1615
Galilei wird vor die Inquisition zitiert.

1619
Nordamerika führt Negersklaven ein.

1625
Engländer führen die Tabaksteuer ein.

1626
Der Auerochse stirbt in Europa aus.

1636
Erste nordamerikanische Universität in Cambridge.

1641
In England bilden sich die Whigs und Tories.

1645
Die Residenz des Dalai Lama wird in Lhasa gebaut.

1660
Die Toilette mit Wasserspülung verbreitet sich von Frankreich aus.

1667
Leibniz baut eine Rechenmaschine.

1671
Newton erfindet das Spiegelteleskop.

1683
Erste deutsche Auswanderungen nach Nordamerika.

1688
London beleuchtet Straßen mit Öllampen.

1692
Hexenprozesse in Salem, Massachusetts (USA).

Leibniz: Akademie contra „Streusandbüchsen"-Image

Kurfürstin Sophie Charlotte stand in regelmäßigem Kontakt mit dem Universalgelehrten Gottfried Wilhelm Leibniz. Schon in früher Jugend hatte sie ihn am Welfenhof ihrer Mutter in Hannover kennen- und schätzen gelernt. Immer wieder lud sie ihn auf das Lietzenburger Schloss ein: „Was Sie zu kommen zwingt, ist ein Akt der Nächstenliebe." Leibniz schätzte die Gespräche mit der Kurfürstin und beschrieb ihren Wissensdurst mit den Worten „Sie wollen das Warum vom Warum wissen." Und die Kurfürstin hatte Witz. Als Leibniz ihr den Begriff des absolut Kleinsten zu erklären versuchte, warf sie ein: „Glauben Sie, ich kenne meinen Mann nicht?"

Bei ihren Treffen entwickelten die beiden den Plan, in der Residenzstadt eine Akademie der Wissenschaften einzurichten und die hervorragendsten Köpfe der Natur- und Geisteswissenschaften Europas nach Brandenburg zu bitten. Dabei wollten beide auch die bereits gegründete „Theologische, wissenschaftliche und literarische Arbeitsgemeinschaft" der Hugenotten mit einbeziehen.

Das Vorhaben deckte sich mit den Plänen des Kurfürsten Friedrich III., endlich das Image Brandenburgs als „Streusandbüchse des Heiligen Römischen Reiches" loszuwerden. Schon 1696 hatte er die Berliner Akademie der Künste gegründet und mit dem Bildhauer und Architekten Andreas Schlüter einen anerkannten Künstler in die Residenz geholt.

Am 11. Juli 1700 - seinem Geburtstag - stiftete Friedrich III. die „Kurfürstlich brandenburgische Societät der Wissenschaften" mit dem Ziel, theoretische Erkenntnisse in praktischen Nutzen zu verwandeln. Zur Anschubfinanzierung berechtigte der Landesherr die Akademie zur Herausgabe und zum Vertrieb aller Kalender, Gesetzestexte und Landkarten im Kurfürstentum und später in Preußen. Zum ersten Präsidenten ernannte er Gottfried Wilhelm Leibniz.

Leibniz hatte das Konzept für die Akademie selbst entwickelt: Anders als in den Akademien in Paris, London und Florenz sollten in Berlin die Natur- und Geisteswissenschaften eine integrative Einheit unter einem Dach bilden. Die Gründungsurkunde sah eine Dreiteilung der Aufgabenbereiche vor: Physik, Medizin und Chemie; Mathematik, Astronomie und Mechanik; Deutsche Sprache und Literatur. Besondere Forschungsprojekte sollten sich der brandenburgischen Geschichte und der Erstellung eines Wörterbuchs der deutschen Sprache widmen.

Auf dem Marstall in der Breiten Straße, in dem bis zu 400 Pferde standen, hatte der Hofbaumeister Johann Arnold Nehring ein weiteres Stockwerk einziehen lassen, in dem die Akademie der Künste eine Bleibe gefunden hatte - „musis et mulis", für die Musen und Maultiere. Martin Grünberg erweiterte die Anlage, um nun auch Platz für die Akademie der Wissenschaften zu schaffen. Schnell stieg die Institution zur wichtigsten wissenschaftlichen Einrichtung neben der Universität in Frankfurt an der Oder auf, 1709 erweitert durch ein Himmelsobservatorium, ein Anatomisches Theater (1717) und einen Botanischen Garten (1718).

Mit der Akademiezeitung „Miscellanea Berolinensia" hatte 1710 die Tradition der Herausgabe von wissenschaftlichen Journalen in der Residenzstadt begonnen.

Die Akademie zog in den Marstall ein.

Das Siegel der Akademie stammt aus der Feder von Leibniz: In Anlehnung an einen Spruch des römischen Dichters Ovid, strebt der brandenburgische Wappengreif dem Sternenbild des Adlers entgegen - allerdings ohne Zepter und Krone.

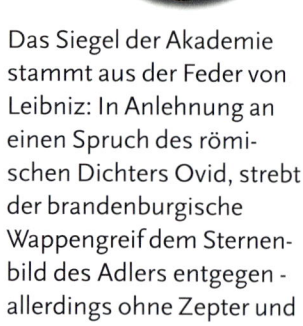

Titelblatt der Akademiezeitung „Miscellanea Berolinensia".

Sophie Charlotte und Gottfried Wilhelm Leibniz planen die Akademie.

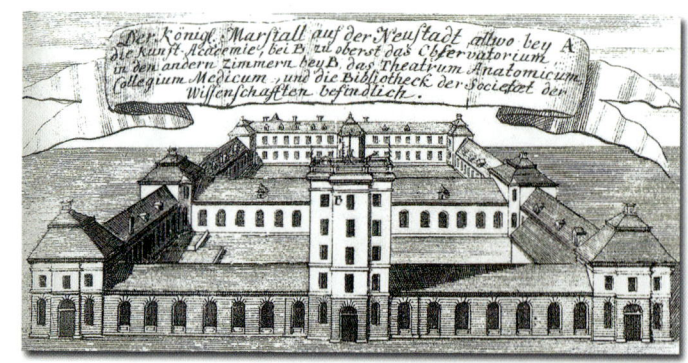

Endlich König - für zwei Millionen Dukaten

Kurfürst Friedrich III. strebte nach Höherem - der Königswürde. Dafür benötigte er die Zustimmung des Kaisers Leopold I. aus Österreich. Friedrich sicherte ihm militärische Unterstützung im spanischen Erbfolgekrieg zu und zahlte zwei Millionen Dukaten in die kaiserliche Kriegskasse zum Kampf gegen eine durch Frankreich angeführte Kriegskoalition um die Besetzung des spanischen Throns.

Am 17. Dezember 1700 reisten Friedrich III. und Kurfürstin Sophie Charlotte mit mehr als 200 Kutschen und Rüstwagen nach Osten. Etwa 30.000 Pferde ließ Friedrich entlang der Strecke nach Ostpreußen stationieren, um mit seinem Hofstaat Königsberg zügig erreichen zu können. Am 18. Januar 1701 krönte sich der Kurfürst im Audienzsaal des Königsberger Schlosses eigenhändig zu „Friedrich I., König in Preußen". Den Titel „von Preußen" konnte er sich nicht verleihen, da Ostpreußen nicht zum Heiligen Römischen Reich Deutscher Nation zählte. Den Krönungsgottesdienst in der Schlosskirche zelebrierten der reformierte Hofprediger Ursinus von Bär und der lutherische Königsberger Theologieprofessor Bernhard von Sanden gemeinsam. Nach der Salbung des

Das Berliner Stadtschloss um das Jahr 1700.

Königs und der Königin verkündete ein Hofbeamter einen Generalpardon, einen allgemeinen Straferlass, der allerdings nicht für Gotteslästerer und Majestätsbeleidiger galt. Den 18. Januar erhob der Monarch zum jährlich zu feiernden „Gedächtnißtag".

England, Österreich und Holland erkannten den Preußenkönig sofort an, denn seine Armee stellte ein weiteres Gegengewicht zu Frankreich dar. Schnell bürgerte sich im Sprachgebrauch die Landesbezeichnung „Königreich Preußen" für alle von den Hohenzollern regierten Gebiete ein. Der Papst allerdings führte die „ketzerischen" brandenburgischen Herrscher weiterhin - wie schon seit der Reformation - lediglich als Markgrafen. Am 6. Mai kehrte Friedrich I. mit Sophie Charlotte in seine brandenburgischen Residenzstädte zurück. Sieben Ehrenpforten hatte der Baumeister Johann Friedrich Eosander von Göthe entworfen, durch die das Königspaar und sein Gefolge nun in die Stadt einzogen. 200 Kanonenschüsse begrüßten in der Gorgenstraße den Monarchen im standesgemäßen „Outfit" aus Purpur und Goldbrokat. Die Bürger waren in Scharen zusammengeströmt und hatten sogar Dächer abgedeckt, um von oben das vierstündige Festzugs-Spektakel erleben zu können. Außerdem waren rund 15.000 Menschen aus dem Umland gekommen, um „ihren" König zu feiern.

Für zwei Millionen Dukaten kaufte Friedrich III. die Königswürde von Kaiser Leopold I. (links).

Und dazu hatten sie vier Tage lang Gelegenheit. Lampen, Fackeln und Feuerwerke erleuchteten die Residenzstädte. Die Minister und Deputierten Brandenburgs und Preußens fuhren in 36 sechsspännigen Kutschen in das nun von den Hofdichtern als „Spree-Athen" bezeichnete Berlin/Cölln ein.

Seine neue Würde dokumentierte der König mit Prachtentfaltung nach französischem Vorbild. Ständig mussten sich die Hofzeremonienmeister - auf Kosten des Landes - neue „Lustbarkeiten" für Herrscher und Hofstaat einfallen lassen: Auftritte namhafter Kastraten Europas, nächtliche Bootsfahrten auf Havel und Spree zu den Jagdschlössern, Tanzvergnügen in den Gärten des Schlosses, Trinkgelage mit Komödiantengruppen. Allein 14 Prozent des Staatsbudgets verschlang die Hofhaltung. Sophie Charlotte zog sich angesichts der platten Unterhaltung mehr und mehr auf ihr Schloss Lietzenburg zurück.

Endlich am Ziel: Kurfürst Friedrich III. krönt sich zum König in Preußen.

Königin Sophie Charlotte und König Friedrich I.

Schweineborsten-Steuer schützt nicht vor Fiasko

Auch ohne die schmollende Königin ging die „Show" am Hof fröhlich weiter: Die Damen trugen bei Festen „oben ohne", dazu hohe Hauben („Fontangen") und Hüftpolster. Die Herren des Hofes legten das schwarze Wams ab und kleideten sich mit Rock und Weste in Samt und Seide. Letzter Schrei: Gepuderte Allongeperücken auf den Köpfen der Hofschranzen. Auch die Mätressen des Königs und seiner Günstlinge waren bei allen Anlässen willkommen. Sehr schnell färbte die neue Mode auch auf die gehobenen Kreise der Bevölkerung ab.

Zu den kostspieligsten Projekten des Königs gehörte der Ausbau des Cöllner Schlosses zu seiner Residenz. Im Vorgriff auf seine „zukünftige Bedeutung in Europa" hatte Friedrich I. noch als Kurfürst den Hofbaumeister Andreas Schlüter mit der Ausarbeitung detaillierter Pläne beauftragt. Nun entstand unter seiner Federführung eines der eindrucksvollsten Bauwerke des norddeutschen Barock, das größte Bauwerk nördlich der Alpen. Schlüter fiel in Ungnade, als der Neubau des Wasser- und Münzturms in sich zusammenfiel. Sein Nachfolger Eosander von Göthe dehnte das Schloss weiter nach Westen aus. Er schuf den Lustgartenflügel sowie den äußeren Schlosshof mit dem Hauptportal in der Westfassade, eine Nachbildung des Severusbogens in Rom. Damit hatte

sich die Größe der Schlossanlage verdoppelt. Die Ausgaben überstiegen die Staatseinnahmen bald um das Dreifache. Der König benötigte ständig neue Geldquellen und erhob Steuern auf das Tragen von Perücken, den Kauf von Schuhen, Strümpfen, Pantoffeln und Spielkarten. Wer Kaffee, Tee oder Schokolade trinken wollte, hatte einen Erlaubnisschein vorzuweisen, der zwei Taler jährlich kostete. Von allen Untertanen verlangte der Fiskus eine Krönungssteuer. Unverheiratete Frauen mussten für ihre Jungfernschaft zahlen: vierteljährlich sechs Groschen für die Staatskasse. Letztlich standen sogar so triviale Güter wie Schweineborsten zur Herstellung von Bürsten und Pinseln auf der Liste der steuerpflichtigen Luxusgüter.

Auch die Juden schröpfte der König mit einer weiteren Sondersteuer: Für jede Hochzeit und jede Geburt eines Kindes hatte die Gemeinde den Staat mit 300 Talern zu subventionieren. Und für die „Vermietung" von Soldaten an die kaiserliche Koalition im Erbfolgekrieg kassierte Preußen im Lauf der Amtszeit Friedrichs I. mehr als 14 Millionen Taler.

Doch all das reichte nicht aus. Der Weg des Staates führte in die Pleite. Besonnene Adlige und Finanzbeamte, die auf Mäßigung der Ausgaben drangen, fielen Hofintrigen zum Opfer, so der Reichsfreiherr und Vorsitzende des Geheimen Rates Eberhard von Danckelmann (1).

König Friedrich I. lebte einen aufwendigen Lebensstil - zum Zeitpunkt seines Todes hatte er 20 Millionen Taler Schulden angehäuft.

Korruptionsvorfälle grassierten in der Regierung des Königs, beispielsweise um Premierminister Graf Johann Kasimir Kolbe von Wartenberg (2), Finanzminister Graf August von Wittgenstein und Generalfeldmarschall Alexander Graf von Wartensleben.

Als der erste preußische König Friedrich I. am 25. Februar 1713 starb, hinterließ er einen riesigen Schuldenberg von 20 Millionen Talern. Kurz vor seinem Tod soll ihm im Schloss der Hausgeist der Hohenzollern, die „weiße Frau", erschienen sein.

Es war jedoch seine dritte Gattin Sophie Luise, die dort umherirrte. Angesichts der Intrigen am Hof und des ständigen Konkurrenzkampfes mit der Mätresse des Königs, der Frau des Premiers von Wartenberg, war sie dem Wahnsinn verfallen...

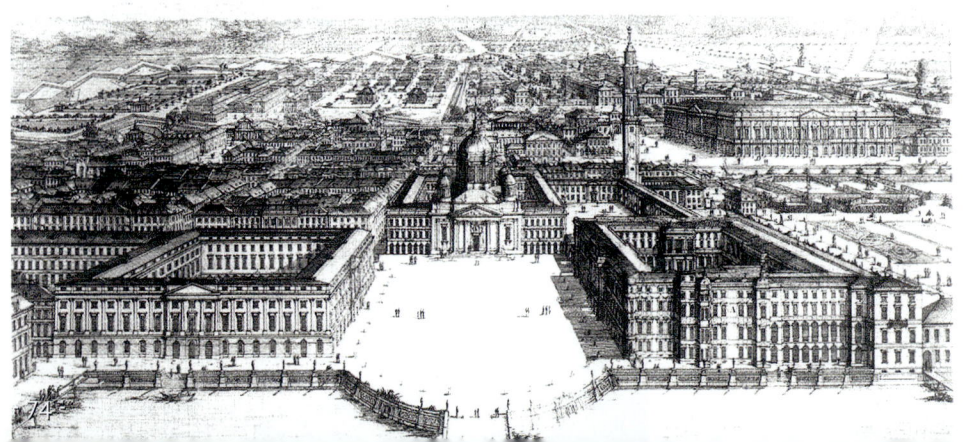

Schlüters Plan zum Umbau des Schlosses (links).

König Friedrich I. erschien auf dem Sterbebett der Hausgeist der Hohenzollern, die „weiße Frau".

Frühe „Wiedervereinigung" zur großen Residenzstadt

Die königlichen Berater hatten König Friedrich I. empfohlen, seine Residenzstädte Berlin, Cölln und Friedrichswerder mit Dorotheenstadt und Friedrichstadt unter einer gemeinsamen Stadtverwaltung zu vereinigen. Dahinter stand die Vorstellung, der absolutistische Herrscher könne so die Residenzstädte direkt steuern, ohne mit vielen Stadträten diskutieren zu müssen. Außerdem wollte der König endlich eine einzige große Residenzstadt besitzen - so wie seine „Kollegen" in Holland, Frankreich, England und Spanien.

Ein Konzept für den feiwilligen Zusammenschluss der einzelnen Städte schoben die Ratsherren auf die lange Bank. Sie fürchteten ihre Entmachtung und den Verlust festgeschriebener Pfründe. Die lutherischen Gemeinden der Residenzstädte sahen zudem die Freiheit ihrer Religion in Gefahr, denn der König war Anhänger der calvinistisch-reformierten Glaubensrichtung. Friedrich I. griff des-

halb selbst zur Feder und erließ am 18. Januar 1709, seinem Krönungstag, das *„Rescript, von Combinierung derer Rathhäußlichen Collegiorum und Einrichtung des neuen Magistrats in Berlin, Cölln, Friderichs-Werder, Dorotheen- und Friderichs-Sztadt"*.

Die 60 Ratsherren der Residenzstädte enthob er aller Ämter. Den neuen Gesamtmagistrat bildeten nun 19 Mitglieder: Zehn Senatoren standen unter der Leitung von vier Bürgermeistern; drei Kämmerer kümmerten sich um die Verwaltung der Finanzen und zwei Rechtsbeauftragte sollten über die Ordnungsmäßigkeit der Amtsgeschäfte wachen. Trotz der lutherischen Mehrheit in der Bevölkerung bestand Friedrich I. auf der Mindestzahl von neun calvinistischen Mitgliedern im Magistratsgremium. Die Eigenständigkeit der französischen Gemeinden in Cölln, Friedrichswerder, Dorotheenstadt und Friedrichstadt tastete der Kurfürst

nicht an. Der französische Oberrichter galt als Kontaktmann zum Magistrat. Zuvor hatten sich die Ratsherren jedes Jahr in ihren Städten zur Wahl stellen müssen; nun dagegen ernannte der König die Magistratsmitglieder auf Lebenszeit und besoldete sie aus der Staatskasse. Auch die Gerichtsbarkeit regelte Friedrich I. neu: Im Rathaus tagte nun ein Direktorium aus fünf Richtern unter dem Vorsitz eines der vier Bürgermeister. Studierte Juristen lösten als Assessoren die Laienschöffen ab. Zudem schloss der König die gesamte Beamtenschaft von der städtischen Gerichtsbarkeit aus und bestimmte das Rathaus von Berlin zum Sitz des Magistrats. Die Rathäuser der anderen Städte dienten den Bürgern von nun an als „Amtslokale", in denen die Beamten Vorgänge sammelten und an die Zentralverwaltung weiterleiteten.

Das Anordnung des Königs von 1709 lässt sich als Akt einer ersten „Wiederver-

Die Haupstadt von Preußen in einer Ansicht von 1729. In der Seitenmitte das Wappen der vereinigten Städte unter dem Namen Berlin. Links: König Friedrich I. in Preußen.

einigung" der Stadt ansehen: Schon 1307 hatten sich Cölln und Berlin zu einer Stadtunion zusammengeschlossen und 1432 sogar eine gemeinsame Stadtverwaltung gegründet. Kurfürst Friedrich II. „Eisenzahn" aber hatte 1442 die Verbindung wieder aufgelöst, denn er fürchtete die Macht des gemeinsamen Magistrats. Am 6. Februar 1710 präsentierte der König das Wappen seiner Hauptstadt „Berlin", die inzwischen 55.000 Einwohner umfasste: Einen in drei weiße Felder unterteilten Schild, links mit dem schwarzen preußischen und rechts dem roten brandenburgischen Adler. In der Mitte des dritten Feldes steht der Berliner Bär mit einem Halsband. Der königlich gekrönte Kurhut mit einem Kreuz überragt das von Laubwerk umrahmte Emblem.

Spartaner marschieren im „Athen des Nordens"

Militärische Stärke für Preußen in Verbindung mit hoher Wirtschaftskraft - das war das Credo des zweiten preußischen Königs Friedrich Wilhelm I. „Mein Vater fand Freude an großen Mengen Silber, Gold und Möbeln. Erlauben Sie, dass ich auch mein Vergnügen habe, das hauptsächlich in einer Menge Truppen besteht", gab der spätere „Soldatenkönig" seinem Hof zur Kenntnis.

Die Prunksucht seines Vaters war Friedrich Wilhelm I. zutiefst zuwider. Sofort nach dessen Tod 1713 ordnete er eine Bestandsaufnahme der Staatsfinanzen an und nahm sich den Etat des Hofes vor. Erste Maßnahme: Entlassung eines Drittels der Hofbediensteten. Auch die Schweizer Garde, ohnehin nur eine Lametta-Truppe, löste der König auf, ebenso die Hofkapelle: Deren Trommler und Trompeter wechselten zu den preußischen Truppen. Der König reduzierte die Kapazität des Marstalls auf 120 Pferde und Maultiere.

Er ließ die Gehälter der Beamten des Königreichs kürzen und ihm überflüssig scheinende Staatsämter abschaffen. Den Etat der Berliner Akademien strich Friedrich Wilhelm auf das Nötigste zusammen. Künstler, Gelehrte, Akademiker, unter ihnen auch die verdienten Baumeister Andreas Schlüter und Johann Friedrich Eosander von Göthe, sagten Berlin Adieu. Alle großen großen Bauvorhaben legte der König auf Eis - so auch den von seinem Vater initiierten Bau eines Stadtrathauses in Cölln - und fror bereits zugesagte Gelder ein. Der Mangel an Arbeit zwang mehr als 7.000 Handwerker, mit ihrer Familien Berlin zu verlassen. Seine Schlösser im Umland verpachte Friedrich Wilhelm, wenn er sie nicht gleich verkaufen konnte. Die Einnahmen investierte der Soldatenkönig in seine Armee. Alle großen Plätze, so den Lustgarten am Schloss und den Königsplatz im Tiergarten, ließ er zu Exerzierfeldern umwidmen.

Die Soldaten wohnten mit ihren Familien in den Bürgerhäusern der Stadt. „Unter Friedrich I. war Berlin das Athen des Nordens, unter Friedrich Wilhelm wurde es zum Sparta", kommentierte Friedrich Wilhelms Tochter Friederike Sophie Wilhelmine die Militarisierung der Stadt. Auch das Gesundheitswesen Berlins stellte der König in den Dienst des Militärs. Das „Collegium medico chirurgicum" sollte sich in Zukunft verstärkt der Wundbehandlung und der Ausbildung von Feldscheren (Sanitätern) widmen. Aus dem ehemaligen Pesthaus war bereits 1710 die Charité entstanden, deren Professoren ihre Vorlesungen nun in deutscher Sprache hielten.

Überall in Europa waren Beauftragte des Königs unterwegs, junge Männer zum Militärdienst anzuwerben. „Handgeld angenommen" hieß: Preußischer Soldat auf Lebenszeit. In seiner Regierungszeit verdoppelte Friedrich Wilhelm die Stärke der Armee auf 83.000 Soldaten. Preußen hatte damit eine der stärksten Armeen in Europa aufgestellt. Sein Garderegiment nahm nur „Lange Kerls" mit einer Körpergröße von mehr als 1,88 Meter auf. Die Organisation der Stadtverwaltung Berlins krempelte der König komplett

Der König rekrutiert „lange Kerls" für seine Eliteeinheit.

um: Er schuf eine Zentralbehörde für Brandenburg, die kurmärkische Kriegs- und Domänenkammer. Mit einem ihr unterstellten Berliner Stadtpräsidenten band der König die Verwaltung Berlins in die Provinzialregierung ein und entmachtete somit die Bürgermeister. Ihnen wies er lediglich verschiedene Ressorts zu, so die Justiz, die Kämmerei und die Ökonomie. Für die Ausbildung der Beamtenschaft richtete Friedrich Wilhelm in Frankfurt an der Oder und in Halle Lehrstühle für Kameralwissenschaften ein, also für die Lehre von der Volks- und Betriebswirtschaft.

Sommerparade im Lustgarten (rechts).

Friedrich Wilhelm (links) gab dem Pesthaus von 1710 den Namen Charité (unten).

Mauer des Monarchen verhindert Schmuggel und Fahnenflucht

Den Büroschlaf seiner biederen Beamten beendete der Monarch abrupt. Die Staatsdiener - nun in militärischen Rängen - verpflichtete Friedrich Wilhelm zu Arbeitseifer, Sparsamkeit und Pflichttreue. Den Oberkämmerer, der die Staatsfinanzen zu verwalten hatte, mussten seine Untergebenen jetzt als „Generalfeldmarschall" ansprechen. Ein Archivar durfte sich als „Fähnrich", ein Bibliothekar als „Sergeant" bezeichnen.

Die Anwerber des Königs sollten aber nicht nur Soldaten nach Berlin locken, sondern auch Handwerker für die Ausrüstung der Armee. Gesucht waren besonders Wollenweber für die Uniformtuche und Metallarbeiter für die Herstellung von Waffen. Spezialisten fanden sich in Frankreich, Sachsen, Holland und der Schweiz, denen Preußen die Befreiung vom Militärdienst zusagte. Um den neuen Handwerkern den Wechsel nach Berlin weiter

zu versüßen, beschnitt der König die noch aus dem Mittelalter stammenden Rechte der städtischen Innungen: Er schaffte die Beschränkung der Meister und die Bevorzugung ihrer Söhne ab und stellte die Aufsicht unter staatliche Kontrolle.

„Menschen erachte ich für den größten Reichtum." Nach dieser Devise öffnete Friedrich Wilhelm Preußen für Glaubensflüchtlinge aus Frankreich, Böhmen und dem Salzburger Land. Im Winter 1732 erreichten mehr als 10.000 Menschen aus Österreich in einem endlosen Treck Berlin. Die meisten dieser Exilanten zogen nach Ostpreußen weiter, während sich die böhmischen Flüchtlinge in Berlin und Rixdorf ansiedelten. Am nördlichen Rand des Tiergartens legten bibelfeste Hugenotten eine Gartenkolonie an. Nach einem alttestamentarischen Volk (Jesaja 16) nannten die Franzosen ihre neue Heimat „Moabit".

Angesichts neuer Kriegstechniken hatten die alten Befestigungen der Stadt ausgedient. Nach ließ der König alle Verteidigungsanlagen um Berlin abreißen und mit

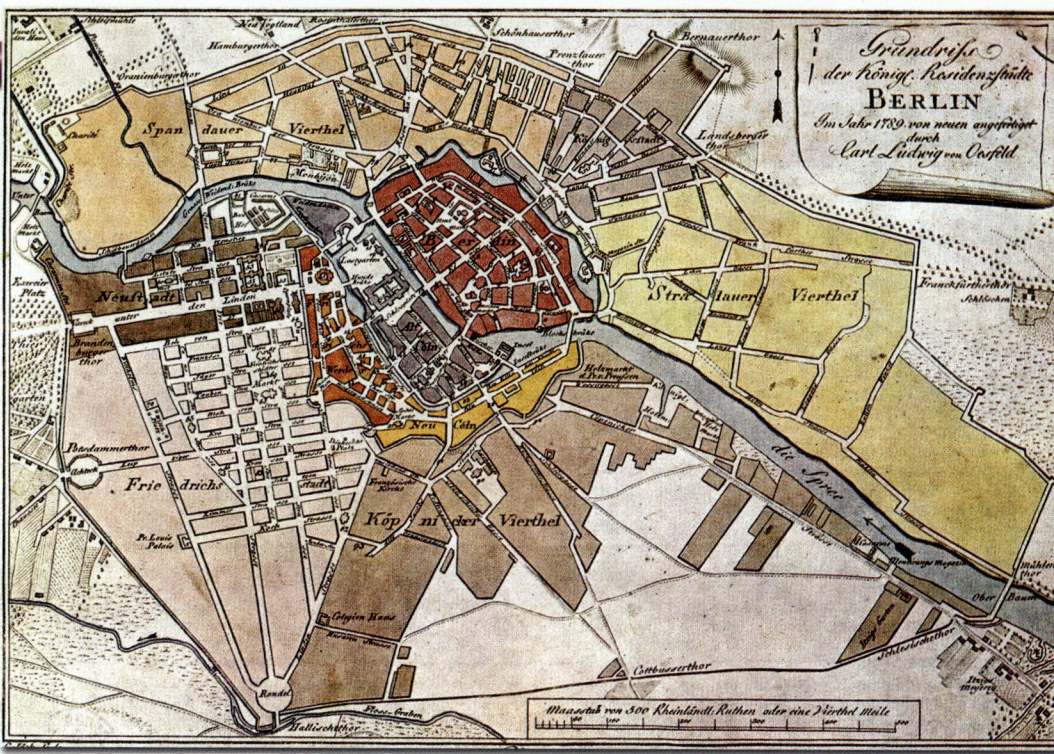

Der König ließ um die Stadt eine Mauer bauen: die Akzise-Mauer mit 14 Stadttoren.

deren Materialien in den Straßen von Friedrichstadt neue Wohnhäuser errichten. Dann plante Friedrich Wilhelm „eine neue Mauer:" Rund um das 1709 vereinigte Stadtgebiet entstand im Verlauf von vier Jahren auf einer Länge von 14 Kilometern eine bis zu drei Meter hohe schmale Ziegelmauer, die auch bislang unbebautes Gelände einschloss. Das Bauwerk diente hauptsächlich der Überwachung des Warenverkehrs und sollte den Schmuggel unterbinden. An 14 neuen Stadttoren kassierten Staatsbeamte die „Akzise", die Warensteuer. Darüber hinaus sollte die Mauer auch Fahnenflucht verhindern. Denn viele der angeworbenen Soldaten hatten sich das Leben in der preußischen Residenz anders vorgestellt, als täglich den Gleichschritt zu üben...

In allen Hauptstädten des Reichs informierten Residenten den König über die politischen und militärischen Entwicklungen. Ein effizientes Postsystem verband Berlin mit Kleve, Hauptstadt der rheinischen Provinz Preußens, mit Königsberg in Ostpreußen, und später mit Breslau, Hamburg, Dresden und Leipzig.

Deserteure mussten Spießruten laufen.

Friedrich Wilhelm I. begrüßt Salzburger Emigranten. Um 1737 entstand die Böhmische Kirche (rechts) für die Lutheraner.

König Friedrich Wilhelm I. gründet die Feuersozietät

Vor fast 300 Jahren gründete der „Soldatenkönig", namens Friedrich Wilhelm I., die Feuersozietät. Dem Monarchen lag die „beständige Erhaltung der Gebäude" sehr am Herzen. Seitdem ist die Feuersozietät fest in Berlin und Brandenburg verankert. Bekannt ist die zweitälteste Versicherung Deutschlands den Berlinern und Brandenburgern durch die auffälligen Emailleschilder mit dem Brandenburger Adler oder dem Berliner Bären, die an vielen der von ihr versicherten Häuser angebracht sind.

Im Lauf der Jahrhunderte entwickelte sich das Unternehmen zum anerkannten Rundumversicherer und wurde als Anstalt des öffentlichen Rechts geführt. Bis 2003 war die Feuersozietät je zur Hälfte im Eigentum der Länder Berlin und Brandenburg.

Im Jahr 2004 wurden die Feuersozietät und die zum Unternehmen gehörende

Die bekannten Emailleschilder sind an vielen Gebäuden angebracht: Der Bär für Berlin - der Adler für Brandenburg.

Lebensversicherung, Öffentliche Leben, privatisiert und in Aktiengesellschaften umgewandelt. Die Feuersozietät Berlin Brandenburg Versicherung AG und die Öffentliche Lebensversicherung Berlin Brandenburg AG bieten heute Sach -, Lebens- und private Krankenversicherungen für Privatpersonen und Gewerbetreibende an.

Knapp 470 Mitarbeiter unterstützen die Arbeit in den 139 Agenturen mit 250 Mitarbeitern, in den elf Brandenburger Sparkassen sowie die fast 500 Makler und Mehrfachagenten dabei, die Produkte der Feuersozietät zu vermitteln.

Die Aktiengesellschaften gehören zum Konzern Versicherungskammer Bayern, einem der zehn größten Erstversicherer Deutschlands. Die Feuersozietät ist damit ein Unternehmen der Sparkassen - Finanzgruppe.

Heute bietet die in Berlin und Brandenburg tätige Versicherung Sach-, Lebens- und private Krankenversicherungen an.

Menschenverachtender Monarch...

Die Urteile der Nachwelt über die Wesenszüge König Friedrich Wilhelms I. rangieren zwischen „Gerechtigkeitssinn und Pflichtbewusstsein" und „Menschenverachtung". Des Königs Art von Humor und sein Sarkasmus: schon damals für viele Zeitgenossen schwer nachvollziehbar.

In den Berliner, Potsdamer und Wusterhausener Schlössern versammelte sich um Friedrich Wilhelm I. regelmäßig das „Tabakskollegium", eine illustre Herrenrunde, die bei reichlich Tabak- und Biergenuss über Politik, Moral, Religion und Erziehung diskutierte. Zu dieser Runde zählte auch Professor Jakob Paul von Gundling, ein höchst gebildeter Gelehrter und Berater des Königs.

Den Mann der Wissenschaften plagten allerdings Alkoholprobleme - und das Kollegium nutzte dies mit infantiler Begeisterung aus: So legten die „Herren" den völlig Betrunkenen in einen Bärenkäfig und zündeten Knallkörper. Trotz des heftig erregten Bären kam Grundling mit einem mächtigen Kater davon. Der König

hatte diese „Späße" gern: Aus Verachtung für die Gelehrten seines Landes ernannte er Gundling zum Nachfolger von Gottfried Wilhelm Leibniz zum Präsidenten der Akademie der Wissenschaften und verordnete ihm eine Fantasieuniform samt einer meterlangen Ziegenhaarperücke. Trotz aller Demütigungen erhob ihn der König 1724 in den Stand eines Freiherrn. Der Gelehrte verkam zum Hofnarren. Mehrfache Versuche, aus Berlin zu fliehen, vereitelte der Souverän. Sogar ein vorgetäuschter Selbstmord nutzte nichts. Für Gundlings letzte Reise hatte sich Friedrich Wilhelm einen besonderen „Gag" einfallen lassen:

Spott des königlichen Hofes: Jakob Paul von Gundling.

Er spendierte noch zu Lebzeiten einen Sarg in Form eines Weinfasses. Am 11. April 1731 starb der „lustige Rat" in Potsdam. Sechs Schweine zogen das Beerdigungs-Fass mit seinem Leichnam auf einer Lafette zum Barnstedter Friedhof. Majestät waren amüsiert...

Im Tabakskollegium des Königs waren Trinken und Rauchen Pflicht.

...quält Thronfolger: Flucht!

Väter und Söhne. Dem preußischen Hof blieben Generationskonflikte nicht erspart. So war dem Thronfolger Friedrich das Tabakkollegium zuwider. Er hasste die Menschenverachtung, mit der sein Vater und Gefolge Gundling quälten, denn dieser hatte den sensiblen Kronprinzen oft väterlich beschützt. Der König dagegen erzog den jungen Friedrich besonders streng, Prügel von Offizieren inklusive. „Wäre ich anstelle meines Sohnes gewesen, so hätte ich mich aufgehängt",

bekannte der Soldatenkönig später. Friedrich Wilhelm empfand seinen Sohn als „weibisch" und missbilligte zutiefst dessen Liebe zu Musik und Literatur.

Von seinem autoritären Vater hatte Friedrich die Nase gestrichen voll. 1730 floh der Thronfolger zusammen mit seinem Freund Leutnant Hans Hermann von Katte nach England. Aus der Traum bei Heilbronn: Fahnder des Königs fassten die beiden und arrestierten sie in der Festung Wesel. Friedrichs Pagen dagegen, Leutnant Peter Christoph von Keith, gelang die Flucht aus Preußen.

Das Kriegsgericht in Köpenick verurteilte Katte zu lebenslänglicher Festungshaft wegen Fahnenflucht. Der König aber revidierte das Urteil: „Tod durch Enthaupten." Die Berliner Öffentlichkeit war empört, der Adel intervenierte bei Friedrich Wilhelm und bat um Begnadigung. Vergebens. *„Wenn das Kriegsgericht"*, so schrieb der König, *„dem Katte das Urteil mitteilt, so soll ihm gesagt werden, daß es Seiner Königlichen Majestät leid um ihn täte, aber es wäre besser, daß er stürbe, als daß die*

Friedrich fiel den Fahndern des Königs in die Hände.

Gerechtigkeit aus der Welt käme." Manche Chronisten vermuten sogar, dass der König seinem Sohn nur aus außenpolitischen Erwägungen die Hinrichtung ersparte. Auf Weisung seines Vaters musste Friedrich am 6. November 1730 in Küstrin der Hinrichtung seines Freundes Katte durch das Schwert zusehen und soll dabei in Ohnmacht gefallen sein. Das Grab des Freundes in der Kirche zu Wust hat Friedrich allerdings nie besucht.

Um allen wilden Spekulationen über Friedrichs vermeintliche „Homosexualität" einen Riegel vorzuschieben, arrangierte sein Vater für ihn eine Ehe mit Elisabeth Christine von Braunschweig-Bevern. Friedrich entzog sich dem Einfluss seines Vaters und lebte bis zu dessen Tod auf Schloss Rheinsberg.

Friedrich Wilhelm verhörte seinen Sohn persönlich.

Katte verabschiedet sich auf dem Schafott von seinem Freund Friedrich (links am vergitterten Fenster).

Hans Hermann von Katte

Vater Friedrich Wilhelm war krank. Er litt an einer Stoffwechselstörung, heute bekannt unter dem Namen Porphyrie. Zeitweilig befürchtete der Hof Wahnsinn beim Monarchen. Dessen (späte) Selbsterkenntnis: „Ich bin ein böser Mensch. Ich bin sehr jähzornig, ein Menschenquäler", soll er noch auf seinem Sterbebett bekannt haben...

Das Forum - Ort der Künste und der Toleranz

Er liebte die schönen Künste - und führte doch blutige Kriege. Und er hing großen Visionen nach. Friedrich II. träumte von einem Ausbau seiner Residenz und von einem militärisch und politisch starken Preußen. Sein Vater Friedrich Wilhelm I. hatte ideale Bedingungen hinterlassen, als er starb: einen durchorganisierten Staat mit geordneten Finanzen und einer starken Armee. Schon während seiner Zeit als Kronprinz auf Schloss Rheinsberg hatte Friedrich gemeinsam mit dem Architekten Georg Wenzeslaus von Knobelsdorff Pläne für den Ausbau der Stadt entwickelt: Er wollte auf dem ehemaligen Festungsgelände am Anfang der Straße „Unter den Linden" ein architektonisches Zentrum Preußens errichten, das den Namen „Forum Fridericianum" tragen und Friedrichswerder mit der Dorotheenstadt verbinden sollte.

Nicht alle ehrgeizigen Pläne ließen sich realisieren. Bereits sechs Monate nach seinem Regierungsantritt hatte Friedrich einen Krieg mit Österreich begonnen, durch den er zwar Schlesien erobern konnte, zugleich aber die Staatsfinanzen schwer belastete. Die Idee, das Stadtschloss ausbau-en und auf dem Forum eine neue Residenz errichten zu lassen, gab der König auf. Stattdessen ließ er Pläne für ein neues kleines Schloss in Potsdam ausarbeiten: Sanscoussi. Aber auch die jetzt angestrebte „kleine Lösung" für das Forum Fridericianum sah imposante Gebäude vor.

Am 5. September 1741 ließ der Monarch den Grundstein für die klassizistische Oper legen, die heutige Staatsoper „Unter den Linden". Innerhalb von drei Jahren entstand am Südrand des Forum-Geländes eines der längsten und breitesten Theater der Welt. Als Vorbild dienten griechische Tempel: Sechs korinthische Säulen trugen ein Giebeldreieck mit Skulpturen von Musen und antiken Dichtern. Der Innenraum, gestaltet im Stil des Rokoko, gliederte sich in drei separate Hallen: Der Apollosaal diente als Foyer. Die Zuschauer saßen im Theatersaal und blickten auf die Bühne im Hauptsaal. Schon vor der Fertigstellung des imposanten Gebäudes eröffnete der König am 7. Dezember 1742 den Spielbetrieb mit der Aufführung von „Cleopatra e Cesare" von Carl Wilhelm Graun. Der Apollosaal und der Theatersaal ließen sich zu einem großen Tanzsaal verbinden. Zu Karnevalszeiten öffnete der König das Opernhaus unentgeltlich für Bürger aller Stände, die hier Maskenbälle oder populäre Aufführungen besuchen konnten. Zwar stand die Oper noch auf unbefestigtem, sandigem Boden - aber 1.000 Kutschen konnten „gemächlich allda halten", wie Knobelsdorff notierte.

1747, nach dem Ende des zweiten schlesischen Krieges, begann der Bau einer katholischen Kirche im Südosten des Forums. Den Katholiken stand bislang nur eine Hinterhofkirche für ihre Andachten zur Verfügung. Die architektonischen Pläne des Königs orientierten sich am Pantheon in Rom, in dem alle Götter der damals bekannten Welt ihre Verehrung fanden. Mit dem neuen Gotteshaus wollte Friedrich II. einerseits seine religiöse Toleranz dokumentieren, andererseits aber auch den katholischen Adel Schlesiens in die Stadt einbinden. Der Souverän und die Gemeinde erkoren deshalb die schlesische Landesheilige Hedwig zur Patronin.

Der König schenkte der Gemeinde zwar den Baugrund, die Kosten für den Bau hatte diese aber selbst zu tragen. Allerdings unterstützte Friedrich das Vorhaben mit Einnahmen aus der königlichen Lotterie. Europaweite Spendenaufrufe sorgten für zusätzliche Gelder in der Gemeindekasse. Nur der Vatikan kritisierte die Entwürfe als zu verschwenderisch. Wegen der schwierigen Finanzierung dauerte die Bau-Phase länger als 29 Jahre. Dabei hieß es nicht selten: Kosten sparen. So entstanden die Kuppeln der Kirche schließlich nur als Holzkonstruktion zur Ausführung; die anfänglich geplanten Marmorsäulen wichen Mauerwerk aus Backstein.

Das Königliche Opernhaus und ein Plan des Erdgeschosses.

Entwickelten architektonische Pläne für die Stadt: König Friedrich II. (links) und Architekt Georg Wenzeslaus von Knobelsdorff (rechts).

Die katholische St. Hedwigskirche.

„Totfrieren" im Palais - und ein Kuriosum der Architektur

Mit dem Baubeginn eines Palais für Friedrichs jüngeren Bruder Prinz Heinrich im Norden des Geländes nahm das Forum Fridericianum 1748 allmählich konkrete Formen an.

Die Bauleitung verantwortete Johan Boumann, zuständig für das gesamte Berliner Architekturwesen. Er konzipierte eine dreiflüglige Anlage mit drei Stockwerken und einem innen gelegenen Ehrenhof. Die Fassade mit ihren sechs korinthischen Säulen orientierte sich an der Front des Opernhauses. Ein mit Sandsteinfiguren besetzter Attika-Abschluss krönte den Eingangsbereich. Obwohl Friedrich sich den Bau die ungeheure Summe von 250.000 Talern kosten ließ, zeigte sich dessen Bruder Prinz Heinrich (rechts unten) nicht besonders begeistert von seinem neuen Domizil: „Ungeheuer groß und nicht bequem. Man wird sich wohl hier totfrieren", ließ er einen seiner Höflinge verbreiten. Bis zu seinem Tod im Jahr 1802 lebte der Prinz im Palais. Im Oktober 1810 begann hier der Lehrbetrieb der Friedrich-Wilhelms-Universität.

Bei der Vervollständigung seines Forums hatte Friedrich immer wieder mit Grundstückseigentümern zu kämpfen, die ihre angrenzenden Häuser nicht verkaufen wollten - so auch die Tochter des Markgrafen von Schwedt, die erst nach langem Zögern ihn Palais auf der Westseite dem preußi-

Die Königliche Bibliothek, im Volksmund die „Kommode".

schen Hof überließ. Nach Entwürfen des Architekten Georg Christian Unger begannen dort 1775 die Bauarbeiten für die königliche Bibliothek, die mehr als 150.000 Bände aus dem Apothekenflügel des Stadtschlosses beherbergen sollte. Den Ankaufsetat legte Friedrich auf jährlich 8.000 Taler fest. Noch zu seinen Lebzeiten erwarb die Bibliothek die wichtigsten Werke der europäischen Aufklärung und damit Weltruhm. Die „Churfürstliche Bibliothek" im Stadtschloss hatte nur dem Adel und höheren Beamten offen gestanden; nun gewährte Friedrich II. all seinen Untertanen Zugang zur „Nahrung des Geistes", zum „Nutrimentum spiritus", wie es heute noch über dem Portal zu lesen ist. Sie will gar nicht zum Forum passen, die zweigeschossige Barockfassade der Bibliothek mit ihren vier Säulenpaaren. Und außerdem steht der Bau für ein Kuriosum der Architekturgeschichte: Als Vorbild hatte Friedrich II. Pläne zum Bau eines Traktes der Wiener Hofburg gewählt. Mit der Einweihung der Berliner Bibliothek 1780 überholte die Kopie das geplante Wiener Original, das erst 1893 seine Realisierung fand. Seit mehr als 200 Jahren bezeichnet die

Der Opernplatz in Richtung Unter den Linden.

„Berliner Schnauze" das Gebäude wegen seiner geschwungenen Formen als „Kommode".

Pflasterung, Laternen und eine Begrünung durch Hecken und Bäume werteten das Areal weiter auf. Trotz der unterschiedlichen Stile der königlichen Bauten empfanden die Zeitgenossen das Forum Fridericianum als eine gelungene architektonische Einheit: „Der Reiz des Anblicks so vieler Palläste gewinnt noch dadurch, dass jeder derselben in seiner Bauart völlig von den anderen verschieden, und jeder in seiner Art doch höchst schön ist." Die Straße „Unter den Linden" avancierte zur Flaniermeile, auf der die Bürgerinnen und Bürger der Stadt zu den Prachtbauten des Königs gelangten. Friedrich II. war es damit gelungen, trotz der Abweichungen von seinem Idealentwurf die Hauptstadt Preußens eindrucksvoll in Szene zu setzen. Bis heute prägt das im Zweiten Weltkrieg schwer zerstörte, aber wieder aufgebaute Ensemble das Zentrum der Berliner Innenstadt.

Ein Blick aus der Vogelperspektive auf das Forum Fridericianum.

Das Palais des Prinzen Heinrich, das er als zu zugig empfand.

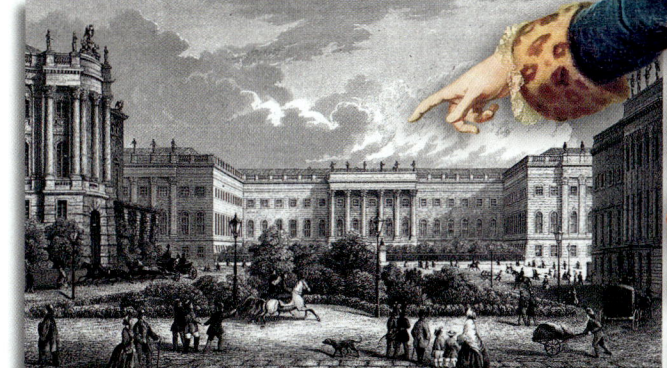

Friedrich, der große Architekten-Schreck: Monarch baut sein „Weinberghäuschen"

Friedrich der Große ließ seinen Blick oft über den „Wüsten Berg" am Südhang des Bornstedter Höhenzugs schweifen. Mit Ärger: Der kahle Hügel, den sein Vater für den Ausbau der Stadt Potsdam hatte abholzen lassen, missfiel ihm zutiefst. 1744 gab der Monarch die Order, das Gelände in einem ersten Schritt durch den Anbau von Wein zu kultivieren. Aber: Wie bei allen Bauwerken, die Friedrich in und um Berlin errichten ließ, griff er - sehr zum Schrecken seines Architekten - auch nun wieder

in die künstlerische Gestaltung ein. Er ließ sich die Aufträge an die einzelnen Gewerke vorlegen, forderte Kostenvoranschläge ein und achtete streng auf die Einhaltung des finanziellen Rahmens. Seine Gartenbauingenieure legten sechs nach Süden gerichtete Terrassen an - zur maxima-

Kein Sonnenstahl sollte sich an den Reben vor seinem Lustschloss (unten) „müßig vorbeischleichen": Rechts der Monarch und pingelige Bauherr, der mit seinen Skizzen (links) immer wieder in die Planung eingriff - zum Schrecken der Architekten...

len Wärme-Ausbeutung: Kein Sonnenstrahl sollte sich „müßig vorbeischleichen", so die Anweisung des Königs. Zwischen den an den Steinmauern rankenden Weinstöcken legten die Architekten verglaste Nischen an, in denen frostgeschützt Feigenbäume gediehen. In der Mittelachse der Hügelkuppe entstand die Treppe mit 120 Stufen Hang abwärts. Auf den Terrassenflächen ließ Friedrich Taxusformbäume anpflanzen und Spalierobst ziehen.

Das war erst der Anfang. Friedrich II. trieben weitere Pläne für das Gelände am „Wüsten Berg" um: er wollte auf der Höhe ein „Weinberghäuschen" anlegen lassen. Am 13. Januar 1745 gab er per Kabinettsorder den Bau eines „Lusthauses in Potsdam" in Auftrag. Der Souverän hatte nach französischen Vorbildern bereits selbst Skizzen für seine Sommerresidenz angefertigt und übertrug seinem Hofarchitekten Georg Wenzeslaus von Knobelsdorff die Realisierung des Projektes. Dessen Konzept, das

Gebäude auf ein Sockelgeschoss zu stellen, es zu unterkellern und bis an den Rand der obersten Terrasse voranzutreiben, fand allerdings nicht das geneigte Ohr des Monarchen. Denn der hatte kein Interesse an einem königlichen Repräsentationsgebäude. Vielmehr wünschte sich Friedrich ein kleines, intimes Wohnschloss: Es sollte sich nicht von der Natur abheben, sondern ihr integraler Bestandteil sein. Die Bockwindmühle auf der Hügelkuppe empfand er daher nicht als eine Störung seines zukünftigen Domizils, sondern als „Zierde des Schlosses". Nach einer Bauzeit von nur zwei Jahren weihte der König am 1. Mai 1747 sein Weinbergschloss ein. Über dem Südeingang hatte der König den Schriftzug „SANS, SOUCI." anbringen lassen: „Ohne Sorge" wünschte der Monarch fortan hier zu leben.

Den Mittelpunkt des Gebäudes bildet in der Nordsüdachse das Vestibül als Eingangssaal, an das sich der dem Garten zugewandte Marmorsaal anschließt. Im Westen des Schlosses hatte Friedrich fünf Gästeräume einrichten lassen. Der östliche Teil beherbergte die königlichen Räume: Ankleide-, Konzert-, Arbeits- und Schlafzimmer. In den von Laubengängen verdeckten eingeschossigen Seitenflügeln lagen ostwärts die Zimmer der Sekretäre, Gärtner und anderer Bediensteter, im Westen die Schlossküche, die Stallungen und eine Remise.

Sanssouci nahm Friedrich gern in Besitz. Hier komponierte er, musizierte vor Freunden und Bewunderern (links) und plauderte mit den Geistesgrößen seiner Zeit, unter ihnen auch Friedrichs zeitweiliger Freund Voltaire. Seine bis an den Geiz grenzende Sparsamkeit ließ kaum Instandsetzungen an der Außenfassade und nur unter größtem Widerstand eine Renovierung der Innenräume zu. Sein Motto für Sanssouci lautete: „Es soll nur bei meinem Leben dauern." Hier wollte der „Alte Fritz" zusammen mit seinen Lieblingshunden auch begraben werden. Rauschende Ballnächte und Feste erlebte Sanssouci unter Friedrich II. nicht. Er pflegte einen ausgewählten Kreis von Männerfreundschaften, nachdem er sich von seiner Frau Elisabeth Christine von Braunschweig-Bevern räumlich getrennt hatte. Sie lebte im Schloss Schönhausen. Sanssouci war ein Schloss „sans femmes", ohne Frauen. Nur Friedrichs Schwester und ausgewählte Gattinnen seiner Hofherren hatten Zutritt. Sanssouci sollte von April bis Oktober sein persönliches Schloss bleiben. Das als königliche Residenz vorgesehene Charlottenburger Schloss trat dagegen in den Hintergrund - mit Sanssouci ging der Regierungssitz von Berlin faktisch nach Potsdam über. Unterhalb seines „kleinen Weinberghäuschens" hatte bereits Friedrichs Vater Friedrich Wilhelm I. im Jahr 1715 einen königlichen Küchengarten anlegen lassen und ihn liebevoll „mein Marly" genannt - eine

Persiflage auf den Garten „Marly de Roi" des Sonnenkönigs Ludwig XIV in Versailles. Hier, am Fuß seines Hügels, ließ Friedrich II. nun einen barocken Ziergarten mit Rasenflächen, Blumenrabatten, Hecken und mehr als 300 Obstbäumen entstehen. Von der Südfront aus wollte er auf eine Fontäne im Mittelpunkt des Treppenfußes schauen (unten). Doch deren Strahl schwächelte. Und auch den Neptunbrunnen brachten die königlichen „Fontaineure" nicht richtig in Gang (das glückte erst rund 100 Jahre später mit dem Bau des Dampfmaschinenhauses im Stil einer Moschee und der Installation der Zweizylinder-Dampfmaschine von

Borsig, deren 82 Pferdestärken nun für einen „königlichen Strahl" sorgten). Marmorstatuen antiker Götter umringten seit 1750 das große Fontänen-Becken. Zwei Statuen von Venus und Merkur als allegorische Darstellungen von Luft und Wasser schenkte Ludwig XV. dem preußischen König für seinen Lustgarten. In den Gewächshäusern zogen Gärtner

Melonen, hegten Orangen- und Pfirsichbäume sowie Bananenstauden. Von der Stadt Potsdam aus nach Westen entstand quer vor der Südfront von Sanssouci eine 2,5 Kilometer lange Allee, von der aus Rondelle abzweigten, die in abgelegene Gartenbereiche mit Teichen und Figurengruppen führten. Und ganz am Ende der Allee ließ Friedrich II. 1764 ein Gebäude anlegen, das den Wünschen seiner Architekten und Ratgeber mehr entsprach als das doch eher bescheidene Sanssouci: das „Neue Palais", ein eindrucksvolles Zeichen königlicher Macht. Er selbst aber nannte es verächtlich eine „fanfaronnade", ein Zeichen von Prahlerei.

Am 17. August 1786 starb der „Alte Fritz" im Sessel seines Arbeitszimmers auf Schloss Sanssouci. Sein Neffe und Thronfolger Friedrich Wilhelm III. respektierte den Bestattungswunsch seines Onkels nicht und ließ ihn in der Potsdamer Garnisonskirche neben seinem Vater, dem Soldatenkönig Friedrich Wilhelm I., beisetzen. Erst die Bundesregierung im wieder vereinigten Deutschland kam schließlich dem Petitum des Monarchen nach seiner letzten Ruhestätte nach. Sie sorgte dafür, dass die sterblichen Reste Friedrichs II., die nach einer kriegsbedingten Irrfahrt 1952 auf den Stammsitz der Hohenzollern gelangt waren, am 17. August 1991 ihre letzte Ruhe an der richtigen Stelle fanden. An seinem 250. Todestag bestatteten Angehörige des Hohenzollernhauses, eskortiert von Soldaten der Bundeswehr, die Gebeine Friedrichs II., des Großen, in der von ihm selbst dazu bestimmten Gruft auf der obersten Weinbergterrasse.

Warum wurde Friedrich von seinem eigenen Vater ins Gefängnis gesperrt? Wieso schliefen die Hunde in seinem Bett und fuhren mit der Kutsche herum? Fragen zum „Alten Fritz", die sich nicht nur Kindern stellen. „Beruf König": In einem bemerkenswerten Buch erzählen Magdalena und Gunnar Schupelius (Foto unten) die Lebensgeschichte Friedrichs II. speziell für das junge Publikum. Und welcher Rahmen bot sich für die Lesungen besser an als das Neue Palais in Sanssouci? „Wir lasen insbesondere aus der Jugendzeit des Fritzen, wie er vom Vater gezwiebelt wurde, warum er gern Latein lernte und Bücher liebte", berichtet Gunnar Schupelis, Chefreporter der B.Z. und ZEIT REISE - Autor. „Wir schilderten, warum er seine Frau nicht mochte und wie er das zum Ausdruck brachte. Wir erzählten, wie widersprüchlich dieser König in sich war, wie er einerseits die schönen Künste liebte und andererseits die grausamsten Kriege des Jahrhunderts führte."

Magdalena und Gunnar Schupelius:
BERUF KÖNIG
Die wahre Lebensgeschichte von Friedrich II.
Prestel Verlag 2006, ISBN 978-3-7913-3724-1

Voltaire kommt als Star und geht im Stunk
Schriften brennen auf dem Gendarmenmarkt

„Die Befreiung des Menschen aus seiner selbst verschuldeten Unmündigkeit". So beschrieb der Königsberger Philosoph Immanuel Kant die Epoche der Aufklärung und ihren Kerngedanken: Das Ende der Bevormundung durch die Religion. An die Stelle der göttlichen Offenbarung sollte die Vernunft als Bewertungs- und Kontrollinstanz allen moralischen und politischen Handelns treten. Zu den Anhängern dieser von England und Frankreich ausgehenden Bewegung zählte auch

Pierre Louis Moreau de Maupertuis

Carl Wilhelm Ramler

der preußische König Friedrich II. Und der Monarch ließ es sich einiges kosten, um den Vor-Denker der Aufklärung nach Berlin zu holen: 1750 begannen die drei Jahre, die Voltaire in Berlin verleben sollte: Er kam als Star und ging im Stunk. Am Ende brannten seine Bücher... Als äußeres Zeichen seiner Toleranz in Sachen „Meinungsfreiheit" hatte Friedrich II. die strenge Pressezensur seines Vaters gelockert. In

der neuen Kadettenschule studierten zukünftige Offiziere auch die Grundlagen der aufgeklärten Philosophie. Der Königlichen Akademie der Wissenschaften stiftete der Monarch eine „Klasse für spekulative Philosophie". Hier verkündete der Philosoph Johann Georg Sulzer die Maxime, dass der Zweck allen Handelns die eigene und fremde Glückseligkeit sein müsse. Diese Forderung darf als Vorläufer des kategorischen Imperativs von Kant gelten. Bei den Professoren, Lehrern, Ärzten, Beamten und Kaufleuten Berlins kam das liberale Gedankengut der Aufklärung gut an. Wissenschaftlich und philosophisch interessierte Bürger gründeten 1740 eine Diskussionsrunde, den „Montagsclub". Beherrschende Persönlichkeiten dieses Kreises: Der Philosophiedozent an der Kadettenanstalt Carl Wilhelm Ramler, der Akademieprofessor Sulzer, der Musiker Johann Joachim Quantz, der Verlagsbuchhändler Christian Friedrich Voß und der Kupferstecher Johann Heinrich Meil. Philosophische Fragen der Aufklärung und deren politische Umsetzung sowie ästhetische

Johann Georg Sulzer

Probleme der Literatur und Kunst bildeten die Hauptthemen ihres freimütigen Gedankenaustauschs.

Für kurze Zeit - von 1750 bis 1753 - überstrahlte ein Geist alle Dichter und Denker Berlins: François Marie Arouet, genannt Voltaire. Schon als Kronprinz hatte Friedrich mit dem französischen Philosophen Briefe gewechselt. Im Sommer 1750 übernahm er die hochdotierte Stellung eines Kammerherrn. Morgens musste Voltaire mit Friedrich über Literatur und Philosophie diskutieren. Seine eigenen Gedichte hielt der Monarch zwar für besser als die des Franzosen, ließ seine Texte aber auch gern von Voltaire überarbeiten.

Die Zeit als Star am Berliner Hof dauerte für den meist gelesenen Autor der europäischen Aufklärung nicht lange. Schon 1751 hatte er den Herrscher verärgert, als er sich auf dubiose Geschäfte mit sächsischen Staatsanleihen einließ. Und mit seinen ironischen und satirischen Kommentaren hatte Voltaire zahlreiche Freunde verprellt. Als er dann noch dem von Friedrich 1747 eingesetzten Präsidenten der Akademie, dem Mathematiker

Oben: Friedrich II. (links) im Garten von Sanssouci mit François Marie Arouet, genannt Voltaire. Nach drei Jahren verließ der französische Philosoph (rechts) beleidigt Berlin.

Johann Joachim Quantz

Pierre Louis Moreau de Maupertuis, Ideendiebstahl bei Leibniz vorwarf, lief dem König die Galle über: „Ich brauche

ihn höchstens noch ein Jahr. Man presst eine Orange aus und wirft dann die Schale weg." Er befahl, die Streitschriften seines Philosophen öffentlich auf dem Gendarmenmarkt zu verbrennen. Voltaire verließ beleidigt Berlin.

Friedrich Nicolai

Gotthold Ephraim Lessing

Moses Mendelssohn

Lessings Polemik: Freier Geist legt sich mit Zensurbehörde an

Während sich König und Hof mit Voltaire stritten, hatte sich mit dem Verleger und Schriftsteller Friedrich Nicolai ein neuer Vordenker des Montagsclubs profiliert - nicht nur in Preußen: Mit mehreren Zeitschriften, in denen sich die führenden Köpfe der Aufklärung zu Wort meldeten. Zu seinen Redakteuren zählte auch der Dichter Gotthold Ephraim Lessing, der schon seit 1751 für die „Privilegierte Zeitung", die spätere „Vossische Zeitung", geschrieben hatte.

In Berlin veröffentlichte Lessing 1754 sein höchst umstrittenes Theaterstück „Die Juden", gefolgt von Auseinandersetzungen über seine „Judenfreundlichkeit". Dem Philosophen Moses Mendelssohn, der als Jude für seine Texte zur Aufklärung nur schwer Verleger fand, verhalf Lessing zur Stelle als Literaturkritiker bei Friedrich Nicolai. Für seinen Essay

„Über die Evidenz in den metaphysischen Wissenschaften" gewann Mendelssohn den ersten Preis einer Ausschreibung der Akademie der Wissenschaften - noch vor Immanuel Kant. Dennoch verwehrte die Gesellschaft ihm, dem Juden, auf Weisung des Königs die Aufnahme. Zeit seines Lebens setzte sich Mendelssohn deshalb für die Gleichberechtigung der jüdischen Bürger Preußens ein.

Zum Freundeskreis von Mendelssohn, Nicolai und Lessing stieß auch Carl Wilhelm Ramler. Mit Sulzer publizierte er das Journal „Critische Nachrichten aus dem Reiche der Gelehrsamkeit". Außerdem gab er in Berlin das Gesamtwerk des Dichters und Offiziers Ewald Christian von Kleist heraus.

Ramler widmete sich verstärkt der Literaturästhetik und legte strenge Maßstäbe an alle Publikationen ihrer Diskussionsrun-

de. Als er einige von Lessings Schriften etwas zu heftig überarbeitet hatte, wollte ihm dieser beinahe die Freundschaft aufkündigen.

Etliche Freimaurerlogen sahen sich in Berlin ebenfalls den Idealen der Aufklärung verpflichtet. Hier trafen sich unter dem Leitmotiv „Toleranz und Humanität" Bürgerliche und Adlige verschiedener Konfessionen in elitären Zirkeln. Zu den Logenmitgliedern zählten Ewald Christian von Kleist und Voltaire; König Friedrich II. und Friedrich Nicolai traten der Mutterloge „Zu den drei Weltkugeln" in Berlin bei. Später schloss sich auch Lessing in Hamburg einer Freimaurerloge an. An den Zirkeln entzündete sich bald Kritik: Ihre geheimen Rituale und die Einstufung der Mitglieder in unterschiedlich hohe Grade der Bewusstseinsbildung standen im Widerspruch zur Gedankenwelt einer liberalen Aufklärung.

Lessing hatte Berlin zwischenzeitlich verlassen und kehrte 1758 zurück. Er publizierte zusammen mit Friedrich Nicolai und Moses Mendelssohn die „Briefe, die ernste Litteratur betreffend". Diese polemischen Schriften mit insgesamt 337 Beiträgen brachten den Autoren trotz königlich gestatteter Pressefreiheit mehrfach

Siegel der Mutterloge „Zu den drei Weltkugeln".

In Berlin erschien 1760 bei Voß die Gesamtausgabe von Ewald Christian von Kleist.

Mit „Nathan der Weise" setzte Lessing seinem Freund Moses Mendelssohn ein literarisches Denkmal.

Vorladungen der staatlichen Zensurbehörde ein.

Ein bleibendes Denkmal setzte Lessing seinem Freund Moses Mendelssohn 1779 mit dem Theaterstück „Nathan der Weise". In der Ringparabel warb er für Toleranz, Gerechtigkeit und Brüderlichkeit – für Werte also, die gegen Ende des Jahrhunderts als Leitlinien der Französischen Revolution in die Geschichte eingehen sollten.

Sieben Jahre Krieg gegen mächtige Allianz

Während die strahlenden Ideen der Aufklärung das Leben in Berlin prägten, zogen über den Nachbarländern dunkle Wolken auf: Österreich hatte den Verlust seiner Provinz Schlesien nicht verwinden können. Kaiserin Maria Theresia suchte deshalb nach Verbündeten für die Rückeroberung. Dazu bot sich Russland an, wo Zarin Elisabeth die Annexion Ostpreußens plante. Und auch Frankreich unter Ludwig XV. wollte seinen Machtbereich auf die preußischen Provinzen am Rhein ausdehnen. Schließlich standen Truppen des Schwedenkönigs Adolf Friedrich an der Ostseeküste immer noch auf deutschem Boden. Preußen dagegen pflegte traditionell gute Beziehungen zum Kurfürstentum Hannover, dessen Regent zum englischen König Georg II. aufgestiegen war. Und England führte gegen Frankreich Krieg in den nordamerikanischen Kolonien. An den europäischen Königshöfen hatten Friedrichs

Spione die Geheimverträge einer mächtigen Allianz gegen Preußen beschafft: Österreich, Sachsen, Frankreich und Russland hatten einen Pakt gegen Preußen geschlossen. Friedrich II., den seine Untertanen seit der Eroberung Schlesiens 1740 den „Großen" nannten, sah sein Land eingekreist und startete einen Präventivschlag. Ohne Kriegserklärung überfiel er am 29. August 1756 Sachsen und besetzte am 9. September Dresden. Österreich setzte Verbände nach Norden in Marsch, die sich mit den russischen Truppen zusammenschließen sollten. Von Frankreich aus zog eine Armee über den Rhein und zwang das Kurfürstentum Hannover zur Kapitulation. Die Russen fielen in Ostpreußen ein.

Bettelnde Soldatenfrau

Friedrich führte nun einen Mehrfrontenkrieg und musste seine Truppen aufteilen. Am 16. Oktober 1757 stieß eine Kompanie österreichischer Husaren unter General Andreas Hadik bis nach Berlin vor. Die königliche Familie suchte Zuflucht in der Festung Spandau. Bis dahin hatten die Bürger Berlins das Kriegsgeschehen nur in Zeitungsnachrichten verfolgt. Nun besetzten 3.400 Soldaten die Stadt. Die Österreicher forderten eine Kontributionszahlung von 200.000 Talern (zwei Taler pro Einwohner). Der Magistrat sah sich gezwungen, Kredite in Höhe von 40.000 Talern aufzunehmen und für 37.500 Taler Wechsel zu ziehen.

Erst im Sommer 1758 geriet Berlin erneut in Gefahr: Russische Truppen unter dem Grafen Wilhelm Fermor stießen bis nach Pommern vor und wollten sich mit österreichischen Verbänden vereinen. Mit dem Sieg bei Zorndorf am 25. August konnten preußische Truppen den Vormarsch auf Berlin stoppen. Zwei Jahre später jedoch wandte sich das Kriegsglück gegen Preußen. Vereinigte Truppen Russlands und Österreichs standen vor Berlin. Das Angebot zur kampflosen Übergabe lehnte der Stadtkommandant ab. Nach acht Tagen Belagerung und Beschuss besetzten Verbände der feindlichen Allianz am 9. Oktober 1760 Berlin.

General Andreas Hadik

Die Garnisonssoldaten, vornehmlich Invaliden, konnten Plünderungen nicht verhindern und zogen sich in die Festung Spandau zurück.

Diesmal war eine Zahlung von 1,7 Millionen Talern an Kontributionen an die Besatzer fällig. Die Kaufmannschaft übernahm fast die Hälfte der geforderten Summe, ließ sich dafür aber Staatswechsel ausstellen, die nach Kriegsende wieder eingelöst werden sollten. Auf die Nachricht vom Anrücken preußischer Verbände hin zogen die Feinde am 13. Oktober wieder ab. Vorher plünderten sie das Zeughaus, zerstörten die Münze, sprengten die Pulvermühlen, transportierten alle kriegswichtigen Güter ab und hinterließen die königlichen Schlösser in totaler Verwüstung.

Allianz gegen Friedrich II.: Maria Theresia, Zarin Elisabeth und Ludwig XV. (von links).

Leere Kassen, müde Soldaten - und dann ein Wunder...

Ostpreußen, Schlesien und Sachsen: immer noch von den Gegnern Preußens besetzt. Die Franzosen standen in Hessen. Schwedische Truppen waren in Pommern gelandet. Die Kriegskasse leerte sich zusehends. Friedrich II. ließ die Gold- und Silbertaler aus den Hilfszahlungen (Subsidien) der englischen Krone einschmelzen. Die preußischen Münzstätten brachten minderwertige Geldstücke - unter Zusatz von Zink, Blei und Kupfer - in Umlauf.

Da der König alle kriegstauglichen Männer zu den Waffen gerufen hatte, fehlten Arbeitskräfte in den Manufakturen der Stadt. Handwerksbetriebe mussten schließen, der Handel brach zusammen und die Preise für Grundnahrungsmittel stiegen kräftig an. Gesellen und Manufakturbesitzer gingen auf die Straße und protestierten gegen die Politik des Monarchen. England strich zudem die finanzielle Unterstützung Preußens in Höhe von jährlich 5,3 Millionen Talern für den Kampf gegen Frankreich. Die Situation spitzte sich zu.

Doch dann führten „glückliche" Ereignisse zu einem Wunder - dem „Mirakel des Hauses Brandenburg": Am 5. Januar 1762 war Zarin Elisabeth verstorben. Mit ihrem Neffen Peter III. bestieg ein Bewunderer Friedrichs des Großen den Thron. Und schon am 5. Mai 1762 war der Sonderfriedensvertrag zwischen Peter III. und Friedrich perfekt. Schweden fürchtete jetzt, zwischen die Fronten zu geraten und schloss Frieden mit Preußen. Damit hatte Friedrich im Norden und Osten den Rücken frei und konnte nun die österreichische Truppen aus Sachsen und Schlesien vertreiben. Letzte Versuche der Franzosen, von Hessen aus nach Osten vorzudringen, scheiterten in der Schlacht bei Lutterberg. In Europa herrschte Kriegsmüdigkeit. Der Frieden von Hubertusburg am 15. Februar 1763 stellte die Besitzverhältnisse vor Ausbruch der Kämpfe 1756 wieder her.

Preußens Wirtschaft lag am Boden. 30.000 Menschen lebten in Berlin von Almosen - ein Drittel der Bevölkerung. Friedrich II. versuchte, den Handel neu zu beleben: Er finanzierte eine königliche Bank mit acht Millionen Talern vor, um die Vorherrschaft Hamburger Bankiers in Berlin zu brechen. Zur Stärkung der heimischen Wirtschaft erließ er ein Importverbot für alle Waren, die preußische Betriebe selbst herstellen konnten. Einige Manufakturen übernahm der Staat in eigene Regie, um deren Überleben zu sichern. Andere, florierende Betriebe verpachteten die Behörden. Mit neun Millionen Talern unterstützte der König die Ansiedlung neuer Gewerbezweige - so die Emailleherstellung, die Salpeter- und Vitriolerzeugung, die Zuckerrübenindustrie und die Gipsbrennerei.

Die Bemühungen Friedrichs zeigten Erfolg: Die Bevölkerungszahl Berlins, die während des Siebenjährigen Krieges unter 100.000 gefallen war, wuchs bis 1784 auf 145.000 Bürger an. Berlin war auf dem Weg zur Groß- und Fabrikstadt.

Friedrich II., König von Preußen.

Zar Peter III.

Allegorie auf den Frieden von Hubertusburg.

Friedrich II. kehrt nach Berlin zurück.

Pracht-Stück und Symbol deutscher Geschichte

Napoleon demütigte hier den „Erzfeind Preußen". Die riesige Quadriga ließ der kleine Korse nach Paris verfrachten. Nur deutschen Kaisern war später die mittlere Durchfahrt vorbehalten, unheilvoll illuminiert beim Fackelzug der SA in der Nacht der nationalsozialistischen „Machtergreifung" 1933. Zwölf Jahre später hissten Rotarmisten die Sowjetflagge über der preußischen „Victoria". Hinter der Mauer weggesperrtes Wahrzeichen, bot es die Kulisse bei Besuchen von Staatsoberhäuptern der westlichen Welt und deren Solidaritätsbekundungen mit den Menschen der geteilten Stadt Berlin. Schließlich Schauplatz der Grenzöffnung und Wiedervereinigung, lebt es als Symbol der deutschen Geschichte fort: das Brandenburger Tor. Seit 1734 diente das damals noch schlichte Pfeilertor als einer der 18 Zugänge durch die städtische Zollmauer, die Schmuggel unterbinden und Deserteure an der Flucht hindern sollte. Von hier aus führte die Straße „Unter den Linden" stadteinwärts direkt zum königlichen Stadtschloss. König Friedrich Wilhelm II., Neffe und Nachfolger des 1786 gestorbenen Friedrich des Großen, ließ Ende des 18. Jahrhunderts das Tor zum Hauptstadt-Portal in seiner heutigen Gestalt umbauen. Im Auftrag des Monarchen konzipierte Architekt Carl Gotthard Langhans, seit 1785 Leiter des Berliner Hofbauamtes, den klassizistischen

Bau nach dem Vorbild der Propyläen auf der Athener Akropolis. Innerhalb von drei Jahren entstand das Pracht-Stück - 26 Meter hoch, 66 Meter breit und elf Meter tief mit einer weiß gestrichenen Fassade aus Elbsandstein (unten links).

Auf sechs dorischen Säulen mit einem Durchmesser von 1,75 Metern ruht eine Attika mit Reliefs griechischer Helden und Gottheiten. Ohne offizielle Einweihungsfeier, ohne Pomp und Paraden zog am 6. August 1791 zum ersten Mal die Wache vor dem Brandenburger Tor auf. Ab 1793 krönte Gottfried Schadows Quadriga das Tor, das von Emanuel Jury aus Kupfer getriebene Viergespann. Gelenkt von der geflügelten Siegesgöttin Victoria, ziehen die Pferde ihren Streitwagen in die Stadt. Zahlreiche Symbole prägen das Design des Brandenburger Tors im Detail: Die Quadriga schenkt der Stadt den Frieden und erinnert an die gewonnenen Schlachten Friedrichs II. Das Sockel-Relief zeigt die Tugenden Freundschaft, Eintracht und Staatsklugheit sowie die Künste und die Wissenschaften. Bilder der Taten des Herakles in den Durchfahrten verherrlichen die Leistungen Friedrichs des Großen. Die Symbolik manifestiert nicht allein die Taten Friedrichs II., sondern will auch das Regierungsprogramm seines Nachfolgers und des

Quadriga nach klassischem Vorbild - entworfen von Gottfried Schadow (rechts).

Brandenburger Tor in der Mitte des 18. Jahrhunderts.

Erbauers der Anlage, Friedrich Wilhelm II., verdeutlichen: Frieden und Wohlstand im Inneren, bewaffnete Stärke nach außen. Beflügelt hat das Brandenburger Tor auch die unvergleichliche „Berliner Schnauze": Nachdem Napoleon die Quadriga 1806 nach Paris verschleppt hatte, sorgte General Ernst von Pfuel nach der Eroberung von Paris für die Rückkehr (unten rechts). Blüchers Truppen transportierten 1814 die sperrige Göttin und ihr Gespann wieder nach Berlin - in der „Retourkutsche". Europäische Architekten lobten das klassizistische Monument in den höchsten Tönen. Allen zukünftigen Gegnern Preußens stand von nun an das Brandenburger Tor als markantes Ziel ihrer Feldzüge vor Augen. Und sie sollten kommen: Napoleon machte nur den Anfang...

Französischer Dom

Deutscher Dom

Wo die Piazza del Popolo Pate stand

Der Friedrichstädter Gendarmenmarkt - einer der schönsten Plätze der Stadt. Seinen Namen verdankte er im Jahr 1799 dem Garderegiment des Soldatenkönigs „Gens d' armes". Hier waren zwischen 1737 und 1782 die Stallungen und die Wache der berittenen Kürassiere untergebracht. Die in der Friedrichstadt siedelnden Hugenotten nannten den Platz zunächst Esplanade. Mit der Assimilierung der Einwanderer setzten sich deutsche Bezeichnungen durch: Lindenmarkt, Friedrichstädter Markt, Neuer Markt und schließlich Gendarmenmarkt. Der Deutschen Kirche von 1708 steht auf der Südseite des Platzes noch heute die Französische Kirche von 1705 auf der Nordseite gegenüber. Beide sollten nach dem Willen des Königs das friedliche Nebeneinander der Gläubigen unterschiedlicher religiöser Ausrichtungen symbolisieren - der lutherischen Berliner und der calvinistisch-reformierten Hugenotten. Um diesen Anspruch noch einmal zu unterstreichen, beauftragte König Friedrich II. den Baumeister Carl von Gontard (oben links), zwei nahezu identische Turmanbauten für die Gotteshäuser zu entwerfen. Ihr Erscheinungsbild orientierte sich an den Zwillingskirchen der Piazza del Popolo in Rom. Nach der französischen Bezeichnung „dôme" für Kuppel kam für beide Kirchen nach der Fertigstellung 1785 der klerikale Begriff „Dom" in Gebrauch, obwohl die beiden Türme lediglich profane Funktionen erfüllten. Nach Plänen von Georg Christian Unger ließ der König den Gendarmenmarkt 1773 durch eine Reihe von dreigeschossigen Bürgerhäusern arrondieren. Und ein französisches Theater sollte dem Platz einen weltlichen Charakter verleihen. Unter der Baulei-

tung von Johann Boumann entstand um 1775 ein Komödienhaus, in dem die Bürger den Aufführungen reisender Schauspieler applaudierten. Schon wenige Jahre nach seiner Fertigstellung musste es jedoch dem Deutschen Nationaltheater weichen, das - konzipiert von Carl Gotthard Langhans - 1802 den Spielbetrieb aufnahm. Aber auch diesem Gebäude mit seinen 2.000 Sitzplätzen war keine lange Lebensdauer beschieden. Es brannte 1817 ab. Nun stellte Friedrich Wilhelm III. seinem Hofbaumeister Carl Friedrich Schinkel die Aufgabe, die Attraktivität des Gendarmenmarktes mit einem neuen Schauspielhaus zu steigern. Auf den Grundmauern des alten Nationaltheaters errichtete Schinkel zwischen 1818 und 1821 einen klassizistischen Bau mit einem Porticus und zurückgehaltenen Seitenflügeln (unten rechts). Die äußere Fassade schmückten Skulpturen, die Motive der antiken Theaterwelt aufnahmen. Mit der Aufführung des „Freischütz" von Gotthold Ephraim Lessing übergab der König am 18. Juni 1821 das Haus seinen Untertanen. Als Zentrum des ehemaligen Marktplatzes legte Friedrich Wilhelm IV. im Jahr 1859 vor dem Schauspielhaus den Grundstein des Denkmals für den Nationaldichter Friedrich Schiller. Die Einweihung des Monuments folgte erst zwölf Jahre später. Bis 1936 trug dieser Teil des Gendarmenmarktes den Namen Schillerplatz. Der Gendarmenmarkt bildete ein weiteres Zentrum des gesellschaftlichen Lebens der Stadt und lud zum Flanieren vor und nach Gottesdiensten und Theatervorstellungen ein. Geschichte schrieb der Gendarmenmarkt, als hier 1848 die Trauernden ihre Gefallenen aus den Barrikadenkämpfen aufbahrten und im Großen Saal des Schauspielhauses die demokratisch gewählte Preußische Nationalversammlung tagte.

Gendarmenmarkt mit dem alten, 1817 abgebrannten Schauspielhaus.

Welt-Zeit

1702
Als erste englische Tageszeitung erscheint der „Daily Courant".

1707
England und Schottland werden zu Großbritannien vereinigt.

1709
Selkirk wird von seiner Robinsoninsel befreit.

1738
Im Schwarzwald beginnt die Produktion von Kuckucksuhren.

1750
Die erste Mondkarte wird erstellt.

1752
Der literarische Frauenkreis Londons trägt blaue Strümpfe.

1756
In Venedig entkommt Casanova aus den Bleikammern.

1764
James Watt baut die erste anwendungsreife Dampfmaschine.

1769
Napoleon Bonaparte wird in Korsika geboren.

1776
Verabschiedung der amerikanischen Unabhängigkeitserklärung.

1779
James Cook wird in Hawaii von Eingeborenen erschlagen.

1783
Die Brüder Montgolfier fliegen im Heißluftballon.

1786
Der Mont Blanc wird erklommen.

Kassen bei Flucht in Panik vergessen: Gestiefelter Napoleon im Königsbett

Freiheit, Gleichheit und Brüderlichkeit: die Französische Revolution von 1789 hatte den französischen König Ludwig XVI. vom Thron gefegt. Die Regenten Europas fürchteten nun um Macht und Leben. Mehrfache gemeinsame Feldzüge von Preußen, Russland, Sachsen und Österreich gegen die französische Revolutionsarmee scheiterten. Der preußische König Friedrich Wilhelm III. (rechts) schloss zunächst mit den Franzosen einen Separatfrieden, stellte sich aber 1806 schließlich doch gegen den zum Kaiser aufgestiegenen korsischen Emporkömmling Napoleon Bonaparte. Napoleon hatte sich zum Ziel gesetzt, ganz Europa unter der Trikolore zu „einen" - mit Gewalt. Der preußischen Armee, unzureichend auf einen Krieg vorbereitet, stand lediglich ein sächsisches Hilfskorps zur Seite. Nach der Niederlage der preußischen Kontingente in der Doppelschlacht von Jena und Auerstedt

am 14. Oktober 1806 war für die französische Armee der Weg nach Berlin frei. Als die ersten Gerüchte von der Niederlage die Hauptstadt erreichten, ließ Graf Friedrich Wilhelm von der Schulenburg-Kehnert in seiner Funktion als Gouverneur von Berlin die Parole plakatieren: *„Der König hat eine Bataille verloren. Jetzt ist Ruhe die erste Bürgerpflicht"* (rechts). König Friedrich Wilhelm III. hatte sich mit seiner Ehefrau Luise in die Residenzen Königsberg und Memel abgesetzt. Ihm folgten Hals über Kopf die höheren Verwaltungsbeamten, in der Mehrzahl Adlige. Sie retteten nicht einmal die königlichen Kassen; Waffen und Munition ließen sie in den Kasernen zurück. Dem Flüchtlingszug nach Ostpreußen schlossen sich auch reiche Bürger an. Am 23. Oktober besetzte ein französisches Vorauskommando unter Marschall Louis-Nicolas Davout mit 200 Elitesoldaten das Hallesche und das Cottbusser Tor und zog am nächsten Tag vor das Rathaus. Die Festung Spandau fiel kampflos an die Besatzer. Nun konnte Napoleon ungefährdet nach Berlin reisen. Triumph für den Korsen am 27. Oktober 1806: an der Spitze seiner Marschälle ritt

er durch das Brandenburger Tor und ließ sich vom Magistrat die Stadtschlüssel übergeben. Anschließend bezog er im Stadtschloss Quartier - und soll sich demonstrativ mit seinen schmutzigen Stiefeln in das Bett des Königs geworfen haben.

Die kaiserlichen Garden schlugen ihre Biwaks im Lustgarten des Schlosses auf, höhere Offiziere quartierten sich in Privathäusern der Stadt ein. Die Besatzer verpflichteten den Magistrat, für Brennmaterial, Brot, Fleisch, Gemüse und besonders auch für Bier, Wein und Schnaps zu sorgen. Die Franzosen widmeten einzelne Kirchen zu Heulagern um oder legten dort Weindepots an. Nur vereinzelt kam es zu Plünderungen und Ausschreitungen gegen die Zivilbevölkerung. Die Beamten-Flucht hatte Berlin seiner Verwaltung beraubt. Napoleon versammelte 2.000 wohlhabende Bürger in der

> Der König hat eine Bataille verlohren. Jetzt ist Ruhe die erste Bürgerpflicht. Ich fordere die Einwohner Berlins dazu auf. Der König und seine Brüder leben!
>
> Berlin, den 17. October 1806.
>
> Graf v. d. Schulenburg.

Petrikirche und ließ sie einen Großen Rat mit 60 Abgeordneten wählen. Das Gremium bestimmte aus seinen Reihen ein „Comité administratif" mit sieben Mitgliedern. Ihnen wies Napoleon verschiedene Ressorts der Stadtverwaltung zu. Alle Beamten hatten am 9. November den Eid zu leisten, nur noch im Sinne der französischen Besatzungsmacht zu handeln - eine traurige und demütigende Zeremonie: Stadtpräsident Johann Büsching musste die Eidesformel vorlesen. Einige preußische Staatsbeamte unterschrieben die Erklärung bewusst unleserlich. Ein Kriegsrat kippte sogar ein Tintenfass über die Urkunde.

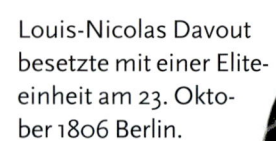

Louis-Nicolas Davout besetzte mit einer Eliteeinheit am 23. Oktober 1806 Berlin.

Napoleon reitet durch das Brandenburger Tor in die Stadt ein (links). Übergabe des Stadtschlüssels durch den Magistrat an den französischen Kaiser (rechts).

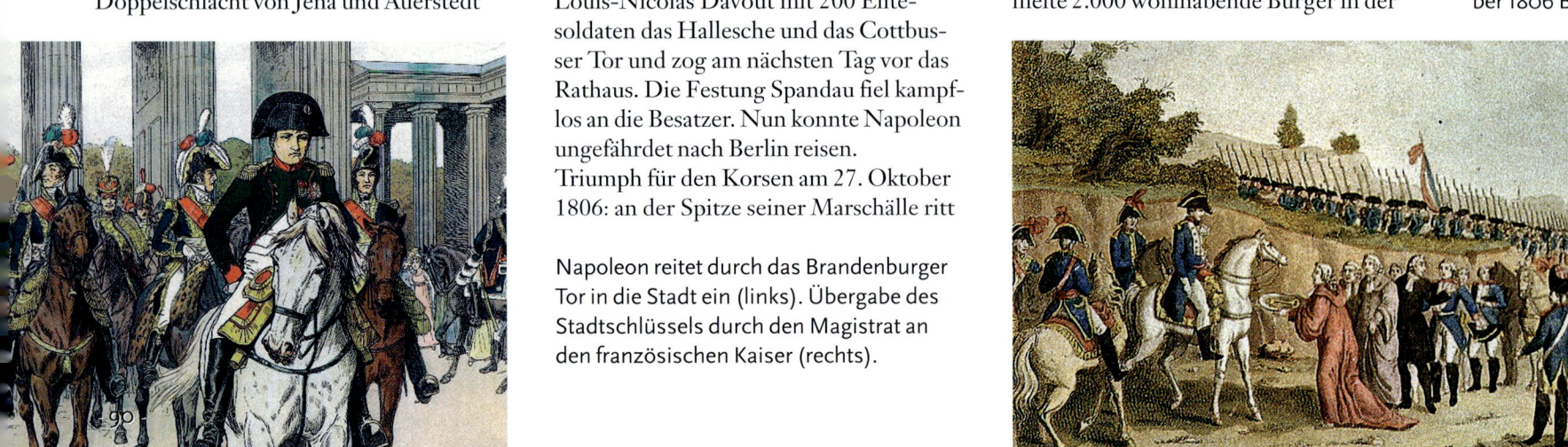

Korsischer Kunst-Dieb klaut Quadriga - und „unser Dämel sitzt in Memel"

Aus allen eroberten Ländern ließ Napoleon Kunstwerke nach Paris schaffen, so auch aus Preußen. Die Auswahl der Beutekunst übernahm der Sachverständige Dominique Vivant Denon aus dem Gefolge des Korsen. Die Franzosen quittierten alle beschlagnahmten Güter, Gemälde, Büsten, Statuen und Reliefs und schickten sie in 92 Kisten in Richtung Westen. Als sichtbares Zeichen seiner neuen Macht über Preußen und Berlin ließ Napoleon die Quadriga vom Brandenburger Tor hieven, zerlegen und auf dem Wasserweg über Hamburg nach Paris verschiffen. Verächtlich nannten ihn die Berliner von nun an nur noch den „Pferdedieb". Er selbst nahm außerdem

Die Siegesgöttin trauert um die Quadriga. Königin Luise bat Napoleon um annehmbare Friedensbedingungen (unten).

den Degen Friedrichs II. an sich.

Täglich trafen neue Truppen in Berlin ein, die versorgt, einquartiert und für die Weiterreise nach Osten verproviantiert werden mussten. Auf dem Mühlenberg bei Charlottenburg errichteten die Franzosen ein Militärlager für 25.000 Soldaten, genannt „le camp Napoleonbourg".

Mit acht Millionen Talern schlugen die Besatzungskosten für die Bevölkerung Berlins zu Buche, für 4,4 Millionen Taler hatten die Handwerksbetriebe die Armee auszurüsten. Das Comité erließ immer neue Sondersteuern, die aber zur Deckung der Kontributionszahlungen an die Franzosen nicht ausreichten. Erst der Aufruf zu freiwilliger Zeichnung von Staatsanleihen zeigte den gewünschten Erfolg. Noch bis zum Jahr 1861 hatte Preußen an dem Schuldenberg zu leiden.

Der Handel Berlins brach ein. Zwar verhinderte die Kontinentalsperre gegen England den Import von Textilwaren, aber die Franzosen verschafften mit ihren eigenen Produktionen den Berliner Tuch- und Seidenproduktionsstätten neue Konkurrenz. Manufak-

Die Auswahl der Beutekunst organisierte Napoleons Kunstminister Dominique Vivant Denon.

turen und Handwerksbetriebe mussten schließen, denn der Absatz stockte. Gesellen verließen die Stadt. Viele Hausbesitzer gaben ihre Schlüssel bei der Stadtverwaltung ab und wanderten aus. Es kam zur Inflation. Die Bäcker traten in Streik, weil die Einkaufspreise für Mehl und Brennstoffe die festgelegten Verkaufspreise übertrafen. Nur ein immenses Aufgebot an französischen Soldaten und der Bürgerpolizei unter dem Kommando von General Pierre Augustin Hulin konnte Plünderungen der Backstuben verhindern. Die Stadt verarmte zusehends, die Einwohner hungerten. Auf der Langen Brücke bettelten halbnackte Kinder um Almosen. Die Berliner fühlten sich von ihrem flüchtigen König im Stich gelassen.

1807 begannen in Tilsit die Friedensverhandlungen zwischen Frankreich und Preußen. Königin Luise engagierte sich auf ungewöhnliche Weise für die Integrität ihres Landes und besuchte Napoleon in seinem Quartier. Obwohl sich der alte Schwerenöter von ihrer Persönlichkeit höchst beeindruckt zeigte, blieb er hart: Im Friedensvertrag vom 9. Juli 1807 musste Preußen auf alle Besitzungen west-

Bürgermeister Büsching begrüßt das heimkehrende Königpaar. Groß war die Freude bei den Berlinern nicht.

lich der Elbe verzichten und verlor damit die Hälfte des Staatsgebiets. Die Verhandlungen über die Kriegsentschädigungen Preußens an Frankreich zogen sich hin. Am 2. Dezember 1809 übergab Marschall Davout die Stadtschlüssel an Prinz Ferdinand von Preußen, den jüngsten Bruder Friedrichs II. Am folgenden Tag verließen die Besatzungstruppen Berlin. Major Ferdinand Baptista von Schill zog unter großem Jubel der Bevölkerung mit dem Zweiten Brandenburgischen Husarenregiment in Berlin ein.

Bis zum November 1809 blieb König Friedrich Wilhelm III. in Ostpreußen und betrieb von Königsberg und Memel aus die Erneuerung des Staatswesens. „Unser Dämel sitzt in Memel", spottete die Berliner Schnauze.

Major
Ferdinand
Baptista
von Schill

„Gemeinsam erringen und erhalten": Steins Reformen in Stadt und Staat

Wendepunkt in der Geschichte Preußens und der Stadt Berlin: König Friedrich Wilhelm III. beauftragte 1808 seinen Minister Reichsfreiherr Carl vom und zum Stein (1), das Staats- und Stadtwesen von Grund auf zu reformieren. Von den Idealen der Französischen Revolution nicht unbeeinflusst, stellte vom Stein seine Reformideen unter das Motto „Gemeinsam erringen und erhalten". Er wandte sich damit landesweit gegen das absolutistische Staatsprinzip mit einem für alle politischen und wirtschaftlichen Vorgänge verantwortlichen Landesherrn.

Die steinschen Reformen sahen eine strikte Trennung von staatlichen und kommunalen Verwaltungsstrukturen sowie eine begrenzte Autonomie der Städte vor. Seit dem 19. November 1808 konnten die Bürger Preußens in direkten und geheimen und gleichen Wahlen ihre Vertreter in die Städteversammlung entsenden. Das aktive und passive Wahlrecht setzte jedoch den Besitz eines Grundstücks, ein Mindesteinkommen von 200 Talern oder ein Gewerbe voraus. Der Berliner Polizeipräsident Carl Justus von Gruner (2) hatte die Stadt in 102 Wahlbezirke eingeteilt. Vom 18. bis zum 22. April 1809 gingen die stimmberechtigten Berliner - etwa sieben Prozent der Stadtbevölkerung - in 22 Kirchen der Stadt zu den Urnen. In der Mehrzahl stellten Gewerbetreibende, Kaufleute und Handwerker die 102 Angehörigen der Stadtverordnetenversammlung mit ihren 33 Stellvertretern. Sie wählten aus ihren Reihen den Bürger-

meister, den Kämmerer und die Stadträte, die zusammen den Magistrat bildeten. Alle Mitglieder hatten schon während der französischen Besatzungszeit dem „Comité administratif" angehört. Den Posten des Bürgermeisters übernahm Johann Stephan Gottfried Büsching. Der König ernannte den in der Wahl Erstplatzierten, Carl Friedrich Leopold von Gerlach (3), zum Oberbürgermeister.

Damit versammelte sich in Berlin seit 300 Jahren wieder eine frei gewählte Stadtvertretung. Mit einem Festakt vor dem Rathaus und einer Andacht in der Nikolaikirche würdigten die frischgewählten

Andacht der ersten preußischen Stadtverordneten in der Nikolaikirche.

Stadtväter den großen Tag in der Geschichte Berlins. Es gab viel zu tun. Allein im ersten Jahr benötigte die Stadtversammlung mehr als 140 Sitzungen, um die Details der steinschen Stadtreformen umzusetzen und eine Verwaltung aufzubauen. Die Armenpflege, das Wohnungs-, Schul- und Gesundheitswesen standen nun in Verantwortung der städtischen Behörden. Die Justiz und die Polizei blieben aber weiterhin der königlichen Aufsicht unterstellt. Auch über die Verwendung der Steuereinnahmen durften die Stadtväter nicht allein entscheiden; der größte Teil floss in die Staatskasse.

Die Ordnung der Finanzen des Städtewesens hatte der König 1810 in die Verantwortung von Staatskanzler Carl August Freiherr Fürst von Hardenberg (4) übertragen. Er brachte den König dazu, den Zunftzwang im städtischen Gewerbe aufzuheben und es allen Bürgern freizustellen, eigene Betriebe zu eröffnen.

Bürgermeister Büsching (5) setzte sich mit großem Engagement für die Verbesserung der Berliner Finanzen ein. Es gelang ihm, mit einer sehr sparsamen Haushaltsführung die in den napoleonischen Kriegen aufgelaufenen Schulden der Stadt kräftig abzubauen. Die königliche Genehmigung, ab 1811 die Verbrauchssteuern zugunsten städtischer Belange heraufzusetzen, ließ dem Stadtkämmerer größeren Spielraum auch für neue Investitionen. 1812 gestand Preußen schließlich auch den Juden die Bürgerrechte zu.

„Äußere Muße, inneres Streben" - und ja kein Vergnügen!

Nach dem Frieden von Tilsit hatte das abgespeckte Preußen nur noch zwei Universitäten vorzuweisen: in Königsberg und Frankfurt an der Oder. Die Universität in Halle hatte Napoleon auflösen lassen. Viele Professoren zogen nach Berlin und hofften, eine Beschäftigung an der Akademie der Wissenschaften zu finden. Friedrich Wilhelm III. besann sich seiner alten Pläne zur Gründung einer Berliner Universität und beauftragte 1807 Gutachter mit den Planungen.

Bald kristallisierten sich zwei grundverschiedene Konzepte heraus: Der Staatsrechtler Theodor Anton Heinrich Schmalz plädierte für strikt getrennte Studiengänge unter einem universitären Dach. Dagegen plädierten die Philosophen Friedrich Wilhelm Josef Schelling und Johann Gottlieb Fichte für eine „Schule der Kunst des wissenschaftlichen Verstandesgebrauchs" mit der Philosophie des Lehrens und Lernens als Mittelpunkt. Am 20. Februar 1809 ernannte der König den Wissenschaftler Wilhelm von Humboldt zum geheimen Staatsrat und Direktor der Sektion Kultus und öffentlicher Unterricht im Ministerium des Inneren. Ihm übertrug Friedrich Wilhelm die Aufgabe der Universitätsgründung. Nach den Ideen Fichtes und Schellings entwickelte Humboldt ein Bildungs- und Wissenschaftsideal, das jede spezialisierende Einseitigkeit verwarf und auf die Entfaltung der individuellen Interessen und Freiheiten setzte: „Äußere Muße und inneres Streben" sollten die Studenten - gelenkt von den besten Köpfen des Landes - zu Wissenschaft und Forschung führen. Dieses Konzept setze voraus, so erklärte er in seiner Denkschrift, dass die Freiheit der Lehre und der Forschung „von aller Form im Staate losgemacht" seien.

Langwierige Verhandlungen folgten, um einen an absolutistische Regierungsformen gewohnten König von der Idee einer „freien" Universität in Berlin zu überzeugen. Humboldt blieb hartnäckig - und erfolgreich: Am 16. August 1809 verfügte der König in einer „Kabinettsordre", im Palais des Prinzen Heinrich „Unter den Linden" eine Universität zu errichten. Nur die „ersten Männer jeden Fachs" wollte Friedrich Wilhelm III. als Professoren berufen wissen. Mit der Ernennung des Juristen Theodor Schmalz zum Rektor begann am 28. September 1810 der Unterrichtsbetrieb an der „Alma Mater Berolinensis", der Berliner Universität. Am 10. Oktober wählten die Dozenten ihre

Die königliche Bibliothek am späteren Bebelplatz.

Senatsvertreter, die der Rektor auf Gehorsam gegen den König und zur Treue im Beruf verpflichtete. Der König empfing im November eine Abordnung der Studenten und ermahnte sie, ihren Studien geflissentlich nachzukommen und sich nicht - wie in anderen Universitäten üblich - „nur dem Vergnügen hinzugeben".

Im ersten Semester unterrichten 52 Hochschullehrer in den Fakultäten Theologie, Jura, Medizin und Philosophie 256 Studenten, davon 112 Mediziner. Die Räumlichkeiten im Prinz-Heinrich-Palais reichten für die 116 Vorlesungen bei Weitem nicht aus. Deshalb verlegten viele Professoren die Lehrveranstaltungen in ihre Privatwohnungen. An den Kosten für Heizung und Beleuchtung hatten sich die Studenten zu beteiligen. In kürzester Zeit entwickelte sich die ab 1828 nach dem Landesherrn und Gründer genannte Friedrich-Wilhelms-Universität (seit 1949 Humboldt-Universität) zu einer der angesehensten Hochschulen im deutschsprachigen Raum. Zu den berühmtesten Professoren, die noch Wilhelm von Humboldt berufen hatte, zählten August Böckh (Philologie), Albrecht Daniel Thaer (Landwirtschaft), Friedrich Carl von Savigny (Jura), Christoph Wilhelm Hufeland (Medizin) und Carl Ritter (Geografie).

Links: Johann Gottlieb Fichte, ein Vordenker der freien Universität. Wilhelm von Humboldt (rechts) entwarf das Bildungsideal.

Christoph Wilhelm Hufeland band die 1740 gegründete Charité in den Universitätsbetrieb ein.

„Turnerey" in der Hasenheide sorgt für „Gelaufe und Geschwatz"

Ein Ereignis im Frühjahr 1811 lockte die neugierigen Berliner in Scharen in die Hasenheide, damals noch vor den Toren Berlins. In der ehemaligen kurfürstlichen Jagd hatte ein Hilfslehrer des Grauen Klosters ein Dutzend Gymnasiasten zur „Turnerey" versammelt. Friedrich

Friedrich Ludwig Jahn. Sein Turnplatz in der Hasenheide sorgte für Aufsehen.

Ludwig Jahn (1778-1852) hieß der Magister, als Turnvater wurde der Begründer des ersten Turnplatzes unsterblich. Mittwochs und sonnabends marschierte Jahn mit seinen Schülern nachmittags zum

„Turnen" (das Wort hatte er selbst geprägt) an meterhohen Klettergerüsten aus Holz, teilweise mit Leder bezogen. 1812 erfanden die Turn-Pioniere das Reck und den Barren. Das Gelände ließ Jahn nach und nach mit einem niedrigen Zaun einfassen, denn die Aufmerksamkeit der staunenden Besucher für das ungewöhnliche Spektakel wuchs. Jahn notierte: „Es gab gewaltig Gelaufe, Geschwatz und Geschreibe."

Neben der körperlichen Ertüchtigung verstand Jahn das Turnen auch als politische Demonstration - gegen die französischen Fesseln, für die Befreiung des deutschen Vaterlands. Jahn war kein Gesundheitsapostel. Seine Purzelbäume, Bocksprünge und Klimmzüge galten der Bekämpfung eines Mannes, der 1812 durch Berlin nach Moskau marschierte: Napoleon.

Heute erinnert ein Jahn-Denkmal an den ersten Turnplatz in der Hasenheide. An der uralten „Jahn-Eiche" soll der Turnvater sein eigenes Fitness-Programm absolviert haben - mit Klimmzügen. Er selbst fiel trotz seiner patriotischen Gesinnung beim König in Ungnade, geriet als Opfer der Demagogenverfolgung in Festungshaft. 1848 hielt Jahn noch einmal flammende patriotische Reden in der Frankfurter Paulskirche - da lag sein Lebenswerk schon ein halbes Menschenleben zurück: die Begründung des deutschen Turnwesens in der Berliner Hasenheide im Jahre 1811.

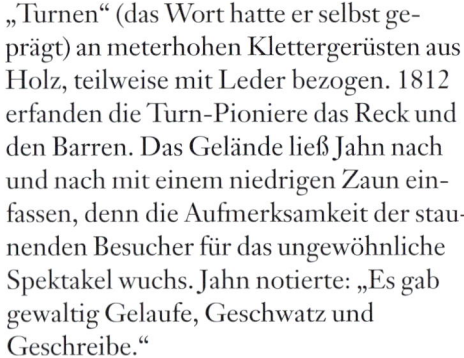

Napoleon zog gegen Russland und erlitt dort eine verheerende Niederlage.

König kuscht erneut vor Napoleon - Bürger im aktiven Widerstand

Nach den steinschen Reformen hatte sich die politische Situation in Preußen und Berlin seit 1808 merklich entspannt. König Friedrich Wilhelm III. war wieder nach Berlin zurückgekehrt, wo ihm die Bürger wegen seiner Kapitulation vor den Franzosen („Lieber ein kleines als gar kein Preußen") einen reservierten Empfang bereitet hatten. Napoleon aber hatte seinen Plan von einem „großen Frankreich" noch nicht aufgegeben. Der Korse rüstete zum Krieg gegen Russland. Er drängte Preußen am 24. Februar 1812 in einer als Unterwerfung empfundenen Allianz dazu, ihm ein Armeekorps von 20.000 Soldaten zu stellen. Friedrich Wilhelm musste dem Franzosen außerdem gestatten, Preußen als Aufmarsch-, Versorgungs- und Rekrutierungsgebiet zu nutzen. Seine Generäle August Graf Neidhardt von Gneisenau und Carl von

Clausewitz und mit ihnen viele andere Offiziere quittierten unter Protest den Dienst.

Im März 1812 rückten französische Truppen in Berlin ein. Ohne vertragliche Absicherung okkupierten sie die Festung Spandau und setzten für Berlin einen französischen Gouverneur ein, der ohne Rücksprache mit dem Magistrat die Einquartierung und Verpflegung der Truppen

Ungeliebt: Französische Besatzer in Berlin.

organisierte. Die Berliner Bevölkerung leistete aktiven Widerstand. Im Untergrund entstand aus der Turnbewegung von Friedrich Ludwig Jahn die Oppositionsbewegung „Deutscher Bund". Dessen Gymnasiallehrer, Professoren, Dozenten und Beamte standen in engem Kontakt zum patriotischen „Charlottenburger Bund" um General August von Gneisenau, den Philosophen und Theologen Friedrich Schleiermacher und den Verleger Georg Andreas Reimer.

Als die ersten Nachrichten von der Niederlage der französischen Armee in Russland Ende 1812 nach Berlin gelangten, sahen die Widerständler ihre Chance gekommen: Jugendliche griffen offen französische Soldaten in der Stadt an und entwaffneten sie. Die Fensterscheiben franzosenfreundlicher Beamter klirrten. Um die Jahreswende fluteten die Reste der geschlagenen „Grande Armée" nach Berlin zurück. Die Bevölkerung versorgte zwar die Verwundeten mit Kaffee und Bouillon,

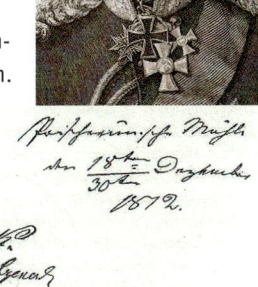

General Johann Ludwig Graf Yorck von Wartenburg schloss mit den Russen die Konvention von Tauroggen.

Friedrich Wilhelm III. inspiziert in Breslau seine Freiwilligen.

Russische Kosaken und Preußische Landwehr auf dem Kreuzberg.

war aber froh, wenn die Soldaten mit ihren „faulig-eiternden... Wunden" auf strohgefüllten Wagen weiter nach Westen zogen. Der preußische General Johann Ludwig Graf Yorck von Wartenburg erkannte die Zeichen der Zeit und schloss gegen den Willen des Königs am 30. Dezember 1812 in Tauroggen einen Waffenstillstand mit den Russen.

Friedrich Wilhelm III. flüchtete am 23. Januar 1812 wieder aus Berlin, diesmal nach Breslau, und gab seinen Untertanen noch den Rat, „sich in allen Stücken [...] dem bestehenden freundschaftlichen Vernehmen mit Sr. Majestät, dem Kaiser Napoleon" würdig zu zeigen. Von Breslau aus rüstete der preußische König seine Armee wieder auf. Noch aber stand er auf Seiten des Franzosen. Die Widerstandsgruppen riefen junge Männer zu den Truppen. Die Hörsäle und die Gymnasialklassen der höheren Altersstufen leerten sich. Binnen drei Tagen meldeten sich 9.000 Männer zum Freiheitskampf. Als

am 16. und 17. Februar 1813 die ersten russischen Kosakentruppen eintrafen, verbündeten sich die Berliner sofort mit dem 200 Mann starken Kontingent. Nur mit Waffen konnten die Bürgergarden einen Straßenkampf der Berliner und Kosaken mit den Besatzern verhindern. Die verschreckten Franzosen bereiteten in aller Stille den Rückzug aus Berlin vor. Als Erste gaben ihre höheren Militärs und Zivilbeamten Fersengeld.

Friedrich Wilhelm III. wechselte am 27. Februar die Seiten; die Franzosen rückten aus Berlin ab. Mit Dankesfesten feierten die Berliner die „Befreiung vom französischen Joch", bis am 17. März General York von Wartenberg mit 12.000 preußischen Soldaten unter großem Jubel in die Stadt einzog. Eine Woche später, am 24. März 1813, kehrte der König zurück. „Ich kann nicht sagen, dass ihm ein außerordentlicher Enthusiasmus entgegengekommen sei", notierte ein Zeitzeuge. Eine Welle der Vaterlandsliebe erfasste

Preußen. Unter dem Motto „Gold gab ich für Eisen" sammelten die Bürger und Bürgerinnen knapp zwei Millionen Taler. Gegen die Ausgabe von Kriegsanleihen zeichnete die Berliner Kaufmannschaft innerhalb von 14 Tagen Wechsel in Höhe von 1,4 Millionen Talern. Alle Männer zwischen 17 und 40 Jahren hatten zur Musterung anzutreten. Ein Landsturm sah die Einberufung auch von 15- bis 60-Jährigen für den Fall einer direkten Bedrohung vor. Der Literat August von Kotzebue wollte für den Notfall sogar eine „Amazonenschar von Frauen und Mädchen" aufstellen.

Napoleon war noch nicht geschlagen. 70.000 Franzosen zogen auf Berlin zu und trafen auf die alliierte Armee unter dem Oberbefehl des schwedischen Kronprinzen Karl Johann Bernadotte. Der Sieg von Großbeeren am 23. August 1813 rettete die Hautstadt Preußens vor einer erneuten Besatzung durch französische Truppen. Schließlich beendete die Völkerschlacht bei Leipzig vom 16. bis 19. Oktober 1813 die Herrschaft Napoleons in Europa. Der Berliner Polizeipräsident Carl Justus von Gruner verließ die Stadt und trat demonstrativ in russische Dienste. Von Prag aus baute er ein weit verzweigtes Widerstandsnetz gegen die Franzosen auf. Sein erklärtes Ziel: „Die Befreiung des deutschen Vaterlandes von den Fesseln Frankreichs."

General August Graf Neidhardt von Gneisenau

Mehr als nur Imagepflege: Eine Insel für die Kunst

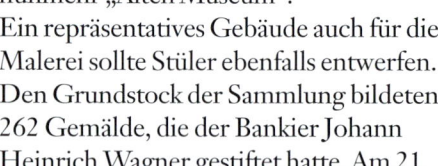

Friedrich Wilhelm III., aufgeklärter preußischer Monarch und Anhänger des humboldtschen Bildungsideals, hatte 1810 per Kabinettsorder beschlossen, eine „gut gewählte" Kunstsammlung anzulegen und der Öffentlichkeit seiner Hauptstadt zugänglich zu machen. Er griff damit eine Anregung des Archäologen und Kunstprofessors Alois Ludwig Hirt (1) auf, in Berlin ein Museum für antike Kunstschätze aufzubauen, womit bereits andere Hauptstädte Europas - Paris, Wien, London - ihr Image aufpoliert hatten. Mit den Vorarbeiten beauftragte der König seinen Hofbaumeister Karl Friedrich Schinkel (2), der umfassende Pläne zum Ausbau am oberen Ende des Lustgartens auf der Spree-Insel vorlegte. Die Vorstellungen des Monarchen musste Schinkel dabei stets berücksichtigen. Am 3. August 1830 eröffnete auf der Insel das erste öffentliche Museum Preußens, konzipiert und ausgeführt in klas-

sisch griechischem Stil nach dem Vorbild der Athener Akropolis. Die Ausstellungsräume des Gebäudes, das sich auf einer Fläche von 87 x 55 Metern erstreckte, gruppierten sich hinter acht ionischen Säulen um zwei Innenhöfe. Die vom König berufene Kommission sprach sich dafür aus, nur die „hohe Kunst" aus königlichem Besitz im Museum auszustellen - also nach damaligem Verständnis vornehmlich die Werke der griechisch-römischen Antike und der zeitgenössischen klassizistischen Kunstformen. Schon 1843 begann auf Initiative von Friedrich Wilhelm IV. der Architekt und Schinkel-Schüler Friedrich August Stüler mit der Vorbereitung für einen neuen Museumsbau. Dieser sollte die ur- und frühgeschichtliche Sammlung aus dem Schloss Monbijou, das Kupferstichkabinett und die Kunst des Vorderen Orients aufnehmen, die Gelehrte der Akademie der Wissenschaften von ihren For-

schungsreisen aus Ägypten mitgebracht hatten. Das „Neue Museum" öffnete 1859 seine Tore für die Öffentlichkeit. Der dreiflügelige, 105 Meter lange, 40 Meter tiefe und 31 Meter hohe Bau stand auf 2.344 mit Dampfmaschinen in den Boden gerammten Pfählen. Eine Kolonnaden-Galerie verband ihn mit dem nunmehr „Alten Museum".
Ein repräsentatives Gebäude auch für die Malerei sollte Stüler ebenfalls entwerfen. Den Grundstock der Sammlung bildeten 262 Gemälde, die der Bankier Johann Heinrich Wagner gestiftet hatte. Am 21. März 1876 feierte Berlin in Anwesenheit des Kaisers die Eröffnung der dreigeschossigen Nationalgalerie - ein klassizistisches, aber mit modernsten Stahlkonstruktionen errichtetes Gebäude in Form eines römischen Tempels. Nunmehr waren drei Museen auf dem Areal mitten in der Spree angesiedelt; der Begriff „Museumsinsel" entstand. Weitere Bauten folgten: An der Nordwest-Spitze eröffnete 1904 im neobarocken Gebäude das Kaiser-Wilhelm-Museum, konzipiert durch Ernst von Ihnen, das auf 6.000 Quadratmetern Skulpturen, Gemälde und Möbel aus kurfürstlicher Zeit sowie innenarchitektonische Accessoires verschiedener Stilepochen aus Italien zeigte.
Den Schlusspunkt bildete der 1930 fertiggestellte Bau des neoklassizistischen Pergamonmuseums am Kupfergraben von Alfred Messel und Ludwig Hoffmann. Der Ausstellungsschwerpunkt des dreiflügeligen Gebäudes lag von vornherein in der Präsentation babylonischer, hethitischer und assyrischer Architektur: insbesondere des Zeusaltars aus Pergamon, des Markttors von Milet, des Ischtar-Tors von Babylon und der Mschatta-Fassade aus Jordanien. Die Museumsinsel stellt heute auf kleinstem Raum ein weltweit einmaliges Denkmal zur Museumsgeschichte dar. Im Jahr 2000 verlieh die UNESCO dem Ensemble den Status des Weltkulturerbes (siehe auch Seite 310).

Blick auf das Alte und Neue Museum.

Der Ägyptische Hof im Neuen Museum.

Kaiser-Wilhelm-Museum, heute Bode-Museum.

Das 1830 eröffnete Alte Museum.

Nachrichten blitzschnell: Nur 90 Minuten von Berlin nach Köln

Nachrichten über Aufstände aus der fernen Rheinprovinz - erst nach Tagen oder gar Wochen erreichten sie Berlin. Und umgekehrt dauerte es ebenso lange, bis die preußische Order bei den Behörden vor Ort eintraf: Immer stärker beunruhigte das Informationsdefizit im größten Flächenstaat Deutschlands die preußische Verwaltung in ihrer Berliner Zentrale. Besonders die Polizei- und Militärbehörden favorisierten daher den Gedanken einer Telegrafenlinie von Berlin quer durch Preußen bis ins Rheinland.

In Schweden, Frankreich, Dänemark und England waren schon seit Ende des 18. Jahrhunderts optische Telegrafensysteme installiert. Sie dienten neben der militärischen Sicherung lan-

„Station 1" - die Berliner Sternwarte in der Dorotheenstraße.

Heinrich Pistor

ger Küstenlinien auch kommerziellen Zwecken wie der Information der Börsen über ankommende Handelsschiffe und deren Weiterleitung in bestimmte Seehäfen. Auch Napoleon hatte dieses Kommunikationsmittel in seinen Kriegen mit Spanien und England erfolgreich zur Verlagerung von Truppen eingesetzt.

Im Dezember 1830 legte der Geheime Postrat Carl Philipp Heinrich Pistor dem preußischen Generalstab den Plan vor, eine Telegrafenlinie von Berlin über Köln bis nach Koblenz aufzubauen. Die Militärverwaltung beauftragte den Major Franz August O'Etzel mit der Realisierung des Projekts. Zur Überquerung braunschweigischen und hannoverschen Gebietes führte die preußische Regierung erfolgreiche Verhandlungen mit den beiden Fürstentümern.

Nach umfangreichen Vermessungsarbeiten legte O'Etzel die Berliner Sternwarte in der Dorotheenstraße als „Station 1" fest. Auf den höchsten Bauwerken und geografischen Erhebungen entlang der vorgesehenen Strecke installierten seine Arbeiter sechsarmige Signalstangen, „Semaphoren", die durch unterschiedliche Stellung der Ausleger die Buchstaben des Alphabets von Station zu Station weitergaben. Die Telegrafenbeamten und ihre Gehilfen lasen mit Fernrohren die Signale ab.

Von der Planung bis zur Fertigstellung des ersten Abschnittes dauerte es nur zwei

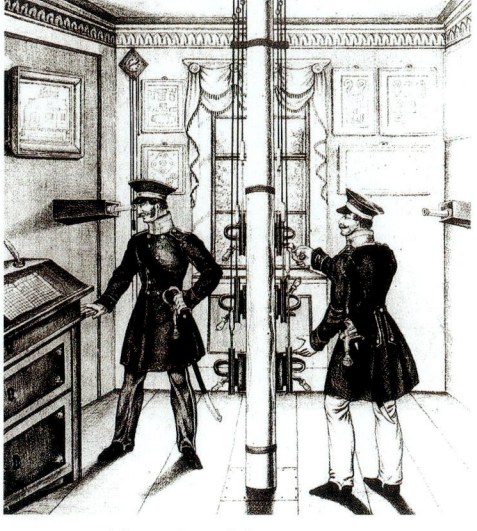

„Station 61" in Koblenz.

Jahre. Im November 1832 nahm Preußen die Telegrafenleitung mit 14 Stationen über Potsdam und Brandenburg bis zur Magdeburger Johanniskirche in Betrieb. Über Halberstadt, Goslar, Höxter und Paderborn, über Salzkotten, Soest und Hagen erreichte die Linie 1833 die Garnisonskirche St. Pantaleon in Köln - und mit der Station 61 schließlich die Provinzhauptstadt Koblenz. Für kommerzielle Zwecke öffnete die preußische Regierung ihre 465 Kilometer lange Telegrafenlinie nie.

Die Informationen der Telegrafenlinie ließen sich von jedem Beobachter an den Semaphoren ablesen. Deshalb verschlüs-

Nur verschlüsselt auf die Reise: Besetzung einer Telegrafenstation.

Major Franz August O'Etzel konzipierte die Streckenführung.

selten die Behörden ihre Informationen: Nur die Telegrafenmeister an ausgewählten Stationen konnten die Texte mit ihren Codebüchern dechiffrieren und sie dann mit reitenden Boten zu ihren Adressaten transportieren lassen.

Die Übertragungsgeschwindigkeit war von den Sichtverhältnissen abhängig: Im Sommer betrug das Zeitfenster der Informationsübermittlung etwa sechs, im Winter drei Stunden. Den Rekord hielt ein Telegramm mit 30 Worten, das am 17. März 1848 in „nur" 1,5 Stunden von Berlin nach Köln gelangte. Mit der Eröffnung einer wetterunabhängigen elektrischen Telegrafenlinie am 1. Juni 1849 endete der Betrieb der Semaphorenstationen quer durch Preußen.

Kirche von Dahlem: „Station 2".

August Borsig und seine Werke im Jahr 1847.

Das Dampfmaschinenhaus im Stil einer Moschee sorgte endlich für die jahrelang erwünschte Fontäne (rechts).

„Feuerland" macht der Fontäne Dampf

Ständeordnung passé, Berufswahl ohne Einschränkung: Die Gewerbefreiheit in Preußen bot jungen Unternehmern Möglichkeiten, ihre Visionen zu verwirklichen und mit Unterstützung finanzkräftiger Kreditgeber und Bankiers eigene Firmen zu gründen. Diese Chance ergriff auch Johann Friedrich August Borsig, Sohn eines Zimmerpoliers aus Breslau. Ihm gelang es, innerhalb von nur 15 Jahren ein Unternehmen aufzubauen, das Weltrum erlangen sollte. Borsig hatte zunächst in Breslau den Beruf seines Vaters erlernt und dann die dortige Kunst- und Bauhandwerkschule besucht. 1823 schickte die Stadt Breslau den begabten jungen Mann nach Berlin - zur Ausbildung am Königlichen Gewerbeinstitut, den Vorläufer der späteren Technischen Hochschule Charlottenburg. Seine praktische Ausbildung im Maschinenbau absolvierte Borsig in der Eisengießerei von Franz Anton Egells. Dort stieg er bis zum „Faktor" auf, zum Betriebsleiter in der Fertigung von Dampfmaschinen.

Maschinenbauanstalt an der Chausseestraße (unten) und in Moabit, rechts.

Mit Jahresbeginn 1836 wagte August Borsig den mutigen Schritt in die Selbstständigkeit. 8.500 Taler hatte er dafür aufgebracht, 49.000 weitere finanzierten die Banken. Am 23. Juli 1837 gelang in der Thorstraße der erste Eisen-Guss. Dieses Datum gilt als Gründungstag des späteren Borsigkonzerns. Erster Auftrag: die Herstellung von 116.200 Schrauben für die 1838 eröffnete Eisenbahnlinie Berlin-Potsdam. Sparsam wie er war, erwarb Borsig von seinem zurückgelegten Geld ein Grundstück an der Chausseestraße vor dem Oranienburger Tor. Hier gründete er - direkt neben seinem ehemaligen Lehrmeister Egells - die „Anstalt für (Dampf)Maschinenbau". Hier glühten die Hochöfen, hier rauchten die Schornsteine. Dampfhämmer erschütterten den Boden. Für das Areal, auf dem sich auch die pflugsche Maschinen- und Waggonbaufabrik sowie Louis Schwartzkopff mit seinen Industrieanlagen niedergelassen hatten, fand der Volksmund schnell einen Namen: „Feuerland".

Der Eisenbahnbau in Preußen bestimmte die Zeichen der Zeit; und Borsig erkante sie. Er spezialisierte seine Dampfmaschinenfabrikation auf Konstruktion und Bau von Lokomotiven. 1841 rollte die erste „Borsig" aus

den Werkstätten und dampfte von nun an bei der Berlin-Anhalter-Bahn. Im darauffolgenden Jahr lieferte die Lok-Schmiede bereits sechs Maschinen an die Berlin-Stettiner Eisenbahngesellschaft und die Oberschlesische Eisenbahn. Bis 1843 hatten die preußischen Bahnen schon 18 Dampflokomotiven bei Borsig geordert. Auf der Berliner Industrieausstellung stellte er seine 24. Lokomotive, „Beuth" genannt, vor und erreichte damit deutschlandweit den Durchbruch.

Dampf-Technik aus dem Hause Borsig überzeugte auch den Staat: Der Berliner Hof beauftragte die „Feuerländer", endlich die große Fontäne von Sanssouci mit Dampf-Kraft aufsteigen zu lassen; sie hatte noch nie richtig funktionieren wollen. Trotz Sonderschichten in der Eisengießerei gelang es nicht, den Termin für die Einweihung am 1. September 1842 einzuhalten. Erst am 23. Oktober sprudelte die Anlage zur königlichen Zufriedenheit. Die Pumpen trieb nun eine zweizylindrige Dampfmaschine (81 PS Leistung) an. Und nun erreichte die Fontäne endlich die Höhe von 38 Metern, die sich der Alte Fritz bereits 100 Jahre zuvor (vergeblich) gewünscht hatte. Der Königliche Hof kürzte allerdings die Rechnung von 66.000 Talern um den Betrag von 500 Talern Konventionalstrafe zugunsten der Kasse des Bürger-Rettungs-Instituts.

„Preußischer Japaner" blamiert die Briten

Als „preußischen Japaner" hat der Historiker Jürgen Wilhelmi den cleveren Borsig-Gründer bezeichnet: Zunächst von der Berlin-Potsdamer Eisenbahn mit der Reparatur der englischen und amerikanischen Lokomotiven betraut, hatte es ihm besonders die „Norris" aus Philadelphia angetan. Auf deren Basis schuf er seine eigene Version - und kupferte gerade so viel ab, dass er sich keinen Ärger wegen Verletzung von Patenten einhandelte. So entstand die legendäre Lok „Borsig2'A1".

Dabei gilt der Bau von Lokomotiven in diesen Zeiten als Domäne der Engländer. Diesem Image sagt der Berliner Unternehmer nun den Kampf an: Am 24. Juli 1841 wagt Borsig ein Rennen seiner Lok gegen eine Maschine des britischen Bahn-Pioniers George Stephenson auf der Strecke Berlin-Jüterbog über neun preußische Meilen (knapp 68 Kilometer).

Stress in der Nacht vor dem Start: Die „Borsig 2'A1" streikt. In letzter Minute beheben Borsig und sein Werksmeister Müller die Panne: „von ruchloser Hand" (?) zu fest gespannte Kolben in den Zylindern. Sabotage oder nicht - Lokführer Robson gibt der deutschen Konkurrentin großzügig zehn Minuten Vorsprung, und später wird Stephenson ungläubig staunen: Müller hält mit seinem Dampfross nicht nur den Vorsprung ein - sondern legt noch zehn weitere Minuten drauf! Die Sensation ist perfekt und Borsig der „Rote Adler-Orden IV. Klasse" für seine „vaterländische Pioniertat" sicher. Diese Vorherrschaft in Preußen - und füllt die Auftragsbücher bei Borsig.

Mit den Erzeugnissen seiner Eisenhütten prägte Borsig auch Teile des Berliner Stadtbildes. Aus seinen Gussformen stammen die Löwen auf der Brücke im Tiergarten. Borsigs Eisenträger zogen die Bauarbeiter in die Kuppeln der Potsdamer Nicolaikirche und des königlichen Schlosses ein. Das Unternehmen erweiterte seine Fabrikationsanlagen ständig: Um neue Kesselhäuser, Trockenkammern, Dreh- und Bohrwerkstätten, Eisenlager und Verwaltungsgebäude. Die Kapazität des Geländes an der Chausseestraße geriet schließlich an ihre Grenzen. Johann Borsig hatte diese Entwicklung jedoch vorausgesehen und nach und nach Grundstücke in Moabit aufgekauft. Dort errichtete er neue Eisengießereien und ein Walzwerk. Nach einigen weiteren Zukäufen an der Spree, unter anderem der Moabiter Maschinenbauanstalt in der Kirchstraße, beschäftigte das Unternehmen um 1850 in seinen Werken bereits 1.800 Mitarbeiter.

Borsigs Business florierte. Sein Name war zur Marke in Europa aufgestiegen. Bald schon verkehrten auf der Strecke Wien-Warschau Lokomotiven der Berliner Firma. Somit konnte ihr auch die Wirtschaftskrise von 1848 bis 1852 nicht viel anhaben. Borsig gelang es sogar, seine Monopolstellung angesichts vieler Firmenpleiten in Preußen weiter zu stärken. Ständig innovativ, verbesserten seine Ingenieure die Antriebstechniken für Lokomotiven kontinuierlich. Der Unternehmer ließ seine Schwingensteuerung mit veränderlicher Füllung patentieren und baute die ersten Loks mit gekuppelten Achsen. Auf den Reißbrettern seiner Konstrukteure entstanden auch die Pläne für den Bau von Lokomotiven mit integriertem Tender.

Der aus ärmlichen schlesischen Verhältnissen stammende Unternehmer Borsig war reich geworden. In seinem Unternehmen galt er als ein strenger, aber gerechter Patriarch. Er richtete für seine Arbeiter eine Kranken- und Sterbekasse ein, und deren Kinder konnten in eigenen Unterrichtsräumen die Schule besuchen. Borsig ließ außerdem eine Werkskantine bewirtschaften und bot seinen Schwerarbei-

tern (Eisengießern, Drehern und Schweißern) die Möglichkeit, in einem eigenen Bad zu schwimmen.

Auch sich selbst erfüllte der Unternehmer einen Wunsch - nach Prunk: Mit dem Bau einer Villa im Stil eines römischen Landhauses (oben rechts) auf dem Fabrikgelände in Moabit. „Mein lieber Borsig, so wie Sie möchte ich auch mal wohnen", soll der König bei einem seiner Besuche bemerkt haben. Wie viele andere Großindustrielle der frühen Gründerzeit trat Borsig gern als Mäzen auf und finanzierte junge Künstler. Er öffnete seinen Park für den Publikumsbesuch und ließ die Eintrittsgelder in die Unterstützungskassen für seine Belegschaft fließen.

Bis 1854 hatten 500 Lokomotiven die Fertigungswerkstätten des Konzerns verlassen. Zu diesem Anlass verlieh Friedrich Wilhelm IV. August Borsig den Titel eines Geheimen Kommerzienrats. Am 6. Juli 1854 starb der „Berliner Eisenbahnkönig" und fand auf dem Dorotheenstädtischen Friedhof seine letzte Ruhestätte (unten). Borsigs einziger Sohn Julius Albert übernahm nun die Firmenleitung. Die Fertigstellung der 1.000. Lokomotive, Typ „Borussia", feierten der neue Firmeninhaber und die Belegschaft am 21. August 1858 unter großer Beteiligung prominenter Gäste, unter ihnen auch Alexander von Humboldt.

Ganz schön nobel: Gebäude für Beamte und Meister im Borsig-Werk Moabit.

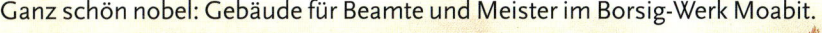

1880: Eisenwalzwerk in Moabit

1900: die Werkshauptstraße in Tegel

Produktion in Tegel

Haupteingang: Borsigtor mit Blick auf den Borsigturm, Berlins erstes Hochhaus von 1924.

Lokomotiv-fertigung 1930

Lokomotiven: Boom im neuen Werk

Die Berliner Dampf-Schmiede war auf rund 3.500 Mitarbeiter gewachsen, als ein Schicksalsschlag im Jahr 1878 die borsigschen Werke traf: der frühe Tod von Julius Albert Borsig im Alter von 49 Jahren. Nach ihrer Volljährigkeit übernahmen seine Söhne Arnold, Ernst und Conrad 1894 die Firmenleitung. Das Trio startete umgehend den Bau eines neuen Werks in Tegel, um die bisherigen Betriebe am Oranienburger Tor und in Moabit an einem Standort zusammenzuführen. Vier Jahre später weihten sie die Fertigungsstätte ein. Wegen deren Lage außerhalb

Berlins ließen die Firmeninhaber für die Werksangestellten neue Wohnungen bauen: die Geburt von Borsigwalde. Der Lokomotivbau boomte dank wachsender Auslandsbestellungen und umfangreicher Reparationslieferungen. Wegen reduzierter Bestellzahlen der Deutschen Reichsbahn und des Auslaufens der Reparationsleistungen sanken die Auftragszahlen nach 1922 jedoch drastisch. Auch die Modernisierung und Erweiterung der Produktpalette verhinderten nicht, dass die einsetzende Weltwirtschaftskrise das Familienunternehmen Ende der 20er-Jahre hart traf. Am 18. Dezember 1931 musste die A. Borsig GmbH ihre Zahlungen einstellen und das Vergleichsverfahren beantragen. Das Ende? Keineswegs: Nach Verstaatlichung und Waffenbau ab 1933, Kriegsschäden 1945 (unten), Demontage und Wiederaufbau kaufte der Babcock-Konzern das Unternehmen 1970 im Rahmen der Privatisierung.

Meilensteine der Produktionsgeschichte:
1908 Lieferung Kältemaschine für Eispalast Charlottenburg
1918 Bau maschinenbetriebener Kühlschränke
1921 Bau des Handstaubsaugers „Saugling" (unten)
1922 Bau eines Höchstdruckkessels 60 bar / 525 °C für das eigene Werk
1925 Aufnahme des Dampfturbinenbaus und von Kleinkühlanlagen
1928 Bau der ersten Absorption Großkälteanlage
1960 Produktionsstart Turboverdichter und Kugelhähne
1965 Bau von Spaltgaskühlern für Ethylenanlagen

Erfolgreicher Start aus schwieriger Situation

2002 erlebte die Borsig GmbH als sehr schwieriges Jahr. Die finanzielle Situation des Mutterkonzerns Babcock verschlechterte sich dramatisch. Die Konzernzentrale musste am 4. Juli den Antrag auf Insolvenz stellen. Auch für Borsig in Berlin bedeutete dieser Schritt zwangsläufig den Weg in die Insolvenz. Trotz der prekären Lage sah das Team optimistisch in die Zukunft und führte das Unternehmen weiter - von Beginn an mit dem Ziel, die Fertigung auf Kernkompetenzen auszurichten. Das wichtigste

Kapital der Borsig GmbH zu dieser Zeit: Kunden, Mitarbeiter und viele Lieferanten, die dem Unternehmen die Treue hielten. Am 16. September 2002 übernahm die „neue" Borsig GmbH das Kerngeschäft - mit 263 Mitarbeitern und allen Azubis. Im Mai 2003 präsentierte die Gesellschaft das eigene Management - in Form eines Management Buy Outs - und die Berliner Kapitalbeteiligungsgesellschaft capiton AG als Investoren für die Borsig GmbH mit ihren Standorten Berlin und Gladbeck. Der alleinige Geschäftsführer Konrad Nassauer führte mit seinen klaren Zielvorgaben, strategisch mutigen Entscheidungen und weitreichenden Visionen das Unternehmen auf einen erfolgreichen Weg.

2003 übernahm das Unternehmen die „Emissionsschutz-Systeme" der Aluminium Rheinfelden, ein Jahr später den Verdichter- und Gebläsebereich der Zwickauer Maschinenfabrik. Der Kauf des Herstellers von Kraftwerkskes-

Geschäftsführer Konrad Nassauer (links) und das Stammwerk in Tegel.

seln, Kessel- und Kraftwerkstechnik DIM KWE und die Einweihung einer neu gebauten Fertigungsstätte in Meerane/ Sachsen verbuchte die Gesellschaft 2006 als Gewinne. Heute steht die Borsig Gruppe mit ihren Unternehmen Borsig GmbH, Borsig Process Heat Exchanger GmbH, Borsig Membrane Technology GmbH, Borsig ZM Compression GmbH, Borsig Boiler Systems GmbH und Borsig Service GmbH für hohe Qualität, Zuverlässigkeit, innovative Lösungen und moderne Technik.

Werkseinweihung 1987 mit Bundespräsident Dr. Richard von Weizsäcker (links) und Divisionsgeneral Francois Cann, Chef der französischen Militärregierung von Berlin.

Das aktuelle Produktprogramm der Borsig-Gruppe: Abhitzesysteme (1), Spaltgaskühlersysteme (2), Kratzkühler, Verdichter (3), Gebläse-, Kessel- und Kraftwerkstechnik (4), Kraftwerks- und Industrieservice sowie Membrantechnik, zum Beispiel Emissionsschutz-Anlagen (5).

Christliche Liebespflicht für körperliche Genesung

Wahrlich, noch dringendere Liebespflicht würde es sein, zuvor für die körperliche Genesung der kleinen Geschöpfe Sorge zu tragen und dann erst ihr sittliches und geistiges Wohl zu pflegen", erklärte Königin Elisabeth von Preußen an Weihnachten 1842. Bei ihren regelmäßigen Besuchen in den Einrichtungen des 1838 in Berlin gebildeten Vereins zur Gründung von Kleinkinder-Bewahranstalten hatte sie den oft erbärmlichen Zustand der Zöglinge bemerkt. Der Verein übernahm tagsüber die Betreuung vorschulpflichtiger Kinder sowie deren Erziehung und Unterricht. Die Königin regte an, für die kostenfreie Behandlung des Nachwuchses armer Familien eine Heilanstalt für kranke Kinder zu gründen.

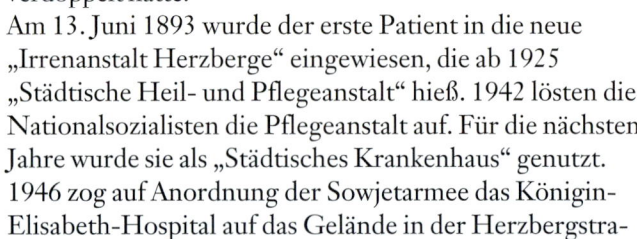

Am 14. April 1843 nahm die Kleinkinder-Krankenanstalt in der Wilhelmstraße 133 die ersten beiden Patienten auf. Da die Plätze schon nach kurzer Zeit nicht mehr ausreichten, zog das Elisabeth-Kinder-Hospital zweimal in größere Häuser um. 1887 schloss sich die Schwesternschaft zu einem Diakonissenmutterhaus evangelischer Prägung zusammen. Anna von Lancizolle wurde als erste Oberin zusammen mit neun weiteren Schwestern eingesegnet.

Ein gleichzeitiges Ereignis an anderem Ort gewann später große Bedeutung für die Klinik und das Mutterhaus. Die Berliner Stadtverwaltung erwarb 1887 das Rittergut Herzberge in Lichtenberg für den Bau einer psychiatrischen Anstalt. Diese Erweiterung der psychiatrischen Versorgung war nötig geworden, weil sich die Bevölkerung der Stadt mehr als verdoppelt hatte.

www.keh-berlin.de

Gruss aus Herzberge — Städtische Anstalt Herzberge

Am 13. Juni 1893 wurde der erste Patient in die neue „Irrenanstalt Herzberge" eingewiesen, die ab 1925 „Städtische Heil- und Pflegeanstalt" hieß. 1942 lösten die Nationalsozialisten die Pflegeanstalt auf. Für die nächsten Jahre wurde sie als „Städtisches Krankenhaus" genutzt. 1946 zog auf Anordnung der Sowjetarmee das Königin-Elisabeth-Hospital auf das Gelände in der Herzbergstraße. Die Klinik in Oberschöneweide, die seit 1910 der Standort des

inzwischen zum Allgemeinkrankenhaus erweiterten Hauses war, hatten sie beschlagnahmt. Gleichzeitig kamen auch wieder psychisch kranke Menschen auf das Gelände, 1950 wurde die Psychiatrische Abteilung wieder eröffnet, und wurde später zum „Fachkrankenhaus für Psychiatrie- und Neurologie".

Mehr als 40 Jahre arbeiteten auf dem Gelände zwei Kliniken nebeneinander. 1992 erfolgte die Zusammenführung beider Heilstätten als „Evangelisches Krankenhaus Königin-Elisabeth-Herzberge" (KEH). Im Innern der liebevoll und aufwendig sanierten Gebäude, präsentiert sich heute eine moderne Klinik, die in ihren Schwerpunktbereichen zu den führenden Häusern Deutschlands zählt. Die 607 Behandlungsplätze werden von 120 Ärzten und mehr als 800 Mitarbeitern betreut.

2008 feiert das KEH 165 Jahre Evangelisches Krankenhaus und 115 Jahre Fachkrankenhaus für Psychiatrie und Neurologie.

Königin Elisabeth von Preußen, Namenspatin für das Evangelische Krankenhaus Königin Elisabeth.

Links: Anna von Lancizolle, erste Oberin des Diakonissenmutterhauses.
Rechts: Oberst von Webern, erster Verwaltungsleiter der Kleinkinder-Bewahranstalten.

Die auf der Wartburg versammelte Studentenschaft forderte Rede- und Pressefreiheit.

Verhaftungen, Prozesse, Auflösung der Burschenschaften: Friedrich Wilhelm III. installierte in Preußen den Überwachungsstaat.

„Brüder, es lebe die Freiheit, es lebe die Gleichheit!"

Als Beginn einer europaweiten Volkserhebung gegen den Obrigkeitsstaat ist der März 1848 in die Geschichte eingegangen. Auf dem Wiener Kongress 1815 hatten die europäischen Potentaten die Errungenschaften des „Code civil" wieder abgeschafft und damit dem nach den Freiheitskriegen entflammten Ruf nach einer liberalen Verfassung mit Rede- und Pressefreiheit sowie nach allgemeinen freien und gleichen Wahlen eine schroffe Abfuhr erteilt. Besonders bei der Obrigkeit gefürchtet: die Studentenverbindungen mit ihren lautstarken Forderungen nach einer Überwindung der deutschen Kleinstaaterei beim Wartburgfest im Oktober. Die Fahne mit den schwarz-rot-goldenen Streifen hatte den Ruf nach „Ehre, Freiheit, Vaterland" symbolisiert.

In Preußen reagierte Friedrich Wilhelm III. mit Verhaftungen, Prozessen und der Auflösung studentischer Burschenschaften und der Turnvereine gegen die „Staatsbedrohung". Wer öffentlich eine Verfassung forderte, hatte mit einem Prozess wegen Hochverrats zu rechnen. Den „Turnvater" Friedrich Ludwig Jahn ließ der König in Ketten legen und - nach einem Freispruch - noch bis 1841 unter Polizeiaufsicht stellen. In Berlin herrschte Friedhofsruhe; der Über-

wachungsstaat lähmte das politische und kulturelle Leben. Mit welchem Grund hatte Beethoven diesem König seine 9. Sinfonie gewidmet?

In Paris hatten die Bürger am 29. Juli 1830 ihren König Karl X. aus dem Amt verjagt. Als diese Nachricht Berlin erreichte, gingen die Schneidergesellen mit dem Ruf auf die Straße: „Brüder, es lebe die Freiheit, es lebe die Gleichheit." Als sich am 17. September 10.000 Bürger und Bürgerinnen auf dem Schlossplatz versammelten, ließ der König Militär aufmarschieren. Steine flogen. „Steckt die Plempe ein", skandierte die Menge.

Die Ulanen und Dragoner schlugen nicht nur mit der flachen Seite ihrer Säbel zu. Polizeipräsident Wilhelm zu Sayn-Wittgenstein-Hohenstein ließ 200 Menschen verhaften und bewog den König dazu, neue Gefängnisse zu bauen, denn er befürchtete weitere Unruhen. Zu Recht. „Beschränkter Untertanenverstand", so erklärte Innenminister Gustav Adolf Rochus von Rochow dem König die explosive Lage. Bis zum alles entscheidenden Jahr 1848 waren Straßenschlachten zwischen Militär und Polizei auf der einen Seite und Studenten und demokratisch gesonnenen Bürgern und Handwerksgesellen auf der anderen an der Tagesordnung. Allein 1836 verhaftete die Polizei 204 aufständische Studenten. Die Gefängniszellen reichten nicht aus, die oft willkürlich Festge-

Turnvater Jahn: Erst in Ketten gelegt, dann unter Polizei-Aufsicht.

nommenen aufzunehmen. Selbst vor Todesurteilen schreckte der Staat nicht zurück.

Die reaktionäre Haltung der Staatsführung führte zur Politisierung und Radikalisierung breiter Schichten der Bevölkerung. Mit dem „Bund der Gerechten" entstand ein Vorläufer der späteren Arbeiterbewegung. Zu den verschworenen Teilnehmern an illegalen akademischen Diskussionsrunden zählten in Berlin ab 1836 der Jura-Student Karl Marx und ab 1841 der Soldat Friedrich Engels, der über Friedrich Wilhelm III. urteilte: „...einer der größten Holzköpfe die je einen Thron geziert."

Soziale Spannungen verschärften die Situation: Ein Überangebot an Arbeitskräften ließ die Löhne fallen, zwölf bis 17 Stunden tägliche Arbeitszeit galten als „normal". Außerdem stiegen die Lebensmittelpreise. Auf dem Gendarmenmarkt stürmten hungrige Bürger am 21. April 1847 die Marktstände: „Kartoffelrevolution".

Wieder schaffte die Obrigkeit mehr als 300 Menschen in die überfüllten Gefängnisse. Es rumorte in der Bürgerschaft. Der neue König Friedrich Wilhelm IV. - er hatte im Juni 1840 die Regierungsnachfolge seines verstorbenen Vaters übernommen - unterstrich zur Eröffnung des Landtages 1847 noch einmal, dass er eine als Gesetz konzipierte Verfassung nie akzeptieren werde.

In Frankreich zwang ein Volksaufstand am 24. Februar 1848 den „Bürgerkönig" Louis-Philippe I. zur Abdankung. Die Nationalversammlung in Paris rief die Republik aus. In Windeseile erreichte diese Nachricht Preußen, erregt diskutiert bei Versammlungen und Demonstrationen vor den Toren der Stadt Berlin und im Tiergarten.

„Kartoffelrevolution": Hungrige Bürger stürmen die Marktstände.

Verlogenes Verhältnis zu Schwarz-Rot-Gold: Friedrich Wilhelm IV. ließ Militär aufmarschieren - gegen seine Bürger auf dem Alexanderplatz (rechts).

Der preußische König sah sich nun zu weitgehenden Zugeständnissen gezwungen: Doch als er am 8. März 1848 vor 10.000 Menschen auf dem Schlossplatz eine Proklamation für Rede-, Presse- und Versammlungsfreiheit sowie für eine politische Gleichberechtigung aller Bürger verlas, rückte Militär an. Schüsse fielen. Aus Baumaterialien, Marktständen und Transportkarren errichteten die Bürger Barrikaden, um sich mit Mistgabeln, Lanzen, Pistolen und Steinen gegen die schwer bewaffnete Polizei und das Militär zu wehren. Zwei Tage dauerten die blutigen Kämpfe - Revolution! Der König forderte in seinem Aufruf „An meine lieben Berliner" zum Ende der Auseinandersetzungen auf und machte eine Gruppe auswärtiger „Bösewichter" für den Ausbruch der Gewalt verantwortlich. Die Revolutionäre verlangten den Rückzug der Truppen; der König gab nach. Er genehmigte den Aufbau einer schon lange geforderten Bürgerwehr, sagte eine Begnadigung aller politisch Verfolgten und Gefangenen zu und musste den Toten, den „Märzgefallenen", seine persönliche Reverenz erweisen. Ein „Märzministerium" sollte Errungenschaften der Revolution in die Tat umsetzen. Am 21. März 1848 ritt Friedrich Wilhelm IV. mit einem schwarz-rot-goldenen

Band durch die Stadt und versprach, sich für die Einheit Deutschlands und für die Freiheit an die Spitze der revolutionären Bewegung zu stellen. Am Tag darauf gestand er seinem Bruder Prinz Wilhelm: „Die Reichsfarben musste ich gestern freiwillig aufstecken, um Alles zu retten. Ist der Wurf gelungen [...], so lege ich sie wieder ab!"

Unter großer Beteiligung der Bevölkerung fanden am 22. März die 183 zivilen Opfer aus dem Barrikadenkampf auf dem „Friedhof der Märzgefallenen" in Friedrichshain ihre letzte Ruhe. Die Zahl der Todesopfer stieg in den folgenden Tagen auf insgesamt 254 an. Die feierliche Beerdigung der gefallenen Soldaten zwei Tage später hatte der König auf den Invalidenfriedhof verlegt. Friedrich Wilhelm hatte umgehend seine Versprechen vergessen und löste das „Märzministerium" wieder auf. Die Berliner Bevölkerung stürmte daraufhin am 14. Juni das Zeughaus und bewaffnete sich. Aufgebrachte Bürger griffen im August das Hotel des Ministerpräsidenten Rudolph von Auerswald in der Wilhelmstraße an.

Der König ließ Truppen aufmarschieren und die Bürgerwehr entwaffnen. Im November löste er die Preußische Nationalversammlung auf und unterschrieb am 5. Dezember 1848 eine Verfassung, die ihm ein uneingeschränktes Veto-Recht gegen jedes Gesetzesvorhaben einräumte. Die Regierung war nur Friedrich Wilhelm IV. gegenüber verantwortlich, nicht jedoch den Abgeordneten. Am 30. Mai 1849 trat im Königreich Preußen das Dreiklassenwahlrecht in Kraft. Es bescherte dem Adel und dem gehobenen Bürgertum gegenüber den einfachen Wählern die doppelte Stimmkraft. Alle Empfänger der öffentlichen Armenfürsorge waren von der Wahl ausgeschlossen. Dieses Wahlrecht sicherte noch bis 1918 die Vorherrschaft der elitären reichen Oberschicht im Preußischen Abgeordnetenhaus.

Barrikaden in der Kronenstraße/Friedrichstraße.

Aufbahrung der Märzgefallenen auf dem Gendarmenmarkt.

Gewaltsam aufgelöst: die Preußische Nationalversammlung.

Der Bahnhof in Potsdam.

Streckenführung (rot) zwischen Potsdam und Berlin.

„Die Karre hält kein Menschenarm mehr auf"

Siegeszug der „Stahlrösser": Im Jahr 1850 umfasste das preußische Eisenbahnnetz bereits 3.602 Kilometer. Alle ankommenden Bahnlinien endeten vor der Berliner Stadtmauer an vier getrennt liegenden Kopfbahnhöfen.

Angefangen hatte das preußische Eisenbahnzeitalter weitaus beschaulicher: Die Uhr der Potsdamer Garnisonskirche schlug am 21. September zwölf Uhr Mittag - und Sekunden später schrillte ein Pfiff. An diesem Spätsommertag des Jahres 1838 setzte sich die erste Berliner Eisenbahn in Bewegung - von Potsdam in Richtung Zehlendorf. Zwei Dampflokomotiven englischer Produktion zogen auf der ersten Probefahrt 16 girlandengeschmückte Waggons mit 300 Gästen. „Einige Reiter versuchten eine Zeit lang, die Wagen zu begleiten, doch schon nach wenigen Minuten konnten die erschöpften Tiere nicht mehr in gleicher Schnelligkeit folgen", berichtete die Vossische Zeitung.

Am 7. Dezember 1835 war die erste Eisenbahn auf deutschem Boden auf der Strecke Nürnberg - Fürth gedampft. Die Begeisterung für das neue Transportmittel war jedoch nicht ungeteilt: Die Fuhrunterneh-

mer beispielsweise fürchteten die neue Konkurrenz. Und König Friedrich Wilhelm III. (unten links) murrte: „Kann mir keine große Seligkeit davon versprechen, ein paar Stunden früher von Berlin in Potsdam zu sein."

Nach mehreren Gutachten und Expertisen lehnte die königliche Verwaltung den Betrieb einer Eisenbahn unter staatlicher Regie ab. Die Regierung erlaubte aber die Gründung einer Aktiengesellschaft für den Betrieb einer Bahnlinie von Berlin nach Potsdam. Die privaten Anleger zeichneten Wertpapiere der Berlin-Potsdamer Eisenbahngesellschaft im Wert von 700.000 Talern. Mit diesem Kapital ließen sich die für die Streckenführung benötigten Grundstücke, die Gleise und die Lokomotiven erwerben, geliefert von den Eisenbahnpionieren Georg und Robert Stephenson in England.

Nach der erfolgreichen Probefahrt nahm die Gesellschaft am 29. Oktober die gesamte Linie bis zum Berliner Bahnhof in Nähe des Potsdamer Tors in Betrieb. Vier Züge dampften täglich mit elf Wagen über die 26 Kilometer lange Strecke. Die Preise für die 40 Minuten Fahrt bewegten sich je nach Wagenklasse zwischen 17 und sieben Silbergroschen. Für seinen Hund hatte Herrchen 2,5 Groschen zu berappen. Schäden an der Kleidung durch Funkenflug erstattete die Bahnleitung nur auf den inneren Plätzen der ersten beiden Klassen. Und die Direktion hatte damals noch ein Herz für eine heute ausgegrenzte Minderheit: Sie bot Raucher-Abteile. Schon im ersten Jahr erwirtschaftete die

Gesellschaft bei 674.171 Fahrgästen einen Reingewinn von 80.884 Talern. Die Aktien stiegen.

Schon bevor die ersten englischen Lokomotiven preußische Schienen befuhren, hatte der Berliner Privatdozent Ludwig Kufahl 1835 Pläne für den Bau einer eigenen Maschine entwickelt. Die Hauptaktionäre der Aktiengesellschaft unterstützten das Vorhaben, eine Lokomotive aus preußischer Produktion auf die Gleise zu stellen. Am 3. Dezember 1840 startete Kufahl den Betrieb; und bis 1845 setzte die Berlin-Potsdamer Eisenbahngesellschaft seine Lokomotive auf ihren Strecken ein.

Der preußische Kronprinz Friedrich Wilhelm war - im Gegensatz zu seinem Vater - vom neuen Verkehrsmittel begeistert: „Die Karre, die da durch die Welt rollt, hält kein Menschenarm mehr auf."

Der spätere König sollte sich nicht irren. Die Eisenbahnlinie nach Köthen und weiter nach Halle, Leipzig und Dresden ging 1841 in Betrieb. Es folgten 1842 die Strecke nach Frankfurt/Oder, 1843 nach Stettin und 1846 nach Magdeburg und Hamburg.

Konstruktionszeichnung der ersten preußischen Lokomotive.

Der Potsdamer Bahnhof in Berlin.

Idee des „Säulenheiligen" beendet Plakat-Plage

Eine Plage schon Mitte des 19. Jahrhunderts: Wildes Plakatieren überall in der Stadt. Jeder, der meint, etwas zu sagen zu haben oder Aufmerksamkeit für sich oder sein Produkt will, kleistert seine Botschaften überall und ungehemmt an Zäune, Bäume und Wände. Polizeipräsident Karl Ludwig von Hinckeldey ist auf der Suche nach einer Lösung, denn einerseits wollen die Bürger informiert werden; andererseits aber hätte Hinkeldeys Polizei gern vorher gewusst, was die Menschen lesen. Da kommt ihm die Erfindungsgabe und das Angebot von Ernst Litfaß (38, oben) gerade recht, mit kontrolliertem Säulenanschlag (auch) eine wirksame Zensur zu ermöglichen. Am 5. Dezember 1854 trifft die Konzession bei Litfaß ein und am 15. April 1855 wird die erste „Annoncier-Säule" an der Ziegenbockswache errichtet. Ab Juli 1855 gehören 150 Litfaßsäulen, wie sie die Berliner kurzerhand taufen, zum Stadtbild

Festlich geschmückte Anschlagsäule zur Feier der Einholung von Prinz Wilhelm von Preußen und Prinzessin Victoria von Großbritannien und Irland am 8. Februar 1858.

der preußischen Hauptstadt und dem Erfinder selbst verleihen sie Titel wie „Reklamekönig" oder „Säulenheiliger". Moderne Nachfolger des „Reklamekönigs" aus dem 19. Jahrhundert sind Hans Wall und Daniel Wall. Ebenso erfinderisch und kaufmännisch geschickt wie ihr Vorgänger haben Vater und Sohn die 1976 in Ettlingen gegründete Wall AG zu einem führenden Stadtmöblierer und Außenwerber entwickelt. Das seit 1984 in Berlin ansässige, inhabergeführte und mittelständische Unternehmen (Aufsichtsratsvorsitzender Hans Wall, Vorstandsvorsitzender Daniel Wall) vermarktet international über 52.000 Werbeflächen: Zahlen, die den Erfolg Ernst Litfaß' und seiner Säule bei Weitem übertreffen.
Waren die historischen Litfaßsäulen mit zum Teil aufwendig gestalteten, reich ornamentierten Sockeln und Giebeln verziert, so setzt sich im Lauf der Zeit eher nüchterneres Design durch. An einheitliche Gestaltungsrichtlinien ist nicht zu denken. Mehr als 3.500 Litfaßsäulen informieren bis zum Zweiten Weltkrieg über Freud und Leid in der turbulenten deutschen Hauptstadt. Viele Säulen gehen dann in den schrecklichen Bombennächten unter, werden aber in Ost und West gleich wieder aufgestellt - zu wichtig ist die schnelle Informationsquelle für die Bürgerinnen und Bürger.

Innovationen auf Litfaß' Spuren: Stadtmöbel steigern Lebensqualität

Erst Mitte der 90er-Jahre schreibt Senatsbaudirektor Hans Stimman einen Architekturwettbewerb zur „Möblierung" der Straße „Unter den Linden" aus - und damit ist der Startschuss für eine einheitliche innerstädtische Designlinie für das neue Berlin gefallen. Sieger dieses Wettbewerbs ist Wall. Zusammen mit dem renommierten Architekten Prof. Josef Paul Kleihues entwickelt Wall mit Streetline eine Produktlinie, die auf die Architektur der historischen „Linden" Rücksicht nimmt. Unternehmensgründer Hans Wall legt Wert auf individuelle und stadtbildgerechte Lösungen. Seine Stadtmöbel sollen die urbane Lebensqualität steigern und eine Bereicherung für Stadtbild und Mensch darstellen.
Als erster Meilenstein dieses Erfolgsweges hatte sich 1984 der Gewinn der internationalen Ausschreibung

über 1.000 Wartehallen mit hinterleuchteter Plakatwerbung in Berlin erwiesen: Wall startete die Vermarktung des City Light Posters (CLP) in (West-)Deutschlands größter Stadt. Und schon ein halbes Jahr nach dem Mauerfall hielt die erste beleuchtete Wartehalle auch „Unter den Linden" Einzug. Als weitere, äußerst erfolgreiche Idee bei der Entwicklung von funktionalen Stadtmöbeln installierte Wall im November 1991 die erste City-Toilette in Berlin-Friedrichshain: im Durchmesser nicht viel größer als eine Litfaßsäule, besticht die Installation mit ihrem klaren, minimalistischen Design und setzt neue Maßstäbe in Hygiene und Behindertenfreundlichkeit. Zahlreiche Patente schützen diese Wall-Entwicklung.
Ende der 90er-Jahre sind die „Linden" wieder Schauplatz einer Innovation. Wall errichtet die erste interaktive Plakatsäule und macht damit Litfaß' Erfindung tauglich für das neue Jahrtausend. 1999 wird

Die Wall AG modernisiert traditionelle Litfaßsäulen und stattet sie mit innovativer Beleuchtungstechnik aus. Kleines Foto: Unternehmensgründer Hans Wall.

1,2 Millionen Lichtpunkte und ein leuchtender Buddy Bär als Weihnachtsgeschenk der Wall AG an die Hauptstadt: Vorstandsvorsitzender Daniel Wall (rechts) schaltet gemeinsam mit dem Regierenden Bürgermeister Klaus Wowereit (Mitte) und Baustadtrat Klaus-Dieter Gröhler die Weihnachtsbeleuchtung auf dem Ku'damm ein.

Wall als erster deutscher Außenwerber von einer GmbH in eine Aktiengesellschaft umgewandelt - heute mit mehr als 650 Mitarbeitern. In der Zentrale in der Friedrichstraße steuert die Wall AG seit 2002 ihre internationalen Unternehmungen im Bereich Stadtmöblierung mit hinterleuchteter Plakatwerbung, vertreten in über 50 Metropolen und Großstädten in sechs Ländern. Beispielsweise Boston, Budapest, Istanbul oder Sofia markieren Walls Weltkarte.

Im Produktionswerk mit Forschungs- und Entwicklungszentrum in Velten bei Berlin nimmt die Unternehmensphilosophie Hans Walls, Städten maßgeschneiderte Produkte zur Verfügung zu stellen, immer wieder neue Gestalt und Formen an. Heute zählen seine Werbetafeln, Bus- und Tramwartehallen und behinderten-

gerechte City-Toiletten mit vollautomatischer Reinigung zum modernen Stadtbild - und da sich diese Installationen durch die Werbung selbst finanzieren, kosten sie den Steuerzahler keinen Pfennig. Positiver Nebeneffekt: Die Stadtmöbel sehen nicht nur gut aus, sondern werden auch weniger zerstört. Denn die Erfahrung lehrt, dass hochwertige Produkte weniger dem Vandalismus zum Opfer fallen.

Die technischen Innovationssprünge der innerhalb der Werbewirtschaft als „Out-of-Home-Medien" bezeichneten Werbeträger sind gewaltig, die Zukunft hat begonnen: Kunden der Wall AG steht an über 90 hoch frequentierten Werbestandorten in Berlin das größte fest installierte Bluetooth-Netz Deutschlands zur Verfügung - als attraktive Ergänzung zum klassischen Plakataushang. Einfach und

direkt lassen sich Informationen, Soundfiles und Bildmotive auf das Handy des Endverbrauchers laden. Passanten müssen lediglich die Bluetooth-Schnittstelle ihres Handys aktivieren und dem Download-Vorgang zugestimmt haben.

Auch in Zeiten von sprechenden Plakaten, Megapostern, City Light Boards und bluespot Terminals mit kostenlosem Internetzugang und individueller lokaler Werbung hat die Litfaßsäule noch lange nicht ausgedient. Doch eins ist gewiss: die Zeit des Kleisterns, also des Plakatklebens, ist vorbei. Bei modernen Litfaßsäulen sind die Plakate hinter Glas untergebracht und gleichmäßig ausgeleuchtet. Und als sei das noch nicht genug - die moderne Säule dreht sich ganz allein...

Ganz besondere leuchtende Akzente setzt das Unternehmen seit 2003 mit der Weih-

nachtsbeleuchtung für Berlin - im Jahr 2007 beispielsweise mit 1.200 Lichterketten und 150.00 Lampen (1,2 Millionen Lichtpunkte) vom Rathenau- bis zum Wittenbergplatz über eine Länge von vier Kilometern. Beim Start der Aktion am 27. November versprach Vorstandsvorsitzender Daniel Wall unter dem Applaus zahlreicher Passanten die Fortsetzung dieses Engagements bis 2013. Auch an anderer Stelle setzt das Unternehmen Zeichen: Die Wall AG unterstützt seit 2001 die vielseitige Betreuung von Kindern in der Freizeiteinrichtung FiPP-Treff in der Gottfried-Röhl-Grundschule im Wedding.

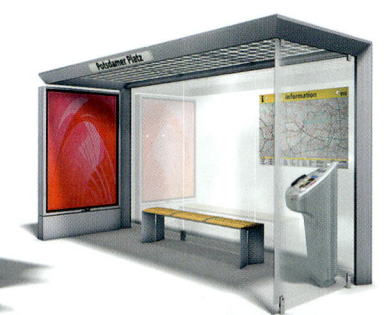

Beispiele aus der Wall-Produktpalette (von links): elektronische Stadtinformationsanlage, Stadtinformationsanlage, City-Toilette, Kiosk, Wartehalle und Multifunktionssäule.

Dr. Kade - Global Player im Arzneimittelmarkt

Sein Handwerkzeug hatte er an einer der renommiertesten Gesundheitseinrichtungen in Preußen erworben, der Charité. Mit Erhalt der Konzession zum Betrieb einer Apotheke am Oranienplatz begann 1860 ein Erfolgsweg, der bis heute mit dem Namen des Apothekers Rudolph Ernst Emil Kade verbunden ist - als Global Player: Dr. Kade.

Apotheker Kade ist fleißig und hat ein Händchen für die Kunden in der preußischen Residenzstadt Berlin, sodass er und seine Apotheke den Gründerkrach von 1873 nach dem siegreichen Deutsch-Französischen Krieg überstehen. 1874 übergibt Rudolph Kade die Geschäfte an seinen Sohn Richard Karl Heinrich. Aus nicht mehr nachzuvollziehenden Gründen verkauft der promovierte Apotheker „Dr. Kades Oranien-Apotheke" an Friedrich Ernst John - nur der Name erinnert nunmehr an den Gründer. Neun Jahre lang sichert die Apotheke John ein ordentliches Einkommen. 1886 setzt er sich zu Ruhe und verkauft an Dr. Franz Albert Lutze.

Dr. Franz Albert Lutze

Auch Dr. Lutze ändert den eingeführten Namen nicht und legt den Grundstein für den späteren Global Player. Dr. Lutze will das Geschäft ausweiten, expandieren - und er findet eine Nische: Das Deutsche Reich ist seit 1884 auf der Suche nach seinem „Platz an der Sonne" und greift in das Wettrennen um die letzten weißen Flecken auf der Weltkarte ein: Deutsch-Südwest- und -Ostafrika, Kamerun und Togoland, Deutsch-Neuguinea erfüllen den Traum vieler Deutscher von eigenen Kolonien. Hier sieht Dr. Lutze seine Zukunft. Er entwickelt das Apothekenlabor zu einer modernen Produktionsstätte und stellt in seinem „Medicinisch-pharmazeutischen Fabrikations- und Exportgeschäft" Verbandsstoffe und Watten her, er komprimiert medizinische Tees zu Würfeln und verlängert damit deren Haltbarkeit um ein Vielfaches: Produkte, wie gemacht für den Einsatz in den deutschen Kolonien. Schnell etabliert sich das aufstrebende Kreuzberger Unternehmen zum Lieferanten der Kaiserlichen Schutztruppen in Übersee. Das Lieferprogramm liest sich wie die Grundausrüstung einer langen Expedition: Arzneien, chirurgische Instrumente, Tropen- und Schiffsapotheken, Trinkwassersterilisatoren, Sanitätsmaterial im Allgemeinen und Barackenlazarette im Besonderen. Als Anerkennung für seine Verdienste um die pharmazeutische Grundversorgung in den Kolonien darf sich Dr. Lutze schon bald mit dem Titel eines „Hoflieferanten Seiner Ma-

Um 1890: Dr. Kades Oranien-Apotheke (links) in Kreuzberg mit Verkaufsraum (kleines Foto), das Apotheken-Labor, das Dr. Lutze modernisierte (oben) und die Arzneimittelverpackung (ca. 1930, rechts).

1892:
Dr. Kades
„Medicament-Satteltasche für Manöver zum aller-höchst Eigenen Gebrauch Seiner Majestät des deutschen Kaisers".

jestät des Kaisers und Königs" schmücken. Nicht nur die Jacht „Hohenzollern" des in die Seefahrt vernarrten Kaiser Wilhelms II. durfte das Berliner Unternehmen mit Bordapotheken ausrüsten, sondern auch viele Schiffe der deutschen Handels- und Kriegsmarine.

1908 wurde die Produktion aus den Apothekenräumen verlegt. Der Erste Weltkrieg beendete nicht nur die deutschen Kolonialträume, sondern brachte auch Dr. Kades Apotheke an den Rand des Ruins. Der Verlust der Kolonien und die Inflation wären dem auf Tropenmedizin spezialisierten Unternehmen fast zum Verhängnis geworden. Doch dann markiert das Jahr 1920 einen Meilenstein für die Apotheke und das pharmazeutische Unternehmen. Dessen Wissenschaftler können zum ersten Mal die Bakterienkultur-Suspension (BKS) therapeutisch anwenden. Ein großer Erfolg: denn diese Eigenentwicklung bildet die Grundlage zur Herstellung von wichtigen Arzneimitteln.

Hämorrhoiden gelten als Volkskrankheit - und Dr. Kades Präparat „Posterisan®", 1922 auf dem deutschen Markt eingeführt, trägt bis heute zu Linderung und Heilung entscheidend bei. Der Sohn des „Tropenapothekers" Dr. Felix Lutze sorgt dafür, dass es ab 1920 aufwärts geht. Insbesondere die Hämorrhoiden-Präparate erweisen sich als großer Erfolg.

Die innovativen Präparate, die als Salben, Zäpfchen oder Tamponaden erhältlich sind, lindern rasch die unangenehmen Symptome der Hämorrhoiden und wirken mit einer Bakterienkultursuspension (BKS) auf der Haut ähnlich wie eine Impfung. Sie aktivieren die körpereigenen Abwehrkräfte am Ort der Entzündung und somit den Heilungsprozess. Die Produkte der Berliner stoßen international auf Interesse; 1923 nimmt Dr. Kade Geschäftsbeziehungen mit der Firma Maruho in Osaka auf. Die Wiederbelebung des Exportgeschäftes ist nicht zuletzt auch ein Erfolg neuer Marketingmaßnahmen, die Dr. Felix Lutze bei seinem Studium der Betriebswirtschaft und der Werbung an der New Yorker Columbia University kennengelernt hatte. Eine weitere Konsequenz dieser Erkenntnisse ist die endgültige Trennung von Produktion und Apotheke. Zunächst verpachtet das Unternehmen die Apotheke in Kreuzberg bis 1944 an Wilhelm Kessler; nach dem Tod der Witwe Frieda Lutze erwirbt der Apotheker

Joseph Stephan das traditionsreiche Haus. Seit 1971 leitet Klaus Dallmann die Apotheke in der Kreuzberger Oranienstraße.

Untrennbar ist die Entwicklung der „Dr. Kade Pharmazeutische Fabrik GmbH" mit den Namen Dr. Felix Lutze und seiner Tochter Dr. med. Marietta Lutze-Sackler verbunden. Sie schaffen es nicht nur, mit ihrem pharmazeutischen Unternehmen Diktatur und Zweiten Weltkrieg zu überstehen, sondern stehen auch für einen tatkräftigen Neuanfang. Die Ärztin erkennt die Möglichkeiten des internationalen Geschäfts und baut zielgerichtet den Export aus.

Die Produkte von Dr. Kade sind nun weltweit erfolgreich und schon 1962 muss die Produktionskapazität erweitert werden - das Zweigwerk in Konstanz entsteht. Auch in den Folgejahren bietet der Export ein wichtiges Standbein mit Schwerpunkten in Asien, Zentral- und Osteuropa. Die Produktpalette wird stetig erweitert. Damit findet Dr. Kade seine Nischen auf dem Weltmarkt: Neben den Hämorrhoiden-Präparaten sind dies vor allem Arzneimittel für den gynäkologischen und den Schmerz-/Rheuma-Bereich. 1980 wird ein Büro in New York eröffnet. Zwei Jahre später folgt die Einweihung des neuen Pharmawerks in Berlin. Nach dem Mauerfall

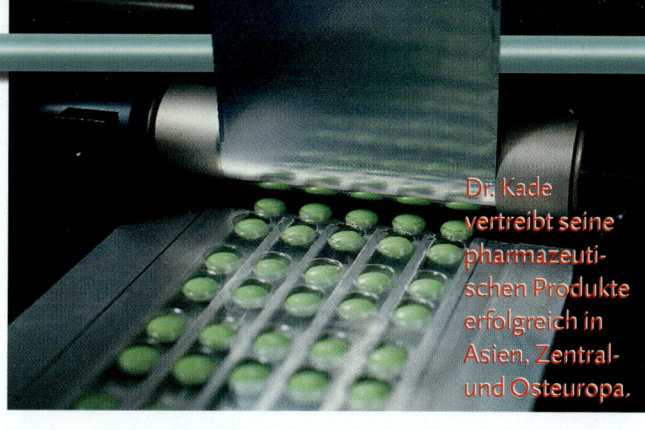

Dr. Kade vertreibt seine pharmazeutischen Produkte erfolgreich in Asien, Zentral- und Osteuropa.

konzentriert sich die Ausweitung nicht nur auf die neuen Märkte im Osten. Zunächst wird 1992 das deutsch-französische Joint Venture Dr. Kade/Besins gegründet. 1996 beginnt der erfolgreiche Vertrieb in Polen. Nach zehn Jahren ist es dann 2006 so weit: das deutsch-polnische Joint-Venture-Unternehmen Kadefarm in Poznán nimmt seine Tätigkeit auf. Von der Oranien-Apotheke bis zum Global Player: Die eineinhalb Jahrhunderte, seit der Charité-Apotheker Rudolph Kade in seiner „Officin" am Oranienplatz mit der Herstellung von Arzneien begann, beweisen die starke Leistungsfähigkeit des Unternehmens Dr. Kade - als eine unabhängige Familien-Gesellschaft, die sich auch angesichts der Dominanz weltweit agierender Großunternehmen gut aufgestellt den Herausforderungen der Zukunft stellt.

Dr. med. Marietta Lutze-Sackler

In vierter Generation produziert das Berliner Familienunternehmen Dr. Kade Pharmazeutische Fabrik GmbH (Rigistraße 2, rechts) in modernen Produktionshallen (links).
www.kade.de

Der Gang zum Markt; Relief am Roten Rathaus.

„Steinerne Chronik" der Keimzelle Preußens

Friedrich Wilhelm IV. starb am 2. Januar 1861 in geistiger Umnachtung. Sein Nachfolger Wilhelm I., der 1871 im Spiegelsaal des Schlosses von Versailles den Titel „Deutscher Kaiser" angenommen hatte, rückte von den erzkonservativen Beratern seines Bruders ab und räumte seinen Städten in Preußen wieder größere Freiheiten ein. Damit erweiterte er auch den Entscheidungsspielraum der liberal orientierten Stadtversammlung in Berlin. Das Selbstbewusstsein der Abgeordneten wuchs angesichts der Industrialisierung der Stadt, ihrer Bedeutung als Verkehrsknotenpunkt und ihrer zunehmenden Rolle als Hauptstadt Preußens im Deutschen Bund. Durch Eingemeindungen - Schöneberg, Tempelhof, Wedding, Moabit - war die Stadt von 35 auf 59 Quadratkilometer angewachsen. Rund 500.000 Menschen lebten Mitte des 19. Jahrhunderts in Berlin.

Das Rathaus aus dem 17. Jahrhundert auf dem Gelände dreier mittelalterlicher Vorgänger-Bauten sollte einem repräsentati-

Oben: Carl Theodor Seydel, der erste Hausherr im Roten Rathaus und Gründer des „Verein für die Geschichte Berlins". Links: Wilhelm I. und seine Frau Augusta.

ven Gebäude weichen. Der Magistrat beauftragte den Architekten Hermann Friedrich Waesemann. Er hatte sich an der Ausschreibung nicht beteiligt und erst nach Ende des Verfahrens seinen Vorschlag eingereicht - mit Kopien vieler Details aus den Beiträgen seiner Mitbewerber: ein Gebäude im Stil der norditalienischen Hochrenaissance, 99 Meter lang und 88 Meter breit (unten). Viergeschossig schloss es einen Komplex mit drei Innenhöfen ein. Mit 74 Metern überragte der Turm über dem Eingangsportal alle anderen Bauwerke Berlins. In der Höhe des ersten Stockes verläuft rings um das Bauwerk eine „Steinerne Chronik". Sie stilisiert in 36 Reliefs Berlin zur Keimzelle Preußens. Heute kaum vorstellbar: Waesemann

Das alte Rathaus von Berlin (links) an der Ecke Spandauerstraße / Königstraße.

unterschritt die auf zwei Millionen Taler veranschlagte Bausumme um 100.000 Taler.

Der Grundsteinlegung am 11. Juni 1861 folgten vier Jahre Bauzeit, bis der Magistrat zum ersten Mal am 30. Juni 1865 in seinem noch nicht fertiggestellten Domizil tagte. Am 9. November 1867 folgte das Richtfest. Endgültig zog die Berliner Stadtverordnetenversammlung mit Oberbürgermeister Carl Theodor Seydel am 6. Januar 1870 in ihr neues Rathaus ein. In seine Amtszeit fallen die Reform des Verkehrs-, Schul- und Gesundheitswesens und der Bau einer Abwasserkanalisation. Außerdem gründete Seydel im Cafe Royal „Unter den Linden" den „Verein für die Geschichte Berlins".

Zunächst nur wegen der Fassade nannten die Berliner ihr Verwaltungsgebäude das „Rothe Rathaus". Erst mit der Revolution von 1918, als die roten Fahnen über der Stadt wehten, fand die Farbe auch eine politische Bedeutung.

„Goldelse" - nicht totzukriegen...

Drei Jahre nach dem Einzug der Abgeordneten ins „Rothe Rathaus" waren die Arbeiten an einem weiteren Wahrzeichen Berlins beendet. Am 2. September 1873 weihte Kaiser Wilhelm I. auf dem Königsplatz (heute Platz der Republik) die Siegessäule ein - als monumentale Erinnerung an die Einigungskriege Preußens. Ursprünglich 50,66 Meter hoch, verlegten die Nazis das Denkmal in ihren Wahnvorstellungen einer „Welthauptstadt Germania" auf den Großen Stern, den heutigen Standort, und stockten die Säule um 7,50 Meter auf. Alle Kriege hat die Siegessäule überstanden; doch nach 1945 plante die französische Besatzungsmacht die Sprengung des Denkmals. Briten und Amerikaner verhinderten dies im Alliierten Kontrollrat. Nachholen wollten

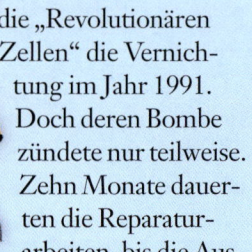

die „Revolutionären Zellen" die Vernichtung im Jahr 1991. Doch deren Bombe zündete nur teilweise. Zehn Monate dauerten die Reparaturarbeiten, bis die Aussichtsplattform wieder Besuchern zugänglich war. Zu Füßen der „Victoria", von den Berlinern „Goldelse" getauft, erschließt sich ein fantastischer Blick über das Panorama der Stadt.

Säule für Sieger: Kaiser Wilhelm I., im Vordergrund auf seinem Pferd bei der Einweihung am 2. September 1873, neben ihm Otto von Bismarck.

„BeeZett", schnellste Zeitung der Welt: Lieblingslektüre in der Reichshauptstadt

„Mama geht es recht gut", schrieb der 51-jährige Berliner Kaufmann Leopold Ullstein an seine älteste Tochter Käthe. In dem Brief, datiert vom 15. Juli 1877, berichtete er ihr, dass ihre Schwester Antonie geboren sei. Antonie war das 10. Kind Leopold Ullsteins und sollte das letzte bleiben. In demselben Brief schrieb er weiter an Tochter Käthe: „Gestern habe ich nun in der Täht und wirklich einen großen Kauf getan, nämlich eine Zeitung nebst Buchdruckerei." Diese Zeitung trug den Namen „Das neue Berliner Tageblatt".
Leopold Ullstein plante, dass seine beiden ältesten Söhne Louis und Hans die neue

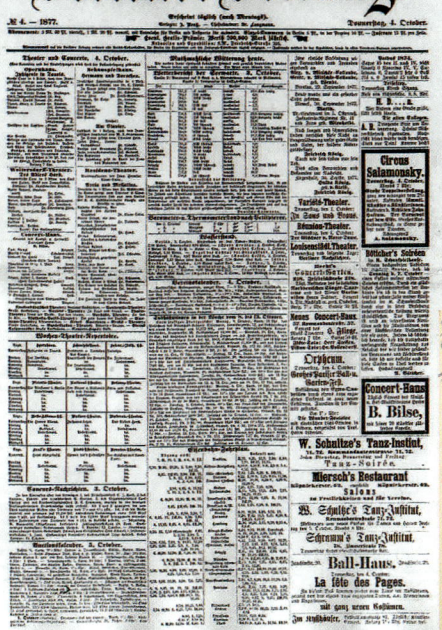

Zeitung führen sollten. Er selbst hatte mit dem Erbe des Vaters in Berlin einen erfolgreichen Papierhandel aufgebaut und wollte nun für seine Söhne vorsorgen. Da sie aber 1877 erst 18 und 14 Jahre alt waren, ging Vater Leopold zunächst selbst daran, seine neue Zeitung zum Erfolg zu führen. Er kaufte am 1. Januar 1878 die „Berliner Zeitung" dazu, die genau ein Vierteljahr vorher gegründet worden war, fusionierte beide Blätter unter diesem Titel und verdoppelte die Auflage in zwei Jahren auf 40.000 Exemplare. Sie kostete für Abonnenten 1,20 Mark pro Woche (sieben Ausgaben). Für seinen neuen Verlag baute Ullstein 1886 ein imposantes Verlagshaus in der Kochstraße 23. 1918 umfasste der Gebäudekomplex bereits eine Grundfläche von 10.000 Quadratmetern; Ullstein stieg neben Hugenberg zum einflussreichsten deutschen Zeitungskonzern auf.
Die B.Z. erreichte 1928 eine Auflage von 208.000 Exemplaren. Das war bei einer Konkurrenz von 146 Zeitungen und Zeitschriften, die damals in Berlin erschienen, ein großer Erfolg. Er war nicht dem Zufall entsprungen: 1904, fünf Jahre nach dem Tod des Vaters, gelang Louis Ullstein ein beispielloser Coup: Er nannte die Berliner Zeitung „B.Z. am Mittag" und baute sie zur ersten Boulevard-Zeitung Deutschlands und

„B Z 1"

das Heinkel-Flugzeug der „B Z-Staffel" hat seit Mai bei der Zeitungsbeförderung 72 000 km ohne Unfall zurückgelegt. Es steht mit diesem Streckenrekord an der Spitze aller deutschen Flugzeuge. Die Maschine hat einen 230 PS - B. M. W.-Motor.

(laut Eigenwerbung) zur „schnellsten Zeitung der Welt" um: Nur acht Minuten sollten nach der telefonischen Durchsage der letzten Börsenkurse bis zu Auslieferung der ersten Exemplare vergehen. Die B.Z. am Mittag, die schon bald nur noch „B.Z." hieß, wurde nicht mehr im Abonnement vertrieben, sondern als erste deutsche Zeitung auf der Straße verkauft. „BeZett, BeZett" riefen Zeitungsjungen jeden Mittag auf dem Kurfürstendamm, Unter den Linden und am Wannsee.
Die „schnellste Zeitung auch in der Luft": Flugzeuge transportierten die B.Z. täglich in 25 deutsche Städte (Leipzig: 13:15 Uhr, Frankfurt am Main: 14:20 Uhr, Danzig: 15:50 Uhr), bis nach Wien (18:15 Uhr) und Paris (19:45 Uhr) und sogar in alle Ostseebäder. Mit ihrer liberalen politischen Orientierung, ihren hervorragenden Theaterkritiken, einem großen Klatsch-Teil und den Börsenkursen auf der Seite eins wurde sie zum modernen Aushängeschild der Reichshauptstadt. 1934 wurden die Ullsteins, eine jüdische Familie, von den nationalsozialistischen Machthabern gezwungen, den Verlag für lächerliche neun Millionen Reichsmark zu verkaufen. Zu diesem Zeitpunkt nahm der Verlag allein aus Vertrieb und Anzeigen der Zeitungssparte 40,6 Millionen Mark jährlich ein. Auf ihrer Flucht ins Ausland mussten die Ullsteins auf die neun Millionen Mark noch 25 Prozent „Kapitalausfuhrsteuer" zahlen. Neue Eigentümerin wurde die „Cautio GmbH", ein Tochterunternehmen des „Zentralverlag der NSDAP Franz Eher Nachf.". An diesem Verlag hielt Adolf Hitler persönlich Anteile. 1937 wurde der zwangsverkaufte Ullstein-Verlag in „Deutscher Verlag" umbenannt. Die B.Z. büßte ihre publizistische Bedeutung vollkommen ein und wurde zu einen von vielen nationalsozialistischen Propagandablättern degradiert. 1943 wurde die B.Z. eingestellt.

Ullstein-Verlagsgebäude in der Kochstraße, um 1900.

Kutsche ohne Pferde:
Die „Elektromote".

In Anerkennung seiner Verdienste erhob Kaiser Friedrich III.
Werner Siemens (rechts) im Jahr
1888 in den Adelsstand.

Berliner Pferdebahn im Jahr 1865.

Hallesches Tor um 1900.

Drei PS und sieben Stundenkilometer: Erfinder sorgt für Weltpremiere

Was mit drei Pferdestärken begann, lässt heute das Herz der Metropole pulsieren (oder auch nicht, wie die BVG-Streiks im Frühjahr 2008 bewiesen haben). Am 31. Mai 1879 brach die Ära des - motorisierten - öffentlichen Personen-Nahverkehrs an: Siemens & Halske stellte bei der Berliner Gewerbeausstellung in Moabit die weltweit erste elektrisch angetriebene Lokomotive vor. Auf der 300 Meter langen Rundstrecke erreichte die Mini-Lok eine Höchstgeschwindigkeit von sieben Kilometern in der Stunde. Die 280-Volt-Versorgungsspannung bezog der kleine Antriebswagen über die Schienen.

Der begnadete Erfinder Werner Siemens hatte schon lange Pläne in der Schublade, um auf den seit 1865 verlegten Schienen der Pferdebahnen elektrische Lokomotiven als Zugmaschinen einzusetzen. Der Magistrat der Stadt aber winkte ab: unausgereifte Technik. Er setzte weiterhin auf den „Pferdemotor" und dampfgetriebene Kleinlokomotiven für den innerstädtischen Verkehr und die Verbindung zwischen den Kopfbahnhöfen der Eisenbahn.

Der Unternehmer ließ nicht locker und erwarb 1881 eine stillgelegte Strecke zwischen Groß-Lichterfelde und der Kadettenanstalt in der heutigen Finckensteinallee. Am 16. Mai 1881 nahm Siemens´ Straßenbahn ihren Dauerbetrieb auf: Sie legte die fünf Kilometer lange Hin- und Rückfahrt in sieben Minuten zurück.

Das Berliner Tageblatt schwärmte: „Die Fahrt war eine so ruhige und angenehme, wie kaum auf einer Dampf- oder Pferdeeisenbahn." Die Lichterfelder Linie aber blieb zunächst eine Versuchsstrecke. Immer wieder kam es zu schweren Unfällen mit Verbrennungen, wenn Pferde mit zwei Hufen gleichzeitig auf beide Strom führende Schienen traten. Aus Sicherheitsgründen musste die Strecke deshalb eingezäunt werden. Die Behörden ordneten an: Spitzentempo 20 Stundenkilometer für die inzwischen weiterentwickelte Lok. Werner Siemens experimentierte weiter. Er entwickelte starke Akkumulatoren und stellte

Bahnbetrieb am Potsdamer Platz im Jahr 1903.

batteriegetriebene Maschinen auf die Gleise. Schließlich erprobte der Erfinder auch das Prinzip der Oberleitung: Eine umgebaute Kutsche mit Elektroantrieb - die „Elektromote" - holte sich 1882 ihren Strom von Leitungsdrähten zwischen 2,50 Meter hohen Masten. Die 550 Meter lange Teststrecke zwischen der heutigen Joachim-Friedrich-Straße und der Johann-Georg-Straße kreuzte am Kurfürstenplatz den Kurfürstendamm. Im selben Jahr pendelte bereits eine Straßenbahn mit Oberleitungen auf einer Gleisstrecke der Pferdebahn zwischen Charlottenburg und Spandau. Der Magistrat aber sorgte sich wegen der vielen Strommasten um das Stadtbild. Deshalb hielt Werner Siemens den Testbetrieb von Batterie-Wagen weiter aufrecht.

Der Durchbruch der „Elektrischen" jedoch war geschafft: Die Lichterfelder Linie mit ihren Oberleitungen und verbesserten Stromabnehmern schrieb schwarze Zahlen; bereits 1890 ging der Bahnhof Lichterfelde-West in Betrieb. 1893 beauftragten die Stadtväter Siemens & Halske, das gesamte Berliner und Charlottenburger Pferdebahnnetz zu elektrifizieren, vorerst allerdings noch mit Batterie-Wagen. Erst 1902 endete der Akkumulatorenbetrieb, er war zu störanfällig. Der Einheitsfahrpreis von zehn Pfennigen gab der „Elektrischen" mit ihren Oberleitungen den Namen „Groschenbahn". Am 14. Dezember 1902 befuhr zum letzten Mal eine Pferdebahn die Gleise Berlins.

Erfolg dank eigener Röstung und lachender Kanne

Mit seinem Eintritt in das elterliche Kolonialwarengeschäft in Viersen legte der 18-jährige Josef Kaiser 1880 den Grundstein für eine erfolgreiche Unternehmenshistorie. In einer Zeit, in der die Hausfrauen ihre rohen Kaffeebohnen auf dem heimischen Herd selbst rösten mussten, gelang dem Jungunternehmer nach mehreren Versuchen die Entwicklung einer Röst-Maschine. Dies eröffnete den Kunden die Möglichkeit, stets optimal geröstete Kaffeebohnen kaufen zu können. Kaiser hatte eine Marktlücke entdeckt, denn auf dem Ofen verbrannten die Bohnen häufig.

1885 eröffnete Kaiser's Kaffee-Geschäft die erste Filiale in Duisburg. Zwei Jahre später folgte die Gründung einer Zweigniederlassung in Berlin. Bereits 1897 ist Kaiser's in Berlin mit fünf Filialen und einer Zweigrösterei vertreten. Von hier betreute und belieferte die Firma das Filialnetz im östlichen Reichsgebiet. Den kriegsbedingten Verlust dieser Filialen konnte das Unternehmen durch Neueröffnungen in Westberlin zunächst nicht ausgleichen. Josef Kaiser generierte unter anderem die Idee, eine Kaffeekanne als Firmensymbol einzusetzen. Der Berliner Künstler Paul Böhm zauberte

ihr ein Lachen ins „Gesicht" (Mitte). Ein Jahr nach dem Eintrag als Schutzmarke beim Deutschen Patentamt in München knackte das Unternehmen 1905 die „Schallmauer" von 1.000 Filialen. Die Expansion setzte sich fort. Zum 50-jährigen Jubiläum zählten bereits 1.400 Filialen zur Firma. Bis 1939 wuchs diese Zahl auf mehr als 1.900. Nach dem Zweiten Weltkrieg setzte Josef Kaiser 1945 seinen Weg mit zunächst 722 Filialen fort. Der Gründer starb 1950 im Alter von 88 Jahren.

Die Errichtung des ersten Selbstbedienungsgeschäftes in Duisburg bedeutete 1952 einen weiteren Meilenstein in der Firmenhistorie. Das neue Konzept etablierte sich schnell: Bereits acht Jahre später betrieb Kaiser's von seinen mehr als 950 Filialen 640 als Selbstbedienungsgeschäfte. In Folge der Umwandlung in eine Aktiengesellschaft im Jahr 1963 erwarben die Gesellschafter der Unternehmensgruppe Tengelmann die Aktienmehrheit von Kaiser's.

Kaiser's Kaffee-Geschäfte entwickelten sich schnell zu einem beliebten Einkaufsziel.

1973 übernahm Kaiser's in Berlin von der Jovy-Gruppe fünf Verbrauchermärkte. Im gleichen Jahr kamen 43 Supermarkt-Filialen der Berliner Firma Carisch sowie die Fleischwarenfabrik Berlin-Mariendorf hinzu. Ab 1990 erfolgte der Ausbau des Filialnetzes in den neuen Bundesländern. In Berlin startete das Unternehmen 1997 seinen Lieferservice „Kaiser's Frische Kurier".

Nach der Umfirmierung zur Kaiser's Tengelmann AG 2001 eröffnete im November 2004 das neue Logistikzentrum in Berlin-Mariendorf. „Berlins größte Speisekammer" beliefert alle Kaiser's Filialen der Hauptstadt. 2008 betreibt das Unternehmen insgesamt 692 Märkte in den vier Regionen Nordrhein, Rhein-Main-Neckar, München/Oberbayern sowie Berlin und Umland. In Berlin laden mehr als 150 Kaiser's Supermärkte - betreut von der Zweigverwaltung in der Ringstraße - zum Einkauf ein.

„Supermarkt des Jahres 2007": die Kaiser's-Filiale in der Berliner Clayallee

www.kaisers.de

Innovativer
Vattenfall
Profizähler

Geburt der öffentlichen Stromversorgung

Fasziniert vom regelbaren Glühlicht des amerikanischen Erfinders Thomas Alva Edison erwirbt Maschinenfabrikant Emil Rathenau 1881 das Ausnutzungsrecht der Edison-Patente für Deutschland. Nach erfolgreicher Realisierung verschiedener Projekte in Berlin und der ersten elektrischen Straßenbeleuchtung gründet er die „Deutsche Edison-Gesellschaft für angewandte Elektricität" (DEG), die Vorläuferin der AEG. Mit der Gründung der Aktiengesellschaft „Städtische Elektricitäts-Werke" am 8. Mai 1884 markiert die DEG die Geburtsstunden der öffentlichen Stromversorgung in Deutschland sowie der späteren Bewag. In Zusammenarbeit mit dem Bauingenieur Oskar von Miller übernimmt Rathenau die öffentliche Stromversorgung eines zwei Quadratkilometer großen Gebietes.

www.vattenfall.de

Bereits am 15. August 1885 produzieren die Städtischen Werke Energie in einem eigenen Kraftwerk in der Markgrafenstraße 44 am Gendarmenmarkt. Anfangs als Luxusgut noch einer Minderheit vorbehalten, wächst der Bedarf an Strom - nicht zuletzt auch wegen des technischen Fortschritts durch elektrische Straßenbahnen, Hoch- und Untergrundbahnen sowie mit der Jahrhundertwende auch durch die Elektrifizierung der Küchen. Der Ausbau setzt sich fort. Große Dampfturbinen statt Dampfmaschinen und der Bau neuer Kraftwerke wie in Charlottenburg und Moabit ermöglichen mehr Effizienz. Der Strompreis sinkt.

Durch innovative Sozialleistungen entwickeln sich die Städtischen Elektricitäts-Werke zu einem begehrten Arbeitgeber: Schon 1900 gewährt er seinen Mitarbeitern Anspruch auf Urlaub und führt 1901 eine Ruhegeldkasse ein. Bereits 1912 erweitert das Kraftwerk Charlottenburg sein

1891: Kolbendampfmaschine Kraftwerk Mauerstraße

Leistungsspektrum um die Wärmeversorgung. 1915 übernimmt die Stadt Berlin die stetig wachsende Gesellschaft.

Das Unternehmen - 2008 vom Deutschen Institut für Service-Qualität (DISQ) als bester Stromanbieter ausgezeichnet - engagiert sich für soziale Projekte, Kunst, Kultur und Sport, wie den Vattenfall Berliner Halbmarathon (unten links) oder den Vattenfall Schul-Cup (unten und Mitte oben).

Fernwärmetrasse

Weder der Erste Weltkrieg noch die Inflation stoppen den Erfolg des 1923 in „Berliner Städtische Elektrizitätswerke Aktien-Gesellschaft" (Bewag) umbenannten Unternehmens. Die Weichen stehen auf Expansion. 1931 mündet die hoffnungslose Finanzmisere der Stadt in der Gründung der Berliner Kraft- und Licht-Aktiengesellschaft (BKL), welche die Bewag übernimmt und 1934 mit ihr verschmilzt. Aber erst die Folgen des Zweiten Weltkriegs bilden eine harte Bewährungsprobe für die Bewag und auch die Berliner.

Eine Zeit der Dunkelheit beginnt: Die Alliierten demontieren Anlagen, es mangelt an Strom und Arbeitskräften. Wie das Land und die Stadt wird das Unternehmen in Ost- und Westteil gespalten. 1952 verwandelt die Teilung Westberlin in eine „Strominsel". Dennoch setzt die Bewag auf Neubau und Wachstum - die Erweiterung der „Stadtheizung" und den Ausbau der innerstädtischen Stromversorgung. Die Ost-Bewag, ab 1978 „VEB Energieversorgung Berlin", leidet unter Mängeln der Planwirtschaft, schafft es aber dennoch,

einen Wachstums- und Modernisierungskurs zu fahren. Schließlich öffnet der Fall der Mauer 1989 auch den Weg für die Wiedervereinigung der Energieversorger. Diese folgte am 23. Februar 1994. Mit der Wahl des Firmensitzes im ehemaligen Ostteil am „Schlesischen Busch" kehrte sie zu ihren Wurzeln zurück. Der Anschluss an das überregionale Verbundnetz der VEAG bedeutete das Ende des „Inselbetriebs".

1997 verkauft das Land Berlin seine Anteile an PreussenElektra, Bayernwerke und den US-Konzern Southern Energie (später Mirant). Damit stellt die Bewag bundesweit das erste vollständig privatisierte Unternehmen der öffentlichen Stromversorgung dar. Als Vattenfall 2001 die Bewag-Anteile von Mirant erwerben

kann, ermöglicht dies, zusammen mit den Hamburger Elektrizitäts Werken (HEW) einen wettbewerbsstarken Energiekonzern mit Sitz in Berlin zu bilden. Trotz Öffnung des Marktes hält die überwiegende Zahl der Berliner Stromkunden dem neuen Unternehmen mit dem Namen Vattenfall Europe Berlin die Treue.

Vattenfall Europe

In Deutschland erzeugt, transportiert und verkauft Vattenfall Strom und Wärme. Das Unternehmen ist derzeit viertgrößter Strom- und größter Fernwärmeversorger des Landes. Vattenfall betreibt in Deutschland mehrere Kernkraftwerke, vier große Braunkohle- und ein Steinkohlekraftwerk, acht Pumpspeicherwerke, fünf Gasturbinenkraftwerke sowie eine größere Anzahl Heizkraftwerke. An rund 3 Millionen Kunden, vor allem in Berlin und Hamburg, vertreibt Vattenfall Strom. Außerdem engagiert sich das Unternehmen für die Gesellschaft. Die Förderung der Jugend ist dabei ebenso wichtig wie die Unterstützung von Kunstprojekten oder Sportereignissen.

Heizkraftwerk Mitte mit
Michaelbrücke im Vordergrund

Grundstein des Reichstags: Härter als der Hammer des Kaisers

Das Werkzeug für den feierlichen Anlass hatte Wilhelm I. extra anfertigen lassen: den Hammer. Doch als der Kaiser am 9. Juni 1884 in Gegenwart von zwei seiner Nachfolger aus der Linie der Hohenzollern auf den Buntsandstein einschlug - zerbrach der Hammer. Mit diesem Missgeschick bei der Grundsteinlegung begann die wechselvolle Geschichte des Reichstags.

Frankreich hatte Preußen - und damit dem Norddeutschen Bund - 1870 den Krieg erklärt. Preußen siegte, und Reichskanzler Otto von Bismarck hatte mit politischen Schachzügen die Proklamation Wilhelms I. am 18. Januar 1871 im Spiegelsaal von Versailles zum Deutschen Kaiser ermöglicht. Als Versammlungsort des Parlaments wählte der Kaiser die Hauptstadt von Preußen, die Stadt Berlin. Am 29. März trat der Deutsche Reichstag zum ersten Mal im Preußischen Abgeordnetenhaus in der Leipziger Straße zusammen.

Das Gebäude erwies sich jedoch als zu klein für die 382 Abgeordneten, die sich schließlich selbst ein repräsentatives Domizil bewilligten. Immer wieder mischte sich der Kaiser persönlich in die Planungen ein: Wilhelm I. und sein Kanzler Otto von Bismarck wollten das ungeliebte demokratische Machtzentrum Deutschlands auf keinen Fall in der Nähe des Schlosses dulden. Schließlich fand sich ein Bauplatz am Rande des Tiergartens, unweit des Brandenburger Tors. Bis die Reichsversammlung im Oktober 1881 das vorgesehene Baugelände erworben hatte, lag der Plan des Architekten Ludwig Bohnstedt auf Eis, der schon 1872 den ersten Preis in einer Ausschreibung zur Gestaltung des Reichstags gewonnen hatte. Nach lebhaften öffentlichen Debatten luden die Abgeordneten zu einem erneuten Wettbewerb ein, den der Frankfurter Architekt Paul Wallot gewann. Und wieder mischte sich der Kaiser ein: nach Eingriffen Wilhelms I. in die Gestaltung der Fassade war der ursprüngliche Entwurf auch für Fachleute nicht mehr wiederzuerkennen. Wilhelm I. starb im Jahr 1888.

Seinem Nachfolger, Kaiser Friedrich III., blieben nur 99 Tage im Amt, bis auch er das Zeitliche

Grundsteinlegung durch Kaiser Wilhelm I. Architekt Paul Wallot und der erste Präsident des Reichstages Eduard von Simson (rechts).

segnete. Nun übernahm dessen Sohn Wilhelm II. im Dreikaiserjahr 1888 die Macht.

Die Arbeit der Abgeordneten des Deutschen Reichstags verachtete der neue Monarch und hielt den Reichstag für überflüssig. Besonders die Höhe der Kuppel war ihm ein Dorn im Auge, denn mit einer Höhe von 67 Metern überragte sie die seines Stadtschlosses um 18 Meter. Wilhelm II. bezeichnete das Parlamentsgebäude als einen „Gipfel der Geschmacklosigkeit" und als eine völlig „verunglückte Schöpfung". Er rühmte sich sogar, den Architekten Wallot persönlich beleidigt zu haben. Wallot schlug zurück und bezeichnete

den Kaiser als „Gassenbuben, einen gewöhnlichen niederträchtigen Hund". Am 5. Dezember 1894, nach einer Bauzeit von mehr als zehn Jahren, weihte der Kaiser das von ihm als „Reichsaffenhaus" verspottete Gebäude ein.

Beharrlich weigerte sich Wilhelm II., der Widmung „Dem Deutschen Volke" über dem Eingangsportal zuzustimmen. Erst mitten im Ersten Weltkrieg (1916) genehmigte der Kaiser den Schriftzug am Parlament - zur „Beruhigung" der Untertanen an der Heimatfront. Die Lettern der Schrift hatten Schmiede aus dem Eisen von eingeschmolzenen französischen Kanonen geformt.

Reichstag und Siegessäule auf einer Postkarte (um 1900).

Contra Chaos in den Comptoirs

Seit 1886 war es im buchstäblichen Wortsinn beim Firmengründer „rund gegangen": Die Hintz-Fabrik, damals in Berlin / Groß-Lichterfelde angesiedelt, produzierte „hölzerne, geteilte Riemenscheiben" (Originalzitat, oben) für die Nutzung in den boomenden Industriebetrieben des ausgehenden 19. Jahrhunderts. Stolze acht Meter im Durchmesser zeigte das bei der Berliner Gewerbeausstellung 1896 präsentierte Exemplar.

Damals...

Ursprünglich in den Branchen „Holz-, Eisen- und Papierverarbeitung" eingetragen, erkannte und nutzte Dr.-Ing. Richard Hintz 1904 eine neue Marktlücke: die Innovation im Büro. Unpraktische Comptoirs alten Stils, in denen die Beschäftigten nach der Devise „mehr gesucht als gefunden" ihre Zeit vergeudeten, wollte der Unternehmer durch zweckmäßig ausgerüstete Büros ersetzen. Hintz entwarf Registraturen im Baukastensystem und Schreibtische mit variabler Korpuseinteilung - bis ins Detail durchdacht mit dem Ziel, die Bürolandschaften komplett zu verändern. Das Credo der Firma von damals hat bis heute nichts an Aktualität eingebüßt: „Alte Arbeitsmethoden bedeuten geringe Leistung und geringen Erfolg!"

Mit dem Eintritt von W. H. Bach - 1906 als Schöpfer der Durchschreibe-Buchhaltung bekannt geworden - etabliert sich Hintz endgültig als Organisationsspezialist. Neben der Fertigung von rationellen Büromöbeln bietet das Unternehmen nun auch das Know-how seines Stabes geschulter Fachleute an, um seine Kunden bei der Verbesserung ihrer Organisation zu unterstützen. Und schon vier Jahre später unterhält Hintz Zweigniederlassungen in Frankfurt, Düsseldorf und Stuttgart; außerdem entstehen Handelsvertretungen in Brüssel, Amsterdam, Mailand, Budapest, Moskau, St. Petersburg, Wien und Zürich. 1921 wird aus der „Hintz Fabrik" die „HINZ Fabrik GmbH" mit dem Firmensitz in Berlin - dort, wo das Unternehmen auch heute noch zu finden ist: In der Lankwitzer Straße in Berlin / Mariendorf. 1944 sinkt ganz Berlin in Schutt und Asche; auch die Produktionsanlagen der HINZ Fabrik GmbH werden fast vollständig zerstört. Und die nachfolgende schlechte Versorgungslage bei Rohstoffen ist eine weitere Ursache, dass HINZ trotz größtem Einsatz seiner Mitarbeiter erst 1950 wieder normal produzieren kann. Die Zeitspanne vom Wirtschaftswunder bis ins neue Jahrtausend ist von zunehmender Komplexität und Spezialisierung des Umfeldes für Unternehmen geprägt. Nun definierte HINZ seine Unternehmensschwerpunkte in Beratung und Service in den Fachbereichen des Gesundheitswesens.

...und heute

Die Philosophie des Dr. Hintz vor 100 Jahren gilt heute mehr denn je: Erst der gezielte, durch Fachleute betreute Einsatz innovativer Produkte schafft wirklichen Fortschritt in der Organisation eines Unternehmens.

Dem Konzept der Kundennähe ist die HINZ Fabrik GmbH nach wie vor treu geblieben. Mit zehn Vertretungen in Deutschland und Niederlassungen in Österreich, der Schweiz, Tschechien und Polen ist die optimale Betreuung durch persönliche Ansprechpartner vor Ort gesichert.

„Made in Germany" ist der Anspruch, der wie zur Zeit der Firmengründung auch heute bei HINZ in der Produktion ebenso wiederzufinden ist wie in der Entwicklung. Die Produktpalette (Foto oben) umfasst spezialisierte Organisationsmittel, Formulare für fast jede Anwendung, Möbel und EDV-Programme, begleitet durch kompetente Beratung und Betreuung. Heute verdanken mehr als 2.000 Unternehmen des Gesundheitswesens ihren Erfolg auch der Kompetenz von HINZ - und damit denen, die vor mehr als 120 Jahren auszogen, dem Chaos in den Comptoirs ein Ende zu setzen...

www.hinz.de

Kreuzberger Schlosser schafft weltweite Verbindungen

Schlosser Carl Christian Robert Stock zog 1882 aus dem Großherzogtum Mecklenburg-Schwerin nach Berlin, wo er als Dreher und Schlosser in Telegrafenbauanstalten arbeitete. Der Fernsprechverkehr, 1881 mit acht Teilnehmern in Berlin gestartet, entwickelte sich zu einem Wachstumsmarkt mit mehr als 10.000 Teilnehmern zum Ende der Dekade.

Stock begann 1886 in seiner Wohnung mit der selbstständigen Herstellung von Einzelteilen für Telegrafenbauanstalten - insbesondere Spulen, die seine Frau Sophie mit ihrer Nähmaschine wickelte. Im Jahr 1887 gründete er die „R. Stock Telegraphenapparate", Firma für Spulen, Fernhörer und Klingeln. Aus diesem Unternehmen entwickelte sich die DeTeWe.

Im Mittelpunkt der Produktion standen die Fernsprechgeräte und vor allem der Bau von Fernsprechämtern. Auf der Gewerbeausstellung in Treptow 1896 stellte Stocks Firma das erste „Telephon-Verbindungs-Amt" (Fernmeldeamt) der Welt vor und baute bis 1905 europaweit 129 Fernsprechämter. Später dehnte die Firma die Technik und Produktion auf andere Gebiete aus: Rohrpost und Förderanlagen, Schreibmaschinen, Rundfunkgeräte und

Rechenmaschinen. Auch übernahm DeTeWe Aufgaben im Bereich der Steuerungstechnik unter Verwendung von Fernsprechbauteilen. Nach Einführung der Nebenstellentechnik verbesserten die Ingenieure diese stetig zu handlichen Zentralen und Apparaten.

Mitte 1945 begannen die Mitarbeiter den Neuaufbau des im Zweiten Weltkrieg zerstörten Unternehmens. Mit dem Aufschwung nach der Währungsreform 1948 stieg der Bedarf an öffentlichen und privaten Telefonanlagen, weshalb DeTeWe seine gesamte Produktion auf den Fernsprechsektor konzentrierte. Die Firma erwarb sich den Ruf eines Partners, der vor allem für den Mittelstand Beratung und Problemlösung mit individuellem Zuschnitt bietet.

Nach einer Neustrukturierung übernahm im Juli 2005 die Aastra Technologies Limited mit Sitz in Concord (Ontario/Kanada)

das Unternehmen mit den Tochtergesellschaften DeTeWe Communications GmbH und DeTeWe Systems GmbH.

Das Innovations-Know-how und die Produkte der DeTeWe ergänzen das Portfolio des weltweit agierenden, strategischen Unternehmens.

Die Aastra-DeTeWe-Gruppe liefert Kommunikationslösungen für Unternehmen von zehn bis 100.000 Mitarbeitern. Die Technologie Voice over IP hat die Telekommunikation und Aastra-DeTeWe nachhaltig verändert.

Produkte arbeiten heute eher softwarebasierend und setzen auf Standardhardware. Die Entwickler am Standort Berlin nutzen wie alle ihre Kollegen im Aastra-Konzern die langjährige Erfahrung in der Telekommunikation für alle neuen Produkte.

1896 präsentierte Robert Stock (links) das erste „Telephon-Verbindungs-Amt" der Welt. Moderne Geräte wie zum Beispiel SIP-Telefone mit XML-Browser (Mitte) unterstützen die Unternehmensprozesse. Rechts: Aastra-DeTeWe-Zentrale in Berlin-Kreuzberg.

www.aastra-detewe.de

Wählersaal einer Ortsvermittlung in Berlin-Lichtenrade, 60er-Jahre.

Telefonvermittlung 1900

1926

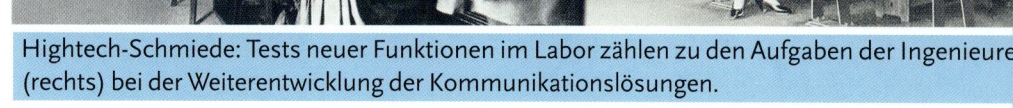

Hightech-Schmiede: Tests neuer Funktionen im Labor zählen zu den Aufgaben der Ingenieure (rechts) bei der Weiterentwicklung der Kommunikationslösungen.

Beflügelte Vision: Otto hebt ab

„Vom Schritt zum Sprung, vom Sprung zum Flug." Nach diesem Motto hat ein 43-jähriger Visionär und Tüftler im Sommer 1891 Luftfahrtgeschichte geschrieben. Der Aeroplan von Karl Otto Wilhelm Lilienthal hatte am Mühlenberg bei Derwitz zwischen „Take Off" und weicher Landung eine Flugstrecke von stattlichen 25 Metern zurückgelegt. Diese Distanz sollte der wagemutige Testpilot noch verzehnfachen - bis er am 9. August 1896 in Berlin beim Absturz seines Flug-Apparates tödlich verunglückte.

Nicht erst seit seinem Studium an der Gewerbeakademie Berlin hatte Otto Lilienthal die Idee beflügelt, dem Menschen nach Vogel-Vorbild den Weg in die Lüfte zu bahnen. Während die Fachwelt die Entwicklung gasgefüllter Ballons zu Luftschiffen favorisierte, hatte sich Lilienthal der Erforschung von Auftrieb und Flügelformen verschrieben. Die ersten Versuche unternahm er in seinem

Garten - mit einem Weidenholzrahmen, den er auf einer Spannweite von 6,60 Metern mit gewachsten Baumwollstoffen bezogen hatte. Nach kleineren „Hopsern" mit weiterentwickelten Apparaten wagte Lilienthal 1891 die ersten Flüge am Mühlenberg bei Derwitz. 100 Jahre später erinnerte die DDR-Luftfahrtgesellschaft „Interflug" mit einem Plakat (unten links) an dieses historische Datum. Lilienthals ständig verbesserte Segelapparate trugen ihn zwischen 1892 und 1894 in Steglitz und am eigens aufgeschütteten „Fliegeberg" in Lichterfelde schließlich 250 Meter weit.

Die internationale Fachpresse und Magazine berichteten regelmäßig über die Experimente des „fliegenden Mannes". Wissenschaftler aus Frankreich, England, Russland und den USA kamen nach Ber-

Pioniere der Luftschifffahrt: Otto Lilienthal, David Schwarz und Ferdinand Graf von Zeppelin (von links).

lin, um Lilienthals Maschinen und Flüge zu bestaunen.

Am 9. August 1896 stürzte Otto Lilienthal mit seinem Hängegleiter bei Stölln am Gollenberg aus einer Flughöhe von 15 Metern ab - er hatte den thermischen Abriss einer „Sonnenböe" nicht aussteuern können. Am Tag darauf erlag er in Berlin seinen Verletzungen. Damit endete der Lebensweg eines Mannes, den alle weiteren Pioniere des Flugzeugbaus neidlos als Vater der Luftschifffahrt anerkannten.

Seine letzte Ruhestätte fand er auf dem Berliner Friedhof Lankwitz in einem Ehrengrab der Stadt.

Ebenfalls in Berlin hatte der Ingenieur David Schwarz aus Ungarn nach Wegen in die Luft gesucht - aber mit einem anderen Konzept: Er plante die Weiterentwicklung des Ballons zum Luftschiff mit starrer Außenhaut aus Aluminium. Die „Preußische Luftschiffer Abteilung" stellte ihm ein Gelände auf dem Tempelhof zur Verfügung.

Den Jungfernflug am 3. November 1897 erlebte Schwarz jedoch nicht mehr: Mit Wasserstoffgas gefüllt und angetrieben von einem 16 PS starken Daimler-

Luftschiff von David Schwarz mit Aluminium-Außenhaut.

motor, hatte die „fliegende Zigarre" eine Höhe von 400 Metern erreicht. Einer der Augenzeugen des Jungfernflugs erkannte das Potenzial und kaufte der Witwe des Konstrukteurs das Patent ab - der Ingenieur Ferdinand Graf von Zeppelin. Parallel zu den starren, nun „Zeppeline" genannten Luftschiffen entwickelte Major August von Parseval eine Variante mit flexibler Ballonhülle. Einfacher Transport und schneller Aufbau der mit Gummi abgedichteten, doppelten Leinwandhülle - die Armeeführung horchte auf. Am 26. Mai 1906 unternahm Parseval vom Militärgelände in Tegel aus den ersten Flugversuch: Ein 85 PS starker Daimlermotor beschleunigte das etwa 50 Meter lange und fünf Meter breite Gefährt auf 43 Stundenkilometer. Trotz erfolgreicher Langstreckenflüge zwischen Berlin und München konnte sich der findige Major nicht gegen die Konkurrenz der Zeppeline durchsetzen.

Am 29. August 1909 landete Graf Zeppelin mit seinem LZ III auf der Jungfernheide in Tegel (links). Kaiser Wilhelm II. applaudierte.

Otto Lilienthal startbereit mit seinem Hängegleiter.

1891-1991
100 Jahre Menschenflug
INTERFLUG

Hoch- und Anhalter Bahn am Landwehrkanal, um 1900.

Hochbahnhof Bülowstraße

Baustelle zwischen Wittenbergplatz und Zoologischem Garten (oben).

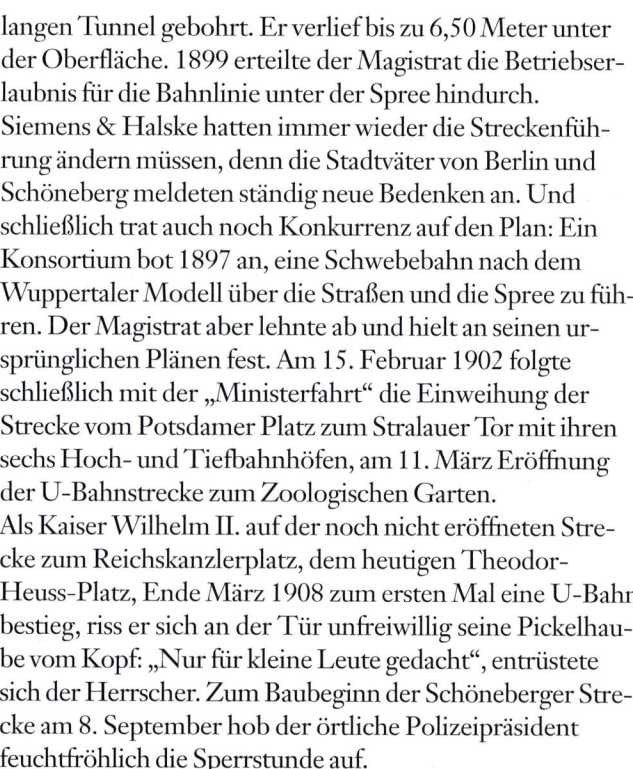

Nollendorfplatz

Nichts für einen „großen" Kaiser - doch ein Meilenschritt für den „kleinen Mann"

„Nur für kleine Leute gemacht", muffelte der Kaiser über die Innovation. Wilhelm II. wusste aber sehr genau, dass in seiner Hauptstadt ein Stück Verkehrsgeschichte begonnen hatte. Denn das Jahr 1896 markierte den Baubeginn eines völlig neuen Transportsystems in der Stadt: AEG begann damit, die Spree zwischen Treptow und Stralau mit einer elektrischen Eisenbahn zu unterqueren. Im selben Jahr startete Siemens & Halske den Bau der elektrischen Untergrund- und Hochbahn zwischen der Warschauer Straße und dem Nollendorfplatz in Schöneberg mit einem unterirdischen Abzweig zum Potsdamer Bahnhof. Siemens hatte schon 1880 Pläne vorgelegt, erlebte aber die Umsetzung seiner Ideen nicht mehr: Er starb am 6. Dezember 1892; vier Jahre zuvor hatte Kaiser Friedrich III. den Erfinder in den Adelsstand erhoben.

Immer wieder hatte der Magistrat der Stadt Siemens´ Pläne abgelehnt: einmal mit dem Argument, der märkische Sandboden mit seinem hohen Grundwasserspiegel sei für einen Tunnelbau ungeeignet, einmal mit der Befürchtung, dass Wagenschmiere von einer Hochbahn auf die Passanten tropfen könnte. Und die Stahlgerüste stellten keine Zierde des Stadtbildes dar. Andere Metropolen Europas waren da innovativer: London betrieb seit 1890 eine elektrische U-Bahn, Chicago seit 1892 eine Hochbahn. Und die Stadtväter von Buda und Pest in Ungarn hatten sich sogar entschlossen, Werner von Siemens den Auftrag für eine Untergrundbahn zu erteilen.

Dessen Erfolg im Ausland und auch die Notwendigkeit, das überlastete Verkehrssystem Berlins endlich neu zu organisieren, ließ die Stadtväter allmählich umdenken. Sie sahen schließlich ein, dass nur eine Kombination von Hoch- und U-Bahnen das innerstädtische Verkehrsaufkommen bewältigen - und dem „kleinen Mann" den Weg zur Arbeit erleichtern könne. Den Planungen nach sollten die Schienen auf einer Strecke von acht Kilometern auf der Hochbahn und zwei Kilometer unterirdisch verlaufen.

Drei Jahre dauerte der Bau des 454 Meter langen Spreetunnels, bei der die Technik des Schildvortriebs zu Einsatz kam. Als Investor konnte die AEG die Deutsche Bank gewinnen. Die Ausführung übernahm die Firma Philipp Holzmann. Die Ingenieure der AEG hatten schon 1894 in einem Machbarkeitsstudie erfolgreich auf ihrem Betriebsgelände einen 270 Meter langen Tunnel gebohrt. Er verlief bis zu 6,50 Meter unter der Oberfläche. 1899 erteilte der Magistrat die Betriebserlaubnis für die Bahnlinie unter der Spree hindurch.

Siemens & Halske hatten immer wieder die Streckenführung ändern müssen, denn die Stadtväter von Berlin und Schöneberg meldeten ständig neue Bedenken an. Und schließlich trat auch noch Konkurrenz auf den Plan: Ein Konsortium bot 1897 an, eine Schwebebahn nach dem Wuppertaler Modell über die Straßen und die Spree zu führen. Der Magistrat aber lehnte ab und hielt an seinen ursprünglichen Plänen fest. Am 15. Februar 1902 folgte schließlich mit der „Ministerfahrt" die Einweihung der Strecke vom Potsdamer Platz zum Stralauer Tor mit ihren sechs Hoch- und Tiefbahnhöfen, am 11. März Eröffnung der U-Bahnstrecke zum Zoologischen Garten.

Als Kaiser Wilhelm II. auf der noch nicht eröffneten Strecke zum Reichskanzlerplatz, dem heutigen Theodor-Heuss-Platz, Ende März 1908 zum ersten Mal eine U-Bahn bestieg, riss er sich an der Tür unfreiwillig seine Pickelhaube vom Kopf: „Nur für kleine Leute gedacht", entrüstete sich der Herrscher. Zum Baubeginn der Schöneberger Strecke am 8. September hob der örtliche Polizeipräsident feuchtfröhlich die Sperrstunde auf.

Untergrundbahn Leipziger Platz und am Spittelmarkt um 1910.

Martha von Achenbach, Ehefrau des deutschen Kutschfahr-Pioniers Benno von Achenbach, mit ihrem Tandem um 1910 auf der Trabrennbahn Ruhleben.

Sportpioniere: Metropole liebt Tempo - und Helden der Pedale

Zwischen 1850 und 1900 verfünffachte sich die Bevölkerung Berlins von rund 400.000 auf fast zwei Millionen. Die königlich-preußische Residenz an der Spree stieg zu einer europäischen Metropole auf. Gleichzeitig entwickelte sich Berlin zu einer pulsierenden Sportstadt. Um die Jahrhundertwende verstand man unter „Sport" (abgeleitet vom lateinischen „disportare", belustigen) längst nicht mehr nur die Übungen des Turnvaters Jahn. Die pulsierende Metropole liebte vor allem Tempo: Radrennen, Pferdespektakel und Fußball. Bereits 1828 hatte der „Verein für Pferdezucht und Dressur" einen Renntag auf dem Tempelhofer Feld organisiert. 1862 erlebte die Karlshorster Feldmark das erste „Armee-Jagd-Rennen", 1876 veranstaltete der Zirkusdirektor Albert Salamonski das erste Berliner Trabrennen am heutigen Kapelle-Ufer in Mitte. Rund um das heutige Olympiastadion führte ab 1884 die alte Pferderennbahn in Charlottenburg. Spätestens seit 1896 waren die Berliner verrückt nach den Helden der Pedale. Im selben Jahr startete das Rennen „Rund um Berlin", nach 318 Kilometern gewann Gustav Gräben aus Brandenburg an der Havel.

Das Rennen wurde zum „Klassiker" - und sollte 1951 auch den Karrierestart von Gustav-Adolf Schur (unten links, vorne) markieren. Es war der erste große Sieg für den damals erst 20-jährigen „Täve". Nach der 94. Auflage wurde das Rennen im Jahr 2000 vom Veranstalter SC Berlin eingestellt. Ein Neuanfang ist für September 2008 geplant. Das Internationale Olympische Komitee adelte die sportverrückte Metropole im Jahr 1911. Das IOC vergab die VI. Olympischen Sommerspiele 1916 an Berlin. Die Auswahl sollte dazu beitragen, einen drohenden Krieg zu verhindern, erklärte der französische IOC-Präsident Pierre de Coubertin. Im Grunewald wurde am 8. Juni 1913 das „Deutsche Stadion" eingeweiht (Hintergrund), der Vorgängerbau des heutigen Olympiastadions. Die Olympia-Arena hatte 64.000 Plätze, kurioserweise war ein 50-Meter-Schwimmbecken in das Stadion integriert. Geplant waren erstmals Turnwettbewerbe für Damen und die Einführung des Lagen-Schwimmens. Verzichten wollte man in der Leichtathletik auf die Disziplinen „Springen aus dem Stand" und „beidarmiges Werfen". Ebenso geplant waren Demonstrations-Wettbewerbe im Segeln, Boxen und Golf. Vom alten Grunewaldstadion blieben bis heute nur zwei Kassenhäuschen an der Jesse-Owens-Allee erhalten. Der Erste Weltkrieg verhinderte die Spiele 1916 in Berlin. Erst 20 Jahre später wurde Berlin Olympiastadt. Aus England kam 1890 der Tennissport nach Berlin, genauer: nach Schöneberg. Die „Spielplatz-Gesellschaft" errichtete an der Martin-Luther-Straße Ecke Motzstraße drei Tennisplätze. Die Tennis-Begeisterung teilten auch zwei junge Dichter. Als Gymnasiasten waren Georg Heym und Ernst Balcke Mitglied eines Schöneberger Tennisvereins. Zusammen teilten sie auch die Leidenschaft für das Freibaden im Wannsee, was um die Jahrhundertwende noch streng verboten war - aus „sittlichen Gründen". Ihre Sportbegeisterung wurde ihnen schließlich zum Verhängnis. Die expressionistischen Dichterleben endeten am 16. Januar 1912 auf der zugefrorenen Havel. Gegen Mittag brach Heym bei Lindwerder in das Eis, sein Freund Balcke eilte ihm zur Hilfe. Die beiden 24-jährigen Poeten ertranken in der Havel. Als man Heyms Leiche barg, trug er noch seine neueste Errungenschaft: moderne Rennschlittschuhe.

Georg Heym

1800
In den USA beginnt die Serienproduktion von Feuerwaffen.
1814
Stephenson baut in England die erste Dampflokomotive.
1828
Reclam gründet seinen „low-cost paperback"-Buchverlag.
1838
Daguerre entwickelt ein erstes fotografisches Verfahren.
1848
Marx und Engels veröffentlichen in London „Das Kommunistische Manifest".
1859
Darwin veröffentlicht „Über die Entstehung der Arten".
1865
Busch veröffentlicht „Max und Moritz".
1867
Nobel lässt das Dynamit patentieren.
1871
In Afrika findet der Brite Stanley seinen vermissten Kollegen Livingstone.
1885
Benz baut einen dreirädrigen Kraftwagen, Daimler das erste Benzinmotorrad.
1895
In Paris und Berlin werden erste Filme gezeigt.
1898
Die österreichische Kaiserin „Sissi" Elisabeth wird in Genf ermordet.

Nach dem Coup ein kühles Helles

Die Welt bog sich vor Lachen. Ein gerade aus der Haft entlassener, mehrfach vorbestrafter Kleinganove hatte das kaiserliche Preußen blamiert - bis auf die Knochen. Dem arbeitslosen Schuster Wilhelm Voigt gelang ein Coup, der in die Literatur- und Filmgeschichte einging.

Er zog sich am 16. Oktober 1906 die Uniform eines Hauptmanns an, unterstellte während eines Wachwechsels zehn Gardesoldaten seinem Kommando und plünderte mit ihnen die Stadtkasse von Köpenick. Dabei war alles so kinderleicht: „Hauptmann" Voigt bestieg mit „seinen" Gardesoldaten die S-Bahn nach Köpenick. Der Gendarmerie dort erteilte er den Befehl, das Gelände um das Rathaus weitläufig abzusperren. Dann verhaftete er den angstschlotternden Bürgermeister Langerhans und dessen Kassenführer von Wiltberg „wegen Unregelmäßigkeiten bei der Abrechnung des Kanalisationsbaus". Gegen Quittung ließ er sich die Stadtkasse mit 4.002,37 Mark aushändigen. Voigt untersagte dem Telegrafenamt sämtliche Ferngespräche. Die Gefangenen schickte er unter Bewachung seiner Gardesoldaten auf die Neue Wache „Unter den Linden"; die Frau des Bürgermeisters durfte ihren Herrn Gemahl begleiten.

Der „Hauptmann von Köpenick" selbst trank nach

Wilhelm Voigt

einer Aktion im S-Bahnhof ein kühles Helles und fuhr nach Berlin zurück. Dort tauchte er unter. Nicht lange: Zehn Tage später nahm ihn die Polizei fest. Für vier Jahre schickte der Richter Wilhelm Voigt hinter Gitter. Während die Presse den deutschen Untertanenstaat mit Hohn und Spott überschüttete, sahen nachdenkliche Beobachter in dem Vorfall ein Symptom für die dominierende Rolle des Militärs im Kaiserreich.

Kaiser Wilhelm II. soll sich amüsiert gezeigt haben und begnadigte den „Hauptmann von Köpenick" nach zwei Jahren. Mit Zirkusauftritten und Vortragsreisen, die ihn bis in die USA und Kanada führten, mit signierten Postkarten und mit seinen Memoiren konnte sich Voigt über Wasser halten. Schließlich wanderte er nach Luxemburg aus.

Dort starb er - durch Krieg und Inflation verarmt - am 3. Februar 1922 im Alter von 72 Jahren.

Postkarten mit der „Köpenickiade" gingen um die Welt.

Uniform des Hauptmanns in einer Ausstellung des Rathauses Köpenick.

55

Der Hauptmann von Köpenick

Um 4.002,37 Mark erleichterte Voigt den Geldschrank (links) des Köpenicker Rathauses.

Die Köpenicker Bevölkerung strömte nach dem Coup vor dem Rathaus zusammen.

Mit Autogramm-Postkarten hielt sich Voigt nach seiner Begnadigung über Wasser (oben). Vor dem Rathaus in Köpenick erinnert seit 1996 eine Bronzestatue an den Hauptmann (rechts).

„Märchen" aus frischen Salaten und Mayonnaise

Als der Fleischer und Kaufmann Albert Pfennig am 15. Oktober 1907 sein Delikatessengeschäft in Alt-Moabit eröffnete, begann ein Berliner „Salatmärchen". Seine Rezepturen selbst gefertigter Mayonnaise und fertig angerichteter Salate trafen den Geschmack der Berliner. Das Geschäft wuchs und Pfennigs Produkte erreichten dank Qualität, Frische und Preiswürdigkeit Bekanntheit weit über die Hauptstadtgrenzen hinaus. Der Zweite Weltkrieg stoppte zunächst den Erfolg des Unternehmens. 1945 baute Gründersohn Heinz die Fabrik wieder auf. Sein Unternehmermut und Können sorgten für einen Aufschwung. In wenigen Jahren entstand eine etablierte Feinkostfabrik. Das „Produkt-Abc" reichte schnell von B wie Balkan- über K wie Kartoffel- bis zu W wie Weißkrautsalat.

Pfennigs „Mayonnaise-Transporter" lieferten die frischen Waren aus.

Die Teilung der Stadt und der Wunsch, den Standort zu entlasten, veranlassten Kurt H. Pfennig, Firmeninhaber in dritter Generation, neben dem Berliner Betrieb eine neue Produktionsstätte in Sarstedt bei Hannover zu gründen. Ab 1977 übernahmen die Mitarbeiter in diesem neuen, modernen Zweigwerk zunehmend die Entwicklung der Kreationen. Seit den 70er-Jahren zählte Pfennigs Feinkost mit mehr als 300 Artikeln und 150 Frischdienst-Fahrzeugen zu den Großen der Feinkost-Industrie in Deutschland. 1998 verkaufte Kurt Pfennig das Familienunternehmen an den englischen Lebensmittelhersteller

Uniq Plc. Seither produziert und entwickelt das Sarstedter Werk die Produkte der Marke Pfennigs. Der Hauptsitz bleibt jedoch in Berlin-Tempelhof im Pfennig-Haus. Einen besonderen Aufschwung erlebt die Marke seit 2007. Die deutsche Muttergesellschaft Uniq Deutschland GmbH engagiert sich für eine Stärkung von Pfennigs in der Stammregion Berlin/Brandenburg. Neben Salaten für Endverbraucher produziert das Unternehmen speziell für Gastronomen und Großverbraucher Marinaden, Saucen und Desserts. „Ich glaube an die Besonderheit und Bedeutung

1907: Feinkostgeschäft in Alt-Moabit.

www.pfennigs-feinkost.de

Mayonnaise stellt die Pfennigs Feinkost GmbH in Eigenproduktion her.

Aufbruch: Neue Kreationen für die anspruchsvolle Gastronomie.

Auf rund 200 Rezepturen basieren die mehr als 300 Artikel des Feinkostunternehmens.

von Regionalmarken. Pfennigs ist Berlin und gehört zu Berlin", erklärt Geschäftsführerin Susanne Hofmann. Ihr Ziel: Die Marke zeitgemäß zu erhalten und auszubauen. Einen Schritt dahin bildet die Entwicklung neuer Produkte, unter anderem der erste „Berliner Currywurstsalat".

KWG: unabhängige Einrichtung zur Grundlagenforschung

Anfang des 20. Jahrhunderts bildeten die Universitäten und die Akademie der Wissenschaft im Deutschen Reich die beiden Säulen der Forschung - abhängig von den Landesregierungen der Königreiche Preußen, Sachsen und Bayern sowie weiterer Fürsten- und Herzogtümer. Der preußische Geheimrat und Theologe Adolf von Harnack (1) erkannte die Schwachstellen derart politisch gelenkter Wissenschaften und stieß bei Kaiser Wilhelm II. mit seiner Anregung auf Zustimmung, im gesamten Reich unabhängige Forschungsinstitute zu gründen. Ohne jegliche Lehrverpflichtungen sollte sich die Elite der deutschen Wissenschaft ausschließlich der Grundlagenforschung widmen.

Am 11. Januar 1911 gründeten Angehörige von Industrie, Landwirtschaft, Banken und des Adels die „Kaiser-Wilhelm-Gesellschaft zur Förderung von Wissenschaft und Forschung (KWG)". Der preußische Staat stiftete in Dahlem Grundstücke und richtete Beamtenstellen für die Direktoren der geplanten Kaiser-Wilhelm-Institute (KWI) ein. Zum Präsidenten wählten die Mitglieder Adolf von Harnack, zu Vizepräsidenten den Industriellen Gustav Krupp von Bohlen und Halbach sowie den Bankier Ludwig Delbrück. Bereits ein Jahr später, am 23. Oktober 1912, begann der Forschungsbetrieb an den Instituten für physikalische Chemie und Elektrochemie, für experimentelle Therapie sowie für Chemie. Dessen Direktor, der Chemiker Richard Willstätter (2), erhielt 1915 einen Nobelpreis für die Entdeckung der Fotosynthese.

In seinem Institut - in der Abteilung für Radioaktivität - arbeiteten Otto Hahn und Lise Meitner (beide 5), die in den 30er-Jahren durch die Entdeckung der Kernspaltung zu weltberühmten Forscherpersönlichkeiten aufsteigen sollten. Zum Direktor des 1917 gegründeten KWI für Physik ernannte die Gesellschaft Albert Einstein, der mit seiner Relativitätstheorie bereits seit 1905 Aufsehen erregt hatte.

Während des Ersten Weltkriegs versiegten die Fördermittel mehr und mehr. Die chemischen und physikalischen Institute mussten auf Kriegsforschung über Giftgas umstellen. Den Direktor des KWI für physikalische Chemie und Elektrochemie, Fritz Haber, klagten die Alliierten deshalb nach dem Krieg wegen Verstoßes gegen die Haager Landkriegsordnung an. Trotzdem sprach ihm die Kommission 1918 den Nobelpreis für Erfindung der Ammoniaksynthese zu.

Die Forschungsarbeit der Institute erholte sich wieder, als die Weimarer Republik die preußische Förderung der Kaiser-Wilhelm-Gesellschaft zu einer gesamtstaatlichen umgestaltete. Die 1920 gegründete „Notgemeinschaft der deutschen Wissenschaft" unterstützte die KWG finanziell, um die Konkurrenzfähigkeit der Institute auf internationaler Ebene sicherzustellen. Weltweite Anerkennung fand die Arbeit der Gesellschaft 1921 durch die Nobelpreisverleihung an Albert Einstein (3).

Im Jahr 1930 wählten die Mitglieder Max Planck (4), seit 1918 Träger des Nobelpreises für Physik, zu ihrem Präsidenten. Unter den Nationalsozialisten setzte 1933 - gegen den erbitterten Widerstand von Planck - der erzwungene Exodus jüdischer Wissenschaftler ein. Albert Einstein hatte Deutschland bereits 1932 verlassen. Lise Meitner blieb bis 1938 in Berlin. Mithilfe von Otto Hahn gelang ihr die Flucht nach Schweden. Die Amerikaner bezeichneten sie als „Mutter der Atombombe".

Nach dem Zweiten Weltkrieg löste der Alliierte Kontrollrat 1946 die KWG auf. Sie entstand am 26. Februar 1948 in Göttingen unter dem Namen Max-Planck-Gesellschaft neu. Ihr erster Präsident war der Chemie-Nobelpreisträger von 1945 Otto Hahn, „einer der Wenigen, die aufrecht geblieben sind und ihr Bestes taten während dieser bösen Jahre", so Albert Einstein.

Links: Gründungssitzung der KWG in der Königlichen Akademie der Bildenden Künste am 11. Januar 1911. Einweihung des KWI für experimentelle Therapie in Dahlem (links oben): Direktor Carl Neuberg, Kaiser Wilhelm II., Direktor August von Wassermann und Präsident der KWG Adolf von Harnack (von links).

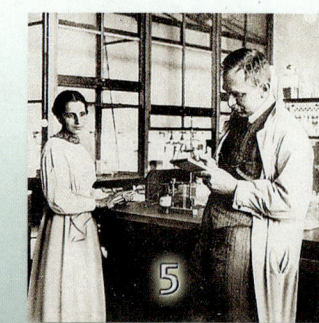

Spezialist für logistische Pionierleistungen

Mit dem Unternehmen wuchsen auch die Transportgüter: Die 1913 in Berlin als Umzugsunternehmen gegründete Grohmann GmbH stellt sich jeder Herausforderung und präsentiert sich 2008 als marktführendes mittelständisches Unternehmen für Krandienstleistungen und Logistik im Industrie- und Bauge-werbe in Deutschland und Osteuropa. Mit dem Umzug des kompletten Post-scheckamtes II innerhalb von 60 Stunden erlangte Grohmann Anfang der 1970er-Jahre schlagartig Bekanntheit. Mit erfreulichen Konsequenzen: Die Anfragen aus der Industrie häuften sich. 1976 übernahm Eberhard Dümmen die Grohmann GmbH und führte das Unternehmen zum Erfolg. So beschloss er in den 80ern, den ersten mobilen Kran anzuschaffen, um vermehrt Maschinen- und Werksumzüge übernehmen zu können. Schnell zeigte sich das enorme Entwicklungspotenzial im Kran-geschäft. Die Vermietung mobiler Krane in Verbindung mit Spezial- und Systemdienstleistungen entwickelte sich in den 1990er-Jahren zum wichtigsten Standbein in der aktuellen Unternehmensgruppe. Längst reicht das Leistungs-spektrum weit über die Vermietung von Kranen oder ihren Einsatz bei Umzügen hinaus. Immer aufwendigere, an-spruchsvollere und komplexere Industrie- und Bauprojekte füllen die Auftragsbücher. Mit der Übernahme der insol-venten Attollo Maximum GmbH in Rostock setzte die Entwicklung außerhalb Berlins ein. Die Gründung der ers-ten Tochterfirma 2003 in Polen bedeutete einen Meilen-stein für die zukünftige internationale Entwicklung der Grohmann Unternehmensgruppe.

Heutzutage steuert der Konzern mit Stammsitz in Berlin zudem von sechs internationalen Vertretungen seine welt-weiten Aktivitäten. Die 13 Standorte in Deutschland er-gänzen zwölf weitere in Polen, Litauen, Lettland, im russi-schen Kaliningrad, der Ukraine und Bulgarien. In den vergangenen Jahren entwickelte sich Grohmann zu einem wichtigen Partner der Bauindustrie in Osteuropa und meis-tert dort jährlich technische und logistische Pionierleis-tungen - eine Entwicklung, die längst noch nicht abge-schlossen ist. Unabhängig davon begrenzen sich die Ein-sätze nicht auf Osteuropa. Dank großer Flexibilität bie-tet das Unternehmen jederzeit und überall einen schnellen Einsatz vor Ort. Kontinuität durch Qualität: Drei Viertel der Projekte erledigt Grohmann im Auftrag von Stammkunden. Die aktuellen Tätigkeitsbereiche umfas-sen Windkraftanlagen, Raffinerien, Schiffsbau, Tagebau, Brücken-bau, Stahlbaumontagen und Kunstgegenstände.

Umzug der Berliner Münze

Grohmann ist für alle Logistik- und Krandienstleistungen bestens gerüstet.

Teleskop-Mobil-krane, Gitter-mast-, Rau-pen- und Gelände-autokrane setzt die Firma welt-weit ein.

www.grohmann-gmbh.de

125

Erklärung des Kriegszu-
standes am 31. Juli 1914.

Vereidung der Truppen im
Lustgarten.

Mit dem Krieg
kamen auch die
Agitatoren.

Kriegsbegeisterung griff
um sich.

Der Stellungskrieg forderte
zahllose Opfer.

„Ich kenne nur noch Deutsche"
- mit Jubel in den Tod

Nach dem Attentat
auf den österreichi-
schen Thronfolger Franz Ferdinand
am 28. Juni 1914 im serbischen Sarajewo entluden sich die
politischen Spannungen zwischen den großen europäischen
Staaten im Ausbruch des Ersten Weltkriegs. Mit einer di-
plomatischen Note trat das Deutsche Reich am 3. August in
den Krieg gegen Frankreich ein.
Schon am 31. Juli hatte ein Offizier die ungeduldig wartende Menschenmenge am Fuß des Denkmals für Friedrich II.
„Unter den Linden" über die drohende Kriegsgefahr informiert. Der Kaiser rief am 4. August im Stadtschloss die
Reichstagsabgeordneten zur Geschlossenheit auf: „Ich kenne keine Parteien mehr, ich kenne nur noch Deutsche!" Die
Generalmobilmachung folgte: Tausende jubelnde Berliner
begleiteten die Soldaten zu den Verladebahnhöfen.
Kriegsbegeisterte Gymnasiasten und Studenten meldeten
sich freiwillig an die Front. Der für Mitte Oktober voraus-
gesagte Sieg stellte sich nicht ein. Stattdessen trafen die ersten Bahntransporte mit gefallenen Soldaten ein. Schulen
und Universitätsgebäude - in Notlazarette umgewandelt -
mussten Verwundete aufnehmen. Die SPD rief zu Friedens-

demonstrationen auf.
Die Regierung ließ Kriegsanleihen zeichnen, die
nach dem Sieg hohe
Renditen versprachen. Getreu
der Devise „Gold gab ich für Eisen" spendeten Patrioten für die Kriegskasse.
Preußen rief die Reservisten zu den Waffen. Deren Arbeitsplätze übernahmen Frauen; sie stellten bald die Mehrzahl der Beschäftigten in der Industrie. Anfang 1915 sah
sich die Regierung gezwungen, Lebensmittelkarten auszu-
geben. Für die Dauer des Krieges galt ein „Kuchen-Back-
verbot". Das Gewicht der „Schrippe" setzte eine Verordnung von 75 Gramm auf 50 Gramm herab.
Die Fronten hatten sich in einem erbitterten Stellungskrieg
festgefressen. Beide Seiten setzten erstmals Giftgas (Hinter-
grundbild) ein - mit verheerenden Folgen. Ein Ende des
Krieges war nicht absehbar. Die Preise stiegen an, der
Schwarzmarkt blühte, Frauen und Kinder hamsterten bei
den Bauern des Umlandes, die ihre Abgabepflicht von
Grundnahrungsmitteln meist ignorierten. Eine Missernte
im Herbst 1916 verschärfte die Situation: Der berüchtigte
„Kohlrüben-

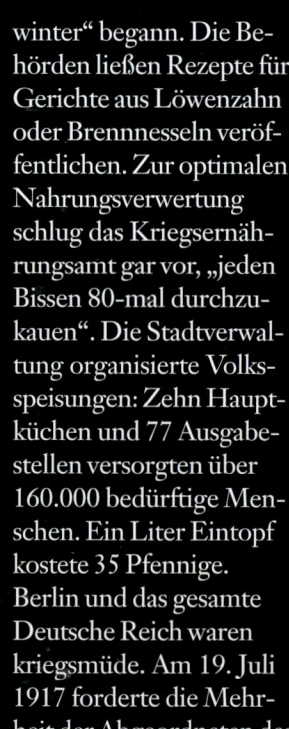

Fahrbare Küchen
versorgten die
hungernde Be-
völkerung.

winter" begann. Die Be-
hörden ließen Rezepte für
Gerichte aus Löwenzahn
oder Brennnesseln veröf-
fentlichen. Zur optimalen
Nahrungsverwertung
schlug das Kriegsernäh-
rungsamt gar vor, „jeden
Bissen 80-mal durchzu-
kauen". Die Stadtverwal-
tung organisierte Volks-
speisungen: Zehn Haupt-
küchen und 77 Ausgabe-
stellen versorgten über
160.000 bedürftige Men-
schen. Ein Liter Eintopf
kostete 35 Pfennige.
Berlin und das gesamte
Deutsche Reich waren
kriegsmüde. Am 19. Juli
1917 forderte die Mehr-
heit der Abgeordneten des

Reichstags den Kaiser auf, einen „Verständigungsfrieden"
zu schließen. Der Kaiser lehnte ab, versprach aber, nach
Ende des Krieges mit einer Verfassungsreform das Dreiklassenwahlrecht von Grund auf zu überarbeiten. Inflation,
Hunger und die Unzufriedenheit mit der politischen Ent-
mündigung führten zu Arbeitsniederlegungen. Nach dem
Vorbild der erfolgreichen Februarrevolution 1917 in Russland bildete die Belegschaft der Knorr Bremse AG erste
Arbeiterräte, und die Belegschaft der AEG streikte für den
Frieden. Als die Produktion kriegswichtiger Güter ins Stocken kam, verhängte die Regierung den verschärften Bela-
gerungszustand über Berlin: Kriegsrecht.

"Normung bringt Ordnung" - durch Anpassung der Maße für Hefter, Umschläge, Ordner, Schreibmaschinen, Schreibtischschubladen und Aktenschränke an die Papierformate. Rechts: Formatentwickler Dr. Walter Porstmann.

Treppen und mehr: Beispiele seiner Arbeit zeigt das Institut in der Dauerausstellung im Normenwerk.

www.din.de

In der Burggrafenstraße 6 legt das DIN die meist international gültigen Standards fest.

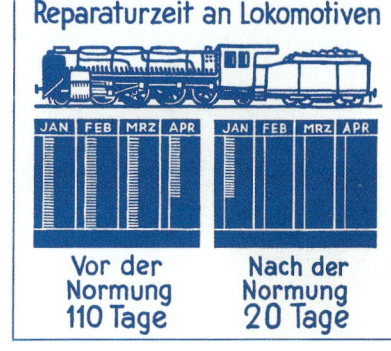

Reparaturzeit an Lokomotiven

| JAN | FEB | MRZ | APR | | JAN | FEB | MRZ | APR |

Vor der Normung 110 Tage

Nach der Normung 20 Tage

„Revolution" gegen unpraktische Vielfalt

1922 dokumentierte die DIN-Norm 476 die heutzutage bekanntesten Maße - festgelegt für diverse Papierformate, darunter DIN A4. Es folgte die Erarbeitung einer Infrastruktur der gedruckten Kommunikation. Auf die Papierformate stimmten die Hersteller die Maße für Hefter, Umschläge, Ordner, Schreibmaschinen, Schreibtischschubladen und Aktenschränke ab. Ähnlich „revolutionär": die Festlegung bevorzugter Maße für Container in internationale Normen Ende der 1960er-Jahre.

Anfangs als Mittel zur Reduzierung unnötiger Typenvielfalt und Vereinfachung der Technik für die Massenproduktion geplant, eroberten die Normen bald alle Lebensbereiche: Arbeit und Freizeit, Wohnung und Umwelt, Gesundheit und Sicherheit sowie Produkte und Dienstleistungen dienen als Gegenstand der Normung - bei erkennbarem Nutzen für die Allgemeinheit. Das Arbeitsgebiet des DIN umfasst nicht nur neue Entwicklungen wie beispielsweise in der Nanotechnologie, sondern auch bei Finanzdienstleistungen, Wach- und Sicherheitsdiensten, der Reinigung von Schulgebäuden sowie in der Tourismusbranche. Die meisten der vom DIN veröffentlichten Normen gelten heutzutage nicht „nur" national, sondern europa- oder sogar weltweit.

Normen dienen auch dem Wissenstransfer, verbreiten neues technisches Wissen schneller in den Markt. Eine wissenschaftliche Studie beziffert den gesamtwirtschaftlichen Nutzen der Normung allein für Deutschland pro Jahr auf rund ein Prozent des Bruttoinlandprodukts - 2007 rund 23 Milliarden Euro. Als eingetragener Verein zählen zum DIN Deutschen Institut für Normung e.V., wie es seit 1975 heißt, rund 1.700 Mitglieder. Über diese Hauptmitglieder sind 10.000 weitere Unternehmen in Deutschland im DIN vertreten. Unternehmen, Behörden und Universitäten entsenden darüber hinaus rund 26.000 Experten, um in Ausschüssen Normen zu erarbeiten. Die rund 400 DIN-Mitarbeiter unterstützen sie dabei. Das Institut finanziert sich im Wesentlichen durch Mitglieds- und Förderbeiträge, projektbezogene Förderung der öffentlichen Hand und den Verkauf der Normen durch die 1924 gegründete Tochtergesellschaft Beuth Verlag.

DIN-Studie zum gesamtwirtschaftlichen Nutzen der Normung.

Bestrebungen zur technischen Vereinheitlichung in den verschiedenen Bereichen der Wirtschaft sorgten zu Beginn des 20. Jahrhunderts in den industrialisierten Ländern dafür, technische Normen als Gemeinschaftsaufgabe auf national organisierter Grundlage zu entwickeln. So trafen sich am 22. Dezember 1917 Vertreter von 18 Behörden und öffentlichen Anstalten, von 22 Verbänden und 19 Unternehmen - darunter AEG, Borsig, Ludwig Löwe, Siemens & Halske sowie Siemens-Schuckert - im Hause des Vereins Deutscher Ingenieure in Berlin-Mitte und gründeten den privatwirtschaftlich organisierten Normenausschuss der Deutschen Industrie. In vorbereitenden Sitzungen hatten die Teilnehmer seit Mai 1917 konkrete Vorhaben bearbeitet, sodass der Ausschuss bereits im März 1918 die ersten fünf Normen präsentierte. DIN 1 legte Maßreihen für Kegelstifte (oben Mitte) fest.

Kaiser flieht: blutige Kämpfe und drei Meilensteine auf dem Weg zur Demokratie

Für den späteren Reichspräsidenten Friedrich Ebert galt dieser Tag als „Geburt der deutschen Demokratie": der 3. Oktober 1918. Um im tobenden Weltkrieg seine Verhandlungschancen bei einem Waffenstillstand zu verbessern, ernannte Wilhelm II. an diesem Tag den liberalen Prinzen Max von Baden zum Reichskanzler. SPD-Mitglieder traten in seine Regierung ein. Eine Verfassungsänderung stellte den Kanzler und seine Minister unter die Kontrolle des Reichstags und damit auch die Oberste Heeresleitung (OHL). Dramatische Stationen auf dem Weg zur Demokratisierung Deutschlands folgten, die schließlich zur Abdankung des Kaisers führten.

Heeresleitung unter Parlaments-Kontrolle

Wilhelm II. hatte sich am 29. Oktober 1918 ins Hauptquartier der OHL im belgischen Spa abgesetzt. General Ludendorff wollte die Gefechte an der Westfront fortsetzen, doch die Kampfbereitschaft der deutschen Truppen war gebrochen. Immer mehr Soldaten flüchteten. In Kiel und Wilhelmshaven meuterten Matrosen, als ihre Schiffe zu einer Schlacht im Ärmelkanal gegen England auslaufen sollten. In den Werften solidarisierten sich Arbeiter mit dem

Karl Liebknecht verkündet die Gründung der „Freien Sozialistischen Republik Deutschland".

Ziel, den Krieg zu beenden. Seit dem 4. November gründeten aufständische und heimkehrende Soldaten zuerst in den Küstenstädten, danach in Hannover, Braunschweig und Frankfurt am Main Arbeiter- und Soldatenräte. In Berlin forderten Regierungsmitglieder der SPD am 7. November in einem Ultimatum die Abdankung des Kaisers.

Mit einem mächtigen Demonstrationszug der Arbeiter in Richtung Zentrum begann der 9. November in Berlin. Die Polizei hielt sich zurück, das Militär blieb in den Kasernen. Vereinzelt erschossen kaisertreue Offiziere Demonstranten von den umliegenden Dächern aus. Max von Baden verkündete gegen Mittag eigenmächtig und verfassungswidrig den Thronverzicht Wilhelms II. und trat selbst zurück. Das Amt des Reichskanzlers überließ er dem SPD-Vorsitzenden Friedrich Ebert, dessen Partei die Mehrheit im Reichstag stellte.

Rat der Volksbeauftragten vom 10. November bis 29. Dezember 1918 (von unten links): Wilhelm Dittmann (USPD), Otto Landsberg (SPD), Hugo Haase (USPD), Friedrich Ebert (SPD), Emil Barth (USPD) und Philipp Scheidemann (SPD).

Scheidemann ruft Deutsche Republik aus

An einem Fenster des Reichstags rief der Sozialdemokrat Philipp Scheidemann um 14 Uhr die Republik aus: „Das Alte und Morsche, die Monarchie ist zusammengebrochen. Es lebe das Neue, es lebe die deutsche Republik!" Der Rat der Volksbeauftragten der Arbeiter- und Soldatenräte bestätigte die von Ebert gebildete provisorische Regierung - und damit den zweiten Geburtstag der deutschen Demokratie.

Zwei Stunden später aber deklarierte Karl Liebknecht vom Balkon des Berliner Stadtschlosses aus die „Freie Sozialistische Republik Deutschland". Die deutsche Linke war gespalten: Die Sozialdemokraten hatten die Kriegspolitik Wilhelms II. mitgetragen und unterstützten in der Mehrzahl die neue Reichsregierung.

Die „Unabhängige SPD" (USPD) und die ihr angeschlossene Spartakus-Gruppe mit Liebknecht und Rosa Luxemburg strebte dagegen eine Räterepublik nach sowjetischem Muster an. Sie forderte eine Entmachtung des Militärs und - getreu den Lehren von Karl Marx und Friedrich Engels - eine Verstaatlichung der Schlüsselindustrien.

Die Polizei hatte sich aus ihren ursprünglichen Funktionen verabschiedet. Ihr Präsident Emil Eichhorn stand den Spartakisten nahe und kümmerte sich eher um die Bewaffnung der radikalen Linken als um die Sicherheit der Bevölkerung. Die Bevölkerung griff zur Selbsthilfe; in zahlreichen Stadtteilen formierten sich Bürgerwehren.

Philipp Scheidemann ruft die Republik aus.

Die Situation eskalierte. Die gemäßigten Demokraten forderten Wahlen zu einer deutschen Nationalversammlung, die radikale Linke träumte von „der Diktatur des Proletariats" in einer Räterepublik. Soldaten der Reichswehr aus der „Maikäferkaserne" lieferten sich erbitterte Schusswechsel mit den Spartakisten. 16 Tote blieben zurück. Als „Berliner Blutweihnacht" ging der 24. Dezember 1918 in die Geschichte ein: Die Regierung wollte den Matrosen der revolutionären Volksmarine nur dann den Sold weiterzahlen, wenn sie das von ihnen gehaltene Schloss räumten. Die Matrosen besetzten daraufhin die Reichskanzlei. Friedrich Ebert rief das Militär zu Hilfe, das mit Artillerie- und Maschinengewehrbeschuss gegen die Besetzer vorging.

Die bewaffnete Auseinandersetzung forderte 67 Tote. Arbeiter solidarisierten sich mit den Matrosen; Truppenteile der regulären Armee schlossen sich ihnen an. Der Reichkanzler entließ den Polizeipräsidenten Eichhorn, der sich auf die Seite der Matrosen geschlagen hatte.

Am 1. Januar gründeten Mitglieder der USPD, des

Spartakisten schießen auf Regierungstruppen. Revolutionäre Marinesoldaten maschieren „Unter den Linden" (unten).

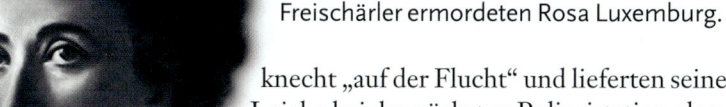

Spartakus- und des Roten Soldatenbundes sowie der Internationalen Kommunisten Deutschlands im Berliner Abgeordnetenhaus die Kommunistische Partei Deutschlands (KPD). Ihr Ziel: die Weltrevolution. KPD-Mitglieder besetzten am 5. Januar die großen Zeitungsverlage. Der „Vorwärts" der SPD musste nun Mitteilungen der Aufständischen drucken. SPD-Sympathisanten versammelten sich als menschliche Schutzschilde vor den Regierungsgebäuden in der Wilhelmstraße. Ohne klare Fronten begann der Straßenkampf zwischen den kommunistischen Revolutionären auf der einen und Sozialdemokraten sowie Militär auf der anderen Seite.

Am 7. Januar 1919 ernannte die Regierung Gustav Noske zum Oberbefehlshaber der Truppen in Berlin. Sein lakonischer Kommentar: „Meinetwegen. Einer muss der Bluthund werden." Der Sozialdemokrat rekrutierte Freiwilligenverbände aus dem Umkreis der Stadt, finanziert vom Großindustriellen Hugo Stinnes. Größtenteils schlossen sich konservative, kaisertreue Offiziere und Soldaten diesen Einheiten an. Am 11. Januar ließ Noske die „Freikorps" in die Stadt einmarschieren. Ihnen gelang es zusammen mit regulären Truppen, die Unruhen des „Spartakusaufstands" niederzuschlagen. Und wieder hatten 157 Menschen das Leben verloren.

Als „Köpfe des Aufstands" nahmen die Freikorps nun die KPD-Führung ins Visier: Karl Liebknecht und völlig zu Unrecht auch Rosa Luxemburg, die immer wieder zur Mäßigung aufgerufen hatte. Angehörige der „Garde-Kavallerie-Schützen-Division" spürten die beiden „Staatsfeinde" in Wilmersdorf auf, verschleppten sie ins Eden Hotel am Kurfürstendamm und transportierten sie am 15. Januar nach schweren Misshandlungen ab. Im Tiergarten erschossen Offiziere Lieb-

Freischärler ermordeten Rosa Luxemburg.

knecht „auf der Flucht" und lieferten seine Leiche bei der nächsten Polizeistation als unbekannten Toten ab. Rosa Luxemburg ermordeten sie in einem Auto und warfen die Leiche in den Landwehrkanal.

Am 19. Januar 1919 folgten die ersten freien und geheimen Wahlen zur Deutschen Nationalversammlung. Zum ersten Mal waren auch Frauen stimmberechtigt und wählbar - ein drittes Datum, das den Geburtstag der deutschen Demokratie markiert. Die KPD trat nicht zum Urnengang

Frauen: Stimmberechtigt und wählbar zum ersten Mal

schen Demokratie markiert. Die KPD trat nicht zum Urnengang an. Da Berlin nicht zur Ruhe kam, traten die Abgeordneten aus Sicherheitsgründen nicht im Berliner Reichstag, sondern in Weimar zu ihrer konstituierenden Sitzung zusammen. Sie wählten Friedrich Ebert (rechts) zum Reichspräsidenten und Philipp Scheidemann zum Kanzler.

„Bluthund" Gustav Noske (mit Hut) und Freikorps-Soldaten.

Armut, Hunger, Inflation: Wucherpolizei wacht über Preise

300.000 Arbeitslose auf den Listen der Stempelstellen bereits im Februar 1919, 782.000 Obdachlose Ende 1922 durch Wirtschaftsmisere und Inflation: Wie kaum eine andere deutsche Stadt litt Berlin. Kinderreiche Familien lebten in einem Raum; die Sanitäreinrichtungen katastrophal. Jugendbanden sorgten mit Raubzügen für Angst und Schrecken in den Villenvierteln.

Den Friedensvertrag zum Ende des Ersten Weltkriegs 1919 galt für die Menschen als „Versailler Diktat"; die Siegermächte forderten gigantische Reparationszahlungen. Die Arbeiter fühlten sich von der neuen Reichsregierung nicht repräsentiert und riefen mehrfach zum Generalstreik auf. Mehr als 500 Tote forderten im März die Barrikadenkämpfe der Reichstruppen und der Freikorps mit den kommunistischen Aufständischen. Ein Jahr später dann der Putsch rechtsgerichteter Militärs unter Führung von Wolfgang

Wolgang Kapp (links) ließ sich zum Reichspräsidenten ausrufen.

Kapp. Die parlamentarische Demokratie konnte sich nicht durchsetzen - Berlin kam nicht zur Ruhe.

Elend überall in der Stadt: Wenn die Kinder überhaupt die Schule besuchten, so hungernd, ohne Schuhe und warme Kleidung. Sie bettelten um Geld und Essen. Männer zogen mit Schildern „Übernehme jede Arbeit" durch die Straßen Berlins. Manche Frau ging auf den Strich, um die Familie durchzubringen. Volksküchen, die für wenig Geld Eintopf austeilten, sollten die Not lindern. Was aber hieß „wenig Geld" in einer Zeit der Hyperinflation, in der Arbeitslose Banknoten auf dem Schwarzmarkt als Altpapier verkauften?

Eine „Wucherpolizei" wachte über Preisanpassungen. Die Stadtverwaltung stellte die Ausgabe von Brotmarken für die „Kommunalschrippen" ein, denn sie konnte beim Druck von Bezugsscheinen mit der Inflation nicht mithalten. Den Arbeitern der AEG zahlte die Werksleitung einen Teil ihres Verdienstes in Brot.

Arbeitslosigkeit ließ die Menschen verzweifeln.

Der Ullstein-Verlag zahlte Löhne nur noch kofferweise aus. Neun Stunden musste ein Arbeiter für ein Pfund Butter schuften. Hungernde plünderten Bäckereien. Auf dem Höhepunkt der Inflation kostete ein Pfund Brot acht Milliarden Mark. Erst mit der Einführung der Rentenmark am 15. November 1923, die sich mangels Goldreserven auf den Dollar stützte, sollte die Zeit der ständigen Teuerungen allmählich enden.

Der Schwarzhandel blühte - und damit auch die Kriminalität. Bewaffnete zogen ins Umland und raubten mit vorgehaltener Pistole die Kartoffeln vom Feld, mit denen satte Bauern lieber Schweine mästen oder Schnaps brennen wollten.

Die Geldscheine des Vormonats taugten häufig nur noch zum Feuermachen.

Zahlreiche Arbeiter organisierten sich in extremen Flügeln des Parteienspektrums. Zusätzlich polarisierte die „Dolchstoßlegende" vom Verrat der Sozialdemokraten an der Heimatfront während des Weltkriegs. Der Zentrumspolitiker Matthias Erzberger (oben links) und der sozialdemokratische Außenminister Walter Rathenau (oben rechts) fielen rechtsradikalen antisemitischen Attentaten zum Opfer. In dieser explosiven Situation ging eine neue Partei am rechten Rand der Gesellschaft auf Stimmenfang. 1919 als DAP gegründet und 1920 in Nationalsozialistische Deutsche Arbeiterpartei (NSDAP)" umbenannt, machte sie das „Weltjudentum" für den „Versailler Schandfrieden" und die schlechte Versorgungslage verantwortlich. Mit Erfolg: Auf das Gerücht hin, jüdische Spekulanten hätten das Notgeld aufgekauft, plünderte am 5. November 1923 eine von den Nazis aufgehetzte Menge jüdische Geschäfte im Scheunenviertel.

Heinrich Zille brachte das „Milljöh" in seiner Armut zu Papier (unten).

Kietz, „Milljöh" und Gentlemen: Gangster-Brüder buddeln sich in Bank

Armut und Arbeitslosigkeit, Klein- und Großkriminalität beflügelte in Berlin eine neue Szene - das „Milljöh", dem Alfred Döblin und Heinrich Zille ein Denkmal gesetzt haben: Döblin mit der Figur des arbeitslosen Franz Biberkopf, der allmählich in die Welt der Zuhälterei, Kaschemmen und halbseidenen Gelegenheitsarbeiter gerät, Zille mit seinen realistischen und auch satirischen Zeichnungen zur Welt der kleinen Leute am Rand der bürgerlichen Existenz.

Im „Kiez" hatte die Polizei nichts mehr zu melden. „Ringvereine" teilten den Markt untereinander auf und boten entlassenen Offizieren, verarmten Intellektuellen und bürgerlichen Glücksrittern neue kriminelle „Herausforderungen". Die Ringvereine verabscheuten

Trügerische Hoffnung: Wahlplakat für Adolf Hitler.

Mörder und Sexualtäter. Sie sahen sich vielmehr als „Gentlemanverbrecher" und suchten ohne Gebrauch der „Plempe" einen Rest von Anstand zu bewahren. Gut angelegte „Gemeinschaftskassen", finanziert aus Einbrüchen, Hehlerei, Schutzgeldern und Prostitution, sicherten die Existenz der Familien, wenn einer der „Gentlemen" den Schlips mit schwedischen Gardinen tauschen musste. Auch Rauschgifthandel gehörte zu den Einnahmequellen: Das Lied „Mutter, der Mann mit dem Koks ist da", bezog sich nicht auf Heizmaterial. Die Anführer der Ringvereine, die dem süßen Leben nicht abgeneigt waren, sorgten in ihrem Revier für Ordnung. Sie unterhielten beste Verbindungen zur Polizeiführung und zu prominenten, mondän lebenden Spitzenverteidigern wie Max Alsberg und Erich Frey.

Und beim Ball der Ringvereine im Zoo-Pavillon dirigierte der Kripochef persönlich das Orchester...

Am 1. Mai 1927 hielt Adolf Hitler im Konzerthaus Clou in der Kreuzberger Mauerstraße eine Rede vor NSDAP-Mitgliedern. Drei Tage später kam es zu heftigen Ausschreitungen zwischen Kommunisten und Nazis. Die Polizeiberichte, die

eine gewisse Sympathie für die Nazis nicht verhehlen konnten, verzeichneten 23 schwer verletzte Kommunisten und zwei verwundete SA-Leute. Polizeipräsident Karl Zörgiebel verbot angesichts der Ausschreitungen die Berliner NSDAP bis zum März 1928.

Die Ringvereine hielten sich aus den Auseinandersetzungen zwischen der radikalen Rechten und Linken weitgehend heraus, politisch jedoch standen sie eher den Kommunisten und Sozialdemokraten nahe. Und den braunen Horden war die Halbwelt stets ein Dorn im Auge.

Zu den prominentesten Ganoven des Moabiter Kiez zählten die Brüder Franz und Erich Sass mit ihrem Coup am 27. Januar 1929: Sie hatten einen Tunnel gebuddelt - direkt in den Tresorraum der Diskontgesellschaft am Wittenbergplatz. Um die Entdeckung zu verzögern,

schweißten sie das Schloss von innen zu. Danach leerten sie in aller Ruhe zwei Flaschen Wein. Geld, Schmuck und Gold im Wert von 2,5 Millionen Mark meldete die Bank ihrer Versicherung - ausgenommen die Schwarzgelder in den Schließfächern. Daheim in Moabit steckten die Brüder bedürftigen Familien große Geldscheine in die Briefkästen. Trotz erdrückenden Belastungsmaterials kamen sie vor Gericht ungeschoren davon. Die Brüder luden daraufhin zu einer Pressekonferenz ins Nobelrestaurant „Lutter und Wegner" am Gendarmenmarkt ein.

Nach der Machtergreifung flüchteten die Brüder Sass nach Dänemark. 1938 an die Nazis ausgeliefert, sollten sie im KZ Sachsenhausen inaftiert werden. Das Überstellungskommando notierte 1940 lapidar: „Bei Widerstand erschossen". Die Berliner Schnauze würdigte die beliebten Ganoven mit einem Witz: „Wie buchstabiert man die größten Verbrecher Deutschlands? Sass - SA und SS."

Umschlag des Romans „Berlin Alexanderplatz". Rechts: „Kinder der Straße" von Heinich Zille.

Die ausgeräumten Schließfächer der Diskontgesellschaft. Davor die coolen Gangster Erich (links) und Franz Sass.

Das Leben - rast in der Kult-Metropole Europas

Trotz der politischen Unruhen mit täglich neuen Todesopfern, trotz Inflation und Kriminalität: In den 20er-Jahren stieg Berlin unaufhaltsam zur Kult-Metropole Europas auf. Unter der Stadtverwaltung mit Oberbürgermeister Gustav Böß an der Spitze zählte Großberlin nach mehreren Eingemeindungen 3,8 Millionen Einwohner auf einer Fläche von fast 900 Quadratkilometern und hatte damit Paris oder London überrundet. Am 29. Oktober 1923 um 20 Uhr begann in Berlin eine neue Ära: Im Vox-Haus startete der Sendebetrieb des Deutschen Rundfunks - auf „Welle 400". Über Hochantenne, Kristalldetektor und Kopfhörer empfingen die 1.580 gebührenpflichtigen Hörer eine Mischung aus Plattenaufnahmen und Live-Konzerten; zahllose Bastler hörten „schwarz" mit. Auf dem Messegelände an der Masurenstraße eröffnete 1924 die erste deutsche Funkausstellung ihre Pforten und sorgte für den Durchbruch des neuen Medi-

Auf der AVUS brummten erstmals 1921 die Motoren.

ums. Und ab 1926 überragte der 150 Meter hohe Funkturm das Messegelände als neues Wahrzeichen der Stadt. Der Sender auf dem „Langen Lulatsch" deckte 40 Prozent der Fläche ab. Noch einmal drei Jahre später flimmerten - noch als Experiment - die ersten Bilder über den Kathodenbildschirm: Weltpremiere des Fernsehens in Berlin. Auf der 1921 am Grunewald eröffneten Automobil-Verkehrs- und Übungs-Straße, kurz AVUS, heulten die Motoren auf. Tausende Zuschauer säumten die zweispurige, mit 20 Kilometern längste Autorennbahn der Welt. Den ersten Vergleich gewann Opel mit einem Schnitt von 129 Kilometern pro Stunde vor Mercedes Benz.

Die Universal-Film AG (Ufa) entwickelte sich in kürzester Zeit zum führenden deutschen Unternehmen der Filmindustrie. Im September 1919 eröffnete sie mit dem Film „Madame Dubarry" von Ernst Lubitsch das größte Kino Berlins, den Ufa-Palast am Zoo. Dort liefen Filme wie „Nosferatu" von Wilhelm Murnau sowie „Dr. Mabuse" und „Metropolis" (Plakat oben links) von Fritz Lang an. Die ersten Tonfilme hatten 1922 in den Alhambra Lichtspielen am Kurfürstendamm Premiere. Mehr als 50 Bühnen boten Regisseuren und

Künstlern ein in der gesamten Republik einzigartiges Experimentierfeld: Max Reinhardt arbeitete gleichzeitig am Großen Schauspielhaus, am Deutschen Theater und an den Kammerspielen. Schauspielerinnen und Schauspieler wie Rosa Valetti, Pola Negri, Marlene Dietrich und Emil Jannings zog es nach Berlin.

Der Schauspieler Erwin Piscator wollte „Kunst für das Volk" schaffen und eröffnete 1920 in „Kliems Festsaal" auf der Hasenheide sein proletarisches Wandertheater, das als intellektuelle „Waffe" kommunistische Ideen propagierte. Zunächst allein, dann mit Laienspielern zog er durch die Kiezkneipen, bis er 1923 das Central-Theater pachtete und 1927 auch das Theater am Nollendorfplatz übernahm. Im Auftrag der KPD inszenierte Piscator politische Revuen, so zu den Reichstagwahlen 1924 den „Roten Rummel". Mit der Uraufführung der Dreigroschenoper (Musik: Kurt Weill) feierte Bertolt Brecht 1928 im Theater am Schiffbauerdamm große Erfolge.

Legendär: Marlene Dietrich als „blauer Engel", daneben Pola Negri mit Hund.

Der Film „Das Cabinet des Dr. Caligari" von Robert Wiene schrieb Stummfilmgeschichte.

Stinkbomben rechtsradikaler und streng katholischer Bürger flogen im Januar 1921, als im Charlottenburger „Kleinen Schauspielhaus" Arthur Schnitzlers frivoles Stück „Der Reigen" die verklemmte Sexualmoral an den Pranger stellte. „Jüdische Pornografie", pöbelten die Krawallmacher. DADA-Sprüche wie „Kunst ist Scheiße" oder „Berlin, dein Tänzer ist der Tod" polarisierten das Publikum ebenso wie die Filme „Der Blaue Engel" und „Im Westen nichts Neues".

Eines der ersten Fernsehgeräte mit Mini-Bild.

Im Sportpalast in der Potsdamer Straße trafen sich Schickeria und Halbwelt zum Sechstagerennen und zu Boxveranstaltungen. Schauspieler, Spekulanten, Politiker, Kaufleute und betuchte Gauner feuerten aus den Logen die Sportler an, während die einfachen Berliner auf dem „Heuboden" ihre berühmten Pfiffe hören ließen. Kleinere Arenen lockten mit Damen-Box- und -Ringkämpfen. Im

Josefine Baker im knappen Bananen-Rock. Unten die „Tiller-Girls" in Aktion.

„Haus Vaterland" am Potsdamer Platz schwoften Buchhalter und Verkäuferinnen, Tippsen, Hausmädchen und Vertreter, bevor sie in die Separees der „Mokkabar" in der Friedrichstraße verschwanden. Sodom und Gomorra in Berlin? Der Szene jener Jahre war das schnurz. Unter den Linden flanierte der „Damenverkehr": Transvestiten hatte ihre Quartiere praktischerweise gleich in den Seitenstraßen. Dort konnte der Besucher auch „eine Nase ziehen". Das für seine frivolen Darbietungen bekannte Kabinett „Weiße Maus" hielt Masken bereit, damit sich die Berliner inkognito den Aufführungen und den anschließenden „Lustbarkeiten" hingeben konnten. Auch Heterosexuelle besuchten die Lokale der Schwulen- und Lesbenszene gern - beispielsweise das „Eldorado" in der Motzstraße oder die „Silhouette" am Ende der Culmbachstraße. Schlepper komplimentierten Kaufleute und Bauern aus der Provinz, aber auch Reichstagsabgeordnete in ein Etablissement, wo Cäcilie Schmidt alias „Celly de Rheydt" alle Hüllen fallen ließ. Der Berliner Revuekönig Rudolf Nelson entdeckte die Dame und ließ mit ihr 1921 die erste „Nackttanzgruppe" der Republik über die Bretter tingeln. Josefine Baker, die „Schwarze Venus" aus den USA, agierte

Kurt Tucholsky

Zilles „Gemischter Ringkampf" (unten).

nur mit einem Bananenröckchen auf der Bühne.

Als Kontrast zu den Nacktrevuen engagierte der Tänzer Erik Charell die Tiller-Girls aus London für das umgebaute Große Schauspielhaus an der Weidendamm-Brücke. Die „Girls" reisten in Begleitung ihrer Hausmutter und ihres Pastors an; sie begeisterten mit langen Beinen und exakten Choreografien ein eher konservatives Publikum. Mit Charells Revue „An Alle" zog der Jazz in Berlin ein. „Alles wirft die Glieder in grausiger Euphorie", beschrieb der Schriftsteller Klaus Mann die „Jazz-Infektion" aller Schichten.

Das „Romanische Café" gegenüber der Kaiser-Wilhelm-Kirche (heute Gedächtniskirche) galt als Stammlokal der Künstlerszene: „Der Kuchen war alt und der Kaffee schlecht." Hier trafen sich Dadaisten, Expressionisten und Sezessionisten

aus der bildenden Kunst, Regisseure, Schauspieler und Bühnenbildner der Theaterwelt, Drehbuchautoren und Literaten. Ein „Obdachlosenasyl für die Unbehausten im Geiste", so nannte ein Zeitgenosse das Café, das vielen Künstlern als Arbeitsplatz, Lesestube und Wärmehalle diente. Die Kellner drückten ein Auge zu, wenn sich ein Stammgast auch ohne den obligatorischen Verzehr dort über Stunden niederließ. „Alle Wege führen nach Berlin zurück und ins Romanische", notierte Kurt Tucholsky.

In der Stadt hatte sich eine vielfältige Presselandschaft mit 45 Morgenzeitungen, 14 Abend- und zwei Mittagsblättern etabliert. Die Journalisten trafen sich im „Café Jänicke" (Motzstraße) in der Nähe der Pressehäuser von Ullstein, Mosse und Scherl. Journalisten wie Alfred Kerr, Egon Erwin Kisch, Siegfried Kracauer, Carl von Ossietzky und Josef Roth, Journalistinnen wie Gabriele Tergit, Erika Mann und Ruth Landshoff griffen in Berlin zur Feder. Ernst Rowohlt gründete 1925 die Wochenzeitung „Die literarische Welt". Und verpflichtete die Essayisten Robert Musil, Thomas Mann, Marcel Proust, Ernst Jünger und Johannes R. Becher.

Das pralle Leben und die kulturelle Vielfalt sollten ein jähes Ende finden, als die NSDAP 1933 die Weimarer Republik staatsstreichartig unter ihrem braunen Sumpf aus Intoleranz, Terror und Mord begrub.

Erik Charell

Baudenkmäler zum Wohnen

Wie kaum ein anderes Wohnungsbau-
unternehmen in Deutschland schrieb die
GEHAG mit richtungweisenden Wohnbauten und Siedlungsprojekten Sozial-
und Architekturgeschichte. Schon kurz
nach ihrer Gründung im Jahr 1924 konnte die Gemeinnützige Heimstätten-, Spar-
und Bau-Aktiengesellschaft den berühmten Architekten Bruno Taut als Chefarchi-
tekten gewinnen. Der 1880 in Königsberg
geborene Taut gilt als ein Wegbereiter der
Moderne. Weltruhm erlangt er mit seinem Glashaus für die Werkbundaus-
stellung 1914. Licht, Farbe, Glas sind für
ihn wichtige, ja „kosmische" Materialien.
Taut wandte in seinen Plänen neue Bau-
methoden und Gestaltungsmerkmale an
und begründete damit in Deutschland
eine neue Stilrichtung, das „Neue Bauen".
Seine Entwürfe versuchte Taut nord-
südlich auszurichten, sodass die Wohnungen ausreichend mit Licht und Luft versorgt waren. Damit war er der ideale Partner der GEHAG: Die Bedürfnisse der Bewohner nach Licht, Luft und Sonne sollten die neuen GEHAG-Wohnungen erfüllen. Die Realisierung fortschrittlichen
und bezahlbaren Wohnraums sah die

GEHAG als ihre sozialpolitische Aufgabe;
in den 20er-Jahren handelte sie mit dieser
Einstellung richtungweisend. Das erste
GEHAG-Projekt war die ab 1925 in Britz
realisierte Hufeisensiedlung. Taut konzipierte das Gebäude in der Rundform, um
den Gemeinschaftssinn der Bewohner architektonisch zu unterstreichen. Rings um
dieses Zentrum herum erstreckt sich das
gesamte Wohngebiet im versetzten
Reihenhausstil mit Spitzdach. Die Siedlung gilt heute als ein erstes Bespiel für
ökologische Stadtarchitektur.
Für die Menschen, gewöhnt an Mietska-
sernen und dunkle Hinterhöfe, stellte der
Wohnkomfort und die Einbeziehung des
Gartens als Außenwohnraum eine völlig
neue und vor allem fortschrittliche Lebensform dar. Aber nicht nur in Sachen
Ökologie galt Taut als Vorreiter: Er setzte
auch auf die industrielle Fertigung. Damit
konnte er das Bautempo deutlich be-
schleunigen. Für die insgesamt mehr als
1.000 Wohnungen kam der Architekt mit

nur vier Grundriss-Typen aus. Als erster
Abschnitt wurden 1925/26 das „Hufeisen", das Hüsung, die Lining- und Mi-
ningstraße und die nördliche Bebauung
der Fritz-Reuter-Allee errichtet. 1927 waren die 472 Wohnungen fertiggestellt.
Das markante Hufeisen hat bis in die Gegenwart einen besonderen Stellenwert für
die GEHAG - eine Zeichnung der Siedlung bildet die Grundlage für das Logo
des Berliner Unternehmens. Die Hufeisensiedlung zählt zu den sechs Berliner
Siedlungen, die der Senatsverwaltung für

Stadtentwicklung und
dem Landesdenkmal-
amt Berlin den Antrag
zur Aufnahme in die
UNESCO-Welterbe-
liste wert sind. Ebenfalls
Bestandteil des Antrags
sind die GEHAG-Sied-
lungen „Weiße Stadt"
von 1931 in Reinicken-
dorf und die Siemensstadt von 1931 in
Charlottenburg.
Nach dem Zweiten Weltkrieg hatte sich
die GEHAG weiter für bezahlbaren
Wohnraum engagiert. Wieder setzte die
Gesellschaft Maßstäbe, etwa mit der
Gropiusstadt im Bezirk Neukölln. Heute
zählt die GEHAG, seit 2007 Bestandteil
der „Deutsche Wohnen AG", mit 27.000
Wohnungen in Berlin und Brandenburg
zu den führenden Wohnungsunternehmen
in der Region.

Die „Weiße Stadt" von 1931 in Reinickendorf. Rechts: Ein prominentes Fondsobjekt
der GEHAG aus dem Jahr 1996 in Berlin
Wilmersdorf.

Links: Waldhüterpfad in der Waldsiedlung
Zehlendorf um 1928

Hanne schießt Hertha in den Fußball-Olymp

Herthas Helden von 1930 und ihre Viktoria.

Ein ganzes Menschenleben ist seit dem Triumph vergangen, doch die Berliner Fußball-Fans haben diesen Tag nicht vergessen. Den Tag, an dem sie Hanne Sobek & Co. auf ihren Schultern durch Berlin trugen (oben). 22. Juni 1930: In brütender Hitze steht Hertha BSC im Düsseldorfer Rheinstadion im Endspiel um die Deutsche Meisterschaft. Viermal in Folge hatten die Berliner das Finale verloren. Gegen Holstein Kiel sollte die „Viktoria" (der Meisterpokal) im fünften Anlauf endlich an die Spree.

„Nur wenige Berliner Schlachtenbummler waren mitgereist", erinnerte sich später Hertha-Kapitän Hanne Sobek (1900-1989). „Aus zehntausend Kehlen hörten wir das Publikum nur unseren Gegner anfeuern. Holstein Kiel, Holstein Kiel - dröhnte es gespenstisch von den Rängen." Die Herthaner mussten auf die Zähne beißen.

Der erste Erfolg war die Platzwahl. Sobek gewann, Kiel musste die ersten 45 Minuten gegen die Sonne spielen. Dann begann ein Fußball-Krimi. Nach nur acht Minuten standen die Berliner bereits mit dem Rücken zur Wand. Nach einem Strafstoß und einem Abstauber lag Kiel 2:0 vorn. Jetzt schlug die große Stunde des Hanne Sobek. Der charismatische Superstar schaffte noch vor der Halbzeit den Ausgleich. Das Spiel blieb ein offener Schlagabtausch, bis zur 87. Minute stand es unentschieden 4:4. Jetzt verlor Holstein die Nerven, die Favoriten fingen an zu meckern und sogar zu treten. Hertha behielt die Ruhe, Sobek einen klaren Kopf. „Jetzt erst recht", rief Hanne (oben beim Kopfball) seinen Kameraden zu. „Hört einfach auf unsere Anhänger da draußen, sie peitschen uns zum Sieg."

Tatsächlich, Hertha schaffte das Wunder. Plötzlich stand Hans Ruch allein vor Kiels Torwart Alf Kramer und schob das Leder in die Maschen: 5:4 für Hertha! Sobek erinnerte sich: „Jetzt fehlten nur noch 180 Sekunden bis zum Schlusspfiff. Die ganze Mannschaft arbeitete wie eine Maschine, dann kam endlich der erlösende Pfiff. Wir hatten es geschafft, wir waren Deutscher Meister."

Am nächsten Morgen ging es mit dem Frühzug zurück nach Berlin: je näher der Stadtgrenze, desto begeisterter der Empfang. Bei Spandau grüßte der Zeppelin das Team aus der Luft, am Bahnhof Zoo rollte der Meisterzug durch ein blau-weißes

Fahnenmeer. Gegen 14 Uhr dampfte die Lok schnaufend in den Bahnhof Friedrichstraße. Zehntausende Berliner waren hier zusammengeströmt und begrüßten den frisch gebackenen Deutschen Meister mit „Ha Ho He", dem berühmten Schlachtruf der Hertha. Der Verkehr war längst zusammen gebrochen, die Fans trugen Hanne & Co. auf Schultern aus dem Bahnhof. Von dort ging es im zweistündigen Triumphzug hinaus an die Plumpe - Herthas Heimat am Weddinger Gesundbrunnen.

1931 konnten die Berliner die Deutsche Meisterschaft erfolgreich verteidigen. Am 14. Juni 1931 besiegten sie 1860 München im Kölner Müngersdorfer Stadion

mit 3:2. Seitdem warten die Fans vergeblich auf den Titel - seit mehr als 75 Jahren. Und schon der zweite Triumph war längst nicht so süß wie der erste. Die Münchner Löwen waren das technisch bessere Team. Belohnt wurde am Ende nur Herthas größere Erfahrung. Herthas beste Elf aller Zeiten fiel auseinander und auch die ruhmreiche Ära des großen Hanne Sobek war zu Ende. Sein Meisterstück blieb unvergessen: Der Tag, an dem Hanne seine Hertha in den Fußball-Olymp ballerte.

Hanne Sobek (1900 bis 1989) war das Wunder, auf das Berlins Fußball-Anhänger so lange gewartet hatten - charismatisch, leidenschaftlich, genial. In den Jahren 1930 und 1931 führte der Halbstürmer die Blau-Weißen zur Deutschen Meisterschaft. Hanne schenkte seiner Hertha goldene Jahre. Sobeks Stern strahlte auch neben dem Fußballplatz. Der „Rastelli des runden Leders" wurde verehrt und angehimmelt wie ein Filmstar. Mit Hans Albers war er eng befreundet, mit Ringelnatz kloppte er Skat, die Meisterdiebe Sass verpassten keines seiner Spiele. Erstmals gibt der Berliner Journalist Oliver Ohmann Einblicke in Hannes bewegtes Leben. In rund 150 bislang zumeist unveröffentlichten Bildern und Dokumenten -

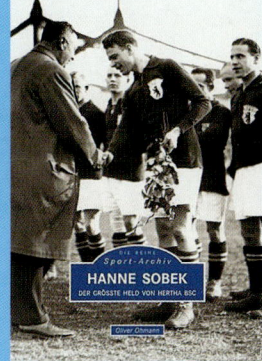

zum großen Teil aus Sobeks persönlichem Nachlass - zeichnet er dessen Aufstieg zum populärsten Spieler der Stadt nach, zeigt Triumphe und Niederlagen ebenso wie den privaten Sobek. Sepp Herbergers Würdigung seines Weggefährten in der Nationalmannschaft gilt bis heute: „Hanne Sobek war für mich der größte Fußballspieler, den Berlin je besessen hat."

Oliver Ohmann
HANNE SOBEK:
Der größte Held von Hertha BSC
Sutton Verlag; ISBN-13: 978-3866801462

Hitler am Ziel, Fackeln vor der Reichskanzlei: „Hier wird man uns nur als Leichen wieder heraustragen"

„Es ist fast wie ein Traum", schwärmte er, *„wie Hunderttausende von Menschen am greisen Reichspräsidenten und dem jungen Kanzler vorbeimarschierten."* Josef Goebbels notierte auch: *„Hier wird man uns nur als Leichen wieder heraustragen."* Sein kümmerliches Ende ahnte der Chef-Demagoge der Nazis an diesem 30. Januar 1933 vermutlich nicht, als er für seinen Führer jenen gespenstischen Fackelzug durch das Brandenburger Tor inszenierte.
Adolf Hitler war am Ziel: Reichspräsident Paul von Hindenburg

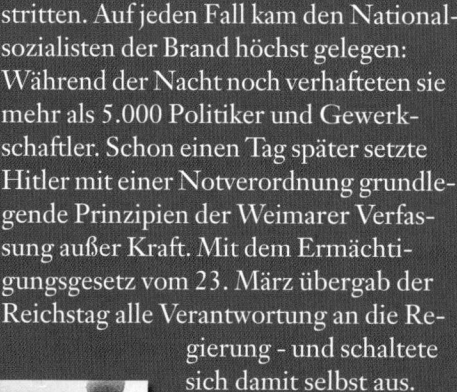

Reichspräsidenten Paul von Hindenburg ernannte Hitler zum Reichskanzler. Unten: Fackelzug der Nazis durchs Brandenburger Tor.

hatte ihm die Ernennungsurkunde zum Reichskanzler überreicht. Ein Bild ging um die Welt: Hitler allein am Fenster der Reichskanzlei, davor die unübersehbare Menschenmasse fanatisierter Deutscher mit den Fackeln.

Schon Jahre vor ihrer Machtübernahme hatte die NSDAP Listen von politisch und kulturell missliebigen Personen aufgestellt: Kommunisten, Sozialdemokraten, Gewerkschafter, Künstler. SS und SA hatten Quartiere und Keller vorbereitet, um ihre Gegner *aus dem Verkehr zu ziehen".* Jetzt gehörte die Straße den braunen Horden. Sie verschleppten in kurzer Zeit zahlreiche Regimegegner in 50 provisorische Konzentrationslager und in die Sturmlokale der SS und SA. Weil die Zahl der *„Schutzhaft"*-Gefangenen ständig stieg, errichtete die SA-Standarte 208 das Konzentrationslager Oranienburg. Während der *„Köpenicker Blutwoche"* vom 21. bis 26. Juni 1933 folterte ein SA-Kommando mehr als 80 Kommunisten und Sozialdemokraten zu Tode. Rollkommandos stürmten die Verlagshäuser der SPD.
Am 27. Februar 1933 brannte der Reichstag. Ob die Nazis selbst dafür verantwortlich waren oder aber die beschuldigten

Kommunisten Marinus van der Lubbe und Georgi Dimitroff, ist bis heute umstritten. Auf jeden Fall kam den Nationalsozialisten der Brand höchst gelegen: Während der Nacht noch verhafteten sie mehr als 5.000 Politiker und Gewerkschaftler. Schon einen Tag später setzte Hitler mit einer Notverordnung grundlegende Prinzipien der Weimarer Verfassung außer Kraft. Mit dem Ermächtigungsgesetz vom 23. März übergab der Reichstag alle Verantwortung an die Regierung - und schaltete sich damit selbst aus.
Mit den politischen *„Aufräumarbeiten"* beauftragte der preußische Minister des Inneren, Hermann Göring, am 15. März 1933 den Fraktionsvorsitzenden der NSDAP, Julius Lippert, und übertrug ihm das Amt des Staatskommissars für die Reichshauptstadt. Lippert suspendierte alle Mitglieder des Magistrats, löste die Bezirksversammlungen auf und entließ 1.200 missliebige Beamte und Polizisten, um so die *„jüdische und marxistische Durchseuchung"* zu beenden.
Am 1. April 1933 bezogen in Berlin und überall in Deutschland uniformierte SA- und SS-Mitglieder Posten vor jüdischen Geschäften und Kaufhäusern: *„Kauft nicht*

Das Reichsgericht verurteilte Marinus van der Lubbe (rechts) wegen des Reichstagsbrandes (oben) zum Tode.

bei Juden", „Juda verrecke", „Der Jude ist unser Unglück", stand auf ihren Transparenten. Sie behinderten Kunden und pöbelten die Besitzer an. Den jüdischen Rechtsanwälten entzogen die Nazis die Gerichtszulassung, jüdischen Ärzten die Kassenzulassung. Parteimitglieder durften nicht mehr in jüdischen Geschäften einkaufen, eine Reihe von Betrieben und Behörden erließ derartige Vorschriften für ihre Beschäftigten.
Das Berufsbeamtengesetz von 7. April untersagte allen nicht arischen und kommunistischen Lehrern, Dozenten und Professoren jede weitere Lehrtätigkeit.

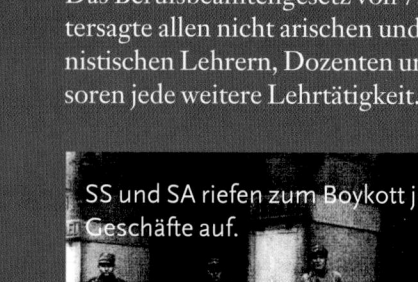

Potenzielle Regimekritiker nahmen die Nazis in Oranienburg in Schutzhaft.

SS und SA riefen zum Boykott jüdischer Geschäfte auf.

Bücher auf dem Scheiterhaufen, Terror gegen jüdische Verleger

Studenten verbrennen auf dem Opernplatz „undeutsche Literatur".

Am 10. Mai zeigte das Regime, was es von der Freiheit des Denkens hielt: Auf dem Opernplatz vor der Universität loderten Scheiterhaufen von Büchern *„undeutschen Geistes"*. Im gesamten Reich hatte die NSDAP dazu aufgerufen, Schriften kommunistischer avantgardistischer und jüdischer Autoren den *„reinigenden Flammen zu übergeben"*, so Bücher von Thomas und Heinrich Mann, Arthur Schnitzler, Kurt Tucholsky, Lion Feuchtwanger, Arnold Zweig, Heinrich Heine, Karl Marx, Friedrich Engels und Sigmund Freud. SA-Leute und rechte Studenten plünderten die Universitätsbibliothek und öffentliche Büchereien. Die sorgfältig geplante Phase der Gleichschaltung des öffentlichen Lebens begann.

Die Regierung erklärte am 14. Juli 1933 die NSDAP zur einzig staatstragenden Partei und verbot alle weiteren politischen Gruppierungen und Gewerkschaften. Deren Mitglieder mussten sich der Deutschen Arbeitsfront anschließen. Turnvereine, Betriebssportvereine, selbst Kleingartenvereine hatten sich der Parteikontrolle zu unterstellen.
Die NSDAP verpflichtete auch die Zeitungen zum *„Dienst an Volk und Staat"*, also auf Parteilinie. Auf massiven Druck hin mussten die Verleger nicht arische Journalisten entlassen, denn diese standen im Verdacht, *„Propaganda im Dienst des Weltjudentums"* zu betreiben. Massiver Druck sollte verhindern, dass Geschäftsleute weiterhin in Zeitungen und Zeit-

schriften jüdischer Verlagshäuser, beispielsweise Ullstein, inserierten. Allen experimentellen Schulformen wie den Sammelschulen unterstellten die Nazis das *„bolschewistische und jüdische Untergraben des deutschen Bildungswesens"* und verfügten deren Auflösung. Auch die Studentenverbindungen mussten sich auflösen und ihre Mitglieder dem nationalsozialistischen Studentenbund unterstellen. Von nun an begann das neue Schuljahr oder das neue Semester mit Hitlergruß, Fahnenappell und dem Horst-Wessel-Lied. Schließlich forderte die NSDAP von allen Eltern und Lehrern, ihre Kinder in die paramilitärische Hitlerjugend oder in den Bund deutscher Mädel zu schicken, um die *„gesamte deutsche Jugend sittlich, geistig und körperlich zum Dienst an der Volksgemeinschaft zu erziehen"*.
Ein Reichskulturkommissar wachte über das kulturelle Leben Berlins und gab die offizielle Linie vor: Max Liebermann, Käthe Kollwitz, Heinrich Mann, Georg Kaiser, Franz Werfel, Oskar Kokoschka, Erich Mendelssohn, Max Pechstein, Bruno Traut, Ernst Barlach, Otto Dix und

Kirche gleichgeschaltet: Bischof Nikolaus Bares mit dem Hitlergruß.

Ludwig Mies van der Rohe mussten ihre Ämter an der Akademie der Künste aufgeben. Schriftsteller wie Hans Grimm, Isolde Kurz, Agnes Miegel und Johannes Schlaf, die der Blut- und Bodenideologie das Wort redeten, zogen ein. Systemkonforme Architekten wie Albert Speer und Arno Breker rückten nach.
Auch innerhalb der Parteiorganisation ließ Hitler *„aufräumen"*. Unter dem Vorwand, einen Staatsstreich verhindern zu wollen, ermordeten Reichswehr und Gestapo Ende Juni 1934 fast die gesamte SA-Führung einschließlich Stabschef Ernst Röhm. *„Der wahre Führer ist nun auch Richter"*, lautete die staatsrechtliche Begründung für Hitlers Liquidierungsbefehl.
Die Nürnberger Rassegesetze vom 15. September 1935 erkannten den Juden das Wahlrecht ab und verwehrten ihnen den Zugang zu allen öffentlichen Ämtern. Eheschließung zwischen Juden und Ariern standen von nun an unter Strafe.

Seinen alten Weggefährten Ernst Röhm ließ Hitler umbringen.

Kino-Propaganda: 80 Kameramänner filmten unter Regie von Leni Riefenstahl (links) das „Fest der Völker".

Olympische Spiele: Teuflische Täuschung im Namen des Sports

Am 13. Mai 1931 hatte das Internationale Olympische Komitee die „Spiele zur Feier der XI. Olympiade 1936" an Berlin vergeben - an ein demokratisches Berlin. Die Welt konnte nicht ahnen, dass fünf Jahre später das braune Terror-Regime Deutschland beherrschen würde. Allerdings hatten die Nürnberger Rassegesetze die Diskussion um die Eignung Deutschlands entfacht. Mit Spannung erwartete die Sportwelt daher, wie sich die nordamerikanische „Amateur Athletic Union" im Dezember 1935 zur Frage eines möglichen Boykotts stellen würde: Durch Abstimmungstricks gelang es dem Vorsitzenden des Nationalen Olympischen Komitees der USA, Avery Brundage (rechts), die Boykottbestrebungen mit 58:56 Stimmen haarscharf abzuschmettern. Die Welt folgte dem amerikanischen Vorbild vorbehaltlos.

Als Adolf Hitler (oben rechts) die Olympischen Spiele am 1. August 1936 eröffnete, war die Weimarer Republik aufgelöst, die nationalsozialistische Diktatur fest installiert. Olympia in Berlin (und die Winterspiele von Garmisch) diente jetzt der Propaganda-Maschine der Nazi-Machthaber. Seit 1933 wurden Juden und politische Gegner systematisch verfolgt; das Regime rüstete insgeheim zum Krieg. Davon war in den 16 Tagen der „Spiele von Berlin" wenig zu spüren. Im Gegenteil: Die große Olympia-Show präsentierte das „Dritte Reich" friedlich und weltoffen. Goebbels hatte jede antisemitische Propaganda verboten, Schilder wie „*Juden ist der Zutritt verboten*" oder „*Die Juden sind unser Unglück*" verschwanden aus dem Stadtbild. Und Himmler setzte sogar den Homosexuellen-Paragraf 175 außer Kraft. Das Täuschungsmanöver im Namen des Sports: ebenso perfekt wie teuflisch inszeniert.

Als Kulisse dienten monumentale Bauten wie das Olympiastadion mit 100.000 Plätzen, spektakuläre Licht-Dome und gigantische Massen-Inszenierungen. Dazu nutzen die Nazis die Macht der Medien. 1.800 Journalisten waren akkreditiert. Der Rundfunk übertrug 3.000 Sendungen in 40 Länder, das Fernsehen begann mit ersten Übertragungen. Leni Riefenstahl brachte den schönen Schein ins Kino („*Fest der Völker*"), insgesamt 80 Kameramänner filmten unter ihrer Regie das Spektakel. Die Regisseurin zeigte athletische Körper in Bewegung, ästhetische Aufnahmen von Siegern und Verlierern, jubelnde Massen und einen sportbegeisterten Führer: Für Hitler und sein Drittes Reich ein Propagandafilm auf hohem künstlerischem Niveau, der auch im Ausland Begeisterung fand. Der Schriftsteller Heinrich Mann

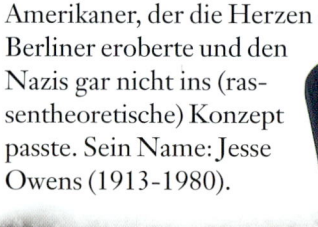

warnte alle Sportler im Sommer 1936 vor der Reise nach Nazi-Deutschland: „*Die nach Berlin gehen, werden dort nichts anderes sein als Gladiatoren, Gefangene und Spaßmacher eines Diktators, der sich bereits als Herr der Welt fühlt.*" Seine Warnung blieb ungehört. 3.961 Athleten aus 49 Nationen kamen nach Berlin und sorgten für einen neuen Teilnehmerrekord. Ausgetragen wurden 129 Wettbewerbe in 19 verschiedenen Sportarten. Deutschland gewann vor den USA die Medaillenwertung (33-mal Gold, 26-mal Silber, 30-mal Bronze). Und dennoch war es ein schwarzer US-Amerikaner, der die Herzen der Berliner eroberte und den Nazis gar nicht ins (rassentheoretische) Konzept passte. Sein Name: Jesse Owens (1913-1980).

Gerhard Gustmann, Herbert Adamski und Dieter Arend (von links) siegten beim Rudern im Zweier mit Steuermann.

BERLIN-1936
1-16 AUG.
OLYMPISCHE SPIELE
AUSKÜNFTE UND WERBESCHRIFTEN DURCH ALLE REISE- UND VERKEHRSBÜROS

Am 20. Juli 1936 entzündeten junge Griechinnen im antiken Olympia das olympische Feuer mit einem Hohlspiegel.

Adolf Hitler bei der Eröffnungsfeier.

Sensationelle vier Goldmedaillen gewann der damals 22-jährige Owens im Berliner Olympiastadion. Der Superstar aus Alabama siegte im 100- und 200-Meter-sprint, im Weitsprung und in der 4x100-Meter-Staffel. Der Legende nach soll Hitler sich geweigert haben, dem dunkelhäutigen Athleten bei der Siegerehrung die Hand zu schütteln. Jesse Owens erinnerte sich 1970 anders: *Als ich am Kanzler vorbeikam, stand er auf und winkte mir zu und ich winkte zurück.* Den Berlinern konnte es 1936 sogar passieren, dass sie Owens auch außerhalb des Stadions begegneten. Denn der Superstar trainierte in aller Öffentlichkeit, seine liebste Trainingstrecke war die Heerstraße. Die Spiele gerieten für die deutschen Sportler zum Triumph. Sie stellten mit 406 Athletinnen und Athleten die größte Equipe, unter ihnen als Alibi auch zwei Halbjuden. Überragend waren

die Turner, Reiter und Ruderer. Allein die Fußballer blamierten sich. Die DFB-Elf flog bereits in der Zwischenrunde aus dem olympischen Turnier. 0:2 gegen Norwegen - es war das einzige Länderspiel, das der „Führer" jemals persönlich besucht hatte. Nach der Blamage fiel Reichstrainer Otto Nerz dem Frust des „Führers" zum Opfer, ein junger Nachfolger übernahm das Team: Sepp Herberger. Wer heute das modernisierte Berliner Olympiastadion besucht, bemerkt über dem Marathontor die riesige Schale auf einem Dreifuß (Mitte). In ihr brannte vom 1. bis 16. August das olympische Feuer. Erstmals hatten es Staffelläufer - eine Idee des deutschen Olympiapioniers Carl Diem - zum Austragungsort getragen. 3.075 Fackelläufer trugen das Feuer durch sieben Länder, jeder genau 1.000 Meter. Der 3.075-Kilometerlauf begann am 20. Juli 1936 im griechischen Olympia, führte über Athen, Delphi, Sofia, Belgrad, Budapest, Wien und Prag nach Berlin. Als Schlussläufer trug der Leichtathlet Fritz Schilgen die Magnesium-Fackel ins Stadion (links) und entzündete das Feuer. Kurios erscheint ein Detail auf den heute noch

im Stadion ausgestellten Siegertafeln aus Bronze. Darauf verzeichnet sind für 1936 auch die Gewinner der 15 Kunstwettbewerbe in den Messehallen unter dem Funkturm. Denn neben sportlichen Höchstleistungen wurden auch künstlerische Leistungen aus den Bereichen Baukunst, Literatur, Musik, Malerei, Bildhauerei und Grafik mit olympischem Edelmetall ausgezeichnet. Der Architekt Werner March gewann mit seinem „Reichssportfeld" Gold als Baukünstler. Der heute vergessene Dichter Felix Dhünen siegte mit seinem Gedicht „Der Läufer". Die chinesische Nationalhym-

Superstar der Olympischen Spiele 1936: Jesse Owens gewann insgesamt vier Goldmedaillen.

ne („Drei Prinzipien des Volkes") wurde zur besten Hymne der Olympischen Sommerspiele gewählt.

Die andere Seite der Medaillen: Noch während die Akteure im Olympiastadion um sportliche Siege kämpften, schickte Hitler die „Legion Condor" nach Spanien, um den Faschisten Franco im spanischen Bürgerkrieg zu unterstützen. Und die Parole der SS: *Ist die Olympiade vorbei, schlagen wir die Juden zu Brei*, ließ keinen Zweifel darüber aufkommen, was sich die Nazis nach der olympischen „Zwangspause" vorgenommen hatten. Längst haben Historiker die Wahrheit hinter den Olympischen Spielen 1936 entlarvt. Während der Spiele wurde in Oranienburg das KZ Sachsenhausen ausgebaut. Am 17. August 1936 lag der antisemitische *Stürmer* wieder an allen Kiosken, hatte man die *Nur für Arier*-Schilder wieder an die Berliner Parkbänke geschraubt. Aus Spiel wurde wieder Ernst. Und die Welt sah weiter weg...

Germania: Größenwahn pur in Beton

Davon phantasierte Adolf Hitler („größter Architekt aller Zeiten") nur zu gern: Vom Umbau Berlins zur Hauptstadt seines *rassereinen* Weltreichs. „Germania" sollte die deutsche Hauptstadt nach dem *Endsieg* heißen - die Arier-Metropole *„trotz größter räumlicher Entfernung zwischen den Angehörigen des germanischen Rassekerns."* Germania müsse der *„magische Zauber eines Mekka oder Rom"* prägen, erklärte Hitler. Sein Utopia hatte Hitler bereits für eine Weltausstellung im Jahr 1950 vorgesehen...

„Traumjob" für einen jungen Architekten: Hitler beauftragte am 30. Januar 1937 Albert Speer mit der Verwirklichung seiner Pläne. Speer hatte seine nationalsozialistischen Meriten bereits mit der Inszenierung des Reichsparteitags 1934 in Nürnberg verdient. Hitler, der schon im heimischen Österreich als Kunstmaler dilettiert hatte, hielt sich selbst für einen begnadeten Architekten und hatte seine Hauptstadt bereits skizziert. Speer nahm die Ideen auf und stellte 1938 ein Modell vor, das den Führer verzückte: Ein Achsenkreuz in Nordsüd- und Ostwestrichtung sollte vom Autobahnring aus die Stadt

Adolf Hitler (Zweiter von links) bei der Prüfung von Speers (links) Bauplänen für des geplante „Haus des deutschen Fremdenverkehrs" in Berlin. Neben Hitler der Vizepräsident des deutschen Reichstages Hermann Esser, rechts der Staatssekretär im Propagandaministerium Walther Funk. Rechts ein Modell der Nordsüdachse. Im Vordergrund der Bahnhof, in der Mitte der Triumphbogen.

durchschneiden. Der Königsplatz (heute Platz der Republik) war als Schnittpunkt der bis zu 150 Meter breiten Straßen vorgesehen. Am Spreebogen hatte Speer das mächtigste Bauwerk der Welt geplant: die *„Halle des Volkes"* mit einer quadratischen Seitenlänge von 315 Metern sowie einer Kuppel von 320 Metern in der Höhe und einem Durchmesser von 250 Metern: Größenwahn pur in Beton. Auf dem Vorplatz mit einer Länge von 1.000 und einer Breite von 330 Metern hätte eine Million Menschen dem „Führer" huldigen können. Hitler plante, einen Teil der Baukosten durch Eintrittsgelder zu finanzieren: *„Den Amerikanern brauchen wir nur bekannt zu geben, was die Halle kostete. […] Das müssen sie dann gesehen haben, den teuersten Bau der Welt."* Von der Halle aus sollte eine Prachtstraße nach Süden bis zu einem 117 Meter hohen und 170 Meter breiten Triumphbogen führen. Die Namen aller 1,8 Millionen deutschen Toten aus dem Ersten Weltkrieg sollten hier verewigt sein. Als Abschluss der Achse konzipierte der Architekt einen gigantischen Süd-Bahnhof. Die Reichsregierung stellte die Bauarbeiten zwar im Frühjahr 1943 wieder ein; sie haben das Stadtbild aber dennoch nachhaltig verändert: Speer ließ die Schöneberger Friedhöfe „St. Matthäus" und „Zwölf Apostel" entwidmen, teilweise ein-

Hitlers Entwurf für den Triumphbogen.

Riesig: die Halle des Volkes, rechts unten zum Vergleich das Brandenburger Tor.

ebnen und die Gebeine umbetten. Arbeiter bauten die Siegessäule auf dem Königsplatz ab und stellten sie - durch eine 7,5 Meter hohe Trommel auf 66,89 Meter verlängert - am Großen Stern wieder auf, dem Mittelpunkt der Ostwestachse. Die dreigeschossigen Gebäude um das Brandenburger Tor fielen der Abrissbirne zum Opfer. Am 20. April 1939 übergab der „Architekt des Führers" seinem Auftraggeber den Teilabschnitt der Ostwestachse vom Adolf-Hitler-Platz (heute Theodor-Heuss-Platz) bis zum Brandenburger Tor als „Geburtstagsgeschenk".

50.000 Wohnungen mit 150.000 Menschen sollten der Nordsüdachse weichen. Das „Amt Speer" trieb deshalb die „Entjudung" der Stadt voran, um Entschädigungen für diese Häuser und Wohnungen zu sparen. Die Gigantomanie fand ein Ende, als sich an allen europäischen Fronten die Niederlage des Dritten Reiches abzeichnete. Im Nürnberger Prozess wollte Speer vom Holocaust nichts gewusst haben. 20 Jahre lang verbrachte er im Alliierten Kriegsverbrechergefängnis Spandau; die Sowjetunion hatte eine vorzeitige Begnadigung abgelehnt. Seine Entlassung 1966 überlebte er noch 15 Jahre. Speer erlag 1981 auf einer Interviewreise in London einem Schlaganfall.

5.200 Todesurteile in der „Hauptstadt des Widerstands"

Karikatur zum Reichskonkordat.

Martin Niemöller, „persönlicher Gefangener" Hitlers.

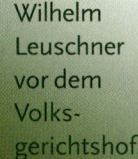

Wilhelm Leuschner vor dem Volksgerichtshof.

Wie in vielen deutschen Großstädten bekämpften auch in Berlin Kommunisten, Sozialdemokraten, Gewerkschaftler und Theologen die Nationalsozialisten aus dem Untergrund heraus. Sie bereiteten ihre Aktionen in kleinen Kreisen vor, um die Anzahl der Mitwisser möglichst gering zu halten. Denn immer bestand die Gefahr, dass die Gestapo Agenten in die Gruppen einschleuste oder dass gefangene Widerstandskämpfer unter der Folter Namen nannten.

Die katholische Kirche hatte sich schnell mit dem Nazi-Regime arrangiert und schon 1933 ein Reichskonkordat geschlossen, um ihre Glaubensanhänger vor Repressionen zu schützen. Regimefreundliche evangelische Geistliche gründeten die Gruppe der „Deutschen Christen", die für eine „arische" kommunistenfreie Kirche eintrat. Einige Vertreter der evangelischen Kirche konnten sich jedoch mit der Rassenideologie der Nazis nicht abfinden und gründeten im Oktober 1934 in Berlin die „Bekennende Kirche". Einen Mitgründer, den Dahlemer Pastor Martin Niemöller, inhaftierte die Gestapo bereits 1937 im KZ Sachsenhausen - bis 1945 als „persönlichen Gefangenen des Führers".

Viele Demokraten, von den Nazis seit 1933 in die Konzentrationslager verschleppt, schlossen sich nach ihrer Freilassung dem Untergrund an. Sie warfen Flugblätter aus den S-Bahnen, klebten Zettel an Hauswände und Bäume, sie deponierten illegal gedruckte Zeitungen in den U-Bahnhöfen. Der 1939 wieder aus der KZ-Haft entlassene Anton Saefkow baute in Berlin die „operative Leitung der KPD" auf, die zu Sabotageaktionen in Rüstungsbetrieben aufrief. Saefkow leitete zusammen mit Franz Jacob eine weit verzweigte Gruppe, der sich Gewerkschaftler und Arbeiter anschlossen. Widerstandskämpfer gründeten in Berlin kleine Firmen, die mit unauffälligen Produkten handelten, heimlich aber Flugschriften und Klebezettel herstellten oder illegale Sender betrieben. So fertigte Wilhelm Leuschner in Kreuzberg Zapfhähne an, Julius Leber betrieb eine Kohlenhandlung. Jahrelang waren die Gestapo und die deutsche Abwehr auf der Jagd nach dem Widerstandsnest „Rote Kapelle": Mildred und Arvid Harnack, Libertas und Harro Schulze-Boysen konnten mehr als 100 Oppositionelle um sich scharen, unter ihnen Eva-Maria Buch und Maria Terwiel. Die Rote Kapelle gab das Flugblatt „Innere Front" heraus, warnte sowjetische Diplomaten 1941 vor dem bevorstehenden Angriff auf Russland und versuchte sogar, einen Funkkontakt nach Moskau aufzubauen. Erst im Sommer 1942 gelang es der Abwehr, die Gruppe zu enttarnen.

Am 18. Mai 1942 verübte eine jüdische Widerstandsgruppe um Herbert Baum und Hella Hirsch einen Anschlag auf die antirussische Ausstellung „Das Sowjetparadies". Viele der Widerstandskämpfer unterhielten Kontakte zum „Kreisauer Kreis" mit Carlo Mierendorff, Carl Friedrich Goerdeler, Julius Leber, Dietrich Bonhoeffer, Helmuth James Graf von Moltke und Peter Graf Yorck von Wartenburg. Sie planten ein „Deutschland nach Hitler".

Historiker bezeichnen Berlin als die „Hauptstadt des Widerstands" gegen den Nationalsozialismus. Die oppositionellen Männer und Frauen, ihre Ehepartner sowie die meisten ihrer Freunde und Mitverschwörer zahlten einen hohen Preis für ihre aufrechte Haltung: Sie endeten unter dem Fallbeil, am Strang in Plötzensee oder starben unter der Folter. 5.200 Todesurteile gegen Oppositionelle und Widerstandskämpfer fällte der Volksgerichtshof in Berlin, meist unter dem Vorsitz des „Blutrichters" Roland Freisler.

Libertas und Harro Schulze-Boysen, rechts Kurt Schumacher

Anton Saefkow

„Innere Front", die Kampfschrift der Roten Kapelle.

DDR 40+10
MILDRED HARNACK 1902-1943 Dr. ARVID HARNACK 1901-1942

Mildred und Arvid Harnack

Jurist des Schreckens: Roland Freisler.

Julius Leber unter Anklage.

Die Synagoge in der Fasanenstraße brannte vollständig aus.

Synagogen brennen – und fast alle sehen zu...

Elf der 14 Berliner Synagogen in hellen Flammen. Die Feuerwehr sieht zu. Der braune Pöbel johlt. In dieser Schreckensnacht vom 9. auf den 10. November 1938 brennen die Gotteshäuser der jüdischen Gemeinden überall in Deutschland. Auf Befehl von Josef Goebbels hatten Stoßtrupps der SA und hastig aktivierte NSDAP-Mitglieder zugeschlagen – eine von langer Hand vorbereitete Aktion. Nachdem sich der Pöbel alles Wertvolle unter den Nagel gerissen hatte, brannte er Geschäfte und Wohnhäuser von jüdischen Mitbürgern nieder. In der Diktion der Nazis hatte der *„Volkszorn"* damit auf die Ermordung des Legationssekretärs der Pariser Botschaft Ernst vom Rath reagiert, den der 17-jährige Jude Herschel Grynszpan erschossen hatte.

Vor der Synagoge in der Fasanenstraße warfen die Nazis Gebetbücher, Thoraschreinvorhänge und Thorarollen, Gebetsmäntel- und -schals auf einen Haufen und zündeten ihn an. Wenn die Feuerwehr überhaupt anrückte, schützte sie nur die umliegenden Häuser *„arischer"* Bürger. *„Überall Kundgebungen der Volksempörung"*, lautete ganz im Sinn der NSDAP die Schlagzeile des „Berliner Lokal-Anzeiger"

Polizei-Revierleiter Wilhelm Krützfeld warnte Juden vor ihrer Verhaftung.

vom 10. November. Empörung? Kaum: Die Mehrzahl der Berliner Bevölkerung schaute dem Treiben der SA gleichgültig zu.

Nicht alle gafften nur: Wilhelm Krützfeld, der Vorsteher des Polizeireviers 16 am Hackeschen Markt, verjagte mit einigen seiner Beamten die Brandstifter an der Neuen Synagoge in der Oranienburgerstraße und ließ die Feuerwehr anrücken. Er unterstützte die Juden in seinem Revier auch weiterhin und warnte sie vor bevorstehenden Verhaftungen: *„Sie brauchen sich nicht zu sorgen. Wenn wir Verhaftungslisten bekommen sollten, rufe ich Sie an."*

Mehr als 3.000 Geschäfte und Kaufhäuser, unzählige Wohnungen, fast alle Gemeindehäuser und Friedhofskapellen: geplündert und ausgebrannt. Die Nazis verschleppten mehr als 12.000 nun obdachlose sowie besonders missliebige reiche Berliner Juden in das Konzentrationslager Sachsenhausen. Viele Häftlinge erlitten während des Winters Erfrierungen. Mit der zynischen Aussage: *„Für Juden stellen wir nur Totenscheine aus"*, verweigerten Lagerärzte die Behandlung.

Der Zynismus der Nationalsozialisten offenbarte sich auch bei der Schadensregulierung der *„Reichskristallnacht"*: Alle Entschädigungen aus den Brandversicherungen der jüdischen Immobilien kassierte der Staat.

Die *„Verordnung zur Ausschaltung der Juden aus dem deutschen Wirtschaftsleben"* vom 12. November 1938 untersagte ihnen die Führung von Einzelhandelsgeschäften und Handwerksbetrieben. Der Staat hob die Rentenansprüche der jüdischen Bürger auf, entzog ihnen die Verfügung über ihre Ersparnisse und zwang sie zum Verkauf ihrer Immobilien, meist weit unter Wert. Jüdische Kinder durften keine öffentlichen Schulen mehr besuchen. Allen Juden war der Zutritt zu Kinos, Theatern und anderen kulturellen Einrichtungen verboten. Bis zum Mai 1939 wanderte mehr als die Hälfte der Berliner Juden aus. Etwa 80.000 Menschen blieben – diskriminiert und entmündigt.

Garten der Gerechten in Yad Vashem:
Ort der Ehre für couragierte Menschen aus Berlin

Mutige Menschen: Heute geehrt als „Gerechte unter den Völkern"

Sie haben nicht weggeschaut – und damit ihr Leben aufs Spiel gesetzt: Mutige Berlinerinnen und Berliner, für die es keinesfalls in Frage kam, ihre jüdischen Mitbürger als Abschaum betrachten zu sollen. Ihnen drohte die Todesstrafe, und trotzdem halfen sie. Als „Gerechte unter den Völkern" ehrt sie die Holocaust-Gedenkstätte Yad Vashem in Israel. Mehr als 20.000 Menschen tragen weltweit diese Auszeichnung. Nur rund 400 von ihnen sind Deutsche, unter ihnen viele Menschen in Berlin: Vier jüdische Bürger versteckte die Kriegerwitwe Johanna Eck (oben links) nacheinander ab 1942 in ihrer Wohnung. Frieda Adam (2.v.l.) schützte ihre jüdischen Kollegin Erna Putermann (3.v.l.) vor der Gestapo. Der Innenarchitekt Erich Büngener und seine Frau Erika (rechts) boten vier Verfolgten eine sichere Unterkunft in ihrem leer stehenden Laden für moderne Möbel. „Ist mein Mitmensch in Not, so ist das eben meine (verfluchte) Pflicht und Schuldigkeit", hat Johanna Eck einmal gesagt. „Unterlasse ich diese Hilfe, so erfülle ich eben nicht die Aufgabe, die das Leben – oder vielleicht Gott? – von mir fordert." Mehr über diese couragierten Menschen vermittelt das lesenswerte „Lexikon der Gerechten unter den Völkern", erschienen bei Wallstein (2005), ISBN 3-89244-900-7.

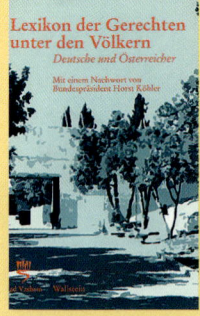

1939

Deutsche Truppen marschieren in Polen vor.

„Größter Feldherr aller Zeiten" (Volksmund: „GröFaZ") stürzt die Welt ins Unglück.

Parade siegreicher Truppen vor dem Brandenburger Tor.

„Seit 5.45 Uhr wird zurückgeschossen"

Mit dem Überfall der deutschen Wehrmacht auf Polen begann der Zweite Weltkrieg am 1. September 1939. Hitler trat um 10 Uhr in feldgrauer Uniform vor die Abgeordneten des Reichstags in der Krolloper und gab bekannt: *„Seit 5.45 Uhr wird zurückgeschossen"*. Im Unterschied zu 1914 brach die Bevölkerung jedoch nicht in Jubelrufe aus. Der britische Gesandte notierte *„depressive Stimmung"*, und die Gestapo musste *„mangelnde Kriegsbegeisterung"* registrieren.

Hitler und seine Generäle hatten gezielt auf diesen Tag hingearbeitet und eine beispiellose Rüstungsindustrie aufgebaut. In den Safes der Berliner Schwerindustrie lagen Pläne, wie sich die Wirtschaft in kürzester Zeit auf Kriegsproduktion umstellen ließe. Die Propaganda wies ständig auf den *„Schandfrieden von Versailles"* hin und sprach nach dem Beistandsbündnis Frankreichs und Englands mit Polen von *„feindlicher Einkreisungspolitik"*. Mit der Sowjetunion hatte Hitler den Nicht-Angriffspakt geschlossen.

Bei den Haus- und Blockwarten lagen Lebensmittel- und Kleiderkarten bereit. Schon am Tag des Kriegsbeginns heulten in Berlin probeweise die Sirenen und signalisierten Bombenalarm. Die Reichsregierung stellte das Abhören feindlicher Sender unter Strafe. Benzin gaben die Tankstellen nur noch an gewerblich genutzte Fahrzeuge aus, und die

Berliner Verkehrgesellschaft stellte zahlreiche Linien ein. Die Regierung musste die Streichung von Zuschlägen auf Nacht- und Feiertagsarbeit wegen immenser Proteste wieder aussetzen.

Der *„Blitzkrieg"* gegen Polen zerstreute zwar viele Befürchtungen, doch die Kriegserklärungen Frankreichs und Englands machten die Hoffnung auf ein schnelles Ende der militärischen Auseinandersetzungen wieder zunichte. Zwar dauerte der Krieg gegen Frankreich im Jahr 1940 nur einen Monat, doch hatte er auf deutscher Seite 10.000 Tote, 8.000 Vermisste und 40.000 Verwundete gefordert. Immer mehr Männer rückten zum Wehrdienst ein. Damit die Produktion kriegswichtiger Güter nicht ins Stocken geriet, mussten Frauen die freien Arbeitsplätze besetzen. Dies bedeutete für lange Zeit eine Abkehr von der Naziideologie, die eigentlich *„Heim und Herd"* den Frauen als Wirkungsstätte zugedacht hatte. Die Berliner Stadtverwaltung förderte neue

Kleingärten und lockerte viele Vorschriften, um die Anpflanzung von Kartoffeln und Gemüse auch in Vorgärten, Parks und auf öffentlichen Plätzen zu ermöglichen. Im dritten Kriegsjahr rief die Reichsregierung die Bevölkerung dazu auf, kriegswichtige Metalle zu sammeln. Der Reichskanzler appellierte, dem Winterhilfswerk warme Kleidung für den Russlandfeldzug zu spenden. So solle der Feind merken, *„dass Front und Heimat eine in Treue verschworene Einheit und damit unbesiegbar sind"*.

Wer in einem Lokal essen gehen wollte, musste seine Fleischmarken abgeben. In den Gaststätten boten die Wirte zweimal in der Woche ein schlichtes *„Feldküchenessen"* an. Im Frühjahr 1942 sank die wöchentliche Pro-Kopf-Ration auf 300 Gramm Fleisch und auf 206 Gramm Fett, Butter oder Schmalz. Schwarzschlachtungen ahndete die Justiz mit der Todesstrafe. Allmählich entwickelte sich in der Stadt ein Schwarzmarkt für Genuss- und Lebensmittel. Als die Regierung 1942 mit den *„Rauchkarten"* Frauen nur noch die Hälfte der Tagesration zugestand und das Bezugsalter von 18 auf 25 Jahre hochsetzte, brach in Berlin eine Welle der Empörung aus.

Angst vor Spionage machte sich breit.

Noch konnte die Bevölkerung ihren Soldaten zujubeln.

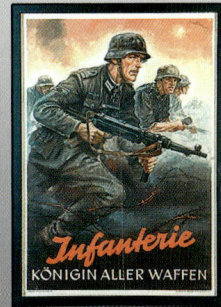

Plakate warben für den Kriegsdienst.

Eintopf auf dem Speiseplan: Die Lebensmittel-Versorgung stockte.

Wannsee-Konferenz: Regime beschließt Massenmord

Vom Gleis 17 des Güterbahnhofs Grunewald rollten die Züge in die Vernichtungslager.

Einen weiteren traurigen Höhepunkt in der Verfolgung der Berliner Juden markiert das Jahr 1941. Am 18. Oktober verließ der erste Aussiedlungstransport mit 1.013 Personen die Rampe des Güterbahnhofs Grunewald. Ziel: das Getto Lodz im besetzten Polen. Bei der Auswahl der Opfer mussten die Berliner Kultusgemeinde und ihre Auswanderungsabteilung den Nationalsozialisten behilflich sein. Der Weg der Juden in die Vernichtungslager war vorgezeichnet.

Nach der Reichspogromnacht 1938 hatte die Regierung den Druck auf die Juden immer weiter erhöht. Seit dem 1. Januar 1939 musste jeder jüdische Mann zusätzlich den Namen „Israel", jede jüdische Frau den Namen „Sarah" im Personalausweis tragen. Sie durften nur noch zwischen 16 und 17 Uhr zum Einkaufen von Lebensmitteln auf die Straße gehen und erhielten keine Kleidermarken mehr. Am 30. April 1939 begann die Gettoisierung: Ein Gesetz zwang die zur Miete wohnenden Juden, in „Judenhäusern" Quartier zu beziehen. Häufig stand pro Familie nur ein Zimmer zur Verfügung. Juden waren von der Lebensmittelversorgung mit Fleisch, Eiern, Milch und Weizenmehlprodukten ausgenommen. Die Gestapo ließ ihre privaten Telefonleitungen kappen. Am 19. September 1941 trat die Polizeiverordnung in Kraft, nach der jeder Jude in der Öffentlichkeit den handtellergroßen gelben Stern mit der Aufschrift „Jude" tragen musste. Die Benutzung öffentlicher Verkehrsmittel war untersagt; ausgenommen blieb der Weg zum Arbeitsplatz. Der jüdischen Gemeinde befal die Gestapo, die Synagoge in der Levetzowstraße zu einem Sammellager für die Deportationen in die Konzentrationslager der Ostgebiete umzufunktionieren. Zunächst mit alten Wagen der Klasse 3, dann in Güter- und Viehwaggons transportierte die Deutsche Reichsbahn nicht mehr arbeitsfähige ältere Juden und Jüdinnen ins Lager Theresienstadt.

Am 20. Januar 1942 trafen unter dem Vorsitz von Reinhard Heydrich (unten rechts), Leiter des Reichssicherheitshauptamtes, 14 ausgewählte Beamte der Regierung und der SS in einer Villa „Am großen Wannsee" (unten links) zusammen. Sie beschlossen die „Endlösung der Judenfrage" - und damit den Massenmord an allen Juden in Deutschland und in den von der Wehrmacht besetzten Gebieten. Am 11. Juli 1942 pferchten SS-Schergen die ersten Berliner Juden in einem Zug zusammen, der direkt in das Vernichtungslager in Auschwitz rollte. „Arbeit macht frei", verkündete die zynische Inschrift über dem Eingangstor. Nur in Berlin flammte Widerstand gegen die Deportation

Das Eingangsportal des Konzentrationslagers Auschwitz, rechts die Selektionsrampe des KZ Birkenau.

auf: Mehr als 600 „arische" Frauen demonstrierten seit dem 27. Februar 1943 eine Woche lang vor den Sammellagern in der Rosenstraße und in der Großen Hamburger Straße. Sie verlangten die Freilassung ihrer jüdischen Ehepartner. Daraufhin sparte das Reichssicherheitshauptamt die 2.000 Männer aus den „Mischehen" in Berlin von den Transporten aus. Am 22. März kehrten sogar 35 Deportierte aus Auschwitz wieder nach Berlin zurück.

Der letzte Zug nach Auschwitz verließ Berlin am 5. Januar 1945, der letzte Transport nach Theresienstadt ging am 7. Mai ab. 7.000 Verzweifelte hatten sich der Deportation durch Selbstmord entzogen. 55.000 Berliner Jüdinnen und Juden starben in den Arbeits- und Vernichtungslagern. Ungefähr 1.200 jüdische Bewohner, „U-Boote" genannt, entkamen dem Holocaust im Untergrund, in Schrebergärten, Kohlekellern und auf Dachböden, und nur 2.000 Berliner Juden überlebten die Zwangsarbeit und die Konzentrationslager.

Jeder Jude hatte den Davidstern an seiner Kleidung zu tragen.

Mit dem Film „Jud Süß" machten die Nazis antisemitische Propaganda.

Heute erinnern Plaketten auf Gleis 17 an jeden einzelnen Transport.

„Fremdarbeiter" aus den Ostgebieten hatten ein besonderes Kennzeichen zu tragen.

Zwangsarbeiter: Sogar die Kirche ließ sie schuften

Deutschlands Soldaten standen an den Fronten am Atlantik, in Afrika und in Russland. Verstärkt zog die Wehrmacht auch ältere und jüngere Männer zum Kriegsdienst ein. Das Deutsche Reich aber benötigte dringend Arbeitskräfte. Regierungsabgesandte warben daher in befreundeten und besetzten Ländern zunächst Freiwillige zur Arbeit im Reich an: Italiener, Belgier und Holländer kamen als „Fremdarbeiter" nach Berlin. Später mussten auch zwangsrekrutierte Zivilpersonen aus Polen, Russland und aus der Ukraine den Weg nach Deutschland zur Arbeit in

Frauen warten in Kowel auf ihren Transport ins „Reich".

der Industrie und der Landwirtschaft antreten. An mehr als 1.000 Stellen, über das ganze Stadtgebiet verteilt, entstanden Baracken und Lager. Die Verwaltung requirierte zur Unterbringung auch leer stehende Wohnungen, alte Speicher, ungenutzte Werkhallen und Tanzsäle, Scheunen und Keller. Eine weitere Verstärkung für die „Arbeitskraft an der Heimatfront" bildeten Kriegsgefangene aus allen eroberten Gebieten Europas. Anfang 1942 lebten bereits 144.000 Kriegsgefangene, Fremd- und Zwangsarbeiter im Stadtgebiet innerhalb des Berliner Autobahnrings. Das Regime machte bei der Behandlung der Zwangsarbeiter je nach Herkunft deutliche Unterschiede: Arbeiter und Soldaten aus Polen, der Ukraine und Russland - als „Untermenschen" deklariert - mussten an ihrer Kleidung ein Zeichen mit der Aufschrift „Ost" oder „P" tragen und durften die Lager nur eingeschränkt verlassen. Die Insassen aus den westeuropäischen Ländern hingegen hatten größere Freiheiten und durften zu Ausgehzeiten in der Stadt einkaufen oder „sogar" ins Kino gehen. Das Betreten von Luftschutzkellern bei Bombenangriffen war ihnen jedoch untersagt. Bei den Kriegsgefangenen der Westalliierten hielt sich die Reichsregierung weitgehend an die völkerrechtlich definierten Bestimmungen. Die hygienischen Zustände in den Lagern für osteuropäische Arbeiter waren katastrophal, die Ernährung höchst mangelhaft. Von dem Lohn, der weit unterhalb der Bezahlung deutscher Arbeiter lag, behielt die Lagerleitung einen Teil für

Russische Zwangsarbeiter verladen Eisenbahnschienen.

Unterbringung und Verpflegung ein. Zudem sahen die Aufseher ihre Lager als rechtsfreien Raum an. Erpressungen, Vergewaltigungen und Lohnabzüge wegen Krankheiten oder mangelnder Leistungen waren an der Tagesordnung. Um Schwangerschaften zu verhindern, zwangen die Lagerärzte Frauen zur zur Sterilisation.

Als der „Nachschub" an Arbeitskräften aus den Ostgebieten nicht mehr ausreichte, um die Produktion kriegswichtiger Güter aufrecht zu erhalten, forderte die Industrie „menschliches Potenzial" aus den Konzentrationslagern an. In Kolonnen zogen nun die Häftlinge aus 17 Außenlagern der KZs Sachsenhausen und Ravensbrück durch die Straßen zu ihren Arbeitsplätzen bei der AEG, bei Siemens und Borsig. Im Bereich ihrer Firmen baute die Industrie auch eigene Lager auf. Fast alle großen Unternehmen beschäftigten KZ-Häftlinge. Ihren Lohn führten die Betriebe direkt an die Konzentrationslager ab.

Selbst die evangelische Kirche betrieb in der Neuköllner Hermannstraße am St. Thomasfriedhof ein Lager mit 100 russischen Zwangsarbeitern (unten rechts). Deren Einsatzgebiet waren 39 evangelische und drei katholische Friedhöfe in ganz Berlin. Die Russen mussten für eine schnelle Bestattung der Bombenopfer sorgen - eine „kriegswichtige Arbeit". Orthodoxe Lagergottesdienste hielt die Kirchenleitung für überflüssig. Im Herbst 1944 lebten mehr als 310.000 Zwangsarbeiter, darunter 100.000 „Ostarbeiter", in Berlin.

Nach Bombenangriffen mussten Zwangsarbeiter den Schutt räumen.

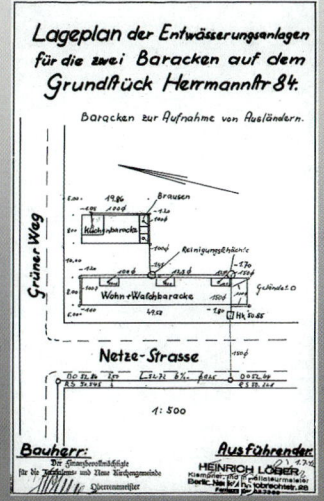

„Totaler Krieg!" Leben in der Stadt erlischt

Zu Kriegsbeginn hatte die Luftwaffe von ihren Flugplätzen in Westdeutschland, später vom eroberten Holland und Frankreich aus London und andere englische Städte mit Bomben angegriffen. Zu massiven Vergeltungsschlägen gegen Berlin war die Royal Air Force (RAF) dagegen nicht in der Lage. Zwar erreichten einzelne alliierte Flugzeuge schon 1941 den Umkreis der Stadt, richteten jedoch keine größeren Schäden an. Die Situation änderte sich erst, als die USA in den Krieg eintraten und auch in England leistungsfähige Langstreckenbomber vom Fließband liefen. Der Luftkrieg um Berlin begann.

Mehr als 300 britische Kampfmaschinen griffen am 17. und 18. Januar 1943 nachts die Reichshauptstadt an; hauptsächlich über Dahlem und Tempelhof gingen die Bomben nieder. In den Borsig- und Lorenzwerken entstanden schwere Schäden. Das Regime reagierte propagandistisch, zumal kurz zuvor die Wehrmacht in Stalingrad ihre vernichtende Niederlage hatte hinnehmen müssen: Joseph Goebbels rief am 18. Februar unter tosendem Jubel von 3.000 Verblendeten im Berliner Sportpalast den „Totalen Krieg" aus. Goebbels ahnte, was auf Berlin zukommen sollte. Er forderte „alle Kinder, Pensionäre und Rentner" auf, die Stadt zu verlassen. Innerhalb von fünf Monaten zog eine Million Menschen - unter ihnen 250.000 Kinder - aus Berlin aufs Land: in die „Entsendegaue" Ostpreußen, Brandenburg und Wartheland. Die Heimwehr verpflichtete erst 15-jährige Schüler zum Dienst an der Flak.

Den ersten schweren Angriff auf Berlin flogen alliierte Verbände in der Nacht vom 1. auf den 2. März 1943. Zwei weitere Flächenbombardements folgten am 27. und 30. März. Mächtige Sprengbomben von 1.800 Kilogramm, „Wohnblockknacker" genannt, und Phosphor-Brandbomben prasselten auf die Stadt. 711 Menschen kamen bei den Märzan-

B17-Bomber im Anflug auf Berlin.

Zerstörungen am Halleschen Ufer.

Unten: Ausgebombte Familien irrten durch die Stadt.

Goebbels rief im Sportpalast den „Totalen Krieg" aus.

Kinder und Frauen verließen die Stadt und zogen aufs Land (links).

griffen ums Leben, 35.000 galten als obdachlos. Über das ganze Jahr setzte die RAF ihre Angriffe auf Berlin fort. Die Hoheit über den deutschen Luftraum hatte das Reich an England abtreten müssen.

Anfang Dezember standen von 70.000 Häusern nur noch Ruinen, 16.000 Häuser galten als schwer beschädigt. 400.000 Berliner besaßen kein eigenes Dach mehr über dem Kopf. Sie kamen bei Verwandten und Freunden unter, lebten in Kellern, Luftschutzräumen, Tanzsälen und Schrebergärten. Das Rathaus, die Kaiser-Wilhelm-Gedächtniskirche und das Charlottenburger Schloss brannten aus. Das Stadtzentrum, das Hansaviertel und der Alexanderplatz lagen in Schutt und Asche. 3.800 Tote und annähernd 10.000 Schwerverwundete verzeichnete die damalige unveröffentlichte Statistik. Die Hälfte der Industriezentren musste vorübergehend ihre Produktionen einstellen. Die Alliierten

zielten darauf ab, Berlin dem Erdboden gleichzumachen. Da die deutsche Luftwaffe den angreifenden Maschinen nichts mehr entgegensetzen konnte, kamen die Bomber nun auch tagsüber. Seit März 1944 flogen auch die Amerikaner mit viermotorigen Kampfflugzeugen - unter ihnen die „fliegenden Festungen" des Typs B17 - Großangriffe auf die Stadt. 6.000 Menschen verloren ihr Leben. Die Wasser-, Gas- und Elektrizitätsversorgung brach zusammen. Lebensmittelkarten hatten keine Bedeutung mehr. Das Leben in der Stadt erlosch.

Ende März stellten die Alliierten ihre Angriffe auf Berlin vorerst ein. Sie konzentrierten ihre Luftstreitkräfte auf die Unterstützung der Invasion in der Normandie. Sieben Monate lang herrschte Ruhe im Berliner Luftraum. In der schwer getroffenen Stadt erholte sich die Produktion kriegswichtiger Güter erstaunlich schnell.

Vision stirbt im Feuer der Wehrmacht

Der Tag, an dem alles misslang, war seit 15 Minuten vorbei. Im Feuer eines Erschießungskommandos der Wehrmacht starben um 0.15 Uhr am 21. Juli 1944 im Hof des Bendlerblocks Oberst Claus Schenk Graf von Stauffenberg (1), weitere Verschwörer - und die Vision vom Ende Hitlers und vom Ende des mörderischen Krieges.

Am 20. Juli um 12.42 Uhr explodierte während einer Lagebesprechung im Führerhauptquartier „Wolfsschanze" in Ostpreußen eine von Stauffenberg eingeschmuggelte Bombe, die Hitler töten sollte. Im Glauben, das Attentat sei gelungen, flog der hoch dekorierte Oberst zusammen mit seinem Adjutanten Oberleutnant Werner von Haeften (2) nach Berlin und löste dort die „Operation Walküre" aus: den lange vorbereiteten Plan des Staatsstreichs. Schon Ende der 30er-Jahre hatten führende Offiziere der Wehrmacht einen Militärputsch erwogen. General Friedrich

Hitler zeigt Mussolini die Zerstörungen in der Wolfsschanze.

Olbricht (5) war davon überzeugt, dass nur der Tod Hitlers die Herrschaft der Nationalsozialisten und den Krieg beenden könne. Generalmajor Henning von Tresckow (3) plante mehrere Anschläge auf den „Führer": Ein von ihm und seinem Adjutanten Fabian von Schlabrendorff (4) in Hitlers Flugzeug deponiertes Sprengstoffpaket explodierte nicht, weil die als Cognacflaschen getarnte Bombe im Laderaum eingefroren war. Bei einer Ausstellung sowjetischer Beutewaffen wollte sich Rudolf von Gersdorff (7) am 21. März 1943 zusammen mit Hitler in die Luft sprengen. Der „Führer" verließ die Ausstellung jedoch vorzeitig. Von Gersdorff konnte den Zeitzünder gerade noch auf der Toilette entschärfen.

Olbricht weihte auch Stauffenberg in seine Umsturzpläne ein und stellte den Kontakt zur Widerstandsgruppe des Kreisauer Kreises her, zu Generaloberst Ludwig Beck (6) und Carl Friedrich Goerdeler. Gemeinsam mit Tresckow funktionierte Stauffenberg die „Operation Walküre" genannten Einsatzpläne des Ersatzheeres zu einem Staatsstreich um. Von Gersdorff versorgte ihn mit Zünder und Sprengstoff zum Bau der Bombe.

Am 20. Juli warteten die Verschwörer jedoch vergebens auf die erlösende Nachricht: „Der Führer ist tot!" Hitler hatte den Anschlag überlebt. Da lange eine klare Nachrichtenlage fehlte, begann die „Operation Walküre" in Berlin erst um 15.00 Uhr. Die Alarmierung des Ersatzheeres schlug fehl und damit auch die Abriegelung des Regierungsviertels in der Wilhelmstraße. Die Übernahme des Rundfunks in Charlottenburg misslang ebenso wie die Ausschaltung des

SS-Hauptquartiers in Lichterfelde und der Gestapozentrale in der Prinz-Albrecht-straße. Kurz vor Mitternacht übte die Reichsregierung wieder die Kontrolle über Berlin aus.

Im Hof des Bendlerblocks erschoss ein Kommando der Wehrmacht unter dem Befehl von Generaloberst Friedrich Fromm, der selbst in die Operation eingeweiht war, die Anführer der Verschwörung: Stauffenberg, von Haeften, Olbricht und Oberst Albert Mertz von Quirnheim (8). Beck sollte sich selbst die Kugel geben - ein Feldwebel erschoss ihn schließlich. Tresckow an der Ostfront beging mit einer Handgranate Selbstmord. Die Leichen der Offiziere ließ der „Reichsführer SS" Heinrich Himmler verbrennen und die Asche über den Berliner Rieselfeldern verstreuen.

Mehr als 200 Männer und Frauen, unter ihnen auch Generaloberst Fromm, mussten in unmittelbarer Folge des versuchten Attentats in Berlin ihr Leben lassen. Angehörige der Offiziere nahm die Gestapo in „Sippenhaft".

Der Bendlerblock heute - eine Gedenkstätte an den Widerstand.

Im Stadtgebiet: erbitterter Häuserkampf.

Reichstag: Sowjetsoldaten hissen die rote Fahne.

Flugzeuge der Roten Armee über dem Reichstag.

Das Ende: Hitler flieht in den Tod, rote Fahne auf dem Reichstag

Jugendliche und alte Männer sollten die russischen Panzer aufhalten.

Das Ende der Reichshauptstadt war vorgezeichnet, als die deutsche Wehrmacht Anfang Januar 1943 bei Stalingrad eine kriegsentscheidende Niederlage hinnehmen musste. Unaufhaltsam marschierte die Rote Armee auf Berlin zu. Die Westalliierten waren am 6. Juni 1944 in der Normandie gelandet und überschritten Anfang März 1945 den Rhein. Der Krieg war verloren. In Berlin herrschte Endzeitstimmung. Die Stadtverwaltung hatte die Kontrolle verloren; in den Kiezen und Stadtteilen organisierten sich die Bürger zu Notgemeinschaften. Der Schwarzmarkt blühte. Die SS hängte Soldaten, die ihre Uniformen ausgezogen hatten, und Zivilisten, die Zweifel am Endsieg äußerten, an Laternenmasten auf. Heinrich Himmler, Reichsführer SS und Befehlshaber des Ersatzheeres, verkündete am 25. September 1944 den Erlass Hitlers zur Bildung eines *„Volkssturms"*, der Mobilisierung aller waffenfähigen Männer zwischen 16 und 60 Jahren. Spruchbänder mit *„Volk ans Gewehr"* oder *„Der Führer hat gerufen"* hingen an den 300 Meldestellen Berlins. Die Verteidigung der Reichshauptstadt lag

Russische Granatwerfer in der Schönebergerstraße.

in den Händen des Propagandaministers und Gauleiters Joseph Goebbels. Der erklärte Berlin am 1. Februar 1945 zur *„Festung"*. Damit durfte niemand mehr ohne Befehl die Stadt verlassen - mit Ausnahme der Nazi-Bonzen. Die Zivilbevölkerung musste an vier Sperrringen in und um Berlin Schützengräben ausheben und Panzersperren anlegen. Wehrmacht und die SS zogen alle verfügbaren Kräfte in der Stadt zusammen: 94.000 schlecht ausgerüstete entkräftete Soldaten und Volkssturm-Männer ohne Ausbildung sollten den Sowjets die Stirn bieten.

Am 16. April überschritt die Rote Armee die Oder und stieß mit 2,5 Millionen Soldaten auf Berlin vor. Nun lag die Stadt in der Reichweite russischer Bomber. Am 21. April fielen die ersten russischen Artilleriegranaten auf Berlin. SS-Mannschaften trieben 33.000 Häftlinge aus dem KZ Sachsenhausen auf einen Todesmarsch in Richtung Norden. Einen Tag später standen sowjetische Truppe in Weißensee, Pankow, dann in Lichtenberg und Tempelhof. Berlin war eingeschlossen. Obwohl der Häuserkampf in aller Härte tobte, fuhr die S-Bahn noch. *„Wir können nun mit der S-Bahn von der Ost- an die Westfront fahren"*, spottete die *„Berliner Schnauze"*.

Hitler igelte sich mit seinem Stab und engsten Vertrauten im Führerbunker unter der Reichskanzlei ein. Am 28. April kurz vor Mitternacht heiratete der Diktator seine Lebensgefährtin Eva Braun; beide flüchteten am Tag darauf in den Tod - mit Zyankali. Wie in seinem Testament festgelegt, übergossen Soldaten die Leichen mit Benzin und zündeten

sie an. Goebbels und seine Frau folgten Hitler in den Tod, nachdem sie ihre sechs Kinder im Bunker umgebracht hatten. Bei der Machtübernahme hatte Hitlers Chef-Demagoge getönt: *„Hier wird man uns nur als Leichen wieder heraustragen."* Er hatte Recht behalten.

Am 2. Mai unterzeichnete General Helmuth Weidling, der Kampfkommandant von Berlin, in Tempelhof die Kapitulation der Stadt. Sowjetische Truppen hissten auf dem Brandenburger Tor und auf dem Reichstag die rote Fahne. Obwohl russische Lautsprecherwagen sofort die Nachricht vom Kriegsende verkündeten, dauerten die Kämpfe in der Stadt noch einen Tag. Am 8. Mai kapitulierte das Dritte Reich in Karlshorst.

Für die Bevölkerung von Berlin folgte dem Inferno des Krieges ein neues Martyrium: Der Schreckensherrschaft der Sowjetsoldaten waren vornehmlich Frauen schutzlos ausgeliefert. Zwischen 100.000 und einer halben Million Berlinerinnen fielen Vergewaltigungen zum Opfer; zahlreiche Frauen verübten Selbstmord aus Scham. Außerdem plünderte die marodierende Soldateska Wohnungen, Geschäfte und Kaufhäuser. Und die Rotarmisten machten Jagd auf Männer mit Schnauzbart und Mittelscheitel: Mehrere vermeintliche „Hitler" erschossen die Soldaten kurzerhand (rechts) auf offener Straße.

Die Stunde null

Ein Moment zum Innehalten.

Der 8. Mai 1945. Mitternacht. Die Wehrmacht hat kapituliert. Nazi-Deutschland ist besiegt, Hitler zu Asche verbrannt, seine Schergen haben sich getötet, sind gefangen oder auf der Flucht. Die Männer des Landes gefallen oder in Gefangenschaft oder auf dem mühsamen Weg von den Schlachtfeldern Europas in die Heimat. In Berlin, der Hauptstadt des untergegangenen Deutschen Reiches, rauchen noch die Trümmer der irrsinnigen Idee von Germania und Herrenrasse.

Wie geht es weiter? Was folgt auf den Wahnsinn? Normalität. Eine Art von Normalität jedenfalls. Wie diese aussehen sollte, war bereits besprochen und geplant worden, während Hitler noch vom „Endsieg" faselte. Schon im November 1944 hatten die Amerikaner, Großbritannien und die Sowjetunion im Londoner Abkommen darüber entschieden, wie mit Deutschland und Berlin nach dem Sieg gegen die Nazis umzugehen sei. Die oberste Gewalt in Deutschland sollte von den Oberbefehlshabern der Streitkräfte der vier Mächte ausgehen - sie bildeten den „Alliierten Kontrollrat". Dieser Rat konstituierte sich am 30. Juli 1945 im amerikanischen Hauptquar-

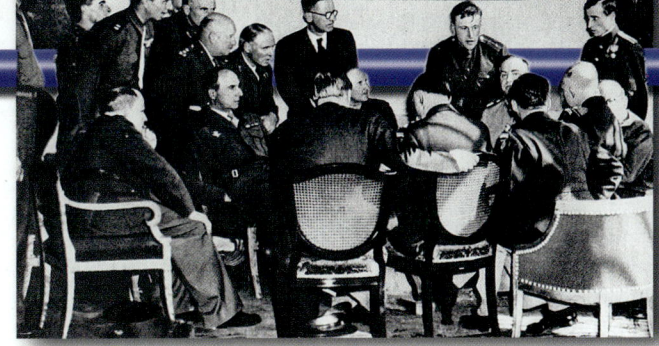

tier, dem ehemaligen Gebäude des preußischen Kammergerichts in Schöneberg. Alle zehn Tage sollte der Kontrollrat tagen, um gemeinsam und laut Londoner Protokoll „einstimmig" über das Schicksal Deutschlands zu entscheiden. Da die Alliierten jedoch individuell über ihre jeweiligen Zonen herrschten, gestaltete sich die Arbeit im Kontrollrat schwierig: Abgrenzungen, was nun zum „Zonenrecht", was zum „Deutschlandrecht" gehörte, waren kaum möglich.

Insgesamt trat der Alliierte Kontrollrat etwas mehr als 80-mal zusammen. Dreimal wandte sich das Gremium mit Proklamationen an das deutsche Volk. Der Kontrollrat erließ 62 Gesetze, vier Befehle und 57 Direktiven - und scheiterte letztlich am Lauf der Geschichte: Die Spaltung der Welt in den transatlantischen und den sowjetischen Block ver-

Links: Generalfeldmarschall Wilhelm Keitel als Vertreter des Oberkommandos der Wehrmacht bei der Unterzeichnung der bedingungslosen Gesamtkapitulation im Kasino einer Pionierschule am 8. Mai 1945. Rechts: Markierung der britischen Sektorengrenzen in Berlin. Oben eine Skizze der vier Sektoren.

hinderte eine gemeinsame Deutschland-Politik. Am 20. März 1948 verließ der sowjetische Oberbefehlshaber im Streit eine Sitzung des Rates und erklärte ihn für „faktisch" aufgelöst.

In der Praxis und vor allem in Berlin deutlich mehr Bedeutung hatte die Aufteilung der Stadt in Sektoren. Noch im Jahr 1944 hatten die Alliierten die Teilung in lediglich drei Bereiche geplant. Auf der Konferenz vom Jalta im Februar 1945 hatten die Westmächte allerdings auch die Beteiligung Frankreichs durchgesetzt. Die Russen bestanden nun darauf, dass dieser Anspruch aus dem Gebiet der westlichen Alliierten befriedigt werden sollte: Frankreich erhielt also zwei ursprünglich England zugedachte Bezirke im Nordwesten (Wedding und Reinickendorf). Diese Taktiererei erklärt, warum die drei westlichen Sektoren lediglich 54,3 Prozent der Stadtfläche, der östlich allerdings 45,7 Prozent umfasste. Bis zum Spätsommer 1945 zogen also die Russen aus den von ihnen eroberten westlichen Bezirken der Stadt ab und machten den britischen, amerikanischen und französischen Soldaten Platz. Schnell wurden in den West-Bezirken aus den Besatzern Freunde und später sogar Beschützer, während die Sowjets im Ost-Sektor mit grimmiger Konsequenz und der Unterstützung ihrer in Moskau geschulten Genossen daran gingen, den Terror des stalinistischen Systems auf den Teil des Landes zu übertragen, der sich später einmal DDR nennen würde.

Starke Frau holt neues Leben in den Zoo

Von Panzern zerpflügt, mit Schützengräben durchzogen. Bombentrichter, Granatsplitter überall. Kein Haus mehr komplett, alle Dächer eingestürzt. Der Zoologische Garten war nach dem Krieg ein Spiegelbild der Stadt. Von rund 4.000 hatten nur 91 Tiere den Zweiten Weltkrieg überlebt. Unter ihnen Knautschke, das Nilpferd, Siam, der Elefant, einige Paviane und die Schimpansin Suse. Doch genau wie in der Stadt ging es auch hier noch im Sommer 1945 mit dem Aufbau zügig voran. Im Zoo ist diese Zeit mit einem Namen verknüpft: Dr. Katharina Heinroth, der ersten Nachkriegsdirektorin. Am 1. August 1945 hatte sie dieses Amt übernommen, viele Alternativen gab es nicht (und bis heute war keine zweite Frau jemals Direktorin in einem deutschen Zoo oder Tierpark). Die Witwe des Berliner Ornithologen und Aquariums-Gründers Dr. Oskar Heinroth (dort Direktor von 1913 bis 1943) machte sich mit frischem Mut ans Werk. Gleichzeitig Tierpflegerin und Trümmerfrau, pflanzte sie in den Blumenbeeten Gemüse an - für sich, die wenigen Mitarbeiter und vor allem für die Tiere.

Dr. Heinroth baute schnell einen neuen Tierbestand auf: In

Bronzebüste von Dr. Katharina Heinroth im Berliner Zoo.

der Schorfheide fand sie Wildpferde, von den Resten des Circus Althoff, der in den letzten Kriegstagen in Fürstenwalde hängen geblieben war, holte sie ein Löwenpaar, einen Königstiger und zwei Bären in den Zoo. Vor allem mit Spenden ließ sie das Elefantenhaus, das Nilpferdhaus und das Antilopenhaus renovieren.

Als Dr. Katharina Heinroth am 1. Januar 1957 verabschiedet wurde, hatte sie den Zoo wieder auf den Kurs gebracht, für den er vor dem Krieg in ganz Europa bekannt gewesen war. Am 1. August 1844 war der Zoologische Garten zu Berlin von Hinrich Lichtenstein, einem Professor an der Friedrich-Wilhelms-Universität, gegründet worden - als erste derartige Einrichtung in Deutschland. Vor allem das Elefantenhaus, das Gehege der Antilopen und das Straußenhaus galten als weltweit vorbildlich. Das später errichtete Elefantentor wurde zum Wahrzeichen des Zoos, für dessen Außenanlagen nach dem Ersten Weltkrieg allerdings ein anderer berühmter deutscher Tierpark Pate stand: Hagenbeck in Hamburg.

Die Tierliebe der Berliner machte den Zoo von Anfang an zu einem gigantischen Erfolg. Und so war es klar, dass nach der Teilung der Stadt auch der Osten seinen eigenen Zoo haben sollte: Am 27. August 1954 wurde der Grundstein gelegt, ein knappes Jahr später feierte Wilhelm Pieck, Präsident der DDR, die Eröffnung. 400 Tiere aus 120 Arten wurden gezeigt, wobei das Gelände des Tierparks in Friedrichsfelde, ein ursprünglich von Peter Joseph Lenné 1821 gestalteter Landschaftspark, schon allein einen Besuch wert war. Ebenfalls auf dem Gelände

Wilhelm Pieck, Präsident der DDR, mit dem zwei Monate alten Löwenbaby „Sonja" während der Eröffnung des Tierparks Friedrichsfelde.

liegt das hübsche Schloss Friedrichsfelde. 90 Millionen Zuschauer kamen in den Jahren bis zur Wiedervereinigung, zoologisch erzielte die Einrichtung große Erfolge, vor allem bei der Dickhäuter-Zucht.

Was Dr. Heinroth für den Zoo war, ist Dr. Dr. Heinrich Dathe für den Tierpark gewesen, ein Aufbauer und Visionär, den Menschen in der ganzen DDR durch seine Sendung „Tierparkteletreff" ein Begriff. Nach der Wiedervereinigung wurde Dathe, damals schon 80 Jahre alt, die Leitung entzogen, da laut Einigungsvertrag keine Mitarbeiter über 60 Jahre in den öffentlichen Dienst übernommen werden durften. Seit Januar 2007 liegt die Leitung von Zoo und Tierpark in einer Hand. Dr. Bernhard Blaszkiewitz führt die Häuser in unnachahmlicher Art - ganz in der Tradition seiner berühmten Vorgänger also.

Das Nilpferd „Knautschke" gehörte zu den wenigen Tieren, die den Zweiten Weltkrieg im Zoologischen Garten überlebten. Rechts: Dr. Katharina Heinroth mit Star-Gast Josephine Baker in den Anlagen des Berliner Zoos (1954).

Frauen entsorgen die Trümmer des Krieges

Es waren die deutschen Männer, die einen ganzen Kontinent in Schutt und Asche gelegt hatten und nun, im Sommer 1945, wurde es zur Aufgabe der Frauen, das Heimatland wieder aufzubauen.

Zehn Prozent des Gebäudebestands der ehemaligen Reichshauptstadt Berlin waren komplett zerstört. Da, wo die Schlacht in den letzten Kriegstagen am heftigsten gewütet hatte, wo der Häuserkampf zwischen den Unverbesserlichen und den Sowjets mit unvorstellbarer Brutalität geführt wurde, waren es sogar mehr als 30 Prozent. In Mitte, Prenzlauer Berg, Friedrichshain und Kreuzberg waren ganze Straßenzüge wegradiert. Die wenigen Häuser, die noch standen, waren unbewohnbar, einsturzgefährdet, Todesfallen für alle, die sich hineintrauten. In vielen Gebäuden drohten Blindgänger jederzeit zu explodieren. Die Straßen der Stadt, die Hitler hatte zur „Welthauptstadt Germania" hochstilisieren wollen, waren vielerorts unpassierbar: In den Bombentrichtern und den Furchen der Kettentrichter und

Panzerfahrzeuge stand das Wasser teilweise meterhoch.

Der Wiederaufbau der Großruine Berlin begann mit dem Befehl des alliierten Kontrollrates, der sämtliche Frauen zwischen 15 und 50 Jahren zur Arbeit in den Trümmern verpflichtete.

Die Frauen machten sich ans Werk, sie knüpften sich ihre Schals um die Haare, den Knoten trugen sie vorn - eine Art Uniform der Trümmerfrauen.

Die Arbeit ist hart, es gibt keine schweren Geräte, höchstens Spitzhacken und Schaufeln. Zu erledigen sind in erster Linie zwei Tätigkeiten: Abriss und Sortierung. Einerseits müssen die noch stehenden Wandteile in den Ruinen beseitigt werden - um neuen Platz zu schaffen und vor allem um zu verhindern, dass sie beim nächsten Windstoß zusammenbrechen und jemanden erschlagen. Aus den Resten der alten Gebäude wird der Baustoff für neue. In Hand-zu-Hand-Ketten werden die wiederverwertbaren Steine an den Straßenrand geschafft, dort mit Mörtel-

hammern gereinigt und nach der immer gleichen Methode gestapelt: Jeweils 200 in einem Block.

60.000 Frauen waren in Berlin im Einsatz. Der Lohn in der Stunde null: Lebensmittelkarten der höchsten Kategorie und ein Stundenlohn von weniger als einer Mark. Was die Berliner Trümmerfrauen tatsächlich geleistet haben, wird erst Jahre später gewürdigt werden. Vorerst sehr metaphorisch: 1949 wird ein 50-Pfennig-Stück geprägt, das eine Eichen-Pflanzerin zeigt - eine symbolische Würdigung der Frauen in der Aufbauarbeit. Im Osten gibt es für sie ein Vorrecht bei der Wohnungs-

vergabe und den Ehrentitel „Aktivist der ersten Stunde". Erst 1987 wurde den vor 1921 Geborenen, die zusätzlich zur Trümmerarbeit Kinder großgezogen hatten, ein zusätzlicher Rentenbetrag gewährt.

Trümmerfrauen-Denkmal im Volkspark Hasenheide in Berlin-Neukölln.

Harte Aufbauarbeit ohne schwere Geräte - Trümmerfrauen in Aktion.

Leben auf Karte

An Lebensmittelmarken hatten sich die Deutschen bereits unter Hitler gewöhnen können: So war es nicht gerade eine Novität, als die Alliierten ab Mai 1945 begannen, Karten zu verteilen. Entsprechend der Schwere der Arbeit gaben die Behörden Karten in fünf Kategorien aus - wobei für Schwerkranke die gleiche Menge an Lebensmitteln zur Verfügung gestellt wurde wie für Schwerarbeiter.

Die Marken waren streng an die auf ihnen angegebenen Lebensmittel geknüpft, um den Schwarzmarkt so weit wie möglich auszuhebeln. Natürlich vergeblich. Im Jahr 1950 wurden die Marken in der Bundesrepublik abgeschafft, in der DDR kursierten sie noch bis ins Jahr 1958.

Sommernachtstraum in Ruinen

„Wir haben vergessen, dass es Nazis gibt, einen verlorenen Krieg und Besatzungstruppen. Plötzlich ist alles unwichtig geworden. Wichtig ist nur, was die Geigen singen: Tschaikowsky, Mozart und Mendelssohn", so beschreibt die Journalistin Ruth Andreas-Friedrich das erste Konzert der Berliner Philharmoniker nach dem Krieg. Am 26. Mai 1945 dirigierte Leo Borchard – während der NS-Zeit hatte er Berufsverbot – ein improvisiertes Konzert im Titania-Palast in Steglitz. Auf dem Programm standen Werke, die unter den Nazis verboten waren: Ein Sommernachtstraum von Felix Mendelssohn Bartholdy und die 4. Symphonie von Tschaikowsky. Fast 1.000 Menschen waren gekommen. Ihre Wohnungen waren zerstört, manche waren für dieses Konzerte stundenlang durch die zerbombten Straßen gelaufen. Öffentliche Verkehrsmittel fuhren noch nicht. Zweifellos, das Konzert markierte einen Neubeginn. Doch noch lagen die Häuser in Trümmern und mit ihnen die einst so hoffnungsvolle Musikszene Berlins. Die Berliner Philharmoniker hatten Mühe, sich neu zu formieren. Dabei waren sie die Einzigen, die kaum mit materiellen und praktischen Problemen zu

Leo Borchard

Titania Palast
1945

kämpfen hatten: Auf Betreiben des damaligen Dirigenten Wilhelm Furtwängler war das Orchester unmittelbar nach der Machtergreifung Hitlers dem Propagandaministerium unterstellt worden. Jüdische Musiker mussten das Orchester verlassen. Wer bleiben durfte, war privilegiert. Gute Bezahlung, zahlreiche Auslandstourneen und freundliche Kritiker ließen manchen Philharmoniker die Augen verschließen - vor dem Grauen, das sich in Deutschland anbahnte. So wurde Wilhelm Furtwängler nach dem Krieg im Zuge der Entnazifizierung seines Amtes enthoben und als „Mitläufer" eingestuft.

Seinem Nachfolger Leo Borchard blieb viel zu wenig Zeit. Beim Überqueren der Sektorengrenze wurde er versehentlich erschossen, nur wenige Monate, nachdem er zum Orchesterleiter ernannt worden war. Sein Nachfolger Sergiu Celibidache (rechts), damals noch weitgehend unbekannt, hatte bereits mit seinem ersten Konzert im August 1945 riesigen Erfolg.

Musik war wie alle Bereiche der Kultur in dieser Zeit vor allem: Ein Instrument zur „Umerziehung". Das war das erklärte Ziel der Besatzungsmächte. Die Berliner profitierten davon. Nur mit Unterstützung der Russen, Amerikaner, Franzosen und Engländer konnten sie das kulturelle Leben wiedererwecken. Die Kultur-Offiziere der Alliierten waren auf allen Seiten sorgfältig ausgewählte und gebildete Persönlichkeiten, die meisten zudem exzellen-

Plakatwerbung für das erste Konzert der Deutschen Staatsoper nach dem Zweiten Weltkrieg.

te Kenner der deutschen Kultur, viele gar Emigranten, die nun zurückkehren konnten.

Sie suchten geeignete Musiker aus, beauftragten Dirigenten und Regisseure, überprüften die politische Vergangenheit der Künstler, besorgten Reisegenehmigungen und halfen bei der Suche nach Ersatzquartieren.

Die Staatsoper Unter den Linden, die Kroll-Oper und die Städtische Oper Berlin waren zerstört. Trotzdem ernannte der sowjetische Stadtkommandant Nikolai Erastowitsch Bersarin bereits im Mai 1945 Heinz Tietjen zum neuen Intendanten der Staatsoper. Tietjen gelang es, das Ensemble und das Orchester zu sammeln - wenige Wochen später gab er ein erstes Nachkriegskonzert im großen Sendesaal des Funkhauses in der Masurenallee. Und auch eine erste Spielstätte fand die Staatsoper: Den Admirals-Palast in der Friedrichsstraße. Wie bei den Philharmonikern standen auch hier auf dem Spielplan vor allem Werke, die vorher verboten gewesen waren, wie etwa Tschaikowskys „Eugen Onegin". Die Städtische Oper fand ebenfalls Zuflucht: Sie konnte das Theater des Westens für ihre Aufführungen nutzen.

Die Berliner kamen, die Vorstellungen waren gut besucht. Denn während die Stadt noch am Boden lag, waren die Konzerte ein Lichtblick, ein Hoffnungsschimmer, der wieder an eine Zukunft denken ließ.

Hunger auf der Bühne - nur ein Ami klatscht nicht mit

„Zuerst müsst Ihr uns was zu fressen geben, dann könnt Ihr reden, damit fängt es an!", ließ Berthold Brecht singen. Das Lied erfreute die ausgebrannten, ausgehungerten Berliner Zuschauer am 15. August 1945 bei der Wiedereröffnung des Hebbel-Theaters mit der „Drei-Groschen-Oper". Einige klatschten heftig Beifall - zu heftig für den amerikanischen Kulturoffizier. In den folgenden Vorstellungen versuchte er, die Beifallsbekundungen an dieser Stelle zu unterbinden.

Szene aus der „Drei-Groschen-Oper" im Hebbel-Theater vom 15. August 1945.

Er hätte sich entspannt zurücklehnen können. Die Amerikaner prüften (wie auch alle anderen Besatzungsmächte) jedes Stück sorgfältig, das in Berlin zur Aufführung anstand. Der Brecht-Text war unbedenklich, und mehr als das, hieß es doch in dem erfreut beklatschten Lied weiter:

*Denn wovon lebt der Mensch indem er stündlich
den Menschen peinigt, auszieht, anfällt, abwürgt und frisst.
Nur dadurch lebt der Mensch, dass er so gründlich
vergessen kann dass er ein Mensch doch ist!*

Das Stück war ein Riesenerfolg. Mit Hubert von Meyerinck in der Rolle des Mackie Messer hatte das Theater auch gleich einen bekannten Namen aufzubieten. Gerade für das Theater entwickelten die Berliner in der Nachkriegszeit Leidenschaft. Unmittelbar nach Kriegsende hatten die Künstler aller Sparten begonnen, sich wieder zu organisieren. Die Reichskulturkammer der NS-Verwaltung war inklusive Mitgliederkartei und Innenausstattung vollkommen unzerstört und wurde in die „Kammer der Kunstschaffenden" umgewandelt. Die Russen ernannten den Schauspieler Paul Wegener zum Leiter, der fortan vor allem Verwaltungsaufgaben übernahm. Inhaltlich war der Wiederaufbau der Berliner Theaterszene Sache der jeweiligen Kulturoffiziere. Im Gegensatz zu den Opernhäusern der Stadt, hatten zahlreiche Theatergebäude fast unversehrt den Krieg überstanden. Bereits am 27. Mai 1945 konnte das Charlottenburger Renaissance-Theater eröffnen. Man ging auf Nummer sicher: Die Komödie „ Der Raub der Sabinerinnen" war eine willkommene und absolut harmlose Unterhaltung. Einen Monat nach dem Renaissance-Theater folgte das „Deutsche Theater" in Mitte mit Schillers „Der Parasit". Im Oktober des gleichen Jahres inszenierte Fritz Wisten, der frühere Leiter des „Jüdischen Kulturbundes", hier Lessings Drama „Nathan der Weise" mit Paul Wegener in der Hauptrolle. Das im russischen Sektor gelegene Theater am Schiffbauerdamm brachte am 3. August 1945 die Revue „Höllenparade" von

Horst Lommer auf die Bühne. Das Stück nahm die Durchhalteparolen der Nazis satirisch aufs Korn.

Nicht nur das klassische Theater erwachte zu neuem Leben. Gerade weil der Alltag der meisten Berliner alles andere als lustig war, sehnten sie sich nach Zerstreuung. Das „Kabarett der Komiker" startete im Juni 1945 am Lehniner Platz, Viktor de Kowa eröffnete sein „Heute abend um 6" im Theater Tribüne. Ab August 1945 dann gab es in Berlin auch wieder ein Varieté im ehemaligen „Großen Schauspielhaus". Die Artistin Marion Spadoni hatte das Theater, in dem Max Reinhardt früher erfolgreich Regie geführt hatte, notdürftig wieder hergerichtet. Zauberkünstler, Dompteure, Akrobaten, Jongleure und Clowns verzauberten von nun an das Publikum. Doch der Bau erwies sich auch darüber hinaus als vielseitig nutzbar: Der russische Kommandant lud hier zu politischen Veranstaltungen und im Winter 1945/46 diente der „Palast", wie er nun hieß, der Bevölkerung als Wärmehalle. Erst zwei Jahre später wurde er umbenannt und hieß von da an „Friedrichstadtpalast".

Das Theater, das Varieté, die Kabarettisten - sie halfen Berlin beim Neuanfang. Der Titel von Thornton Wilders Drama, einem der ersten Stücke im Hebbel-Theater, brachte es auf den Punkt: „Wir sind noch einmal davongekommen!"

Paul Wegener als „Nathan der Weise". Von den Russen wurde der Schauspieler zum Leiter der „Kammer der Kunstschaffenden" ernannt.

Hilfs-Lehrer im Schicht-Unterricht, eine Uni à la Moskau?

Das Datum war ungewöhnlich. Aber wen störte das? Am 15. Oktober 1945 hielt der Berliner Oberbürgermeister Arthur Werner eine festliche Ansprache und eröffnete damit das neue Schuljahr. Das Datum hatte die Alliierte Kommandantur festgelegt und eine vorläufige Schulordnung gebilligt. Der Oberbürgermeister betonte in seiner Rede die herausragende Bedeutung der Schulen beim Aufbau einer neuen Demokratie. Er warnte zudem davor, Schulen noch einmal als „Zuchtanstalten" zu missbrauchen.

Trotzdem, es sollte noch einige Monate dauern, bis für die Berliner Schüler annähernd Normalität einkehrte: Von den ursprünglich mehr als 700 Schulgebäuden konnten gerade einmal 292 genutzt werden. Viel zu viele Schüler drängten sich in viel zu wenigen Räumen. Außerdem standen kaum Lehrer zur Verfügung. Ohnehin hatten bei Kriegsende an vielen Schulen nur noch Behelfskollegien unterrichtet. Nun kam noch das Berufsverbot für Lehrer hinzu, die Mitglied der NSDAP gewesen waren. Um trotzdem unterrichten zu können, wurden Menschen anderer Beru-

Wiedereröffnung der Friedrich-Wilhelms-Universität: Umstrukturiert nach sowjetischem Vorbild und unter der Leitung von Johannes Stroux (rechts außen). Rechts oben der Eingang zur Uni heute.

fe in Abendschulen und Schnellkursen umgeschult und auch sofort eingesetzt, zunächst im Schichtunterricht vor- und nachmittags. Für viele Kinder endete damit eine monatelange schulfreie Phase. Nur wenige Schulen hatten direkt nach Kriegsende wieder unterrichtet, wie etwa das unter den Nazis verbotene katholische Gymnasium am Lietzensee.

Der Wiederaufbau des Bildungssystems verlief nicht reibungslos: Noch bevor die westlichen Besatzungsmächte in Berlin eintrafen, hatten die Sowjets begonnen, den Umbau des Schulsystems und der Unis zu planen. So wollten sie die Einheitsschule in ganz Berlin einführen, Religion war fortan nicht mehr ordentliches Unterrichtsfach, sondern musste von Lehrkräften der Kirche unterrichtet werden. Beides fand bei Amerikanern und Briten nur eingeschränkt Zustimmung.

Auch die Universitäten sorgten für Spannungen: Der Atomphysiker und Nobelpreisträger Gustav Hertz sollte die Wiedereröffnung der im britischen Sektor gelegenen Technischen Hochschule leiten. Aber die Sowjets hatten andere Pläne. Hertz gehörte zu den Wissenschaftlern, die in die Sowjetunion gebracht wurden, um dort in der Atomforschung zu arbeiten. Die britischen Besatzungsbehörden waren ohnehin zögerlich. Sie wollten die Technische Hochschule nicht in der bestehenden Form fortführen. Schließlich einigte man sich auf ein ganz neues Modell. Der Technischen Hochschule wurde eine humanistische Fakultät angeschlossen, um - so sah es die Hochschulreform vor - eine Wende einzuleiten „fort vom Spezialistentum, hin zum gebildeten und menschlich-sittlich qualifizierten Ingenieur".

Der eigentlichen Berliner Universität, der Friedrich-Wilhelms-Universität in Mitte, galt das besondere Interesse der Sowjets: Vergeblich bemühten sich die Westmächte, die Universität direkt dem Berliner Magistrat zu unterstellen. Der Pädagoge Eduard Spranger, der seit Kriegsende als Rektor an der Wiederaufnahme des Lehrbetriebs arbeitete, musste gehen. An seiner Stelle wurde der Altphilologe Johannes Stroux eingesetzt, der die Universität nach sowjetischem Vorbild umstrukturierte. Aufmüpfige Studenten wurden verhaftet. Einen gemeinsamen Weg der vier Besatzungsmächte konnte es in dieser Frage nicht mehr geben.

1948 eröffnete Friedrich Meinecke eine neue Universität im Westteil Berlins, in Dahlem. Mit Unterstützung der Amerikaner war dort eine Hochschule entstanden, deren Name Programm war: die Freie Universität Berlin.

Links die Freie Universität Berlin, daneben Oberbürgermeister Arthur Werner.

Sinatra und Mozart contra Medien-Monopol der Sowjets

„Hier ist RIAS Berlin - eine freie Stimme der freien Welt". Diesen Satz und die Glockentöne des Pausenzeichens kannte jeder Berliner. Innerhalb weniger Monate hatte sich der neue Radiosender RIAS Berlin zur festen Größe im täglichen Leben der Stadt entwickelt. Angefangen hatte der RIAS, der **R**undfunk **I**m **A**merikanischen **S**ektor, als Drahtfunk. Die Amerikaner hatten Ende 1945 im Fernmeldeamt in der Winterfeldstraße einen provisorischen Sender eingerichtet. Ausgestrahlt wurde ab Februar 1946 Langwellenrundfunk, der nur über das Telefonnetz verbreitet werden konnte. Ziel des DIAS, aus dem schon im September 1946 der RIAS hervorging, war vor allem, das Medienmonopol der Sowjets zu brechen. Die hatten das Berliner Funkhaus in der Masurenallee (unten rechts) fast unbeschädigt übernommen. Dieses Funkhaus war für die damalige Zeit hervorragend ausgestattet und zählte zu den modernsten Rundfunkstationen Europas. Die Sowjets kassierten den Sender und nutzten nicht nur die Technik, sondern auch das vorhandene Personal für ihre Zwecke: Teilweise arbeiteten die gleichen Sprecher, die wenige Monate vorher noch Nazipropaganda verlesen hatten, nun für die sowjetische Besatzungsmacht beim Berliner Rundfunk.

Nach der Aufteilung Berlins in Sektoren lag das Funkhaus im britischen Sektor - was die Sowjets in keiner Weise daran hinderte, den Sender weiterhin besetzt zu halten. Während Amerikaner, Franzosen und Briten davon ausgingen, dass der Sender allen Besatzungsmächten zur Verfügung stehen müsse, bestanden die Russen auf ihrem alleinigen Nutzungsrecht. Bereits am 13. Mai 1945 konnten die Berliner das neue Radioprogramm das erste Mal empfangen: Aus den Lautsprechern klangen die vier Nationalhymnen der Besatzungsmächte, anschließend wurde der Wortlaut der deutschen Kapitulation verlesen. Zum Abschluss des Erstprogramms hörten die Berliner ein Grußwort Stalins und dann noch eines des sowjetischen Stadtkommandanten.

Fünf Tage später hatte sich das Programm schon beträchtlich erweitert. Hans Rosenthal begrüßte die Hörer. Jüdischer Abstammung, hatte Rosenthal die NS-Zeit im Versteck überlebt und sich nach Kriegsende beim Rundfunk beworben. Sein erster Satz im Radio war nicht sehr aufregend: „Hier spricht Berlin. Aus dem großen Sendesaal des Funkhauses übertragen wir ein öffentliches Konzert. Es spielt das Orchester der Städtischen Oper Berlin. Durch das Programm führt Sie Viktor de Kowa." Rosenthal verließ den Sender 1948 und wechselte zum RIAS - sein Weg zu einem der berühmtesten deutschen Radio- und Fernsehmoderatoren begann.

Der RIAS hatte mit massiven Anfangsschwierigkeiten zu kämpfen, die technische Ausstattung war zunächst miserabel. Ein bunter Haufen aus Journalisten, Technikern, Offizieren und Künstlern bastelte an einem Programm, das zunächst vor allem auf Improvisation baute.

In den Musiksendungen drehten sich überwiegend Schallplatten aus US-Armeebeständen: Glenn Miller (1), Louis Armstrong (2), Duke Ellington (3), Ella Fitzgerald, Benny Goodman, Frank Sinatra (4), Sammy Davis jr. - allesamt unter den Nazis verboten - waren endlich wieder zu hören, aber auch Strawinsky, Bartok, Tschaikowsky, Mozart und Beethoven. Der Sender wuchs und mit ihm das Wortprogramm. Hans Rosenthals „Klingendes Sonntagsrätsel" oder sein „Wer fragt ge-

Hans Rosenthal

winnt" schrieben Radiogeschichte. Später wurde der RIAS auch zum politischen Kampfmittel im Kalten Krieg. Für die Berliner war er mehr: Er war „unser Radio". Während der Blockade sprang der RIAS bei Stromsperren mit Lautsprecherwagen ein und informierte die Bevölkerung über Lebensmittelzuteilungen und Stromzeiten. Nach dem Mauerbau waren Sendungen wie „Musik kennt keine Grenzen", in der Berliner über das Radio sich gegenseitig Musik und Grüße in die andere Stadthälfte schickten, eine Brücke „nach drüben". Vier Jahre nach dem Mauerfall, am 31. Dezember 1993 um 24.00 Uhr, stellte der RIAS den Sendebetrieb ein.

Händedruck besiegelt „feindliche Übernahme"

Admiralspalast, Friedrichstraße, 22. April 1946: Auf der Bühne gehen zwei Männer aufeinander zu. Es sind Otto Grotewohl, der SPD-Chef in der sowjetischen Besatzungszone und Wilhelm Pieck, der Vorsitzende des ZK der KPD. „In Eins nun die Hände" und „Einheit", skandieren die kommunistischen Kader. Dann geben sich Grothewohl und Pieck lang anhaltend die Hand.

Das Bild wird zur Ikone der späteren DDR-Propaganda. Was war geschehen?

Seit Herbst 1945 versuchte die Kommunistische Partei Deutschlands (KPD), die Sozialdemokraten zu einem Zusammenschluss beider Parteien zu bewegen. In der Bevölkerung längst als brutale Handlanger Stalins verschrien, fürchteten die KPD-Funktionäre, bei den für 1946 in ganz Deutschland angesetzten Parlamentswahlen große Niederlagen einstecken zu müssen. Gemeinsam mit der SPD, hofften sie, würden sie die deutschen Arbeiter erreichen. „Suche nach dem großen Blutspender" nannte man außerhalb der KPD diesen Plan spöttisch.

Die westliche SPD-Führung unter Kurt Schumacher warnte vor der Gefahr einer kommunistischen Führung, die nach einem Zusammenschluss beider Parteien

Kurt Schumacher

die Macht an sich reißen würde. Er sollte bitter Recht behalten. In den Westzonen gelang es den Sozialdemokraten, die „feindliche Übernahme" durch die KPD zu verhindern. In der Sowjetischen Besatzungszone (SBZ) wiederum verhinderte die russische Militärverwaltung (Sowjetische Militär-Administration SMAD), dass sich die SPD wirksam wehren konnte: Sie verbot kurzerhand eine Urabstimmung unter den SPD-Mitgliedern. Mit Pressezensur, Redeverboten und Verhaftungen brach die SMAD den Widerstand der Sozialdemokraten.

Wie groß dieser Widerstand war, zeigt eine Urabstimmung unter den SPD-Mitgliedern in den Westsektoren Berlins:

Hier stimmten im März 1946 ganze 82 Prozent gegen die Vereinigung mit der KPD. Mit brachialer Gewalt schließlich erzwangen die Sowjets gemeinsam mit der KPD den Händedruck zwischen Pieck und Grotewohl. Einheitsgegner in der SPD verfolgten sie bis zum Tag des Händedrucks als „Spalter", „Agenten" und „Faschisten". Die massiv bedrohten Sozialdemokraten fügten sich der Gewalt und in die neue Sozialistische Einheitspartei Deutschlands (SED). Wie groß das Ausmaß der Einschüchterung vor der Gründung der SED tatsächlich war, enthüllte Erich Ollenhauer, Chef der SPD der Bundesrepublik Deutschland, im Jahr 1961 anlässlich des Mauerbaus: „Zwi-

Historischer Händedruck: Wilhelm Pieck (links) und Otto Grotewohl.

schen Dezember 1945 und April 1946 wurden in der SBZ mindestens 20.000 Sozialdemokraten gemaßregelt, für kürzere oder auch für sehr lange Zeit inhaftiert, ja sogar getötet".

55 Jahre nach der Zwangsvereinigung von SPD und KPD zur SED entschuldigte sich die Führung der SED-Nachfolgepartei PDS (später: Linkspartei) für die Zwangsvereinigung von KPD und SPD. Die Formierung der SED auf dem Parteitag am 21. und 22. April 1946 sei „auch mit politischen Täuschungen, Zwängen und Repressionen vollzogen" worden, sagten die damalige PDS-Bundesvorsitzenden Gabi Zimmer und die Berliner Landeschefin Petra Pau. Sozialdemokraten seien „gedemütigt und verfolgt worden, ebenso kritische Kommunisten, (...) schließlich nicht wenige, die in der Nazi-Zeit in KZ und Zuchthäusern für ihre Ideen gelitten hatten".

Unten: Petra Pau und Gabi Zimmer (rechts) entschuldigten sich 2001 für die Zwangsvereinigung von SPD und KPD zur SED. Im Hintergrund die Abstimmung während des Vereinigungsparteitages 1946.

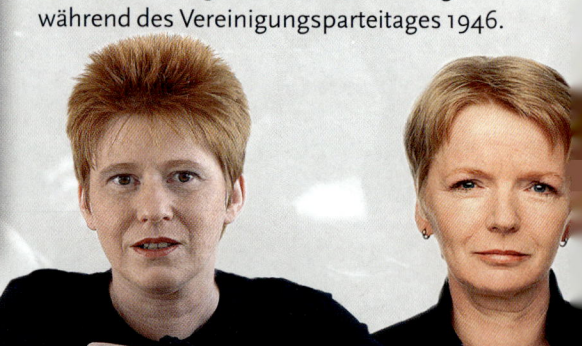

Immanuel Krankenhaus Berlin-Wannsee   Rehabilitationsklinik Märkische Schweiz   Hospital Feierabendheim   Rheumaklinik Berlin-Buch   Minimalinvasive OP

Dem Leben zuliebe: Menschen helfen Menschen

Not und Hunger sowie die Suche nach neuen Perspektiven prägten die Jahre nach Ende des Zweiten Weltkriegs. Die Mitglieder der 1927 gegründeten Evangelisch-Freikirchlichen Gemeinde Berlin-Schöneberg handelten: Mit dem Ziel, die Not durch konkrete Taten im Sinn des Evangeliums dauerhaft zu lindern, organisierten sie Schulunterricht mit Schulspeisung. Darüber hinaus eröffneten sie am 21. Dezember 1947 auf dem Gemeindegelände das Hospital Feierabendheim - die „Urzelle" der Immanuel Diakonie. Die Arbeit beruhte auf großem ehrenamtlichen Engagement und finanzierte sich ausschließlich über Spenden. Beeindruckt von dieser Hingabe schenkten Hermann und

Charlotte Siemens den Baptisten ihren Sommersitz am Kleinen Wannsee zur Errichtung einer Pflegeeinrichtung. Zum 1. Dezember 1950 entstand in der Villa ein Jugendkrankenhaus. Hier sollten an Kinderlähmung (Poliomyelitis) erkrankte Kinder und Jugendliche nicht nur behandelt, sondern auch in Berufen ausgebildet werden. Doch die befürchtete Polio-Epidemie blieb aus.
Ab 1952 spezialisierte sich das Krankenhaus auf rheumatische Erkrankungen. Während des Kalten Krieges erwarb die Gemeinde Grundstücke am Wannsee. 1987 erfolgte hier der Neubau des Immanuel-Krankenhauses. Die moderne Spezialklinik der Rheumatologie mit einer der ersten Ganzkörperkältekammern Deutschlands integriert ein Zentrum für Naturheilkunde.

20. Juli 1954: Bundespräsident Theodor Heuss (Zweiter von links) besucht das Immanuel-Krankenhaus. Links: Trümmer der kriegsbeschädigten Villa vor dem Umbau 1949/50

Nach der Wende expandierte die Immanuel Diakonie Group (IDG) nach Brandenburg, Thüringen und Österreich. Bis heute ist die Evangelisch-Freikirchliche Gemeinde Berlin-Schöneberg alleinige Gesellschafterin. Im Jahr 2008 beschäftigt die Immanuel Diakonie Group in elf GmbHs an 50 Standorten rund 2.100 Mitarbeiter in Krankenhäusern, Tages- und Rehabilitationskliniken, Suchthilfeeinrichtungen, Sozialstationen, Beratungsstellen, Heimen der Altenpflege und vielen weiteren Bereichen. Leitgedanke für jedes Handeln ist: „DEM LEBEN ZULIEBE".

Das Wohl von Patienten und Mitarbeitern stehen im Fokus der Immanuel Diakonie.   www.immanuel.de

Hunger, Schwarzmarkt, Hakenkreuzfahnen zu Windeln

Nach dem Ende des Zweiten Weltkriegs im Frühjahr 1945 hatte die Mehrheit der Deutschen das Schlimmste noch nicht hinter sich. Wer nicht vom NS-Terror bedroht und verfolgt oder dem Luftkrieg zum Opfer gefallen war und nicht aus seiner Heimat vertrieben wurde, der war bis Kriegsende mit Kleidung, Nahrung und einer Unterkunft hinreichend versorgt. Das änderte sich in Berlin nach der Kapitulation der Wehrmacht am 8. Mai dramatisch. Die Siegermächte beschlag-

Lumpenein-
tausch gegen
Berechtigungs-
scheine für
den Textilier-
werb in der
Oranienburger
Straße.

nahmten Wohnungen und Lebensmittel, der Nachschub stockte.

Im besonders kalten Winter 1946/47 erreichte die Not ihren Höhepunkt. Nur noch fünf Gramm Fleisch und Fett konnten pro Person auf den Lebensmittelkarten ausgegeben werden und nur 35 Gramm Eiweiß. Die Berliner konnten den minimalen Tagesbedarf von 3.000 Kilokalorien pro Kopf nur noch zu einem Drittel decken. Das bedeutete Hunger und schwere Gefahr für die Gesundheit. In ihrer Not bauten die Berliner im Frühjahr 1947 Gemüse und Kartoffeln in öffentlichen Parks und auf Wiesen an, zum Beispiel vor dem Reichstag und dem Brandenburger Tor. Bis zu einem Drittel der Haushalte lebte im Jahr 1947 überwiegend von diesem Anbau. Und auch sonst wussten sich die Berliner zu helfen: „Ersatzwaschmittel" gewannen sie aus der

Stärke von Kartoffelschalen und Kastanien. Hakenkreuzfahnen wurden zu Windeln, Autoreifen zu Schuhsohlen. Geschwisterkinder mussten sich nicht selten ein einziges Paar Schuhe teilen: Wer es bekam, durfte nur eine oder zwei Stunden zur Schule gehen und musste dann heimkehren und die Schuhe an den Bruder oder die Schwester weitergeben.

Die Schwarzmärkte waren oft die einzige Möglichkeit, an Gebrauchswaren aller Art zu kommen. Sie waren so akzeptiert und etabliert, dass Straßenbahnschaffner sie mit den Stationsnamen ausriefen: am Reichstag, am Potsdamer Platz, am Fehrbelliner Platz in Wilmersdorf, in der Knesebeckstraße in Charlottenburg.

Ein Kilogramm Zucker, das offiziell 1,07 Reichsmark kostete, aber nicht zu bekommen war, kostete auf dem Schwarzmarkt 180 Reichsmark, 20 Zigaretten statt 20 dort rund 110 Reichsmark. Diebstahl und „Kohlenklau" wurden nicht länger als kriminell, sondern als normal angesehen. Die Berliner nannten das Entwenden fremder Güter „kompensieren", oder „organisieren". Skurrile Tauschgeschäfte kamen auf. So fuhr eine Berlinerin nach Brandenburg, stillte dort das Kind einer Bäuerin und bekam dafür zwei Kilo Äpfel. Eine Schülerin sammelte 60 Brötchen aus der Schulspeisung und kaufte sich dafür ein Cello. Sie hungerte für die Musik.

Kartoffelfelder zwischen dem zerstörten Reichstag und dem Lessing-Denkmal (links). Amerikanische Soldaten kontrollieren auf dem Schwarzmarkt (rechts).

Überlebenswichtig im Winter 1946/47: Brennholz.

Berlin erholte sich nur langsam vom Hungerwinter 1946/47. Die Regale der Geschäfte füllten sich erst mit der Währungsumstellung am 21. Juni 1948 wieder richtig, als die D-Mark eingeführt wurde. Allerdings nur für kurze Zeit, denn die sowjetische Blockade verlangte den Berlinern in den Westsektoren bis zum 12. Mai 1949 ein weiteres Jahr schlimmster Entbehrungen ab.

Der Winter 1946/47 hat tiefe Spuren im Bewusstsein der Stadt hinterlassen. Bei älteren Berlinern kann man heute noch beobachten, wie sie sich extra viel Butter aufs Brot schmieren. Sie erinnern sich an Jahre, in denen Butter wertvoller schien als pures Gold.

Prügel für die Abgeordneten - und die Polizei sieht weg

Otto Suhr

Ab Herbst 1948 sah man das Berliner Stadtparlament, die Stadtverordnetenversammlung (StVV), nicht mehr an seinem angestammten Ort, also im „Neuen Stadthaus" in Mitte (Parochialstraße) tagen, sondern dafür in der Mensa der Technischen Universität Berlin, im „Studentenhaus" an der Charlottenburger Hardenbergstraße. Das Studentenhaus befand sich im Britischen Sektor. Hier, so hoffte der Vorsteher der StVV, Otto Suhr (SPD), würde man ungestört arbeiten können. Das war im Sowjetischen Sektor, zu dem das Neue Stadthaus gehörte, nicht mehr möglich. Dort versuchten die Sowjets, seit 1946 massiv Einfluss auf die Arbeit der Stadtverordneten zu nehmen, nachdem die SED bei den ersten freien Wahlen in Berlin nach Kriegsende im Oktober 1946 nur 19, 8 Prozent der abge-

gebenen Stimmen erhalten hatte. Im Juni 1947 schließlich weigerten sich die Sowjets, den durch die StVV gewählten neuen Oberbürgermeister von Berlin, Ernst Reuter (SPD), anzuerkennen und behinderten die Arbeit aller Parteien außer der SED im Ostteil Berlins mit Auflagen und Schikanen. In der StVV boykottierte die SED die Mitarbeit an einer neuen Verfassung für Berlin, die schließlich am 22. April 1948 von den übrigen Parteien verabschiedet wurde.

Knapp zwei Monate später begann die Rote Armee mit der totalen Blockade der Westsektoren Berlins. Zeitgleich, am 23. Juni 1948, rückten kommunistische Agitatoren auf das Neue Stadthaus vor, in dem an diesem Tage die StVV tagen sollte. Sie besetzten den Sitzungssaal und schlugen auf Stadtverordnete der SPD,

CDU und der LDP ein. Die Polizei schritt auf Befehl des Ostberliner Polizeichefs Markgraf nicht ein. Die Sitzung wurde auf den 26. August 14 Uhr vertagt. An diesem und dem folgenden Tag versperrten Kader der SED nun vollends den Zugang zum Neuen Stadthaus.

Otto Suhr sah die Gefahr, dass eine gemeinsame Arbeit des Stadtparlamentes wegen der Bedrohung durch SED und Rote Armee dauerhaft nicht mehr möglich wäre. Er wollte die politische Teilung Berlins aber um jeden Preis verhindern. Während die Westalliierten unter beispiellosen Anstrengungen die Luftbrücke zur Versorgung der eingeschlossenen hungernden Bevölkerung der Westsektoren aufrecht erhielten, unternahm er einen letzten Versuch, das Parlament zu retten und berief eine Sitzung ins Neue Stadthaus für den 6. September 1948 ein. Wieder wurden die Abgeordneten und auch Journalisten des RIAS von Kommunisten bedroht und verprügelt.

Links: SED-Anhänger dringen am 6. September in das Neue Stadthaus ein. Bereits am 26. August hatten Partei-Kader den Zugang zum Stadtparlament blockiert.

Otto Suhr gab den Kampf daraufhin auf und zog mit seinem Parlament in das Studentenhaus in Charlottenburg um. Die SED ging nicht mit und warf Suhr in beispiellosem Zynismus öffentlich vor, er habe die StVV „gespalten". Für den 30. November berief die SED stattdessen eine „außerordentliche Stadtverordnetenversammlung" in den Admiralspalast in der Friedrichstraße ein, an der ihre 23 StVV-Mitglieder und dazu 1.600 Delegierte SED-naher Organisationen als „Demokratischer Block" teilnahmen. In dieser Sitzung erklärten die Kommunisten den 1946 gewählten Gesamtberliner Magistrat für abgesetzt und ernannten (ohne Neuwahlen) einen „provisorischen demokratischen Magistrat" unter Oberbürgermeister Friedrich Ebert. Die freien Wahlen, die daraufhin in den Westsektoren Berlins folgten, wurden von den Sowjets im Ostsektor verboten. Ernst Reuter, der aus diesen Wahlen erneut als Oberbürgermeister hervorging, konnte nun nur noch den Westteil der Stadt regieren. Die politische Teilung Berlins war Wirklichkeit geworden und sollte bis zum 3. Oktober 1990 andauern.

Und auf einmal gab es alles...

Drei Jahre nach der Kapitulation war für die meisten Menschen in den drei Besatzungszonen der Westalliierten die größte Not vorbei. Mit der Währungsreform, die an diesem Tag in Kraft trat, konnte sich ein bescheidener Handel entwickeln, von dem jeder profitierte. Die Währungsreform bildete die Wurzeln für das westdeutsche Wirtschaftswunder.

Die Sonderstelle „Geld und Kredit" des bizonalen Wirtschaftsrates hatte die Reform vorbereitet. Die Grundlage der Währungsreform 1948 war das „Kopfgeld". Jede Person hatte am 20. Juni 40 Deutsche Mark und einen Monat später 20 weitere DM erhalten. Auch die Verbindlichkeiten wurden umgestellt: zehn Reichsmark entsprachen jetzt einer DM (unten), Mieten und Löhne wurden 1:1 umgerechnet, Sparguthaben mit einem Kurs von 100 Reichsmark zu 6,50 DM getauscht.

In der sowjetischen Zone reagierten die Machthaber nur drei Tage später mit einer hastigen eigenen Währungsreform. Da neues Geld mangels Vorbereitung nicht vorhanden war, mussten sich die Menschen dort mit der „Klebemark" behelfen: Auf alte Reichsmarkscheine wurden kurzerhand Wertmarken und Coupons gepappt. Nicht wenigen diente dies bereits als deutliches Zeichen, dass die Herrscher in der Sowjet-Zone und die Wirtschaft niemals gute Freunde werden würden...

MILK... new weapon of Democracy!

Lebensqualität für die Berliner: Der US-Flugzeughersteller Douglas nutzte die Luftbrücke für den Werbeslogan „Milch... eine neue Waffe der Demokratie".

Luftbrücke: Rosinenbomber über der blockierten Stadt

Die Blockade Berlins und ein fast einjähriger Überlebenskampf waren der Preis für die Währungsreform, also die Einführung der Grundlagen einer freien Wirtschaftsordnung. Gezahlt werden musste er von den Westberlinern. Da die Einführung des neuen Geldes in den von den Alliierten besetzten Zonen ohne Zustimmung der Sowjets erfolgt war und diese nun eine Überschwemmung ihrer Besatzungszone mit der wertlosen Reichsmark fürchteten, verschärfte sich im Frühsommer 1948 der Ton zwischen Washington, Paris und London auf der einen und Moskau auf der

anderen Seite. Als die Westalliierten die Anordnung der Sowjets für ungültig erklärten, wonach die Ost-Mark auch in Westberlin als Zahlungsmittel gelte, begannen die Russen mit der Blockade Berlins. Alle Zufahrtswege über Land und Wasser, also Schiene, Straße und Binnenschiffsverkehr, wurden gesperrt. Lediglich die Luftkorridore blieben offen. Sie sollten bis Mai 1949 die Nabelschnur Westberlins mit der Freiheit bleiben. Bis zur Aufnahme der Luftbrücke aber war die Lage in Berlin dramatisch. 2,2 Millionen Menschen lebten in den drei westlichen Sektoren, dazu kamen rund 9.000 alliierte Soldaten und viele Angehörige. Durch die Insellage inmitten der sowjetisch besetzten Zone war Berlin vollkommen abhängig von der Belieferung von außen. Die Sowjets gingen davon aus, mit ihrer Blockade leichtes Spiel zu haben. Ihr Ziel, die Stadt von Westdeutschland abzukoppeln und letztlich die Alliierten dazu zu bringen, Berlin aufzugeben, schien nur eine Frage der Zeit...

Nachdem die Sowjets in der Nacht vom 23. auf den 24. Mai 1948 den gesamten Land- und Wasserverkehr vom Westen nach Berlin abgeschnitten hatten, blieb für die Versorgung der Stadt lediglich die Luft. Die West-Alliierten wurden von dieser Lage komplett überrascht. Der US-Militärgouverneur der US-Zone, General Lucius D. Clay, schlug sogar vor, die Land-Blockaden mit Panzern zu durchbrechen, was Präsident Harry S. Truman ablehnte - aus Sorge, einen Dritten Weltkrieg zu provozieren. Nach Beratungen mit Generalleutnant William H. Tunner (unten), der während des Zweiten Weltkrieges mehrere Jahre die „Hump"-Luftbrücke über das Himalya-Gebirge organisiert hatte, und vor

allem auf Anraten den Briten entschied sich Clay zur Luftversorgung Berlins. Die Erfahrungen der britischen Air Force, die während der kleinen Berlin-Blockade im Frühjahr 1948 ihre Truppen bereits über Flugzeuge versorgt hatte, waren dabei extrem hilfreich.

Schon am 26. Juni startete die „Operation Vittels", wie die Luftbrücke auf US-amerikanischer Seite hieß. Bei den Briten wurde sie „Operation Plain Fare" genannt. Dank der Unterstützung des Luftversorgungs-Veteranen Tunner konnte die nach Berlin transportierte Fracht bis Ende Juli von 750 Tonnen pro Tag auf mehr als 2.000 Tonnen gesteigert werden. Die Piloten flogen neben Trockenmilch und Kartoffel-Pulver, Mehl und Medikamenten vor allem Kohle und Benzin in die abgeschnittene Stadt. Aber auch Schokolade und Süßigkeiten warfen die Besatzungen der „Rosinenbomber" zur Freude der Kinder ab. Tempelhof stieg während der Monate der Luftbrücke

zum Symbol für den Widerstandswillen der Berliner und ihrer alliierten Freunde auf. Zum Höhepunkt der Luftbrücke landete hier alle drei Minuten ein Flugzeug. Jede Maschine durfte höchstens 30 Minuten am Boden stehen, um dann wieder auf dem mittleren der drei Flugkorridore nach Westen zurückzufliegen. Der nördliche und der südliche Korridor waren für Hinflüge reserviert. Nur durch diese strenge Logistik war die ungeheure Transportleistung zu gewährleisten. Am Rekordtag der Brücke, dem 15./16. April 1949, lieferten die Alliierten mit 1.398 Flügen 12.849 Tonnen Lebensmittel nach Berlin.

Am 12. Mai 1949 sahen die Sowjets schließlich ein, dass der Freiheitswillen der Berliner und das Zusammengehörigkeitsgefühl der freien Welt nicht zu brechen war. Um 0.01 Uhr hoben sie alle Sperren auf. 2,3 Millionen Tonnen Fracht hatten bis zu diesem Zeitpunkt durch die Luft Tempelhof erreicht.

Logistische Meisterleistung: Generalleutnant William H. Tunner (Bildleiste ganz links) managte den „Berlin Airlift", über den insgesamt 2,3 Millionen Tonnen Fracht in die blockierte Stadt gelangten. Daneben von links das Cockpit einer Douglas C54 aus jenen Tagen, das Funktions-Schema der Hin- und Rückflüge - und das Happy End: „Blockade zu Ende - Luftbrücke gewinnt!" schrieben die GIs auf ein Transparent.

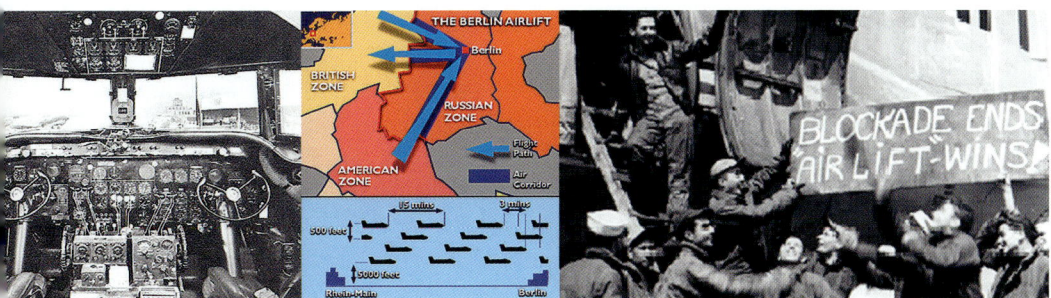

Douglas C54 Skymaster: Lastesel des „Berlin Air Lift"

Tag und Nacht starteten und landeten die Maschinen, sie hielten Berlin in der schwierigsten Phase am Leben: Die Flugzeuge der Alliierten zur Versorgung des Westteils der Stadt während der Luftbrücke. Am häufigsten eingesetzt wurde die „C-54 Skymaster", die militärische Variante der „DC-4", die ebenfalls zum Einsatz kam. Die Maschinen, die neun Tonnen Lebensmittel transportieren konnten, waren deutlich effektiver und schneller als die „Skytrains" mit nur drei Tonnen Zuladung, die zuerst eingesetzt wurden. 225 „DC-4"-Flugzeuge waren allein für die Amerikaner im Einsatz, insgesamt flogen 380 dieser Maschinen als Rosinenbomber. Mit dem Einsatz vornehmlich von Maschinen des gleichen Typs konnten die Amerikaner die Logistik des gigantischen Unternehmens Luftbrücke optimieren. Daher rollten Riesen-Flugzeuge wie beispielsweise die „C-97", die für damalige Verhältnisse fast unglaubliche 31 Tonnen laden konnte, nur vereinzelt an den Start.

Zur Versorgung der Bevölkerung transportierten die „Rosinenbomber" zahllose Care-Pakete nach Berlin, gestiftet von einer Kooperation aus 22 amerikanischen Wohlfahrtsverbänden (links). Besonders für die Berliner Kinder war er ein Held: Leutnant Gail S. Halvorsen (Mitte), der von seiner „Island of Christmas (rechts) Schokolade an selbst gebastelten Fallschirmen abwarf. Vor Unglücken blieb die Luftbrücke nicht verschont: 75 Männer verloren bei Abstürzen ihr Leben. An sie erinnert das Denkmal in Tempelhof („Hungerkralle", unten), dessen Gegenstück am Rand des Rhein-Main-Flughafens zu finden ist - mitsamt einer Maschine aus der Zeit der Luftbrücke (linke Seite, unten).

„Völker der Welt! Schaut auf diese Stadt"

Der 9. September 1948, die große Rede von Ernst Reuter, sein Ruf „Völker der Welt! Schaut auf diese Stadt": Ein Tag, der sich in das kollektive Gedächtnis der Stadt eingebrannt hat, als wichtiges Datum des Überlebenskampfes, ein Tag der Helden und der heroischen Worte.

Tatsächlich war es der Mut der Verzweiflung, der die tapferen Männer an diesem Spätsommertag antrieb.

Eine seltsame, unwirkliche Stille lag über der Stadt. Die meisten Fabriken waren geschlossen, es gab ohnehin nichts zu produzieren: Die Berlin-Blockade der Sowjets hatte alle Nachschubwege für Produktions-Material gekappt. Die drei demokratischen Parteien Berlins hatten eine Großkundgebung vor dem Reichstag angekündigt, ungewöhnlich für einen Donnerstag. Für die städtischen Angestellten und Arbeiter ruhte in dieser Zeit die Arbeit. Der Reichstag eine Ruine, der große Platz davor zugewachsen mit Unkraut und Gebüsch. Das war die

Kulisse, vor der die Berliner gegen die im Ostteil der Stadt immer brutaler und vor allem willkürlicher wütenden Sowjets protestieren sollten. 350.000 kamen bis zum Beginn um 17 Uhr: die größte Menge Menschen, die sich in Berlin jemals versammelt hatte (links). Und mehr, als jemals gekommen waren, um Hitler zu sehen.

Alle wichtigen Berliner Politiker dieser Tage traten ans Mikrofon: Suhr, Friedensburg, Neumann. Sie wählten harte Worte, scharfe Worte. Ehrliche und wahre Worte. „Die Konzentrationslager sind die gleichen geblieben, nur herrschen heute statt des Hakenkreuzes Hammer und Sichel", sagte Franz Neumann, Vorsitzender der Berliner SPD. Dann spricht Ernst Reuter, der Bürgermeister. Keine Politikerrede, wie wir sie heute kennen, sondern ein wütender Appell, ein verzweifelter Hilferuf, geschrien, geseufzt, oft mit überschlagender Stimme. Mit dem Appell „Völker der Welt! Schaut auf diese Stadt" geht Reuter in die Geschichte ein. Alle seine verbalen Schläge treffen die ostzonale Kommandantur ins Mark. Am Ende der Rede ist Reuter erschöpft wie nach einem Boxkampf. Am Abend meldete die „Stimme Amerikas": „Die Welt hat euren Ruf gehört". Währenddessen erschossen die Russen einen 15-Jährigen, der sich bei der Adlon-Ruine schützend vor eine Krankenschwester geworfen hatte, als Sowjet-Soldaten aus ihren Kalaschnikows das Feuer auf die Heimkehrenden eröffnet hatten.

Ernst Reuters große Rede

„Heute ist der Tag, an dem nicht Diplomaten und Generale reden und verhandeln. Heute ist der Tag, wo das Volk von Berlin seine Stimme erhebt. (...) Wer diese Stadt, wer dieses Volk von Berlin preisgeben würde, der würde eine Welt preisgeben, noch mehr, er würde sich selber preisgeben, und er würde nicht nur dieses Volk von Berlin preisgeben in den Westsektoren und im Ostsektor Berlins.

Nein, wir wissen auch, wenn sie nur könnten, heute stünde das Volk von Leipzig, von Halle, von Chemnitz, von Dresden, von all den Städten der Ostzone, so wie wir auf ihren Plätzen und würde unserer Stimme lauschen. (...)

Ihr Völker der Welt, ihr Völker in Amerika, in England, in Frankreich, in Italien! Schaut auf diese Stadt und erkennt, dass ihr diese Stadt und dieses Volk nicht preisgeben dürft und nicht preisgeben könnt! Es gibt nur eine Möglichkeit für uns alle: Gemeinsam so lange zusammenzustehen, bis dieser Kampf gewonnen, bis dieser Kampf endlich durch den Sieg über die Feinde, durch den Sieg über die Macht der Finsternis besiegelt ist. (...)

Das Volk von Berlin hat gesprochen. Wir haben unsere Pflicht getan, und wir werden unsere Pflicht weiter tun. Völker der Welt! Tut auch ihr eure Pflicht und helft uns in der Zeit, die vor uns steht, nicht nur mit dem Dröhnen eurer Flugzeuge, nicht nur mit den Transportmöglichkeiten, die ihr hierher schafft, sondern mit dem standhaften und unzerstörbaren Einstehen für die gemeinsamen Ideale, die allein unsere Zukunft und die auch allein eure Zukunft sichern können. Völker der Welt, schaut auf die Stadt!

Und Volk von Berlin, sei dessen gewiß - diesen Kampf, den wollen, diesen Kampf, den werden wir gewinnen!"

Ernst Reuter

Roter Kitsch und Sowjet-Protz: die Stalinallee

Nicht nur braune Diktatoren, sondern auch rote Zaren waren für die Schmeicheleien ihrer Untertanen empfänglich. Besonders gerne ließ man sich gefallen, schon zu Lebzeiten als unsterblich zu gelten. Durch einen Straßennamen beispielsweise. Und so wurde Berlins prächtige Große Frankfurter Straße am 21. Dezember 1949 in Stalinallee umbenannt: Ein Geburtstagsgeschenk der sehr jungen DDR-Führung an den schnauzbärtigen Massenmörder in Moskau. Am 14. November 1961 wurde die Straße dann übrigens wieder umbenannt, weil sich Stalins Gräueltaten bis nach Ostberlin herumgesprochen hatten. Zeitgleich verschwand auch das 4,80 Meter hohe Stalin-Denkmal, das erst 1951 feierlich enthüllt worden war. Neuer Name: Karl-Marx-Allee. Damit kann jeder leben. Einigermaßen, jedenfalls.

Antreten zum letzten Gruß: Schüler am 6. März 1953 an Stalins Denkmal.

Ähnlich wild wie die Namens- ist auch die Architekturgeschichte. Die Wohnbauten in strahlendem Weiß zählen noch heute zu den imposantesten Gebäuden Berlins. Die Stärke und die Ingenieurskunst der DDR sollten sie repräsentieren, als „Arbeiterpaläste" luxuriöse Wohnstatt verdienter Genossen sein. Die ersten Gebäude der Stalinallee, die nach dem Krieg entstanden, sind die beiden Laubenhäuser (Nummer 102 bis 104 und 126 bis 128). Sie wurden 1949 gebaut und entsprachen dem „Kollektivplan" des Architekten Hans Scharoun, der gleich nach dem Zweiten Weltkrieg einen Entwurf von Ostberlin als locker bebauter, komplett dezentralisierter Metropole umsetzen wollte und sollte. Doch die beiden Laubenhäuser blieben die ersten und einzigen Zeugnisse der scharounschen Vision. Als zu dekadent, elitär, galt das Konzept nur kurze Zeit später. Schnell wachsende Pappeln sollten die Häuser möglichst verdecken; im gleichen Zug begann die DDR-Führung mit der Errichtung der Monumental-Architektur nach sowjetischem Prunk-Vorbild. Wie wenig originell das eigentlich ist, bemerkt der Reisende, wenn er sich bei einem Besuch beispielsweise in Warschau plötzlich in Ostberlin wähnt. Das Konzept ist immer

Wohnhäuser für verdiente SED-Genossen in der Stalinallee, 1956.

gleich: Kolossal-Bauten links und rechts und in der Mitte die breiteste Straße der Stadt. Doch zum Befahren war die Stalin-Allee zu DDR-Zeiten nur zweitrangig gedacht. Aufmärsche und Paraden waren die eigentliche Bestimmung für den Prachtboulevard, hier salutierten DDR-Militärs und Junge Pioniere vor den Spitzen des Regimes mit Pepita-Hütchen. Lang, lang ist's her.

Und plötzlich gab es zwei deutsche Staaten

Spätestens nach der Berlin-Blockade waren die Differenzen zwischen den Alliierten unüberwindbar. Aus den ehemaligen Verbündeten des Zweiten Weltkrieges waren erbitterte Gegner geworden. Stalinistische Diktatur stand der freiheitlichen Ordnung gegenüber - zwei Systeme, die die Alliierten in den jeweils von ihnen kontrollierten Teil Deutschlands übertrugen. Bereits im Juli 1948 hatten die Militärgouverneure von Frankreich, Großbritannien und den USA den westdeutschen Ministerpräsidenten die „Frankfurter Dokumente" überreicht, in denen die Vorstellungen der Alliierten zu einem deutschen Staat skizziert waren.

Dann ging alles sehr schnell: Im August 1948 traf sich der Verfassungskonvent, im September der Parlamentarische Rat unter Vorsitz des späteren Bundeskanzlers Konrad Adenauer (links). Das Grundgesetz wurde am 8. Mai vorgelegt und bereits am 12. Mai genehmigt . Es trat am 24. Mai 1949 in Kraft - der Geburtstag der Bundesrepublik Deutschland. Fünf Monate später zog der Osten nach. Am 7. Oktober entstand die „Deutsche Demokratische Republik", ein „sozialistischer Arbeiter- und Bauernstaat", der bis auf die letzten Monate seines Bestehens vor allem eins nicht war: demokratisch.

Der Präsident des Parlamentarischen Rates gab bekannt, daß die Veröffentlichung des Grundgesetzes in der heute erscheinenden Nummer 1 des Bundesgesetzblattes erfolgt.

Abschließend hat der Präsident des Parlamentarischen Rates festgestellt, daß mit der Feststellung der Annahme des Grundgesetzes, dessen Ausfertigung und Verkündung, das Grundgesetz für alle Länder der amerikanischen, der britischen und der französischen Zone bindendes Recht geworden ist.

Die Richtigkeit der vorstehenden urkundlichen Feststellungen und der Echtheit der eigenhändigen Unterschrift des Präsidenten des Parlamentarischen Rates bestätigen hierdurch durch ihre eigene Unterschrift.

BONN AM RHEIN, den 23. Mai des Jahres Eintausendneunhundertneunundvierzig

Bis heute: Glockenklänge gegen Tyrannei

Wer sich mittags um 12 Uhr dem Rathaus Schöneberg nähert, der hört hoch oben im Turm mit dunklem Ton eine Glocke läuten, etwas länger als zur ganz normalen vollen Stunde.

Wer in den Turm hinaufsteigt, der kann sie sehen, die Freiheitsglocke, die Amerika einst den Berlinern schenkte, und ihre Inschrift lesen: „Ich glaube an die Unantastbarkeit und an die Würde jedes einzelnen Menschen. Ich glaube, dass allen Menschen von Gott das gleiche Recht auf Freiheit gegeben wurde. Ich verspreche, jedem Angriff auf die Freiheit und der Tyrannei Widerstand zu leisten, wo auch immer sie auftreten mögen."

Die Idee für die Berliner Freiheitsglocke hatte Lucius D. Clay, amerikanischer Militärgouverneur Deutschlands und Erfinder der Berliner Luftbrücke (26. April 1948 bis 9. Juli 1949), im Jahr 1949 entwickelt. Er ließ eine Nachbildung der berühmten Liberty Bell von Philadelphia,

1950 für die Freiheitsglocke umgebaut: der Turm des Rathauses Schöneberg.

die 1776 die amerikanische Unabhängigkeit eingeläutet hatte, in England gießen und schickte diese Nachbildung auf eine Reise durch 26 Bundesstaaten der USA. Auf dieser Reise spendeten 17 Millionen Amerikaner für die Glocke und für das freie Berlin. Und sie leisteten ihre Unterschrift unter einen „Freiheitsschwur", der bis heute im Rathaus Schöneberg aufbewahrt wird und dessen erste Sätze in die Glocke eingraviert sind.

Am 24. Oktober 1950 kam die bronzene, zehn Tonnen schwere Glocke schließlich in Berlin an und wurde auf den eigens dafür umgebauten Turm des Rathauses Schöneberg gehoben.

400.000 Berliner versammelten sich aus diesem Anlass vor dem Rathaus Schöneberg, Menschen, die das Trauma der sowjetischen Blockade noch kaum überwunden hatten und deren einzige Hoffnung auf Freiheit die amerikanische Militärpräsenz in den Westsektoren war. „Die Freiheitsglocke wird von Berlin aus ertönen, weil diese Stadt der einzige Ort der Freiheit hinter dem eisernen Vorhang ist", rief Bürgermeister Ernst Reuter der Menge zu.

Die Freiheitsglocke wurde seit 1950 nicht nur jeden Mittag und zum Jahreswechsel geläutet, sondern auch zu besonders dramatischen, ob freudigen oder traurigen Anlässen, wie dem 17. Juni 1953 (Arbei-

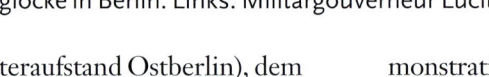

24. Oktober 1950: Ankunft der bronzenen, zehn Tonnen schweren Freiheitsglocke in Berlin. Links: Militärgouverneur Lucius D. Clay.

teraufstand Ostberlin), dem Ungarn-Aufstand 1956, zum Mauerbau 1961 und zur Wiedervereinigung am 3. Oktober 1990. Als die Glocke am 11. September 2001 ertönte, strömten Zehntausende Berliner zum Rathaus Schöneberg, um der Opfer der Anschläge auf das World Trade Center in New York zu gedenken.

Mit dem Geschenk der Freiheitsglocke unterstrichen die Amerikaner ihren festen Willen, die Freiheit Westberlins gegen die sowjetische Bedrohung zu verteidigen. Sie fügten noch ein zweites Symbol dieser Entschlossenheit hinzu: Das Amerikahaus, das seit 1946 am Nollendorfplatz und ab 1957 in einem neuen Gebäude in der Hardenbergstraße residierte. Die Institution bot den Berlinern die Möglichkeit, nach der kulturellen Isolation der Nazi-Zeit wieder mit der westlichen Welt in Kontakt zu treten.

Am 5. Februar 1966 wurde das Amerikahaus zum Ziel der ersten Vietnam-De-

monstration protestierender Studenten. Mehr als 30 Jahre lang führten dann die meisten der antiamerikanischen Demonstrationen der linken und linksradikalen Szene vor das Amerikahaus, dessen Fassade regelmäßig mit Steinen und Farbbeuteln beworfen wurde.

2007 gab die amerikanische Regierung das Berliner Amerika-Haus (unten) auf. Seine kulturellen Veranstaltungen sollten in der neu errichteten Botschaft am Pariser Platz ein neues zuhause finden.

Currywurst erblickt das Licht der Welt

Herta Heuwer kam nicht aus Berlin. Sie war aus Königsberg, und dort stand auch ihr erster Wurstimbiss. Erst ihre Berliner Imbissbude aber - an der Straßenkreuzung Kantstraße 101 / Ecke Kaiser-Friedrich-Straße gelegen - machte Herta Heuwer berühmt: Es war Nachkriegszeit, das Geschäft lief nicht so gut.

An einem verregneten Nachmittag des 4. September 1949 beschloss Herta Heuwer, ihre Wurstbude aufzupeppen und eine neue Sauce zu kreieren. Sie nahm Tomatenmark, geriebene Paprika, Pfeffer und Curry, damals ein

seltenes und durchaus noch exotisches Gewürz. Daraus mixte Heuwer eine rötlich-braune Sauce, verfeinerte sie mit weiteren Gewürzen und gab sie über eine

Herta Heuwer mit „Chillup-Sauce" und Würsten vor ihrer Imbissbude im Juli 1966.

zerschnittene Dampfwurst: Die Curry-Wurst war geboren!

Im Januar 1959 ließ Heuwer ihr Rezept als „Chillup-Sauce" beim Münchener Patentamt unter der Nummer 721319

registrieren. An ihrer Charlottenburger Imbissbude stand nun ein Schild: „Erste Curry-Wurst-Braterei der Welt".

Von Charlottenburg aus trat die Currywurst ihren Siegeszug um die Welt an. Auch im Osten Berlins setzte sich die kulinarische Neuentdeckung erfolgreich durch. Der Ostberliner Wurstbudenbesitzer Konnopke führte die Wurst auf der anderen Seite der Mauer ein. Heute werden allein in Berlin jährlich rund 70 Millionen Curry-Würste verkauft, inzwischen in unzählbaren Variationen. Sogar im Supermarkt sind sie zu haben - abgepackt. Doch der echte Berliner genießt sie an der Imbissbude. Herta Heuwer starb am 3. Juli 1999 in der Hauptstadt, ohne ihr Rezept jemals verraten zu haben. In Charlottenburg erinnert eine Gedenktafel an die Erfinderin: „Ihre Idee ist Tradition und ewiger Genuss!"

Die Bulette kommt nach Berlin

Die Bulette war zuerst da. Kartoffeln gab es noch nicht und Currywürste sowieso nicht. Doch eines verbindet die Bulette mit der Kartoffel: Ihre Einführung war das Ergebnis einer politischen Entscheidung. Der Große Kurfürst der Mark Brandenburg, Friedrich-Wilhelm, erließ am 8. November 1685 das Edikt von Potsdam. Darin bot er den Hugenotten Asyl an. Die Hugenotten, eine protestantische Glaubensgemeinschaft aus Frankreich, wurden in ihrer Heimat brutal verfolgt. Der Große Kurfürst wusste, was er tat: Die Asylanten waren in den meisten Fällen hervorragend ausgebildet und

prägten Wissenschaft, Kunst und Handwerk im zukünftigen Preußen. 45 Schuhmacher, 42 Goldschmiede, 41 Schneider, 36 Perückenmacher, 26 Bäcker und 25 Ärzte sollen sich unter den zugereisten Hugenotten befunden haben. 1701, im Gründungsjahr Preußens, lebten etwa 20.000 Franzosen in Brandenburg. In Berlin waren es rund 6.000 Hugenotten, also gut ein Viertel der damaligen Bevölkerung. Und sie brachten die Bulette mit, damals noch ordentlich französisch „Boulette" genannt.

Als „boulet" bezeichnete man in Frankreich eine bestimmte Kanonenkugel. Die

Soldaten übertrugen den Namen auf eine Speise, die im Feld schnell zubereitet werden konnte, und rein äußerlich durchaus Ähnlichkeit mit einer Mini-Kanonenkugel hat: Ein Fleischbällchen, hergestellt aus Hack, Brot, Zwiebeln und Gewürzen. Die hugenottische Boulette fand in Berlin großen Anklang. Und bald schon eroberte sie die Bierlokale, jetzt aber als „Bulette". Von nun an gehörten Buletten zur Ausstattung eines zünftigen Berliner „Hungerturms", so nannte man den Tresenschrank, aus dem der Wirt Solei, Rollmops oder kaltes Fleisch zum Bier reichte. Wie sehr die Berliner ihre Bulette

schätzten, zeigte sich 1952. Damals wurde im Berliner Zoo ein Nilpferd geboren, das innerhalb kürzester Zeit zum Liebling der Stadt avancierte. Und darum erhielt die kleine Nilpferddame auch einen besonderen Namen: Bulette.

Köchin formt Buletten, um 1940.

Ulbrichts Befehl: Stadtschloss fällt in Schutt und Asche

Eine gewaltige Detonation erschüttert das Stadtzentrum. Die Erde bebt. Sofort erinnern sich die Berliner an die Bombennächte des Zweiten Weltkriegs, der erst seit fünf Jahren beendet ist. Was aber an diesem 7. September 1950 zündete, das waren keine Fliegerbomben, sondern Sprengsätze im alten Stadtschloss auf der Museumsinsel. An diesem Tag fiel die Südwestecke des Schlosses in Schutt und Asche. In den folgenden Wochen und Monaten wurde schließlich das ganze Schloss zerstört (oben). Befohlen hatte diese beispiellose Vernichtung des ältesten und berühmtesten Berliner Gebäudes kein geringerer als der erste SED-Chef und DDR-Diktator Walter Ulbricht. Nach seinem Willen sollte das „Zentrum der Hauptstadt der DDR" zu einem „großen Demonstrationsplatz" werden, auf dem „der Kampfwille" des Volkes „Ausdruck finden" sollte.

Bis heute klafft dort eine offene Wunde mitten in der Stadt, die dem Betrachter

Luftaufnahme aus dem Jahr 1900.

auffällt, wenn er vom Brandenburger Tor den legendären Boulevard „Unter den Linden" nach Osten entlanggeht. Dort, auf der Insel in der Spree, wo das Schloss der Hohenzollern-Dynastie, der preußischen Könige und deutschen Kaiser seit 1443 gestanden hatte, ließ Ulbricht einen Platz für kommunistische Massenaufmärsche asphaltieren. Später entstand auf einem Teil des Geländes das Scheinparlament der DDR, die „Volkskammer", das auf Beschluss des Deutscher Bundestages ab 2005 abgerissen wurde.

Während die deutsche und auch die Berliner Politik lange Zeit keinerlei Visionen für jenen zentralen Platz mitten im Herzen der Stadt formulieren konnte, auf dem einst das Schloss stand, fanden sich Bürger zusammen, die den Wiederaufbau des historischen Gebäudes planen und bereits erfolgreich Spenden dafür sammeln. Anders als die Kommunisten, die das Schloss in ihrem Klassenhass als Symbol sozialer Ungerechtigkeit vernichteten, sehen diese Bürger - und es sind inzwischen Tausende Deutsche, die sich dafür in einem Verein zusammengeschlossen haben - im Schloss ein zentrales Symbol deutscher Geschichte, einer Geschichte, mit der die Entwicklung Berlins und Deutschlands unmittelbar verbunden ist.

Das Schloss steht nicht nur für die Erfolgsgeschichte der brandenburgischen Kurfürsten und später der preußischen Könige, es bildet auch architektonisch den Kern, um den sich das Berlin der Neuzeit entwickelte. So baute der berühmte deutsche Barock-Architekt Andreas Schlüter ab 1699 das Gebäude zur bedeutendsten Residenz des deutschsprachigen Raumes in Europa aus. Schlüters Vorbild war der italienische Barock, vor allem die Architektur des Palazzo Madama in Rom, seine Schloss-Skulpturen orientierten sich an den Werken Michelangelos. So war Berlin vor 300 Jahren auch architektonisch plötzlich zu einer kulturellen Hochburg aufgestiegen. Die junge preußische Monarchie, von derlei Eleganz beeindruckt, ließ gegenüber dem Schloss jene berühmten Bauten am Boulevard Unter den Linden errichten, die Berlin dort heute noch sein ein-

zigartiges Gesicht gaben: die Staatsoper, das Zeughaus, das Alte Museum und vieles mehr. Auch das Brandenburger Tor entstand in dieser Zeit und ist ebenfalls als eine architektonische Antwort auf das Schloss zu verstehen.

Nach der Flucht des Deutschen Kaisers Wilhelm II. 1918 und der Auflösung der Monarchie erlebte das Schloss in den 20er-Jahren eine neue Nutzung als Museum und war als Veranstaltungsort für Sommerkonzerte in der Bevölkerung beliebt. Hitler wiederum mied das Haus der Hohenzollern. In seinem Größenwahn schwankte er zwischen unterwürfiger Verehrung für die militärischen Leistungen Friedrichs des Großen und einem nur schlecht unterdrücktem Hass auf den gesamten Adel, zu dem er selbst nie gehören konnte und der ihn als Stand in seiner natürlichen Souveränität und seinem Traditionsbewusstsein zutiefst verunsicherte. Hitler stellte schnell klar, was er von der Architektur des Schlosses und des angrenzenden Ensembles hielt: Er ließ den weltberühmten königlichen Lustgarten zwischen Schloss und Altem Museum plattwalzen - als Aufmarschplatz für seine paramilitärischen Verbände SA und SS. Sein Baumeister Albert Speer entwarf indessen schon ein neues Zentrum Berlins nahe dem Reichstag. Nach der geplanten Unterwerfung der Welt durch das nationalsozialistische Deutschland sollte hier zum Zeichen des Sieges eine gigan-

Freigelegte Kellerreste des Stadtschlosses. 1951: Nach den ersten Sprengungen im Vorjahr liegen Teile des Gebäudes bereits in Trümmern (unten links).

tische „Halle des Volkes" entstehen, gegen die sich das große Hohenzollern-Schloss wie eine kleine Hütte ausgenommen hätte. Soweit ist es glücklicherweise nie gekommen.

Im Herzen der Berliner blieb das Schloss indessen dennoch das unverrückbare uralte Zentrum der Stadt. Fassungslos und ohnmächtig sahen sie, die buchstäblich gerade erst den Trümmern entstiegen waren, mit an, wie das robuste Gebäude mit seinen meterdicken Natursteinwänden, das durch die Luftangriffe des Zweiten Weltkriegs nicht fundamental zerstört worden war, durch die Hand der Kommunisten am 7. September 1950 zu Staub zerfiel.

Ein gutes halbes Jahrhundert später rückte der Wiederaufbau des berühmtesten deutschen Gebäudes in greifbare

Nähe. Nach jüngsten Umfragen ist jeder zweite Berliner dafür. Und Bundesbauminister Tiefensee gab bereits Planungen in Auftrag, wie ein wieder aufgebautes Schloss genutzt werden könnte. Große Summen sind bereits gesammelt, um die barocke Fassade finanzieren zu können, deren Rekonstruktion allein mindestens 80 Millionen Euro kosten wird. Viele Privatpersonen wollen sich am Schloss beteiligen, aber auch viele deutsche Industrieunternehmen, Verbände und Hotelketten.

Und neuerdings scheint das Projekt Stadtschloss auch bei vielen Amerikanern auf ungeahntes Interesse zu stoßen. Das Fund Raising für Berlins altes Schloss hat in der Neuen Welt begonnen. Berühmte Politiker und Deutschland-Freunde jenseits des Atlantik haben bereits Fassadenteile erworben, unter ihnen kein geringerer als Henry Kissinger. Stück für Stück versucht der „Förderverein Berliner Schloss", Teile der künftigen Fassade schon im Vorfeld des Wiederaufbaus an den Mann zu bringen. Auf diese Weise könnte die Fassade eines wieder aufgebauten Schlosses komplett über private Spender finanziert werden.

Der Bau selbst indes könnte von der Bundesregierung oder über die Stiftung Preußischer Kulturbesitz bezahlt werden. Denn das Schloss soll, „Humboldtforum" genannt, die außereuropäischen musealen Schätze Berlins beherbergen und die Museumsinsel damit ergänzen und erweitern. „Der Louvre wird sich gegenüber dieser Schatzsammlung verstecken müssen", sagte schon euphorisch ein führender Berliner Politiker. 2015, so wollen es die vorläufigen Planungen der Bundesregierung, könnte das wieder aufgebaute Schloss Berlins neues altes Zentrum sein.

Computervisualisierung des Berliner Schlosses, sichtbar die Lustgartenfassade mit den Portalen IV und V.

Der „Förderverein Berliner Schloss e.V." unter der Führung von Wilhelm von Boddien arbeitet seit 1992 daran, die Visualisierung Realität werden zu lassen.
www.berliner-schloss.de

Von oben links im Uhrzeigersinn: Joan Fontaine (vorne) im Film „Rebecca" von Alfred Hitchcock, daneben das Capitol zur Berlinale 1952. Der goldene Bär - „Oscar" der Berliner Filmfestspiele. Festivalleiter Dr. Alfred Bauer (sitzend) im Gespräch mit Pressechef Dr. Hans Borgelt. Plakat des Films „Rebecca". Walt Disneys „Cinderella" räumte 1951 gleich zwei Preise ab.

Hitchcocks „Rebecca" bleibt der Berlinale treu

6. Juni 1951. Große Teile der Stadt sind noch vollkommen zerstört. Doch Berlin feiert. Die Menschen stehen an den Straßen und jubeln, als blumengeschmückte Wagen mit Gästen und Teilnehmern zur Eröffnungsveranstaltung des ersten Internationalen Filmfestivals Berlin vorfahren. Im Zentrum der Begeisterung: die US-Diva Joan Fontaine als gefeierter Stargast des Festivals. Alfred Hitchcocks Streifen „Rebecca" - der Eröffnungsfilm an jenem Juniabend. Das Festival war der Initiative des amerikanischen Film-Offiziers Oscar Martay zu verdanken.

Gemeinsam mit seinem britischen Kollegen George Turner, Vertretern der Berliner Senatsverwaltung, der deutschen Filmwirtschaft und einem Journalisten hatte Martay einen Ausschuss zur Vorbereitung des Festivals gegründet. Zum Festivalleiter wurde der Filmhistoriker und Publizist Dr. Alfred Bauer berufen. Bauer war in den 40er-Jahren für die Reichsfilmkammer tätig gewesen. Nach Kriegsende hatte er als Filmreferent für die britische Militärregierung gearbeitet.

Mit der Festivalleitung übernahm Bauer eine wahrhaft große Aufgabe: Noch beobachtete die ausländische Presse Berlin misstrauisch. Nicht alle sahen Berlin mit Freuden wieder zur Kulturmetropole werden. Außerdem: Hatte die Stadt nicht ganz andere Sorgen? Ein Teil der Einwohner lebte noch in provisorischen Unterkünften. Als Kulisse für ein internationales Filmfestival schien die Stadt denkbar ungeeignet.

Und doch wurde die Berlinale, wie das Festival in Anlehnung an die internationalen „Biennales" schon bald hieß, ein überwältigender Erfolg: Die Veranstaltungen waren ausnahmslos ausverkauft. Der Eröffnungsfilm lief im geschichtsträchtigen Steglitzer Titania-Palast. Als Ort für Festakte diente die Waldbühne ebenso wie für Open-Air-Kino. Ein Feuerwerk, wie es Berlin seit Jahren nicht gesehen hatte, bildete den krönenden Abschluss.

Und die amerikanische Schauspielerin Joan Fontaine, Stargast des Festivals und Hauptdarstellerin des Hitchcock-Films, sollte Berlin treu bleiben: 31 Jahre später, 1982, übernahm Joan Fontaine die Jurypräsidentschaft bei der Berlinale.

1951, auf der allerersten Berlinale, wurden fünf Goldene Bären verliehen - in den Kategorien „Dramatische Filme", „Komödien", „Kriminal- und Abenteuerfilme", „Musikfilme" und „Dokumentarfilme". Über die Preise entschied eine Fachjury. Der große Gewinner war Disneys „Cinderella". Der farbenfrohe Kinderstreifen gewann nicht nur einen Goldenen Bären in der Kategorie Musikfilm, sondern auch den Publikumspreis. Schon ein Jahr später war der Publikumspreis der Einzige, der noch vergeben werden durfte: Auf Druck der FIAPF (Fédération Internationale des Associations de Producteurs de Films) dürfen nur „erstklassige Filmfestivals", die „A-Festivals", Fachjurys einsetzen. Berlin wurde noch nicht dazugezählt. Erst einige Jahre später setzte die Festivalleitung wieder eine Jury ein.

Doch das spielte 1951 noch keine Rolle. Diese Berlinale war ein Glanzpunkt, der an alte Zeiten vor 1933 denken ließ. Die Reaktion des Publikums war überwältigend, die Veranstaltungen ausnahmslos ausverkauft. Die Internationale Presse nahm regen Anteil. Zudem war diese Berlinale eine Veranstaltung aller Berliner. Die Sektorengrenze stand ja noch offen, auch Ostberliner konnten die Filmvorführungen besuchen. Das Corso-Filmtheater im Wedding bot verbilligte Vorführungen für Ostberliner an. Trotzdem blieb die Politik nicht außen vor: 114 Filme aus 21 Ländern wurden gezeigt - aber nicht alle Länder waren zugelassen. Sozialistische Länder durften grundsätzlich keine Filme ins Rennen schicken. Erst ab 1975 konnten sie offiziell teilnehmen.

Bereits wenige Jahre nach dem Start hatte sich die Berlinale als feste Einrichtung etabliert. Heute hat sich der Veranstaltungsort geändert, auch die Themen, die Schwerpunkte und die Gäste sind andere. Dennoch ist die Berlinale heute wieder das, was sie 1951 war: ein Festival aller Berliner.

Warten auf die Stars: Film-Fans bei der Festivaleröffnung 2001.

1993 mit dem „Goldenen Bären" für sein Lebenswerk geehrt: Gregory Peck (oben links). Berlinale-Stars 2008: Ben E. Kingsley (1), Martin Scorsese (2), Penelope Cruz (3) und Madonna (4).

Vision der Stadt von morgen - Stars bauen Hansaviertel

Es begann mit einem Jahrhundertplan. Für ganz Berlin. Dessen Innenstadt war 1945 stellenweise zu drei Vierteln zerstört. 500.000 Wohnungen waren vernichtet. In dieser Situation beauftragte der Alliierte Kontrollrat den Baudirektor des Berliner Magistrats, den Architekten Hans Scharoun, mit einem Konzept zur Neugestaltung der Stadt. Scharoun legte wenig später einen „Kollektivplan" vor - und damit seine Vision einer Revolution der Stadtstruktur: Statt der traditionellen „Blockrandbebauung" und durchgehenden Fassaden mit Vorder- und Hinterhäusern teilte Scharoun das Stadtgebiet in „Wohneinheiten" für jeweils 5.000 Menschen ein, die dort in mehrstöckigen modernen Gebäuderiegeln ihr neues zuhause finden sollten, umgeben von viel Grün. Auf die Planer der 1949 proklamierten

DDR wirkte diese Art der Stadt allerdings nicht spektakulär genug. Sie wollten aus dem Ostteil Berlins die neue Hauptstadt des kommunistischen deutschen Teilstaats stanzen und planten deshalb lieber die Große Frankfurter Straße zwischen Alexanderplatz und Frankfurter Tor, die seit 1949 den Namen Stalins trug, in eine Prachtstraße um. Hier enstanden in der Folgezeit 13-stöckige Wohngebäude ganz im „Zuckerbäckerstil" der sowjetischen Arbeiterpaläste. Um den Prunk auch ideologisch zu legitimieren, wurde der Kollektivplan Hans Scharouns von der Bauakademie der DDR kurzerhand als „elitär und westlich dekadent" verunglimpft.

Scharoun war mit seinen Plänen nun auf den Westteil Berlins begrenzt und setzte sie dort schrittweise um. 1952 lud er 53 namhafte Architekten aus 13 Ländern zu einem Wettbewerb ein, die für das „Hansaviertel" in Berlin Tiergarten eine lockere, durchgrünte Bebauung entlang den Vorgaben des Kollektivplans entwerfen sollten. Unter ihnen: Alvar Aalto, Egon Eiermann, Walter Gropius, Arne Jacobsen, Oscar Niemeyer und Max Taut. Das Hansaviertel, eine ehemals gehobene bürgerliche Wohngegend mit etwa 15.000 Einwohnern rund um den S-Bahnhof Bellevue, war im Bombenregen des Zweiten Weltkriegs weitgehend zerstört worden. Die Architekten machten nun mit der alten Stadtstruktur im Hansaviertel endgültig Tabula rasa. Sie präsentierten insgesamt 35 neue Wohnkomplexe, eine Mischung aus Hoch- und Flachbauten,

die sich mit zusammen 1.160 Wohnungen entlang ganz neu gelegter Straßen rund um den Hansaplatz gruppieren sollten. Dazu gehörten auch eine Ladenpassage im Stil der Zeit, die Kaiser-Wilhelm-Gedächtniskirche, ein Kino (später Spielstätte des Grips-Theaters), eine Bibliothek, ein Kindergarten und, ab 1961, sogar ein eigener U-Bahnhof („Hansaplatz"). Der Berliner Gartenarchitekt Walter Rossow teilte das gesamte neue Hansaviertel in fünf gärtnerische Bereiche auf, die von zehn renommierten deutschen und internationalen Gartenarchitekten beackert wurden.

1957 schließlich war das neue Hansaviertel fertig, ein maßgeschneidertes Stadtquartier nach den Erkenntnissen und dem Geschmack der ganz modernen Architektur. International in höchsten Tönen gelobt, nahmen indes die Berliner das Hansaviertel nie wirklich an. Bis heute gilt es als ungemütlich und etwas abgelegen. Den Zauber des alten Hansaviertels hatten die versammelten Star-Architekten nicht wiedererwecken können.

Max Taut

Hans Scharoun

Alvar Aalto

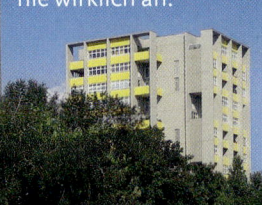

Trotz Star-Architekten: Die Berliner nahmen das Hansaviertel nie wirklich an.

Walter Gropius 1961 beim Rundgang durch das Hansaviertel.

Kein Anschluss unter diesem Land: SED kappt Telefone

Nichts war der SED-Führung so ungeheuer wie der offene Austausch von Informationen. Das trieb im Laufe der Teilungsgeschichte immer wieder skurrile Blüten: So wurden die Hochhäuser an der Leipziger Straße nicht zuletzt gebaut, um das Springerhaus zu verdecken. Ein Spitzelsystem in den Plattenbauten sollte heimliche West-fern-Seher überführen. Natürlich hatte auch der Ausbau des privaten Telefonnetzes in der DDR keine besonders hohe Priorität. Am liebsten wäre der SED wohl eine Bevölkerung ganz ohne Telefon gewesen. Und genau das versuchte sie am 27. Mai 1952 durchzusetzen: Am Morgen hatte die Postverwaltung des Berliner Sowjetsektors auf höheren Befehl alle Verbindungen zwischen dem Berliner Osten und Westen einfach gekappt. Und auch in die Bundesrepublik ging fast nichts mehr; nur durch die Aufstellung neuer Sendeanlagen konnte die telefonische Grundversorgung Westberlins aufrechterhalten werden. „Kabelstörung" lautete die wenig originelle offizielle Ausrede der Ost-Postler gegenüber dem Westen. In der DDR-Presse las sich das ganz anders - hier war der Westen schuld. So meldete die Nachrichtenagentur „adn" am 27. Mai 1952:

„Die Westberliner Kriegshetzerpresse verbreitet Lügen über eine angebliche Spaltung des Berliner Fernsprechnetzes durch die Behörden der Deutschen Demokratischen Republik und des demokratischen Sektors von Berlin.

Tatsächlich ist die gegenwärtige Spaltung des Berliner Fernsprechnetzes durch die Westberliner Post herbeigeführt worden, die durch die Abschaltung der Leitungen, über die der Teilnehmerverkehr vom Westberlin nach dem demokratischen Sektor läuft, die Fernsprechbeziehungen zwischen der Bevölkerung der Westsektoren und des demokratischen Sektors von Berlin lahm gelegt hat." So viele Worte und doch nur eine Lüge.

Drei Mark Zwangsumtausch für DDR-Reisende

Ein Besuch in der DDR bei Freunden oder Verwandten, vielleicht sogar eine Inspektion des eigenen Grundstücks in der „Sowjetzone" war Anfang der 50er-Jahre eine fast unüberwindbare bürokratische Aktion. Die Bestimmungen änderten sich häufig und wurden von vielen als reine Schikane empfunden. Im Juni 1952 wurde das Prozedere beispielsweise wie folgt in den Zeitungen des Westens veröffentlicht: Bewohner der nördlichen Berliner Stadtbezirke mussten ins Rathaus Pankow reisen, wo der Stadtsowjet Ausgabestellen für Passierscheine eingerichtet hatte. Allerdings bekam diesen Schein nicht jeder: Ausgegeben wurden sie hauptsächlich an Grundstücksbesitzer. Und selbst Arbeiter und Angestellte, die in der DDR arbeiteten, mussten diese Prozedur durchlaufen. Jeder Antrag hatte in doppelter Ausführung mit zwei Passbildern vorzuliegen, Kinder mussten gesondert aufgeführt werden. Und auch damals schon wurden die Besucher abgezockt: Drei Deutsche Mark kostete der Antrag, freie Wahl der Reiseroute war nicht inbegriffen: Der Weg von Start zu Ziel war genau festgelegt. Soweit die Theorie: Westberliner, die sich gleich nach Inkrafttreten dieses Abkommens um einen Passierschein bemühten, wurden abgewiesen. Man möge in ein paar Tagen wiederkommen. Noch lägen die genauen Bestimmungen zur Durchführung nicht vor. Die Westberliner Presse, in der sie haargenau beschrieben wurden, natürlich auch nicht.

Rechts: Hochhäuser in der Leipziger Straße verhindern den Blick nach Westberlin. Unten: Während des Wartens auf Passierscheine versorgen Rote-Kreuz-Schwestern die Berliner am Grenzübergang Prinzenstraße mit Erfrischungen.

Zeitungen: Tradition kehrt zurück

Am 29. April 1945 hatte die Schreckensherrschaft der Nazis nicht nur Millionen Menschen das Leben gekostet, einen Kontinent, Deutschland und seine Hauptstadt in einen Schuttberg verwandelt, sondern auch die große Tradition der deutschen Presse vernichtet. An diesem Tag erschien die letzte Zeitung Berlins. Sie war erst vier Tage vorher gegründet worden, von Josef Goebbels, dem PR-Agenten des Größenwahns. Und sie trug den absurden Titel „Der Panzerbär". Die Themen der letzten Ausgabe: „Kampfhandlungen aus verschiedenen Bezirken", „Melder im Ruinenfeld" und ähnlicher Durchhalte-Unsinn. Kaum vorstellbar: Nicht einmal 20 Jahre zuvor waren in Berlin fast 150 Tages- und Wochenzeitungen erschienen, mehr als irgendwo sonst auf der Welt. Der Ullstein-Ver-

lag, 1877 von Leopold Ullstein gegründet und von seinen fünf Söhnen weiter und zu größtem Erfolg geführt, wirtschaftete vor dem Krieg umsatz- und auflagenstärker als die Londoner Verlage an der Fleet Street. Das Unternehmen stand davor, den Verlag des amerikanischen Moguls William Randolph Hearst als weltgrößtes Haus abzulösen. Doch schon in den frühen 30er-Jahren wurden die Ullstein-Brüder auf schäbigste Weise um ihr Eigentum gebracht. Über eine Scheinfirma boten ihnen die Nazis an, den Verlag zu kaufen - für 15 Prozent des Wertes, aber gegen freie Ausreise. Bei der Ausreise verloren die Brüder dann doch den größten Teil ihres kleinen Vermögens, weil sie wegen der „Reichsfluchtsteuer" ihr Hab und Gut praktisch zum Neuwert noch einmal kaufen mussten. Nach dem Krieg war nur Frederic Ullstein bereit, sich erneut auf das verlorene Heimatland einzulassen. Doch es dauerte lange, bis die Behörden ihm den Rest von dem zusprachen, was seiner Familie einst gehört hatte. Der Neustart war schwierig. „Völlig ausgeplündert von den Nationalsozialisten. Erst 1952 sind wir zurückgekommen und haben neu anfangen müssen zu einem Zeitpunkt, wo andere Verleger bereits sechs oder sieben Jahre gearbeitet haben", resümierte Frederic Ullstein 1983 in einem Radio-Interview.

Der „Tagesspiegel" erschien bereits seit September 1945 und war vom Start weg extrem erfolgreich, die Auflage erreichte teilweise eine Million Exemplare. Dennoch kämpfte sich Ullstein wieder ins Geschäft. 1952 kam die „Berliner Morgenpost" wieder an die Kioske und per Abonnement in die Wohnungen und lief dem „Tagesspiegel" später sogar den Rang als Nummer Eins bei den Abo-Zeitungen ab. Der größte Erfolg der Ullsteins aber

war - wie vor dem Krieg - die B.Z. Am 18. November 1953 erschien die erste Ausgabe nach dem Krieg (unten links). Bis heute ist die älteste Kaufzeitung Deutschlands auch die größte Zeitung der Hauptstadt. Mittlerweile erscheint sie in der „BZ-Ullstein GmbH", einer Tochter des Axel Springer Verlages. Springer hatte das Haus Ullstein 1959 übernommen.

Heute erscheinen in Berlin wieder elf Tageszeitungen. Neben der B.Z., der lokalen Ausgabe der „Bild"-Zeitung, „Morgenpost", „Welt" und „Welt kompakt" aus dem Verlag Axel Springer, der „Tagesspiegel" (Holtzbrinck), die „Berliner Zeitung" und der „Kurier" (Berliner Verlag) sowie „taz", „Junge Welt" und „Neues Deutschland". Im Frühjahr 2008 zogen mehrere Hundert weitere Journalisten an die Spree - „Bild" und „Bild am Sonntag" verlegten die Zentralen ihrer Redaktionen von Hamburg nach Berlin.

Berliner Zeitungsverkäufer bietet „B.Z." und „Berliner Morgenpost" an.

1977: Frederic Ullstein (links) im Gespräch mit Axel Springer am Rande des Festakts „100 Jahre Ullstein".

Neustart - und die B.Z. blüht auf: Unter Springer zur größten Zeitung der Stadt

„Berlin hat wieder `ne B.Z." stand auf großflächigen Plakaten, die am 18. November 1953 überall in der Stadt aufgehängt wurden. Und tatsächlich: An diesem Tage lag plötzlich wieder die B.Z. am Kiosk zum Kauf aus. Sie kostete 10 Pfennige und erreichte bereits nach wenigen Monaten eine Auflage von 100.000 Stück.

Vorangegangen war ein langwieriger Versuch der Ullstein-Familie, ihren Verlag zurückzuerhalten. Am 3. Januar 1952 endlich wertete die Wiedergutmachungskammer des Landgerichts Berlin den Verkauf an die Nationalsozialisten als „ungerechtfertigte Entziehung" und ordnete die Wiederherstellung der Ullstein AG an.

Der Verlag brachte also seine B.Z. wieder heraus, aber nun nur noch im Westteil der Stadt, denn die Machthaber der DDR hatten den Vertrieb des Blattes auf Ostberliner Territorium verboten. Trotz ihres neuerlichen Erfolges hatte die B.Z. schwer mit der Kon-

Berlins Regierender Bürgermeister Klaus Wowereit und die B.Z.: Kritische, aber gute Symbiose.

kurrenz durch sechs Lizenz-Zeitungen in Westberlin zu kämpfen („Abend", „Telegraph", „Tagesspiegel" u.a.). Der Ullstein-Verlag suchte einen starken Investor und fand ihn mit dem Hamburger Verleger Axel Springer (1912-1985), der erst

26 Prozent und schließlich Ende 1959 den gesamten Verlag kaufte. Springer, der ein großer Bewunderer der Verlegerfamilie Ullstein war, versprach bei der Übernahme des Verlages, dass die Objekte, die „vom alten Ullstein-Verlag erhalten und weitergeführt werden" könnten, „die B.Z. zum Beispiel" (…), „nicht Stiefkinder" in seinem Haus, „sondern Angehörige an Kindes statt" sein würden. Und so geschah es. Die B.Z. blühte unter der Führung Axel Springers zur größten Zeitung Berlins auf, die sie heute, 55 Jahre nach dem Neustart, immer noch ist. Bis zum Mauerfall 1989 war sie die unangefochtene erste „Stimme der Freiheit" im Westteil Berlins. Sie kämpfte gegen die SED-Diktatur und ihre „Mordmauer" (Chefredakteure 1953-1991: Karl-Heinz Hagen, Malte-Till Kogge, Wilhelm Pannier). Die B.Z.-Kommentatoren lieferten sich jahrelange Wortgefechte mit

der radikalisierten Studentenbewegung, auf deren Höhepunkt der Sozialistische Deutsche Studentenbund (SDS) unter Rudi Dutschke im Frühjahr 1968 die „Enteignung" der „Springer-Blätter" forderte.

Die B.Z. feierte das Ende der DDR und die Deutsche Einheit und ist seitdem (Chefredakteure: Claus Larras, Wolfgang Kryszohn, Franz Josef Wagner, Georg Gafron) in beiden Teilen der wiedervereinten Stadt eine starke Stimme. Mit einer Auflage von 203.000 liegt sie wieder auf dem Niveau ihrer besten Zeit vor 80 Jahren. Und wie damals ist die B.Z. (Chefredakteur seit 2005: Walter Mayer) auch heute wieder die schnelle Zeitung der Hauptstadt, die mehr nach vorne als nach hinten blickt und in der sich das Schicksal Berlins wie in einem Kaleidoskop Tag für Tag widerspiegelt.

25. Februar 2007: Erster Arbeitstag der B.Z.-Redaktion im neuen Büro im Kranzler-Eck am Kurfürstendamm.

Ein sowjetischer Panzerspähwagen und ein Panzereinsatzwagen riegeln die Leipziger Straße Richtung Regierungsviertel ab.

Panzer gegen Freiheit. Der 17. Juni 1953

Selten balancierte die Weltgeschichte auf einem derart schmalen Grat wie am Morgen des 17. Juni 1953. Selten wurde Mut und Tatkraft so wenig belohnt wie an diesem Tag. Selten war ein totalitäres System so nah am Zusammenbruch und konnte sich doch retten. Und selten starb mehr Hoffnung innerhalb von nur wenigen Stunden. 36 Jahre brauchten die Menschen in der DDR, um nach der Niederschlagung des Arbeiteraufstandes an jenem 17. Juni noch einmal die Courage zu finden, sich gegen den Unterdrücker-Staat zu erheben. Die Lage der DDR An-

fang der 50er-Jahre war desolat, die Kluft zwischen dem West- und dem Ostteil Deutschlands wurde von Monat zu Monat größer. Gut sieben Jahre nach dem Krieg hatte das SED-Regime bereits abgewirtschaftet. Von Moskau vorgeschrieben, stiegen die Militärausgaben bis 1952 auf elf Prozent des Staatshaushaltes. Die Reparationsleistungen an die Sowjetunion kosteten neun weitere Prozent und befreiten die Betriebe fast flächendeckend von dem, was sie am dringendsten brauchten: Maschinen. Denn die Wirtschaftspolitik der DDR orientierte sich

komplett am vermeintlichen Erfolgsrezept der sowjetischen Vorbilder und setzte auf die Schwerindustrie. Das wiederum ging zu Lasten der Agrarproduktion - Anfang der 50er-Jahre gab es die meisten Lebensmittel immer noch auf Karte, und während im Westteil schon wieder Kuchen gegessen wurde, hatten die Bürger in der DDR durchschnittlich weniger Fleisch zur Verfügung als vor dem Zweiten Weltkrieg. Kurz: Den Menschen ging es schlecht und der stetig wachsende Wohlstand im Westen weckte verständlicherweise Begehrlichkeiten. Vor allem in Berlin prallten freiheitliche Marktordnung und kommunistische Mangelwirtschaft so gut wie ungebremst aufeinander.

Doch die DDR-Führung, blind für die Bedürfnisse der Menschen, zog die Schraube weiter an. Bis zum 30. Juni 1953 (Ulbrichts Geburtstag) sollte die Arbeitsleistung um zehn Prozent gesteigert werden. Taktisch verheerend (und übrigens von Moskau verordnet) war der am 11. Juni per „Neues Deutschland" verkündete „Neue Kurs". Auf den ersten Blick sollten die Maßnahmen die Bevölkerung entlasten: Keine Stromabschaltung am späten Abend mehr, Bauern sollten ihre Landmaschinen und Handwerker ihre Geschäfte zurückerhalten. Die verhasste Arbeitsnormen-Erhöhung aber (die nichts anderes war als eine

verkappte Lohnkürzung), blieb bestehen, die Arbeiter profitierten also nicht vom „Neuen Kurs". Das brachte das Fass zum Überlaufen. Doch es war nicht nur der Mut der Verzweiflung, der den Aufstand auslöste: Viele sahen in den Zugeständnissen der Staatsführung eine Bankrotterklärung der Staatsführung eine Bankrott-

Gegen 13 Uhr verkündete der sowjetische Generalmajor Pawel T. Dibrowa den Ausnahmezustand und stellte den Osten Berlins unter Kriegsrecht. Landesweite Bilanz des 17. Juni 1953: 55 Tote, 6.000 Inhaftierte.

Arbeiter-Aufstand in der DDR am 17. Juni 1953: Menschenmenge am Checkpoint Charly (Sektorengrenze Friedrichstraße). Im Hintergrund eine brennende Kontrollstelle der Volkspolizei.

klärung der SED und rechneten mit dem Zusammenbruch des Systems. In der DDR begann es zu brodeln; schon ab dem 12. Juni kam es zu kleineren Streiks. Am 16. Juni 1953 schließlich legten die Arbeiter zwei Berliner Großbaustellen lahm. Sie streikten am Block 40, einem der zukünftigen Prachtbauten an der Stalinallee, und im Neubau des Klinikums von Friedrichshain.

Von den Baustellen aus marschierten einige Arbeiter in einem Protestzug zum Haus der Gewerkschaften an der Jannowitzbrücke und dann weiter in Richtung Leipziger Straße. Auf dem Weg zum Regierungssitz wuchs die Demonstration beständig an: Etliche Arbeiter der vielen Baustellen links und rechts der Straßen reihten sich ein. Die SED reagierte nervös und verkündete, dass bereits am Mit-

tag die Rücknahme der Normerhöhung beschlossen worden sei.

Doch zu spät! Die Demonstranten, mittlerweile auch mit einem Lautsprecherwagen ausgestattet, marschierten und riefen zum Generalstreik auf. Ihre Forderungen lauteten jetzt: Rücktritt der Regierung und freie Wahlen! Für den nächsten Tag riefen sie zu einer Großdemonstration auf dem Strausberger Platz auf. Durch die Berichterstattung im RIAS ("Radio im Amerikanischen Sektor") erfuhren Menschen in der ganzen DDR von dem Aufstand. Der Berliner Protest erfasste das gesamte Land.

In mehr als 500 Orten der DDR wurde am Morgen des 17. Juni gestreikt. Die Demonstranten besetzten Kreisratsgebäude, Bürgermeistereien, Gefängnisse und sogar zwei Gebäude der Stasi. Bis zu 1,5 Millionen Menschen beteiligten sich an den Protesten, vor allem in Berlin und dem "Chemiedreieck" zwischen Halle und Bitterfeld. Von Anfang an war die Volkspolizei total überfordert, viele Beamte liefen sogar zu den Demonstranten über. Die staatstreuen Sicherheitskräfte aber gingen mit extremer Brutalität gegen die Aufständischen vor. Trotzdem wurde die Bewegung im Tagesverlauf des 17. Juni immer größer. Nicht mehr nur Arbeiter gingen auf die Straße, sondern nun auch Bauern, Ärzte, Geistliche, Beamte,

Lehrer und sogar Militärs. In Berlin solidarisierten sich die Westberliner mit der Ostberliner Bevölkerung. Die SED-Regierung war nach Karlshorst geflohen und stellte sich unter den Schutz der sowjetischen Behörden. Für einige wenige Stunden sah es so aus, als würde aus dem Protest eine Revolution, als könne sich die Bevölkerung der DDR von ihren roten Machthabern befreien. Doch dann kamen die Russen.

Gegen 13 Uhr verkündete Generalmajor Pawel T. Dibrowa den Ausnahmezustand und stellte den Osten Berlins unter Kriegsrecht. Vier Jahre nach Gründung der DDR übernahmen die Sowjets offiziell wieder die Regierungshoheit. 20.000 Soldaten der Roten Armee waren im Einsatz. Ihre Panzer verbreiteten Schrecken und Furcht auf den Straßen Ostberlins und in der Provinz. Der süße Klang der Freiheit, den so viele schon vernommen hatten, wurde vom Rasseln der Panzerketten erstickt.

In den nächsten Tagen und Wochen wurden mehr als 6.000 Menschen verhaftet. Denn als Drahtzieher des Aufstandes sah die DDR-Regierung wie üblich "Provokateure und faschistische Agenten ausländischer Mächte und ihrer Helfershelfer aus deutschen kapitalistischen Metropolen." Die 55 Toten des 17. Juni aber wurden in der Bundesrepublik und Westberlin mit einem Feiertag geehrt: Dem Tag der Deutschen Einheit. Seit 1990 wird er am 3. Oktober gefeiert - und an diesem Tag hat sich mit der endgültigen Überwindung der Teilung das Vermächtnis der mutigen Frauen und Männer des 17. Juni erfüllt.

Brechts bitterer Spott

Sechs Jahre nach der Niederschlagung des Aufstandes wurde posthum das Gedicht "Die Lösung" von Bertolt Brecht veröffentlicht (Brecht war am 14. August 1956 in Berlin verstorben).
Der bittere Spott des Dichters blieb den Menschen in der DDR - aber wohl nicht den Adressaten bei der SED- vorenthalten - es erschien am 9. Dezember 1959 in der "Welt".

Nach dem Aufstand des 17. Juni
Ließ der Generalsekretär des Schriftstellerverbandes
In der Stalinallee Flugblätter verteilen
Auf denen zu lesen war, dass das Volk
Das Vertrauen der Regierung verscherzt habe
Und es nur durch verdoppelte Arbeit
Zurückerobern könne. Wäre es da
Nicht doch einfacher, die Regierung
Löste das Volk auf und
Wählte ein anderes?

Schriftsteller, Dramatiker, Lyriker und Theaterregisseur: Bertolt Brecht.

Die Rückkehr des Dichters

Deutschlands größter Dramaturg auf Arbeitssuche. In Westdeutschland hatte er Einreiseverbot, in der Schweiz wurde er auf Schritt und Tritt überwacht, die Amerikaner hatten ihn mit der Vorladung vor das „Komitee für unamerikanische Aktivitäten" vergrätzt. Ost-Berlin dagegen empfing Bertolt Brecht (unten Mitte) mit offenen Armen. Am 22. Oktober 1948 kehrte der Dichter in sein Heimatland zurück. Zuerst logierte er im notdürftig instand gesetzten Adlon, dann in einer eleganten Stadtvilla in Weißensee.

Der Deal zwischen den roten Machthabern und dem Regisseur und Dichter war klar: Als Brecht und seine Ehefrau Helene Weigel im November 1949 das „Berliner Ensemble" gründeten, hatten sich Theaterschaffende von internationalem Ruf in der DDR etabliert. Und Brecht konnte seine Vorstellungen vom Theater als „moralischer Anstalt" endlich (wie er dachte) unverwässert umsetzen.
Vorerst fehlte ihm allerdings noch das eigene Haus: Brecht war mit seinem Ensemble Gast im Deutschen Theater - von Intendant Wolfgang Langhoff eher geduldet als willkommen.

1954 endlich fand das „Berliner Ensemble" sein eigenes Domizil. Im Theater am Schiffbauerdamm (unten links) hatte Berlin bereits 1928 die Uraufführung von Brechts „Dreigroschenoper" gesehen. Nur noch vier Jahre sollte der große Künstler hier wirken. Nach dem Tod des Hausherren im August 1958 leitete Helene Weigel (unten rechts) das „Ensemble" bis 1971. In den 70er- und 80er-Jahren geriet das Theater in eine künstlerische Krise: Zu dogmatisch gerieten die Inszenierungen unter der Leitung des Brecht-Assistenten Manfred Wekwerth und unter dem Druck der Erbengemeinschaft. Erst nach der Wende, als das „Fünfer-Gremium" mit Langhoff, Marquardt, Müller, Palitzsch und Zadek die Leitung übernahm, wurde es wieder munterer auf der mittlerweile privatisierten Bühne. Konstanz allerdings kehrte erst zur Jahrtausendwende ein, als der große, streitbare Theatermann aus Bremen, Claus Peymann, die Intendanz am Schiffbauerdamm übernahm.

Karajan, das streitbare Genie

Der Mann wusste, was er fordern konnte. „Mit tausend Freuden, aber nur als designierter Nachfolger und künstlerischer Leiter", schrieb Herbert von Karajan (rechts) im Dezember 1954 an den Berliner Kultursenator Joachim Tiburtius. Es war die Antwort auf die Anfrage des Politikers, ob Karajan bereit wäre, im März 1955 eine USA-Tournee der Berliner Philharmoniker zu übernehmen - in Vertretung für den kurz zuvor verstorbenen Wilhelm Furtwängler. Die Politik stimmte zu. Von Karajan (übrigens der einzige Österreicher, der seinen Adelstitel nach Ende der Monarchie führte) wurde zum Chef der Philharmoniker ernannt, ein Jahr später verlängerte der Senat den Vertrag des Dirigenten auf Lebenszeit.

Von diesem Recht allerdings trat er noch in seinem Todesjahr 1989 zurück, weil ihm die öffentlichen Fördermittel nicht mehr reichten. Streitbar und umstritten war Karajan zeitlebens. Unbestritten aber ist die Tatsache, dass die Philharmoniker unter seiner Leitung eine Klasse für sich darstellten.

Schillertheater, was für eine Tragödie

Gründgens, Beckett, Kortner, Tabori, Zadek als Regisseure, Heinrich George und Boy Gobert als Intendanten, Sabine Sinjen und Minetti auf der Bühne. Ohne Frage ist das Schillertheater (rechts) eines der renommiertesten Häuser Berlins. Vor allem in der Nachkriegszeit, im neuen Gebäude von Heinz Völker und Rudolf Grosse, erlebten die Westberliner hier große Stunden. Dementsprechend laut war die Empörung, als das Theater 1993 geschlossen, die Schauspieler auf die Straße gesetzt wurden. Berlin hatte schlicht kein Geld mehr für das Schillertheater. Der Dornröschenschlaf könnte bald beendet sein: Das Gebäude wird als Ausweichspielstätte für die Lindenoper während der Renovierungsphase diskutiert.

Lachs, Lambrusco, Nierentisch

Auch wenn die Kabarettisten und Miesepeter spotteten: Knapp zehn Jahre nach dem Krieg war Deutschland mit rasanter Geschwindigkeit auf dem Weg nach oben. Adenauer regiert in Bonn, Erhard pafft Zigarren und macht den Aufschwung. Und die Menschen müssen nicht nur nicht mehr hungern. Sondern können sich plötzlich sogar wieder richtig was leisten. In Berlin ist das in erster Linie auf dem Kurfürstendamm zu erkennen, dem neuen Zentrum des Westens. 180.000 Berliner waren 1950 zur Wiedereröffnung des KaDeWe am Tauentzien geströmt, damals waren es in erster Linie Grundnahrungsmittel, die angeboten wurden. Nun - vier Jahre später - gibt´s auch schon wieder Lachs und Hummer. In der Adventszeit 1954 leuchten die Schaufenster fast so verführerisch wie vor dem Krieg und in den Boutiquen entlang des

Staunende Kinder vor einem Spielzeugwarengeschäft in Berlin.

Die Wiedereröffnung des KaDeWe lockte knapp 200.000 zu einem Einkaufsbummel - dabei gab es nur das Nötigste.

Kudamms wird Umsatz gemacht. Die Arbeitslosenquote im Westen ist so niedrig, dass sogar Gastarbeiter von jenseits der Alpen geholt werden müssen. Sie bringen italienisches Flair in die Stadt. Und die Berliner träumen bei einem Lambrusco und Pasta in einem der neuen Restaurants von Bella Italia. Die Küche bleibt immer häufiger kalt: keine Brennstoffnot, sondern Ausgehlust!

Auch in den eigenen vier Wänden wird ausgemistet und möbelmäßig aufgerüstet. Alles, was schwer und rechteckig an das Traute-Heim-Ideal der Nazis erinnert, fliegt raus.

Nierentische, gern mit buntem Mosaik, Tüten- und Tulpenlampen sorgen für Schwung und Farbe im Wirtschaftswunder-Berlin. Und auf den Straßen knattert´s ebenfalls bunt und rund: Der „Schneewittchensarg" von Messerschmidt und der ehemalige „Kraft durch Freude-Volkswagen" (später „Käfer" und mehr als eine Million Mal verkauft) machen die Westberliner mobil. Wenn doch nur diese lästige Zone nicht wäre …

Luxus heißt ab sofort Urlaub mit dem eigenen VW Käfer auf Sylt.

Der Nierentisch: unverzichtbares Wohnaccessoire in den 50ern.

Lied vom Wirtschaftswunder

Die Straßen haben Einsamkeitsgefühle
Und fährt ein Auto, ist es sehr antik
Nur ab und zu mal klappert eine Mühle
Ist ja kein Wunder nach dem verlorenen Krieg
Aus Pappe und aus Holz sind die Gardinen
Den Zaun bedeckt ein Zettelmosaik
Wer rauchen will, der muss sich selbst bedienen
Ist ja kein Wunder nach dem verlorenen Krieg
Einst waren wir mal frei
Nun sind wir besetzt
Das Land ist entzwei
Was machen wir jetzt?

Jetzt kommt das Wirtschaftswunder
Jetzt kommt das Wirtschaftswunder
Jetzt gibt's im Laden Karbonaden schon und Räucherflunder
Jetzt kommt das Wirtschaftswunder
Jetzt kommt das Wirtschaftswunder
Der deutsche Bauch erholt sich auch und ist schon sehr viel runder
Jetzt schmeckt das Eisbein wieder in Aspik
Ist ja kein Wunder nach dem verlorenen Krieg

Man muss beim Autofahren nicht mehr mit Brennstoff sparen
Wer Sorgen hat, hat auch Likör und gleich in hellen Scharen
Die Läden offenbaren uns wieder Luxuswaren
Die ersten Nazis schreiben fleißig ihre Memoiren
Denn den Verlegern fehlt es an Kritik
Ist ja kein Wunder nach dem verlorenen Krieg
Ist ja kein Wunder nach dem verlorenen Krieg

Wenn wir auch ein armes Land sind
Und so ziemlich abgebrannt sind
Zeigen wir, dass wir imposant sind
Weil wir etwas überspannt sind
Wieder haun' wir auf die Pauke
Wir leben hoch hoch hoch hoch hoch höher hoch
Das ist das Wirtschaftswunder
Das ist das Wirtschaftswunder
Zwar gibt es Leut, die leben heut noch zwischen Dreck und Plunder
Doch für die Naziknaben, die das verschuldet haben
Hat unser Staat viel Geld parat und spendet Monatsgaben
Wir sind ne ungelernte Republik
Ist ja kein Wunder ist ja kein Wunder
Ist ja kein Wunder nach dem verlorenen Krieg

Musik: Franz Grothe. Text: Günter Neumann. Gesang: Wolfgang Neuss und Wolfgang Müller

1. Juni, 4.55 Uhr: „Achtung, Achtung, hier ist Berlin"

Über die Qualität der Berliner Radiosender lässt sich streiten. Für die einen ist das Kicher-Gequassel der Moderatoren „Infotainment", andere vermissen die Substanz. Und im Einerlei aus „Das Beste von Gestern, Heute und Morgen" vergisst der Hörer allzu leicht, wie dramatisch die Radiogeschichte Berlins ist - und wie wichtig der Sender Freies Berlin für die Stadt in der Zeit der Teilung war.

„Achtung, Achtung, hier ist Berlin!" Mit diesem knarzenden Ruf eröffnete Intendant Alfred Braun am 1. Juni 1954 das Programm des Senders Freies Berlin. Feierlich, gehaltvoll, vielleicht ein wenig pathetisch war das - der besonderen Bedeutung des Anlasses angemessen. Um 4.55 Uhr schlug die Freiheitsglocke des Schöneberger Rathauses via Äther in die Wohnstuben der Berliner, dann wurde das Schlussmotiv der Egmont-Ouvertüre gespielt, die jahrzehntelang das Erkennungszeichen des Senders bleiben sollte. Berlin hatte wieder eine Stimme.

Was war Radio nur neun Jahre nach dem Krieg, ein Jahrzehnt, bevor Fernsehen eine Selbstverständlichkeit wurde und ein halbes Jahrhundert vor dem Internet? Ein Medium, das spielend und mühelos jeden Stacheldraht, jede Grenzanlage, jeden Todesstreifen (und später natürlich auch die Mauer) überwand und die geteilte Stadt Berlin vereinte.

Seit Gründung der Bundesrepublik wurde die öffentlich-rechtliche Versorgung Berlins durch den NWDR von Westdeutschland aus sichergestellt. Beliebt war

Das Rundfunkhaus des SFB am Heidelberger Platz (darüber das SFB-Logo). Von hier aus startete am 1. Juni 1954 die erste Programmausstrahlung.

auch der RIAS - doch nach dem Volksaufstand in der DDR von 1953 wurde der US-Sender kritisiert, zu wenig Partei für die Demonstranten ergriffen zu haben. Es mehrten sich die Stimme, die einen eigenen, einen deutschen Berliner Sender forderten, der journalistisch gezielter auf die spezielle Situation der Stadt eingehen

Alfred Braun, Radiolegende und 1954 Intendant des SFB, hier auf einem Foto von 1934.

könnte. Problematisch waren dabei allerdings zwei Punkte: Erstens die Technik. „Einen Sender ohne Welle und Reichweite" nannten Spötter den SFB, der letztlich lediglich mit 20 Kilowatt senden konnte, nachts sogar nur mit 5kW. Zweitens war das „Haus des Rundfunks" an der

Masurenallee eine sowjetische Enklave im Westen. Und die Russen machten auch nach dem Auslaufen ihres Mietvertrages 1950 keine Anstalten, auszuziehen und verzögerten so den Aufbau eines Funkhauses. Erst drei Jahre nach der ersten Sendung des SFB konnten die Mitarbeiter in die Backsteingebäude umziehen.

Dennoch nahm der Sender seinen Betrieb 1954 auf und fand sofort seine Hörerschaft. 60 Prozent des Programms wurden in Berlin gemacht, nur 40 Prozent kamen vom NWDR. Dementsprechend rasant stieg auch die Anzahl der Mitarbeiter innerhalb weniger Jahre von 250 auf mehr als 1.000. Und auch der Etat, der 1955/56 noch 15 Millionen Mark betrug, verzeichnete 1964 bereits mehr als 50 Millionen Mark. 1965 beteiligte sich der SFB am gemeinschaftlichen Dritten Fernsehprogramm von Radio Bremen und dem Norddeutschen Rundfunk.

Einige der beliebtesten Moderatoren der ARD kamen und kommen aus dem Stall des SFB: Peter Frankenfeld, Dieter Hildebrandt, Harald Schmidt und auch Johannes B. Kerner. Mit dem Fernsehboom trat das Radioprogramm immer mehr in den Hintergrund, mit der Öffnung des Marktes für Privatsender in den 80er-Jahren begann ein harter Verdrängungswettbewerb. Seit 2003 gibt es den SFB nicht mehr, er wurde mit dem Brandenburger ORB zusammengelegt. Unter dem neuen Namen Radio Berlin Brandenburg (RBB) wird zuweilen Skurriles gesendet („Gernsehabende" beispielsweise mit den Paraden der Nationalen Volksarmee). Bleibt die Frage: Achtung, Achtung, ist d a s Berlin?

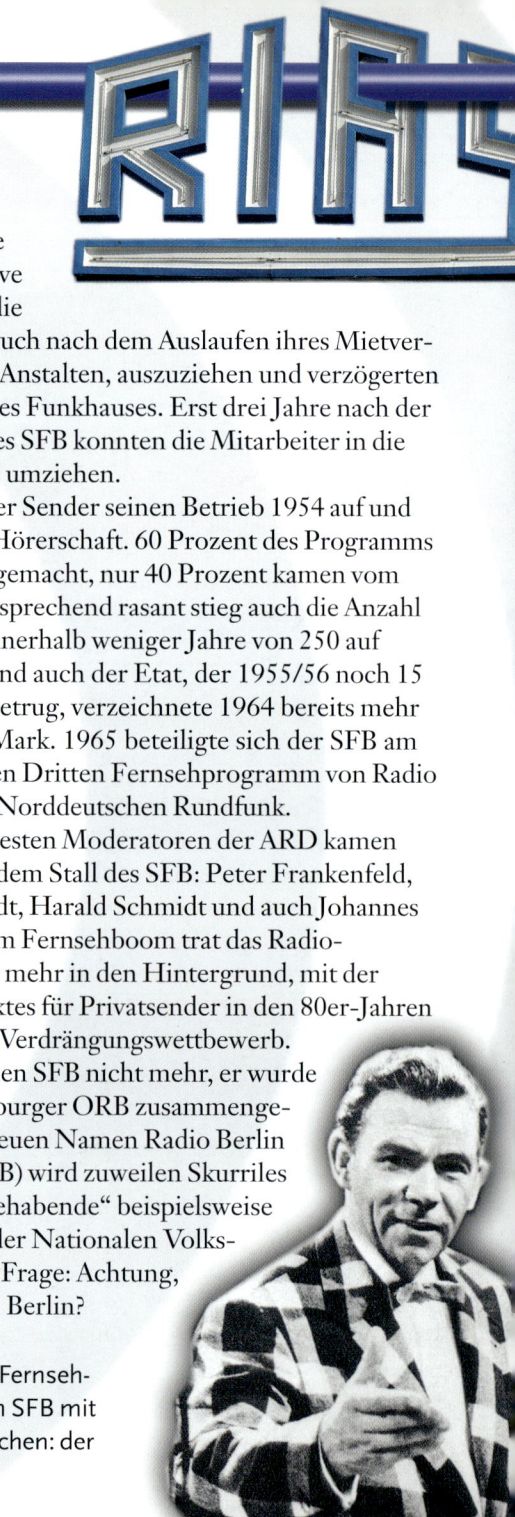

Peter Frankenfeld, Fernseh-Urgestein aus dem SFB mit seinem Markenzeichen: der karierten Jacke.

Olympisches Feuer für die „Helden von Bern"

Zugegeben, ihre Lorbeeren verdienten sich die Helden in Bern. Den größten Empfang bereiteten jedoch dem frisch gekürten Fußball-Weltmeister 1954 die Berliner. 85.000 feierten Fritz Walter & Co. im Olympiastadion.

„Aus, aus, aus! Das Spiel ist aus!", die Worte des Rundfunkreporters Herbert Zimmermann besiegelten eines der schönsten Fußball-Märchen der deutschen Sportgeschichte. Mit ihrem Kapitän Fritz Walter hatte die Nationalelf am 4. Juli 1954 zum ersten Mal den Weltmeistertitel gewonnen.

3:2 gegen Ungarn im Finale von Bern, in der 84. Minute schaffte „Boss" Helmut Rahn mit einem Drehschuss die Sensation. Als Vater des Erfolgs galt Bundestrainer-Fuchs Sepp Herberger, der von 1926 bis 1930 an der Berliner Sporthochschule studiert hatte.

Auf ihrer Rückreise aus der Schweiz empfingen winkende Fans die Weltmeister-Elf auf allen Bahnhöfen. Wenige Tage nach dem Triumph lud Bundespräsident Theodor Heuss (1884-1963) die Helden nach Berlin ein. Am 18. Juli war die Arena voll. 85.000 strömten trotz Dauerregens nach Charlottenburg, um die 22 Spieler zu feiern und den goldenen „WM-Coupe Jules Rimet" zu sehen.

Als erstem gratuliert Bundespräsident Theodor Heuss Spielführer Fritz Walter zum Weltmeister-Titel.

> Die 22 Namen der Helden von Bern (die damals jedes Kind im Schlaf herunterbeten konnte): Toni Turek, Horst Eckel, Hans Schäfer, Werner Kohlmeyer, Jupp Posipal, Karl Mai, Werner Liebrich, Helmut Rahn, Max Morlock, Ottmar Walter, Fritz Walter, Richard Herrmann, Hans Bauer, Herbert Erhardt, Ulrich Biesinger, Berni Klodt, Alfred Pfaff, Paul Mebus, Karl-Heinz Metzner, Fritz Laband, Heinz Kubsch und Heinz Kwiatkowski.

Tags zuvor war Bundespräsident Theodor Heuss in seinem Amt bestätigt worden. Die Berliner feierten den damals 70-jährigen „Papa Heuss" mit schwarz-rot-goldenen Fähnchen und minutenlangem Beifall. Dann rückten die Helden ein (standesgemäß durch das Marathontor); alle trugen ihre grünen DFB-Sakkos und winkten. Als besondere Ehre flackerte das olympische Feuer, dazu schmetterte das Polizei-Orchester Marsch auf Marsch. Nicht zuletzt der nicht enden wollende Applaus verwandelte die Arena an diesem Nachmittag in einen Hexenkessel. Jungendliche Autogrammjäger standen stundenlang Spalier, um einen echten „Turek" oder „Morlock" zu ergattern. Schupos mussten sogar einzelne Schlachtenbummler „einfangen", die über die Absperrungen geklettert waren.

Der Bundespräsident verlas bei der folgenden Zeremonie einzeln die Namen der 22 WM-Helden und überreichte ihnen das Silberne Lorbeerblatt (oben links)

Einzeln ruft Theodor Heuss die Weltmeister zur Ehrung und überreicht ihnen (hier Werner Liebrich) die Auszeichnung.

Die „Helden von Bern" auf der Ehrenrunde im Dauerregen. 85.000 Fans im Berliner Olympiastadion feiern Hans Schäfer, Helmut Rahn mit dem Jules-Rimet-Pokal, Fritz Walter, Toni Turek, Werner Liebrich (vorn von links) und ihre Mannschaftskameraden.

- die höchste deutsche Auszeichnung für sportliche Erfolge. Fritz Walter trat als Erster auf das Staatsoberhaupt zu, verneigte sich bescheiden und nahm Orden und Urkunde in Empfang. „Wir waren alle tief gerührt und sehr beeindruckt von dem Empfang, den uns die Berliner bereitet haben", erinnert sich Weltmeister Horst Eckel, damals mit 22 Jahren der Jüngste im Team. Nicht zuletzt war es auch ein symbolisches Treffen, denn viele Fußballfreunde waren über die noch durchlässige Sektorengrenze aus dem Ostteil der Stadt gekommen.

„Über diesen Sieg der deutschen Fußballer in der Schweiz können wir uns alle freuen, und wir brauchen uns die reine Freude nicht verderben zu lassen", erklärte Heuss unter tosendem Beifall, mahnte jedoch auch: „Wir wollen aber auch die guten Worte über diesen Sieg nicht überspannen. Man sollte nicht glauben, dass gutes Kicken schon gute Politik ist." Heuss meinte die sich immer mehr manifestierende deutsche Teilung. Die 85.000 sangen zum Abschluss der Festveranstaltung gemeinsam die 3. Strophe des Deutschlandliedes.

Der Stadtring: Eine Autobahn für Deutschland

Am Anfang stand, wie so häufig in Berlin, der unerschütterliche Glaube an die Unteilbarkeit der Stadt, die Wiedervereinigung Deutschlands und die Rolle Berlins als Hauptstadt. „Heute haben wir nur 11.500 Kraftfahrer - sobald wir aber tatsächlich Hauptstadt sind, wird sich Verkehrsdichte innerhalb von kurzer Zeit verdreifachen", sagte Verkehrssenator Otto Theuner und stellte die damals fast unglaublichen Kosten von einer Milliarde Mark in den Raum. Das war Ende Februar 1957 und die Vision einer Autobahn durch die südlichen

1.000.000.000,- DM

Geländer der Hohenzollerndammbrücke, die 2002 wegen baulicher Mängel abgerissen und ersetzt wurde.

Stadtteile hatte bereits begonnen, Gestalt anzunehmen. Der Spatenstich für die „Schnellstraße" war im April 1956 erfolgt - das größte Tiefbauprojekt, das in Berlin jemals in Angriff genommen wurde.
Entlang der Trasse für die drei jeweils gut zehn Meter breiten Spuren begann der Kahlschlag in den Ruinenfeldern und die Buddelei dort, wo sich der neue Straßenstrang mit dem alten Netz kreuzte. Erster Bauabschnitt war der Bereich von der Avus-Ausfahrt am Funkturm bis zum Hohenzollerndamm in Wilmersdorf. Schon 1958 konnte dieser Abschnitt eingeweiht werden. Eine kluge Entscheidung, hier eine Autobahn zu bauen: Auch heute noch ist der Streckenabschnitt Funkturm - Kurfürstendamm die meist befahrene Straße Deutschlands. Rund 190.000 Fahrzeuge rauschen hier täglich entlang. Auf den Plätzen zwei, drei, vier, sechs und zehn finden sich fünf weitere Abschnitte der Berliner Stadtautobahn. Bis 1963 wuchs die A 100 stetig weiter; Teilstücke gingen im Jahres-Rhythmus in Betrieb. Bis 1987 folgten sieben weitere

Abschnitte. Nach der Wende wurde der Ring bis zur Buschkrugallee erweitert und umfasst nun 22 Kilometer. Doch auch nach 50 Jahren ist das Projekt noch nicht abgeschlossen. Der Ausbau bis zur Frankfurter Allee ist bis 2015 geplant, anschließend geht es weiter bis zur Landsberger Allee. Schließen wird sich der Autobahnring um Berlin allerdings wohl nicht. Den Abschnitt von der Landsberger Allee bis zur Michelangelostraße wird eine normale innerstädtische Straße bedienen. So jedenfalls der Plan. Aber vielleicht überkommt die Berliner Planer ja in den 2020er-Jahren wieder die große Buddellust.

Verkehrssenator Otto Theuner hatte keine Angst vor großen Zahlen.

Oben: Bau der Stadtautobahn mit den Ausfahrten zum Hohenzollerndamm. Unten: Sonntäglicher Stau auf der Stadtautobahn.

Als Arbeitslosigkeit noch etwas Exotisches war

Es waren Nachrichten, von denen der Leser heute kaum glauben mag, dass es sie je gegeben hat. „Sensation auf dem Berliner Arbeitsmarkt" titelte „Bild", „Mangel an Facharbeitern wird größer" schrieb die „Welt", die Redakteure der „Morgenpost" texteten „Kaum Arbeitslose. Viele offene Stellen". Westberlin gegen Ende der 50er-Jahre war für Arbeitende eine Insel der Glückseligen, kein Vergleich mit der Stadt von heute, in der fast zwei Drittel der Bevölkerung direkt oder indirekt von Transfereinkommen leben. Dass die Frontstadt dermaßen gut mit Arbeit versorgt war, lag einerseits am sprichwörtlichen Wirtschaftswunder des Nachkriegsjahrzehnts, aber auch an großzügiger Unterstützung aus dem Westen. „Wir erhalten Aufträge wie noch nie", berichteten Berliner Industrielle im September 1959. Parole Vollbeschäftigung: 10.000 offenen Stellen standen damals 38.904 Arbeits-

suchende gegenüber. Von dieser Zahl bildeten mit 22.000 Personen die älteren Bürokräfte mit weitem Abstand die größte Gruppe. Warum? Weil durch den Wegfall der alten Hauptstadtfunktion der Bedarf an kaufmännischen und Verwaltungsberufen drastisch zurückgegangen war. Boombranchen waren das Baugewerbe, die Metallwirtschaft und die Verkehrs- und Elektrobereiche. Hier suchten die Unternehmen qualifizierte Kräfte: Zustände, von denen wir heute nur noch träumen können.

Vollbeschäftigung: Abrissarbeiten am Prälat (Zoologischer Garten) mit dem Turm der Gedächtniskirche im Hintergrund.

Kampf um ein Gotteshaus - als Symbol der Stadt

Kaiser Wilhelm II.

Das bekannteste Gebäude, das bei den schweren Luftangriffen auf den westlichen Teil der Reichshauptstadt im November 1943 schwer beschädigt wurde, war die Kaiser-Wilhelm-Gedächtniskirche am Kurfürstendamm. Was mit der Ruine geschehen sollte, war lange Zeit unklar und wurde emotional diskutiert. 1957 drohte der Abriss, doch die Berliner setzten sich für ihr symbolträchtiges Gotteshaus ein. Endgültig gerettet aber war die Ruine damit noch nicht ... Mit dem Bau des Gotteshauses wollte Wilhelm II. eine Gedenkstätte für seinen Großvater, Kaiser Wilhelm I., schaffen. Der Monarch nahm dabei selbst großen Einfluss auf die Architektur - zum Leid-

wesen des Bauherren Franz Schwechten. 6,8 Millionen Mark kostete der Bau (Grundsteinlegung am 22. März 1891) - Geld übrigens, für das die deutschen Provinzen aufkommen mussten. So sehr sich Wilhelm für den Bau interessierte - an den Kosten beteiligte er sich kaum. Schon vier Jahre später, am 1. September 1895, wurde die Kaiser-Wilhelm-Gedächtniskirche geweiht, ein fünfturmiger Bau im neoromanischen Stil. Der Hauptturm ragte 113 Meter in den Berliner Himmel, zu dieser Zeit das höchste Gebäude der Stadt.
Nach Kriegsende begann die Diskussion um die Kirche, die sich mehr als ein Jahrzehnt hinziehen sollte. Einen Wettbewerb um die Gestaltung gewann 1957 schließlich der Karlsruher Architekt Egon Eiermann, der

Widmung für Kaiser Wilhelm I. über dem Torbogen der Gedächtniskirche.

einen Komplettabriss und Neubau vorsah. Doch Eiermann hatte die Rechnung ohne die Berliner gemacht. Weit mehr als 40.000 Stimmen gegen den Abriss sammelte allein die B.Z. unter dem Motto „Es ist Euer Berlin!". Schließlich der geänderte Entwurf: Der zerstörte Hauptturm, bautechnisch gesichert, bildete nun das Herzstück des neuen Ensembles. Mit neuer Bedeutung: Als Mahnung gegen den Krieg. Auf dem Gelände entstanden vier weitere Bauteile, darunter ein neuer, kleinerer Glockenturm und das berühmte achteckige Kirchenschiff mit der einmaligen, charakteristischen Glaskonstruktion - mehr als 30.000 kleine Fenster, geschaffen vom französischen Künstler Gabriel Loire. 1961, 70 Jahre nach der ersten Einweihung, wurde die Kirche wieder geweiht.
Doch die Probleme waren nicht endgültig gelöst: Im Herbst 2007 prognostizierten Experten, dass der Turm keine fünf Jahre mehr halten würde, wenn er nicht aufwendig konserviert werde. Außerdem bestünde die Gefahr, dass sich Teile aus der Fassade lösen und auf Passanten stürzen könnten. Noch im Winter 2007 wurde mit einer neuen Spendensammlung begonnen.

Links die Kaiser-Wilhelm-Gedächtniskirche um 1900, daneben die heutige Kombination aus Alt- und Neubau auf dem Breitscheidplatz.

Willy Brandt während seiner Vereidigung zum Regierenden Bürgermeister von Berlin am 3. Oktober 1957.

Willy Brandt, Sprecher der tapferen Menschen

„Ich werde, solange ich das Vertrauen des Parlaments habe, gemeinsam mit dem Senat jederzeit nach besten Kräften bemüht sein, alles einzusetzen für die Freiheit und den Aufbau unseres Berlins."
Das waren die ersten Worte, die Willy Brandt am 3. Oktober 1957 als Regierender Bürgermeister von Berlin sprach. Brandt war mit 86 gegen 10 Stimmen und bei 22 Enthaltungen zum Nachfolger des im August verstorbenen Otto Suhr gewählt worden, von dem er auch das Amt des Bundesratspräsidenten übernahm. Brandt sah sich als „Beauftragter des Abgeordnetenhauses und als Sprecher der fleißigen, arbeitsamen und tapferen Menschen in beiden Teilen Berlins": Ein Credo, dem er stets folgte und das ihn zum beliebtesten Bürgermeister machte, den die Stadt je hatte.

Ein Leben im Spagat: Harald Juhnke

Sein Leben lang spielte er mit dem Feuer und wahrscheinlich war es dieser Spagat aus Leichtigkeit auf der einen und Tragödie auf der anderen Seite, die Harald Juhnke weit über das Mittelmaß erhoben, das ihm die Regisseure und Produzenten in der Anfangszeit seiner Karriere mit ihren Rollenangeboten zugestanden. Unbekümmert war er, der junge Harry Heinz Herbert Juhnke, aufgewachsen in einer Mietskaserne im Wedding, ein Polizistensohn. Mit 19 schmiss er die Schule und ging zum Schauspielunterricht und schon im gleichen Jahr stand er zum ersten Mal auf der Bühne - ausgerechnet im „Haus der Kultur der Sowjetunion". Einen Revolutionär spielte er damals, doch seine großen Erfolge, die feierte er kurze Zeit später als schelmischer Liebhaber. Da war er schon beim Film und entpuppte sich als einer der fleißigsten Schauspieler der jungen Bundesrepublik. 37 Filme drehte er allein zwischen 1950 und 1960, allein 1957 waren es sieben. Das war alles keine große Kunst, wie schon die Titel verraten. Da gab es das „Komplott auf dem Erlenhof", das „Wunschkonzert", da blühten die „Alpenrosen", es wüteten die „Grünen Teufel von Monte Cassino" und „Conny" tanzte „Hula-Hopp". Wählerisch war auch der junge Harald selbst nicht. In seiner Biografie „Meine sieben Leben" schrieb er, dass ihn in dieser Zeit bei Rollenangeboten vor allem drei Fragen interessierten: „Wie hoch ist die Gage für den Quatsch? Wie hübsch sind meine Partnerinnen? Wo wird der Heuler heruntergespult, wie sonnig ist es dort?"

Ein Frauenschwarm war er immer gewesen, doch erst das Fernsehen machte ihn auch zum Gentleman. Als Moderator in Smoking und mit Lackschuhen wurde er zur Legende, zu einem deutschen Frank Sinatra, seinem großen Vorbild und Idol, dem er unverhohlen nacheiferte. Juhnkes deutsche Version des Sinatra-Klassikers „My Way" wurde zum Soundtrack seines Lebens, Juhnkes trotziger Hymne vor allem in den schlechten Zeiten. Seit den 50er-Jahren litt er unter seiner schweren Alkoholkrankheit, wurde 1959 sogar wegen Trunkenheit am Steuer, Widerstand und Körperverletzung zu mehreren Monaten Gefängnis verurteilt, aber bereits nach vier Monaten wieder entlassen. Doch der Fluch der Flasche holte ihn immer wieder ein: 1981 verlor er seine ZDF-Show „Musik ist Trumpf" (die er von Peter Frankenfeld übernommen hatte), weil er dem Sender als nicht mehr zuverlässig genug erschien - ein herber Schlag für den Entertainer. In den 90er-Jahren war Juhnke dann wieder verstärkt als Schauspieler tätig und spielte endlich die Rollen, die seinem Können angemessen waren: Unter Helmut Dietl in „Schtonk" und vor allem 1995 in der Fallada-Verfilmung „Der Trinker", in der er sein eigenes Schicksal auf ebenso offensive wie demütige Weise mitverarbeitete. Privat allerdings ging es immer schneller bergab: Nach mehreren schweren Abstürzen wurde das Korsakow-Syndrom diagnostiziert, ab Dezember 2001 lebte Juhnke in einem Pflegeheim bei Berlin. Im Februar 2005 wurde er mit schwerem Flüssigkeitsverlust ins Krankenhaus Rüders-

Harald Juhnke als Erwin Sommer in dem Fernsehfilm „Der Trinker".

dorf eingeliefert, wo er noch zwei Monate künstlich ernährt wurde und am 1. April im Alter von 75 Jahren verstarb. Mehrere tausend Menschen standen auf seinem letzten Weg Spalier und spendeten Harald Juhnke seinen letzten Applaus.

La Knef: das Berliner „Hildchen"

Eine Frau, eine Legende, zwei Namen. Was könnte die wahnwitzige Lebensgeschichte dieser unglaublichen Frau treffender ausdrücken? Als Hildegard Knef war sie einer der größten deutschen Nachkriegsstars auf Leinwand, Bühne und Schallplatte, in den Vereinigten Staaten als Hildegarde Neff gefeierte Film- und Broadway-Heroine. Ein Jahr war die kleine Hilde alt, als sie mit ihrer Mutter von Ulm nach Berlin zog. Keine leichte Zeit, der Vater war an Syphillis gestorben, Mutter Frieda musste sich als Alleinerziehende durchkämpfen, bis sie 1933 wieder heiratete. Mit 15 verließ Hildegard, blutjung, das Schöneberger Lyceum und begann eine Ausbildung als Trickfilmzeichnerin bei der UFA, wurde aber schon bald entdeckt und zur Schauspielerin ausgebildet. Fünf Filme drehte sie noch zur Nazizeit - und dann, 1946, den ersten deutschen Nachkriegsfilm „Die Mörder sind unter uns". Als erste Deutsche nach dem Krieg erhielt sie in Locarno den Preis als beste weibliche Darstellerin. Und noch eine Premiere:

Am 1. August zierte sie als Titelmädchen das erste Cover der neuen Zeitschrift „stern".

Jetzt wurde auch Hollywood auf die Berlinerin aufmerksam. Die Produzenten-Legende David O. Selznick nahm „Hildegarde Neff", wie man sie in den Staaten kurzerhand nannte, für sieben Jahre unter Vertrag. Das brachte ihr zwar ein gutes Einkommen, aber kaum Rollen. 1950 kehrte die Knef nach Deutschland zurück, um für Willy Forst „Die Sünderin" zu spielen. Und sie sorgte mit diesem Film für den ersten Leinwand-Skandal der Nachkriegszeit. Prostitution und Freitod, Tötung auf Verlangen wurde da thematisiert, die Katholiken forderten ein Verbot des Films, der durch den Protest eine unglaubliche Publicity erlangte. Den meisten der sieben Millionen Deutschen, die die „Sünderin" sahen, ging es allerdings weniger um die Tabu-Themen, als vielmehr um die freilich nur Sekunden lange Ansicht der Knef, wie Gott sie schuf und Forst sie filmte. Voilá - die nächste Premiere: Erste Nackte im deutschen Kino.

Schauspielerin Hildegard Knef mit Mitgliedern der Gruppe „Extrabreit".

Zurück in den USA, drehte sie bis Mitte der 50er-Jahre eine Reihe von internationalen Großproduktionen von „Schnee am Kilimandscharo" mit Gregory Peck und Ava Gardner über „Kurier nach Triest" mit Charles Bronson und Karl Malden bis „Alraune" mit Karlheinz Böhm. Ihr amerikanischer Traum aber erfüllte sich 1955, als sie in Cole Porters Musical „Ninotschka" (Originaltitel „Silk Stockings") die Hauptrolle (natürlich als erste Deutsche am Broadway) bekam. Als das Musical dann verfilmt werden sollte, kam die Knef nicht aus ihrem Vertrag, überwarf sich mit der Fox, beendete damit fürs Erste ihre amerikanische Filmkarriere und kehrte nach Deutschland zurück.

Im folgenden Jahrzehnt wurde für Hildegard Knef das Singen immer wichtiger. Neben einigen Spielfilm-Produktionen in Frankreich und England veröffentlichte sie regelmäßig Schallplatten, die sich sehr gut verkauften. Einer der größten Erfolge war 1966 das Album „Ich seh´ die Welt durch deine Augen", mit dem sie noch im gleichen Jahr auf eine große Konzerttournee ging. Die Mischung aus Gefühl und Schnoddrigkeit, Trotz und Selbstmitleid kam hervorragend an - auch international. Ella Fitzgerald beschrieb das Berliner Hildchen als „beste Sängerin ohne Stimme". Anfang der 70er-Jahre startete Hildegard Knef ihre dritte Karriere: Als Buchautorin landete sie mit ihrer Biografie „Der geschenkte Gaul" gleich einen Bestseller, ihre Brustkrebs-Erkrankung verarbeitete sie 1976 in dem Werk „Das Urteil", das es sogar bis in die Spitze der US-Charts schaffte.

In den folgenden Jahren wechselte Hildegard Knef mit ihrer Familie mehrmals den Wohnsitz, konnte aber in den USA nicht wirklich wieder Fuß fassen. Mit der Hagener New-Wave-Band „Extrabreit" nahm sie ihren Klassiker „Für mich soll es rote Rosen regnen" auf, ebenfalls mit wenig Erfolg. Schulden drückten, dazu kamen eine schwere Krankheit und jahrelange Klinikaufenthalte. 2001 nahm sie die deutsche Staatsbürgerschaft wieder an, die sie 1950 für die amerikanische abgegeben hatte. Zwei Wochen nach ihrem letzten öffentlichen Auftritt starb Hildegard Knef in der Nacht zum 1. Februar 2002 an den

Folgen eines Emphysems in der Lunge. Beerdigt wurde sie, wie so viele ihrer Kollegen, auf dem Waldfriedhof Zehlendorf an der Postsdamer Chaussee. 2008 erfährt sie eine ganz besondere Ehre: Ihr Leben wird fürs Kino verfilmt, Heike Makatsch spielt die Hauptrolle.

Drei glorreiche Halunken: Neuss, Gruner, Hallervorden

Wer sagt, die Deutschen haben keinen Humor, irrt. Oder war noch nicht in Berlin, denn nichts liegt Menschen an der Spree mehr als der gepflegte Spott. Am liebsten über „die da oben", gerne über alle anderen und zur Not auch über sich selbst. Und diese Lust hatte auch der Wahnsinn des Dritten Reiches nicht brechen können. Großdeutschlands Trümmer rauchten noch, da entstanden in den Ruinen die ersten Kabaretts, mit ganz unterschiedlichen Galionsfiguren. In den 50er-Jahren erlebten die Polit-Spötter ihre goldene Zeit.

Clown zu werden, das war immer der Lebenstraum von Wolfgang Neuss (unten rechts mit Wolfgang Müller) gewesen - und so zog es den 15-jährigen nach Berlin, wo er allerdings erst in der Erziehungsanstalt, später beim Reichsarbeitsdienst und schließlich an der Ostfront landete. Seinem Einsatz als MG-Schütze entkommt er durch eine drastische Massnahme: Er schießt sich einen Finger ab. Schon während der Zeit im dänischen Internierungslager tritt er als Humorist auf, zurück in Berlin, erhält er tatsächlich erste Engagements. Mit Wolfgang Müller tritt er ab 1949 als „Die zwei Wolfgangs" auf, ihr Programm ist deutlich lustiger als der Name. Sie arbeiten im Kabarett „Die Bonbonniere", für die berühmten „Stachelschweine", singen Schlager mit Hintergrund („Ach, das könnte schön sein"). Eine Tragödie beendet die Zusammenarbeit - Müller stirbt bei einem Flugzeugabsturz. Neuss sorgt 1962 für einen Eklat, als er den Mörder des TV-Straßenfegers „Das Halstuch" vor dem Serienende verrät. Danach wird es still um ihn, so richtig verzeiht ihm die Öffentlichkeit seinen „Vaterlandsverrat" (Bild) nicht.

Noch heute in bester Erinnerung aber haben die Berliner ihren Wolfgang Gruner (links oben). 1950 kam er nach Berlin, war erst bei den „Fliegenpilzen", dann bei den „Stachelschweinen", denen er bis zu seinem Tod 2002 als Regisseur und Kabarettist treu blieb. Gruner war einer der

Dieter Hallervorden mit Rotraut Schindler in Nonstop Nonsens.

großen Publikumsmagneten des Kabaretts am Breitscheid-Platz, seine Kneipe („Die Kneipe") ein beliebter Künstler- (und Künstler-Gucker-)Treff. Unvergessen ist Gruner auch als Taxifahrer Fritze Flink in Wim Thoelkes Show „Der große Preis".

Und dann ist da natürlich Didi Hallervorden, der jüngste der drei. Erst 1958 kam er aus Ost-Berlin in den Westen und gründete dort zwei Jahren später das Kabarett „Die Wühlmäuse", deren Direktor er noch heute ist. Spitzes Kabarett und feiner Witz werden dort seit fast 50 Jahren geboten - und doch ist „Didi" für die meisten Deutschen der Knallchargen-Trottel aus dem TV-Klamauk „Nonstop Nonsens" und Kinofilmen wie „Alles im Eimer". Allen Berlinern und ihren Gästen sei empfohlen, sich bei den „Wühlmäusen" den klugen Geist hinter der Grimasse anzusehen.

Wolf Biermann: Der Ehrenbürger, der vielen zu ehrlich war

Der 115. Ehrenbürger der Stadt Berlin wurde am 15. November 1936 in Hamburg geboren. Ost und West, Teilung und Wiedervereinigung - in der Lebensgeschichte Wolf Biermanns spiegelt sich wie in nur wenigen Biografien das Nachkriegsschicksal der deutschen Hauptstadt. Biermann, Sohn eines Hamburger Werftarbeiters, ging freiwillig in die DDR, 1953 war das und er selbst erst 17 Jahre alt. Er glaubte an die Idee des Sozialismus und dass diese auf deutschem Boden einen Ort finden würde. Und wie so viele wird er schnell enttäuscht. 1963 wird seine Inszenierung des „Berliner Brautgangs" verboten, vor der Premiere wird das von ihm gegründete „Arbeiter- und Studententheater" geschlossen, er selbst bekommt für ein halbes Jahr Auftrittsverbot. Die SED nimmt ihn nicht als Mitglied auf, weil man ihm Drogenkonsum unterstellt. Biermann veröffentlicht Lyrik im Westen („Die Drehharfe, 1965) und tritt mit Wolfgang Neuss in Frankfurt am Main auf .1968 erscheint mit „Chausseestraße 131" sein erstes Album im Westen, da hat er in der DDR schon Auftritts- und Publikationsverbot.

Der Herzblut-Sozialist war den Staats-Sozialisten zu ehrlich und somit gefährlich. Ein Auftritt in Köln bei einer Veranstaltung des DGB ist dem Politbüro der SED der lang gesuchte Anlass, ihn auszubürgern. Mit diesem Akt zerstört die Partei nicht nur ihr Ansehen im Ausland, sondern auch alle Hoffnungen der ostdeutschen und vor allem Berliner Künstlerszene auf eine Liberalisierung unter Erich Honecker. Einen offenen Brief gegen die Ausbürgerung Biermanns unterschreiben im November 1976 namhafte DDR-Schriftsteller und in den folgenden Tagen und Wochen mehr als 100 Autoren, Dichter, Dramaturgen, Künstler und Schauspieler. Die SED reagiert mit Schikanen gegen die Unterzeichner. Zu ihnen gehört auch der in der DDR überaus beliebte Manfred Krug („Spur der Steine"), der seinem Beruf nicht mehr nachgehen kann. Er verlässt die DDR 1977 und setzt seine Karriere sehr erfolgreich im Westen fort („Liebling Kreuzberg").

Biermann selbst kehrte nur einmal in die DDR zurück: 1982 durfte er unter strengen Auflagen den sterbenskranken Robert Havemann besuchen. Einen Auftritt Biermanns auf dem Alexanderplatz im November 1989 verhinderten die Behörden, obwohl sich die Bürgerrechtlerin Bärbel Bohley massiv für dafür eingesetzt hatte.

Zu einer Farce geriet die Diskussion um die Ehrenbürgerschaft Biermanns. CDU, FDP und Bündnis 90/Grüne hatten dies vorgeschlagen, um Biermanns Engagement gegen die Teilung der Stadt zu würdigen. Gespalten allerdings war in dieser Frage die Regierungskoalition. Während sich die SPD dem Antrag anschloss, enthielten sich die SED-Nachfolger von der Linkspartei PDS in der Sitzung der Stimme. Eine „Provinzposse" nannte Biermann später die Angelegenheit und nannte es „verbrecherisch, dass die SPD mit der PDS ins Bett" gehe. Am 26. März 2007 wurde ihm die Ehrenbürgerwürde schließlich verliehen, Biermann aber lebt und arbeitet heute im Hamburger Stadtteil Ottensen.

Ernennung zum Ehrenbürger der Stadt Berlin: Der Regierende Bürgermeister Klaus Wowereit (rechts) und der Präsident des Abgeordnetenhauses Walter Momper (links) überreichen Wolf Biermann am 26. März 2007 die Urkunde.

Bubi - Symbol für eine ausgeknockte Stadt

Bubi Scholz (links) kurz vor seinem Triumph über Charles Humez.

Es gibt zwar einen Menschen weniger in der Stadt, dafür eine Legende mehr", sagte Pfarrer Jürgen Fliege in seiner Trauerpredigt für Gustav Scholz, den alle nur „Bubi" nannten. Am 8. September 2000 wurde der Boxer auf dem Zehlendorfer Waldfriedhof zu Grabe getragen. Berlin verneigte sich vor einem Sportidol, dessen Leben filmreif war (und 1997 mit Götz George und Benno Fürmann tatsächlich zum Kino-Hit avancierte).

Die Legende begann am 4. Oktober 1958. Im Berliner Olympiastadion fieberten 56.000 Fans (darunter Max Schmeling, Curd Jürgens und O. E. Hasse) dem Hauptkampf um 20 Uhr entgegen. Bubi Scholz forderte Charles Humez, den amtierenden Europameister im Mittelgewicht. Es wurde ein Triumph für den 28-jährigen Berliner, der im Prenzlauer Berg als Sohn eines Schmieds aufgewachsen war.

Rein in den Kampf! Die erste Runde geht überraschend klar an Bubi. Eine knallharte Linke erschüttert den Meister. In Runde zwei schlägt Humez zurück, Scholz geht in die Knie, kontert aber kurz darauf mit einer rechten Geraden. In der dritten Runde hängt Bubi in den Seilen, in der vierten kommt er zurück. Etliche Schlagserien prasseln auf den Franzosen ein. Runde fünf: Die Zuschauer wittern eine Sensation. Bubi setzt Aufwärtshaken, jeder knallhart, alle ins Ziel. „Bubi, Bubi"-Sprechchöre peitschen das wilde Duell an. Ab Runde sechs ist der Kampf ein offener Schlagabtausch. Beide verlieren ihren Mundschutz, es geht rau zur Sache. Schließlich die Entscheidung in der zwölften Runde. Bubi bricht rechts-

Mordverdacht: Die Polizei nimmt Gustav Scholz am 23. Juli 1984 fest.

links-rechts-links viermal durch die Deckung des Franzosen. Dessen Augenbraue platzt auf, Humez blutet aus allen Poren. Scholz ist nicht zu bremsen, schlägt und schlägt. 15 Sekunden vor dem Gong flieht der „flandrische Löwe" in seine Ecke, hebt die Arme und gibt auf. Bubi Scholz ist Europameister - und um 20.000 Mark reicher. Scholz jubelte:

„So fühlte sich Otto Lilienthal, als er zum ersten Male flog." Scholz verteidigte seine EM-Krone dreimal erfolgreich, 1961 gab er sie ungeschlagen ab. Bis 1964 bestritt er 96 Profikämpfe (seinen ersten 1948 für 200 Mark Gage in einem Zirkuszelt an der Leibnizstraße).

Erst nach der Karriere im Ring begann sein eigentlicher Kampf - gegen sich selbst. Immer wieder Skandale, zu viel Alkohol, zu viel Leben. Am 23. Juli 1984 erschoss er im Alkoholrausch seine Ehefrau Helga durch eine verschlossene Badezimmertür, wurde zu drei Jahren Haft verurteilt. Nach mehreren Schlaganfällen starb Scholz am 21. August 2000 als 70-Jähriger in einem Pflegeheim. Sein Freund Günter Pfitzmann sagte traurig: „Mit Bubi tragen wir ein Stück Berliner Geschichte zu Grabe." Bubi Scholz war ein Symbol für die ausgeknockte Stadt. Die zertrümmert wurde, die ihre Fäuste ballte und die wieder aufgestanden ist.

Boxstadt Berlin

Der erste Berliner Box-Star war ein Känguru. Es flimmerte am 1. November 1895 als „lebendes Bild" von Max Skladanowskys über die Kino-Leinwand des Wintergartens. Echte Faustkämpfe waren noch behördlich verboten. Erst 1919 wurde der Berliner Box-Verband gegründet, nach einem Aufruf der „BZ am Mittag". 1926 begann Max Schmelings große Karriere im Lunapark: Der 20-Jährige schlug Max Dieckmann nach 30 Sekunden k.o., wurde Deutscher Meister. 1948 endete seine Karriere in der Waldbühne. Der Lokalmatador in den „Goldenen Zwanzigern" war Franz Diener, später Kneipenwirt am Savignyplatz (unten). Nach dem Zweiten Weltkrieg begann die Ära Bubi Scholz.

Boxlegende Max Schmeling (links) vor seinem ersten Kampf.

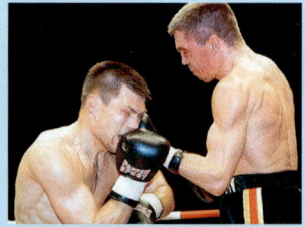

Graciano „Rocky" Rocchigiani trifft „Tiger" Darius Michalczewski.

Danach boxte sich Graciano „Rocky" Rocchigiani durch seine Karriere. Am 3. Juni 1988 bestritt er als Weltmeister im Supermittelgewicht den letzten 15-Runden-Kampf der Boxgeschichte. Jüngster König im Ring: Sven Ottke aus Tempelhof. Von 1998 bis 2004 verteidigte „Svenni" 23-mal seinen WM-Gürtel im Super-Mittelgewicht, verließ den Ring als ungeschlagener Weltmeister. Boxen in Berlin: Höhenflüge und Triumphe, Niederlagen und Abstürze - aber immer Gänsehaut pur.

Sven Ottke (links) im Titelkampf gegen Byron Mitchell.

Chruschtschow-Ultimatum contra Massenflucht

Willi Brandt: besonnen.

Ende der 50er-Jahre sann die Sowjetunion auf Expansion. Der erfolgreiche Sputnik-Start hatte bei Nikita Chruschtschow jegliche Zweifel an der Überlegenheit des kommunistischen Systems beseitigt und ihn im Herbst 1958 einen geopolitisch dreisten Coup wagen lassen. Schon in einer Rede im Moskauer Sportpalast am 10. November kündigte der Erste Sekretär des Zentralkomitees seine neuen Pläne für Berlin an, am 27. November ließ er den Westalliierten mehrere Noten zukommen. Inhalt: Nichts anderes als die Aufkündigung des Viermächte-Status der Stadt. Begründung: Amerikaner, Briten und Franzosen hätten gegen das Potsdamer Abkommen verstoßen und somit ihre daraus resultierenden Rechte verwirkt. Berlin, so Chruschtschow, solle in eine „Freie Stadt" umgewandelt werden. Alle alliierten Truppen müssten innerhalb der nächsten sechs Monate abziehen. In der Praxis hätte dies die Bindung von Westberlin mit der Bundesrepublik beendet.

Worum ging es Chruschtschow wirklich?
Natürlich wollte er außenpolitisch mit den Säbeln rasseln, die Amerikaner einschüchtern und innenpolitisch seine Macht zementieren, endgültig aus Stalins Schatten treten. Er musste aber auch seinen SED-Marionetten in Ostberlin helfen. Die Situation dort wurde zunehmend dramatisch. Weder die Sowjets noch die Vopo konnten das Fluchtproblem lösen. Seit 1949 verließen tägliche Hunderte von DDR-Bürgern via Westberlin das Land. Vor allem die Abwanderung von Akademikern, Wissen-

schaftlern und hoch qualifizierten Ingenieuren machte dem Ostberliner Regime zu schaffen.

Dem Arbeiter- und Bauernstaat drohte der Verlust großer Teile seiner Elite durch Flucht. Bis 1957 hatten bereits 1,72 Millionen Menschen die DDR verlassen, Tendenz dramatisch steigend - und das, obwohl die „Republikflucht" offiziell kriminalisiert und unter Strafe gestellt worden war. Für den Fall, dass die Alliierten nicht abrückten und Berlin nicht zu einer „Freien Stadt" würde, drohte Chruschtschow mit dem Abschluss eines separaten Friedensvertrages mit der DDR und der Übertragung der sowjetischen Kontrollrechte an die Behörden in Ostberlin. Hinter diesen „Einseitige Maßnahmen" im Diplomaten-Deutsch vermuteten viele sogar die Androhung eines Dritten Weltkriegs.

Chruschtschow aber plante so: Gehen die Alliierten auf seine Forderung ein, würde West-Berlin unter den Einfluss der DDR fallen - die Massenflucht durch das Schlupfloch wäre beendet. Weiterhin würden die DDR-Behörden, mit allen Rechten ausgestattet, die Verkehrswege abschneiden, Westberlin isolieren. In jedem Fall aber hätten die Sowjets und ihre Marionetten um Ulbricht die Abwanderung gestoppt und ihren Einflussbereich erweitert.

Womit Chruschtschow nicht gerechnet hatte: Ebenso klug wie mutig analysierte Berlins junger Bürgermeister Willy Brandt die Lage in einem Fünf-Punkte-Plan und schwor damit die Westalliierten auf die Solidarität mit

Berlin ein. Das Chruschtschow-Ultimatum lief im Mai 1959 ab, ohne dass Konsequenzen ergriffen wurden. Im Gegenteil: Im Juli 1961 formulierten die Westmächte die „drei Grundsätze":

- das Recht der Westmächte auf Anwesenheit in Berlin,
- das Recht der Westmächte auf Zugang nach Berlin
- die Verpflichtung der Westmächte, die Selbstbestimmung der Westberliner und die freie Wahl ihrer Lebensform zu gewährleisten.

Doch nur einen Monat später griffen Ulbricht und Co. zu einem Mittel, ihren ausblutenden Staat zu retten, das weltweit ohne Beispiel war: Sie bauten die Mauer ...

Nikita Chruschtschow: cholerisch.

Der Mauerbau: beispiellos.

Flüchtlingsstrom: oft akademisch.

Flüchtende Frauen: mutig.

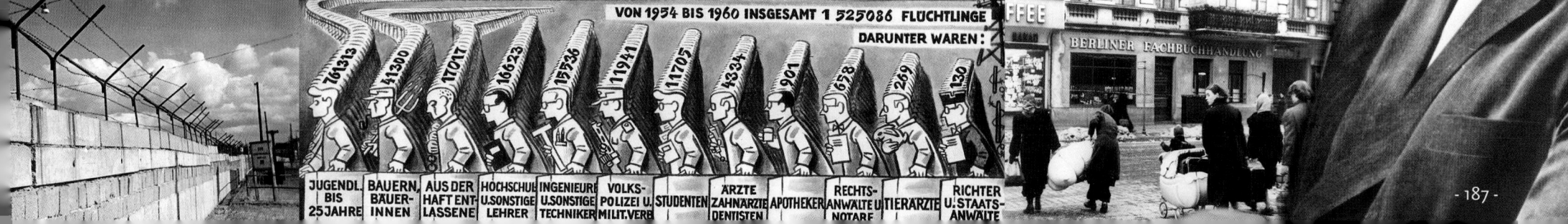

VON 1954 BIS 1960 INSGESAMT 1 525086 FLÜCHTLINGE DARUNTER WAREN:

761313 · 41300 · 71017 · 166623 · 75536 · 119941 · 117705 · 43334 · 901 · 6658 · 269 · 130

JUGENDL. BIS 25 JAHRE | BAUERN, BÄUER-INNEN | AUS DER HAFT ENTLASSENE | HOCHSCHUL U.SONSTIGE LEHRER | INGENIEURE U.SONSTIGE TECHNIKER | VOLKS-POLIZEI U. MILIT.VERB. | STUDENTEN | ÄRZTE ZAHNÄRZTE DENTISTEN | APOTHEKER | RECHTS-ANWÄLTE U. NOTARE | TIERÄRZTE | RICHTER U.STAATS-ANWÄLTE

BERLINER FACHBUCHHANDLUNG

Von der Insel auf die Insel: Jetzt geht's nach Mallorca

1.000.000 Kunden flogen 2004 mit Germania-Maschinen.

Urlaub am Mittelmeer oder im Gebirge - ein Traum für viele Bundesbürger Ende der 50er-Jahre. Der Samstag galt als Arbeitstag, der Grundurlaub betrug zwölf Tage und das Durchschnittseinkommen knapp 500 D-Mark. Mit Zwischenlandung in Basel oder Lyon dauerte ein Flug von Berlin nach Mallorca rund acht Stunden. In Westberlin stieg trotzdem die Nachfrage nach Fernreisen - nicht zuletzt wegen der

In seinem ersten Katalog 1959 bot der Berliner Flug Ring Reiseziele in Italien, Österreich, Spanien und Afrika. Rund 5.900 Passagiere starteten in der Premierensaison ab Tempelhof in den Urlaub.

Insellage der Stadt. So gründeten vier große Berliner Reisebüros gemeinsam mit einer englischen Vertragsfluggesellschaft einen regionalen Flugreiseveranstalter. Am 1. Dezember 1958 nahm der Berliner Flug Ring (BFR) seine Tätigkeit auf. In einem 26-Seiten-Katalog wirbt der Neuling für seine Reiseziele der Saison 1959: Mallorca, Tunesien, Italienische Adria, Österreich und Oberbayern. Zwei Wochen Mallorca mit Flug, Doppelzimmer und Vollpension konnten die Berliner ab 510 D-Mark buchen. Viermotorige Transatlantikmaschinen vom Typ Argonaut verkürzten die Flugzeit auf 4,5 Stunden nonstop. Der BFR erweiterte sein Angebot stetig und avancierte zum Marktführer in der Stadt. Mit dem Chartern von Flugzeugen des Typs Coronado begann für das Unternehmen 1968 das Düsenzeitalter. Nun dauerte der Flug nach Mallorca nur noch zwei Stunden und zehn Minuten. Als erster deutscher Veranstalter bot der BFR eine Reiseversicherung im Preis. 1978 begrüßte der BFR in Tegel seinen 1.000.000. Kunden.

Als Folge der Wiedervereinigung und dem Drängen zahlreicher Reiseveranstalter auf den Berliner Markt übernahm Dr. Hinrich Bischoff, Eigner der Germania Fluggesellschaft, 1990 alle Geschäftsanteile des BFR. Das Unternehmen erhöhte die Zahl der Abflughäfen für die Pauschalreisen zu 39 Zielen in 17 Ländern. 1994 bot der Veranstalter erstmals Autoreisen an. Die Ausweitung der Geschäftstätigkeit zeigte sich erfolgreich: 1.600 Reisebüros vermittelten die Urlaubsangebote des BFR. Auf Gesellschafterbeschluss nahm am 1. Juni 2003 die neu gegründete Low-Cost-Airline Germania Express (GEXX) ihren Betrieb auf. Der BFR stellte sein Pauschalreiseprogramm ein und konzentrierte sich auf Verkauf, Marketing und Vertrieb der neuen Marke. Mit 8.000 Vertriebspartnern gelang ein erfolgreicher Start, den 2004 rund 1.000.000 Fluggäste belegten. Seit 2004 stellt der BFR Interessenten Buchungssysteme, Internetauftritt und Vertriebsnetz sowie die Abrechnung der Buchungen bereit. Zu den Kunden zählt neben der Germania Fluggesellschaft auch das Bundesamt für Güterverkehr.

WINTER 2002/2003

„Schöne Urlaubs-Aussichten" von Spanien bis Ägypten boten die Reisekataloge des BFR.

Abflug von Berlin-Tempelhof				Direktverbindungen nach/von
Abflug von Berlin	**Tag**	**Fluggesellschaft und Flug-Nr.**	**Ankunft**	**Flughafen**
06.30*	täglich	BEG 96	08.45	Düsseldorf
09.45	1-6	PA 651	11.35	
17.30	täglich	BEG 98	19.15	
20.00*	täglich	AF 771	21.50	
07.20*	täglich	PA 661	09.00	Frankfurt
09.30	täglich	PA 663	11.10	
12.00	täglich	PA 665	13.40	
13.15	1-6	PA 667	14.55	
14.15	1-6	PA 669	15.55	
15.30	täglich	PA 671	17.10	
15.40	nur 4	AF 761	17.20	
17.00	täglich	PA 673	18.40	
17.20	täglich auß. 4	AF 761	19.00	
20.00*	täglich	PA 675	21.40	
20.15*	nur 7	PA 675A	21.55	
06.35*	täglich	PA 601	07.45	Hamburg
09.55	1-6	PA 603	11.05	
12.00	täglich	PA 605	13.10	
14.20	täglich ab 15. 6.	BE 481	15.15	
15.15	1-6	PA 607	16.25	
18.00	täglich	PA 609	19.10	
20.00*	täglich	BEG 50	21.10	
21.50*	1-6	PA 611	23.00	
06.00*	täglich	BEG		

Jüdisches Gemeindeleben kehrt zurück

Den Stolz und das Selbstbewusstsein der liberalen jüdischen Bürger von Charlottenburg sollte sie ausdrücken, die neue Synagoge in der Fasanenstraße. Einen dreischiffigen Monumentalbau mit drei Kuppeln und Tonnengewölbe hatte Ehrenfried Hessel in zwei Jahren Arbeit errichtet, 2.000 Gläubige fanden hier Platz. Am 26. August 1912 wurde die erste große Synagoge außerhalb des alten Berlins eröffnet.

In der Spandauer Vorstadt, an der Oranienburger Straße, stand bereits seit 1866 die Neue Synagoge - ein vom „Architekten des Königs", Friedrich August Stüler, errichteter Bau für 3.200 Gläubige. Sogar der preußische Ministerpräsident und spätere Reichskanzler

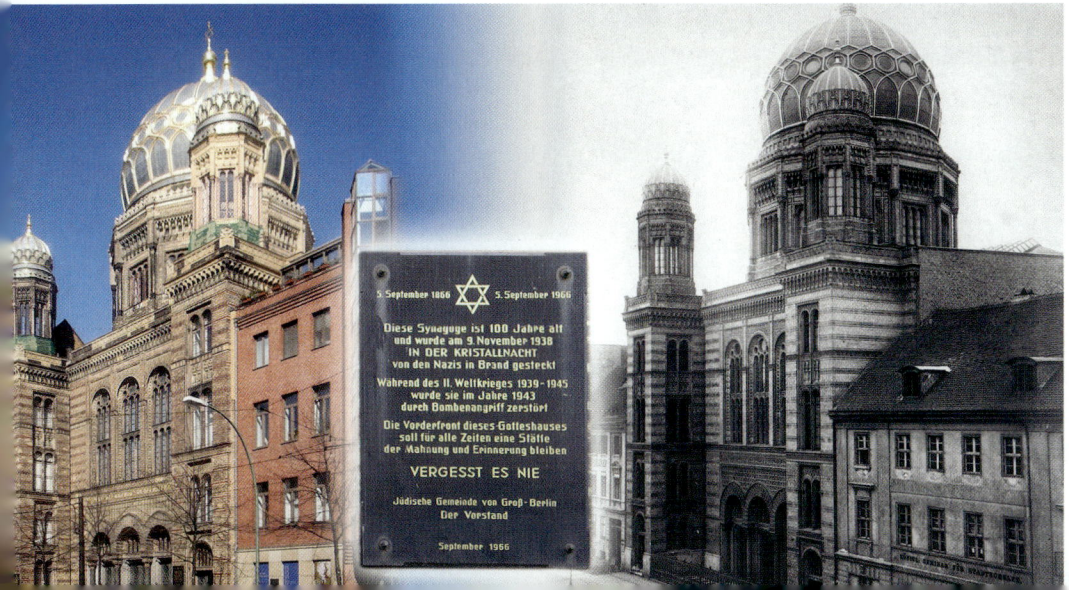

Baumeister des Königs: Friedrich August Stüler zeichnet verantwortlich für die Architektur der Neuen Synagoge.

Otto von Bismarck war zur Einweihung gekommen.

In der Barbarei der Reichspogromnacht am 9. November 1938 trat ein Polizist zur Verteidigung des Gebäudes ein: Der Reviervorsteher des Reviers 16, Wilhelm Krützfeld, stellte sich dem aufgehetzten Nazi-Mob entgegen, alarmierte die Feuerwehr und verhinderte so, dass die Synagoge in der Oranienburger Straße das gleiche Schicksal erlitt wie die meisten jüdischen Glaubenshäuser in Deutschland. Für die Charlottenburger Synagoge gab es keine Rettung: Sie ging in Flammen auf; weitere Zerstörungen richteten die Bombardements im Zweiten Weltkrieg an. In der Nacht zum

23. November 1943 verursachten die Fliegerbomben dann auch schwere Beschädigungen an der Synagoge in Mitte. Das weitere Schicksal beider Häuser sollte sich erst in den späten 50er-Jahren entscheiden.

Im Sommer 1958 wurden die beschädigten Teile des Gotteshauses in der Oranienburger Straße abgerissen - ohne überzeugende Gründe, wie viele damals meinten. Erst am 10. November 1988, also 30 Jahre später, wurde der Grundstein für den Wiederaufbau gelegt. Auch das Charlottenburger Haus wurde in den Jahren 1957/1958 abgerissen. Dieter Knoblauch und Hans Heise begannen hier allerdings schon 1958 mit den Bauarbeiten am Jüdischen Gemeindezentrum, das von der West-Berliner Gemeinde seit der Fertigstellung 1959 auf vielfältige Art genutzt wurde. 1969 scheiterte ein Anschlag auf das Gebäude - eine von einem Berliner Ex-Kommunarden gelegte Brandbombe explodierte nicht und wurde am nächsten Tag von einer Putzfrau entdeckt. Seit 2006 dient das Gemeindehaus nur noch als Seniorentreff und Bibliothek: Die jüdische Gemeinde zog an die Oranienburger Straße, wo das ehemalige Synagogengelände seit 1993 als Centrum Judaicum genutzt wurde. Die prachtvolle Fassade und die Kuppel der ehemaligen Synagoge blieben erhalten.

Links: Die Neue Synagoge an der Oranienburger Straße 2005 und um 1870. Ebenfalls in der Oranienburger Straße mahnt die Gedenktafel: „Vergesst es nie".

Ehemalige Hausherren: Richard von Weizsäcker (links) und Roman Herzog.

Ärger mit Bellevue

Roman Herzog soll es als „Bruchbude" bezeichnet haben. Er muss es wissen, schließlich war er der einzige Bundespräsident bislang, der nicht nur seinen Amtssitz im Schloss Bellevue bezogen, sondern auch dort gewohnt hat. Pannen im Heizungssystem, in den sanitären und elektrischen Anlagen machten 2004 eine aufwendige Sanierung nötig, erst zwei Jahre später konnte Horst Köhler sein Büro wieder beziehen.

Die ersten Renovierungsmaßnahmen an dem bereits im 18. Jahrhundert erbauten Schloss hatten 1954 begonnen, nachdem Bellevue bereits im dritten Kriegsjahr von Brandbomben getroffen und ausgebrannt war. Ab 1957 diente das Gebäude als offizieller Berliner Amtssitz des Bundespräsidenten neben der Villa Hammerschmidt. Richard von Weizsäcker, der große Freund und Förderer Berlins, verlegte schließlich während seiner Zeit als Bundespräsident 1994 den ersten Amtssitz endgültig an die Spree.

Schloss Bellevue

Stimme der freien Welt: Willy Brandts erfüllte Vision

Eingeschlossen. Für die Menschen in Westberlin wird in der Nacht zum 13. August 1961 der Albtraum wahr.

Seinen Geburtsnamen wollte er nach seiner Rückkehr aus dem Exil nicht mehr annehmen: Willy Brandt als junger Politiker in der 50er-Jahren.

Brach sofort eine Wahlkampfreise ab: Willy Brandt an der Spitze des Protestes gegen die DDR-Willkür (links). Rechts der Regierende Bürgermeister Brandt zusammen mit Kanzler Konrad Adenauer und John F. Kennedy 1963 beim Staatsbesuch des US-Präsidenten in Berlin.

In der Nacht zum 13. August 1961 wurde der Albtraum wahr: Soldaten der Nationalen Volksarmee der DDR zogen eine provisorische Mauer mitten durch Berlin, dann um den Westteil Berlins herum und schließlich von der Ostsee bis nach Sachsen. Die Teilung Deutschlands war besiegelt. Berlins Regierender Bürgermeister Willy Brandt, der als Kanzlerkandidat in Nürnberg Wahlkampf führte, fuhr in jener Nacht nach Hannover, als er vom Mauerbau erfuhr. Ohne zu zögern flog er direkt nach Tempelhof, um sich am Brandenburger Tor und am Potsdamer Platz an die Spitze von Demonstrationen gegen den Mauerbau zu stellen. An diesem Morgen des 14. August 1961 wurde Brandt endgültig zum Hoffnungsträger der eingeschlossenen Menschen in Westberlin. Drei Jahre zuvor hatte er es bereits zu Weltruhm gebracht: Als Sowjet-Diktator Nikita Chruschtschow 1958 mit der Androhung einer zweiten Berlin-Blockade versucht hatte, den Abzug der

Westalliierten ausWestberlin zu erzwingen, war es Brandt gewesen, der lauthals und kompromisslos zum Widerstand gegen diesen Erpressungsversuch aufgerufen hatte. Widerstand zu leisten hatte Brandt bereits 25 Jahre zuvor gelernt: 1933 floh er, der Mitglied der „Sozialistischen Arbeiterpartei" (einer Linksabspaltung der SPD) war, vor der Verfolgung der Nazis nach Norwegen. Zur Tarnung gab er sich den Decknamen Willy Brandt. Seinen Geburtsnamen Herbert Ernst Karl Frahm nahm er nie wieder an, auch nach seiner Rückkehr nach Deutschland nicht. So stark hatten ihn Flucht undExil geprägt. Nach Berlin kam Brandt 1946 zunächst als Presseattaché der norwegischen Militärmission. 1948 übernahm er bereits die Leitung des Berliner Verbindungsbüros des SPD-Parteivorstandes. Dann ging alles ganz schnell. Wie ein Komet zog Brandt am politischen Himmel Westberlins und Westdeutschlands auf und avancierte in wenigen Jahren zum Superstar.

7. Dezember 1970: Willy Brandt kniet am Ehrenmal für die Toten des Warschauer Gettos nieder. Dieses Bild ging um die Welt - als Symbol für die Ostpolitik des deutschen Bundeskanzlers.

Am 3. Oktober 1957 wurde Willy Brandt nach dem Tod seines Vorgängers Otto Suhr zum Regierenden Bürgermeister Berlins gewählt. Jetzt bewährte er sich nicht nur als „Stimme der Freien Welt" im freien Westberlin, sondern auch als Meister der „Politik der kleinen Schritte". So gelang es ihm im Dezember 1963, dem DDR-Regime eine Besuchsregelung für Westberliner Bürger in der DDR abzutrotzen. 28 Monate nach dem Mauerbau konnten sich Verwandte und Freunde in Ost und West jetzt das erste Mal wieder sehen.

Gemeinsam mit seinem Partei-freund Egon Bahr entwickelte Brandt nun seine Leitgedanken zum „Wandel durch Annäherung": Nicht durch Konfrontation, sondern durch Verständigung wollte er eine Milderung der brutalen Politik der kommunistischen Staaten des Ostblocks, vor allem der DDR, erreichen.Nach zwei gescheiterten Anläufen als Kanzlerkandidat (1961 und 1965) wurde Brandt 1966 Außenminister der Großen Koalition unter Kanzler Kiesinger und 1969 Bundeskanzler einer sozialliberalen Koalition. Brandt, dessen politisches Ziel die Wiedervereinigung Deutschlands blieb, gelangen politische Sensationen: Er öffnete mit den „Ost-verträgen" den Weg für engere Beziehun-

gen zur Sowjetunion und der DDR, er kniete vor dem Ehrenmal des jüdischen Gettos in Warschau nieder und leistete stumme Abbitte für die von Deutschen begangenen Greuel. Er wurde vom Magazin „Time" zum Mann des Jahres erklärt und erhielt schließlich 1971 als vierter Deutscher den Friedensnobelpreis. Zweieinhalb Jahre später trat Brandt zurück. Er hatte nicht be-merkt, dass sein persönlicher Re-ferent Günter Guillaume, als Spi-on im Dienst der DDR stand.- Brandt blieb bis 1987 dennoch SPD-Chef. Am 10. November 1989 erfuhr er in seinem Haus in der Nähe von Bonn vom

Fall der Mauer. Genauso unverzüg-lich wie damals am 14. August 1961 flog er nach Berlin und sprach vor dem Schöneberger Rat-haus Worte, die in die Geschichte eingegangen sind: „Jetzt wächst zusammen, was zusammen gehört." Die Spaltung Deutschlands hatte ein Ende. Brandts politisches Ziel lag in greif-barer Nähe: Am 20. Dezember 1990 trat der erste gesamtdeutsche Bundestag im Berliner Reichstagsgebäude zusammen und beschloss ein halbes Jahr später mit 338 zu 320 Stimmen, den Sitz der Bundesregierung von Bonn nach Berlin zu verlegen. Brandt starb am 8. Oktober 1992 in einem freien demokratischen einigen Deutschland, für des-sen Verwirklichung er ein Leben lang gekämpft hatte.

„Jetzt wächst zusammen..." Willy Brandt mit Norbert Blüm, Oskar Lafontaine, Hans-Dietrich Genscher, Hannelore und Helmut Kohl, Richard von Weizsäcker und Lothar de Maiziere am 3. Oktober 1990 auf dem Balkon des Reichstagsgebäudes (Foto oben rechts).

Unterm Stern: Das Europa-Center

Um das Schöne einer Stadt sehen zu können, sind Kontraste wichtig. So hat, architektonisch gesehen, ein Schandfleck durchaus seine Bedeutung im Stadtbild. Bis 1961 galt das Gelände östlich des Breitscheidplatzes als hässlichster Ort von Westberlin. Da, wo sich in den goldenen 20er-Jahren Dichter und Bohème, Maler und Schauspieler im „Romanischen Café" vergnügten, wurde die Ruine des 1943 zerbombten Gebäudes in der Nachkriegszeit nur noch sporadisch genutzt: Kirmesboxer und fahrendes Volk gastierten hier, ein paar schäbige Imbissbuden und ein Kino für Pornofilmchen hatten sich angesiedelt.

Das sollte sich erst 1963 ändern, als der Investor Karl Heinz Pepper den Startschuss zum Bau des „Europa-Centers" gab. Prof. Helmut Hentrich und Hubert Petschnigg wurden beauftragt. Und es gelang, den Architekten der Gedächtniskirche, Egon Eiermann, als künstlerischen Berater zu gewinnen.

Schon 1965 konnte Berlins Bürgermeister Willy Brandt das 80.000 Quadratmeter große Gebäude einweihen. Kinos, Restaurants, Büros, Saunen, Geschäfte gab es unter einem Dach: ein damals für Berlin absolut innovatives Konzept. Doch nicht alles funktionierte und wurde von

den Berlinern angenommen. So musste die Kunsteisbahn 1979 bereits wieder aufgegeben werden. Zur gleichen Zeit wurde das Europa-Center auch „Filmstar" und in ganz Deutschland bekannt. In „Christiane F. - Wir Kinder vom Bahnhof Zoo" stürmt die Clique um das drogensüchtige Mädchen das Gebäude und erlebt zum Soundtrack von David Bowie („Heroes") eine wild-romantische Nacht unter dem riesigen Stern einer

Der Lotus-Brunnen, links eine Außenansicht.

deutschen Nobelmarke, dem Wahrzeichen des Europa-Centers. Noch eine Kuriosität: Der „Lotus-Brunnen" im zweiten Innenhof war ursprünglich von den Künstlern Bernard und Francois Baschet als Auftragsarbeit für das Treppenhaus der Neuen Nationalgalerie gebaut worden. Dort aber stand er nur sechs Jahre, wurde dann als Dauerleihgabe ins Einkaufszentrum verfrachtet. Auch nach vielen Sanierungen und Umbauten, etlichen Geschäftsaufgaben und Neugründungen ist das Europa-Center heute nicht unbedingt das hübscheste Gebäude Berlins, ein Shopping-Lunch bei „Möwenpick" mit Blick auf die Gedächtniskirche gehört allerdings absolut zum guten Westberliner Ton.

Perfektes Konzerthaus: Die Philharmonie

„Zirkus Karajani" spotteten die Berliner, als zwischen 1960 und 1963 das zeltartige Domizil der Berliner Philharmoniker am Kemplerplatz entstand (oben). Die Konstruktion ist kein architektonischer Gag, sondern bietet eine fantastische Akustik und vor allem die Möglichkeit, die Logenterrassen so anzuordnen, dass jeder Zuschauer einen perfekten Blick auf das Orchester hat. Die Trennung zwischen Künstler und Publikum ist praktisch aufgehoben, die Philharmoniker sitzen wie bei einem Hauskonzert inmitten ihrer Zuhörer. Hans Scharoun baute das bis heute wegweisende Gebäude.

Die Deutsche Oper und ihre vielen Namen

Kaum ein Theater in Berlin hat wohl so viele unterschiedliche Namen getragen wie die Deutsche Oper. 1912 als „Deutsches Opernhaus in Charlottenburg" eröffnet, wurde sie nach der Eingemeindung 1925 zur „Städtischen Oper". Unter den Nazis stand nur noch Wagner auf dem Programm - nun im „Deutschen Opernhaus". 1943 zerstörten Bomben das Gebäude, die letzten Vorstellungen führte das Ensemble im Admiralspalast auf. Nach dem Krieg wurde unter dem alten Namen „Städtische Oper" im Theater des Westens gespielt. Der noch heute genutzte Neubau entstand zwischen 1957 und 1961. Noch im Jahr der Wiedereröffnung dann die letzte Umbenennung : Als Reaktion auf den Mauerbau wurde das Haus in „Deutsche Oper Berlin" umbenannt. Und so heißt sie noch heute.

Walter Ulbricht am 15. Juni 1961:

„Niemand hat die Absicht, eine Mauer zu bauen."

August 1961: Der Fahrdamm der Friedrich-Ebert-Straße wird für die Errichtung der Mauer aufgerissen.

Mauerbau 1961.

Und sie taten es doch.

In der Nacht vom 12. auf den 13. August riegelten die Nationale Volksarmee der DDR, 5.000 Angehörige der Deutschen Grenzpolizei, 5.000 Männer der Schutz- und Kasernierten Volkspolizei und 4.500 Mitglieder von Ostberliner Betriebskampfgruppen die Verkehrswege nach Westberlin ab. Ab dem Morgen errichteten sie eine erste provisorische Befestigung aus Stacheldraht. Die sowjetischen Truppen standen in Gefechtsbereitschaft und zeigten an allen alliierten Grenzübergängen Präsenz. Und am Abend des 13. August war Ostberlin ein gigantisches Gefängnis. Verantwortlich für Planung und Realisierung des gesamten Unternehmens: Der Sekretär des ZK für Sicherheitsfragen. Sein Name: Erich Honecker. Zwischen 1949 und 1961 waren rund 2,6 Millionen Menschen vor dem Terror-Regime der SED geflohen - vor allem gut ausgebildete, junge Menschen. Die „Ab-

stimmung mit den Füßen" bedrohte die Wirtschaftskraft der DDR und damit den Bestand des sowjetischen Satellitenstaates. Mit Zäunen und Alarmvorrichtungen war die innerdeutsche Grenze bereits ab 1952 gesichert worden. Berlin aber galt als kaum zu kontrollieren, eine Abriegelung des Ostens und Teilung der Stadt schien unmöglich. Und: Anfang der 60er Jahre arbeiteten noch rund 50.000 Ostberliner im Westen, profitierten von den hohen Westlöhnen und niedrigen Preisen für Lebensmittel und Mieten im Osten. Viele der Grenzgänger betätigten sich aber zudem als Schmuggler und schwächten so das schmalbrüstige Wirtschaftssystem des Ulbricht-Staates umso mehr.

Auch dem betonköpfigsten Funktionär war klar, dass die DDR keine Überlebenschance hatte, wenn Massenflucht und Schmuggel nicht eingedämmt würden. Einziger Weg, dieses Ziel zu erreichen: die Ostberliner in ihrer eigenen Stadt einzusperren.

Wie lange der Mauerbau tatsächlich geplant war, ist unklar. Tatsache ist, dass er schon dringlicher Wunsch der DDR-Führung war, als Walter Ulbricht während einer Pressekonferenz am 15. Juni 1961 auf die Frage der westdeutschen Journalistin Annmarie Doherr nach einem Mauerbau-Plan antwortete: *Ich verstehe Ihre Frage so, dass es Menschen in Westdeutschland gibt, die wünschen, dass wir die Bauarbeiter der Hauptstadt der DDR dazu mobilisieren, eine Mauer aufzurichten. Mir ist nicht bekannt, dass eine solche Absicht besteht, da sich die Bauarbeiter in der Hauptstadt hauptsächlich mit Wohnungsbau beschäftigen und ihre Arbeitskraft voll einge-*

Walter Ulbricht

setzt wird. Niemand hat die Absicht, eine Mauer zu bauen." Für eine Aktion von derart geopolitischem Ausmaß hatte Ulbricht die Zustimmung der Sowjets gesucht und benötigt - schließlich hatten sie nicht mehr und nicht weniger vor, als die Teilung der Welt in einen östlichen und einen westlichen Block im Wortsinne auf deutschen Boden zu zementieren. Anfang August sprach Ulbricht in Moskau mit Nikita Chruschtschow. Der Bundesnachrichtendienst (BND) beschrieb im Wochenbericht vom 9. August eine geplante „Inkraftsetzung durchgreifend wirksamer Sperrmaßnahmen" und fragte besorgt, „ob und wie weit Ulbricht in Moskau mit entsprechenden Forderungen durchzudringen vermochte."

Die Lage an der noch ungesicherten Grenze hatte sich währenddessen aus DDR-Sicht immer dramatischer entwickelt. Allein in den ersten beiden August-Wochen waren 47.433 Menschen geflohen. Und Moskau gab das Okay für den Mauerbau.

Im Protokoll des Treffens zwischen Ulbricht und Chruschtschow ist der Vorschlag verzeichnet, „an der West-berliner Grenze der Wühltätigkeit gegen die Länder des sozialistischen Lagers den Weg zu verlegen und um das Gebiet Westberlins eine verlässliche Bewachung und wirksame Kontrolle zu gewährleisten."

Am 11. August billigte die Volkskammer den Beschluss und bevollmächtigte den Ministerrat zur Umsetzung des Mauerbaus. „Die Lage des ständig steigenden Flüchtlingsstroms mache es erforderlich, die Abriegelung des Ostsektors von Berlin und der SBZ in den nächsten Tagen durchzuführen und nicht, wie eigentlich geplant, erst in 14 Tagen". Auch das protokollierte der BND.

Der Welt stockte der Atem, als deutlich wurde, wozu das Regime in Ostberlin in der Lage war. Und

doch blieben die Politiker seltsam still - vielleicht vor Schrecken, vielleicht aber auch, weil sie sich so nah wie nie zuvor an der Schwelle zum Dritten Weltkrieg sahen. Bundeskanzler Konrad Adenauer (links) rief am Abend des 13. August die Bevölkerung zur Ruhe auf und kündigte Reaktionen der Alliierten an, ohne Details zu nennen. Er selbst ließ sich zwei Wochen Zeit, bis er die geteilte Stadt besuchte. Erst 20 Stunden nach dem Beginn des Mauerbaus zeigten sich alliierte Militärstreifen an der Grenze, weitere 20 Stunden vergingen, bis die Alliierten beim Sowjet-Kommandanten von Berlin Protest einlegten. Auch John F. Kennedy, der sich zwei Jahre später als größter Freund und Beschützer Berlins generierte, reagierte verhalten. Von ihm ist folgendes Zitat überliefert: „Keine sehr schöne Lösung, aber tausendmal besser als Krieg." Harold Macmillan, heute fast vergessener britischer Premier, fasste trocken zusammen: „Die Ostdeutschen halten den Flüchtlingsstrom auf und verschanzen sich hinter einem noch dichteren Eisernen Vorhang."

28 Jahre hielt dieser Vorhang. 11.500 Soldaten des Grenzkommandos Mitte und 500 Zivilbeschäftigte waren damit beschäftigt, die Menschen in Ostberlin am Grenzübertritt zu hindern. 2.300 Soldaten waren täglich im Einsatz - mit 567 Schützenpanzerwagen, 48 Granatwerfern, 114 Flammenwerfern und 156 gepanzerten Fahrzeugen. 992 Hunde kläfften im Dienste des real existierenden Sozialismus; bedauernswerte Kreaturen, von denen die meisten nach dem Mauerfall Aufnahme bei Berliner Familien fanden.

Wie viele Menschen an der Mauer ihr Leben ließen, wird möglicherweise nie geklärt werden können. Die Todesfälle wurden vom Ostberliner Regime verschleiert. Die Berliner Staatsanwaltschaft gab die Zahl der an der Mauer Getöteten mit 86 an, Opferverbände gehen von mindestens

268 Toten aus. Unstrittig ist, dass Ida Siekmann der erste Mensch war, der an der Mauer sein Leben verlor. Neun Tage nach dem Bau sprang die Frau bei einem Fluchtversuch aus dem dritten Stock ihres Wohnhauses in der Bernauer Straße in den Tod. Bei der Erfüllung des Schießbefehls kannten viele DDR-Grenzer keine Gnade - so fielen 1966 sogar zwei Kinder im Alter von 10 und 13 Jahren 40 Schüssen zum Opfer. Und noch am 6. Februar 1989 starb ein Mensch im Kugelhagel der Grenzer: Chris Gueffroy.

Die Täter an der Mauer blieben größtenteils ungestraft. Angeklagt waren auf der Funktionärsebene unter anderem Erich Honecker, Egon Krenz, Erich Mielke, der Chef der Grenztruppen, Klaus-Dieter Baumgarten, und Mannschaftsdienstgrade der NVA sowie der Grenztruppen als Schützen. 35 Angeklagte wurden freigesprochen, 44 Angeklagte zu Bewährungsstrafen verurteilt. Lediglich elf Angeklagte mussten für ihre Taten im Gefängnis büßen, darunter Heinz Kessler und Egon Krenz. Der Nachfolger Erich Honeckers bedauerte einerseits die Mauer-Toten,

Gedenkkreuz für Chris Gueffroy. Links Grenztruppen-Chef Klaus-Dieter Baumgarten.

wies andererseits die Verantwortung von sich und bezeichnete die Anklage insgesamt als „verfassungs- und völkerrechtswidrig". Trotzdem wurde er wegen Totschlags in vier Fällen zu einer Haftstrafe von sechs Jahren und sechs Monaten verurteilt. Nicht einmal vier Jahre davon saß er in Haft - und die meiste Zeit davon als Freigänger, in der er nur die Nächte in der Justizvollzugsanstalt verbringen musste.

Mauerrest in der Niederkirchnerstraße.

Heute ist von der Mauer nicht mehr viel übrig. Das, was die Spechte nicht zu walnussgroßen Andenken verarbeiteten, wurde geschleift und zum Bau beispielsweise von Straßen verwendet. Das längste und bekannteste Stück steht zwischen Oberbaumbrücke und Ostbahnhof - allerdings handelt es sich bei der East Side Gallery nur um einen Teil der hinteren Mauer, die Grenze verlief am gegenüberliegenden Ufer der Spree. Und auch die Schneise des Todesstreifens ist bis auf sehr wenige Ausnahmen geschlossen. Die Mauer, diese fürchterliche Narbe durch das Herz unseres Landes, ist nicht nur verheilt, sondern größtenteils verschwunden.

Mauer um 1962 am Bethaniendamm in Kreuzberg, im Hintergrund die St. Thomaskirche am Mariannenplatz.

„Parcours des Horrors": So funktionierte die Mauer

Als „antifaschistischen Schutzwall" beschrieb das Ostberliner Regime die Mauer. Sie sollte die DDR vor „Abwanderung, Unterwanderung, Spionage, Sabotage, Schmuggel und Ausverkauf und Aggression aus dem Westen" schützen. Das war die Theorie. In der Praxis richteten sich alle Terror-Systeme an der Mauer nach Osten, hin zur eigenen Bevölkerung. Auf der 156 Kilometer langen Grenze zu Westberlin mussten Flüchtlinge vom Osten aus gesehen einen „Parcours des Horrors" überwinden. Vor der eigentlichen „Mauer" gruppierten sich eine „Hinterlandbetonmauer" oder ein Streckmetallzaun (bis zu drei Metern hoch), davor auf dem Boden Signalanlagen, die bei Berührung Alarm auslösten. Dahinter war ein weiterer Kontaktzaun mit Stachel- und Signaldraht bespannt. Anschließend folgten im innerstädtischen Bereich Laufanlagen mit scharfen Schäferhunden, an Führungsdrähten eingehängt. Die Drähte konnten unter Strom gesetzt werden, um die Aggressivität der Tiere zusätzlich zu steigern. Die Kraftfahrzeugsperren, anschließend bis in die 80er-Jahre montiert, wurden als Gegenleistung für Milliardenkredite der Bundesrepublik abgebaut. Davor lagen eine nachts beleuchtete Postenstraße und die 302 Türme, die rund um die Uhr besetzt, die Grenzanlagen nachts mit Suchscheinwerfern erleuchteten. Auf dem Kontrollstreifen (KS), der bei Bedarf auch mehrmals täglich geeggt wurde, ließen sich Fußspuren feststellen. Schließlich folgten ein weiterer Streckzaun und dann erst die 3,75 Meter hohen Betonfertigteile, die - nach dem 9. November 1989 von den „Mauerspechten" zerschlagen - ihren Weg als Berlinsouvenirs in die ganze Welt fanden.

Checkpoint Charlie. Vorposten der Alliierten

Zehn Tage nach dem Abriegeln der Berliner Grenze durften Ausländer, Diplomaten und Militärs der drei Westalliierten Ostberlin nur noch über den Bahnhof Friedrichstraße betreten. An der Friedrichstraße, Ecke Kochstraße, richteten die Amerikaner den dritten innerdeutschen Kontrollpunkt ein: Checkpoint Charlie, der zum Symbol der deutschen Teilung wurde. Von der Aussichtsplattform aus sah beispielsweise John F. Kennedy in Begleitung von Konrad Adenauer bei seinem Besuch in West-Berlin in den Ostsektor. Hier wurden Mitglieder der Westalliierten vor dem Grenzübertritt kontrolliert und über ihren Aufenthalt in der DDR informiert.

Am 27. Oktober 1961 war der Kontrollposten Ort eines militärischen Zwischenfalls, der leicht in einem dritten Weltkrieg hätte enden können. Jeweils zehn Panzer der Sowjets und der Amerikaner bezogen für fast 24 Stunden gefechtsbereit Position in der Friedrichstraße. Die Kommandanten auf beiden Seiten hatten den Befehl, im Zweifelsfall das Feuer zu eröffnen. Ihrer Umsicht ist es zu verdanken, dass die Lage nicht eskalierte und die Kampffahrzeuge schließlich abgezogen wurden.

Am 22. Juni 1990 wurde der Checkpoint abgerissen, 2000 als Replik wieder aufgebaut. In unmittelbarer Nähe informiert das Museum „Haus am Checkpoint Charlie" über die Teilungsgeschichte Berlins. Als Checkpoint Alpha wurde der Grenzübergang Helmstedt bezeichnet, Checkpoint Bravo war Dreilinden.

1982: Richard von Weizsäcker, Ronald Reagan und Helmut Schmidt am Checkpoint Charlie.

„Tun Sie nichts": Die Ermordung Peter Fechters

Checkpoint Charlie: Immer wieder auch Kulisse für Proteste gegen das DDR-Regime. Jutta Gallus (oben rechts) lieferte hier den Stoff für die TV-Produktion „Die Frau vom Checkpoint Charlie" (ARD, 2007). So wie Gallus forderten auch zahlreiche andere Menschen am Checkpoint von den Beton-Köpfen in Ostberlin die Ausreise oder Freilassung ihrer Kinder, Verwandten oder Freunde (unten).

Jutta Gallus allerdings ging beim Kampf um ihre beiden Töchter Claudia und Beate in der DDR weiter: Sie unternahm einen Hungerstreik, intervenierte bei Papst Johannes Paul II., sie kettete sich 1985 bei der KSZE-Konferenz in Helsinki an ein Geländer. Und schließlich okkupierte sie ein Jahr später bei einer Gedenkstunde das Rednerpult im Reichstag - für einen Appell an Willy Brandt. Vor so viel Publicity kapitulierte schließlich die DDR-Führung und ließ die Töchter 1988 nach Westberlin ausreisen.

Die Grausamkeit der Mauer, die Eiseskälte der DDR-Grenzer und die Hilflosigkeit des Westens: Nie wurden sie deutlicher als an jenem schrecklichen Nachmittag des 17. Augusts 1962, gut ein Jahr nach der Errichtung des Schandmals, das Ulbricht und Co. den „antifaschistischen Schutzwall" nannten.

Um 14.45 Uhr versuchten zwei 18-jährige Handwerksgesellen, die Mauer an der Zimmerstraße zu überwinden. Die Flucht war nicht gut geplant, doch trotzdem gelang es Helmut Kulbeik, den Westen zu erreichen. Sein Kollege und Freund Peter Fechter befand sich auf der Mauerkrone, als die DDR-Grenzer das Feuer eröffneten. Fechter wurde von mehreren Schüssen getroffen und fiel schwer verletzt zurück auf Ostberliner Gebiet und blieb im Todesstreifen liegen. Nun begann eine der fürchterlichsten Stunden des Kalten Krieges. Mit letzter Kraft rief Fechter um Hilfe, auf beiden Seiten der Mauer bildete sich eine

Menschenmenge. West-Polizisten warfen Fechter Verbandspäckchen zu, schritten aber genauso wenig ein wie die am Checkpoint Charlie stationierten US-Soldaten. Angeblich verhinderte der damalige US-Kommandant von Berlin, Albert Watson II, eine Intervention mit den Worten „Leutnant, Sie haben Ihre Anweisungen. Bleiben Sie standhaft. Tun Sie nichts."

Während die Menschenmenge auf der Ostseite von der Volkspolizei gewaltsam zerstreut wurde, sahen Hunderte West-Berliner, wie Peter Fechter immer schwächer wurde und nach einer Stunde schließlich verblutet war. „Mörder, Mörder", schrieen die Menschen an der Mauer, als die Ulbricht-Grenzer Fechters Leiche schließlich aus dem Todesstreifen zogen. Aber die Wut der Berliner richtete sich nicht nur gegen die Besatzer im Osten. Auch den US-Militärs wurden auf mehreren Kundgebungen schwere Vorwürfe gemacht, einige Soldaten tätlich angegriffen. Peter Fechters Familie in der DDR fiel einem staatlichen Psychokrieg zum Opfer. Der Vater starb verbittert, die Mutter erkrankte schwer. Die Männer, die Fechter erschossen, wurden 1997 zu 20 bzw. 21 Monaten Haft verurteilt, die zur Bewährung ausgesetzt wurden. Heute erinnert eine Gedenkstele in der Zimmerstraße an Peter Fechter.

Fast eine Stunde nach dem Fluchtversuch transportieren DDR-Grenzsoldaten den tödlich verletzten Peter Fechter ab.

Albtraum der DDR-Grenzorgane: Drei pfiffige Brüder. 1975 war Ingo Bethke auf einer Luftmatratze durch die Elbe gepaddelt. Neun Jahre später schoss Holger Bethke mit Pfeil und Bogen ein Stahlseil von einem Ostberliner Hausdach über die Grenze und hangelte sich in die Freiheit. Im Mai 1989 dann der Höhepunkt: Holger und Ingo Bethke starten nachts mit zwei Ultraleichtflugzeugen in Westberlin, landen mit den „Brummern" unentdeckt auf einem Ostberliner Sportplatz - und kehren mit Egbert, dem dritten Bruder, nach Westberlin zurück. Ihren Flug dokumentieren sie per Video (oben Ausschnitt aus einer Sendung der Deutschen Welle). Ausgerechnet vor dem Reichstag landen sie ihre tarnfarbenen Winz-Flieger mit den aufgepappten Russensternen. Dann geht das Trio erst einmal ein gepflegtes Bier trinken, während sich die Polizei den Kopf über das „russische Luftlandeunternehmen" zerbricht...

Holger Bethke (rechts) mit Co-Flüchtling Michael Becker nach dem gelungenen Flitzebogen-Coup.

Tschüss, DDR - pfiffig bis tollkühn
Mit Russenstern zum Reichstag

5.000 Fluchtversuche sind bis 1989 an der Berliner Mauer zu verzeichnen. 3.000 scheiterten. Immer wieder belegen diese nüchternen Zahlen, zu welcher Kreativität Menschen fähig sind, wenn es darum geht, die Freiheit wiederzuerlangen.

*

Der holländische Sänger Theodorus Kerk versteckte seine Freundin Renate Hagen in einer Lautsprecher-Box. Sie wurde nicht entdeckt, weil die Grenzer mehr auf den berühmten Musiker als auf sein Equipment achteten.

Mit einem Heißluftballon flohen 1979 zwei Berliner Familien. Alles Wissen über Konstruktion und Navigation hatte sich die Männer in Fachliteratur angelesen, den Ballon selbst gebaut.

Der erfolgreichste Schleuser war Kurt Wordel. In seinen drei Fahrzeugen (alle vom Typ VW 1200) schmuggelte er von 1964 bis 1969 insgesamt 400 DDR-Bürger in den Westen - die meisten im Kofferraum oder in eigens konstruierten Verstecken in der Seitenwand.

Ein Mini-U-Boot, von einem Fahrrad-Hilfsmotor angetrieben, bastelte der 28-jährige Bernd Böttger (unten). Mit dem abenteuerlichen Gerät gelang die Flucht über die Ostsee nach Dänemark. Sein Submarin war so spektakulär, dass Böttger im Westen sofort einen Job als Ingenieur antreten konnte.

Durch einen Tunnel, der in zwölf Metern Tiefe 45 Meter von einem Ostberliner Hinterhof in den Keller einer West-Bäckerei führte, gelang 57 Menschen nach monatelanger Buddelei eine spektakuläre Massenflucht.

Eine russische Uniform ließ sich ein Mann 1962 aus der Bundesrepublik schicken - und verließ die DDR mit perfektem sowjetischem Gruß. Die ahnungslosen Vopos salutierten zackig...

Gruß zur Verwandtschaft im anderen Teil der Stadt.

Die Löcher in der Mauer.
Vom Passierschein-Abkommen bis zu Brandts Ostpolitik

Zweieinhalb Jahre nach der Errichtung der Mauer und ein halbes Jahr nach Kennedys Rede musste die DDR-Führung einsehen, dass eine totale Teilung einer Stadt mit ihren komplexen sozialen Verbindungen nicht möglich ist. Die Regierung der Bundesrepublik war bemüht, der Entfremdung zwischen Ost- und Westberlinern entgegenzuwirken und persönliche Kontakte zu ermöglichen. Am 17. Dezember 1963 wurde das Passierschein-Abkommen unterzeichnet. Zum ersten Mal seit 28 Monaten konnten Westberliner wieder ihre Verwandten im Osten besuchen. Rund 1,2 Millionen Besuche kamen so zustande. Das Ost-Regime versprach sich von diesen Zugeständnissen letztlich eine Anerkennung seines Staates, die nicht erfolgte. Erst 1972 wurde im Rahmen der Neuen Ost-

politik von Bundeskanzler Willy Brandt der „Grundlagenvertrag" abgeschlossen, in dem die gegenseitigen Grenzen anerkannt, der Aufbau „gutnachbarlicher Beziehungen auf gleichberechtigter Basis" und die „Respektierung der Selbstständigkeit und Unabhängigkeit in inneren und äußeren Angelegenheiten" vereinbart. Politiker von CDU und CSU gingen diese Zugeständnisse an die DDR-Führung zu weit. Brandt (unten) dagegen erhielt 1971 für seine Politik den Friedensnobelpreis.

- 197

Die Neue Nationalgalerie und ihr Architekt Ludwig Mies van der Rohe auf einer Briefmarke.

Abgeschnitten -
doch neue Impulse
für Galerie und Bühne

Berlin war nach dem Mauerbau 1961 nicht länger eine Stadt. Beide Teile mussten sich völlig neu aufstellen, der eine hatte, was dem anderen fehlte - und umgekehrt. Das kulturelle Leben bildete da keine Ausnahme. Die Museumsinsel, die Volksbühne am Rosa-Luxemburg-Platz, das Deutsche Theater: Alles im Osten. Was aber trotzdem nicht hieß, dass dort nun das kulturelle Zentrum der Stadt lag. Die Bauten auf der Museumsinsel waren im Krieg stark beschädigt worden. Zudem hatten die Russen unzählige Kunstwerke in die Sowjetunion verschleppt. In Westberlin hatten sich schon seit der Nachkriegszeit zahlreiche Galeristen angesiedelt, für größere Ausstellungen fehlten aber schlichtweg die geeigneten Räume. So wurden die 60er-Jahre zu einer Zeit des Neuanfangs der Berliner Kultur. 1962 beauftragte der Senat den bereits 76-jährigen Star-Architekt Ludwig Mies van der Rohe, ein Museum in Berlin zu bauen. Der rundum verglaste, kantige Bau gilt bis heute als eines der Meisterstücke der klassischen Moderne. Die „Neue Nationalgalerie" eröffnete 1968 mit einer Mondrian-Ausstellung.

Auch für die Theaterszene Westberlins waren die 60er die Gründerjahre schlechthin. Die Freie Volksbühne e.V.,

die größte Besucherorganisation Berlins, hatte sich nach 1945 aufgespalten - in einen Verband für die drei westlichen Sektoren und einen für den Ostsektor, unterstellt dem Gewerkschaftsbund FDGB. Die Freie Volksbühne im Westteil fand zunächst Quartier im Theater am Kurfürstendamm. Doch dann wagte sich die Freie Volksbühne noch einmal an ein großes Vorhaben: Der Architekt Fritz Bornemann sollte in der Schaperstraße ihr neues Theater bauen. 9,1 Millionen Mark kostete das Projekt, finanziert von Bund, der Stadt Berlin, dem Zahlenlotto und den Mitgliedern der Freien Volksbühne.

1963 wird das neue „Theater der Freien Volksbühne" eröffnet. „Einer der schönsten zeitgenössischen Theaterbauten", schreibt die Berliner Morgenpost. Der Korrespondent des Hamburger Abendblattes, der vom Eröffnungsabend berichtete, gerät gar ins Schwärmen. Wie „ein Traumtänzer" habe er sich gefühlt, so „eingefangen von diffusem Licht". Auch die Berliner Prominenz feierte den Neubau. Der Regierende Bürgermeister Willy Brandt hielt die Eröffnungsrede. Dass die erste Inszenierung des Hauses - Erwin Piscator Interpretation von Romain Rollands „Robespierre" - von den Kritikern ausnahmslos zerrissen wurde, konnte die Euphorie nicht trüben. Dass Piscator Publikum und Kritiker zur Diskussion herausfordern konnte, hat er später mehr als einmal bewiesen. Auch nach Piscators

Das Theater der Freien Volksbühne (unten), links Erwin Piscator, rechts Claus Peymann.

Deutsches Theater

Schaubühne am Lehniner Platz

Tod 1966 waren an der Volksbühne immer wieder herausragende Inszenierungen zu sehen. Junge Regietalente durften sich hier ausprobieren. So inszenierte Claus Peymann dort 1969 Tschechows „Kirschgarten".

Die Freie Volksbühne sollte nicht das einzige neue Theater im Westteil Berlins bleiben: Ebenfalls 1962 gründete Jürgen Schitthelm mit Leni Langenscheidt, Waltraut Mau, Dieter Sturm und Klaus Weiffenbach eine freie Theatergruppe. Ein Theatergebäude fehlte, also spielten sie in einem Mehrzweckraum der Arbeiterwohlfahrt in Kreuzberg.

Erst 1981 konnte das Ensemble in das umgebaute Kino am Lehniner Platz umziehen. Das Haus verfügte nach der Renovierung über eine Theaterbühne, die mit modernster Technik ausgestattet war. Die „Schaubühne am Lehniner Platz" machte sich schnell einen Namen und zog große Namen an: Peter Stein, Bruno Ganz, Edith Clever, Jutta Lampe, Ulrich Mühe und Max Tidof.

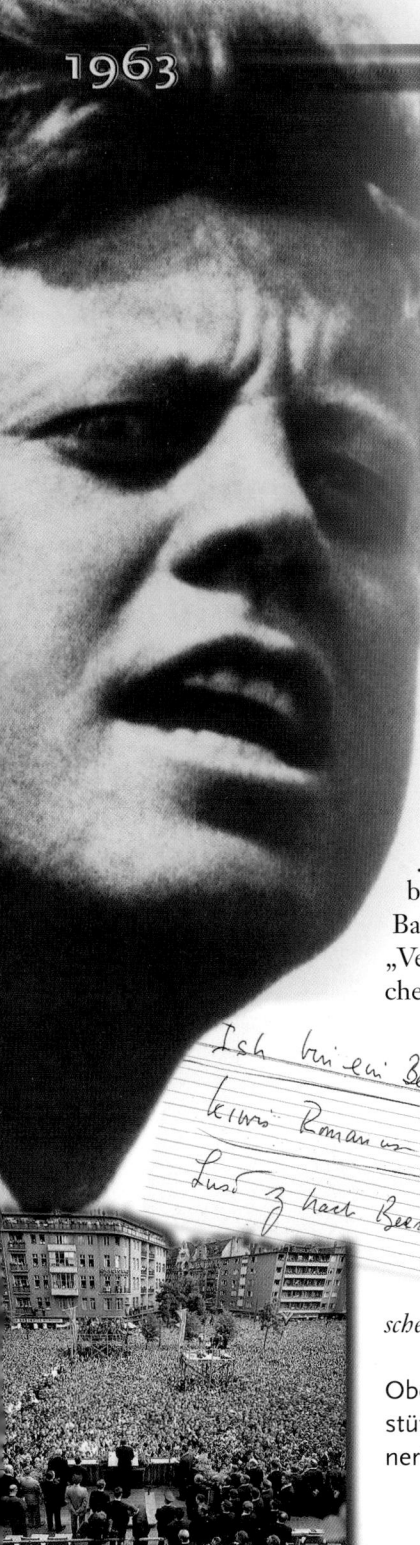

Verlöbnis mit den USA:
Ein „Bearleener" namens Kennedy

Im Lauf der Weltgeschichte überdauern gelegentlich Worte alle Zeiten, weil sie den Zustand einer Epoche in all seiner Dramatik auf den Punkt bringen. Das Zitat, das den Kalten Krieg erklärt, ist der Satz von John F. Kennedy vor dem Schöneberger Rathaus am 26. Juni 1963: „Ich bin ein Berliner". Köln, Bonn, Frankfurt und Wiesbaden waren die Stationen des ersten Deutschlandbesuchs eines US-Präsidenten nach der Teilung, doch allen war klar, dass sie nur Vorgeplänkel waren für die acht Stunden, die sich Kennedy in Berlin aufhalten sollte. Hunderttausende Menschen säumten die Straßen, als der Präsident in Begleitung von Konrad Adenauer und Willy Brandt 50 Kilometer durch Westberlin fuhr - ein Triumphzug der Demokratie mit dem Schöneberger Rathaus als Ziel. 300.000 Berliner empfingen den Präsidenten mit „Ken-ne-dy"-Sprechchören und lautem Jubel. Die Rede, die sie hörten, schweißte die Westberliner und Amerika auf eine Art zusammen, die Egon Bahr, der damalige Pressesprecher von Willy Brandt, als „Verlöbnis" bezeichnete. Schon im ersten Teil der Ansprache betonte Kennedy die Rolle Berlins in der Auseinandersetzung zwischen Ost und West:

> *„Vor 2000 Jahren war der stolzeste Satz, den ein Mann sagen konnte: Ich bin ein Bürger Roms. Heute, in einer Welt der Freiheit, ist der stolzeste Satz: Ich bin ein Berliner."* Der amerikanische Präsident begründete das so: *„Wenn es in der Welt Menschen geben sollte, die nicht verstehen oder nicht zu verstehen vorgeben, worum es heute in der Auseinandersetzung zwischen der freien Welt und dem Kommunismus geht, dann können*

wir ihnen nur sagen, sie sollen nach Berlin kommen. Es gibt Leute, die sagen, dem Kommunismus gehöre die Zukunft. Sie sollen nach Berlin kommen. Und es gibt wieder andere in Europa und in anderen Teilen der Welt, die behaupten, man könne mit dem Kommunismus zusammenarbeiten. Auch sie sollen nach Berlin kommen. Und es gibt auch einige wenige, die sagen, es treffe zwar zu, dass der Kommunismus ein böses und ein schlechtes System sei, aber er gestatte es ihnen, wirtschaftlichen Fortschritt zu erreichen. Aber lasst auch sie nach Berlin kommen."

Im Weiteren beschrieb Kennedy die Geduld und Leidensfähigkeit der Berliner Bevölkerung während der Blockade, den Mut während des Mauerbaus und das Ertrotzen der Demokratie als großes Symbol für die Freiheit. Im letzten Satz verbeugt sich der Präsident vor den Bewohnern der Frontstadt: *„Und deshalb bin ich als freier Mann stolz darauf, sagen zu können: Ich bin ein Berliner."* Die Reaktionen auf die Rede - überwältigend. Bahr erinnert sich später: „Von diesem Zeitpunkt an war Berlin unantastbar und sicher, so lange seine Teilung auch dauern mochte." Willy Brandt sprach von „einem großen Tag in der Geschichte unserer Stadt" und Kennedy selbst sagte auf dem Rückflug: „Wir werden niemals wieder einen solchen Tag wie heute erleben."

Die Kommunisten reagierten auf sehr typische Art. Zwei Tage nach Kennedys Abreise besuchte Nikita Chruschtschow Ostberlin und sagte: „Ich liebe diese Mauer". Für die Menschen in der DDR war dieser Satz das genaue Gegenteil der Kennedy-Rede für ihre Verwandten im Westen: Die Zementierung der Teilung Deutschlands durch eine knapp 160 Kilometer lange Wand aus Beton und Stacheldraht.

Oben: Kennedy während seiner berühmten Rede. Zur Unterstützung ein „Spickzettel" in Lautschrift: „Ish bin ein Bearleener". Links: Der Rathausplatz mit Tausenden von Besuchern.

Rechts oben: Kennedy, Brandt und Adenauer im Konfettiregen auf dem Weg zum Rathaus. Rechts: Kennedy winkt den Berlinern zum Abschied zu.

Satchmo kam, blies und siegte...

Satchmo at his best: Louis Armstrong brachte den Friedrichstadtpalast zum Kochen.

...so titelte das „Neue Deutschland" überschäumend nach dem Konzert des „King of Jazz" am 20. März 1965 im Ostberliner Friedrichstadtpalast. In der Tat erwies sich dieser Auftritt als Riesenerfolg; die sorgfältig von der DDR-Führung ausgesuchten 3.000 Fans tobten vor Begeisterung. Ebenso angetan der Künstler: „Das Publikum gefällt mir sehr. ...Es geht immer enthusiastisch mit." Kein Wunder - bot Armstrong den „folks" neben seinen bekannten Hits den hierzulande besonders beliebten Macky-Messer-Song und das Lied vom treuen Husaren. Zunächst jedoch stand das Gastspiel „auf wackligen Beinen". Den klammen Staatskassen der DDR fehlte die erforderliche West-Valuta. Doch Not machte speziell im Arbeiter- und Bauernstaat erfinderisch: Statt Barem erhielten Armstrong und seine „All Stars" Optikprodukte der renommierten Firma Carl-Zeiss-Jena.

Louis Armstrong bei seiner Ankunft in Berlin.

„Satchmo" war nicht der einzige Musiker von Weltruf, den die Ost-Oberen in ihrer Hauptstadt - und auch in der Restrepublik - präsentierten. Wohl um dem stets angestrebten „Weltniveau" näherzukommen, baten sie vor und nach ihm noch eine ganze Reihe von Berühmtheiten der Unterhaltungsmusikszene auf die Bühne. Als einer der Ersten begeisterte in den Jahren zwischen 1958 und 1960 Paul Robeson die „Werktätigen" in Ostberlin. Der legendäre Sänger machte das Spiritual im „sozialistischen Deutschland" populär - aber auch seinen Hit „Ol' Man River" aus dem Musical „Show Boat. Der Künstler, bekennender KP-Sympathisant, kam im Osten zu hohen Ehren: Er avancierte zum Mitglied der Akademie der Künste der DDR, im Berliner Stadtteil Prenzlauer Berg trägt eine Straße seinen Namen.

Weitere Größen des internationalen Showbiz gaben sich in der Folge in Ostberlin „die Klinke in die Hand" - vor allem Harry Belafonte, der King of Calypso, der 1983 ein viel beachtetes Konzert im Palast der Republik gab. Die Griechin Nana Mouskouri ließ am gleichen Ort ihre berühmten „Weißen Rosen aus Athen" erblühen. Aber auch Dean Reed,

Blues 'n' Booze-Man aus Texas: Lightnin' Hopkins.

der „rote Elvis", begeisterte in Ostberlin. Hier trat er zu einem der letzten Male vor seinem Freitod auf.

Ein besonderer Stellenwert kam in der DDR ab den 60er-Jahren dem Blues zu. In den Fünfzigern noch als dekadente und korrupte Musik diffamiert, erlangte er nun, nicht zuletzt durch fünf Gastspiele des American Folk Blues Festival (1964, 1966, 1982, 1983 und 1985), auch seitens des Staates hohe Anerkennung. Im Verlauf dieser Tourneen erfreuten Bluesgrößen wie Sonny Boy Williams II, Howlin' Wolf, Lightnin' Hopkins und vor allem Big Joe Turner Herzen und Ohren der Konzertbesucher in der „Hauptstadt unserer Republik".

Sicherlich hoffte die SED-Führung durch die Verpflichtung namhafter Vertreter der internationalen Musikszene auf die ach so vehement erstrebte Anerkennung der „großen Welt". Doch erscheint dies nicht der einzige Beweggrund - vielmehr wollten die Regierenden auf diese Weise den vielfach frustrierten Bürgern kleine Fluchten aus dem ummauerten Arbeiter- und Bauernparadies ermöglichen - zumindest ein Vorhaben, das ihnen in vollem Umfang gelungen ist.

Paul Robeson

Harry Belafonte

Ankunft der Rolling Stones auf dem Flughafen in Berlin.

Am Ende blieben Fassungslosigkeit, ein DMark-gieriger DDR-Verkehrsminister und 50 einzelne Schuhe - inmitten einer Ruine, die mal die Waldbühne war. Die „Beat-Schau" der Rolling Stones, von der lokalen Presse als „härteste Bande der Welt" angekündigt, sprengte am 15. September 1965 die erste kollektiv empfundene Kluft zwischen Berliner Eltern-

Unten: Die „Rollenden Steine" auf der Waldbühne. Rechts: Hunderte Fans erobern die Bühne.

und Kindergeneration. Dabei hatte alles so harmlos begonnen. Als die Maschine der Stones, aus München gestartet, um 14.45 Uhr noch nicht planmäßig gelandet war, beruhigte die Polizei am Flughafen Tegel die warten-den Fans per Lautsprecherwagen: „Liebe Beat-Freunde - die Rolling Stones haben eine Viertelstunde Verspätung." Bejubelt und bekreischt entstiegen sie schließlich dem Air-France-Jet: Bill Wyman mit einer gigantischen Mütze, Mick mit Sonnenbrille und Keith Richard mit Handtäschchen.

Wild war da nur das Bierchen, das die Jungs zum damals als Unzeit empfundenen Nachmittag in der Kochstraße zischten. Denn in das neue, noch nicht offiziell eröffnete Verlagshaus Axel Springer rollten die Steine als erstes Ziel in Berlin. „Willkommen Rolling Stones in Berlin", hatten die Bauarbeiter an die Fenster des Hochhauses geschrieben - und unten patrouillierte zur Sicherheit die Polizei.

Anschließend checkten die Stars im Hotel „Gehrhus" ein. Pech für einige Hundert Fans, die vor dem „Sachsenhof" in der Motzstraße gewartet hatten.

Was schließlich in der Wald-bühne („Schlag 20 Uhr infernali-scher Lärm, ein Höllenkonzert", so die „Berliner Morgenpost") die Randale auslöste, ist bis heute nicht geklärt. Gummiknüppel kamen jedenfalls zu Konzert-beginn nur außerhalb der Wald-bühne auf der Passenheimer Straße zum Einsatz - als Fans, die keine Karte mehr bekommen hatten, das Gelände stürmen wollten. Das Treiben drinnen sah die Morgenpost so: „In der feucht-kahlen Schlucht tobte die Menge. Man schrie sich warm. Unten, auf dem Rasen vor der Bühne, auf der vor ein paar

Stones rocken Waldbühne - als Fans noch „Raudis" hießen

Tagen noch Bischof Dibelius predigte, brannten Freudenfeuer, darum drehte man sich im neuesten Mode-Ringelreihen, dem Sirtaki. Zur Sicherheit hatten die Veranstalter zuvor einen Sicherheits-streifen aus Schmierseife zwischen Bühne und Zuschauerraum gelegt. Er wurde schnell stumpf." Aggressive Ordner, Massenpanik, Mädchen-Hys-terie: was auch immer das große Gemeinschafts-Ausflippen bewirkte - es war heftig und es dauerte bis exakt 22 Uhr. Dann war das Kon-zert beendet. Bilanz: 60 Prozent der Sitz-plätze in der Wald-bühne zerstört, 61 Zuschauer verletzt, davon 28 schwer, ebenso ein Polizei-pferd. 85 randalierende Jugendliche wurden von der Poli-zei festgenommen. Zehn „Raudis" traf es weitaus schlim-mer: Sie wurden von der Ostberliner Volkspolizei im Bahnhof Friedrichstraße verhaftet, weil sie in der S-Bahn auf dem Heimweg nach Kreuzberg randaliert hatten. Für angeblichen Schaden am Eigentum der Reichsbahn be-rechnete schon am nächsten Tag Erwin Kramer, Verkehrsminister der DDR, stolze 197.198 DM. Und als dann noch das ungarische Ensemble der Operette „Der Zigeunerbaron" 40.000 DM Schadensersatz vom Senat forderte, weil ihr Gastspiel in der zerstörten Waldbühne geplatzt war, versicherte Bürgermeister Albertz (oben rechts), er werde persönlich dafür Sorge tragen, dass es „in Zukunft Veranstaltun-gen, die so viel Zündstoff in sich tragen wie das Auftreten der Rolling Stones in Berlin nicht mehr durchgeführt werden können."

Rechts: Frei nach James Ivorys Filmtitel: Was von der Bühne übrig blieb.

201

Axel Caesar Springer: Bekenntnis zur zweigeteilten Stadt

Da kommt ein Mann und beginnt, an dem Ort, den viele schon für das Ende der Zivilisation halten, ein Bürohaus für 2.000 Menschen zu bauen. Er will den Sitz seines Unternehmens vom aufstrebenden, geordneten, hanseatischen Hamburg in das Niemandsland an der furchtbarsten Grenze der Welt verlegen. Das Haus ist noch nicht fertig, da errichten die auf der anderen Seite dieser Grenze eine Mauer, sichern sie mit Schießanlagen, Stacheldraht, abgerichteten Hunden. Der Mann lässt sich nicht beirren. Er baut weiter.

Es waren die großen politischen Visionäre, die von Anfang an verstanden, warum der Verleger Axel Caesar Springer nach Berlin ging und warum er in Berlin an der Kochstraße baute und nicht im neuen Zentrum rund um den Kurfürstendamm. John F. Kennedy, Präsident der Vereinigten Staaten, schrieb nach seinem Berlin-Besuch im Sommer 1963 an den Verleger: *„Ich war zutiefst beeindruckt, als ich an Ihrem großen Vorhaben an der Mauer vorbeifuhr. Man kann gar nicht anders, als die Entschiedenheit und den Mut zu bewundern, an dieser Stelle ein Gebäude zu errichten…“*

Diese Stelle… Axel Springer hatte sie ausgesucht, lange bevor abzusehen war, dass die Sowjets und Ulbricht nur wenige Meter entfernt die hässlichste Teilungsnarbe durch Deutschland treiben würden. 1959 war der Grundstein für das neue Verlagshaus gelegt worden, auf einem für die deutsche Presselandschaft historischen Ort. Die Kochstraße war in den Jahrzehnten vor dem Krieg zum Zeitungs-Viertel Berlins aufgestiegen, zur „deutschen Fleet Street". Mehr als 100 Zeitungen wurden hier zeitweise herausgegeben, Verleger wie Rudolf Mosse („Berliner Tageblatt", „Berliner Volkszeitung"), August Scherl" („Berliner Lokal-Anzeiger") und vor allem Leopold Ullstein, den Springer in „gewisser Weise als meinen Ahnherrn" sah, hatten hier ihre Häuser. Für sie arbeiteten Journalisten wie Monty Jacobs, Carl von Ossietzky, Theodor Wolff und Alfred Kerr, die heute noch vielen jungen Reportern

Vorbild sind. Die Traditionen und den Glanz dieser Zeit wollte Springer aufleben lassen, als er sich für die Kochstraße entschied.

Mit dieser Vision stand Axel Springer in seiner Branche allerdings allein (erst in den 80er-Jahren zog mit der „tageszeitung" ein zweites Zeitungshaus in die Kochstraße): Die anderen großen Verleger Nachkriegsdeutschlands richten sich im beschaulichen Südwesten der Bundesrepublik, im schicken München und im großbürgerlichen Hamburg ein.

Der junge Axel Springer im Jahr 1952.

Journalisten wie Alfred Kerr (oben) oder Carl von Ossietzky arbeiteten bereits vor dem Krieg in der Kochstraße, seit den 60er-Jahren Standort des Axel-Springer-Verlages.

Den Weg nach Berlin ging also ausgerechnet ein Verleger, der nicht nur seine familiären, sondern auch seine beruflichen Wurzeln an der Elbe hatte. In Altona als Sohn des Verlegers Hinrich Springer geboren, durchlief er eine klassische Journalistenkarriere dieser Zeit: Ausbildung in der Setzerei, Druckerlehre, Volontariat in der Papierfabrik Sieler & Vogel, dann bei der „Bergedorfer Zeitung". Mit 22 Jahren war Springer Sport- und Wirtschaftsredakteur, drei Jahre später Chef vom Dienst bei den „Hamburger Neuesten Nachrichten/Altonaer Nachrichten", die 1941 nach einer Verfügung der Nationalsozialisten eingestellt werden mussten. Springer, kriegsdiensttuntauglich, blieb bis 1945 „Redakteur mit beschränkter Zulassung", hatte also praktisch Berufsverbot.

Nach dem Krieg begann Springer zuerst eine Karriere als Buchverleger. In den „Nordwestdeutschen Heften" druckte er ab 1946 die Beiträge der Radioprogramme und gründete noch Ende des Jahres die „Hörzu", den Klassiker unter den deutschen Programmheften, die in den späten 60er-Jahren zur meist gelesenen Zeitschrift Europas werden sollte. Im Oktober 1948 erschien erstmals das „Hamburger Abendblatt", mit dem Springer an die Tradition seiner Familie als Regionalverleger anknüpfte.

Auch durch den versöhnlichen Slogan „Seid nett zueinander", den Springer persönlich ersann, wurde die Zeitung zur Lieblingslektüre der Hamburger. 1950 wurde der Grundstein für das Verlagshaus an der Wilhelmstraße gelegt. Dort begann zwei Jahre später eine der größten verlegerischen Erfolgsstorys Deutschlands: Als

Springer-Verlag in Hamburg.

„gedruckte Antwort auf das Fernsehen" verkaufte die Bild-Zeitung schon ein Jahr nach ihrem Start eine Auflage von einer Million Exemplaren bundesweit. Heute lesen täglich zwölf Millionen Deutsche Bild. 1953 kaufte Springer die „Welt" und „Welt am Sonntag" aus britischen Händen und entwickelte die Blätter zu den publizistischen Flaggschiffen des Verlages; etliche Zeitschriften und Beteiligungen bildeten die zweite Säule des florierenden Geschäfts in Hamburg.

Doch Axel Caesar Springer ordnete die Liebe zu seiner Heimatstadt an der Elbe der Liebe zu seinem Vaterland unter und investierte in Berlin. Im Dezember 1959 übernahm der Verleger die Mehrheit an der Ullstein AG, einem der großen Berliner Traditionsverlage, in dem mit der B.Z. die älteste Verkaufszeitung Deutschlands (gegründet 1877) und der „Berliner Morgenpost" das journalistische Pendant zum „Hamburger Abendblatt" erschienen. Der Entschluss, in der Kochstraße neu zu bauen, den Geist des alten Zeitungs-Viertels wiederzubeleben, war im Westberlin dieser

Zeit nicht nur von wirtschaftlicher, sondern vor allem symbolischer Bedeutung. So schrieb Willy Brandt, damals Regierender Bürgermeister im Schöneberger Rathaus: „Lieber Herr Springer, ich wollte Ihnen auf diesem Wege nur ein Wort meiner persönlichen und amtlichen Freude über Ihre Pläne in Berlin sagen. Sie werden sicher nichts dagegen haben, wenn wir Sie als ein Beispiel deutscher Investitionen in Berlin bezeichnen würden."

Noch mehr Symbolkraft erhält das im Rohbau begriffene Springer-Hochhaus auf tragische Weise im Sommer 1961. In der Eröffnungsrede erinnert sich Axel Caesar Springer später: *Als wir damals ganz nahe dem geographischen Mittelpunkt der ganzen Stadt Berlin den Grundstein legten, geschah dies noch an der relativ harmlosen Sektorengrenze; wir ahnten damals lediglich, dass uns noch schwere Ereignisse bevorstanden. Eines ließ nicht lange auf sich warten, und ein echtes Erschrecken erfasste uns, als am 13. August 1961 hier unmittelbar vor unseren Augen an einem Sonntagmorgen die weltberüchtigte Mauer errichtet wurde.*

Bei der Einweihung des Hauses am 6. Oktober 1966 steht der neue Hauptsitz des Verlages, der sich die Überwindung der deutschen Teilung in die Unternehmensgrundsätze geschrieben hat, in unmittelbarer Mauernähe, ganz nah bei den Unterdrückten und den Unterdrückern. Kein schöner, kein angenehmer, aber ein wichtiger - und für den Verlag Axel Springer der richtige - Ort. *„Für mich ist Berlin, selbst das zweigeteilte Berlin, die Klammer, die noch immer die beiden Teile Deutschlands zusammenhält"*, war Springers kompromissloses Bekenntnis zu Berlin.

„Was der Pfarrer für Dienerlein hat": Spaßguerilla contra Vietnam

Auf dem vorweihnachtlichen Kurfürstendamm des Jahres 1966 mischte sich eine neue Gruppe unter die Flaneure: Demonstrierende Studenten. 2.000 junge Leute, im politischen Spektrum vom christlichen Pazifisten zum West-FDJler, waren über den Kurfürstendamm in Richtung Europa-Center gezogen. Eine Genehmigung der Polizei für diese Demonstration gab es nicht. Eine Ausweichroute, die ihnen angeboten worden war, lehnten sie ab - und zwar aus genau dem Grund, aus dem die Behörden sie vorgeschlagen hatten: Der alternative Weg hätte die erste Anti-Vietnamkrieg-Demonstration in Berlin weit weg vom Kurfürstendamm und damit von der

Aufmerksamkeit der Bevölkerung geführt. Die Studenten demonstrierten dennoch auf dem Boulevard, die Polizei löste den Protestmarsch auf - nicht gerade zimperlich.

In den nächsten Tagen änderten die Demonstranten ihre Taktik. Mal tauchten sie mit einem Transparent „Ihr Kinderlein kommet…" auf und sangen scheinheilig-naiv weiter: „zum Kudamm herkommet, Polizei macht Krawall. Ihr seht, was in dieser hochheiligen Nacht der regierende Pfarrer für Dienerlein hat." Spaßguerilla nannte man das: eher die Florettvariante der studentischen Revolution. Auf einer anderen Demonstration wurde versucht, die Polizei durch provozierende Freundlichkeit aus dem Konzept zu bringen: Die Studenten forderten hier die 35-Stunden-Woche für die Polizei, damit sie „mehr Muße für die Ehefrauen hätte, um im Liebesspiel Aggressionen zu verlieren."

Doch der Zusammenschluss der Vietnam-Kriegsgegner war alles andere als homogen. Für die einen waren Mao und General Giap die Helden, sie wollten in Berlin eine „Rote Garde" schaffen, eine Kampftruppe, die militärische Strategien der Dschungel-Guerilla auf den urbanen Urwald zwischen Kreuzberg und Halensee übertragen sollte. Von den vermeintlichen Genossen schwer vergrätzt reagierten während dieser Demonstrationen die Vertreter der West-FDJ, weil auf einem Happening während des Vietnam-Marsches nicht nur ein Bild des US-Präsidenten Johnson, sondern auch eines von Walter

Vorbilder der 68er-Generation: Mao (links) und General Giap.

Ulbricht angezündet worden war. Augenzeugenberichte aus dieser Zeit zeigen all die abstruse Selbstzerfleischung, mit der sich die später als „Achtundsechziger" in einen Topf geworfenen Spätpubertierenden gegenseitig verfolgten. Die strenge Lehre Maos stand gegen Provo-Ideologie („Spaß ist die revolutionärste Angelegenheit der Welt"). Einig waren sich die Untergruppen nur in einem: Der Feind, das war der Staat, die Gegner dessen Organe. Wie nah sie die junge Bundesrepublik damit tatsächlich an den Abgrund führen sollten, wie viele Menschen in den folgenden Jahrzehnten auf dem Bodengrund dieser Überzeugung sterben sollten, ahnte zur Adventszeit 1966 niemand.

Deutschlands erstes Sit-in saß in Dahlem

Kann man mit Sitzen die Welt verändern? Gandhi glaubte daran und veränderte die Welt. Ende der 1960er-Jahre taten es ihm immer mehr Studenten gleich, vor allem in den USA. Mit Sit-ins verschafften sie sich durch passiven Widerstand Gehör, legten sich so gewaltlos mit Strukturen oder Lehrern an, die so im Wortsinne nicht mehr an den Protestierenden vorbeikamen. Erstes Sit-in in Deutschland: im März 1966 an der Freien Universität in Dahlem.

Demonstrationen gegen den Vietnamkrieg 1966. Bei der Auflösung ging die Polizei rabiat mit den Demonstranten um.

Der Schah, die Polizei und der Schuss

Im Mai 1967 bereitet sich Berlin auf den Besuch von Reza Pahlavi vor, des Schahs von Persien. Dessen Hochzeit mit seiner zweiten Frau Soraya, vor allem aber die Auflösung der Ehe wegen Kinderlosigkeit, waren *der* Klatschheft-Roman der 50er-Jahre. Und er wurde fortgesetzt, als der Schah anschließend die nicht minder aparte Farah Diba heiratete - das exotische Traumpaar des Illustrierten-Boulevards. Natürlich waren die Berliner neugierig darauf, diese Leute aus nächster Nähe zu sehen.

Schon seit Wochen waren auch die Berliner Studenten auf den Besuch fokussiert. Einen Tag vor dem Eintreffen des Staatsgastes berichtete der Exilperser Bahman Nirumand im voll besetzten Audimax der Freien Universität über die undemokratischen Zustände in seiner Heimat, alles andere als Geschichten aus Tausendundeiner Nacht. Einer der jungen Männer, die seinen Worten fas-

Der Schah Mohammed Reza Pahlavi mit seiner Frau Farah während des turbulenten Besuchs in Berlin.

sungslos lauschten: Benno Ohnesorg, ein 27-jähriger FU-Student, gebürtig aus Hannover.

Schon bei der Ankunft Pahlavis am Schöneberger Rathaus, wo er sich ins Goldene Buch der Stadt Berlin eintragen sollte, kam es zu ersten Zusammenstößen. 400 Demonstranten warteten vor dem Gebäude: „Mörder! Mörder!". Die Lage eskalierte, als etwa 100 Schah-Anhänger („Jubelperser"), von der Polizei offensichtlich bewusst in erster Reihe platziert, plötzlich zum Angriff übergingen. Mit Holzlatten, Rohren und Metallstöcken prügelten sie auf die Demonstranten ein. Viele wurden schwer verletzt - die Berliner Polizei griff auch nach mehr als einer halben Stunde nicht ein. Weil aber unter anderem der RIAS live berichtete, machte die Nachricht von den Vorkommnissen am Rathaus in Studentenkreisen schnell die Runde.

Als gegen 20 Uhr Pahlavi und seine Frau in Begleitung von Bundespräsident Heinrich Lübke vor der Deutschen Oper eintrafen, wurden sie von mehreren Tausend Demonstranten mit Sprüchen wie „Schah, Schah, Scharlatan" und „Schah-SA-SS" erwartet. Einige Demonstranten warfen mit Eiern, Mehl und Tomaten, verfehlten ihre Ziele allerdings.

Beim Betreten der Oper kam es zu einem verhängnisvollen Missverständnis. Berlins

Der sterbende Benno Ohnesorg nach dem Schuss des Berliner Polizisten Kurras im Arm einer Passantin.

Vom Jubel- zum Prügelperser: Schah-Anhänger schlagen auf Demonstranten ein.

Regierender Bürgermeister Heinrich Albertz (SPD) flüsterte einem Einsatzleiter zu: „Ich hoffe, dass sich dieses Schauspiel bei der Abfahrt nicht wiederholt." In seinen Erinnerungen „Blumen für Stukenbrock" vermutet Albertz, dass dies als Aufforderung zur Räumung verstanden worden war. Wieder aber waren es die Schah-Anhänger, die gewalttätig wurden: Sie prügelten erneut auf die Demonstranten ein, ohne dass die Polizei eingriff.

Was im Folgenden geschah, ist bis heute nicht endgültig geklärt. Einige Augenzeugen berichten, die Polizei hätte in einem Kessel gezielt auf die Demonstranten eingeschlagen. Auch der Student Ohnesorg war mitten im Geschehen. In einem Hinterhof der Krummen Straße kam es zur Konfrontation mit der Polizei. Mehrere Beamte berichteten später, Ohnesorg habe sie bedroht. Augenzeugen aber berichteten, dass der Student schwer misshandelt wurde. Fakt ist: Um 20.30 Uhr fällt ein Schuss, Ohnesorg bricht tödlich verletzt zusammen. Erst um 20.50 Uhr trifft ein Rettungswagen ein. Benno Ohnesorg stirbt noch auf dem Weg in die Klinik. Als Todesursache wurde am nächsten Tag ein „Gehirnsteckschuss" festgestellt. Der Polizist, der Ohnesorg erschossen hatte, blieb im Dienst. Zwar stellte ein Gericht später fest, die Tötung sei eindeutig rechtswidrig gewesen, allerdings sei nicht widerlegbar, dass sich der Beamte in einer lebensbedrohlichen Situation geglaubt hatte.

„Wer zweimal mit der gleichen pennt, gehört schon zum Establishment!"

M itte 1967 fing es an: Kaum ein Monat verging, ohne dass die Berliner in der Zeitung von einer neuen „Aktion" der „Kommune 1" erfuhren. Mal kletterten die Mitglieder dieser obskuren „Wohngemeinschaft" auf die Gedächtniskirche und warfen „Mao-Bibeln" hinab. Mal planten sie - weniger harmlos - einen fingierten Anschlag auf den amerikanischen Vizepräsidenten Humphrey oder forderten in Flugblättern tatsächlichzur Brandstiftung in Kaufhäusern auf. Die Kommune 1 war eine der vielen Kreationen der Studentenbewegung der 1960er-Jahre. Sie verstand sich nicht nur als akademische Miliz im Kampf gegen den demokratischen Staat und seine Institutionen. Sondern, mehr noch, als Avantgarde im Feldzug gegen die Lebensformen der bürgerlichen Gesellschaft schlechthin. Mit Dieter Kunzelmann und Rainer Langhans als führenden Köpfen zogen neun Männer und Frauen und ein Kind gemeinsam in die Wohnung des Schriftstellers Uwe Johnson in Friedenau ein. Johnson weilte

im Ausland. Die Kommune 1 machte sich gleich daran, den Gegenentwurf zur bürgerlichen Familie zu verwirklichen: Freie Liebe und allgemeines Chaos im alltäglichen Leben waren Programm, Arbeit und Leistung verpönt. Besitzansprüche, auf Partner oder Gegenstände, galten als „kriminell". Alles war Akt der Revolution: „Wer zweimal mit der gleichen pennt, gehört schon zum Establishment" texteten die Kommunarden. Die bürgerliche Familie und deren autoritäre Strukturen hatten sie als Keimzelle des Faschismus ausgemacht - und mit ihrer Zerstörung wollten sie die Grundlage einer neuen Gesellschaftsordnung schaffen - welcher, das wusste keiner von ihnen zu benennen. Dieter Kunzelmann übernahm zusammen mit Fritz Teufel die Führungsrolle in der WG und verlangte von allen Bewohnern der Kommune nicht nur den Verzicht auf finanzielle Sicherheiten, sondern auch die vollkommene Aufgabe der Privatsphäre. Die Kommunarden bewegten sich gern nackt durch ihr zuhause, schliefen gemeinsam auf Matratzen am Boden und hängten die Klotüren aus. Alles sollte allen und jedem in der Kommune 1 gehören. Aber auf Dauer genügte den

Kommunarden ihre antifaschistische Selbstentfaltung nicht. Sie wollten die bürgerliche Welt außerhalb ihres Refugiums in Unordnung bringen. Und deshalb organisierten sie schon bald die ersten „provokativen Demonstrationen" in der Öffentlichkeit. Diese „Aktionen" machten die Kommune 1 berühmt. Die Presse kam. „Erst blechen, dann sprechen" stand auf einem Schild in der Wohnung - und die Kommunarden ließ sich ihre Interviews und Fotos gut bezahlen - auch das legendäre Foto mit ihren nackten Popos (unten). Sie wurden aber nicht nur prominent, sie gerieten auch schnell in Schwierigkeiten: Zahlreiche WG-Mitglieder wurden wegen der Teilnahme an der Planung des Anschlags auf Humphrey vorübergehend festgenommen. Nicht nur die konservativ-bürgerliche Welt hatten die Kommunarden gegen sich aufgebracht. Auch in den Reihen der linken Studentengruppierungen stieß die Kommune 1 auf wenig Begeisterung. Ihre politischen Ziele, so warf man ihnen vor, seien vollkommen unklar, und letztlich lebten sie nur ihren Egoismus aus.

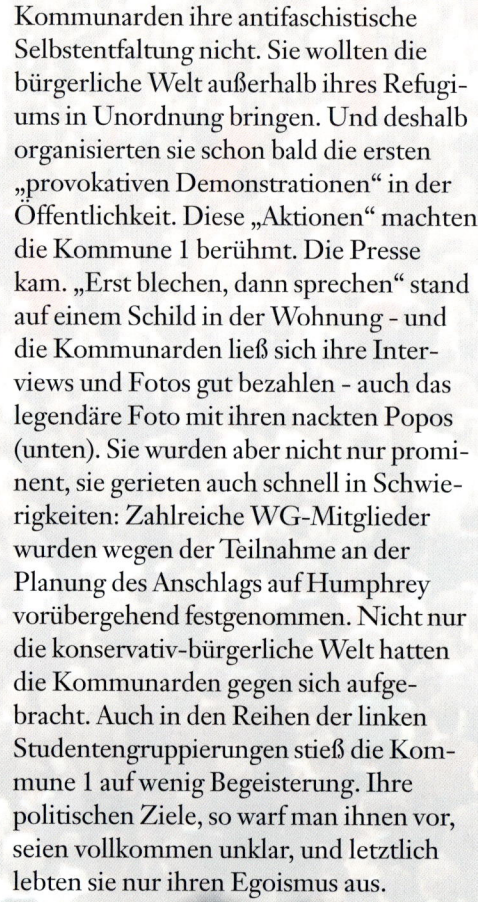

Opas Revolution und kein Ende: Dieter Kunzelmann 1993 im Polizeigriff. Der Ex-Oberkommunarde hatte am Potsdamer Platz den Wagen des Regierenden Bürgermeisters Eberhard Diepgen attackiert.

Blieb seiner Rolle als Polit-Clown über das Ende der Kommune 1 treu: Fritz Teufel mit Wasserpistole 1982 in der Talkshow „III nach Neun" - im nächsten Augenblick bespritzt er Bundesfinanzminister Hans Werner Matthöfer mit blauer Farbe.

Trotzdem spürte die Kommune 1 noch einmal Aufwind, als Rainer Langhans und Uschi Obermaier alle Details ihrer Beziehung vermarkteten - für damalige Verhältnisse war das ein unfassbarer Skandal. Obermaier (unten rechts) war schön, jung und lebenslustig. Politisch interessiert war sie nicht. Aber das spielte zu diesem Zeitpunkt in der Kommune auch kaum noch eine Rolle. Die revolutionären Gedanken der Anfangszeit gingen endgültig unter in „Sex and Drugs and Rock'n'Roll". 1969 löste sich die WG auf. Was blieb, war ihr Mythos, die Regeln der bürgerlichen Gesellschaft gründlich auf den Kopf gestellt zu haben.

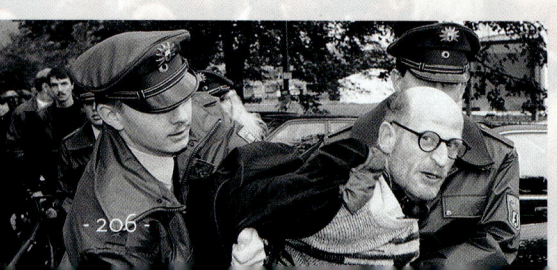

Rudi Dutschke

Dutschkes Fahrrad nach dem Anschlag durch Josef Bachmann.

Drei Schüsse und die Brandstifter

schluckt hatte, wurde festgenommen und ebenfalls von Ärzten gerettet.

Der Sozialistische Deutsche Studentenbund (SDS) rief kurz nach dem Attentat zu einer Versammlung in die Technische Universität (TU) auf. Dort gab der SDS-Funktionär Bernd Rabehl der ohnmächtigen Wut der Studenten über den Mordversuch eine Stoßrichtung. Er verwarf Vorschläge, den Verkehr zu blockieren oder das Rathaus Schöneberg zu besetzen und schlug vor, spontan und massenhaft zum Verlagshaus Axel Springer in der Kreuzberger Kochstraße zu marschieren. Bei Springer erschienen BILD-Zeitung und B.Z. Beide Tageszeitungen hatten die Studenten-Aktivitäten wiederholt äußerst kritisch und polemisch beleuchtet. Nun erklärte der SDS insbesondere die BILD zur „geistigen Brandstifterin" und konstruierte einen Zusammenhang zwischen ihrer Berichterstattung und dem Mordversuch auf Dutschke.

In der TU rief Rabehl in die aufgebrachte Menge: „Das Springer-Haus ist jetzt schon mit Stacheldraht umgeben. Springer erwartet also unseren Angriff. Was wird uns dort erwarten? Wir werden auf Polizeiketten stoßen. Die Polizei wird sich aber heute zurückhalten, weil sie ein sehr schlechtes Gewissen hat." Jetzt erreichte die Erregung ihren Höhepunkt: Von der TU aus marschierten die Studenten nach Kreuzberg, in breiten Reihen, untergehakt, rote Fahnen schwenkend und skandierten „Springer-Mörder", „Springer raus aus West-Berlin" und „BILD hat mitgeschossen! "In der Kochstraße versuchte die Polizei, den Demonstrationszug mit Wasserwerfern aufzuhalten. Dabei gelang es einigen Studenten, auf einen Wasserwerfer zu klettern, die Wasserkanone umzudrehen und gegen eine Polizeikette zu richten. Im Haupteingang des Springer-Verlagshauses hatten sich Drucker und Setzer aus der angrenzenden Druckerei versammelt und hinderten Demonstranten daran, das Verlagsgebäude zu stürmen. Noch Jahre später berichteten sie stolz von dieser „Abwehrschlacht".

Unterdessen waren gegenüber dem Haupteingang einige Fahrzeuge des Verlags-Fuhrparks in Flammen aufgegangen. Hier brannten Lieferwagen (unten), die auch am nächsten Morgen wieder die BILD-Zeitung ausliefern sollten. Die SDS-Parole des Tages, die geheißen hatte: „Heute darf keine Springer-Zeitung die Druckerei verlassen", war buchstäblich in die Tat umgesetzt worden. Dieser 11. April hatte Deutschland verändert. Zum ersten Mal seit 1945 war es zu einem gewalttätigen Angriff auf die Presse gekommen. Die Fronten verhärteten sich und

Vietnamkriegs-Demo, 18. Februar 1968: Rudi Dutschke (Zweiter von rechts) in vorderster Reihe.

Morgens um halb zehn, 11. April 1968, Bahnhof Zoo. Dem „Interzonenzug" aus München entsteigt der Hilfsarbeiter Josef Bachmann und macht sich auf die Suche nach dem Wohnhaus des populären Berliner Studentenführers Rudi Dutschke (1940-1979). Am Ende dieses Tages liegt Dutschke schwer verletzt auf der Intensivstation, Bachmann sitzt in Untersuchungshaft und die deutsche Nachkriegsgeschichte hat eine entscheidende Wendung genommen.

Josef Bachmann (rechts) war mit einer geladenen Pistole und einer Ausgabe der rechtsradikalen „Deutschen Nationalzeitung" nach Berlin gekommen, die unter der Überschrift „Stoppt Dutschke jetzt" Fotos des Studentenführers veröffentlicht hatte. Um 16.35 Uhr hatte Bachmann sein Ziel erreicht: Er lauerte Dutschke auf, als der sein Wohnhaus am Kurfürstendamm 140 verließ, um in einer nahe gelegenen Apotheke eine Medizin für seinen kleinen Sohn zu kaufen, schoss dreimal aus nächster Nähe und traf ihn an Wange, Hinterkopf und Schulter. Dutschke überlebte knapp nach einer Notoperation im Klinikum Westend. Der Attentäter, der sich in einem nahe gelegenen Keller versteckt und eilig eine Überdosis Schlaftabletten ge-

AXEL SPRINGER VERLAG WELT

die Studentenrevolte radikalisierte sich angesichts ihres ersten großen Märtyrers: Rudi Dutschke, der elf Jahre später an den Folgen seiner Verletzungen verstarb. 36 Jahre nach dem Marsch auf den Springer-Verlag kam es zu einer neuen Kampagne in der Kochstraße: Die Berliner Tageszeitung „taz" hatte angeregt, einen Teil der Straße nach Rudi Dutschke zu benennen. Beispielgebend ging die taz voran und benannte ihr eigenes Verlagshaus nach dem verstorbenen Studentenführer. Das Bezirksparlament Kreuzberg-Friedrichshain beschloss schließlich die Umbenennung, gegen die sich nun ein Bürgerbündnis unter Führung der lokalen CDU wehrte. Dieser Widerstand scheiterte im Januar 2007, als sich in einem Volksentscheid 57 Prozent der abstimmenden Anwohner für die Umbenennung der Kochstraße in Dutschke-Straße aussprachen. Seit 17. April 2008 ist das Votum rechtskräftig: Das Oberverwaltungsgericht Berlin-Brandenburg bestätigte den neuen Straßennamen.

11. April 2008: Am 40. Jahrestag des Anschlags auf Rudi Dutschke legen Radfahrer ihre Zweiräder und Blumen an der Stelle nieder, wo Josef Bachmann auf den Studentenführer schoss.

Vom Sit-in bis zur RAF

APO steht als Kürzel für „Außerparlamentarische Opposition". Zur „APO" zugehörig fühlten sich in den 60er-Jahren politische Organisationen, die ausdrücklich außerhalb der politischen Parteien und der Parlamente agieren wollten. Christliche, pazifistische und sozialistische Gruppen hatten sich seit 1963 in der „Kampagne für Abrüstung - Ostermarsch der Atomwaffengegner" zusammengeschlossen. Zu Großdemonstrationen dieser Art versammelten sich Ostern 1965 in ganz Deutschland insgesamt 130.000 Menschen. Die Vorstände von SPD und DGB lehnten, ebenso wie die damaligen Regierungsparteien CDU/CSU und FDP, die Ostermarsch-Bewegung als kommunistisch gesteuert oder unterwandert ab. Der Sozialistische Deutsche Studentenbund (SDS), eine Studentenorganisation, von der sich die SPD getrennt hatte, wurde nun zur tragenden Säule der nur locker organisierten APO. Der SDS entwickelte sich in seiner Hochburg Westberlin schnell zu einer straff organisierten Studententruppe, die sich ganz neuer Protestformen bediente, bis dahin nur aus den USA bekannt: Mit „go-ins", „sit-ins" und „teach-ins" wurden Lehrveranstaltungen und Sitzungen akademischer Gremien systematisch „blockiert", „gesprengt" oder zu Protestforen „umfunktioniert". Die SDS-Funktionäre, die sich ideologisch gern auf Karl Marx und Sigmund Freud beriefen, forderten die Auflösung aller hierarchischen Strukturen an den Universitäten und bald auch den „Umbau" der ganzen Gesellschaft in „herrschaftsfreie Strukturen". Außenpolitisch solidarisierte sich die APO mit den vietnamesischen und chinesischen Kommunisten (die blutige Kulturrevolution Maos eingeschlossen) und rief zum Kampf gegen die Zeitungen des Verlagshauses Axel Springer und die regierende Große Koalition unter Bundeskanzler Kurt Georg Kiesinger auf. Der SDS spaltete sich 1968 in verschiedene politische Gruppierungen auf. Aus der APO gingen später sowohl die Friedensbewegung und die Partei der „Grünen" als auch die linksextremistische Terror-Organisation RAF hervor.

Götz Aly: „Unser Kampf 1968 - ein irritierter Blick zurück"
S. Fischer 2008, ISBN 978-3-10-000421-5

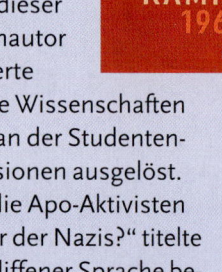

War die „Bewegung" von 1968 ein speziell deutscher Spätausläufer des totalitären 20. Jahrhunderts? Waren die revolutionären Kinder der „Dreiunddreißiger-Generation" ihren Vätern „auf elende Weise" ähnlich? Mit dieser Frage provoziert der Journalist und Buchautor Götz Aly in seinem Rückblick. Aly studierte Ende der 60er-Jahre an der FU Politische Wissenschaften und Geschichte; er beteiligte sich aktiv an der Studentenrevolte. Seine Bilanz hat heftige Diskussionen ausgelöst. „Dutschke, Goebbels und Co. - Waren die Apo-Aktivisten romantische Helden oder Wiedergänger der Nazis?" titelte der SPIEGEL im Februar 2008. In geschliffener Sprache betritt Aly den APO-Olymp: Ob er dort Demaskierung oder Majestätsbeleidigung betreibt, mag der Leser entscheiden.

Retrospektiven auf die APO

Peter Schneider: „Rebellion und Wahn. Mein 68"
Kiepenheuer & Witsch 2008, ISBN 978-3-462-03976-4

Aufgewachsen im beschaulichen Freiburg, entfloh Peter Schneider der Provinz-Idylle in das geteilte Berlin, als der „Muff von 1.000 Jahren unter den Talaren" widerborstige Studenten noch nicht zu Fakultätsbesetzungen trieb. Später sollte Schneider zum Wortführer der APO aufsteigen. Und: Als einer der ganz Wenigen schrieb Schneider Tagebuch, das er nun als literarische Biografie vorgelegt hat. Wo sein Widerpart Götz Aly seziert, bemüht sich Schneider um eine - gelegentlich ermüdende - Bilanz nicht nur des Absturzes

einer „historisch notwendigen Erneuerungsbewegung", sondern auch seines (Innen-)Lebens jener Jahre. Schneider schrieb Erzählungen, Essays und Drehbücher; er lehrt als Gastautor an amerikanischen Universitäten. Fazit „seines 68": Nicht diejenigen, die den Aufbruch wagten, haben sich zu rechtfertigen.

Vision für die Region: Hightech, Verantwortung, Humanität

Sechs Mitarbeiter, vier betagte Lastwagen und eine Idee: Mit diesem Kapital startet ein junger Diplom-Bauingenieur in die Selbstständigkeit. Am 1. August 1968 übernimmt Franz-Josef Schweitzer ein marodes Unternehmen; er hat die Chancen des damals noch jungen Recycling-Marktes erkannt. Vier Jahrzehnte später hat Schweitzers Vision längst einen Namen, der sich in Berlin nicht nur in Dienstleistungen manifestiert, sondern gerade auch in hohem Engagement für die Region und ihre Menschen: ALBA. Die europaweit aufgestellte Gruppe mit 110 Unternehmen, 7.000 Mitarbeitern und einem Gesamtumsatz von rund einer Milliarde Euro zählt heute zu den führenden Unternehmen der Entsorgungs- und Recyclingbranche.

Entsorgung heißt dabei für ALBA nicht nur, Abfall abzutransportieren. Auch die Gestaltung neuer Ideen für Mensch und Umwelt spielt eine große Rolle. So hat das Unternehmen bereits 1973 die Wertstofftrennung in farbigen Tonnen als „Berliner Modell" eingeführt. Und von Berlin aus machte dieses Modell nach der Wiedervereinigung seinen Siegeszug durch ganz Deutschland. Doch die eigentliche Entsorgung ist nur eine kleine Facette dessen, was ALBA ausmacht. Die Berliner Unternehmensgruppe bietet mittlerweile eine breite Palette an Dienstleistungen an. So zum Beispiel Wertstoffmanagement oder auch Facility Management: Dazu gehört das Energiespar-Contracting für das Unfallkrankenhaus Berlin genauso wie das elektronisch gesteuerte Ver- und Entsorgungssystem für das Daimler-Areal am Potsdamer Platz. Gleichzeitig investiert das Berliner Traditionsunternehmen in technische Innovationen, wie modernste Sortieranlagen für Leichtverpackungen oder Behandlungsanlagen für Hausmüll. So sorgen langjährige Erfahrung und Know-how dafür, dass ALBA zukunftsfähig bleibt.

Bei all dem ist das Unternehmen stets seinen Wurzeln treu geblieben - Berlin. Das zeigt sich nicht nur im Sponsorship des legendären, gleichnamigen Basketball-Teams. Auch für die Unterstützung krebskranker Kinder macht sich ALBA stark. Alljährlich veranstaltet das Unter-

www.alba.info

nehmen eine Benefizgala zugunsten von KINDerLEBEN, dem Verein zur Förderung der Tagesklinik für krebskranke Kinder e.V. Berlin. Einen besonderen Höhepunkt bot 2008 die inzwischen achte Gala, bei der eine Gesamtspendensumme von 1,3 Millionen Euro erreicht wurde. Die Zukunft der Berliner Jugend liegt dem Unternehmen ebenfalls sehr am Herzen. So bietet ALBA zur Förderung junger Berufsanfänger eine Verbundausbildung im ALBA-Schulungszentrum für Berlin und Brandenburg mit der Möglichkeit eines anschießenden BA-Studiums ebenso an wie Praktikaplätze für benachteiligte Jugendliche im Rahmen des Modellprojektes *JobInn*. Außerdem ist ALBA Partner der Ernst-Haeckel-Oberschule in Marzahn-Hellersdorf. Diese Zusammenarbeit beinhaltet zum Beispiel die Unterstützung der Schule bei der Umwelterziehung, Vorträge und Work-

shops von Unternehmensvertretern, Betriebsführungen für Schülergruppen und das Angebot von Schülerpraktika. 40 Jahre ALBA - das sind 40 Jahre Engagement für die Umwelt - und für Berlin. Aus der Vision des Firmengründers Franz-Josef Schweitzer ist, fortgeführt durch seine Söhne Eric und Axel, ein Unternehmen entstanden, das Erfolg mit Verantwortung und Werten verbindet: Ein Modell für die Zukunft.

Wo der Sozialismus wirklich Spitze war ...

So etwas Großes hatten selbst die in Westberlin nicht hinbekommen! Als der Ostberliner Fernsehturm am 3. Oktober 1969 in Betrieb genommen wurde, war er mit 368 Metern das höchste Gebäude Deutschlands (und ist es immer noch). Sogar in Europa nimmt er die Spitzenposition Nummer vier ein.

Dabei hatte die Planungsgeschichte für den Ostberliner Fernsehturm eher peinlich begonnen, ein bisschen typisch für die DDR. Schon in den 50er-Jahren war mit dem Bau begonnen worden, allerdings nicht am Alexanderplatz, sondern in den Müggelbergen. Erst, als der Stumpf bereits fertiggestellt war, bemerkten die Experten, dass der Turm eine Gefahr für die in Schönefeld an- und abfliegenden Flugzeuge darstellen würde. Die Bauarbeiten wurden eingestellt.

Gute zehn Jahre später war es der erste Sekretär des Zentralkomitees der SED, Walter Ulbricht, der die Errichtung eines Fernsehturms in der Mitte von Ost-Berlin vorantrieb - an der zentralsten Stelle der Stadt. 1964 befreite die Abrissbirne das Areal vor dem Alexanderplatz weitgehend von störender Bebauung: Nur die Marienkirche und das Rote Rathaus blieben stehen. Dass auch noch der Straßengrundriss der Berliner Altstadt aus dem Mittelalter zerstört wurde, focht die Planer nicht an. Noch im ersten Baujahr 1965 verlor Gerhard Kosel, Chef der Deutschen Bauakademie, die Hauptverantwortung für die Riesenbaustelle, weil die Baukosten explodiert waren. 200 Millionen Ost-Mark kostete der Fernsehturm schließlich - sechsmal mehr als ursprünglich kalkuliert.

Das, was die Arbeiter am Alex errichteten, war ja auch gigantisch in jeder Hinsicht: 26.000 Tonnen wiegt allein der Betonschaft, der den Turm hält, 245 Tonnen die Antennenspitze und 4.800 Ton-

Weltmeisterschaft 2006: Der Fernsehturm als Fußball verkleidet.

Stark vereinfacht zeigt sich das Bauwerk auf einer Briefmarke.

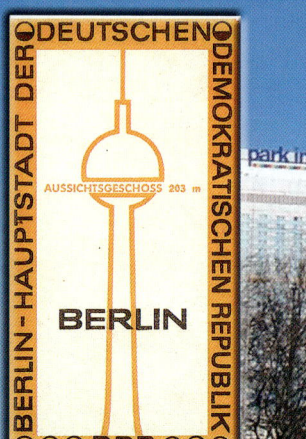

nen die Kugel. Die sollte im WM-Jahr 2006 zur größten Werbefläche der Stadt werden. Als magenta-silberfarbener Ball kündete sie den Ruhm des neuen Turmbesitzers, der Deutschen Telekom.

Die „Rache des Papstes" und andere Legenden

Mit dem lieben Gott hatte die SED nicht viel am Hut. Dementsprechend schockiert zeigte sich die Staatsführung (und belustigt das Volk), als nach der Errichtung der Fernsehturm-Kugel zu entdecken war, dass die Blechprismen die Sonne die Form eines riesigen Kreuzes (unten) reflektierten. „Die Rache des Papstes", spotteten die Berliner. Ungesichert, aber nicht ganz undenkbar, ist die Legende, dass die SED versucht hat, das Kreuz mit geschickt positionierten Reflektionsspiegeln wegzublenden. Ganz bestimmt aber Unsinn ist die von Fremdenführern gern erzählte Geschichte, dass die Berliner den Fernsehturm „Tele-

spargel" nennen. Diesen Begriff wollte die DDR-Führung noch unter Walter Ulbricht einführen, um zu simulieren, dass ihr Prachtbau von der Bevölkerung mit großer Sympathie angenommen worden war. Funktionierte nicht. Stattdessen nannten die Ostberliner der Fernsehturm nach Walter Ulbrichts Tod einige Jahre lang „Ulbrichts Gedächtniskirche".

So besangen die Jungen Pioniere die Schönheit des Fernsehturms

Viel gab´s nicht in der DDR, aber dafür wurde zu jedem Anlass gesungen. Am liebsten im Chor, am liebsten Erbauungs-Lieder. Hier die zweite Strophe des Fernsehturmliedes der „Jungen Pioniere":

Der Fernsehturm ist groß und schlank,
groß und schlank, groß und schlank
und hat ein Bäuchlein blitzeblank,
Bäuchlein blitzblank, Bäuchlein blitzblank.
Da ist kein Magen drin, nee, nee, sondern ein
Fernsehturmcafé.
Groß und schlank, blitzblank, Fernsehturmcafé.

Mauer im Himmel - Beton contra Nachrichten

R und drei Meter und 75 Zentimeter hoch war das Beton-Ungetüm, hinter dem Walter Ulbricht und seine SED-Genossen im August 1961 ihr Volk einsperrten und somit Berlin teilten. Hoch genug, um die meisten tragischen Fluchtversuche zu verhindern. Aber nicht hoch genug, um vor den Blicken der Menschen in der DDR zu verbergen, dass es hinter dem steinernen Horizont doch weiter geht. Schon 1959 - also zwei Jahre vor dem Mauerbau - hatte der Verleger Axel Springer begonnen, ein Hochhaus für seine Berliner Redaktionen in der Kochstraße zu errichten. 1966 eröffnet, lag es direkt an der Berliner Grenze - und war den Machthabern im Osten von Anfang an ein Dorn im Auge. Und das hatte Springer durchaus so gewollt. Als „einen Schrei gegen den Wind" bezeichnete der Verleger das Haus. Und der Blick aus den 19 Stockwerken bot den Journalisten des Verlages, der sich die Aufhebung der Teilung Deutschlands sogar in

die Unternehmensziele geschrieben hatte, eine fantastische Übersicht in die Straßen des unfreien Teils der Stadt. Immer wieder Springer zugeschrieben wird auch das Laufschriftband in der Kochstraße, auf dem aktuelle Nachrichten auch den Himmel über Ostberlin erreichten. Das Info-System war aber nicht am Springer-Hochhaus installiert, sondern auf dem GSW-Gebäude. Das Schriftband betrieb der Senat; unter anderem verantwortete dessen Sprecher Egon Bahr die Inhalte.

1969 begann die SED-Führung mit der architektonischen Gegenattacke auf Springer und sein trotziges Hochhaus. Unter der Leitung der Kollektive Näther und Straßenmeier begann die Neu-Bebauung links und rechts der Leipziger Straße, wobei die noch spärlich vorhandene Altbausubstanz vollständig verschwand. Eine Kernfunktion kam den vier 22- bis 25-stöckigen Häusern auf der Südseite der Leipziger Straße zu: Sie wurden so hoch gebaut, um das Springerhaus möglichst komplett zu verdecken, was schließlich auch gelang (Bild oben, das Springer-Haus im Hintergrund). Die Bewohner der Häuser (die übrigens nicht in der üblichen Plattenbauweise, sondern als Stahlbeton-Skelett um einen inneren Gleitbaukern errichtet wurden) hatte die SED natürlich handverlesen - schließlich mussten sie ja den moralischen Verlockungen des Blickes auf den Klassenfeind standhalten. Und den unzensierten Nachrichten auf dem Himmel über Ostberlin.

Ein Palast für die Pioniere

Mädchen der Jungen Pioniere bei einer Tanzvorführung.

Innenansicht vom Pionierpalast.

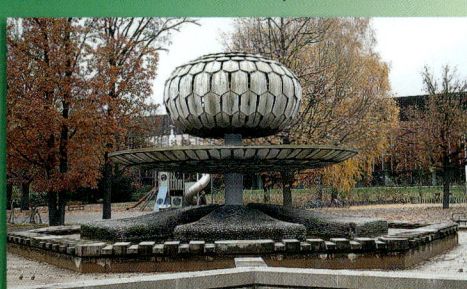

Brunnen und Spielplatz des FEZ.

„Für Frieden und Sozialismus: Seid bereit!", das war der Gruß der Jungen- und der Thälmann-Pioniere, und nicht wenige Ostberliner erinnerte die Jugendorganisation an die Hitler-Jugend während der Nazi-Herrschaft.

Im Dezember 1948 gegründet, galt die Mitgliedschaft formal als freiwillig, aus Sicht des Staates aber doch als selbstverständlich. So selbstverständlich, dass die Eltern der Schüler selbst aktiv werden mussten, wenn die Kinder *nicht* Mitglied der Pioniere werden sollten. Wer das tat, hatte allerdings mit Nachteilen in der Schule und schlimmstenfalls sogar mit Ausbildungsboykotten zu rechnen.

Für die Kinder bedeutete die Zwangsgemeinschaft dennoch häufig ein Vergnügen. Sie genossen auf Ferienfahrten und in Freizeiten die Abwechslungen vom tristen Alltag, mit denen der Staat seinen linientreuen Nachwuchs verwöhnte.

Schon seit 1951 bot der Pionierpark in der Wuhlheide ein anspruchsvolles Freizeitprogramm: mit einer Freiluftbühne, der bekannten Pionier-Eisenbahn und später sogar mit dem „Kosmonauten-Trainingszentrum", in dem die Kinder Raumflüge nachspielen konnten. 1979 wurde der Park mit dem „Pionierpalast Berlin" gekrönt - ein 13.000 Quadratmeter großes Veranstaltungszentrum mit Tagungssälen, Theaterbühnen, Restaurant, Sporthalle und Schwimmbad.

Auch heute noch spielen hier Kinder: Das „Freizeit- und Erholungszentrum" (FEZ) ist Berlins größter Spielplatz - ideologiefrei.

Skandal erschüttert die Bundesliga

Die Fußball-Bundesliga-Saison 1970/71 endete mit dem Titel-Triumph für Borussia Mönchengladbach vor Bayern München und Hertha BSC. Doch feiern wollte in Berlin niemand: 24 Stunden nach dem letzten Spieltag platzte eine Bombe: Der Bundesliga-Skandal erschütterte die höchste deutsche Spielklasse in ihren Grundfesten. Alles hatte am Nachmittag des 6. Juni 1971 begonnen, als Horst-Gregorio Canellas, Vereinspräsident von Absteiger Kickers Offenbach, auf einer Gartenparty ein Tonbandgerät startete. Die Gäste, darunter Bundestrainer Helmut Schön und viele Journalisten, hörten die Stimmen bekannter Ligaprofis, die mit dem Kickers-Boss „verhandelt" hatten. Die Gespräche bewiesen: Im Abstiegskampf waren Spiele verkauft worden. Einzelne Profis hatten bewusst unter Form gespielt und dafür bei den Abstiegskandidaten Offenbach, Bielefeld und Oberhausen kassiert.

Horst-Gregorio Canellas (Mitte) spielt bei einer Pressekonferenz die Tonbänder ab.

Umfangreiche Ermittlungen des DFB-Gerichts legten einen riesigen Bestechungssumpf trocken. In den Skandal verwickelt: 52 Spieler, zwei Trainer und sechs Funktionäre - im Kreuzfeuer der Ermittlungen auch Spieler von Hertha BSC. Canellas Tonbänder belegten ein Telefongespräch, das er mit Bernd Patzke geführt hatte. Der Offenbach-Manager hatte dem Hertha-Star ein unmoralisches Angebot unterbreitet: „Ihr bekommt 140.000 Mark Siegprämie, wenn Hertha gegen Bielefeld gewinnt." Patzke zeigte Interesse, denn es war ja nicht verboten, für einen Sieg belohnt zu werden. Im Gegenzug plauderte der Herthaner jedoch aus, dass Bielefeld 250.000 Mark für eine Hertha-Niederlage geboten hatte. Das Ergebnis: Am letzten Spieltag verlor Hertha gegen Bielefeld 0:1 (oben).

Der geprellte Canellas beschloss am Tag darauf, seinem 50. Geburtstag, die explosiven Tonbänder zu veröffentlichen. Herthas Spieler bestritten Manipulationen vehement, doch das DFB-Gericht verurteilte sie. 15 Herthaner erhielten Geldstrafen von bis zu 15.000 DM und mehrjährige Sperren. Der Verein hatte Glück und behielt wie Schalke, Stuttgart, Duisburg und Braunschweig seine Lizenz. Nur Bielefeld und Offenbach flogen aus der Liga. Viele munkelten, der DFB ließ Gnade vor Recht ergehen, um einen noch größeren Skandal vor der WM 1974 im eigenen Land zu vermeiden. 1,3 Millionen DM Bestechungsgeld und 700.000 DM Schweigegeld (für Mitwisser) sollen 1971 insgesamt geflossen sein. Einzelne Spieler erhielten für ein verkauftes Spiel nicht mehr als 2.400 DM. Am schwersten wog der moralische Schaden. Hertha BSC musste jahrzehntelang gegen das Image eines „Skandal-Vereins" kämpfen. Canellas' Karriere war nach dem Eklat vorbei. Nur noch einmal stand der Fußball-Funktionär im Rampenlicht: im Oktober 1977 als Passagier der von Terroristen entführten Lufthansa-Maschine „Landshut".

68.000 Euro und ein Plasmafernseher für manipulierte Spiele

„Elf Freunde müsst ihr sein, um Siege zu erringen" - ein frommer Wunsch des Berliner Fußball-Lehrers Richard Girulatis (1878-1963), doch Geld hat den Fußball verändert. Der „Fall Hoyzer" offenbarte Anfang 2005 die Schattenseiten des Geschäfts. Nicht Spieler und Funktionäre sorgten für einen Skandal wie 1971, sondern Drahtzieher betrügerischer Sportwetten und die Verführbarkeit junger Schiedsrichter. Schlüsselfigur: der 1979 in Spandau geborene Robert Hoyzer. Schon Hoyzers Vater war Schiedsrichter. Robert wollte es eigentlich als Profi-Fußballer schaffen, doch sein Talent reichte nicht. Er begann als Schiri bei Hertha BSC, zeigte sich ehrgeizig und leitete seine Partien leidenschaftlich und fehlerlos. Zwölf Zweitliga-Spiele hatte der lebenshungrige Fachabiturient geleitet auf dem Weg in die Schiedsrichter-Elite - dann folgte der bittere Absturz.

Zum Verhängnis wurden Hoyzer die Machenschaften des passionierten Zockers Ante Sapina und seiner Brüder aus dem „Café King" in der Rankestraße. Mit Fußball-Wetten verdiente der Kroate im Monat bis zu 800.000 Euro. Um die Wetten abzusichern, bestach er Schiedsrichter und bezahlte Spieler dafür, „mit angezogener Handbremse" zu spielen. Hoyzers „Lohn": 68.000 Euro in bar und ein Plasmafernseher.

Vier DFB-Schiedsrichter trugen im Januar 2005 beim DFB in Frankfurt ihren Verdacht vor. Am 18. Oktober standen Hoyzer und die Sapinas vor der 12. Großen Strafkammer des Berliner Landgerichts. 170 Zeugen sagten in Moabit aus. Die Angeklagten legten weitgehende Geständnisse ab und beschuldigten sich gegenseitig. Zehn Monate nach Aufdeckung des Skandals fällte Richterin Gerti Kramer die Urteile: zwei Jahre und elf Monate Haft für den Hauptangeklagten Ante Sapina, zwei Jahre und fünf Monate für Hoyzer, Bewährungsstrafen für die übrigen Angeklagten.

Robert Hoyzer vor dem Landgericht und als Schiedsrichter im vom ihm manipulierten DFB-Pokalspiel Paderborn gegen den HSV (4:2).

Meisterlich - notfalls mit staatlicher Hilfe

In der Sportstadt Berlin ist Hertha BSC mit mehr als 15.000 Mitgliedern die unbestrittene Nummer eins. Wenn bei Heimspielen Frank Zanders Vereinshymne „Nur nach Hause" im Olympiastadion erklingt, spüren die Fans Gänsehaut. Seit dem Wiederaufstieg in die 1. Fußball-Bundesliga 1997 lockten die Blau-weißen Superstars wie Sebastian Deisler, Marcelinho und Arne Friedrich an die Spree. Doch ein dritter Titel nach den beiden gewonnenen Meisterschaften 1930 und 1931 blieb bis heute aus.

Neben Hertha haben sich noch weitere Hauptstadt-Clubs in den Fußball-Annalen verewigt. Der Berliner Fußball-Club (BFC) Germania 1888 gilt als ältester bestehender Fußballverein Deutschlands. Die Germanen gewannen zwei Jahre nach ihrer Gründung auch die erste (inoffizielle) Deutsche Meisterschaft, die der Bund Deutscher Fußballspieler ausgerichtet hatte. Zwei offizielle Meistertitel aus den Jahren 1908 und 1911 kann der BFC Viktoria 1889 vorweisen. Darüber hinaus gewann der Club 1894 die inoffizielle Meisterschaft des Deutschen Fußball- und Cricket Bundes. Allerdings konnte sich Gegner FC Hanau 93 die Anreise nicht leisten. Im Sommer 2007 holten beide Teams das 1894 nicht ausgetragene Endspiel symbolisch nach. In Hin- und Rückspiel bestätigte der BFC den Titelgewinn.

Duell David gegen Goliath: Das Derby zwischen Union (links Ulrich Netz) und dem BFC Dynamo (rechts Arthur Ullrich) barg wegen seiner ungleichen Vorzeichen immer eine große Brisanz.

1905 schloss der Berliner Thor- und Fußball-Club Union 1892 die Saison als Meister ab - der einzige Titel für den BTuFC. 1927 ging der Club im späteren SV Blau-Weiß 90 auf - jenem Verein, der 1986 nicht nur in die 1. Bundesliga, sondern für zwei Jahre auch zum besten Berliner Club aufstieg. Zeitgleich mussten Hertha und Tennis Borussia, in den 50er-Jahren Berlins erfolgreichster Verein, den Weg in Liga drei antreten.

Herthas Marko Pantelic

Herthas Nationalspieler Arne Friedrich (rechts, gegen Bochums Filip Trojan)

Wegen überhöhter Prämienzahlungen an Spieler entzog der Deutsche Fußballbund (DFB) Hertha 1965 die Bundesliga-Lizenz. Auf Wunsch der DFB-Führung rückte ein Berliner Verein nach - SC Tasmania 1900. In der folgenden Saison knackte Tasmania nahezu alle Negativrekorde und gilt mit nur zwei Siegen bei 28 Niederlagen als schlechteste Bundesliga-Mannschaft aller Zeiten. Als erfolgreichster Verein der DDR holte der BFC Dynamo Berlin zehnmal die Meisterschaft und dreimal den FDGB-Pokal. Dabei profitierte der Club von der Unterstützung seines Ehrenvorsitzenden, Stasi-Chef Erich Mielke, und als gefördertes Leistungszentrum von den von oben angeordneten Spielertransfers. Den FDGB-Pokal gewann 1968 auch der 1. FC Union Berlin, der wegen seiner Stellung in der DDR zu einem Kultclub avancierte. 2001 erreichte „Eisern Union", so auch der Titel der von Nina Hagen gesungenen Vereinshymne, das Finale des DFB-Pokals, verlor aber mit 0:2 gegen Schalke 04.

Deutschlands ältester Fußballverein: der BFC Germania 1888 Berlin (quergestreifte Trikots) 1905 gegen Akademisk Boldklubben aus Kopenhagen. Kleine Fotos: BFC Viktoria (links, dunklere Trikots gegen den BFC Preußen) und BTuFC Union 92

Das Kammergericht Berlin heute.

Das Leben wird leichter - aber um welchen Preis?

Zehn Jahre nach dem Mauerbau hatte sich die Welt, aber auch viele Deutsche in Ost und West, mit der Teilung Deutschlands so gut wie abgefunden. Zumindest an eine schnelle Wiedervereinigung glaubten nur noch die wenigsten. Entspannung sollte zumindest die Folgen der Teilung für die Bewohner vor allem der DDR und Berlins lindern, wenn sie schon nicht zu überwinden waren: Grundgedanke von Willy Brandts Ostpolitik. Die sahen damals vor allem zahlreiche Konservative als „Verrat" an dem Wiedervereinigungsgedanken an. Doch Brandt ließ sich nicht beirren.

Einen wichtigen Schritt auf dem Weg der innerdeutschen Entspannung markierte das Viermächteabkommen über Berlin, das Vertreter der vier Besatzungsmächte am 3. September 1971 im Gebäude des Preußischen Kammergerichts in Schöneberg unterzeichneten. Seit mehr als einem Jahr hatten die Alliierten über drängende, speziell Berlin betreffende Probleme beraten. Am Ende stand eine Art Friedensvertrag für die Stadt, der beiden Blöcken Vorteile brachte: Die Sowjets erreichten eine

Visa-Pass und Zählkarte der DDR ermöglichten den Transit zwischen Ost und West.

De-facto-Anerkennung der DDR (damit allerdings auch der Teilung und der Mauer) und erkannten im Gegenzug die deutliche Bindung von West-Berlin an die Bundesrepublik an. Die Sowjets verpflichteten sich darüber hinaus, die Kommunikations- und Reisemöglichkeiten zwischen den Teilen der Stadt und West-Berlin und der DDR zu verbessern. Das Viermächteabkommen über Berlin bot die Basis für mehrere deutsch-deutsche Unterabkommen wie den Grundlagen-Vertrag von 1972 - und noch 1971 das Transitabkommen, das den Reiseverkehr von West-Berlin in die Bundesrepublik deutlich erleichterte. So mussten die Transitkosten nicht mehr wie zuvor von jedem einzelnen Reisenden direkt bezahlt werden, sondern wurden pauschal zwischen den beiden deutschen Staaten abgerechnet. Und das SED-Regime langte ordentlich zu, schließlich handelte es sich um eine perfekte Methode, schnell und einfach an begehrte Devisen zu kommen.

Links: 22. Treffen der Botschafter im Gebäude des Alliierten Kontrollrats. Über dem Eingang die Flaggen der teilnehmenden Länder.

234,9 Millionen Deutsche Mark mussten jährlich für Straßenbenutzung, Steuerausgleichsabgabe und Visa-Gebühren an die DDR überwiesen werden - jeweils bis zum 31. März. Ebenfalls genau geregelt war, was unter Missbrauch des Transitabkommens zu verstehen war: Die Verbreitung von „Materialien" in der DDR, die Aufnahme von Personen und natürlich das Verlassen der Transitwege.

Mit Landminen gegen das eigene Volk

Zähneknirschend mussten die bundesrepublikanischen Politiker eingestehen, dass sie beim Transitabkommen ein wenig Freiheit durch den Handel mit einem Verbrecher-Regime erkauft hatten. Denn der Erleichterung des Reiseverkehrs auf der einen Seite stand Grenzsicherung mit mörderischen Waffen auf der anderen Seite entgegen. Seit 1970 war die Splittermine SM-70 (rechts) an der Grenze zwischen Bundesrepublik und DDR in Betrieb. 110 Gramm TNT-Sprengstoff katapultierten mehr als 100 kantige Splitter auf bis zu 120 Meter entfernte Opfer. In einem Bericht über die „taktische Erprobung der SM-70" hieß es 1971: „Die Splitterwirkung an den beschossenen Wildarten Reh-, Schwarz- und Federwild lässt den sicheren Schluss zu, dass durch SM-70 geschädigte Grenzverletzer tödliche bzw. so schwere Verletzungen aufweisen, dass sie nicht mehr in der Lage sind, den Sperrzaun zu überwinden."

Ein Kessel Buntes und der Schwarze Kanal

Allen anderslautenden Theorien zum Trotz sah sich der Deutsche Fernsehfunk in Berlin-Adlershof durchaus in der Lage, echte „Hingucker" auf dem Unterhaltungssektor zu produzieren. Der absolute Klassiker: „Ein Kessel Buntes" - die große Unterhaltungsshow am Samstagabend mit Spitzenkünstlern aus der DDR und einem reichhaltigen Angebot an internationalen Interpreten. Ausgerechnet Erich Honecker mit seiner „Paranoia vor der dekadenten Kultur des Klassenfeindes" gilt als der Geburtshelfer dieser auch im Westen sehr beliebten Sendereihe. In einer Rede auf dem 8. Parteitag der SED forderte er das Fernsehen der DDR auf, ein unterhaltsameres Programm zu bieten. Insbesondere Top-Stars aus dem Westen sollten nun auch im heimischen Fernsehen auftreten.

Am 15. Juli 1972 strahlte der Deutsche Fernsehfunk die erste Folge aus - live aus dem Friedrichstadtpalast. Zu Anfang führten die drei „Dialektiker" - einer auf Plattdeutsch, einer auf Sächsisch und einer im Berliner Jargon durch die Sendung. Ab 1977 wechselten die Moderatoren häufig. Nachhaltig prägten Heinz Quermann, Helga Hahnemann, Willi Schwabe, Gunter Emmerlich und Dagmar Frederic den Unterhaltungsabend. Als weiterer Anreiz der Show erwies sich die Mischung aus beliebten DDR-Künstlern und renommierten Weststars wie unter anderem Mireille Mathieu, ABBA oder Samantha Fox. Eine zusätzliche Hauptrolle im Programm: das allseits beliebte Fernsehballett. Die langbeinigen, leichtgeschürzten Damen boten perfekte Tanzeinlagen. Der „Kessel" blieb stets dem Prinzip der Live-Sendung treu - live nach DDR-Maßstäben: Eine Verzögerung von einer Minute zwischen Aufnahme und Ausstrahlung ermöglichte in „Notfällen" den Eingriff der Zensur. Doch nicht nur dies: Die 100. Sendung vom 23. September 1989 erfuhr für die Wiederholung eine „Nachbesserung": Die Bemerkung von Hahnemann und Emmerlich, sie seien „nicht die einzige Fehlbesetzung im Land", sowie Frank Schöbels Lied „Wir brauchen keine Lügen mehr" fielen den Betonköpfen der SED zum Opfer.

Im Gegensatz zum „Kessel Buntes" lief eine fast ebenso beliebte Fernsehshow des DFF nur einmal im Jahr: „Zwischen Frühstück und Gänsebraten" mit Margot Ebert und Heinz Quermann am jeweils ersten Weihnachtsfeiertag. Ebenfalls live aus dem Friedrichstadtpalast oder dem Palast der Republik ausgestrahlt, erreichte sie von 1957 bis 1991 ein Millionen-Publikum.

Für Filmfreunde bot das Fernsehen nicht nur den auch im Westen beliebten Montagsfilm - zumeist Vorkriegsstreifen der Ufa - sondern, gewissermaßen als Ergänzung, „Willi Schwabes Rumpelkammer". Von 1955 bis 1990 zeigte Schwabe Ausschnitte aus alten Ufa-Produktionen, angereichert mit Hintergrund-Informationen, Anekdoten und Wissenswertem über die Schauspieler.

Am 27. Juni 1971 schlug die Geburtsstunde der ersten DDR-Krimiserie - der Polizeiruf 110. Bis ins Jahr 1990 klärten verschiedene Ermittler Verbrechen auf, jedoch ging es dabei weniger um Morde. Minder schwere Delikte wie Raub, Erpressung und Diebstahl standen im Vordergrund. Da Drehbuchschreiber und Regisseure dieser Serie in größerem Umfang als andere gesellschaftliche Missstände andeuten konnten, erfreute sie sich in der Bevölkerung breiter Zustimmung.

Doch nicht nur „Hingucker" bot das DDR-Fernsehen. Quasi als klassischer „Weggucker" stand am Montagabend, gleich nach dem Film, der „Schwarze Kanal" auf dem Programm. In dieser Sendung präsentierte Karl-Eduard von Schnitzler Ausschnitte aus dem Westfernsehen - häufig aus dem Zusammenhang gerissen und stets zynisch und aggressiv kommentiert. „Sudel-Edes" Indoktrination fand jedoch beim ideologisch übersättigten Publikum wenig Freunde.

Karl-Eduard von Schnitzler und sein „Schwarzer Kanal".

„Kessel"-Moderatoren Heinz Quermann (links als Pinguin) und Helga Hahnemann (unten).

Peter Borgelt als Hauptmann Fuchs in „Polizeiruf 110"

Subotniks zum „Woodstock des Ostens"

„Wir haben uns große Mühe gegeben bei der Planerfüllung, haben viele Subotniks (freiwillige Arbeitsstunden) geleistet, um unseren Gästen ein schönes Berlin zu zeigen" - sogar die Ostberliner Bauarbeiter präsentierten sich im Sommer 1973 demonstrativ weltoffen. Sie schufteten für das „Woodstock des Ostens": die X. Weltfestspiele der Jugend und Studenten. Am 28. Juli eröffnete das neuntägige Fest feierlich in der Hauptstadt der DDR. Der Ostteil Berlins im Ausnahmezustand: Die 1947 vom Weltbund der demokratischen Jugend initiierte Veranstaltung lockte 25.600 Gäste aus 140 Nationen in die DDR. Auch Jugendgruppen aus Westberlin und der Bundesrepublik reisten an, die Grenzkontrollen waren bis zum 5. August deutlich entschärft - im Gegensatz zu 1951 als bei den ersten Weltjugendspielen in Ostberlin zahlreiche westdeutsche FDJ-ler durch westdeutsche Grenzer an der Einreise gehindert wurden und sich ostdeutsche FDJ-ler Straßenschlachten mit der westberliner Polizei lieferten.

Die neue DDR-Führung unter Honecker in der Zwickmühle: Einerseits stand die Mauer felsenfest, die DDR war Front im Kalten Krieg, andererseits sollte sich der zweite deutsche Staat als Teil einer weltoffenen Bewegung präsentieren. Jeden Tag besuchten rund eine Million Teilnehmer, darunter PLO-Chef Yassir Arafat und Mitglieder des Vietcongs, die politischen und kulturellen Veranstaltungen.

Von 95 Bühnen (rechts) dröhnten Beat und Rock, „Singeklubs" ergänzten das Programm. Im Stadion der Weltjugend trat die schwarze Kommunistin und Bürgerrechtlerin Angela Davis auf. Das „Neue Deutschland" erklärte die Propagandaschlacht nach neun Tagen zum Erfolg. An die Adresse des Klassenfeindes formulierte das Parteiblatt am 6. August: „Wenn auch mancher bürgerliche Journalist einem Pluralismus der Meinungen, Gammler-Look und Hippie-Kultur gern begegnet wäre - die imperialistische Ideologie samt ihrer Hasch-, Horror- und Pornokultur waren jedenfalls nicht zu Gast in Berlin."

Während der Festspiele starb am 1. August 1973 Walter Ulbricht im Gästehaus der Regierung am Döllnsee. Angeblich war es Ulbrichts letzter Wunsch, dass das Fest weitergeht.

Am 3. Mai 1971 hatte man ihn gezwungen „aus gesundheitlichen Gründen" von allen wichtigen Ämtern zurückzutreten. In Abstimmung mit Leonid Breschnew wurde Erich Honecker Staats- und Parteichef („Erster Sekretär"). Ulbricht behielt das Amt des Vorsitzenden des Staatsrates und das für ihn geschaffene Ehrenamt „Vorsitzender der SED" - das Ende einer Ära, die am 30. April 1945 begonnen hatte. Der Machtwechsel vom Tischler Ulbricht zum Dachdecker Honecker bedeutete einen tiefen Einschnitt in der DDR-Geschichte. Den Bürgern versprach Honecker Verbesserungen des Lebensstandards. Der Westen hoffte auf Gesprächsbereitschaft. Enttäuschte Erwartungen: Der absolute Führungsanspruch der SED blieb unangetastet. Die Zentralisierung der Entscheidungen nahm zu, als treuer Vasall der UdSSR brachte Honecker die Partei wieder auf harten Kreml-Kurs.

X. Weltfestspiele der Jugend und Studenten Berlin 1973 Hauptstadt der DDR — DDR 25+5

Erich Honecker und Walter Ulbricht (links)

SED-Größen mit Gästen wie Yassir Arafat (mit Kopftuch) und Angela Davis (rechts)

Ninas „Farbfilm" und eine Ohrfeige für Honecker

Die Unterhaltungsmusikszene Ostberlins konnte durchaus mit einer Reihe ausgezeichneter eigener Interpreten aufwarten. Den größten Bekanntheitsgrad erreichte wohl Nina Hagen. Als 19-jährige Göre sang sie sich 1974 mit dem Lied über ein vermisstes Fotoutensil („Du hast den Farbfilm vergessen, mein Michael") in die Herzen der Fans. Der Song erlangte bis weit über die Grenzen der DDR hinaus Kultstatus. Nina blieb allerdings dem östlichen Kulturleben nicht lange erhalten. Bereits 1976 emigrierte sie in den Westen, wo sie bis heute als Punk-Queen große Triumphe feiert.

Neben Nina Hagen prägten die unvergessene Helga Hahnemann, Thomas Lück,

Ohne Farbfilm, aber mit Irokesen-Schnitt: Nina Hagen 1983.

Wolfgang Lippert (nach der Wende im Westen als Showmaster zu späten Ehren gekommen) und der immer noch unverwüstliche Frank Schöbel die Ostberliner „Szene".

Wenngleich in Leipzig geboren, entwickelte sich der Sänger zum Mittelpunkt des Ostberliner und DDR-Showbiz. Bereits 1971 traf er mit dem Schlager „Wie ein Stern" den Nerv des Publikums - und das sogar in ganz Deutschland. Neben zahlreichen weiteren populären Aufnahmen feierte er auch als Moderator und Entertainer in Fernsehshows große Erfolge und trat zudem in einigen DEFA-Filmen auf. Auch im wiedervereinigten Deutschland erfreut er sich einer großen Fangemeinde.

Einen etwas ernsteren Stil pflegten und pflegen zwei ganz andere Ostberliner Vertreter des Gesangs: Ernst Busch und Gisela May. Busch sah, neben seiner schauspielerischen Tätigkeit, seine Hauptaufgabe in der Pflege von Chanson und Arbeiterlied. Erst im hohen Alter gelang es ihm noch, die Geschichte der demokratischen und Arbeiterlieder auf Schallplatte herauszubringen. Trotz eigentlich regimekonformer Haltung war er nach 1960 (nach offizieller Lesart krankheitsbedingt) gezwungen, die Bühne zu verlassen. Wahrer Grund hierfür jedoch: eine Ohrfeige, die er Erich Honecker auf einer Parteisitzung verpasst hatte. Wesentlich mehr in Richtung

Ernst Busch

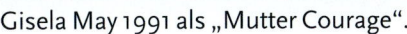

Gisela May 1991 als „Mutter Courage".

Chanson tendierte musikalisch Gisela May. Schon 1957 erkannte Hans Eisler ihr sängerisches Potenzial. Im Laufe der Jahre vervollkommnete sich die Diseuse stimmlich und im Ausdruck, sodass sie heute auch international als eine der „Grande Dames" ihrer Zunft gilt. Vor allem als Brechtinterpretin - im Jahre 1971 gab sie sogar eine Brecht-Matinee im UNO-Hauptquartier in New York - hat sie sich weltweit einen Namen gemacht.

Ursprünglich in den Sechzigerjahren als Schauspieler im Kino und Fernsehen der DDR bekannt, machte der in Berlin wohnhafte Manfred Krug auch als Sänger dort Karriere. Zunächst verschrieb er sich ganz dem Jazz. Einer der Höhepunkte dieser Zeit: 1970

Frank Schöbel

seine Rolle als „Sporting Life" in der Gershwin-Oper „Porgy and Bess" an der Komischen Oper Berlin. Ab 1971 veröffentlichte er auch eine Reihe anspruchsvoller Schlager, deren Texte er unter Pseudonym selbst verfasste. Dennoch vergaß er seine „alte Liebe" nicht und brachte im gleichen Jahr ein Album mit Jazz-Standards heraus. 1976 schloss er sich, wie viele andere Künstler in Ostberlin, den Protesten gegen die Ausbürgerung Biermanns an. Prompt folgten die üblichen Repressalien des SED-Staates. Genervt stellte Krug 1977 einen Ausreiseantrag und verließ 1977 Ostberlin - ein weiterer „künstlerischer Aderlass" für die Kulturhauptstadt der Werktätigen.

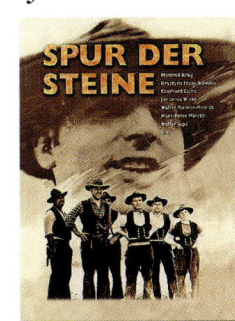

„Spur der Steine": DDR-Kultfilm mit Manfred Krug in der Hauptrolle.

Tatort Bayernallee: Günter von Drenkmann öffnete den angeblichen Blumenboten die Tür und wurde erschossen.

Ein Mord aus heiterem Himmel: Am Abend des 10. April 1974 klingeln zwei Männer an einem Haus in der Bayernallee 10-11 im Berliner Stadtteil Westend. Durch die Gegensprechanlage geben sie sich als „Blumenboten" aus. Günter von Drenkmann, Kammergerichtspräsident und Berlins oberster Richter (1910-1974) öffnet ihnen arglos die Tür. Er hatte am Vortag seinen 64. Geburtstag gefeiert und denkt sich nichts Böses. Die beiden Täter stürmen sofort in seine Wohnung und versuchen, den Juristen aus dem Flur zu zerren. Günter von Drenkmann wehrt sich heftig - und auch seine Frau Lilo versucht, die Eindringlinge abzuwehren. Diese eröffnen daraufhin das Feuer. Tödlich getroffen

Peter Lorenz und der Eingang zu seinem Verlies.

PETER LORENZ — GEFANGENER DER BEWEGUNG 2.JUNI

sinkt Drenkmann zusammen. Die Schützen fliehen unerkannt. Sie konnten bis heute nicht ermittelt werden. Zwar standen 1980 mit Ralf Reinders und Andreas Vogel zwei Terroristen wegen Mordes an Drenkmann vor Gericht. Sie wurden in diesem Anklagepunkt jedoch am 13. Oktober 1980 freigesprochen, weil ihnen die Tat nicht zweifelsfrei nachzuweisen war.

In einem Bekenner-Brief an die Deutsche Presse Agentur wurde der Anschlag auf von Drenkmann zunächst von einem anonymen Absender „als geglückter Racheakt" gefeiert. Wahrscheinlich war „Rache" für den Terroristen Holger Meins gemeint, der am Tag vor dem Drenkmann-Mord an den Folgen eines Hungerstreiks in einer Haftanstalt an der Mosel gestorben war. Später bekannte sich die „Bewegung 2. Juni" in einer Flugschrift zum „Attentat auf Berlins höchsten Richter".

Die „Bewegung 2. Juni" war aus gewaltbereiten Studenten der Außerparlamentarischen Opposition (APO) der 68er-Revolte hervorgegangen und nannte sich nach dem Todesdatum des Studenten Benno Ohnesorg, der 1967 am Rande einer Demonstration vor der Deutschen Oper von der Polizei erschossen worden war. Die „Bewegung 2. Juni" ging später in der berüchtigten Terror-Organisation „Rote Armee Fraktion" (RAF) auf.

Ob die Terroristen von Drenkmann von vornherein erschießen oder zunächst als Geisel nehmen wollten, konnte nie geklärt werden.

Zu einer folgenschweren Geiselnahme kam es dann ein Dreiviertel Jahr später in Berlin: Am 27. Februar 1975 verschleppten Terroristen der „Bewegung 2. Juni" den Berliner Bürgermeisterkandidaten der CDU, Peter Lorenz. In der Nähe seiner Wohnung in Berlin-Schlachtensee bremsten sie seinen Dienstwagen auf der Fahrt ins Büro im Quermatenweg aus, überwältigten den Politiker und hielten ihn in einer Wohnung in Kreuzberg gefangen. So wollten sie die Freilassung ihrer Gesin-

Schüsse auf den Gerichtspräsidenten, Tickets in den Jemen für RAF-Terroristen

nungsgenossen Horst Mahler, Verena Becker, Gabriele Kröcher-Tiedemann, Ingrid Siepmann, Rolf Heißler und Rolf Pohle aus der Haft erpressen. Der ehemalige Regierende Bürgermeister Heinrich Albertz, der zu diesem Zeitpunkt wieder als Pastor arbeitete, schaltete sich in die Vermittlung ein und erreichte die Freilassung der Inhaftierten, ausgenommen Horst Mahlers, der den Austausch ablehnte. Am 13. März 1975 wurden die Terroristen nach Aden in Jemen ausgeflogen. Albertz, der den Flug begleitete, gab hinterher im Fernsehen die festgelegte Losung: „So ein Tag, so wunderschön wie heute" bekannt. Daraufhin wurde Peter Lorenz am 4. März aus seinem Verlies freigelassen, das die Entführer zynisch „Volksgefängnis" nannten.

Zwei Tage vor der Freilassung ihres Spitzenkandidaten Lorenz war die CDU mit 43,9 Prozent der Stimmen als

Freigepresste RAF-Terroristen: Rolf Heißler, Verena Becker und Rolf Pohle (von links).

stärkste Partei aus den Wahlen zum Berliner Abgeordnetenhaus hervorgegangen. Lorenz konnte dennoch das Amt des Regierenden Bürgermeisters nicht antreten, da die FDP in der Koalition mit der SPD und Klaus Schütz verblieb.

Seine Entführer, Till Meyer, Ralf Reinders, Fritz Teufel, Ronald Fritzsch, Gerald Klöpper und Andreas Vogel wurden schnell gefasst und schließlich im Oktober 1980 nach 206 Verhandlungstagen zu langen Freiheitsstrafen verurteilt.

Die Freilassung von Terroristen im Austausch gegen einen entführten Politiker wurde im Nachhinein als schwerer Fehler eingestuft und nicht mehr wiederholt. Als 1977 Arbeitgeberpräsident Hanns Martin Schleyer von RAF-Terroristen verschleppt wurde, blieb die Bundesregierung unter Kanzler Helmut Schmidt hart: Sie verweigerte den Austausch und ließ die BGS-Elite-Einheit GSG 9 den von palästinensischen Terroristen als zusätzliches Druckmittel entführten Lufthansa-Jet „Landshut" stürmen. Wenig später ermordete die RAF Hanns Martin Schleyer.

Vor dem Abflug in den Jemen: Terrorist Rolf Pohle (Zweiter von rechts) betritt das Flugzeug.

Chronik der Bleiernen Zeit

1970: Gemeinsam mit mehreren Mittätern, zwei von ihnen bis heute nicht ermittelt, befreit die linksradikale Journalistin Ulrike Meinhoff am 14. Mai Andreas Baader. Der Frankfurter Kaufhausbrandstifter war untergetaucht, am 4. April in Berlin festgenommen und in Tegel inhaftiert worden. Auf Meinhofs Antrag hin hatte die Justiz Baader gestattet, unter Bewachung das Deutsche Zentralinstitut für Soziale Fragen „zu Studien" aufzusuchen. Bei der Gewalttat fallen Schüsse, ein Institutsangestellter (62) überlebt schwer verletzt. Die Fahndung der Polizei verläuft ergebnislos.

1970: Gründung der Terrororganisation RAF („Rote Armee Fraktion") durch Ulrike Meinhof, Andreas Baader, Gudrun Ensslin, Horst Mahler und andere. Militärische Ausbildung in einem palästinensischen Camp.

1972: Nach fünf Sprengstoffanschlägen (vier Tote, mehr als 30 Verletzte) gelingt die Festnahme von Baader, Meinhoff, Ensslin, Jan-Carl Raspe und Holger Meins.

1974: Mordanschlag auf den Präsidenten des Kammergerichts Berlin, Günter von Drenkmann.

1975: Entführung des CDU-Bürgermeister-Kandidaten Peter Lorenz, Freipressung von fünf inhaftierten Terroristen, die zusammen mit dem Vermittler Pastor Heinrich Albertz in den Jemen ausgeflogen werden. Danach lässt die RAF Lorenz aus seinem „Volksgefängnis" frei.

1976: Selbstmord Ulrike Meinhofs in ihrer Zelle in Stuttgart-Stammheim.

1977: Baader, Raspe und Ensslin werden zu lebenslanger Haft verurteilt. Die RAF ermordet Generalbundesanwalt Siegfried Buback, den Chef der Dresdner Bank, Jürgen Ponto und entführt Arbeitgeberpräsident Hanns-Martin Schleyer. Ein Palästinensisches Kommando entführt parallel dazu die Lufthansa-Boeing „Landshut" mit Touristen von Mallorca nach Mogadischu. Nach der Geiselbefreiung in Mogadischu und der Weigerung der sozialliberalen Bundesregierung, Schleyer gegen elf RAF-Gefangene auszutauschen, wird Schleyer ermordet.

Baader, Ensslin und Raspe begehen Selbstmord in Stammheim.

1982: Die Führungsriege der zweiten RAF-Generation mit Christian Klar, Brigitte Mohnhaupt und Adelheid Schulz wird festgenommen.

1985: Ermordung des 20-jährigen US-Soldaten Edward Pimental, Bombenanschlag auf den Militärflughafen Rhein-Main.

1986: Mordanschläge auf den Siemens-Manager Karl Heinz Beckurts und den Chefbeamten des Auswärtigen Amtes, Gerold von Braunmühl.

1989/91: Ermordung des Vorstandssprechers der Deutschen Bank, Alfred Herrhausen und des Treuhandchefs Detlev Karsten Rohwedder.

1990: Die SED-Führung der DDR entpuppt sich als zahlungskräftiger Komplize der zweiten RAF-Generation. Insgesamt für zehn „Aussteiger" hatte die Staatssicherheit zudem ein biederes sozialistisches Leben in der DDR arrangiert. Nun folgen deren Festnahme und Auslieferung an die Bundesrepublik.

1993: Ein RAF-Kommando sprengt den 100 Millionen Euro teuren Gefängnisneubau im hessischen Weiterstadt kurz vor der Fertigstellung in die Luft. In Bad Kleinen versucht die Eliteeinheit GSG 9, die RAF-Mitglieder Wolfgang Grams und Birgit Hogefeld festzunehmen. Bei einem Schusswechsel sterben Grams und der Polizist Newrzella.

1998: Die RAF gibt in einer achtseitigen Erklärung ihre Selbstauflösung bekannt.

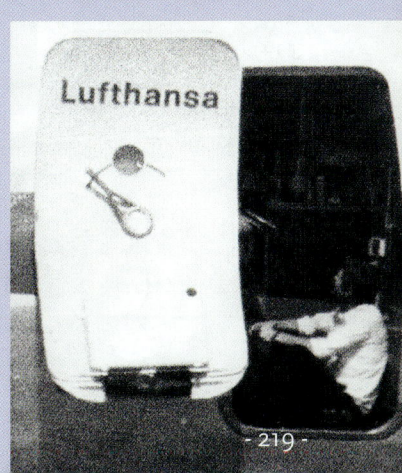

Die entführte „Landshut" bei einer Zwischenlandung in Dubai: Flugkapitän Jürgen Schumann an der offenen Kabinentür, von einem Palästinenser mit einer Pistole bedroht.

Märchenhaft: „Olympia des kleinen Mannes"

Egal ob Profi oder Hobby-Athlet: Jeder Läufer, der die Marathon-Distanz (genau 42,195 Kilometer) schafft, ist ein Held. In Berlin gehen Jahr für Jahr mehr als 40.000 Teilnehmer an den Start, mehr als eine Million Fans feiern an der Strecke mit. Berlin zählt neben Boston, New York, Chicago und London zu den „Big Five" unter den Marathon-Citys in aller Welt.

Dabei begann in Berlin alles ganz bescheiden - mit einem Waldlauf im Eichkamp: Am 13. Oktober 1974 trafen sich 286 Läufer in der Waldschulallee. Um 9 Uhr morgens starteten die Jogging-Pioniere zum „1. Berliner Volksmarathon". Dazu aufgerufen hatte der Sport-Club Charlottenburg (SCC). Kreuz und quer durch den Grunewald führte die Strecke, bis zum Ziel am Mommsenstadion. Bernd Hübner (Jahrgang 1947) war bei der Premiere 1974 dabei und ließ bis 2007 keinen Lauf aus. Der „Marathon-Mann" erinnert sich an ein besonderes Jahr: „1981 ging es vom Wald hinaus auf die Straße (unten). Wir hatten die ganze City für uns. 3.486 Athleten aus 30 Nationen gingen auf die Strecke, 100.000 säumten die Straßen Westberlins. Das war der Durchbruch."

Am 30. September 1990, wenige Tage vor der deutschen Wiedervereinigung, rannten 25.000 Läufer durch das Brandenburger Tor (oben). Der erste Lauf durch Ost und West erregte weltweites Aufsehen.

„Mister Marathon" Horst Milde sorgte in all den Jahren als Race-Director für Quantität und Qualität auf der Strecke. „In Berlin haben wir stets auf die richtige Mischung geachtet. So wurde die Veranstaltung populär und einzigartig."

Immer wieder boten die besten Läufer der Welt packende und hochklassige Leistungen. Bereits 1977 hatte die Düsseldorferin Christa Vahlensieck hier den Weltrekord geknackt. Es folgten Weltbestleistungen der Kenianerin Tegla Loroupe (1999). Bei den Männern trugen sich der Brasilianer Ronaldo da Costa (1998) und Paul Tergat aus Kenia (2003) in die Bestenliste ein. Doch der Berlin-Marathon gilt neben allen Rekorden auch als „Olympia des kleinen Mannes". Wer ins Ziel kommt - egal ob zu Fuß, auf Inline-Skates oder im Rollstuhl - ist ein Sieger. 6.000 Helfer versorgen die Athleten an der Strecke. Sie verteilen 1.000.000 Trinkbecher, 140.000 Bananen, 80.000 Energie-Riegel und 40.000 Schwämme. Inzwischen hat Horst Milde den Staffelstab an seinen Sohn übergeben. Als Marathon-Manager machte

Mark Milde den Event fit für das 21. Jahrhundert. 2001 sein erster Coup: Der Junior verpflichtete Japans Olympiasiegerin Naoko Takahashi (Mitte). Sie lief Weltrekord und durchbrach als erste Frau die 2:20-Stunden-Barriere. Milde finanzierte das vermeintlich unbezahlbare Startgeld mit einem zusätzlichen Fernsehvertrag: einer Live-Übertragung in Japan.

Die 34. Auflage krönte Haile Gebrselassie (oben) 2007 mit einem Wunderlauf. Im Ziel am Brandenburger Tor standen 2:04:26 Stunden auf der Stoppuhr. Der Äthiopier hatte Tergats vier Jahre alten Weltrekord pulverisiert und um satte 29 Sekunden verbessert. „Ich bedanke mich bei der Stadt Berlin und bei allen Berlinern für die fantastische Unterstützung", jubelte der überglückliche Sieger nach seinem Triumph - einem von vielen Berliner Marathon-Märchen.

Auferstanden, jetzt Ruine. Der Palast der Republik

Der Palast der Republik in der Abenddämmerung.

Geschätzte 1.000 Lampen im Foyer strahlten mit der Führung des Arbeiter- und Bauernstaates am 23. April 1976 um die Wette. Ganz ungestört von den Arbeitern und Bauern (die durften ihren „Palast" erst zwei Tage später bewundern) feierten Honecker und Co. die Eröffnung eines bautechnischen Wunderwerkes. Tatsächlich hatten die Architekten um Heinz Graffunder ein Gebäude geschaffen, das international seinesgleichen suchte. Beispielsweise dadurch, dass 5.000 Tonnen Spritzasbest verbaut wurden - ein Rekord, der fast 30 Jahre später das Todesurteil über den „Palast der Republik" fällen sollte. Eine unglaubliche Leistung aber war die Bauzeit: Fertigstellung schon 32 Monaten nach der Grundsteinlegung auf dem Schlossplatz. Die Ruine des im Zweiten Weltkrieg teilzerstörten Stadtschlosses war bereits 1950 geschleift worden: Offiziell, weil es als Symbol für „preußischen Militarismus und Adel" stand. Inoffiziell waren die Steine dringend als Material vonnöten - für den Aufbau des Sozialismus.

5.000 DDR-Bürger fanden dann ab 1976 bei Parteiveranstaltungen im Großen Saal des Palastes Platz, im Kleinen Saal tagte die Volkskammer, das Parlament der DDR. Der 180 Meter lange, 90 Meter breite Riesenquader

war beim Volk nicht unbeliebt - denn hier war immer etwas los: ob im Jugendtreff „Talentbox" mit richtiger Diskothek, im Eiscafé, der „Milchbar", ob beim Bowling oder im Postamt, das auch sonntags geöffnet hatte. Und im Großen Saal traten unter anderem Katja Ebstein, Udo Lindenberg und Harry Belafonte auf.

Schließlich war es die Volkskammer selbst, die dem bunten Treiben ein Ende bereitete: Am 19. September 1990 wurde der Palast geschlossen - eine Vorwegnahme der Sperrung durch die gesamtdeutschen Bundesbehörden. 16 Jahre lang stand das Gebäude anschließend leer. Obwohl vom Asbest für mehr als 30 Millionen Euro befreit, entschied sich der Senat für den Rückbau, sprich Abriss. Begonnen im Januar 2006, ist das technisch komplizierte Verfahren (das Gewicht des Palastes korrespondiert über ein Wannensystem gefährlich mit der Statik des Berliner Doms) bei Drucklegung dieses Buches noch nicht abgeschlossen.

Aufwendige Asbestentfernung.

Wirtschaftswunder im Plattenbau

Wirtschaftswunder Ost? Gab´s das? Das gab´s! Obwohl auch hier vieles in erster Linie zum Wundern war. Nachdem Honecker 1971 die Macht übernommen hatte, erlebte die DDR eine kurze Blüte. Der neue Staatschef treibt den Wohnungsbau voran, die großen Plattenbausiedlungen entstehen. Die standardisierten Wohnungen verwöhnen mit einem Luxus, undenkbar in weiten Teilen der zerfallenden Innenstädte: Fließendes Warmwasser, Badewanne, Toiletten in den Wohnungen (statt auf dem Flur), Einbauküche mit neckischer Durchreiche, das alles auf bis zu 75 Quadratmetern Wohnraum. Leider nicht in ausreichender Zahl vorhanden: In vielen Betrieben wird gelost, wer einziehen darf. Ähnlich ausgelost werden auch die Urlaubsreisen, beispielsweise ins Hotel „Neptun" an der Ostsee. Balkon, Meerblick, Schwimmbad - keine Spur mehr von FDGB-Erholungsheim. 310 Mark kosten 14 Tage Vollpension, für viele ist das ein ganzer Nettolohn. Auch im Sozialismus hatte Luxus seinen Preis. Und der ist in den neuen Intershops mit ihren Westwaren in Devisen ausgezeichnet. Alles ist zu haben. Aber nicht für alle. Wirtschaftswunder à la Ost.

Plattenbausiedlung in Berlin-Fennpfuhl und am Gendarmenmarkt (rechts).

Der Marsch, angekommen in den Institutionen

„Nicht mehr anti - jetzt alternativ", aber bloß weit weg entfernt vom Image einer ganz normalen Partei. Bei Wahlveranstaltungen wurden die Mitglieder mit „anwesende Igel und wer sonst noch so da ist…", begrüßt und gut die Hälfte derer, die sich da als „Grüne Alternative Liste für Demokratie und Umweltschutz" vorstellten, hatte eine gemeinsame Geschichte mit einer der vielen linken bis kommunistischen Gruppen in Westberlin. Das Ende des Abendlandes, wie die Konservativen befürchteten?

Nein. Aber ein gewaltiger Schritt auf dem Marsch durch die Institutionen. Die harte Linke und ihr breites Sympathisantenfeld machten sich auf in die Bürgerlichkeit. Was gut zehn Jahre vorher im harmlosen Fall mit Sitins und Demonstrationen und am extremen Rand mit Bomben und Geiselnahmen begonnen hatte, bereitete

sich vor, eines Tages Regierungsverantwortung übernehmen zu können. Am 5. Oktober 1978 wurde die „Alternative Liste" in Westberlin offiziell gegründet, zwei Jahre vor dem Bundesverband der Grünen. Zu den ersten Mitgliedern der Berliner AL gehörten Renate Künast (1), Hans-Christian Ströbele (2) und Wolfgang Wieland (3). Die Partei war schnell erfolgreich, im Mitgliederwachstum und an den Urnen. Bei der Wahl zum Abgeordnetenhaus 1979 erreichte sie auf Anhieb 3,7 Prozent der Stimmen. Sensationell angesichts der Tatsache, dass die Parteienlandschaft der Bundesrepublik drei Jahrzehnte zwischen Christ-, Sozial- und Freidemokraten aufgeteilt war

und alle Splittergruppen höchstens Exotenstatus erreicht hatten. Schon drei Jahre später zog die AL ins Abgeordnetenhaus ein: Die Alternativen hatten die Fünf-Prozent-Hürde in allen zwölf Bezirken überschritten und waren mit 7,2 Prozent stärker als die FDP.

Während AL-Politiker auf Bezirksebene schon fast zum Establishment gehörten, dauerte es noch bis 1989, bis die Partei auch auf Landesebene Regierungsverantwortung übernehmen konnte. Unter Walter Momper formierte sich der erste rot-grüne Senat, in dem Anne Klein, Sybille Volkholz und Michaele Schreyer die ersten Senatorinnen der AL wurden. Lange hielt das Bündnis nicht: Schon kurz vor der Neuwahl am 2. Dezember 1990 kündigte die AL die Koalition mit Momper auf, weil der SPD-Innensenator Pätzold besetzte Häuser in Friedrichshain hatte räumen lassen. 1991 gab die Berliner AL ihren Sonderstatus auf und vereinigte sich mit den Grünen und Bündnis 90.

Polit-Clown oder Terrorist?

Harmloser Polit-Clown für die einen, Terrorist für die anderen: An Dieter Kunzelmann (links) scheiden sich die Geister. Ende der 60er-Jahre kam der gebürtige Bamberger nach Berlin und wurde neben Fritz Teufel und Ulrich Enzensberger einer der ersten Bewohner der Kommune I. Schon während der 70er-Jahre geriet er mehrmals in Haft, 1970 wurde er wegen versuchter Brandstiftung der Villa des damaligen BZ-Chefredakteurs Malte Till-Kogge verurteilt. Während der Haftzeit kandidierte er für die Berliner KPD. Unklar ist Kunzelmanns Rolle bei dem versuchten Brandanschlag auf das Jüdische Gemeindehaus in Berlin. Von 1983 bis 1985 saß er für die Alternative Liste im Abgeordnetenhaus - fast bürgerlich. Doch dann die Aktion, mit der er sich endgültig zum Popanz einer längst vergangenen Sponti-Kultur machte: Bei der Grundsteinlegung zum Potsdamer Platz bewarf er den Regierenden Bürgermeister Eberhard Diepgen mit einem Ei, schrie: „Frohe Ostern, Du Weihnachtsmann". Ergebnis: Ein Jahr Haft, Flucht in den Untergrund, vorgetäuschter Selbstmord. Als er zwei Jahre später auftauchte, war er nichts mehr als ein halbvergessener Ex-Hauptdarsteller im Folklore-Stück 1968.

Räumung besetzter Häuser in der Mainzer Straße im November 1990.

Elend schockiert weltweit:
Die Kinder vom Bahnhof Zoo

Plakat zum Film von Regisseur Uli Edel.

Wer die Jebenstraße entlangläuft, den Abschnitt gleich hinter dem Bahnhof, der wird sie auch heute noch finden: Die Stricher, die hier rauchend auf ihre Freier warten. Und die Autos, die langsam die Straße entlanggleiten. Das Elendsbild vom Bahnhof Zoo ist sich selbst ein ewiges Denkmal, nicht zu zerschlagen durch Polizeieinsätze, Fixerstuben oder Resozialisierungsprogramme.
In den späten 70er-Jahren ist der Bahnhof Zoo zum Synonym für Heroinsucht und ihre Folgen heruntergekommen. Der Junkie-Strich, der sich dort etabliert hatte, die Beschaffungskriminalität, immer jünger werdende Todeskandidaten, die sich auf den Toiletten ihren „goldenen Schuss" setzten - das war in der lokalen Presse durchaus thematisiert. Doch ein Buch katapultierte die Blicke der gesamtdeutschen Öffentlichkeit in die Jebenstraße: „Christiane F. - Wir Kinder vom Bahnhof Zoo".
Mehr als 1,5 Millionen mal hat sich das Buch der „Stern"-Reporter Kai Hermann und Horst Rieck bis heute verkauft, der Regisseur Uli Edel hat es 1981 eindrucksvoll verfilmt.
Bei einem Drogenprozess hatten die Journalisten 1978 die damals 16-jährige Christiane F. entdeckt und mit ihr eine Reihe von Interviews geführt, aus denen schließlich das Buch entstand. In klaren Worten berichtete das Mädchen aus Gropiusstadt von seiner Drogenkarriere: Mit 12 Jahren der

erste Haschisch-Konsum, zwei Jahre später die erste Heroinspritze. Zwei Jahre konnte Christiane ihre Sucht vor der Mutter verbergen, dann riss sie von zu Hause aus, lebte in der Junkie-Szene am Bahnhof Zoo. Der Teufelskreis aus Drogenbeschaffung durch Diebstähle und Prostitution, die vielen Entzugsversuche, die brüchigen Freundschaften und die unmögliche Liebe zu ihrem ersten Freund Detlef, selbst süchtig und als Stricher unterwegs, schockierte Leser auf der ganzen Welt.
Noch heute verbinden Touristen mit dem Bahnhof Zoo vor allem die Geschichte von Christiane F. Die Protagonistin des Buches verließ die Szene Anfang der achtziger Jahre, unternahm etliche Entzugsversuche, wurde immer wieder rückfällig. Heute lebt Christiane F., mittlerweile Mutter eines Sohnes, in Brandenburg.

Das Gebäude am Bahnhof Zoo. Bis heute hat sich die Szene nicht wesentlich verändert.

Rentner aus Ostberlin dürfen im November 1964 ihre Verwandten in Westberlin besuchen.

Abgekoppelt am 28. Mai 2006

Nach dem Mauerbau blieb die Station „Zoologischer Garten" der letzte Fernbahnhof der Stadt. Hier kamen sie an, die Ostberliner und DDR-Bürger, zu ihrem Urlaub für einige Tage von der Diktatur. Meist waren es Tragödien, die ihnen die Reisen ermöglichten: Wer einen Todesfall zu betrauern hatte, durfte ausreisen, außerdem Rentner und Funktionäre. Die einen wurden nicht mehr so dringend gebraucht, die anderen würden schon zurückkommen, so das Kalkül. Auf den beiden Zoobahnsteigen herzergreifende Szenen: Verwandte, die sich im Schmerz in die Arme fielen. Und die traurigen Abschiedsrituale wenige Tage oder sogar nur Stunden später, wenn es wieder zurückging. Dass das Land, in das diese Reisen führten, nur drei S-Bahn-Stationen entfernt lag, ist heute kaum noch vorstellbar. Dann fiel die Mauer und mit dem Ostbahnhof stand ein zweiter großer Fernbahnhof zur Verfügung. Mit dem Lehrter Stadtbahnhof baute die Bahn den repräsentativen Koloss, der den Bahnhof Zoo überflüssig machen sollte. Als die Abkoppelung des Zoos vom Fernbahnnetz Anfang 2006 in den Köpfen der Menschen Realität wurde, begann ein ebenso kurzer wie vergeblicher Kampf, den Bahnhof für den großen Verkehr offenzuhalten. Am 28. Mai 2006 war er beendet. Die Besucherzahl ging daraufhin um ein Drittel zurück, dafür gibt es einen neuen Sanierungsplan.

Raumschiff ICC

Vier Jahre Bauzeit! Das war selbst in den architektur- und technikverrückten 70er-Jahren eine reife Leistung. Und ganz Berlin war 1979 stolz auf sein „Internationales Congress Centrum" - abgekürzt „ICC". Noch heute ist das Ensemble eines der größten Kongresszentren der Welt und Vorbild für viele Neubauten. Bei der Eröffnung zeigte sich die Extravaganz der Berliner Architekten Ralf Schüler und Ursulina Schüler-Witte als ein in Beton gegossenes Bekenntnis zum Zukunftsglauben im Look der Raumschiffe von TV-Serien wie „Kampfstern Galactica" oder „Mondbasis Alpha Eins".
924 Millionen DM (rund 470 Millionen Euro) kostete das Haus. Auf 320 Metern Länge, 80 Metern Breite und 40 Metern Höhe beinhaltet das ICC mehr als 80 Säle und Räume, die eine Gesamtkapazität von 20.300 Plätze haben; die Bandbreite reicht vom traditionellen Berliner Presseball über Erotikmessen bis hin zu Rockkonzerten. Doch bei allen Superlativen ist die Zukunft des ICC umstritten. Die Betriebskosten gelten als extrem hoch. Und weil, wie in den siebziger Jahren üblich, auch im ICC Asbest verbaut wurde und dadurch hohe Renovierungskosten anstehen, wird immer wieder über einen Neubau nachgedacht.

Das Kongresszentrum: „Kampfstern Galactica" auf dem Weg zur nächsten Renovierung.

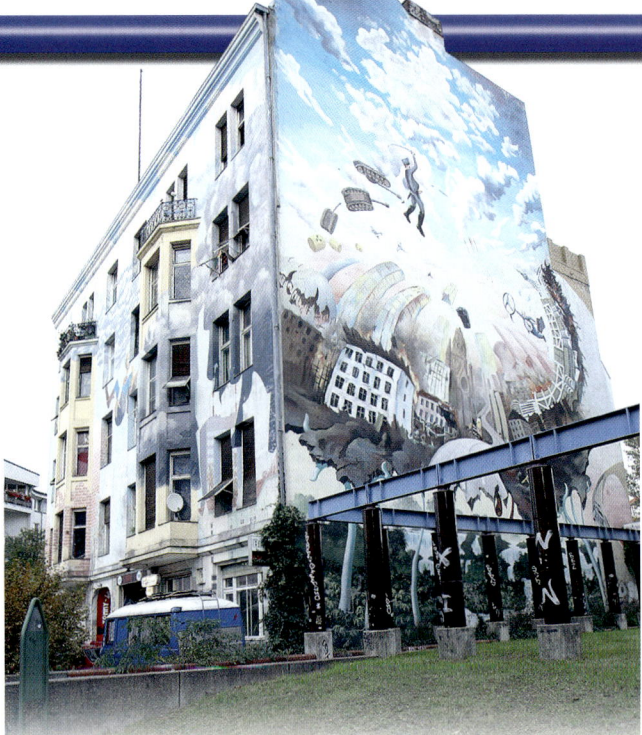

Früher hart umkämpft, heute halblegal genutzt: Tommy-Weissbecker-Haus an der Wilhelmstraße in Kreuzberg.

Besetzt, gefördert, geräumt

Ende der 70er-Jahre lebten die Berliner Hausbesetzer und der Senat in einem brüchigen Frieden, der sich je nach Regierungs-Koalition im Rathaus änderte. Einerseits wurden ursprünglich besetzte Häuser wie das Kreuzberger Tommy-Weissbecker-Haus an der Wilhelmstraße durch Nutzungsverträge halblegal, Renovierungsmaßnahmen sogar gefördert. Andererseits kam es immer wieder zu Räumungen und Razzien - so auch im Herbst 1981, als der CDU-Rechtsaußen Heinrich Lummer Innensenator war. Bei einer Demonstration von Hausbesetzern und deren Sympathisanten am 22. September 1981 kam der 18-jährige Berlin-Ausreißer Klaus-Jürgen Rattay aus Kleve ums Leben, als er vor einen BVG-Bus lief. Nach Aussagen der Hausbesetzer war er vor der Polizei geflohen - in den folgenden Tagen kam es in Berlin und West-Deutschland zu schweren Krawallen.

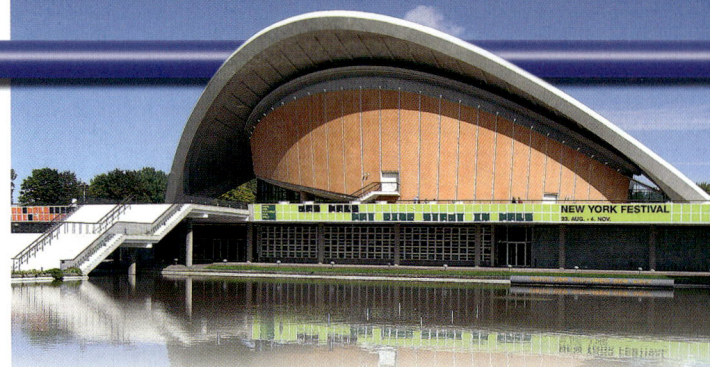

Nach seiner Renovierung im August 2007 erstrahlt das Geschenk der Vereinigten Staaten wieder in altem Glanz.

„Schwangere Auster": Kollaps

Die Katastrophe begann mit einem 20-sekündigen Dröhnen, Knistern und Grummeln. Um 10.55 Uhr am 21. Mai 1980 brach dann der südliche Träger der Spannbeton-Dachkonstruktion an zwei Stellen und stürzte mit einem ohrenbetäubenden Geräusch auf das Foyer. Die tonnenschweren Betonsegmente zerquetschten fünf Autos, die vor dem Eingang der Berliner Kongresshalle parkten. Minuten später waren die Rettungskräfte vor Ort. Für einen der Besucher, einen Redakteur des Senders Freies Berlin, kam jede Hilfe zu spät. Fünf Personen wurden schwer verletzt geborgen. Nicht auszudenken, was geschehen wäre, wenn die Konstruktion während einer voll besetzten Veranstaltung eingebrochen wäre. Als „Leuchtturm der Freiheit" war die Kongresshalle bei ihrer Eröffnung 1957 bezeichnet worden, ein Geschenk der Vereinigten Staaten zur Ausstellung Interbau. Die Berliner fanden schnell einen profanen Begriff für das bizarre Gebäude: Schwangere Auster. Erst sieben Jahre nach dem Unfall, dessen Ursache Korrosion des Spannstahls war, wurde die Halle 1987 wieder eröffnet, um nach zwei Jahrzehnten bereits wieder renovierungsbedürftig zu sein. Die bislang letzte Einweihung wurde im August 2007 gefeiert.

Die Kongresshalle nach dem Zusammenbruch im Mai 1980.

Der alte Fritz kehrt zurück

Das Schloss ist gesprengt, was braucht man denn da noch einen König? So muss wohl Walter Ulbricht 1950 gedacht haben, als er die berühmte Reiterstatue Friederichs des Großen vom Mittelstreifen Unter den Linden demontieren und nach Sanssouci verfrachten ließ. Zwölf Jahre verbrachte der König in einer dunklen Ecke, bis das bronzene Standbild von Christian Daniel Rauch 1962 schließlich wenigstens im Hippodrom aufgestellt wurde. Weitere 17 Jahre sollte es dauern, bis der alte Fritz auf seinen angestammten Platz zurückkehren sollte. Erich Honecker war es, der den Entschluss fällte und zwar „zur Abrundung des Wiederaufbaus der Straße Unter den Linden". Sogar in Richtung des ehemaligen Schlosses (jetzt: Palast der Republik) durfte Friederich ab 1979 wieder schauen. Warum der Sinneswandel der SED-Kommunisten? Zu einem Luxusboulevard mit historischem Anspruch sollte Unter den Linden aufgebaut werden. Doch dieses Ziel war zu ehrgeizig. Erst nach der Wende erblühten die Linden wieder in alter Boulevard-Pracht.

Der Alte Fritz: Für Restaurierungsarbeiten vom Sockel gehoben. Im Hintergrund der Palast der Republik (oben links).

Marzahn - logistische und bautechnische Meisterleistung für 100.000 Menschen.

Geliebte Platte

100.000 Menschen und nur eine einzige Kneipe. Das war so eine der Sorgen der zukünftigen Bewohner des neuen Stadtteils, als sie Marzahn im Spätherbst 1979 zum ersten Mal besuchten. Doch der „Marzahner Dorfkrug" blieb nicht lange allein: Zumindest in dieser Hinsicht hatten die Großplaner der SED mitgedacht: Im Plattenbau-Modul SK 72 fand auch die „Clubgaststätte Modell Berlin" Platz - ausgelegt jeweils für 250 Personen im Foyer, 77 in der Bar, 123 im Restaurant, 40 auf der Terrasse. Für Entspannung war also gesorgt. Und: Das Projekt „Marzahn" war eine logistische und bautechnische Meisterleistung. Ein Gesamtvolumen von 4,5 Milliarden Ostmark, ein 815 Hektar großes Areal für 100.000 Menschen. 35.000 Wohnungen, zwei Kulturhäuser, zwei Schwimmhallen, 30 Oberschulen. Ein künstlicher Kiez. Von vielen verlacht. Doch von den Bewohnern geliebt. Ist das nicht die Hauptsache?

Vorsicht Fälschung!

Wer ab Dämmerung und vielleicht schon mit zwei Mollen und drei Korn intus durch das Nikolaiviertel läuft, der mag für ein paar Momente daran glauben, dass hier irgendetwas echt ist. Doch bei Tageslicht oder genauerer Betrachtung merkt selbst der gutgläubigste Betrachter: Das ist ja alles nur nachgemacht. Und noch nicht mal allzu gut! Und tatsächlich ist das Areal am Mühlendamm der größte Bauschwindel der Hauptstadt. Inszeniert von der SED.

Im Krieg durch Bombenhagel und Straßenkämpfe komplett zerstört, spielte die ursprüngliche Nahtstelle der historischen Siedlungen Berlin und Cölln in den Wiederaufbauplänen der roten Herrscher keine Rolle. Für Walter Ulbricht und Genossen waren breite Prachtstraßen, tauglich auch für Militärparaden, und Plattenbau-Siedlungen zur Unterbringung der „Werktätigen" wichtiger als historische Orte. Erst 1979 beauftragte die SED-Führung nach einem Wettbewerb den Architekten Günter Stahn mit dem Wiederaufbau des Nikolaiviertels. Zur 750-Jahr-Feier Berlin 1987 sollte alles fertig sein. Was dabei herauskam: Auf alt geschminkte Plattenbauten, mit Giebeln und Zierrat, die wiedererrichtete Nikolaikirche und als Höhepunkt eine Kopie des berühmten Gasthauses „Zum Nussbaum", wo schon Zille trank. Wobei das Original wahrscheinlich auf der Fischerinsel stand und nicht im Nikolaiviertel. 2.000 Menschen leben heute in diesem „Altberlin-Disneyland".

Alles Fälschung: das Nikolaiviertel heute.

Faszination Auto: Visionär verwirklicht seinen Traum

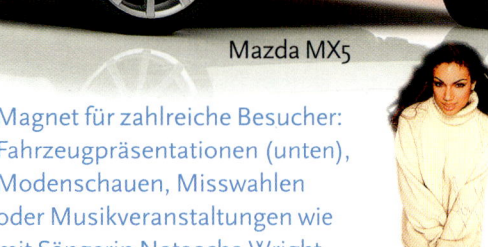

Mazda MX5

1955 startet Wolfgang Sobkowski in der Tankstelle „Esso am Zoo" gegenüber dem Theater des Westens seine Auto-Karriere. www.sobkowski.de

Nach rund neun Monaten Bauzeit erfolgte 1997 die Einweihung des Neubaus.

Benzin im Blut - Wolfgang Sobkowski hat geschafft, wovon viele nur träumen: Seine Faszination für Autos verwandelte er in eine erfolgreiche Firmengeschichte. Neun Jahre nachdem seine „Autozeit" in der Tankstelle „Esso am Zoo" an der Ecke Fasanenstraße/ Kantstraße begonnen hatte, gründete er 1964 seine eigene Tankstelle in der Holländerstraße 53. Hier realisierte Sobkowski seinen Traum, das Geschäft mit einem Fahrzeugvertrieb auszubauen. Den Grundstock schuf er 1981 mit der Anmietung von zwei Garagen auf dem Nachbargrundstück. Als Mazda B-Händler nahm er dort den Betrieb auf. Seine Vision: sich zu einem der erfolgreichsten und kundenorientiertesten Mazda-Händler bundesweit zu entwickeln. Konsequent verfolgte er dieses Ziel. Schnell wuchs die Zahl von zwei Garagen auf 23. Mazda Motors Deutschland honorierte den Erfolg 1990 mit der Statusänderung in die Kategorie A. Für den Inha-

1993: Wolfgang Sobkowski (rechts) mit Familie vor seinem Mazda Autohaus in der Holländerstraße 53.

ber und sein Team kein Grund, sich auf den Lorbeeren auszuruhen: Im Juni 1996 begannen am Standort in Reinickendorf die Bauarbeiten für ein modernes, 1.080 Quadratmeter großes Autohaus. Im Februar 1997 feierte Familie Sobkowski die Eröffnung. Gemeinsam mit den Söhnen Roland (Kraftfahrzeug-Meister) und Oliver leitet Wolfgang Sobkowski die Firma.

Mit einem leistungsstarken Team aus 20 Mitarbeitern und der Firmenphilosophie „Wir tun alles, um unsere Kunden zufriedenzustellen" erreichte der Unternehmer sein selbst gestecktes Ziel: Das Autohaus Sobkowski zählt zu den zehn erfolgreichsten Mazda-Händlern Deutschlands. „Wir verstehen uns als Dienstleister in Form von kompetenter Beratung und kundenorientierter Betreuung."

Mit Neu- und Gebrauchtwagen, technisch versiertem Werkstattdienst, Ersatzteilen, Zubehör, Finanzierung, Leasing, Zulassungsdienst sowie Versicherungsabteilung bietet die Mazda Sobkowski GmbH das gesamte Spektrum rund ums Automobil.

Magnet für zahlreiche Besucher: Fahrzeugpräsentationen (unten), Modenschauen, Misswahlen oder Musikveranstaltungen wie mit Sängerin Natascha Wright (rechts) im Autohaus Sobkowski.

Dietrich Stobbe

Wohnraumspekulation und Garski: SPD stürzt ins 112-Millionen-Loch

Dieses Ende war absehbar: Nur zwei Jahre nach seiner Wahl zum Regierenden Bürgermeister Berlins trat am 15. Januar 1981 der Sozialdemokrat Dietrich Stobbe (*1938) mit seinem gesamten Senat zurück. Er läutete damit das Ende einer fast drei Jahrzehnte währenden SPD-Ära ein. Die Partei hatte seit 1955 durchgehend den Regierenden Bürgermeister gestellt. Stobbe war nach dem Rücktritt seines Vorgängers Klaus Schütz am 2. Mai 1977 gewählt und nach den Abgeordnetenhauswahlen vom 18. März 1979 im Amt bestätigt worden. Seit diesem Tage traten Probleme und Skandale nach und nach zu Tage, die Stobbe schließlich zum Rücktritt zwangen. Die Rezession hatte eingesetzt, erstmals in der Nachkriegsgeschichte wurde Arbeitslosigkeit zum Thema. Seit Beginn der 70er-Jahre waren durch Rationalisierungsmaßnahmen rund 70.000 Arbeitsplätze verlorengegangen. Stobbes Versprechen: „Sicherung der Arbeitsplätze ist Thema Nr. 1" klang nicht mehr überzeugend. Gleichzeitig spitzte sich die Lage auf dem Berliner Woh-

nungsmarkt zu: Wohnraum wurde knapp. Zahlreiche Wohnungen standen leer. Viele wurden von den Eigentümern leer gehalten, um die Mietpreise zu erhöhen. Altbauten wurden abgerissen und durch gewinnbringendere Neubauten ersetzt. Vor allem junge Leute aus der Umwelt- und Friedensbewegung waren es, die Leerstand und Abriss zum Anlass nahmen, unvermietete Häuser zu besetzen. Am 26. November 1979 wurde in der Kreuzberger Cuvrystraße 23 erstmals der Abriss eines Altbaus durch seine Besetzung verhindert. Fieberhaft versuchte der Stobbe-Senat, der Protestwelle mit einem „Landesmodernisierungsprogramm" entgegenzuwirken, das die Instandsetzung von Altbauten und die Errichtung von 29.500 neuen mit öffentlichen Geldern geförderten Wohnungen versprach.

Diese Ankündigungen halfen wenig. Längst hatte sich der Widerstand gegen Wohnungsleerstand und Abriss zur Protestbewegung gegen die Berliner Bau- und Immobilienwirtschaft entwickelt und kehrte sich schließlich gegen den Senat, den man - oft fälschlicherweise - mit den „Baulöwen" unter einer Decke wähnte. Neue Nahrung erhielt der Zorn der „Hausbesetzerbewegung", die von der neu gegründeten Partei „Alternative Liste" unterstützt wurde, als der sogenannte „Garski-Skandal" ans Licht kam: 1978 hatte der Senat dem Berliner Bauunternehmer Dietrich Garski eine Bürgschaft in Höhe von insgesamt 112 Millionen DMark für Bauprojekte in Saudi-Arabien gegeben. Sie wurde 1980 fällig. Zu diesem Zeitpunkt war Garski zahlungsunfähig. Seine Firma „Bautechnik KG" hatte

Hausbesetzer-Demo in Wannsee, Juli 1981.

Konkurs anmelden müssen, nachdem die Berliner Bank am 18. Dezember 1980 wegen „Betrugsverdachts" die Kredite gekündigt hatte. Die Bürgschaft des Landes war verloren, zwei Senatoren traten zurück, zwei weitere Senatoren boten ihre Demission an, eine Senatsumbildung scheiterte. Damit war das Ende des SPD-FDP-Senats besiegelt. Zum Nachfolger Stobbes wurde Bundesjustizminister Hans Jochen Vogel (SPD, rechts) gewählt, der die SPD in den vorgezogenen Abgeordnetenhauswahlen im Frühjahr 1981 nicht zu einer regierungsfähigen Mehrheit führen konnte. Dietrich Stobbe ging im Sommer 1981 nach New York, um die Leitung des dortigen Büros der SPD-nahen Friedrich-Ebert-Stiftung zu übernehmen. Nach seiner Rückkehr 1983 zog er für die SPD als Abgeordneter in den Deutschen Bundestag ein und war bis 1990 Mitglied des Auswärtigen Ausschusses.

Dietrich Garski wurde 1983 festgenommen, zu einer Haftstrafe von drei Jahren und elf Monaten verurteilt und 1987 nach Verbüßung von zwei Dritteln der Strafe vorzeitig entlassen.

Heißer Draht zum Senat: Dietrich Garski fand solvente Bürger ...

Weizsäckers Wechsel, Lummers harte Hand

Eberhard Diepgen

Die Zeichen standen auf „Wechsel". Nach dem Rücktritt des Regierenden Bürgermeisters Dietrich Stobbe (SPD) am 15. Januar 1981 setzten viele Berliner ihre Hoffnungen auf die CDU. Scharenweise liefen die sozialdemokratischen Wähler über, sodass die Union aus den vorgezogenen Abgeordnetenhauswahlen im Frühjahr 1981 mit sensationellen 48,0 Prozent der Stimmen als eindeutiger Sieger hervorging. Da allerdings weder FDP noch SPD eine Koalition bilden wollten, regierte der neue Bürgermeister Richard von Weizsäcker bis März 1983 mit einem Minderheitensenat. Dann schließlich, nach dem Ende der sozialliberalen Bundesregierung, war die Berliner FDP bereit, eine Koalition mit der CDU einzugehen.

Ein Jahr später, am 23. Mai 1984, wurde Weizsäcker zum sechsten Bundespräsidenten der Bundesrepublik Deutschland gewählt. Viele Berliner nahmen ihm den Wechsel in die damalige Hauptstadt Bonn übel. Weizsäcker hatte über die Parteien hinweg hohes Ansehen erworben. Und das in einer äußerst schwierigen Zeit: Anfang der 80er-Jahre waren in Berlin bisweilen nahezu 200 Häuser besetzt. Jugendliche aus Berlin und der Bundesrepublik stilisierten den „Häuserkampf" zur Rebellion gegen ein angeblich „repressives System". Erinnerungen an die Kommunezeit der 60er-Jahre wurden wach. „Wir besetzen nicht nur Häuser. (…) Wir wollen den Zusammenhang des Lebens erleben und zwar hier und heute. (…) Wir wehren uns in Schule und Betrieb gegen Konsumterror und jegliche Form der Unterdrückung", formu-

Richard von Weizsäcker

lierte zum Beispiel der „BesetzerInnenrat vom Chamissoplatz 3". Der christdemokratische Innensenator Heinrich Lummer mochte diese Instrumentalisierung des Wohnungsproblems für die Revolte nicht hinnehmen und setzte auf harten Kurs: Räumung mit Polizeigewalt. Die Konfrontation spitzte sich zu, als Lummer am 22. September 1981 gleich acht besetzte Häuser auf einen Schlag räumen ließ und dann in einem dieser Gebäude demonstrativ zur Pressekonferenz lud. Draußen tobte währenddessen eine große Demonstration, die Konfrontation mit der Polizei war unvermeidlich. Dann die Katastrophe: Mitten im Gewühl wird Demonstrant Klaus-Jürgen Rattay von einem BVG-Bus erfasst und getötet. Ein Unfall zwar, doch jetzt hatte die „Hausbesetzerbewegung" ihren Märtyrer. Die Zahl ihrer Sympathisanten nahm zu. Im Berliner Abgeordnetenhaus gewann die „Alternative Liste" (AL), eine neue Partei des linken Spektrums, die später im Landesverband der Grünen aufging, 1985 bei den Wahlen 10,6 Prozent der Stimmen und war damit unbestreitbar drittstärkste parlamentarische Kraft. Ihre Gründer Wolfgang Wieland, Hans Christian Ströbele, Dieter Kunzelmann und andere entstammten der Funktionärs- und Aktivistenebene der 68er-Opposition. Sie schossen sich nun in eine Fundamentalopposition gegen den neuen Regierenden Bürgermeister Eberhard Diepgen

(CDU) ein, der nach dem Wechsel Weizsäckers nach Bonn gewählt worden war. In Diepgens Amtszeit fielen glanzvolle Feiern zum 750-jährigen Jubiläum der Stadt im Jahr 1987 mit Besuchen unter anderem von Queen Elizabeth II. und US-Präsident Ronald Reagan, aber auch Korruptions- und Parteispendenaffären, in die CDU-Stadträte und Senatsmitglieder verwickelt waren. Bei den Wahlen vom 29. Januar 1989 konnte sich die CDU noch knapp als stärkste Partei behaupten, die FDP scheiterte jedoch an der Fünf-Prozent-Hürde. SPD-Spitzenkandidat Walter Momper bildete mit der Alternativen Liste den ersten „rot-grünen Senat". Eberhard Diepgen wurde Oppositionsführer, bis ihm am 2. Dezember 1990 die Wiederwahl zum Regierenden Bürgermeister gelang.

Heinrich Lummer: Pressekonferenz im geräumten Haus.

Projekt mit „BBJ Seele": das 2002 eingeweihte Berlin Haus in Moskau (links). Hier erprobt das Unternehmen in Veranstaltungen neue Formen der Zusammenarbeit zwischen Berlin und Moskau.

[Handschriftliches Gründungsprotokoll:]
Verein zur Förderung der Berufsausbildung von benachteiligten Jugendlichen. (VFBJ)

Pietragrande, 20. 6. 82

Gründungsprotokoll

Anwesend: Frau Ingrid Mielenz, Reinhard Burchardorff, Harald Zöllmer, Peter Fimmel, Manfred Schneider, Peter Collingro, Mauro Grassi

1. Satzung wurde einstimmig verabschiedet.

In einer launigen Runde begann die BBJ-Geschichte am 20. Juni 1982 in einem Garten in Kalabrien mit Blick aufs Meer. Beim ESF Berufsbildungsaustausch mit Italien beschlossen Mitglieder der Delegation spontan die Vereinsgründung. Den ersten Satzungsentwurf schrieben sie auf eine Serviette.

Neue Wege statt „alter Krusten"

In den 70er-Jahren hatten sich soziale Probleme wie Jugendarbeitslosigkeit, Drogenabhängigkeit und Jugendkriminalität verschärft. Um dieser Entwicklung gegenzusteuern, galt es, verkrustete Strukturen in der sozialpädagogischen Arbeit aufzuweichen und neue Wege zu beschreiten. Am 28. November 1982 gründeten Fachleute aus Verwaltungen, Praxis und Wissenschaft den „Verein zur Förderung kulturel-ler und beruflicher Bildung von Jugendlichen und jungen Erwachsenen e.V. (BBJ e.V.)". Die Zielsetzung: innovative Programme zur Bekämpfung der Jugendarbeitslosigkeit zu entwickeln, umzusetzen und zu vernetzen. Hierfür galt es über die Bündelung fachlicher Kompetenzen hinaus, „Hilfe zur Selbsthilfe" zu fördern, staatliche Fördermittel zu aktivieren und Kooperationen zwischen den Akteuren herzustellen. Zahlreiche BBJ-Projekte sprengten den Handlungsrahmen eines Vereins, was 1990 die Gründung der gemeinnützigen BBJ Servis gGmbH Berlin initiierte. Die Entwicklung des europäischen Binnenmarktes verursachte zu-nehmenden Wettbewerb. Dies erforderte, Ressourcen zu bündeln und effektiver einzusetzen, um flexibler auf Marktveränderungen reagieren zu können. Daher konzentrierte BBJ 2001 schließlich wesentliche Arbeitsbereiche in der BBJ Consult AG. 2008 bildet die Unternehmensgruppe mit Standorten in Berlin und Potsdam ein international agierendes Beratungsunternehmen in den Bereichen Consulting, Projektmanagement und Personaldienstleistungen sowie im Betreibergeschäft - mit Niederlassungen und Tochtergesellschaften in Belgien, Italien, Polen, Ungarn und Russland sowie einer Repräsentanz in Hanoi. Dienstleistungen zur Umsetzung europäi-scher Politik und Förderprogramme bilden ihr Kerngeschäft. Besonderes Know-how bietet BBJ beim ordnungsgemäßen Einsatz von EU-Strukturfondsmitteln, insbesondere dem Europäischen Sozialfonds (ESF). Darüber hinaus engagiert sie sich verstärkt in der Umsetzung von internationalen Projekten.

BBJ ist Mitbegründerin des internationalen Vereins Club Corbeau. Dessen Ziel: das gemeinsame Interesse von europäischen Führungskräften aus Politik, Wirtschaft und Verwaltung am Zusammenwachsen von Ost- und Westeuropa zu unterstützen und die Politik der Osterweiterung der EU zu fördern.

Programme und Studien-Ergebnisse, etwa von der vom Deutschen Städtetag in Auftrag gegebenen Umfrage zur „Anwendung der Hilfe zur Arbeit", veröffentlichte der Verein im „BBJ Consult info" und „BBJ Consult Materialien".

BBJ Consult INFO Nr.1 Mai 1985
Vorläufiges Arbeitsprogramm

www.bbj.de

1982 berieten Experten aus der Berliner Senatsverwaltung „Familie, Jugend und Sport" in Kalabrien mit ihren italienischen Partnern über einen Berufsbildungsaustausch.

1985: Im ersten BBJ-Büro in der Potsdamer Straße 191 fehlte anfangs die perfekte technische Ausrüstung. So galt es, Telefonate in Telefonzellen auf der Straße zu führen.

Originelles Konzept: „Rollende Eisenbahntagungen" ermöglichten ab 1986 das mobile Erkunden von neuen Projektansätzen bei Exkursionen an verschiedenen Orten.

Auf Tagungen und Kongressen präsentierte die BBJ ihre Arbeit, wie etwa mit einem Stand auf dem Deutschen Jugendhilfetag in Saarbrücken 1988.

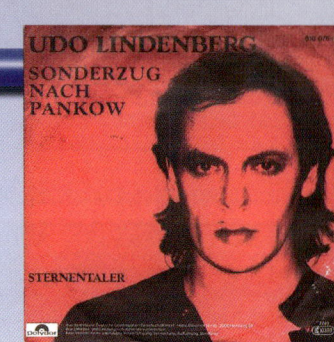

Gitarren - viel besser als Knarren

Zahlreiche Interpreten der leichten Muse von „jenseits der Mauer" nahmen im Lauf der Jahre die Gelegenheit, so sie sich dann ergab, wahr, im Friedrichstadtpalast und im Palast der Republik zu gastieren. Bereits im Jahre 1964 trat Wolfgang Sauer mit dem Orchester Kurt Edelhagen in Ostberlin auf. Ihm folgten beispielsweise Show-Größen wie Udo Jürgens, Katja Ebstein oder Caterina Valente. Doch nicht allen fiel es leicht, ein Engagement zu bekommen. Berühmtestes Beispiel: Udo Lindenberg. Der Rocker hatte sich mit der DDR-Führung angelegt. Da ihn die Ostberliner partout nicht auftreten lassen wollten, konterte er 1983 mit dem Hit „Sonderzug nach Pankow" (siehe Kasten). Grund für die düpierten DDR-Oberen, den „Chattanooga Choo Choo" von Glenn Miller (dieser Melodie hatte sich Lindenberg bedient) auf den Index zu setzen. Schließlich knickten sie ein und ließen Udo doch noch im Palast der Republik spielen. Allerdings hatte sich der Rocker verpflichten müssen, den „Sonderzug" nicht zu singen. Dennoch war das Publikum begeistert. Doch nur in Berlin - die Genossen Regierenden sagten Lindenbergs für 1984 geplante Tournee durch die ganze DDR ab. Udo blieb seinem „Honi" verbunden. Im Jahre 1987 sandte er dem Partei- und Regierungschef eine Lederjacke. Dieser bedankte sich artig mit einem persönlichen Schreiben und schickte als Reminiszenz an die eigene musikalische Vergangenheit im Saarland eine Schalmei. Doch damit nicht genug: Anfang September 1987 trafen sich Erich und Udo während des Staatsbesuchs des DDR-Regierungschefs in Wuppertal. Bei dieser Gelegenheit überreichte Lindenberg dem früheren Schalmei-Bläser eine elektrische Gitarre. Auf dem Instrument prangte die Mahnung: „Gitarren statt Knarren" (links).

Ganz anders die Erfahrungen der Rockgruppe „BAP" mit dem sozialistischen Paradies: 1984 sagte die Band ihren Auftritt ab. Als Teil ihres Programms beabsichtigten die Rheinländer, ihren Song „Deshalv spill mer he" zu präsentieren. Das Lied missfiel jedoch den roten Zensoren. Sie untersagten kurzerhand den Vortrag. Als überdies noch vereinbarte Fernsehinterviews ins Wasser fielen, platzte Bandleader Wolfgang Niedecken der Kragen. Er und seine Mannen verzichteten auf ihre Reise ins Paradies der Werktätigen. Doch ungeachtet solcher Querelen: Künstler aus dem westlichen Ausland gastierten immer wieder gern in Ostberlin und der DDR. Ausschlaggebend: vor allem der warmherzige Empfang durch das unvoreingenommene Publikum.

„Honey, sturer Schrat..."

„Der Zorn der SED traf einen Toten", feixte der SPIEGEL seinerzeit. Denn in ihrer Humorlosigkeit hatten die Kultur-Aufseher der DDR ein Stück des längst verstorbenen US-Bandleaders Glenn Miller verboten, der 1941 einen berühmten Zug hatte swingen lassen: Den „Chattanooga Choo Choo". Und in Ostberlin kam es zur skurrilen Szene, dass Stasi-Greifer einen Bar-Musiker direkt vom Pianoforte weg verhafteten. Der Mann hatte ahnungslos das Glenn-Miller-Stück geklimpert... Was brachte die SED so in Rage? Es war wieder ein (musikalischer) Zug. Nur, dass dieser jetzt nach Pankow rollte - mit Udo Lindenberg als „Lokführer". In einer frechen Adaption des Glenn-Miller-Stücks hatte sich der Hamburger Rockmusiker direkt an den *Oberindianer* der DDR gewandt und das Dauer-"njet" der DDR zu einem Auftritt in Ostberlin kommentiert: *„Alle Schlageraffen dürfen da singen... nur der kleine Udo, der darf das nicht."* Lindenberg lag sicherlich nicht falsch, wenn er auf seine *„fürchterlich vielen Freunde in der DDR"* verwies und sich dann direkt an den SED-Chef wandte: *„Hey Honey, ich sing für wenig Money - im Republikpalast, wenn ihr mich lasst."* Und überhaupt: *„Erich, eh, bist Du denn wirklich so ein sturer Schrat? Warum lässt Du mich nicht singen im Arbeiter- und Bauernstaat?"* Und dann sah Udo dem Staatsratsvorsitzenden Erich tief in die rote Seele: *„Honey, ...ich weiß, tief in Dir drin, bist Du doch eigentlich auch ein Rocker. Du ziehst Dir doch heimlich auch gerne mal die Lederjacke an. Und schließt Dich ein auf'm Klo und hörst West-Radio..."* Mag Lindenberg auch Erichs Neigungen zu Medien des Klassenfeindes falsch interpretiert haben (schließlich war der DDR-Staatslenker mehr zu erotischer West-Videoware hingezogen), ganz falsch lag er nicht. Und am Ende seines Songs lässt Lindenberg noch „Big Brother" aus dem Off ertönen: *„Towarischtsch Erich! Meshdu protschim, nitschewo sowjet ne imejet nitschewo protiw gastrolej Gospodina Lindenberga w GDR! Genosse Erich, im übrigen hat der Oberste Sowjet nichts gegen ein Gastspiel von Herrn Lindenberg in der DDR!"*

Udo Lindenberg mit der geschenkten Schalmei (rechts) und zwischen seinen Fans in Ostberlin.

Otto Schwanz. Ein Mann steigt auf und fällt.

„Im schwarzen Smoking thront er inmitten seiner 25 Girls aus allen Ländern der Welt. In den Haaren lässt er sich nur von den Brasilianerinnen kraulen, seine Hände streichelt eine Miss Martinique, ihm zu Füßen kauern zwei Filipinas, und den Tanz der sieben Schleier führt eine Inderin vor." So residierte laut Bericht eines „Playboy"-Reporters Wolfgang Otto Albert Waldemar Schwanz: Bordellkönig im „Blauen Engel", Schlüsselfigur in der „Antes"-Affäre, später häufiger Gast in den Berliner Justizvollzugsanstalten. Und ganz zum Schluss Aushilfs-Fliesenleger.

Eine Berliner Aufstiegs- und Abstiegsgeschichte der ganz klassischen Art: Schwanz machte mit seinem Bordell „Blauer Engel" an der Budapester Straße sein Glück - jedenfalls bis Anfang der 80er-Jahre. Da stand Schwanz, der auch Mitglied der Wilmersdorfer CDU war, kurz vor der

Hahn im Korb und König des „Blauen Engels": Bordellchef Otto Schwanz mit seinen sexy girls.

Zwangsräumung und kraulte keiner Miss irgendwo mehr irgendwas. Schließlich brannte der „Engel" auch noch aus - Schwanz in Not. Mit einem Koffer voller Geld stand er bei seinem Parteifreund Wolfgang Antes auf der Matte, dem Baustadtrat von Charlottenburg. Nächstes Kapitel: Ein Schwanz-Strohmann erhielt den wundersamen Zuschlag für die Gastro-Goldgrube „Café Europa" im Europa-Center.

1986 begann der Prozess gegen den ehemaligen Bordellier und Freund der Christdemokraten, ein Jahr später wurde er zu sechseinhalb Jahren Gefängnis verurteilt. Den bestochenen Politiker bestrafte die Justiz mit fünfeinhalb Jahren - und als immer mehr über weitere Geschäfte bekannt wurde, mussten noch drei weitere Senatoren gehen, darunter Heinrich

Wolfgang Antes

Lummer, Berlins legendärer Innensenator. Der Regierende Bürgermeister Eberhard Diepgen verlor die nächste Abgeordnetenwahl (und wurde dann wieder in sein Amt gewählt).

Für Otto Schwanz sah es ganz schlimm aus. Zehn Jahre war Funkstille, dann tönte er nach der Haftentlassung, die Hertha-Villa im Westend zu kaufen und dort ein neues Bordell einzurichten. Doch Hertha verkaufte nicht, Otto Schwanz konnte

nicht an seine goldenen Zeiten anknüpfen und landete schließlich 1998 wegen Beteiligung am Handel mit stümperhaft gefälschten BVG-Monatsmarken wieder vor Gericht. Urteil: Drei Jahre und vier Monate Haft.

Die letzten Jahre waren nicht schön. Erst ein Herzinfarkt, dann Krebs. Schwanzens letzter Job als freier Mann war der, den er vor seiner Karriere als Bordellkönig einmal gelernt hatte: Fliesenleger.

„Theater des Westens" wird 80

Fünf Minuten nach der Stunde null wurde in Berlin schon wieder Theater gespielt. Und gutes dazu! Am 1. August 1945 eröffnete das traditionsreiche „Theater des Westens" (links) als „Städtische Oper" neu. Doch dann zogen Wagner und Verdi ein paar Häuser weiter, in die neu eröffnete Deutsche Oper ein, und in der Kantstraße regierte wieder die leichte Muse. Unter Hans Wölffer (links) gingen Inszenierungen in die Thea-

tergeschichte Berlins ein: „My Fair Lady" war ein Publikumsmagnet, ebenso wie „Annie Get Your Gun". Aber die großen Erfolge wiederholten sich in der Ära Stracke von 1964 bis 1972 ebenso wenig wie später, als Wölffer wieder das Kommando übernahm. Im Jubiläumsjahr 1986, als die Bühne ihr 80-jähriges Bestehen feierte, versprachen die neuen Pächter, Eynar und Wincent Grabowsky,

an die große Tradition anzuschließen. Heute werden im Theater aufwendige Musical-Produktionen wie „Tanz der Vampire" gespielt.

Tipp: Der Konzertclub „Quasimodo" nebenan - eine der guten Locations für Livemusik in der Hauptstadt.

QUASIMODO berlin

Rock-, Jazz- und Bluesgrößen - links Junior Wells aus Chicago - spielen seit 1975 im Club „Quasimodo".

Dem Kommunismus ein Park: Das Marx-Engels-Forum

Der große Aufbau Ost begann Mitte der 80er-Jahre in der „Hauptstadt der DDR" als Vorbereitung der 750-Jahr-Feier, der in beiden Teilen der Stadt unabhängig voneinander begangen wurde, was einen zünftigen Konkurrenz-Kampf auslöste. Auf eine der Anlagen waren die SED-Granden besonders stolz: Das Marx-Engels-Forum zwischen Spandauer Straße und der Spree in Mitte, eingeweiht am 4. April 1986. Die parkähnliche Denkmalanlage (oben) entstand nach Plänen des Bildhauers Ludwig Engelhardt auf einer der größten Brachen Ostberlin, gegenüber dem Palast der Republik. Vor dem Zweiten Weltkrieg hatten hier Wohn- und Geschäftsgebäude gestanden, die beim Bombardement Berlins zerstört und deren Ruinen bereits nach dem Krieg abgetragen worden waren.

Die Planung des Marx-Engels-Forum hatte bereits Ende der 70er-Jahre begonnen - seit 1977 war Engelhardt Leiter des Projekts. Um- und Neupla-

nungen verzögerten den Beginn der Arbeiten immer wieder; massive Eingriffe in die Entwurfsarbeiten durch führende Funktionäre der SED kamen hinzu. Kernstück der Anlage ist auch heute noch die von Engelhardt selbst geschaffene Doppel-Skulptur (unten), die Karl Marx und Friedrich Engels darstellt. Von imposanter Höhe (Engels: 3,75 Meter) ist sie heute beliebtes Fotomotiv für internationale Touristen (zu erkennen an den weiß abgeschabten Knieflächen des Autoren des „Kommunistischen Manifestes") als auch Pilgerstätte für Uralt-Linke, die regelmäßig rote Nelken zu Füßen der Gründungsväter des Sozialismus niederlegen. Daneben künden diverse Reliefwände - dogmatisch verfremdet - von der Geschichte der Arbeiterbewegung.

Wohnungsbau meldet Planerfüllung

1986 war ein wichtiges Jahr in der Wohnungspolitik Ostberlins. Mehr als 260 Milliarden Mark (Ost), verkündete DDR-Bauminister Wolfgang Junker, habe der Staat in den vergangenen 15 Jahren in die Modernisierung und den Neubau von Wohnungen investiert. 60 weitere Milliarden sollten in den nächsten fünf Jahren folgen. Dann sei, so Junker, das Ziel von Honeckers 1971 aufgestelltem 20-Jahres-Plan fristgerecht erreicht und die „Wohnungsfrage als soziales Problem gelöst". Junker verwies auf die großen Siedlungen in Hellersdorf (oben) und Hohenschönhausen als besonders gelungene Beispiele sozialistischen Wohnungsbaus. Stolz wurden Mietpreise verkündet, von denen man im Westen nur träumen konnte: Die Neubaumiete in der Provinz lag bei 80 bis 90 Pfennige / Quadratmeter, in Berlin zwischen 1,05 bis 1,25 Mark / Quadratmeter. Die Altbau-Mieten rangierten dank einer Preis-Bindung auf dem Niveau von 1938. So bezahlte der Bürger Ostberlins für eine Fünfzimmer-Wohnung rund 75 Mark. Selbst renovierte Altbau-Wohnungen durften maximal eine Mark pro Quadratmeter kosten. Die haarsträubenden sanitären Zustände in den immer weiter zerfal-

lenden Altbauten mit Etagentoiletten und vor allem Ofenheizungen verschwiegen die Verkünder der „Errungenschaften". Besonderen Wert aber legte Junker auf die Feststellung, dass es in den Neubausiedlungen „gesellschaftliche Einrichtungen in ausreichender Zahl" gebe - eine Spitze gegen die Westberliner Neubauviertel, die in den 80er-Jahren immer mehr in die Kritik gerieten. Das Märkische Viertel und Gropiusstadt, als sozialer Wohnungsbau geplant, hatten sich zu sozialen Brennpunkten entwickelt.

Sanierungsbedürftige Altbauwohnungen am Prenzlauer Berg, 1983 (rechts).

La Belle: Anschlag auf eine Stadt und ihre Freunde

Die Menschen in der Diskothek „La Belle" suchten nur ihren Spaß in dieser verfluchten Nacht vom 4. auf den 5. April 1986, als um 1.50 Uhr die Hölle los brach. „Es war entsetzlich. Es knallte ganz fürchterlich, auf einen Schlag war es dunkel. Ich stand einige Sekunden still. Plötzlich konnte ich nicht mehr atmen. Die Luft war verseucht durch Staubpartikel. Ich dachte nur noch: Luft! Luft! Raus!", berichtete die Sekretärin Daniela C. Drei Kilogramm Plastiksprengstoff sind direkt neben der Tanzfläche explodiert, die Friedenauer Diskothek gleicht einem Schlachtfeld. Panik bricht aus. Tote und Verletzte? Niemand weiß es. Alle wollen nur eins: Ins Freie! „Jeder hatte Angst um sein Leben, dachte nur an sich. Der Weg nach draußen war versperrt durch Schallplatten, Deckenbalken und Möbel, die

auf dem Boden lagen. Überall war weiße Farbe von dem Farbengeschäft nebenan.", erzählt Daniela C. später den Reportern. „Ich bin über Schwerverletzte ins Freie geschoben worden. Auf dem Mittelstreifen der Straße lagen Dutzende von Verletzten, sie alle stöhnten und schrieen. Rechts und links neben der Disko versuchten junge Leute, anderen zu helfen. Die Blutungen wurden mit Papierfetzen provisorisch gestillt. Überall auf der Straße war Blut."

Die Bilanz der Grauensnacht: Ein US-Soldat und eine türkische Besucherin des „La Belle" waren auf der Stelle tot, 28 Menschen schwer verletzt, 250 Besuchern hatte der Luftdruck der Explosion das Trommelfell zerrissen. Ein zweiter US-Soldat starb kurze Zeit nach der Katastrophe. Am Morgen nach dem Bom-

IN DIESEM HAUS WURDEN AM 5. APRIL 1986 JUNGE MENSCHEN DURCH EINEN VERBRECHERISCHEN BOMBENANSCHLAG ERMORDET

benanschlag meldete sich der Terror zu Wort: Bei einer deutschen Nachrichtenagentur beanspruchte per Telefon eine „Anti-amerikanische arabische Befreiungsfront" die Urheberschaft, in London meldete sich ein Mann und reklamierte die Täterschaft für das „Kommando Holger Meins" - jene Terrorzelle also, die 1975 die deutsche Botschaft in Stockholm überfallen hatte. Mehr als 100 Beamte der Berliner Kriminalpolizei bildeten eine Sondereinheit.

Bundesaußenminister Dietrich Genscher (oben) betonte: „Wir lassen unsere amerikanischen Freunde nicht aus unserem Land herausbomben."
Die US-Regierung hatte derweil einen ganz anderen Verdacht zu den Drahtziehern hinter dem Anschlag auf das „La Belle". US-Präsident Ronald Reagan beschuldigte noch am Attentats-Tag die Staatsführung von Libyen. Motiv: Vergeltung für die Versenkung zweier Kriegsschiffe durch die USA. Zehn Tage nach dem „La Belle"-Anschlag bombardierten US-Kampfjets Tripolis. 36 Menschen starben, darunter eine Adoptivtochter von Staatschef Muhammar Gaddafi. Auch diese Aktion führte wiederum zu einem Rachakt: 189 Amerikaner starben am 21. Dezember 1988 bei einem Bombenattentat auf einen PanAm-Jet über der schottischen Stadt Lockerbie.
Erst 2001 wurden die „La Belle"-Täter vom Landgericht Berlin verurteilt, nach-

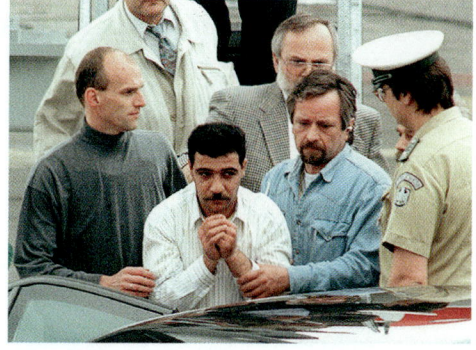

Ankunft des durch den Libanon ausgelieferten und später verurteilten Attentäters Yasser Chreidi auf dem Flughafen Berlin-Schönefeld.

dem ein erster Prozess gescheitert und der zweite länger als vier Jahre gedauert hatte. Die Hauptschuldige, die die Bombe gelegt hatte, wurde zu 14 Jahren Haft, ihre drei Komplizen zu Haftstrafen zwischen zwölf und 14 Jahren verurteilt. Gaddafi (unten), inzwischen auf dem Weg vom Staats-Schurken zum „Partner der demokratischen Welt", willigte am 10. August 2004 ein, an die Opfer des „La Belle"-Attentats Entschädigung in Höhe von 35 Millionen US-Dollar zu zahlen.

Außenansicht der Diskothek „La Belle" am Morgen nach der Explosion.

DISCO La BeLLe CLUB

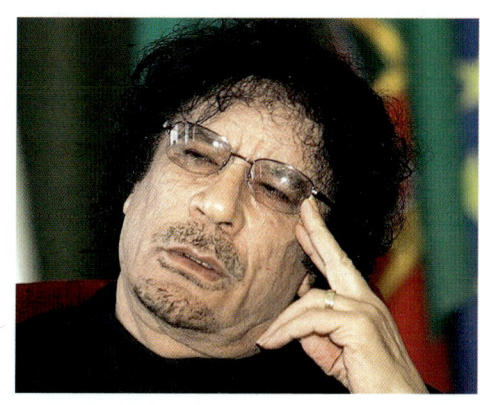

Der 1. Mai und die Chaoten: ein Kreuzberger Ritual

In Zehlendorf die Reichen, in Kreuzberg die Chaoten - so erklärte sich Zuzüglern und Besuchern in den 70er- und 80er-Jahren der gesellschaftliche Atlas Berlins. Für die Aussteiger (und natürlich die vielen Bundeswehrflüchtlinge) aus Westdeutschland wurde die Stadtteilbezeichnung SO36 zu einem Synonym für Nonkonformismus. In Massen strömten sie nach Berlin und in den Kiez entlang der Mauer, um dort allem zu entgehen, was sie fürchteten: Regeln, Pflichten - oder auch einfach nur der Zahlung von Miete. Eine der Gründungslegenden des linken Kreuzberg ist die Besetzung des Bethanien-Krankenhauses am Mariannenplatz. Nach einem Konzert der Polit-Band „Ton Steine Scherben" („Macht kaputt, was Euch kaputt macht") an der Technischen Universität zogen Musiker und Publikum los und verschanzten sich in einem Teil der stillgelegten Klinik, richteten sich ein und benannten ihre neue Heimat in „Georg-Rauch-Haus" um, nach einem vier Tage zuvor bei einem Polizeieinsatz zu Tode gekommenen Sympathisanten der sich gerade formierenden radikalen Szene. Doch schließlich fand sich für die Besetzer und ihre Ideen eine berlinerische Lösung: Das „Georg-Rauch-Haus" mutierte

zum „Jugend- und Kulturzentrum" - nicht nur geduldet, sondern auch gefördert. Links als Lebensform wurde in Kreuzberg kultiviert. Zusammenstöße zwischen Polizei und Hausbesetzern oder Autonomen kamen vor, waren aber nicht die Regel. Beide Seiten hatten sich arrangiert - bis die brüchige Idylle am 1. Mai 1987 explodierte.

Um 4.45 Uhr brach die Polizei (Begründung: „Gefahr im Verzug") ein Büro der Volkszählungsgegner am Mehringdamm auf, was von linken Gruppierungen als Provokation aufgefasst wurde und sich bis zum frühen Nachmittag zu einer Welle des Hasses hochschaukelte. Gegen 16 Uhr lag der erste Streifenwagen auf dem Dach, stand die erste Blockade. Die Polizei reagierte mit wenig Fingerspitzengefühl und löste mit Einsatz von Schlag-

stöcken ein alternatives Straßenfest auf. Der linke Sender „Radio 100" berichtete live - und mobilisierte die Sympathisanten. Gegen 22 Uhr brannten an jeder Ecke der Oranienstraße Bauwagen und Blockaden. Autonome verteidigten ihre Bollwerke mit Zwillen, griffen sogar Löschfahrzeuge an. Die Polizei, außerstande für Ordnung zu sorgen, zog sich aus dem Gebiet um die Skalitzer Straße zurück, die BVG musste ihren Verkehr stoppen. Ein Hauch von Anarchie wehte über Kreuzberg. Berauscht vom „Erfolg" (und jeder

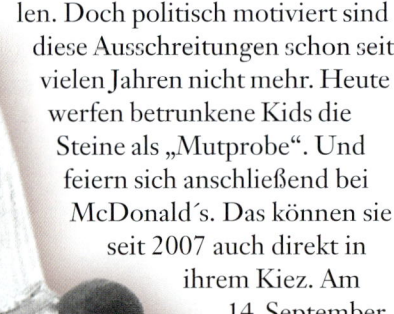

Menge Dosenbier aus geplünderten Läden, wie dem legendären gebranntschatzten „Bolle"-Markt) zogen die Autonomen in Richtung U-Bahnhof Görlitzer Straße, der schließlich in Flammen aufging. Um kurz nach 2 Uhr startete die Polizei den Gegenangriff und rückte mit Wasserwerfern und Räumfahrzeugen vor. Die Bilanz im Morgengrauen: Mehr als 100 Verletzte, 100 Festnahmen und der Beginn einer neuen Ära der Gewalt. Bis heute kommt es Jahr für Jahr am 1. Mai in Kreuzberg zu teilweise schweren Krawallen. Doch politisch motiviert sind diese Ausschreitungen schon seit vielen Jahren nicht mehr. Heute werfen betrunkene Kids die Steine als „Mutprobe". Und feiern sich anschließend bei McDonald's. Das können sie seit 2007 auch direkt in ihrem Kiez. Am 14. September eröffnete in der Skalitzer Straße die erste Kreuzberger Filiale. Die Proteste hielten sich in Grenzen.

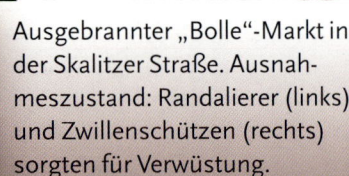

Ausgebrannter „Bolle"-Markt in der Skalitzer Straße. Ausnahmeszustand: Randalierer (links) und Zwillenschützen (rechts) sorgten für Verwüstung.

„Herr Gorbatschow, öffnen Sie dieses Tor!"

Als naiv beschimpften sie ihn damals, heute gilt er als Visionär. Auf lediglich vier Stunden war Ronald Reagans Blitz-Besuch in Berlin am 12. Juni 1987 angelegt, eine Höflichkeits-Stippvisite des amerikanischen Präsidenten anlässlich des Stadtjubiläums. Vieles schien reine Folklore: Die Demonstrationen der Reagan-Gegner am Vorabend in der Westberliner Innenstadt, gefolgt vom Polizei-Einsatz mit Schlagstöcken, den 24 Festnahmen. Nach Reagans Landung am nächsten Tag gegen 12.00 Uhr in Tempelhof wurde er in Bellevue von Bundespräsident Richard von Weizsäcker, dem ehemaligen Bürgermeister Berlins, empfangen. Anschließend besichtigte der US-Präsident eine Ausstellung zum Marshall-Plan, plauderte mit Trümmerfrauen. So weit, so brav.

Auch am Brandenburger Tor sieht zunächst nichts danach aus, als ob hier heute noch Geschichte gemacht würde. Tony Marshall, die Schöneberger Sängerknaben, das BVG-Orchester, Gottlieb Wendehals und das Polizeiorchester waren eingeladen, den 20.000 Berlinern die Wartezeit zu verkürzen. Auch im Osten nichts Neues: Die Sitzbänke und Stühle auf dem Mittelstreifen Unter den Linden hatten Arbeiter bereits in der Nacht zuvor abmontiert und weggebracht, der Pariser Platz war für Bürger und Touristen gesperrt, die 1.000 Personen, die sich seit dem Vormittag dort tummelten, gehörten fast ausnahmslos zur Stasi und bewachten sich gegenseitig. Auf dem Brandenburger Tor hatten DDR-Grenztruppen Stellung bezogen.

Um kurz vor zwei traf der amerikanische Präsident ein und schrieb Geschichte.

„Herr Gorbatschow, öffnen Sie dieses Tor! Herr Gorbatschow, reißen Sie diese Mauer nieder!" Kein Appell, sondern ein Vorschlag, direkt an den Zentralsekretär der Moskauer Kommunistischen Partei gerichtet. „Bringen wir die Ost- und Westteile der Stadt enger zusammen. Wie könnte man besser die Offenheit dieser Stadt dokumentieren, als durch das Angebot, in naher Zukunft die

Olympischen Spiele hier in Berlin, im Osten und im Westen zu gestalten?" Eineinhalb Stunden später ist der Präsident bereits wieder auf dem Heimweg nach Amerika. Gut zwei Jahre später wird seine Vision des offenen Brandenburger Tors, der eingerissenen Mauer Wirklichkeit. Nur auf die Olympischen Spiele wartet Berlin bis heute.

Ronald Reagan nahm in Berlin kein Blatt vor den Mund und forderte Gorbatschow auf, das Brandenburger Tor zu öffnen.

750 Jahre. Ein Fest - zwei Feiern

Das Gezerre um eine einheitliche 750-Jahr-Feier Berlins. Letztlich scheiterte das gemeinsame Fest an protokollarischem Kalkül, fehlgeschlagener Diplomatie und Mangel an Einfühlungsvermögen.

Alles begann mit einer kleinen Frechheit von Erich Honecker: Bereits im Oktober 1986 hatte Berlins Regierender Bürgermeister Diepgen zu einem „Staatsakt" in den Palast der Republik eingeladen. Ein „Staatsakt" in Ostberlin? Kann es nicht geben, signalisieren die West-Alliierten, denn laut Viermächte-Statut gehört die Stadt nicht zur DDR. Diepgen kontert mit einer Gegeneinladung an Honecker zur offiziellen Westberliner Eröffnung des Jubiläums im ICC. Der Staatsratsvorsitzende sagt zwei Wochen vorher ab, am 6. Mai schreibt auch Diepgen, dass er dem „Staatsakt" fernbleiben wird. Also feiert jeder Teil der Stadt für sich: Die Westberliner mit Frankreichs Staatspräsident Mitterand, Reagans historischer „Mauer"-Rede und der Queen, der Osten mit dem Gipfeltreffen der Warschauer-Pakt-Staaten und einem großen „historischen Festumzug", auf dem vor allem die Vereinigung von KPD und SPD zur SED als wichtiges Ereignis gefeiert wurde.

Ronald Reagan, Richard von Weizsäcker und Eberhard Diepgen (von links) mit ihrenEhefrauen beim Empfang vor dem Schloss Bellevue (links). Erich und Margot Honecker beim Festumzug anlässlich der 750-Jahr-Feier im Osten der Stadt (rechts).

235

E´88: Flops, zickiger Maestro - und doch ein Happy End

Allein durch seine Größe konnte er nicht beeindrucken: Der Höllenhund Cerberus, der sich über dem Wannsee in den nächtlichen Himmel erhob, ähnelte eher einer Kreuzung zwischen Spinne und Fledermaus. Es soll trotzdem nicht allein seine Schuld gewesen sein, dass das im Vorfeld hochgepriesene und sehnlichst erwartete Freiluftschauspiel „Inferno und Paradies" nicht zum erwarteten Höhepunkt des Jahres 1988 geriet - des Jahres, in dem Berlin europäische Kulturhauptstadt war. Berlin folgte einer Reihe illustrer Vorgänger: Athen, Florenz und Amsterdam waren schon vorher von der Europäischen Union für jeweils ein Jahr zu Kulturhauptstädten ernannt worden. „Ein Jahr lang kulturmäßig alle Tage Sonntag!", fasste ein Boulevardblatt zusammen, was die neue Ehrung der Stadt einbrachte: Rund 1.000 Veranstaltungen, Workshops, Konzerte, Literaturtreffs, Ausstellungen. Berlin bot alles auf, was es in den Bereichen Theater, Literatur, bildende Kunst, Musik und Film zu bieten hatte. Der Erfolg war dennoch durchwachsen.

„Ort des Neuen", „Werkstatt Berlin" und „Mitte Europas" - jedes Motto für sich zeugte von hohen Ansprüchen, alle zusammen offensichtlich manchmal zu hoch. Neben dem Wannsee-Theater floppte auch Robert Wilsons „The Forest", ein vier Millionen DM teures Werkstatt-Theater, das vor allem auf die freie Entfaltung der beteiligten Künstler gesetzt hatte. Erfolgreicher war Hans Neuenfels mit seinem Kleist-Projekt in der Freien Volksbühne, prägend aber war auch er nicht für das Kulturjahr, das E'88, wie es bald genannt wurde.
Die Literaten hielten sich bevorzugt an das Motto „Werkstatt". Schriftsteller aus aller Welt waren eingeladen und entwarfen ihre Visionen von Europa; sie tagten und diskutierten. Die Berliner aber blieben im Wesentlichen außen vor.
Der Film war erfolgreicher: Zahlreiche europäische Staaten präsentierten sich im Kino und in begleitenden Ausstellungen. Trotzdem waren viele Veranstalter unzufrieden, es kamen einfach nicht genug Besucher. Sie kämpften mit einem Problem, das der Tagesspiegel im Hinblick auf E'88 so beschreibt: „Kultur scheint offenbar beliebig vermehrbar zu sein, der Vervielfältigung des Publikums hingegen sind sichtlich Grenzen gesetzt." Trotzdem erwies sich insbesondere das Kinderfilmfestival als Höhepunkt und Publikumsmagnet.
Als ein „Ort des Neuen" wollten sich die bildenden Künste der Stadt präsentieren. Ob das gelang, darüber wurde eine Weile gestritten und dann geschwiegen. Der

Zwei Weltstars bei ihren Berlin-Konzerten: Michael Jackson (links) und Luciano Pavarotti in einer Collage.

„Positionen heutiger Kunst" in der Nationalgalerie, darunter eine Probe zu „Der tollwütige Mund" von Hans Neuenfels.

Austausch mit Künstlern aus der DDR, Bildhauersymposien und kleinere Ausstellungen blieben weitgehend unbeachtet. Mehr Anklang fanden bewährte Großprojekte wie die Beuys-Retrospektive. Und 120.000 Besucher sahen sich die „Stationen der Moderne" im Gropiusbau an.
Was die Musik angeht, so machte sie gleich zum Auftakt auf sich aufmerksam - durch einen Skandal. Herbert von Karajan ließ die Philharmoniker beim Eröffnungskonzert im Stich. „Die Turbulenzen um seinen Geburtstag haben ihn offenbar doch sehr belastet", entschuldigte Kultursenator Volker Hassemer den Maestro. Die Philharmoniker spielten ohne Karajan - erfolgreich!
Ohne große Namen musste E'88 im weiteren Verlauf dann doch nicht auskommen: Heiner Müller, Yehudi Menuhin, Heinz Rühmann, Luciano Pavarotti und Michael Jackson kamen nach Berlin. Am Ende war dann doch für jeden etwas dabei: Ein Popkonzert in der Waldbühne, eine Modenschau im Hinterhof, ein klassisches Konzert in der Philharmonie. Nicht zuletzt genossen Einheimische und Gäste die verlängerten Öffnungszeiten der Museen. Am 19. November übergab der Regierende Bürgermeister Eberhard Diepgen dann die symbolische Flamme der Kultur an Jaqcues Chirac, Bürgermeister von Paris, der nächsten europäischen Kulturhauptstadt.

Kultursenator Volker Hassemer im Gespräch mit Stefan Heym (rechts).

Loveparade und heiße Nächte in den Clubs

15.000 Techno-Freaks tanzten 1992 auf der Loveparade, 1998 bis 2000 feierten rund eine Million Raver zu heißen Beats vor der Siegessäule.

„Friede, Freude, Eierkuchen" Das war das erste Motto der Berliner Loveparade - 1989, als die Stadt noch geteilt und Techno-Musik noch ein Minderheitenprogramm war. Gerade mal 150 Jugendliche tanzten auf und um die beiden Wagen auf dem Kudamm. Was daraus innerhalb von nur drei Jahren entstehen sollte, zählt zu den größten Erfolgen der Musikgeschichte, geriet in den 90er-Jahren zum Markenzeichen für das neue, ungeteilte Berlin. Und verschwand Mitte der 2000er-Jahre sang- und klanglos ins Ruhrgebiet. Blick zurück ins Jahr 1992 - der Geburtsstunde der Loveparade als Treffpunkt der internationalen Techno-Gemeinde. 15.000 Menschen kamen in diesem Jahr, mehr als doppelt so viele wie im Jahr davor. Berlin war jetzt das Zentrum einer neuen Musikbewegung, hatte Köln und Frankfurt in Deutschland und sogar Manchester und London hinter sich gelassen. Die Loveparade galt dabei nur als das öffentlich sichtbare Aushängeschild der Szene. In den Clubs dagegen, die seit den frühen 90er-Jahren vor allem in Mitte entstanden waren, stiegen die hemmungslosen Nächte, die häufig ein ganzes Wochenende dauerten. Einer der Berliner Techno-Pioniere ist Dietmar-Maria „Dimitri" Hegeman. Er eröffnete im März 1991 in der unterirdischen Stahlkammer des ehemaligen Wertheim-Kaufhauses an der Leipziger Straße den „Tresor". Die Hunderte aufgebrochener Schließfächer bildeten

eine ideale Kulisse für die harte, industrielle Musik. Nicht weit entfernt, zwischen Mauerstraße und Wilhelmstraße, eröffnete Loveparade-Veranstalter Ralf Regitz mit einigen Partnern das „E-Werk", in dem unter anderem Deutschlands bekanntester Techno-DJ, WestBam, regelmäßig auflegte. Das E-Werk gab sich stilvoller und offener als der „Tresor", und erwies sich als nicht weniger erfolgreich. Im Sommer 1992 eröffnete an der Albrechtstraße/Ecke Reinhardstraße der laut Eigenwerbung „härteste Club der Welt". Drei Jahre später wurde der „Bunker" nach einer Drogenrazzia geschlossen. Techno und Drogen - obwohl die Veranstalter der Loveparade immer wieder den Konsum überdurchschnittlich vieler Drogen dementiert hatten, gab es wohl kaum einen Rave, auf dem sich nicht ein Großteil der Besucher aufgeputscht hätte: Schließlich tanzten die Raver häufig länger als 48 Stunden am Stück. Einen guten Ruf genoss die Techno-Szene zunächst nicht bei den Berlinern, dazu spielte sich zu viel im Düsteren ab. Und es dauerte bis Ende der 90er-Jahre, bis die Stadt sich mit der Loveparade versöhnt hatte. Von 1998 bis 2000 kamen mehr als eine Million Besucher aus aller Welt nach Berlin, eine ideale Werbung für die Stadt. Und ein gewaltiger Wirtschaftsfaktor. Allein mehr als fünf Millionen Euro brachten die großen Paraden an Steuergeldern, die Hoteliers und Gastronomen jubelten über volle Auslastung. Dennoch war die Loveparade immer umstritten. Seit die Veranstaltung 1996

Ralf Regitz   „E-Werk"

vom Kudamm auf die Straße des 17. Juni umgezogen war, fürchteten Umweltschützer (nicht zu Unrecht) um die Unversehrtheit des Tiergartens. Trotz vieler Beteuerungen wurden die Veranstalter des wilden Urinierens und des Müllproblems niemals wirklich Herr. 2001 verliert die Loveparade zusätzlich ihren Status als politische Demonstration. Wieder gelingt es dem Team um Loveparade-Mastermind Dr. Motte nicht, die Großveranstaltung kostenneutral zu gestalten. Von 2003 bis 2005 fällt die Parade aus, 2006 wird sie von der „McFit"-Kette organisiert. Die letzten Techno-Fans kümmerte das nicht: Für sie war die Parade schon seit Anfang der 90er-Jahre ein kommerzieller Karneval für Provinzler. Good bye, Berlin: 2007 zog die Loveparade durch Essen.

„Dimitri" Hegeman vor dem „Tresor".

Bleibt die Mauer, gehn' die Leute fällt die Mauer, ist sie pleite. Ja, sie hat es wirklich schwer, unsre arme DDR

Jubeln, Weinen, Lachen: Berlin ist wieder eine Stadt

Erich Honecker singt. Am Abend dieses 7. Oktober 1989 trifft er sich mit Staatsgästen zum festlichen Dinner im Palast der Republik. Gemeinsam stimmen sie die „Internationale" an, das Kampflied der marxistischen Arbeiterbewegung. Unter den Gästen: PLO-Führer Jassir Arafat, der sowjetische Präsident Michail Gorbatschow und der rumänische Diktator Nicolae Ceausescu. Sie sind gekommen, um mit Erich Honecker den 40. Jahrestag der DDR zu feiern. Doch nicht allen ist zum Singen und Feiern zumute. Draußen auf dem Alexanderplatz haben sich Tausende Menschen versammelt. Polizisten stehen am Rand, zivile Einsatzkräfte durchkämmen die Menge. An den Häusern rund um den Alexanderplatz übertragen Kameras der Volkspolizei die Bilder direkt in die Einsatzzentrale.
In den vergangenen Wochen waren Hunderttausende DDR-Bürger zunächst über Ungarn, dann über die Tschechoslowakei in den Westen geflohen. Die Unzufriedenheit der Menschen nimmt zu. Sie sind nicht zum Feiern gekommen, an diesem 7. Oktober 1989.

Am Nachmittag kommt es zu Tumulten. Zivilpolizisten zerren einen Jugendlichen aus der Menge. Buhrufe ertönen und Pfiffe. Eine Gruppe von Menschen versammelt sich in der Nähe der Weltzeituhr am Alexanderplatz. „Freiheit, Freiheit", skandieren sie. Mehr und mehr Leute schließen sich ihnen an. Die Polizei greift nicht ein. Noch sind die Staatsgäste in der Stadt, überall filmen westliche Fernsehteams - die DDR-Führung hat kein Interesse daran, vor den Augen der Weltöffentlichkeit Demonstranten zu jagen.
Doch gegen Abend ist die Gruppe der Demonstranten auf mehr als 30.000 Menschen angewachsen. „Freiheit!", rufen sie und „Lügner!". Nachdem Michail Gorbatschow am Abend die Stadt verlassen hat, greifen Volkspolizei, Spezialeinheiten der Stasi und FDJ-Ordnungsgruppen die Demonstranten an. Verhaftete werden in LKWs abtransportiert. Zahlreich. Brutal. Willkürlich.
Wasserwerfer und Räumfahrzeuge kommen zum Einsatz. Rund um die Gethsemanekirche, dem zentralen Treffpunkt der Berliner Bürgerrechtsbewegungen, werden Sicherheitskräfte positioniert. Doch insbesondere die jungen

Erich Honecker singt die „Internationale" - das Volk auf dem Alexanderplatz ruft nach Freiheit (oben rechts) ...

Menschen unter den Demonstranten lassen sich nicht abschrecken. In den folgenden Wochen kommt es zu zahlreichen weiteren Demonstrationen. Am 4. November 1989 versammeln sich mehr als 50.0000 Menschen auf dem Alexanderplatz. „Wir sind das Volk", rufen sie. Und am Ende tragen sie den Sieg davon. Am 9. November verliest Günther Schabowski, Sprecher des SED-Zentralkomitees, auf einer Pressekonferenz nuschelnd und undeutlich die neue Reiseregelung. Die DDR-Führung hat nachgeben müssen. Schabowski verkündet die Öffnung der Grenzen. Um 19.05 verbreitet die Nachrichtenagentur AP die Eilmeldung: „DDR öffnet Grenze". Radiostationen und Fernsehsender unterbrechen ihre Sendungen. Um 21.30 Uhr haben sich

bereits Tausende Menschen an den Grenzübergängen in Ost-Berlin versammelt. Die Soldaten sind überfordert und wissen nicht genau, wie sie reagieren sollen. Auch nach neuer Regelung müssen die Reisen „beantragt" werden. Doch dann überschlagen sich die Ereignisse endgültig: Nachdem die ARD-Tagesthemen verkündet haben: „Die Tore in der Mauer sind weit offen!", gibt es kein Halten mehr.
Tausende stürmen an die Grenzübergänge, West-Berliner wie Ost-Berliner. Und nun schaffen die Massen Tatsachen; die Wachen ziehen sich zurück, zuerst am Übergang Bornholmer Straße. Menschen überrennen die Grenzanlagen. Noch in der gleichen Nacht wird die Öffnung aller Berliner Übergänge erzwungen.

Die Westberliner stehen Spalier: Sie jubeln, weinen, lachen. Einige haben Blumen mitgebracht. Eine junge Frau steckt einem Grenzsoldaten Blumen ins Knopfloch. Wildfremde Menschen fallen sich um den Hals. Vom Osten her drängen Hunderte nach. „Ick glob es nich! Erst wenn ick drüben bin!", ruft eine Berlinerin. Andere winken über die Grenze: „Wir kommen gleich!"
Am Wochenende danach beschränkt sich das Chaos längst nicht mehr auf die Grenzübergänge allein. Banken, Sparkassen und Postämter erweitern ihre Öffnungszeiten. Sie zahlen das Begrüßungsgeld aus, 100 „Westmark" für jeden, der aus dem Osten herüberkommt. Nur ein Formular muss ausgefüllt werden. An der Friedrichstraße / Ecke Kochstraße im Westteil stehen die Menschen bis auf die Straße hinaus. Der Straßenrand ist zugeparkt - mit Trabbis und Wartburgs in mehreren Reihen.

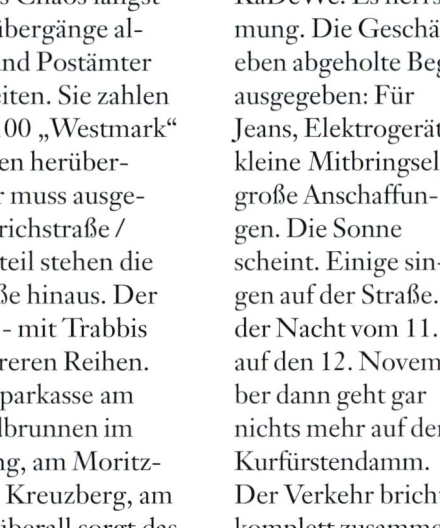
WIR SIND EIN VOLK

Vor der Sparkasse am Gesundbrunnen im Wedding, am Moritzplatz in Kreuzberg, am Zoo - überall sorgt das Begrüßungsgeld für Staus und Aufläufe nie gekannten Ausmaßes. Menschen werden fast zu Tode gequetscht.

9. November 1989, Grenzübergang Bornholmer Brücke: Die ersten Trabis rollen in den Westen.

Polizei und Feuerwehr rasen mit Blaulicht durch die Straßen und versuchen, für Ordnung zu sorgen. Aber die Leute helfen einander auch so: Ein Mann steht verloren in der Kochstraße: „Ich muss mich erst einmal sammeln. Weiß nicht mal, wo ich bin!" Sofort nehmen sich zwei andere seiner an, ein Westberliner führt ihn zum Kurfürstendamm.
Am Wittenbergplatz drängen sich die Menschen vor dem KaDeWe. Es herrscht Volksfeststimmung. Die Geschäfte bleiben offen. Das eben abgeholte Begrüßungsgeld wird nun ausgegeben: Für Jeans, Elektrogeräte, kleine Mitbringsel, große Anschaffungen. Die Sonne scheint. Einige singen auf der Straße. In der Nacht vom 11. auf den 12. November dann geht gar nichts mehr auf dem Kurfürstendamm. Der Verkehr bricht komplett zusammen. Hupende Trabbis verstopfen die Straßen und werden bejubelt. Einige Berliner schmücken die Wa-

Trabi-Stau am Grenzübergang Gudow auf der Transit-Strecke Berlin - Hamburg am 18. November 1989.

gen mit Blumen. Andere begießen sie mit Sekt. Ein Mann hält ein Bier aus dem Fenster seines Trabbis und ruft: „Mein erstes Schultheiss seit 30 Jahren!" Inmitten der jubelnden Massen steht eine ältere Dame aus Ostberlin und weint. Vor Glück.
Die Mauer ist zu diesem Zeitpunkt schon reichlich durchlöchert. Seit Tagen bearbeiten Berliner, Touristen, Souvenirjäger und Freiheitskämpfer die Mauer mit Meißeln und Hämmern. Sie schlagen sich Erinnerungsstücke heraus, große und kleine Brocken. In Partystimmung wird der spezialgehärtete Stahlbeton in Stücke zerlegt. Manchmal fällt ein Hammer auf die andere Seite, auf die Ostseite.
Doch die Grenzsoldaten haben sich schnell auf die neue Situation eingestellt und reichen das Werkzeug zurück, manche allerdings nur gegen Bezahlung.
Die Westberliner Polizei fährt mit Einsatzwagen an der Mauer entlang: „Bitte unterlassen Sie das Mauerklopfen!" tönt es aus Lautsprechern. Keiner kümmert sich darum. Alle hämmern fröhlich weiter. Begehrt sind die Außenteile, die teilweise bemalt sind. Nach ein paar Tagen hat sich ein Geschäft

Das deutsche Wunder. Mauerfall bis Wiedervereinigung: Special der ZEIT REISE - Autoren Peter Huth (links) und Gunnar Schupelius

Als Berlin die Welt veränderte

Peter Huth, Jahrgang 1969, ist Stellvertreter des Chefredakteurs BZ/BZ am Sonntag. Nach Stationen beim „Express" und „BILD" in Halle/Saale, Köln und Hamburg lebt der gebürtige Rheinländer seit mittlerweile mehr als zehn Jahren in Berlin. Huth hat mehrere Bücher im Rowohlt-Verlag veröffentlicht, darunter „Infarkt" (2003) und zuletzt „Das Büro".
Gunnar Schupelius, Jahrgang 1963, ist Chefreporter und Kolumnist der B.Z. Er war zuvor Geschäftsführender Redakteur der HÖRZU in Hamburg, Nachrichtenchef der Welt am Sonntag in Hamburg und Berlin und Chefredakteur des Berliner Radiosenders Hundert,6. Gunnar Schupelius ist verheiratet, hat vier Kinder und wohnt in Berlin-Wilmersdorf.

daraus entwickelt: Überall in der Stadt werden Mauerteile verkauft. Ob sie echt sind, kann kaum einer nachprüfen. Und wen kümmert es?
Berlin ist wieder eine Stadt.

Schabowskis Reisefreiheit: Pressekonferenz verändert die Welt

Es war das zweite Journalistengespräch, zu dem SED-Politbüro-Mitglied Günter Schabowski eingeladen hatte. Über eine Stunde plätscherte die Konferenz dahin. Schabowski, grauer Anzug, Krawatte, referierte über die Ergebnisse der dreitägigen Sitzung des Zentralkomitees der SED. Die berühmtesten Worte seines Lebens kamen widerwillig-stotternd über die Lippen des DDR-Funktionärs: „Dann, äh, haben wir uns entschlossen, eine, äh, Regelung zu treffen, die es, äh, jedem Bürger der DDR möglich macht, äh, über Grenzübergangspunkte, der, äh, DDR auszureisen."

Die Journalisten beginnen zu tuscheln, Nachfragen zu formulieren. Fast allen dämmert, was Schabowski da gerade für eine unglaubliche Nachricht verkündet hat - ganz am Ende der Pressekonferenz. Ein Trick der DDR-Führung? Begreift denn dieser Schabowski überhaupt selbst, was er da gerade gesagt hat? Nachfragen der Presse. Schabowski antwortet unsicher. Es sind Satzfetzen, wie sie die DDR-Bürger und die Berliner nicht zu träumen gewagt hatten: „Die Genehmigungen werden kurzfristig erteilt", „Ständige Ausreisen können über alle Grenzübergänge der DDR zur BRD erfolgen", „Privatreisen

Günter Schabowski

nach dem Ausland können ohne Vorliegen von Vorraussetzungen, Reiseanlässen und Verwandtschafts-Verhältnissen beantragt werden."

Kurz: Die Mauer ist weg.
Doch die bange Frage: Ab wann gelten

die neuen Bestimmungen? Behält die SED einen letzten Trumpf? Ein italienischer Kollege fasst sich ein Herz. „Ab wann gilt das?"

Schabowski stutzt. Bis heute ist nicht genau geklärt, ob er in diesem Moment auf eigene Verantwortung handelte oder ob der folgende Satz abgestimmt war. „Nach meiner Kenntnis, äh, sofort, äh, unverzüglich…"

Die nächste Nachfrage: „Gilt das auch für Berlin West?"

„Ja, alle Grenzübergangsstellen der DDR zur BRD, beziehungsweise zu Berlin West…" Sofort und unverzüglich nahm die Bevölkerung von Ostberlin Schabowski beim Wort und strömte zu der Mauer, die in der folgenden Stunde all ihren Schrecken verlieren sollte.

Zweitakter-Gemisch: Der „Duft" der ersten Freiheitstage

Nichts geht mehr in, von und nach Berlin. Szenen, als ob sich der mobile Teil der DDR-Bevölkerung geschlossen in Bewegung gesetzt hätte. Seit der Mauerfall-Nacht riecht es von Kreuzberg bis zum Kurfürstendamm, von Reinickendorf bis zum Wannsee nach Zweitakter-Gemisch. Der Duft der ersten Freiheitstage! Mit Sekt (rechts) und guter Laune werden die Besucher von Ex-Drüben begrüßt - und so mancher Trabi steckt die eine oder andere Beule

ein, als er an

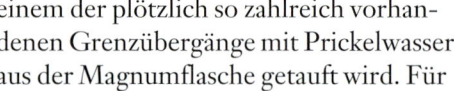

einem der plötzlich so zahlreich vorhandenen Grenzübergänge mit Prickelwasser aus der Magnumflasche getauft wird. Für die Westberliner ist der Tanz auf dem Besucher-Trabant fast so schön wie der Tanz auf der Mauer. Die größte Rennpappen-Rallye der Welt führt durch die zukünftige Hauptstadt und weit über sie hinaus. Zwei Tage nach der Grenzöffnung ist der Transitverkehr zwischen der DDR und Westdeutschland praktisch lahmgelegt. Am Grenzüber-

gang Rudolphstein steht der Verkehr 60 Kilometer weit bis zum Hermsdorfer Kreuz, vor den Grenzanlage in Helmstedt warten die ausreisenden DDR-Bürger mehr als elf Stunden: 40 Kilometer Stau. Bundesinnenminister Wolfgang Schäuble

gab bekannt, dass in den ersten zwölf Stunden nach dem Mauerfall 250.000 DDR-Bürger in den Westen gereist sind. 12.253 von ihnen als Übersiedler - nur fünf Prozent wollten also nicht mehr zurück in den Osten.

Stasi Normannenstraße: Rote Festung fällt

91.000 Männer und Frauen bildeten Herz und Hirn der größten Spitzel-Organisation, die Deutschland je hervorgebracht hat. Das waren die fest angestellten Mitarbeiter des „Ministeriums für Staatssicherheit". Doch das Rückgrat der Stasi bildeten die „Inoffiziellen Mitarbeiter (IM)" - die Alltags-Verräter, die Freundes-Spione, die Verwandtschafts-Überprüfer. 180.000 Hobby-Schnüffler standen im Dienst des Mielke-Imperiums. Für ihre Opfer blieben sie Phantome. Aber in den Häusern des Ministeriums waren die Personalien, die Einsätze, die Protokolle und die Vergütungs-Modalitäten der inoffiziellen Stasi-Leute akribisch-bürokratisch dokumentiert. In der

Hans Modrow forderte die Demonstranten vor Ort zur Besonnenheit auf - vergeblich.

Berliner Normannenstraße, der Stasi-Zentrale, lagerten diese Daten, streng bewacht.

Anfang 1990 wurden die Menschen ungeduldig. Sie wollten nicht mehr auf eine gemächliche Aufarbeitung warten, hatten genug von den endlosen Diskussionen zwischen der Regierung und dem Runden Tisch. Zwei Monate nach dem Mauerfall wollten sie wissen, was die Stasi tatsächlich getrieben hatte. Sie wollten wissen, wer die Verräter waren, sie wollten wissen, wer geschnüffelt hatte, sie wollten ihre Akten.

Auslöser des Sturms auf die Stasi-Festung am 15. Januar 1990 war die Bekanntgabe über die Ausstattung des Ministeriums für Staatssicherheit. Zahlen, die selbst Experten

schockierten: Noch 1989 hatte der Stasi-Apparat die Bürger in der DDR 3,8 Milliarden Ost-Mark gekostet. Die Staatsicherheit galt als einer der best ausgestatteten Geheimdienste der Welt. Der Stasi standen 2.037 Häuser zur Verfügung, davon allein 652 in Berlin. Die Schnüffler fuhren 12.903 Autos, 2.179 Kleintransporter und 2.124 Lastwagen. Zum Fuhrpark gehörten darüber hinaus 230 Schnellboote und vier Flugzeuge. Das Waffenarsenal entsprach dem einer kleinen Armee: 342 Flak-Geschütze, 3.537 Panzerabwehr-Raketen, 1.215 Maschinengewehre, 76.592 Maschinenpistolen und 124.593 Pistolen. Die perfideste und wirksamste Waffe aber waren die vergifteten Herzen der Stasi-Mitarbeiter. Immer mehr Menschen versammelten sich am Morgen des 15. Januar vor dem Gebäude in der Normannenstraße, die Menge wuchs von Minute zu Minute, bis sie schließlich auf fast 100.000 Demonstranten angewachsen war. Dann flogen die ersten Eier gegen die Tore, Jugendliche kletterten auf Leitern und besprühten die Überwachungskameras mit schwarzem Lack.

„Macht das Tor auf!" skandierte die Menge - und als niemand reagierte, stürmte die Masse die rote Festung. Die sechzig wachhabenden Volkspolizisten sahen tatenlos zu.

Im Gebäude entlud sich der Zorn der Demonstranten, gottlob ausschließlich gegen Sachen (oben rechts). Glastüren, Schreibtische und Stühle gingen zu Bruch. Die „Eroberer" zertrümmerten Schränke und

Tresore mit Brecheisen und Hämmern. Zentnerweise Rind- und Schweinefleisch, Weiß- und rote Würste fanden die Demonstranten in den Kühlkellern der Kantine. Sie nahmen mit, was sie fanden. Wer wollte es ihnen verdenken?

Eine Stunde dauerte der Sturm auf die Stasi-Zentrale in der Normannenstaße. Dann kamen die Politiker. Hans Modrow, der letzte SED-Ministerpräsident, forderte die Demonstranten vor Ort zur „Besonnenheit auf", auch Mitglieder des Runden Tisches und des „Neuen Forums" appellierten an die Menge, das Gebäude zu verlassen. Und tatsächlich zogen die Menschen ab. Die Stasi-Zentrale wurde versiegelt: ein riesiger Tatort, dessen Spuren genauestens gesichert werden mussten.

Brisantes Altpapier: Ein Mann durchsucht umherfliegende Stasi-Akten.

Wandlitz: Stadt der roten Bonzen

Egon Krenz und Günter Schabowski, der Mauerfall-Verkünder, jammerten am lautesten. Geradezu gezwungen habe man sie zu ihrem Glück. „Absurder Sicherheitskult" seufzte Schabowski. Nur auf Anordnung von Honecker persönlich sei er nach Wandlitz gezogen, berichtete Krenz. Das war Anfang 1990 und die Prominentensiedlung der DDR so gut wie geschlossen. Wie schäbig, sich im Nachhinein über ein Leben zu beschweren, von dem kein Bürger des „Arbeiter- und Bauernstaates" auch nur zu träumen gewagt hatte.

600 Bedienstete standen den Bewohnern der 23 Häuser im „inneren Ring" von Wandlitz zur Verfügung. Gärtner, Hausmeister, Einkäufer, Mechaniker - nichts, was die Politbüro-Mitglieder selbst hätten erledigen müssen.

Diese dienstbaren Geister vom Chauffeur bis zur Putzfrau waren samt und sonders Stasi-Leute, zur Geheimhaltung verpflichtet. Zu groß wäre die Gefahr gewesen, dass zivile Angestellte über den Märchenzauber-Luxus der Bonzen geplaudert hätten.

Allein die Versorgung des siedlungseigenen Shopping-Centers (rechts) war für DDR-Verhältnisse unglaublich perfekt organisiert: Westprodukte ohne Ende - nicht nur in der Lebensmitteltheke, sondern auch in den Elektronik-Regalen. Heiß begehrte Tiefkühltruhen bei-

spielsweise, aber auch Farbfernseher, die Schalck-Golodkowskis Handelsimperium für Devisen importiert hatte - und in Wandlitz zum 1:1-Kurs wieder verkaufte. Wollte einer der Bonzen den „Schwarzen Kanal" beispielsweise auf einem neuen Farbfernseher, Marke West, sehen, zahlte er für dieses Gerät 1.700 Ostmark. Ein vergleichbares Modell (allerdings aus Ostproduktion) kostete einen DDR-Bürger 6.500 Ostmark - für die er im Schnitt ein halbes Jahr arbeiten musste.

Schlaraffenland Wandlitz: Das Superbenzin für die Bonzen-Autos floss natürlich gratis. Praktisch, verfügte doch beispielsweise das Ehepaar Honecker über eine Flotte von 14 Fahrzeugen: vom Wartburg über Toyota und Range Rover bis zum Mercedes. Die konnten sie übrigens über die Privatauffahrt bequem auf die Autobahn steuern. Die Wandlitzer Villen

Wandlitz-Villa von Erich und Margot Honecker.

im Landhaus-Stil waren mit Möbeln aus Belgien eingerichtet, die Bäder kamen aus Frankreich, auf den Fußböden glänzte teilweise italienischer Marmor. Und jedes Haus war mit einer Sauna ausgestattet. Tennisplätze, Schwimmbäder (links), eigene Friseursalons, Restaurants und ein Kino, in dem auch die (sonst verbotenen) Westfilme gezeigt wurden, sorgten für Abrundung der Infrastruktur - und das Wohl der Obergenossen. Auf DDR-Landkarten tauchte Wandlitz erst gar nicht auf...

Die wenigen SED-Größen, die nach der Wende noch daran dachten, ihre Politkarriere fortsetzen zu können, verließen „Bonzograd" mit Bekanntwerden der Luxusversorgung. Egon Krenz residierte ab 1990 im Pankower Majakowskiweg - da, wo die DDR-Funktionäre schon gewohnt hatten, bevor 1960 das Areal in Wandlitz bezogen wurde. Auf dem Gelände der Waldsiedlung entstand nach der Wiedervereinigung eine Reha-Klinik.

Wende-Karriere: Gregor Gysi

Was viele SED-Stars versuchten - sich nach der Wende im politischen Geschäft zu halten - gelang tatsächlich nur einem: Gregor Gysi. Mit Eloquenz und Charme wurde der Anwalt, seit 1967 Mitglied der Einheitspartei SED, zu einer der Leitfiguren des Wendeherbstes. Als Vorsitzender der PDS, als Mitglied des Deutschen Bundestages und schließlich sogar als Wirtschaftssenator von Berlin in Klaus Wowereits erstem rot-roten Senat stieg er zum gesamtdeutschen Medienliebling und gefragten Talkshow-Gast auf. Von seinem Berliner Amt trat Gysi im Juli 2002 zurück: Er hatte schnell und bereitwillig zugegeben, dienstlich erflogene Bonusmeilen auch privat genutzt zu haben.

242

PDS

SED: umgeschminkt zur PDS

Die größte Kosmetik-Operation in der deutschen Parteien-landschaft begann am 3. Dezember 1989, also noch im Mauerfall-Jahr. Zwei Tage, nachdem die Volkskammer der Sozialistischen Einheitspartei Deutschlands (SED) ihren Führungsanspruch aus der Verfassung der DDR gestrichen hatte, rollten prominente Köpfe. Erich Honecker, der 18 Jahre lang als Erster Sekretär des Zentralkomitees der SED von den Parteifreunden unkritisiert und geradezu vergöttert geherrscht hatte, wurde von den Genossen aus der Partei geworfen. Und Erich Mielke, Stasi-Chef und am meisten gefürchtete Mann der DDR, gleich hinterher. Die Revolution fraß ihre Väter. Am 6. Dezember wählten die hilflosen Trümmer-Politiker der SED den Anwalt Gregor Gysi zu ihrem neuen Vorsitzenden und die in der Bevölkerung noch (aber nicht mehr lange) gut gelittenen Wende-Funktionäre Hans Modrow (1) und Wolfgang Berghofer (2) zu Stellvertretern. Modrow war seit November auch Ministerpräsident der DDR und so blieb die Macht im Staat in Personalunion mit der SED. Nicht viel Neues also im Osten.

Bis auf den Namen. Nach einer Parteitags-Rede, in der Professor Michael Schumann (3) das Unrecht der SED und die Schuldigen (eben jene, die man gerade ausgeschlossen hatte) benannt und die „Abkehr vom Stalinismus als System" proklamiert hatte, begann eine lange Diskussion. Sollte sich die Partei nicht besser doch auflösen, einen Neustart wagen? „Auflösung und Neugründung wären meines Erachtens eine Katastrophe für die Partei", sagte Gregor Gysi - eine Katastrophe vor allem für die 44.500 hauptamtlichen Mitarbeiter der SED. Und das riesige Vermögen der SED blieb in der Hand der Genossen, als sich die Partei auf Vorschlag von Gregor Gysi in das Wort-Ungetüm „Sozialistische Einheitspartei Deutschlands - Partei des demokratischen Sozialismus"

(SED-PDS) umbenannte. Den Zusatz SED kippten die Genossen nur einen Monat später, nachdem sie weitere Ex-Prominenz (Krenz, Schabowski, Kessler) vor die Tür gesetzt hatten.

Auf die Vorsitzenden Gregor Gysi und Lothar Bisky (4) folgte Gabi Zimmer (5), auf sie wiederum Bisky. Dass die ehemalige SED zumindest auf Landesebene auch wieder Regierungs-Verantwortung trägt, ist mittlerweile politische Normalität. In Berlin erneuerte Klaus Wowereit die Koalition mit der PDS auch dann, als rechnerisch ein rot-grüner Senat möglich gewesen wäre. 2005 vereinigte sich die PDS mit der westdeutschen Extremlinken WASG, unter dem Logo „Die Linke. PDS".

Hier errichten notorische Weltverbesserer

DIE NEUE LINKE.

Sie nehmen dazu Geduld, Toleranz, Sachverstand und gehen mit Humor ans Werk.

Gesponsert wird der Bau weder vom dicken Geld, noch von Unternehmerverbänden. Auch hat der Papst ihn noch nicht gesegnet. Möge er trotzdem gelingen!

DIE LINKE.PDS   **WASG**

Und Lothar macht das Licht aus...

Walter Ulbricht rotierte wohl im Grabe: Der letzte Ministerpräsident der DDR war Mitglied der CDU. Wenn auch nur für ein gutes halbes Jahr. Lothar de Maizière (vordere Reihe, Dritter von rechts) übernahm das Amt am 12. April 1990 nach dem grandiosen Wahlsieg der Christdemokraten bei den Volkskammerwahlen. Allerdings war sein Kabinett eher eine „Fußnoten"-Regierung, die mit ihrem westdeutschen Pendant den Einigungsvertrag ausarbeitete. Nach der Wiedervereinigung wurde de Maizière von Helmut Kohl zum Bundesminister für besondere Aufgaben ernannt, trat aber schon am 17. Dezember nach Veröffentlichungen über seine angebliche Zusammenarbeit mit der Stasi zurück.

Volkskammer: Erdrutsch für die CDU

Die Frage war eigentlich nur: Wie rot wird eine demokratische DDR? Als am 18. März 1990 die erste (und einzige) freie Volkskammerwahl in der DDR anstand, zweifelte in den ehemaligen sozialdemokratischen Hochburgen in Mitteldeutschland und Thüringen kaum jemand an einem triumphalen Wahlsieg der neu gegründeten SPD unter ihrem Spitzenkandidaten Ibrahim Böhme (unten bei der Abgabe seines Stimmzettels).

Doch dann kam alles anders. Sensationelle 40,8 Prozent der Stimmen erreichte die CDU unter ihrem Spitzenkandidaten Lothar de Maizière, der in einem Wahlbündnis „Allianz für Deutschland" gemeinsam mit der „Deutschen Sozialen Union" und dem „Demokratischen Aufbruch" angetreten war. Die konservativen Schwesterparteien blieben 6,3 Prozent (für die CSU-nahe DSU) und mit 0,9 Prozent für die DA auf der Strecke, deren Spitzenkandidat Wolfgang Schnur nur drei Tage vor der Wahl eine Tätigkeit als inoffiziellen Mitarbeiter der Stasi nachgewiesen worden war. Da es keine Sperrklausel gab, kam die „Allianz für Deutschland" auf 192 Manda-

te. Weit abgeschlagen hinter der CDU erreichte die SPD nur 21,9 Prozent. Der glücklose Spitzenkandidat Böhme sagte mit Tränen in den Augen kurz nach der ersten Hochrechnung: „Wenn sich dieser Trend bewahrheitet, habe ich Angst um die Menschen in diesem Land." Wegen Stasi-Verdachts trat er nur knapp zwei Wochen nach der Wahl von seinen Ämtern zurück und wurde kurze Zeit später aus der SPD ausgeschlossen - wegen „schwer parteischädigendem Verhalten." Er starb vollkommen verbittert 1999 in Neustrelitz. Mehr Grund zum Jubeln hatte die PDS. Auf immerhin 16,4 Prozent kam Gregor Gysis Ex-SED ein halbes Jahr nach dem Mauerfall. Gysi wertete den Wahlerfolg als Zeichen dafür, dass der Erneuerungskurs seiner Partei gut voranschreite. Im Kern aber bedeutete die Volkskammerwahl vom März 1990 vor allem das, was der Schriftsteller Stefan Heym (oben) noch in der Wahlnacht aussprach: „Es wird keine DDR mehr geben. Sie wird nur noch eine Fußnote in der Geschichte sein." Genau das war der Wunsch der Mehrheit der Menschen zwischen Elbe und Oder. Mit 94 Prozent maßen die Demoskopen bei der ersten und einzigen freien Wahl der DDR die höchste Beteiligung, die es in Deutschland je gegeben hatte.

Um Mitternacht knallen die Sektkorken am Brandenburger Tor: Deutschland ist wieder ein Land.

3. Oktober 1990.
Der letzte Tag der Nachkriegszeit

„Endlich ist der Tag gekommen. Deutschland ist vereinigt. Heute ist die Mauer gefallen, und wir blicken auf eine neue Welt voller Hoffnung. Gott schütze das deutsche Volk".

Am 3. Oktober 1990 sprach US-Präsident George Bush aus, was die Menschen auf der ganzen Welt dachten, als sie die Bilder aus Berlin sahen. Kohl, Genscher, Brandt auf der Treppe des Reichstages, vor ihnen eine Masse von Hunderttausenden. Sie jubeln, sie schwenken schwarz-rot-goldene Fahnen, sie singen die Nationalhymne. Die große Nacht der Deutschen. „Ein Traum wird wahr", fasst Helmut Kohl zufrieden zusammen. Am nächsten Morgen war

nicht nur Deutschland, sondern auch Berlin plötzlich anders. Mit einem Schlag hatte die Stadt 3,4 Millionen Einwohner, wurde somit zur größten Metropole des Landes und stand nun auf Augenhöhe mit London und Paris. 23 eigenständige Städte (die Bezirke) unter einer Landesregierung, dem Senat. Schon vor der Wiedervereinigung hatten Pläne kursiert, die Zahl der Bezirke zu verringern. „Jetzt schlägt's 13!" titelte die B.Z. zu den Vorschlägen von Finanzsenator Norbert Meisner. Die Umsetzung sollte erst ein gutes Jahrzehnt später folgen - da war Berlin auch schon wieder offiziell Hauptstadt der Bundesrepublik Deutschland.

Schnüffel-Akten, 180 Kilometer lang

Nach der Auflösung der Stasi in der Normannenstraße am 15. Januar 1990 waren die Archive der gefürchteten Geheimpolizei der DDR erstmals frei zugänglich. Am 2. Oktober 1990 setzte die erste frei gewählte Volkskammer der DDR zur Sicherung der Akten einen Sonderausschuss ein, dessen Vorsitz der Theologe und Bürgerrechtler Joachim Gauck übernahm, ab 3. Oktober 1990 der erste „Bundesbeauftragte für die Unterlagen des Staatssicherheitsdienstes der ehemaligen DDR". Im Jahr 2000 übernahm die Politikerin Marianne Birthler die Leitung der „Gauck-Behörde" mit ihrem Aktenbestand von insgesamt 180 Kilometern Länge.

Bis Anfang 2008 beantragten 1,6 Millionen Menschen persönliche Akteneinsicht bei der Behörde, die ihrerseits zusätzlich 1,75 Millionen Anträge auf Stasi-Überprüfung von Einzelpersonen bearbeitete. Zahlreiche ehemalige Täter des DDR-Regimes konnten auf diese Weise überführt werden, viele der ehemaligen fast 100.000 Stasi-Schergen, die in Ämtern und Unternehmen der Bundesrepublik Unterschlupf gefunden hatten, mussten nach der Enttarnung durch die Gauck-Behörde ihre Posten räumen.

Während die Behörde auf diese Weise insgesamt viel Licht ins Dunkel der DDR-Verbrechen brachte, beschäftigten sich die bundesdeutschen Gerichte mit der Verurteilung einzelner Verantwortlicher des SED-Regimes: Am 12. November 1992 begann der Prozess gegen DDR-Staatschef Erich Honecker, Stasi-Minister Erich Mielke, DDR-Ministerpräsident Willi Stoph, DDR-Verteidigungsminister Heinz Keßler und andere hohe Funktionsträger des SED-Staates. Sie alle gaben sich unbelehrbar. So leugnete etwa Heinz Kessler, dem jene Truppen unterstellt waren, die an der DDR-Mauer Hunderte von Menschen erschossen hatten, eisern die Existenz eines Schießbefehls. Es half ihm nichts. Die Tatsachen sprachen gegen ihn und so konnte er am 16. September 1993 immerhin zu einer sieben-

Joachim Gauck

einhalbjährigen Gefängnisstrafe verurteilt werden. 1998 durfte er die JVA Berlin-Hakenfelde vorzeitig verlassen.

Ab November 1995 standen Honecker-Nachfolger Egon Krenz und Funktionäre wie Günter Schabowski und SED-Propagandachef Kurt Hager vor Gericht. Egon Krenz wurde schließlich am 25. August 1997 wegen Totschlags zu sechseinhalb Jahren Freiheitsstrafe verurteilt. Wie seinem Genossen Kessler wurde Krenz aber vor Verbüßung der kompletten Strafe die Milde der rechtsstaatlichen Institutionen zuteil: Am 18. Dezember 2003, nach nicht ganz vier Jahren hinter Gittern, setzte das Berliner Kammergericht den Rest seiner Haftstrafe zur Bewährung aus.

15. Januar 1990: DDR-Bürger sichten im Keller der Stasi-Zentrale Schriftstücke.

Seit 2000 Chefin der „Gauck-Behörde": Marianne Birthler.

„Ich liebe doch alle, alle Menschen"

„Menschen-freund" Mielke spricht am 13. November 1989 vor der DDR-Volkskammer.

Erich Honecker war im März 1991 mithilfe der Roten Armee zunächst die Flucht nach Moskau gelungen. Als sich herausstellte, dass ihn die russische Regierung unter dem neuen Präsidenten Boris Jelzin nicht schützen würde, versteckte sich Honecker in der chilenischen Botschaft in Moskau. Diese erneute Flucht brachte ihm in Deutschland den höhnisch vergebenen Titel „letzter Botschaftsflüchtling der DDR" ein - in Anlehnung an die DDR-Bürger, die sich Ende der 80er-Jahre in Botschaften der Bundesrepublik Deutschland in den Hauptstädten der Ostblockländer flüchteten, um ihre Ausreise zu erzwingen. Anders als sie wurde Honecker ausgeliefert und in Deutschland wegen des Schießbefehls an der DDR-Mauer angeklagt. Anfang 1993 erklärte das Berliner Verfassungsgericht Honecker, der inzwischen an Leberkrebs litt, für verhandlungsunfähig und stellte das Verfahren gegen ihn ein, was auf starken Protest insbe-sondere der DDR-Bürgerrechtler stieß. Wenige Tage nach seiner Freilassung, am 13. Januar 1993, flog Erich Honecker gemeinsam mit seiner Ehefrau Margot nach Chile zur Familie seiner Tochter Sonja, die dort mit ihrem chilenischen Ehemann Leo Yáñez und ihrem Sohn Roberto wohnte und starb ein Jahr später in Santiago de Chile an Leberversagen.

Nicht mehr für all seine Verbrechen belangt werden konnte Erich Mielke, der seit 1957 den Staatssicherheitsdienst geleitet hatte und nicht nur für das flächendeckende Überwachungs- und Spitzelsystem der DDR verantwortlich war, sondern auch für die willkürliche Verhaftung zahlloser Menschen, die in Opposition zur DDR gestanden oder auch einfach nur denunziert worden waren. Nur sechs Tage nach seinem erzwungenen Rücktritt von allen Ämtern am 7. November 1989 trat Mielke vor der DDR-Volkskammer auf. In einer hitzigen Debatte, in der er sein furchtbares Lebenswerk verteidigte, jammerte Mielke in Richtung der Abgeordneten: „Ich liebe doch alle, alle Menschen." Dieser mit Hohngelächter quittierte Satz ging als größter Zynismus des Wendejahres 1989 in die Geschichte ein. Mielke wurde 1993 zunächst wegen eines hinterhältigen Doppelmordes an zwei Berliner Polizisten zu sechs Jahren Gefängnis verurteilt, die er im Jahr 1931 als junger bewaffneter Kommunist gemeinsam mit einem Genossen verübt hatte. 1995 begnadigt, starb Mielke schließlich am 21. Mai 2000 im 93. Lebensjahr in einem Altenpflegeheim in Berlin-Hohen-schönhausen.

So hatte der Rechtsstaat mit allen Mitteln versucht, die obersten Täter des DDR-Regimes ihrer gerechten Strafe zuzuführen. Im Fall der zwei alleroberstan Bosse Honecker und Mielke waren ihnen Krankheit und Tod zuvorgekommen. Im Fall mancher anderer Täter fielen die Strafen, so sahen es jedenfalls die DDR-Bürgerrechtler, durchaus milde aus.

Viele ehemalige Mitarbeiter der DDR-Grenztruppen wurden in den 90er-Jahren ebenfalls angeklagt und wegen der Erschießung von DDR-Flüchtlingen an der Mauer verurteilt. Diese Prozesse hatten in der Bevölkerung zunächst die Ansicht populär werden lassen, es würden nun „die Kleinen gehängt", während man „die Großen laufen" lasse. Mit den Prozessen gegen Honecker, Krenz und die gesamte Führungsschicht der DDR war diesem insbesondere in der Öffentlichkeit der neuen Bundesländer virulenten Vorwurf der Boden entzogen.

Erich Honecker mit Ehefrau Margot und bei seiner Ankunft in Chile (rechts).

Lebenswertes Wohnumfeld

Bei der HOWOGE endet die Verantwortung dem Mieter gegenüber nicht mit der Schlüsselübergabe. Das 1990 aus der kommunalen Wohnungsverwaltung (KWV) hervorgegangene und Ende der 90er-Jahre mit der Wohnungsbaugesellschaft Lichtenberg (WBL) verschmolzene Unternehmen betreut rund 57.000 Mieteinheiten im Nordosten Berlins und fühlt sich als einer der größten Wohnungsanbieter der Stadt der Schaffung eines lebenswerten Wohnumfelds verpflichtet. Analog dem Motto „...mehr als gewohnt" präsentiert sich das Unternehmen als moderner Dienstleister und bietet seinen Kunden neben Wohnkomfort Extras vom Einzugsservice über Versicherungspakete bis zu exklusiven Konditionen für Freizeitaktivitäten.

Die HOWOGE unterstützt Vereine, Projekte und Institutionen - vor allem für Kinder und Jugendliche. Um die Belange

Sponsor im Sport: HOWOGE

In Lichtenberg, Treptow-Köpenick und Weißensee betreut die HOWOGE Wohnungen, Geschäfte, Häuser und Gästewohnungen.

der Bewohner kümmern sich nicht nur Mitarbeiter in fünf Kundenzentren und 125 Hausmeister, die einen 24 Stunden-Bereitschaftsdienst bieten, sondern auch Ansprechpartner wie Concierges (unten) in den Eingangsbereichen von Hochhäusern. Für eine ausgewogene Sozialstruktur in den Kiezen sorgt unter anderem die Mischung von Seniorenwohnungen mit familienfreundlichen Wohnensembles. Zahlreiche Veranstaltungen fördern nachbarschaftlichen Zusammenhalt.

O-Beene in Fernost

„Kiek mal die O-Beene", hörte Pierre Littbarski oft. Wenn „Litti" jedoch zu dribbeln begann, verstummte der Spott. Der kleine Berliner entwickelte sich zu einem der Großen des deutschen Fußballs, trug 73-mal das Trikot der Nationalmannschaft und feierte am 8. Juli 1990 in Rom den Weltmeistertitel.

Aber die Hauptstadt bietet sportlich nicht nur Spitze, sondern auch Breite. Peter Hanisch, der Vorsitzende des Berliner Landessportbundes, betont die Bedeutung des Breitensports: „547.000 Mitglieder treiben in rund 1.900 Vereinen Sport. Dazu kommen fast 59.000 ehrenamtlichen Helfer, die ihre Freizeit sportlich verbringen." Als Verein weltberühmt: Hertha 03 Zehlendorf. 1978 zählte die „kleine Hertha" mit 75 gemeldeten Mannschaften zu den größten Fußballvereinen der Welt. Grund genug für Zehlendorfs legendären Präsidenten Otto Höhne (rechts) auf große Reise zu

Deutscher Jugendmeister 1970: die A-Jugend von Hertha 03 Zehlendorf.

Weltmeister Pierre Littbarski (Mitte) beim Jubel mit Siegtorschütze Andreas Brehme (links) sowie Mannschaftskapitän Lothar Matthäus und ...

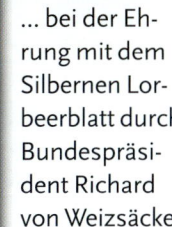

... bei der Ehrung mit dem Silbernen Lorbeerblatt durch Bundespräsident Richard von Weizsäcker.

gehen. Nicht einmal um die Erde, sondern seit 1966 insgesamt 40-mal. Der Ehrenpräsident des Berliner Fußball-Verbands verstand sich und seine Mitreisenden dabei immer als Botschafter: „Wir haben den guten Namen Berlins in alle Ecken dieser Welt getragen und durch den Sport viele neue Freundschaften geknüpft." In 40 Jahren haben die Zehlendorfer 80 Partien gespielt, vor mehr als einer Million Zuschauer. Hertha 03 war aber auch die sportliche Heimat von Pierre Littbarski, bis er als 18-Jähriger 1978 zum 1. FC Köln wechselte. Das Fernweh der Hertha aus Zehlendorf hat er sich bis heute bewahrt. Aus Litti wurde „Litti-San", erst als Spieler, dann als zweimaliger Meistertrainer in der ersten japanischen Fußball-Liga und als Botschafter seiner Heimat in Fernost.

Lufthansas „Sindelfingen" kehrt 1990 erstmals in die Heimat zurück

Die Wiedervereinigung Deutschlands ermöglichte der Lufthansa 45 Jahre nach Ende des Zweiten Weltkriegs, erstmals wieder Berlin mit einem Linienflug anzufliegen. Mit der Landung der Boeing 737-300 „Sindelfingen" auf dem Flughafen Tegel (unten) kehrte das traditionelle Luftfahrt-Unternehmen am 28. Oktober 1990 in seine Heimatstadt zurück.

Hier hatte am 6. Januar 1926 durch den Zusammenschluss der Deruluft und der Deutschen Aero Lloyd AG (DAL) mit dem Junkers Luftverkehr die Historie der „Deutsche Luft Hansa Aktiengesellschaft" (ab 1933 „Lufthansa") begonnen. Am 6. April 1926 startete die Luft Hansa ihren Liniendienst: 162 Flugzeuge in 18 verschiedenen Bauarten flogen auf zunächst acht Strecken. Angeflogene Städte im Gründungsjahr: 57 in Deutschland, 15 im Ausland. Schon am 1. Mai eröffnete die Gesellschaft die erste Nachtflugstrecke der Welt für Passagierbeförderung zwischen Berlin und Königsberg. Das herausragende Ereignis des Jahres: eine Expedition nach China mit Start in Berlin am 23. Juli. Zwei Junkers G 24 landeten nach zehn Etappen und rund 10.000 Flugkilometern am 30. August in Peking. Für den Rückflug benötigten die Piloten 17 Tage. Die Expedition diente der Vorbereitung der geplanten transeurasischen Strecke Berlin - Moskau - Peking - Shanghai. Bereits im ersten Betriebsjahr absolvierten die Luft Hansa-Flugzeuge 6.537.434 Kilometer, beförderten 56.268 Passagiere sowie 946 Tonnen Post und

Fracht. Für reibungslose Abläufe sorgten 1.527 Mitarbeiter.

Bis 1939 baute das Unternehmen sein Streckennetz immer weiter aus - unter anderem bis Bangkok und Santiago de Chile. Der kriegsbedingten Einstellung des Flugbetriebs 1945 folgte die Liquidation der Lufthansa. Bundesverkehrsminister Hans-Christoph Seebohm berief 1951 einen „Vorbereitungsausschuss Luftverkehr". Am 6. Januar 1953 entstand in Köln die „Aktiengesellschaft für Luftverkehrsbedarf" (Luftag), ein Jahr später umbenannt in „Deutsche Lufthansa Aktiengesellschaft".

Junkers Ju52 „Berlin-Tempelhof" der Deutschen Lufthansa Berlin-Stiftung, die historische Flugzeuge restauriert. Links: Stewardessen in der Uniform von 1955 bis 1965. Im „Fliegenden Speisewagen" einer Junkers G 31 setzte die Luft Hansa ab 29. April 1928 erstmals einen Steward auf den Flügen zwischen Berlin und Paris ein.

Diese nahm dank Sondergenehmigung am 1. April 1955 den innerdeutschen Linienverkehr auf. Zehn Tage nach Inkrafttreten der Pariser Verträge am 5. Mai 1955 und der damit verbundenen Souveränität und Lufthoheit der Bundesrepublik flog die Lufthansa bereits wieder nach Madrid, London und Paris.

Am 1. Juli 1955 gründete die DDR eine eigene Lufthansa - ebenfalls mit dem traditionellen Kranich als Markenzeichen auf dem Leitwerk. Es folgten Namensrechtsstreitigkeiten. Die DDR-Lufthansa musste 1963 den Rückzug antreten und ging in der „Interflug, Gesellschaft für internationalen Flugverkehr mbH" auf. Dafür blieb der westdeutschen Lufthansa der Anflug Berlins verwehrt.

www.lufthansa.com

Start eines Airbus A340-300

Als Aviation (englisch: Luftfahrt)-Konzern betreibt die Lufthansa heute Aktivitäten in den Geschäftsfeldern Passage, Logistik, Technik, Catering und IT Services. Als Basis dient dabei das weltweite Management von Passagier- und Frachtluftverkehr alleine und im Partnerverbund. Der LH-Konzern ist mit rund vier Millionen Passagieren pro Jahr größter Anbieter von Flugleistungen in Berlin/Brandenburg. Der Anteil an den Passagierzahlen der Berliner Flughäfen 2007 von mehr als 20 Millionen lag bei circa einem Drittel.

Wöchentlich startet die Lufthansa in Berlin 530 Flüge innerhalb Deutschlands und Europas. Das Angebot ergänzen 142 Verbindungen der Star Alliance Partner SAS, Austrian Airlines, LOT, dem Regionalpartner Cirrus Airlines sowie dem Partner Luxair. Des Weiteren zählen fast 50 Flüge der SWISS nach Zürich

sowie fast 200 Verbindungen der Tochter Germanwings zu vielen Zielen in Europa zum Portfolio des Lufthansa Aviation Konzerns und seiner Partner.

Mehrere Hundert Millionen Euro investierte die Lufthansa in den vergangenen Jahren in den Luftfahrtstandort Berlin/Brandenburg. Sie eröffnete hier ein

First Class-Kabine in einem Lufthansa Langstreckenflugzeug

Airbus A380

Schulungszentrum für Piloten mit zwölf Flugsimulatoren, das noch erweitert werden soll. Anschaffungskosten pro Gerät: 15 Millionen Euro. Mit circa 4.000 Mitarbeitern in 24 Konzerngesellschaften und Niederlassungen zählt der Konzern zu den großen Arbeitgebern der Region Berlin/Brandenburg.

Insbesondere am Standort Schönefeld hat die Lufthansa auch im Hinblick auf den Großflughafen BBI - Berlin Brandenburg International (siehe Seiten 266/267) mehrere Hundert hoch qualifizierte Arbeitsplätze geschaffen - unter anderem im Technikzentrum, Wartungs- und Instandhaltungszentrum für Business-Jets, Simulatorzentrum sowie in Unternehmen für Aus- und Weiterbildung.

Im Oktober 2011 übernimmt der Großflughafen Berlin Brandenburg International (BBI, Hintergrund) die Aufgaben von Tegel, Tempelhof und Schönefeld. Seit November 2007 zentrales Element des Baustellenmarketings: der 32 Meter hohe BBI-Infotower (rechts).

Mit mehr als 40 Modellen bis 1934 stärkstes Fluggerät der Luft Hansa-Flotte: die Junkers F13 mit vier gepolsterten und mit Sicherheitsgurten ausgestatteten Passagiersesseln in der beheizbaren Kabine (links 1926 beim Betanken vor einer Fokker F III, rechts 1928). Oben: Buchumschlag um 1925, erstmalig mit Lufthansa Schriftzug.

Fliegende Lufthansa Konzern- und Beteiligungs-Gesellschaften:

AirDolomiti
bmi
Jet Blue
Eurowings
Germanwings
Jade Cargo International
Lufthansa Cargo
Luxair
SunExpress
Swiss International Air Lines

Schloss Diedersdorf: Ein Juwel erstrahlt in neuem Glanz

Wo heute die Berliner und Brandenburger den größten Biergarten der Region genießen, schlägt das Herz der Geschichte: Schloss Diedersdorf entstand im 18. Jahrhundert, umgeben von historischen Dörfern und denkwürdigen Ereignissen (wie die Schlacht um Großbeeren). 1790 erbte Ernst Friedrich Wilhelm die Immobilie. Nach seinem Militärdienst beginnt er 1798 mit dem Neubau des Schlosses und vollendet sein Bauwerk 1799. Wilhelms Tochter Caroline Henriette Friederike Marie verankert Diedersdorf in ihrem Testament als Stiftung für unverheiratete Offizierstöchter (Bild unten).1893 tritt diese Verfügung in Kraft. Doch schon 1901 erwirbt die Stadt Berlin Diedersdorf. Das Gut wird von mehreren Pächtern bewirtschaftet, übersteht die Kriegswirren unbeschadet. Mit der Gründung der DDR 1949 wird es volkseigener Betrieb und verfällt zusehends, bis es 1990 in Privatbesitz des heutigen Besitzers Thomas Worm gelangt.

Es war Liebe auf den ersten Blick, als der Unternehmer Thomas Worm 1990 vier Kilometer vor den Toren Berlins ein Juwel entdeckte. Zwar zu Zeiten der DDR heruntergewirtschaftet, erkannte der Unternehmer sofort das Potenzial der Anlage. Und so begann die Geburtsstunde des heutigen so erfolgreichen Event-Ortes mit mehr als 300.000 Besuchern im Jahr 1990 mit einem Bierwagen - dort, wo heute der größte Biergarten in Berlin und Brandenburg zu finden ist.

Der neue Schlossherr setzte seine Vision eines wunderbaren brandenburgischen Juwels in den alten Gemäuern konsequent und mit viel Liebe zum Detail um. Im Einklang mit dem Denkmalschutz restauriert und zum größten gastronomischen Betrieb Brandenburgs ausgebaut, bietet das Schloss Raum für alle und alles: Erlebnisgastronomie von der kleinen Party bis zum Groß-Event. Restaurantnamen wie „Pferdestall", „Schmiede", „Kuhstall" und „Markthalle" stehen heute als Markenzeichen für die exklusivsten Firmen- und Familienpartys. Reichen die vorhandenen Räumlichkeiten nicht aus, lässt Thomas Worm kurzerhand „anbauen". So steht im Oktober jedes Jahr ein 2.000 Quadratmeter großes beheiztes Festzelt mitten auf der Schloss-Wiese und wird zum beliebten Höhepunkt des Schloss Diedersdorf

Oktoberfestes. Die Besucher des Hofes erfreuen sich an Veranstaltungen wie der Schlagerscheune, Klassik Open Air, Ritterspiele, Theater-Dinner oder Operetten-Express.

Ein Gutshof mit Flair für Jung und Alt ist Schloss Diedersdorf dennoch geblieben. Im Schöller-Spiel-Schloss schlagen die Herzen der Kids Purzelbäume: Auf vier Etagen können sie klettern, toben und spielen. Für draußen gibt es Go-Karts, einen großen Outdoor-Spielplatz und die Riesen-Hüpf-Blase. Aber was wäre ein Erlebnishof ohne die Lädchen mit Kunst, Keramik, Blumen und Geschenkartikel, ohne die eigene Schloss-Schau-Bäckerei mit Duft von ofenfrischem Brot und ohne die Schloss-Brennerei mit hausgebrannten Magenputzern? Nach all den kulinarischen Genüssen vom Küchenchef und seinem Team laden rund um Schloss Diedersdorf kilometerlange Wanderwege zu ausgedehnten Spaziergängen oder einer Radtour mit Picknickkorb ein. Manch ein Weg führt die Gäste zum Hochzeits-Pavillon am Schloss-Teich: Diedersdorf ist die Top-Hochzeits-Location in Berlin und Brandenburg. Von der Trauung im hauseigenen Standesamt im Schloss oder dem Traupavillon am Schloss-

teich bis hin zur kirchlichen Trauung in der alten Dorfkirche vor dem Schloss reicht das Angebot. Wer am Abend müde bei einem Glas Wein am Kamin im „Pferdestall" von Ruhe und weichen Betten träumt, findet in den 40 Landgasthofzimmern (drei Sterne superior) oder den acht Schloss-Suiten (vier Sterne superior) des Business-Hotels mit luxuriösem Komfort garantiert pure Entspannung, bevor am Morgen ein neues Erlebnis auf dem Gutshof Schloss Diedersdorf beginnt. Thomas Worm hat es geschafft - den Glanz von Schloss Diedersdorf neu strahlen zu lassen.

Auch Schlossherr Thomas Worm heiratete seine Heike auf Schloss Diedersdorf.

www.SchlossDiedersdorf.de

Komplex vernetzt - in Deutschland und der Welt

Werkstoffe auf „Herz und Nieren" zu testen, ohne sie dabei zu zerstören, und komplex vernetzte Wirkungsketten zählen zu den Spezialitäten von Peter Heilmann. Nach Diplomen als Schweißingenieur und Ingenieur für Maschinenbau absolvierte er ein zusätzliches Studium für zerstörungsfreie Werkstoffprüfung (ZFP). Via leitender Funktion in der PC-gestützten Qualitätssicherung im Bereich Kraftwerke führte Heilmanns Weg 1990 mit der Gründung eines Ingenieur-Büros in Hohenschönhausen in die Selbstständigkeit.

Wegen steigender Nachfrage der Wohnungswirtschaft nach IT-Lösungen etablierte Heilmann bereits am 13. September 1990 unterstützt von vier Mitarbeitern seine zweite Firma, die Immo-PC GmbH. Know-how und unternehmerischer Weitblick zahlten sich aus: Mitarbeiterzahl sowie Produkt- und Leistungsportfolio des Unternehmens wuchsen deutlich. Es folgten die Eröffnungen von zwei Filialen in Deutschland sowie in Tomsk und St. Petersburg. Neben Handwerksbetrieben mit drei bis zehn Computern gewinnt die Immo-PC Wohnungsgesellschaften mit bis zu 500 Clientsystemen, renommierte Unternehmen sowie Institute wie die Fraunhofer Gesellschaft als Kunden. Zudem optimierte Immo-PC seine Sparte kundenspezifischer Software-Entwicklungen, hier vor allem Qualitätssicherungsapplikationen für die Industrie. Die Unternehmen wenden die individuell entwickelten Produkte auch heutzutage erfolgreich an. Durch den Eintritt von Uwe Jaroschewski 1996, verantwortlich für den Ausbau des Fachgebiets „Strukturierte Verkabelungen und Informationssysteme", realisierte Peter Heilmann sein Ziel, die Immo-PC als ganzheitlichen IT-Dienstleister zu konstituieren.

Im Rahmen des „Börsenhypes" verkaufte er sein Unternehmen 1998 an die Firma ADA „Das Systemhaus". 2000 schieden Heilmann und Jaroschewski bei ADA aus, um Aufgaben in der arxes ID AG mit Sitz in Aachen zu übernehmen. Ziel: Sanierung und strategischer Ausbau der 50 Mitarbeiter starken Niederlassung in Berlin. Trotz Rentabilität der Filiale wollte die arxes AG diese 2002 verkleinern. Dies erweckte den Unternehmergeist des IT-Profis zu neuem Leben. Mit Zustimmung von Geschäftsleitung, AG und Banken folgten ein Management-Buy-out und die Gründung der arXes Information Design Berlin GmbH. Die Geschäftsfelder: Vertrieb, Consulting, Systemtechnik, Softwareentwicklung, Netzwerktechnik, CAD-Solutions, IT-Infrastruktur, Security Managed Services nach ITIL (IT Infrastructure Library). Peter Heilmann (Kurator der Fraunhofer Gesellschaft e.V. sowie Vorsitzender des Unternehmerverbandes Barnim e.V.) und Uwe Jaroschewski übernahmen die Geschäftsführung; Ralf Berndt erhielt Prokura. Sie weiteten die Geschäftsaktivitäten auf Russland aus. 2005 eröffneten sie die Geschäftsstelle Eberswalde und bauten den Engineering-Bereich mit Schwerpunkt automatisierte Systeme für die zerstörungsfreie Werkstoffprüfung aus. 2008 erweiterte die „arXes ID Berlin GmbH" ihre Tätigkeiten um den Bereich „arXes Engineering". Auslandsgeschäfte mit China (seit 2007) und Indien gestalten sich weiterhin erfolgreich. Das auf 120 Mitarbeiter gewachsene Unternehmen mit Standorten in Dresden, Eberswalde, Erfurt und Leipzig zieht zum Jahresende in ein neu erbautes, eigenes Firmengebäude in Berlin. arXes setzt sich als Sponsor für verschiedene Mannschaften und Vereine im Breiten- und Profisport ein und unterstützt Schulen im IT-Bereich.

1998: Baumaßnahmen Deutscher Bundestag

2005: Brandenburgs Wirtschaftsminister Ulrich Junghans (rechts) und Peter Heilmann eröffnen die Geschäftsstelle Eberswalde.

1998: Immo-PC präsentiert ihr Leistungsspektrum auf der Cebit.

2008: Peter Heilmann (links) mit Bundesfinanzminister Peer Steinbrück auf einer Podiumsdiskussion.

www.arxes-berlin.de

- 251 -

Hauptstadt: erst Euphorie, dann Notbremse

Nach einer schier endlosen Debatte mit insgesamt 600 Minuten beantragter Redezeit nimmt der Bundestag am 20. Juni 1991 mit 338 zu 320 Stimmen den Antrag „Vollendung der Einheit Deutschlands" an. Das bedeutet: Die Bundesregierung wird von Bonn nach Berlin umziehen. Dort brach an jenem Junitag in der ganzen Stadt ein einziger Jubel aus. Jetzt, glaubten die Berliner, mit Bundeskanzler, Präsident und vielen Ministerien, werde ihre Stadt aufblühen und ihre Bedeutung zurückgewinnen, die ihr bis vor 1933 eigen war.

Der Berliner Senat, seit Januar 1991 gestellt von einer Großen Koalition unter dem Regierenden Bürgermeister Eberhard Diepgen (CDU), ging sofort daran, der künftigen Größe Berlins planerisch Rechnung zu tragen: Auf fünf bis sogar acht Millionen Menschen, so schätzten die Planer „Pi mal Daumen", würde die Bevölkerung in den kommenden Jahren anwachsen, die vorerst nur 3,4 Millionen betrug. Wohnungen würden knapp, neue Gewerbegebiete für die heraneilende Wirtschaft müssten ausgewiesen werden.

In der Folge dieser Visionen wurden private und öffentlich geförderte Stadtentwicklungsprojekte aufgelegt, allesamt rekordverdächtig. In der Friedrichstraße entstanden edle Einkaufsquartiere, eine aufwendige Dependance des französischen Kaufhauses Galeries Lafayette und das

Kulturkaufhaus Dussmann. Der Potsdamer Platz wurde zur größten Baustelle Europas. Hier entstand eine ganze Kleinstadt mit vier Vierteln: das 27.000 Quadratmeter umfassende „Sony Center", die „Daimler City" mit rund 70.000 Quadratmetern und dem markanten „debis-Haus" von Renzo Piano, das von Hans Kollhoff entworfene Backstein-Hochhaus mit der alten Potsdamer Straße und der Marlene-Dietrich-Platz mit dem „Theater am Potsdamer Platz".

Marlene-Dietrich-Platz

Friedrich-straße

Wirtschaft blieb aus. Nur ein Bruchteil des Plans für die fünf neuen Stadtteile wurde umgesetzt. Und von diesem Bruchteil standen zehn Jahre später auch noch 10.000 Wohnungen und 1,3 Millionen Quadratmeter Fläche leer. Für die Stadt wurden die „Entwicklungsgebiete" zum Milliardengrab: Bis 2010, warnten die Grünen, würden die fünf Großprojekte 1,9 Milliarden Euro Verluste eingefahren haben. Der Senat errechnete immerhin ein Defizit von insgesamt 1,1 Milliarden Euro.

Der Schock saß tief. Aus der Aufbau-Euphorie der Wendezeit war eine Notbremse-Stimmung geworden. Zähneknirschend beschloss der Senat schließlich den kompletten Rückzug aus allen Projekten des öffentlichen Wohnungs- und Gewerbebaus.

Potsdamer Platz

Während sich diese von privaten Investoren entwickelten ganz neuen Stadtquartiere zu einem großen Erfolg entwickelten, schlugen fünf Großprojekte fehl, die der Senat auf eigene Faust bauen wollte: In der „Wasserstadt Oberhavel", an der „Rummelsburger Bucht", an der „Eldenaer Straße", in Biesdorf-Süd und in Adlershof sollten bis 2010 neue Stadtteile mit insgesamt 31.300 Wohnungen (davon 70 Prozent öffentlich gefördert), sowie Gewerberäume mit einer Bruttogeschossfläche von zusammen 4,2 Millionen Quadratmetern hochgezogen werden. Doch die Bevölkerung Berlins stagnierte, die

Galeries Lafayette

Die Kriege der anderen in der deutschen Hauptstadt … Am 17. September 1992 war es der Kampf zwischen dem iranischen Regime und der kurdischen Minderheit, der in Berlin explodierte. Das Schlachtfeld: Ein griechisches Restaurant in Wilmersdorf, benannt nach einer der schönsten Inseln der Kykladen: das „Mykonos". Neun Männer sitzen im Hinterzimmer des Lokals, es ist schon spät, eine halbe Stunde vor Mitternacht. Sie diskutieren - natürlich über Politik, alle sind als Gäste der Sozialistischen Internationalen zu Gast in Berlin. Die Sache der Männer im „Mykonos": Der Freiheitskampf der Kurden, eines Splittervolkes von 20 Millionen Menschen, verteilt über fünf Länder des Vorderen Orients. Saddam Hussein setzt Giftgas gegen die Minderheit ein, im Iran werden sie mit aller Härte verfolgt.

Zur Runde im griechischen Restaurant gehören vier der hochrangigsten Vertreter der kurdischen Unabhängigkeitsbewegung: Dr. Sadegh Scharafkandi, der Generalsekretär der Demokratischen Partei Kurdistans (PDKI). Der Vater von drei Kindern war Chemiker in Paris und Teheran, bevor er sich 1979 der Guerilla anschloss. Zum Zentralkomitee der Partei zählt auch Fattah Abdolui, ein Architekt, begleitet wird er vom Dolmetscher Nouri Dehkordi und Homayoun Ardalan, dem Vertreter der kurdischen Partei in Deutschland.

Gegen 23.30 Uhr stürmen zwei Maskierte in das Zimmer. Einer der beiden, so erinnerte sich der Überlebende Pavis Dastmalkchi, hielt einen von einem Tuch

Beim Essen überrascht: Der Tatort nach dem Mordanschlag.

„Mykonos": Krieg explodiert im Hinterzimmer

verdeckten Gegenstand in der Hand. Kaum stand er vor den Männern am Tisch, zog er das Tuch beiseite und feuerte aus einer Maschinenpistole mehrere Salven. „Madar-Djendeh" soll er geschrieen haben -„Hurensöhne" auf Persisch. Einige der Männer brechen blutend auf ihren Stühlen zusammen, Dastmalkchi und die anderen Überlebenden suchen unter dem Tisch Schutz. Jetzt tritt der zweite Killer in Aktion. Mit einer Pistole schießt er dreimal in den Kopf des schwer verletzten Generalsekretärs. „Sie haben ihn hingerichtet wie ein Stück Vieh", sagte Dastmalkchi damals einem Reporter der B.Z.

Noch in der gleichen Nacht beginnt eine Sondereinheit der Polizei mit den Ermittlungen. Als Drahtzieher ortet die Polizei den Iraner Kazem Darabi, der seit den frühen 80er-Jahren in Deutschland lebt. Die Festnahme folgt. Beweislage? Eindeutig: Darabi spähte für das Teheraner Terrorregime „Feinde in Deutschland" aus und war Chef der Berliner Hisbollah-Filiale. Seine Wohnung in der Detmolder Straße diente als geheimer Treffpunkt der Täter - hier schmiedeten sie den Attentatsplan. Der Prozess gegen Darabi und seine Komplizen dauerte dreieinhalb

Eine Gedenktafel erinnert heute an das Attentat. Daneben: Polizisten sichern den Tatort nach dem Anschlag.

Jahre. Erst im April 1997 wurden die Attentäter zu lebenslangen Haftstrafen verurteilt. Das Besondere an den Urteilen aber war die Klarheit und Schärfe, mit der das Gericht feststellte, dass es sich bei dem Attentat um einen Mordauftrag der staatlichen Stellen des Iran gehandelt hatte.

Nach Feststellung des Gerichts war der damalige Staatspräsident Ali Akbar Rafsandschani vorab über das Verbrechen informiert.

Obwohl Darabi wegen „Mordes mit besonders schwerer Schuld" verurteilt worden war, entschied der Generalbundesanwalt im Oktober 2007, den Attentäter freizulassen. Bereits am 10. Dezember wurde er aus der Haft entlassen und abgeschoben. Nur einen Tag später beteuerte das Teheraner Regime Darabis Unschuld …

Trauernde begleiten den Leichnam von Nouri Dehkordi zur Beisetzung auf dem Zentralfriedhof im Bezirk Lichtenberg.

Tägliche Arbeit für einen positiven Standortfaktor

Nach dem Fall der Mauer und der Wiederveinigung leitete zunächst eine gemeinsame Geschäftsführung die eigenständigen Stadtreinigungsbetriebe Ost und West. 1992 fusionierten die Stadtreinigung Berlin (SB / Ost) und die Berliner Stadtreinigungsbetriebe (BSR /West) zur gesamtberliner BSR. Zu diesem Zeitpunkt arbeiteten rund 11.500 Beschäftigte für das Unternehmen.

1994 änderte das Abgeordnetenhaus die Rechtsform der BSR vom Eigenbetrieb in eine Anstalt öffentlichen Rechts. Diese Maßnahme sollte den Rahmen für mehr Effizienz und Wirtschaftlichkeit schaffen. Dafür musste die Geschäftsführung die Mitarbeiter aus zwei unterschiedlichen Unternehmenskulturen zusammenführen und für die neue Zielsetzung begeistern.

Die folgenden Jahre prägte ein grundlegender Wandel mit dem Aufbau moderner Organisationsstrukturen, der grundlegenden Änderung der Arbeitsorganisation sowie der Installation eines modernen Managements.

2008 gilt die BSR als kommunales Vorzeigeunternehmen

mit rund 5.500 Beschäftigten. Dieser Wandel basiert auf einer klaren Strategie, die vor allem den Mitarbeitern die Aufgabe der BSR verdeutlicht und aufzeigt, welche zukünftigen Aufgaben es zu bewältigen gilt. „Dieser schwierige Weg vom alten Bild von ‚kommunal' zu einem straff organisierten Unternehmen ließ sich nur gemeinsam mit der Arbeitnehmervertretung realisieren", so Vera Gäde-Butzlaff, Vorstandsvorsitzende der BSR. Abfallwirtschaft und Straßenreinigung, das Kerngeschäft der BSR sind heutzutage von Hightech geprägt, nicht zuletzt der Umwelt zuliebe. In beiden Feldern hat die Stadtreinigung in den vergangenen Jahren erhebliche Qualitätsverbesserungen erzielt und die Wirtschaftlichkeit deutlich gesteigert. Vorteile für die Bevölkerung: eine sichere und ökologische Abfallentsorgung, eine saubere Stadt und nicht zuletzt

die niedrigsten Gebühren im Vergleich der deutschen Großstädte.

Aus den rund eine Million Tonnen Berliner Restabfall erzeugt die BSR in der Müllverbrennungsanlage und durch die Aufbereitung zu Ersatzbrennstoffen in mechanisch-physikalischen und mechanisch-biologischen Anlagen Strom und Wärme. Hierfür dienen auch die Abfälle der Vergangenheit: Die BSR unterhält auf ihren drei geschlossenen Deponien Anlagen, in denen sie das extrem treibhauswirksame Deponiegas in Energie und Wärme umwandelt. Dadurch verhindert sie Emissionen von rund 360.000 Tonnen Kohlendioxid.

Bei allen Zwängen zur Wirtschaftlichkeit zählen für das Unternehmen aber auch soziale Aspekte. So bildet die BSR mit einer überdurchschnittlichen Ausbildungsquote von 11,4 Prozent weit über den eigenen Bedarf junge Menschen aus. Mehrere Integrationspreise würdigten die Einbindung leistungsgeminderter Menschen in die Arbeitsprozesse.

Das Resümee von Vera Gäde-Butzlaff: „Das Geschäftsmodell der BSR ist ein besonderes: Die positiven finanziellen Effekte, die durch unser effizientes Wirtschaften entstehen, kommen direkt den Bürgern - also unseren Eigentümern - und der Wirtschaft zugute. Mit niedrigen Gebühren, hoher Qualität unserer Dienstleistungen, unserem Engagement im Umweltschutz und unserer sozialen Verantwortung sind wir ein positiver Standortfaktor für Berlin. Dass das auch so bleibt, daran arbeiten wir täglich."

In der Nachfolge des Scharfrichters

Straßenreiniger im Jahr 1925

www.BSR.de

„Wie zuhause. Nur größer." lautet 2008 das Motto der Stadtreinigung. Doch wer genau nachschaut, entdeckt in Berlin eine lange Historie in puncto Abfallentsorgung. Die erste urkundlich erwähnte Regelung im Jahr 1587 zählte die Straßenreinigung zu den Pflichten des Scharfrichters. 1660 erstellten die Städte Cölln und Berlin eine „Gassenordnung". Ein Versuch, die Straßenreinigung zu privatisieren, scheiterte 1777, worauf 23 Jahre später die erste Polizeiverordnung zu diesem Thema folgte. Allerdings präsentierte sich die Straßenreinigung im wachsenden Berlin als wenig effizient. Am 1. Oktober 1875 entstand deshalb daraus ein eigenständiger Zweig der kommunalen Selbstverwal-

tung - die eigentliche Geburtsstunde der Straßenreinigung in Berlin. Mit Beginn der Nachtarbeit 1875 verbesserte sich diese. Neben einer modernen Betriebstechnik setzten die Mitarbeiter nunmehr verstärkt neue Technik ein: Kehrmaschinen, Schrubbermaschinen zur Asphaltbearbeitung, Straßenwaschmaschinen, Sprengwagen und Schneepflüge.

Eines der Hauptprobleme auf Berlins Straßen, die ungesunde Staubentwicklung, beendete ein Erlass des Berliner Polizeipräsidenten 1895: Die Einführung des Staubschutzsystems untersagte den Neubau von Müllsammelgruben und verlangte die Aufstellung von Hofstandgefäßen. Der Berliner Unternehmer Röhrecke erfand das Wechseltonnensystem zum Tausch von gefüllten gegen leere Mülltonnen.

Nach dem Ersten Weltkrieg schlossen sich acht weitere Städte und zahlreiche Gemeinden zur vereinigten Großstadt Berlin mit insgesamt vier Millionen Einwohnern zusammen. Die Müllentsorgung übernahm die „Berliner Müllabfuhr-Aktiengesellschaft" (BEMAG) mit fortschrittlicher Fahrzeugtechnik. Den Unrat transportierten die Mitarbeiter zunächst hauptsächlich per Bahn, später per Schiff aus der Stadt heraus.

Nach dem Zweiten Weltkrieg gründete die Stadt am 1. Oktober 1945 die „Groß-Berliner Straßenreinigung und Müllabfuhr". Allerdings hatten die Bombenangriffe den Fuhrpark vollkommen zerstört, was das Einsammeln des Mülls behinderte. Wegen fehlender Eisenbahnwaggons gestaltete sich auch der Ferntransport zu den Deponien sehr schwierig. Im Frühjahr 1946 gelang es der Müllabfuhr trotz größter Anstrengungen, nur etwa 20 Prozent des Hausmülls abzufahren. Die totale Blockade der Verkehrswege nach West-Berlin im Juni 1948 verhinderte für fast ein Jahr den Abtransport des Mülls aus diesem Teil der Stadt. Die Suche nach Deponiemöglichkeiten innerhalb der Stadt begann: U-Bahn-Schächte, Plätze und Grünanlagen dienten in dieser Zeit als Mülldeponien.

Im November 1948 begann in West-Berlin der Aufbau der eigenständigen „Groß-Berliner Straßenreinigung und Müllabfuhr", die als „Berliner Stadtreinigung" (BSR) ab 1. April 1951 ihren Hauptsitz in der Ringbahnstraße in Tempelhof bezog. Die wichtigsten Aufgaben zwischen 1951 und 1960: die technische Erneuerung des Fuhrparks und die Suche nach Möglichkeiten der Müllbeseitigung. Während der Ost-Berliner Abfall ins Brandenburger Umland ent-

sorgt werden konnte, blieb der Westberliner Müll zunächst in der Stadt.

In Ost-Berlin musste die „Groß-Berliner Straßenreinigung und Müllabfuhr" zunächst mit veralteter Ausstattung arbeiten. Als Hauptaufgabe stand die Verwertung des Mülls auf dem Plan. Ab Mitte der 50er-Jahre begann der Betrieb, den Fuhrpark zu erneuern - mit Spezialautos aus der CSSR und der Sowjetunion. Aber auch in Eigeninitiative unter dem Motto „Not macht erfinderisch" entworfene technische Verbesserungen sollten helfen, den Notstand zu beheben. Da in der DDR mit den knappen Ressourcen sparsam umgegangen werden musste, setzte der Staat verstärkt auf Wiederverwertung von Küchenabfällen, Flaschen, Glas, Papier und Textilien. Das vom Staat geförderte Sammeln dieser „Sekundärrohstoffe" übernahm das „VEB Kombinat Sero".

Heutzutage sorgen die Männer und Frauen in Orange in der ganzen Stadt für Sauberkeit und Ordnung - „wie zuhause. Nur größer".

Straßen-Waschmaschine von 1888

Elektro-Straßenwaschmaschine von 1925

Sowjetischer Sprengwagen, Baujahr 1961

Brigade Schmidtke 1974

255

Pietà: Mahnung in der Neuen Wache

Als hätte sich das Wetter dem Anlass angemessen zeigen wollen: Es regnete in Strömen am Volkstrauertag 1993. Daran, einen der Stühle auf der vorbereiteten Ehrentribüne zu nutzen, war überhaupt nicht zu denken. Fingerhoch stand das Wasser auf den Sitzen. Die Gäste, die zur Einweihung der Neuen Wache als „zentrale Gedenkstätte der Bundesrepublik Deutschland für die Opfer des Krieges und der Gewaltherrschaft" gekommen waren, suchten verzweifelt nach einem Unterstand. Einsame Trompetentöne verklangen im Rauschen des Regens. Bundeskanzler Helmut Kohl und die anderen Repräsentanten der fünf Verfassungsorgane legten Kränze nieder. Dass nicht alle, die eingeladen waren, auch kamen - das lag trotzdem nicht am Wetter. Monatelang hatte die Diskussion um die Neue Wache die Feuilletons der Zeitungen gefüllt. Zwar waren sich Denkmalpfleger, Kulturpolitiker und Historiker im Wesentlichen einig darüber, dass die Neue Wache zentrale Gedenkstätte werden sollte. Doch da hörte die Einigkeit dann auch schon auf. Wie soll sie gestaltet werden? An

Karl Friedrich Schinkel

Nach dem Zweiten Weltkrieg: Neue Wache in Trümmern.

wen soll die Gedenkstätte erinnern? Müssen alle Opfergruppen einzeln genannt werden?

Am Ende entschied Helmut Kohl die Sache weitgehend allein. In der Mitte der neuen Wache unter der Deckenöffnung steht nun die „Pietà", eine Skulptur von Käthe Kollwitz. In den Boden ist ein Schriftband eingelegt: „Den Opfern von Krieg und Gewaltherrschaft" ist dort zu lesen. Außen auf einer Tafel wird jede Opfergruppe noch einmal einzeln erwähnt. Damit hat die Neue Wache wieder eine neue Gestalt angenommen - spiegelt sie doch, wie kaum ein anderes Bauwerk den unruhigen Lauf der deutschen Geschichte wider.

1816 beauftragte Friedrich Wilhelm III. Karl Friedrich Schinkel, eine Wachstube für die Soldaten zu entwerfen. Schinkels Entwurf: ein Geniestreich. Der schlichte Bau, der ein bisschen wirkt wie ein verkleinerter antiker Tempel, gilt noch heute als eines der Hauptwerke des deutschen Klassizismus. 1931 dann schuf Heinrich Tessenow in der Neuen Wache eine „Gedächtnisstätte für die Gefallenen des Ersten Weltkrieges". Im Zweiten Weltkrieg schwer beschädigt, wurde der Neuen Wache 1957 eine andere Bestimmung zugedacht. Die DDR nutzte das restaurierte Gebäude als „Mahnmal für die Opfer des Faschismus und Militarismus", in der Raummitte brannte nun eine ewige Flamme. Draußen exerzierten Soldaten des Wachregiments „Friedrich Engels". Der pompöse Wachwechsel mit Schellenbaum und Militärmusik war eine Attraktion für Ostberlin-Besucher.

Die Pietà, eine Skulptur von Käthe Kollwitz, ist den Opfern von Krieg und Gewaltherrschaft gewidmet.

Die heutige Gestaltung der Neuen Wache greift die Idee von Heinrich Tessenow wieder auf. Tessenow hatte einen schwarzen Granitfindling, gekrönt mit einem Lorbeerkranz aus Edelstahl unter der Deckenöffnung platziert. An dieser Stelle steht nun die Pietà, die Käthe Kollwitz 1937 zur Erinnerung an ihren im Ersten Weltkrieg gefallenen Sohn Peter schuf. Sie zeigt eine Mutter, die verzweifelt die Leiche ihres Sohnes in den Armen hält. Allerdings war die Originalskulptur nur knapp 40 cm hoch. Für die Neue Wache wurde sie auf das Vierfache vergrößert.

Helmut Kohl formulierte bei der Einweihung, welche Rolle der Neuen Wache mit der Kollwitz-Skulptur nun zukommt: „Die Neue Wache in Berlin ist künftig der Ort der Erinnerung und des Gedenkens an die Opfer von Krieg und Gewaltherrschaft. Als Zentrale Gedenkstätte der Bundesrepublik Deutschland ist sie wichtiges Symbol des wiedervereinigten Deutschland und seiner von Würde, Wert und Recht des Menschen bestimmten freiheitlichen demokratischen Grundordnung im Sinne des Grundgesetzes."

Wachwechsel zu DDR-Zeiten als pompöses Spektakel für Ostberlin-Besucher.

Die Neue Wache im Jahr 2007.

Herthas „Bubis" im Pokalfinale

Wunder gibt es immer wieder - sogar auf dem Fußballplatz. In der Saison 1992/93 sorgten die Amateure von Hertha BSC für eine Berliner Pokalsensation. Die „Bubis" stürmten bis ins Finale des DFB-Vereinswettbewerbs. Im Endspiel am 12. Juni 1993 im Berliner Olympiastadion scheiterten sie knapp 0:1 an den Profis von Bayer Leverkusen.

Das blau-weiße Fußball-Wunder begann ganz bescheiden. Mit ihrem Coach Karsten Heine überstanden die Herthaner schadlos sieben Runden im Berliner Paul-Rusch-Pokal. Der 1:0-Finalsieg gegen die Reinickendorfer Füchse bedeutete die Qualifikation für den DFB-Pokal.

Heine übergab seinen Posten an Jochem Ziegert. Der Ex-Profi rechnete damit, „ein paar Runden" zu überstehen. Doch der gelernte Finanzbeamte hatte nicht mit Fortuna gerechnet …

In Runde eins spendierte die Glücksgöttin den Berlinern ein Freilos. Im September 1992 reiste mit der SGK Heidelberg eine „machbare Aufgabe" als Gegner an die Spree. Nur 487 Zuschauer erleben Herthas 3:0-Erfolg an der Osloer Straße.

Der Knoten war geplatzt und die Bubis spielten sich in einen Pokal-Rausch. Erst wurde der VfB Leipzig „versenkt" (4:2), dann sogar Titelverteidiger Hannover 96 (4:3). Nach der Winterpause blieben die Amateure auch im Viertelfinale hellwach. Erstligist Nürnberg musste nach Berlin, der berühmte „Club" unterlag 1:2 nach Verlängerung. Jetzt sahen schon 14.000 Zuschauer die kleine Sensation im Mommsenstadion. Im Halbfinale (2:1 gegen Chemnitz) strömten dann mehr als 56.000 Fans ins Olympiastadion.

Am 12. Juni 1993 ist das Stadion bis auf den letzten Platz ausverkauft. Die kleine Hertha im Pokal-Finale gegen die Erstliga-Millionäre von Bayer Leverkusen. „Schuss-Tor-Hinein, das muss ein Berliner sein!" singen die Zuschauer auf den Rängen. Alle 76.391, denn nicht einmal die Anhänger aus Leverkusen können ihre Sympathie für die Pokal-Bubis verhehlen.

Fortuna „knutschte" Hertha bis ins Finale, aber die ganz große Sensation sollte ausbleiben. Um 18 Uhr Anpfiff durch Schiedsrichter Markus Merk. Die Rheinländer greifen mit ihren Superstars Ulf Kirsten und Andreas Thom an, Herthas Abwehr hält tapfer dagegen. 0:0 zur Halbzeit - immerhin. Dann muss Leistungsträger Oliver Schmidt verletzt vom Platz, bis 15 Minuten vor Schluss beißen die Bubis auf die Zähne. Die 77. Minute: Leverkusens Pavel Hapal zirkelt eine Sahneflanke in den Berliner Strafraum, Ulf Kirsten steigt hoch, nickt mühelos ein. Hertha-Keeper Christian Fiedler ist beim entscheidenden 1:0 machtlos.

Sven Kaiser, Wolfgang Kolczyk und Torschütze Andreas Zimmermann (von links) bejubeln den Führungstreffer im Viertelfinalspiel am 1. Dezember 1992 gegen Nürnberg. Rechts: In Siegerpose präsentieren sich Carsten Ramelow, Trainer Jochem Ziegert und Sven Meyer (von links) nach dem Halbfinalsieg.

Enttäuschung nach dem Endspiel im mit 76.391 Zuschauern ausverkauften Berliner Olympiastadion: Herthas Amateure mussten sich Leverkusens Profis geschlagen geben.

Nach 90 Minuten jubeln die Profis und die Amateure weinen. Doch die Tränen trockneten schnell. Christian Fiedler ist bis heute stolz auf die Leistung: „Die Atmosphäre, die irre Stimmung: An diesem Tag hat einfach alles gepasst - bis auf das Ergebnis. Diesen Tag werde ich niemals vergessen."

Teamgeist machte das Pokalwunder damals möglich. Jeder kämpfte für jeden, machte einer schlapp, dann rannte der Kollege für zwei. Als die Nationalhymne im Olympiastadion erklang, da standen die Berliner Arm in Arm auf dem Platz. Elf Freunde aus Berlin, elf Helden von Hertha BSC.

„The Winner is... Sydney!" Verloren - und doch gewonnen...

Die Stimmung war zum Zerreißen gespannt. Zehntausende Berliner hatten sich auf dem Pariser Platz vor dem Brandenburger Tor versammelt. Viele hofften noch, viele hatten bereits resigniert. Dann, gegen 20.15 Uhr am 23. September 1993, die niederschmetternde Nachricht: „The Winner is...Sidney!" Die Australische Metropole hatte das Rennen um den Austragungsort für die Olympischen Sommerspiele 2000 gewonnen.

Berlin hatte verloren. Die Stadt kam auf nur neun Stimmen im zweiten und entscheidenden Wahlgang des Internationalen Olympischen Komitees (IOC) in Monte Carlo. Knapp 23 Millionen Euro hatte der Berliner Senat für seine Kampagne zur Olympiabewerbung aufgebracht. Mit diesem Aufwand hatte er aber nicht nur das IOC nicht überzeugen können, sondern auch die Mehrheit der Berliner nicht: So sprachen sich in einer Umfrage im September 1992 nur 47 Prozent für die Olympiabewerbung ihrer Stadt aus, aber 49 Prozent dagegen.

Eine zunehmend militant agierende „Anti-Olympiabewegung", an der sich Politiker der Grünen und der PDS maßgeblich beteiligt hatten, schürte Bedenken und Ablehnung in der Bevölkerung. Anschläge militanter Olympia-Gegner auf Fahrzeuge und Gebäude von Befürwortern der Bewerbung spitzten die Lage gefährlich zu. Und kurz vor der Entscheidung des IOC hatte ein „Begrüßungskomitee" auch noch in einem „Offenen Brief" IOC-Präsident Antonio Samaranch vor seinem geplanten Besuch in Berlin anlässlich des Leichtathletikfestes ISTAF Ende August 1993 gewarnt: „Dieses Mal werden es nicht nur Eier sein... Wir haben andere Mittel (…), Ihre Anwesenheit ist in Berlin

nicht erwünscht", hieß es in dem auf Englisch verfassten Pamphlet. Kaum jemand wunderte sich jetzt über den Zuschlag für die Stadt Sydney, deren positiv gestimmte Bevölkerung rückhaltlos die Bewerbung unterstützt hatte.

Die Olympiabewerbung Berlins hatte dennoch ihr Gutes: So entstand in Prenzlauer Berg eine gewaltige Box-Arena mit dem Namen „Max Schmeling" (rechts und oben), 1996 in Anwesenheit des großen Sportlers eröffnet. Als Multifunktionshalle dient sie seitdem dem Basketball-Erstligisten „Alba Berlin" und dem Handball-Erstligisten „Füchse Berlin" als Basis. Neben der sportlichen Nutzung funktioniert die Schmeling-Halle auch als Veranstaltungsort internationaler Großkonzerte und Shows. Ebenfalls in Prenzlauer Berg wurden nach Plänen des französischen Architekten Dominique Perrault eine gigantische „Schwimm- und Sprunghalle" (unten links) sowie das „Velodrom" (unten) errichtet,

eine nicht minder beeindruckende Radrennhalle. Diesen beiden Großprojekten hatten ein ehemaliger Güterbahnhof sowie die „Werner-Seelenbinder-Halle" weichen müssen, die zu DDR-Zeiten als berühmtester Tagungsort der SED gedient hatte. Alle drei - Schmeling-Halle, Schwimmhalle und Velodrom - bewährten sich schnell als beliebte Austragungsorte internationaler Sportwettkämpfe: Kleiner Trost für die missglückte Olympiabewerbung Berlins, für die sie eigentlich geplant und erbaut worden waren.

Am 16. August 1993 besuchte IOC-Präsident Juan Antonio Samaranch (Dritter von links) anlässlich der Berliner Olympiabewerbung das Olympiastadion in Begleitung von Friedrich Ruth, Vizegeschäftsführer der Olympia GmbH, Berlins Regierendem Bürgermeister Eberhard Diepgen und NOK-Chef Walter Tröger (vorn von links).

Für den Tunnel geht die Spree auf Wanderschaft

Im Trubel der Olympiabewerbung Berlins waren in der Öffentlichkeit gigantische Pläne weitgehend unbeachtet geblieben, die viel weitreichender als die Vorbereitung der olympischen Infrastruktur waren: Berlin sollte Regierungssitz werden und musste dafür kräftig umbauen: In den Reichstag sollte der Bundestag einziehen, im Schloss Bellevue als Sitz des Bundespräsidenten war ein Anbau notwendig - und schließlich sollte das gesamte Regierungsviertel im Tiergarten untertunnelt werden, um den Verkehrslärm von den Bürogebäuden der Politiker und Beamten fern zu halten. Für den Bau dieses Tunnels, der seit 1992 geplant und zwischen 1995 bis 2006 fertiggestellt wurde, musste die Spree in Sichtweite des Reichstages eigens in ein neues Flussbett umgeleitet werden. 70 Meter vom alten Bett entfernt nahm der traditionsreiche Berliner Fluss eine 200 Meter lange und 60 Meter breite Umleitung. Im alten Flussbett wurde in 17 Metern Tiefe eine Betonsohle angelegt. Auf dieser Sohle wurden die Tunnelröhren für die Bundesstraße 96, die Fernbahn,

Neues Bundespräsidialamt

die Regionalbahn und die neue U-Bahnlinie 5 aufgebracht. Oben deckte eine 1,5 Meter dicke Betondecke die Tunnelröhren ab, über denen Ende 1998 dann die Spree wieder ins alte Bett gelassen wurde.

Während die Tunnelröhren unter dem Tiergarten weiter vorangetrieben wurden, begann der Umbau des alten Reichstagsgebäudes als künftiger Sitz des Bundestages. Aus 80 Bewerbungen wurden die Entwürfe des britischen Architekten Sir Norman Foster ausgewählt. Er wollte den Reichstag mit einem gigantischen Flachdach überbauen, musste diesen Entwurf aber (im Volksmund schnell als

„Deutschlands größte Tankstelle" verlacht) abwandeln und baute schließlich eine gläserne Kuppel aufs Dach, Zitat der ehemaligen Reichstagskuppel, jedoch ohne Tambour und Laterne. Diese modern wirkende gläserne Kuppel erfreute sich schnell großer Beliebtheit und gilt längst als Wahrzeichen Berlins.

Bevor der Foster-Plan umgesetzt wurde, kam es zu einem unvergesslichen Spektakel: Das Künstlerpaar „Christo" und „Jeanne Claude" verhüllten den Reichstag komplett mit silberglänzendem feuerfestem Gewebe. Die Kunstaktion („Wrapped Reichstag") sorgte weltweit für Schlagzeilen und zog zwischen dem 24. Juni und dem 7. Juli 1995 mehr als fünf Millionen Besucher an.

Am 7. September 1999 schließlich nahm der deutsche Bundestag im Reichstag seine Arbeit auf. Vor dem Eingang bilden sich seitdem tagtäglich lange Menschenschlangen: Bis Ende 2007 waren mehr als 20 Millionen Besucher bis zur Reichstagskuppel hinaufgestiegen. Weniger spektakulär verlief dagegen der Bau des neuen Bundespräsidialamtes neben dem Schloss Bellevue. Hier wurde zwischen 1996 und 1998 ein viergeschossiger elliptischer Büroring mit einer polierten schwarzen Steinfassade errichtet, der Platz für die Büros von 150 Mitarbeitern des Bundespräsidenten bietet. Das Schloss Bellevue, das zuletzt in den 1950er-Jahren renoviert worden war und seit 1994 als erster Sitz des Bundespräsidenten diente, wurde erst in den Jahren 2004 und 2005 gründlich saniert.

Der Bau des Tiergartentunnels erforderte die Umleitung des Spree-Flussbettes.

Die Alliierten nehmen Abschied von Freunden

So long, Au revoir. Bye bye. Am 8. September 1994 verließen nach 49 Jahren die letzten Soldaten der westlichen Alliierten Berlin. Ein großer Tag für die Stadt, ein wenig sentimental, ein wenig stolz. Und ganz bestimmt ein Tag der Dankbarkeit.

Großer Bahnhof schon am Morgen in Tegel. Um acht Uhr landeten US-Außenminister Warren Christopher und Verteidigungsminister William Perry, die Präsident Clinton vertraten (der als einziger Regierungschef nicht persönlich kam). Drei Stunden später landete Briten-Premier John Major und gegen Mittag Frankreichs Staatschef Francois Mitterand.

Mit einem Bankett für 400 Ehrengäste im Schloss Charlottenburg begannen die Feierlichkeiten, es folgte eine Gedenkveranstaltung am Luftbrückendenkmal in Tempelhof und anschließend der große Festakt im Schauspielhaus. Komplimente für Deutschland und Komplimente für Berlin. „Wir gehen als Freunde", sagte Mitterand und Major resümierte: „Wir sind zwar traurig, dass wir gehen. Aber wir empfinden auch Stolz." Und der französische Verteidigungsminister Francois Leotard fasste zusammen, was alle Deutschen und vor allem die Berliner schon lange gewusst, gespürt und gehofft hatten: „Berlin ist nun keine Hauptstadt im Wartestand mehr".

Natürlich war dieser Tag auch eine Generalprobe für Berlin als repräsentative Metropole - den Test bestand die Stadt mit Bravour. „Diese Stadt wird zum Symbol der wieder gefundenen Freiheit, eines wieder vereinten Europas", sagte Francois Mitterand.

John Major (rechts) und Eberhard Diepgen enthüllten auf dem Gelände der ehemaligen britischen Garnison einen Gedenkstein.

Mit dem Großen Zapfenstreich am Brandenburger Tor wurden die alliierten Streitkräfte aus Berlin verabschiedet.

Alle Staatschefs trugen sich ins Goldene Buch im Roten Rathaus ein, Bundespräsident Roman Herzog hatte für den Abend zum Essen ins Schloss Bellevue eingeladen. Emotionaler Höhepunkt dieses historischen Tages aber war mit Sicherheit der Große Zapfenstreich am Brandenburger Tor. Um 21.30 Uhr verabschiedeten sich die Schutzmächte mit militärischem Zeremoniell von der Stadt, der sie fast ein halbes Jahrhundert Freiheit und Existenz gesichert hatten. Ihre Mission war erfüllt, denn die letzten russischen Truppen waren bereits eine Woche vorher abgezogen. Mit einer kleineren Feier und Hammer und Sichel noch immer an den Mützen. Viele in eine unsichere Zukunft: Für die Soldaten galt die Rückversetzung in die Heimat als sozialer und finanzieller Abstieg.

„Leb wohl Berlin!". Was die Russen zum Abschied sangen

Ein wenig spröde, ziemlich pathetisch. Ungelenkt, aber nicht unfreundlich. Russlands mysteriöse und doch liebenswerte Seele offenbarte sich auch im Abschiedslied, das die Soldaten der Westgruppe immer wieder zum Finale der Empfänge und Paraden anlässlich ihrer Rückkehr anstimmten. Die Übersetzung (für die „Welt") stammt von Oberstleutnant Hans-Joachim Jung.

Wir verlassen nun für immer diese Erde,
denn der Kriegsgrund, der ist ja schon lange aus.

Zum Abschied „Leb wohl Berlin!": Soldaten der russischen Westgruppe vor der Rückkehr.

In der Hoffnung, dass nun ewig Frieden wäre,
rollen Panzer und Geschütze jetzt nach Haus.
Wir ziehen ab, doch uns're Lieder werden bleiben,
uns erinnern noch an manche gute Tat.
Mutter Heimats Freude ist kaum zu beschreiben,
dass nun heimkehrt ihr russischer Soldat.

Deutschland wir reichen Dir die Hand
Und kehr'n zurück ins Vaterland.
Die Heimat ist empfangsbereit,
Wir bleiben Freunde allezeit.
Auf Frieden, Freundschaft und Vertrauen
Sollten wir uns're Zukunft bauen.
Die Pflicht erfüllt! Leb wohl, Berlin!
Uns're Herzen heimwärts ziehen.

Jeanne d'Arc im Senat: „Klarheit durch Wahrheit"

Die Große Koalition, die nach den Parlamentswahlen 1995 ihre zweite Legislaturperiode begann, startete in das Jahr 1996 mit einer aufsehenerregenden Senats-Neubesetzung: Sie berief als Chefin des Finanzressorts die ehemalige hessische Finanzministerin Annette Fugmann-Heesing von der SPD. Die zierliche Frau mit der Kurzhaar-Frisur griff zu einer unüblichen Methode: Sie legte unter dem selbstverkündeten Motto „Klarheit durch Wahrheit" die Finanzlage Berlins offen: Knapp 30 Milliarden Euro hatte die Stadt seit der Wiedervereinigung an Schulden angehäuft. Im Haushalt 1995 klaffte eine Deckungslücke in Höhe von rund sechs Milliarden Euro. Die Steuereinnahmen sanken. Nur mit drastischen Sparmaßnahmen und dem Verkauf stadteigener Unternehmen, belehrte Fugmann-Heesing die Berliner, könnte ihre Stadt finanziell gerettet werden.

Zwar hatte auch der Vorgänger im Amt, Senator Elmar Pieroth (CDU), bereits ordentlich zu sparen versucht. So wurden im Jahr 1993 unter Protest der Öffentlichkeit die Traditionsbühnen im Westteil der Stadt - das Schiller- und das Schloßpark-Theater - geschlossen, um den Etat zu entlasten. Doch Pieroths Bemühungen hatten wenig ausrichten können. Annette Fugmann-

Heesing ging nun aufs Ganze. Sie verkaufte die stadteigenen Energieversorgungsunternehmen „BEWAG" und „GASAG" für 2,15 Milliarden Euro, außerdem die Wohnungsbaugesellschaft Gehag und teilweise die Wasserbetriebe. Dazu erzwang sie dramatische Stellenkürzungen im öffentlichen Dienst. Während sie auf der einen Seite für ihren Mut gelobt und „Jeanne d'Arc von Berlin" genannt wurde, erregte sie auf der anderen Seite den Unmut vieler Berliner, denen der rigide Sparkurs missfiel.

Die CDU, eigentlich Koalitionspartner der SPD, distanzierte sich im Wahlkampf 1999 deutlich von Fugmann-Heesing. So unkte etwa der Haushaltsexperte der CDU, Reinhard Führer, wenn die Nettoneuverschuldung weiter abgesenkt werde und dementsprechend gespart werden müsse, dann werde Berlin „den Weg der DDR" gehen: „Ruinen schaffen ohne Waffen". Als die Berliner SPD dann in den Parlamentswahlen 1999 auch noch von 23,6 Prozent (1995) auf nur noch 22,4 Prozent der Stimmen absackte und damit ihren his-

torischen Tiefstand erreichte, kam in der eigenen Partei Gegenwind auf. Die Finanzsenatorin wurde von ihren Genossen für die Niederlage verantwortlich gemacht - obwohl alle wussten, dass es zu ihrer Politik gar keine Alternative gab: Immerhin war das Defizit der Stadt trotz aller Vermögensveräußerungen und Sparmaßnahmen auf knapp 35 Milliarden Euro angewachsen. Die „Wahrheit" wurde nun geschmäht, die „Klarheit" ging vorerst verloren: Nach dem Abgang Fugmann-Heesings wurden finanzielle Kürzungen im neuen Koalitionsvertrag gelockert oder gestrichen. Sehenden Auges häufte die Große Koalition den Schuldenberg der Stadt weiter auf, der im Jahr 2001 schließlich mehr als 42 Milliarden Euro betrug.

Elmar Pieroth

Annette Fugmann-Heesing

Reinhard Führer

Christos Verhüllung haucht dem Reichstag Atem ein

„Ja, ich will es tun", schrieb Christo Javacheff 1971 an den Bauhistoriker und Wahl-Berliner Michael S. Cullen. „Ja, ich verhülle den Reichstag." 24 Jahre mussten Christo und seine Lebensgefährtin Jeanne-Claude warten, bis sie dieses Versprechen erfüllen konnten. 54 Reisen nach Deutschland, die Trennung und Wiedervereinigung des Landes abwarten und bei drei Bundespräsidenten (vergeblich) um die Erlaubnis bitten. Am 21. Juni 1995 aber konnte der Verhüller sein Werk vollenden und schenkte Berlin einen unvergesslichen Sommer.

Sechs Jahre nach der Wende plagte die Stadt der erste „Wiedervereinigungs-Ka-

Vision: Christo 1985 vor dem Reichstag.

ter". Mittlerweile war das letzte Stück Mauer verscherbelt, jeder Ostberliner mindestens einmal auf dem Kurfürstendamm und jeder Westberliner einmal, naja, nicht gerade in Marzahn gewesen, aber zumindest einmal durch das Brandenburger Tor gefahren. Die Berliner zogen sich mit neuen Ängsten in ihre alten Quartiere zurück: Im Westen fürchteten

sie, zum Zahlmeister für den Osten zu werden. Und viele Berliner dort vermissten die gemütliche Vertrautheit ihrer untergegangenen Republik.

Kein idealer Nährboden für das auf den ersten Blick absolut sinnlose Unterfangen, das nach dem Flughafen Tempelhof zweitgrößte Gebäude der Stadt mit 61.5000 Kilogramm schwerem Kunststoffgewebe zu verhüllen, wie es der amerikanische Kunst-Exzentriker plante. Harsche Kritik also vorab: „Man verpackt nicht ein Parlament, um Touristenwerbung zu betreiben und einem Künstler zur Gage des Gags zu verhelfen", wetterte Berlins legendärer Ex-Innensenator Heinrich Lummer. „Ich habe den verhüllten Reichstag nicht besichtigt und ich habe auch nicht die Absicht, es zu tun", verkündete verbiestert der damals noch in Bonn ansässige Bundeskanzler Helmut Kohl. Wolfgang Schäuble unkte: „Eine Verhüllung des Reichstages würde nicht einen, sondern polarisieren. Zu viele Menschen würden es nicht verstehen, nicht akzeptieren, nicht nachvollziehen."

Drei Jahre vor dem Beginn der Verhüllungsarbeiten treffen Christo und Jeanne-Claude Bundestagspräsidentin

Michael S. Cullen

Rita Süssmuth. Der Künstler hofft, dass die Wiedervereinigung die Stimmung für sein Projekt positiv beeinflusst hat. Und zumindest in der Hausherrin findet er eine Fürsprecherin. Dennoch wird es am 25. Februar 1994 bei der „Verhüllungs-Abstimmung" ziemlich knapp. Nach einer extrem emotional geführten Debatte stimmen 292 Abgeordnete für den Christo-Plan, 223 dagegen. 137 Abgeordnete scheint das Berliner Projekt nicht zu interessieren - sie fehlen.

Am 16. Juni 1995 schließlich transportierten Tieflader die ersten Riesenbahnen in Richtung Reichstag. Hergestellt wurden die Gewebe in Emsdetten (Nordrhein-Westfalen). 90 schwindelfreie Profis begannen mit der Arbeit und konnten schon am nächsten Tag die erste Bahn am Gemäuer herunterrauschen lassen. Vorher waren alle Statuen und Vasen auf dem Dach mit speziellen Stahlkäfigen geschützt und die Zwischenräume mit Luftkissen gefüllt worden. So entstand der gleichmässig-sanfte, etwas unwirkliche Verhüllungs-Look. 11,5 Millionen Mark (etwa sechs Millionen Euro) kostete die Aktion, von Christo und Jeanne-Claude komplett aus eigenen Mitteln finanziert. Das Geld spielten sie locker wieder ein: Durch den Verkauf von Vorstudien, Zeichnungen, Collagen und Modellen - die kosteten bis zu 200.000 Dollar.

Und dann war er verhüllt, der Reichstag. Der Sommerwind bauschte die Bahnen leicht auf, drückte sie zurück gegen die Mauer und so schien es, als würde das Gebäude atmen. Und um den Reichstag her-

Wolfgang Schäuble   Rita Süssmuth

Den heftigen Kontroversen über die Genehmigung des Ojektes folgte begeistertes Besucher-Interesse.

um entwickelte sich das Leben. Erst neugierig, dann stolz zogen die Berliner zum verpackten Staatssymbol, kamen gucken, blieben auf der Wiese liegen, picknickten, schauten den Jongleuren und Feuerspuckern zu, die angezogen wurden wie die Motten vom Licht - und sie lächelten, die Berliner, die vor lauter Sorge schon gar nicht mehr gewusst hatten, wie das ging. Die Touristen sahen diese ungewohnte Heiterkeit in den Gesichtern der Deutschen, nicht so laut und trunken wie in der Nacht, in der die Mauer fiel, sondern ganz leicht und still und fröhlich. Eine „ungewohnt verspielte Atmosphäre" entdeckte der Korrespondent der „Le Monde" und so blieb es fast einen wunderbaren Monat lang. Dann fielen die Hüllen am Reichstag - niemals wieder ein grauer Klotz in der Mitte Berlins, sondern als ein Ort, der die Inschrift „Dem Deutschen Volke" vollkommen zu Recht trägt.

Ein Traum wird wahr: Christo und Jeanne-Claude während der Aufbauarbeiten.

Materialien

110 Fensterhaltungen
270 Dachhalterungen
24 Metallkäfige zum Schutz der Vasen
16 Metallkäfige zum Schutz der Statuen
70 Gewebepaneele mit einer Durchschnittsgröße von 30 mal 45 Metern (Gesamtgewicht 61.500 Kilogramm)
1.300 Kilometer Nähgarn
15.600 Meter blaues Polypropylenseil

Fakten

- 12.600 Essen kochte das Team des Golf- und Landclubs Berlin-Wannsee für die 1.200 „Monitore" genannten Christo-Hostessen.
- Zwei Millionen Zugriffe auf die Internet-Seite zur Verhüllung, für das Jahr 1995 ein fast unglaublicher Wert.
- Rund 3,5 Millionen Besucher sahen den verhüllten Reichstag.
- Zwischen 7.000 und 8.000 Passagiere täglich zählte die Lufthansa in Berlin, 1.000 mehr als üblich.
- Zu 70 Prozent ausgelastet waren die 46.000 Hotelbetten der Stadt zu Beginn der Aktion. An den letzten beiden Verhüllungswochenenden waren es 95 Prozent.
- Das KaDeWe begrüßte während der Christo-Wochen 15 bis 20 Prozent mehr Besucher als üblich.

70 Gewebepaneele mit einer Durchschnittsgröße von 30 mal 45 Metern mussten sturmsicher und planmäßig verschnürt werden, damit der Reichstag in der Sonne glänzen konnte.

Der Reichstag: Symbol für Deutschlands düsterste und hellste Stunden

März 1871: Erste Debatte um einen Neubau für die Volksvertretung.

9. Juni 1884: Kaiser Wilhelm I. legt den Grundstein für das von Baumeister Paul Wallot (1841 bis 1912) entworfene Haus. 188 Konkurrenten in der Ausschreibung hatte Wallot aus dem Feld geschlagen.

5. Dezember 1894: Nach zehnjähriger Bauzeit weiht Wilhelm II. den Reichstag ein.

1916: Die Inschrift „Dem Deutschen Volke" wird über dem Portal angebracht.

9. November 1918: Philipp Scheidemann ruft von einem Fenster des Reichstags die Republik aus.

27. Februar 1933: Der Anarchist van der Lubbe legt im Reichstag einen Brand. Die Nazis nehmen dies zum Anlass für eine Terrorwelle gegen ihre Gegner.

30. August 1945: Der Rotarmist Michail Petrowitsch Minin hisst die rote Fahne auf der Ruine des Reichstags.

9. September 1948: Ernst Reuter formuliert bei der Demonstration gegen die Berlin-Blockade seinen berühmten Satz: „Völker der Welt, schaut auf diese Stadt".

4. Oktober 1990: Erste Sitzung des gesamtdeutschen Parlaments.

30. Juni 1994: Im Ältestenrat des Bundestages fällt die Entscheidung zum Bau der Reichstagskuppel.

Mobilität für die Metropolenregion - S-Bahn auf Kurs in die Zukunft

Modernes Verkehrsmittel in historischem Umfeld: S-Bahn auf der Berliner Museumsinsel

Serviceorientiert präsentiert sich die 1995 gegründete S-Bahn Berlin GmbH als Tochter der Deutschen Bahn AG.

Als schnellstes öffentliches Nahverkehrsmittel der Hauptstadt-Region verbindet die S-Bahn Berlin das Umland mit dem lebendigen Zentrum an Spree und Havel. Rund 370 Millionen Fahrgäste setzen jährlich auf das stetig wachsende Angebot. Tendenz steigend.

Am 1. Januar 1995 als GmbH gegründet, ordnet die Deutsche Bahn AG (DB AG) ihre 100-prozentige Tochter dem Geschäftsfeld DB Stadtverkehr zu. Die Zugehörigkeit zur DB AG bietet praktische Vorteile für die Kunden: So greift die S-Bahn Berlin zum einen auf das logistische und verkehrsplanerische Know-how der Deutschen Bahn zurück. Zum anderen erwartet die Fahrgäste zuverlässige Mobilität mit hohen Taktdichten für passende Anschlüsse zum Nah- und Fernverkehr. Außerdem nutzt die S-Bahn Berlin als Betreibergesellschaft den Fahrweg der DB Netz AG und die Bahnhöfe der DB Station & Service AG. Darüber hinaus verbessert die Deutsche Bahn durch den Ausbau des S-Bahn-Netzes die vorhandene Infrastruktur: So wuchs die Zahl der Stationen von 1995 bis 2008 um 19 auf insgesamt 166. Viele der Bahnhöfe sanierte die Gesellschaft im selben Zeitraum. Die Gesamtlänge des Netzes beträgt 2008 rund 332 Kilometer - knapp 40 Kilometer mehr als 1995. Im Durchschnitt absolvieren die S-Bahnen darauf täglich 2.800 Fahrten.

Mit ihren Leistungen hat sich die S-Bahn Berlin an die Bedürfnisse der Großstadt und ihres Umlandes angepasst. Das Streckennetz verbindet die Metropolen-

Rund 370 Millionen Fahrgäste nutzen jährlich die rot-gelben Nahverkehrszüge in Berlin und Umgebung.

region in Berlin und Brandenburg. Nicht erst seit der 2006 weitgehend abgeschlossenen Grunderneuerung des Netzes stellt das Unternehmen sicher, dass der Verkehr auf der Schiene reibungslos läuft.

Vor allem Pendler nutzen bei der Fahrt zur Arbeit den rot-gelben Nahverkehr. Während die Staus auf den Straßen der Hauptstadt zunehmen, fahren die S-Bahnen ungehindert an ihnen vorbei. Die Fahrgäste erreichen somit nicht nur schnell, sondern auch zur angekündigten Zeit ihr Ziel: Die Pünktlichkeit der S-Bahn weist seit Jahren ein konstant hohes Niveau auf. Rund 96 Prozent aller Züge fahren exakt nach Fahrplan - trotz immer dichter werdender Takte, zahlreicher Baumaßnahmen und eines stetig wachsenden Angebots.

Rund um die Uhr steht die S-Bahn für Berliner, Touristen und Gäste der Stadt bereit. Auf den besonders stark frequentierten Hauptstrecken wie der Stadtbahn und der Ringbahn fahren die Züge im Drei- bis Fünfminutentakt.

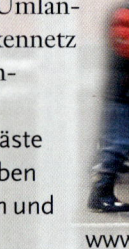

www.s-bahn-berlin.de

Seit Gründung der Gesellschaft stieg die Anzahl der Fahrgäste: Fuhren im Jahr 1995 rund 245 Millionen Kunden, so nutzten 2007 bereits 371 Millionen Menschen die S-Bahn Berlin. Analog hierzu wuchs im gleichen Zeitraum die Verkehrsleistung um 50 Prozent auf 3,7 Millionen Personenkilometer. Werktags vertrauen mehr als 1,3 Millionen Kunden auf die Zuverlässigkeit der Züge. Auch hier zeigt der Trendpfeil nach oben. Mit dieser Bilanz hält das Unternehmen auch im europaweiten Vergleich stand: So rangiert die S-Bahn Berlin bei Europas großen S-Bahnen gemessen an der Fahrgastzahl auf Platz drei - direkt hinter dem öffentlichen Nahverkehr von Paris.

Das geschlossene, verkehrsplanerisch einheitliche Netz der S-Bahn Berlin bietet auch Vorteile für den Aufgabenträger: Aufeinander abgestimmte Anschlüsse und Fahrpläne bedeuten einen schlanken, kosteneffektiven Betrieb aus einem Guss. Dies ermöglicht unter anderem eine bedarfsgerechte Planung, damit sich der Neu- und Mehrverkehr passgenau in das Angebot einfügen kann. Die S-Bahn Berlin setzt ihren Weg der Modernisierung konsequent fort, um auch in Zukunft auf Erfolgskurs zu rollen. Nicht zuletzt möchte sie einen soliden Baustein für die Zukunft Berlins bilden und sich gut gerüstet den Herausforderungen des liberalisierten Verkehrsmarktes stellen.

An insgesamt 166 Bahnhöfen in der Hauptstadt und Brandenburg halten die S-Bahnen.

„Kein Pfennig mehr für Ulbricht"

Als älteste Deutschlands zählt die Berliner S-Bahn zum Stadtbild der Metropole wie der Kudamm. Bereits 1891 zahlten die Kunden einen Nahverkehrstarif bei gleichzeitiger Trennung von Nah- und Fernverkehr auf der Schiene. Erste Versuche, den Bahnbetrieb elektrisch durchzuführen, gab es bereits 1901. Nach dem Ersten Weltkrieg entwickelten sich Überlegungen, das gesamte Netz des Vorortverkehrs auf elektrischen Betrieb umzustellen. Zur Premiere startete am 8. August 1924 ein Zug vom Stettiner Vorortbahnhof nach Bernau. Die komplette Elektrifizierung aller Strecken dauerte bis 1933.
Drei Jahre später beauftragte Adolf Hitler den Generalbauinspektor und späteren Rüstungsminister Albert Speer mit dem Entwurf eines Grundrisses für die künftige

„Welthauptstadt Germania". Um die nötige Infrastruktur für die erwartete Fünf-Millionen-Stadt zu schaffen, folgten auch Ausbauarbeiten am S-Bahn-Netz. Nach Ende des Zweiten Weltkrieges fuhr die S-Bahn durch alle vier Sektoren der Stadt. Die Sowjetische Militäradministration in Deutschland übertrug am 11. August 1945 mit Billigung der westlichen Alliierten den gesamten Eisenbahnverkehr auf die Deutsche Reichsbahn. Nach der Währungsreform (1948) und der Umbenennung in Deutsche Bahn in den Westzonen kontrollierte die Reichsbahn der DDR den S-Bahnverkehr in Berlin. Die Entlohnung ihrer West-Bahner in Ostmark - im Verhältnis 1:4 deutlich weniger wert - gipfelte 1949 im Streik. Das Resultat schwerer Auseinandersetzungen: zahlreiche Verletzte und sogar ein Todesopfer.
Der Beginn des Mauerbaus in der Nacht zum 13. August 1961 zerriss ein intaktes Verkehrsnetz. Da die Reichsbahn in Westberlin immer noch in der wertvollen Devise Westmark kassierte, riefen vier Tage später der DGB und der Regierende Bürgermeister Willy Brandt zum Boykott auf. Plakate wie „Kein Pfennig mehr für Ulbricht" oder „Jeder West-Berliner S-Bahnfahrer bezahlt den Stachel-

Seit 2. Juli 1990 wieder durchgehend: die Strecke Wannsee - Königs Wusterhausen

Am 4. Oktober 1925 fuhr erstmals eine S-Bahn nach Oranienburg. Unten: eine S-Bahn vor dem Fernsehturm.

draht" dokumentierten den Protest der Teilungsgegner. Während das Streckennetz im Westen weitreichend stillgelegt war, baute die Reichsbahn es im Osten aus. Erst nach dem Mauerfall ließen sich die Lücken im S-Bahn-Netz wieder schließen.

Mega-Airport und Tauziehen um Tempelhof

Mit der Deutschen Einheit war auch Berlin am 3. Oktober 1990 wieder zu einer Stadt zusammengewachsen. Diese Stadt hatte alles - nur keinen Flughafen, der ihrer Größe entsprach. Während der Teilung dienten im Westteil zunächst der alte „Zentralflughafen" in Tempelhof und ab 1974 der Flughafen Tegel als Drehscheiben für den zivilen Flugverkehr - allerdings dadurch stark eingeschränkt, dass nach einem Übereinkommen zwischen den vier Siegermächten nur die Fluggesellschaften der drei Westalliierten im West-

teil Berlins landen durften. Im Ostteil der Stadt war ebenfalls kein großer Flughafen nötig, weil die DDR-Diktatur ihren Bürgern das Reisen weitgehend verboten hatte. Hier entstand auf dem ehemaligen Flugversuchsgelände Schönefeld im Südostrand der Stadt nach 1949 deshalb ebenfalls nur ein kleiner Flughafen. Drei kleine, aber kein großer Flughafen, so konnte Berlin nicht in die Zukunft aufbrechen. 1991 gründeten deshalb die Bundesländer Berlin und Brandenburg gemeinsam mit der Bundesregierung eine

gemeinsame Holding, die einen neuen Großflughafen für Berlin bauen sollte. Erst fünf Jahre später (1996) einigten sich die Gesellschafter auf einen Standort. Nach heftigen Kontroversen fiel die Entscheidung, den DDR-Flughafen Schönefeld direkt an der Stadtgrenze Berlins auszubauen. Was zu diesem Zeitpunkt niemand ahnte: Bis zum ersten Spatenstich an diesem Standort sollten noch zehn Jahre vergehen. Zwei große Probleme schienen dem neuen

Erster Spatenstich am 5. September 2006: Bahnchef Hartmut Mehdorn, Bürgermeister Klaus Wowereit, Bundesverkehrsminister Wolfgang Tiefensee, Flughafen-Chef Dr. Rainer Schwarz, Brandenburgs Ministerpräsident Matthias Platzeck und Thomas Weyer, BBI-Geschäftsführer (von links).

Großflughafen zeitweilig unüberwindbar im Wege zu stehen. Erstens schlug der Plan fehl, den Flughafen durch private Investoren finanzieren zu lassen. So erhielt zwar 1999 der Konzern Hochtief den Zuschlag für den Bau des neuen Flughafens. Doch das brandenburgische Oberverwaltungsgericht erklärte den Vergabebescheid wenig später wegen formaler Fehler beim Privatisierungsver-

fahren für nichtig. Fünf Jahre später gaben die Gesellschafter ihre Privatisierungspläne endgültig auf und beschlossen, den Flughafen mit öffentlichen Mitteln zu errichten. Zweitens überschwemmten Anwohner der Region Schönefeld die Gerichte mit Tausenden von Klagen, weil sie sich durch den künftigen Fluglärm und eine zu erwartende zunehmende Umweltbelastung benachteiligt sahen. Als nach acht Jahren, im August 2004, endlich der Planfeststellungsbeschluss für den Flughafen vorgelegt werden konnte, reichten Flughafengegner erneut insgesamt 4.000 Klagen beim Bundesverwaltungsgericht (BVerwG) in Leipzig ein. Erst im März 2006 wies das BVerwG die Klagen als zum größten Teil unbegründet ab, verhängte allerdings verschärfte Auflagen zum Lärmschutz und ein Nachtflugverbot zwischen 24 und 5 Uhr. Jetzt erst war der Weg frei für den Bau des „Berlin Brandenburg International" (BBI), wie der neue Flughafen heißen soll.

Tegel

Tempelhof

Schönefeld

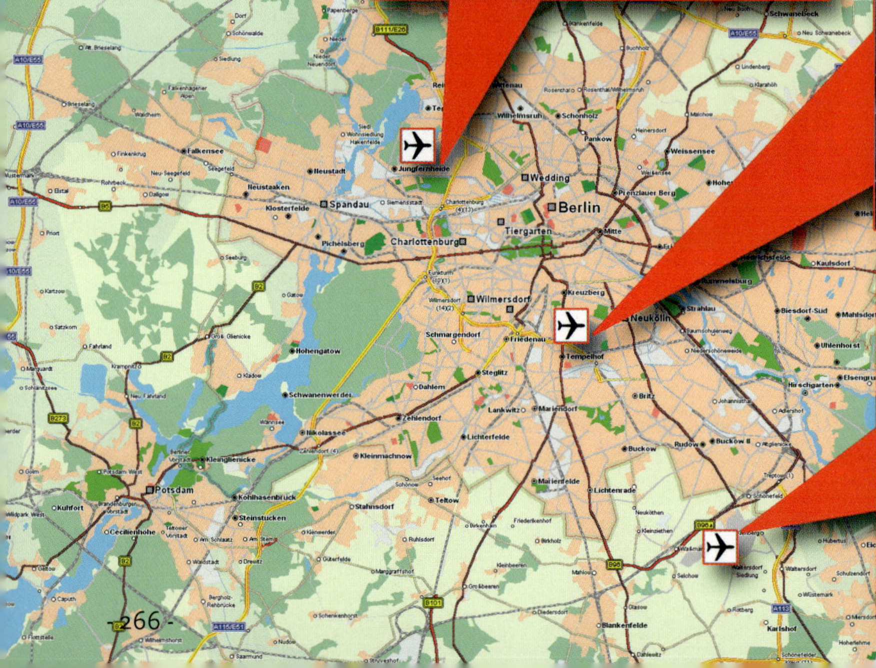

Baugrube des unterirdischen Bahnhofs.

Ab 2008 entsteht das Terminal; und ab Oktober 2011 soll „Berlin Brandenburg International" für das Publikum öffnen. Ein halbes Jahr später, im Frühjahr 2012, müssen die bisherigen Flughäfen Tempelhof und Tegel geschlossen werden. So sieht es der „Konsensbeschluss" vor, der im Mai 1996 von den Ländern Berlin und Brandenburg sowie von der Bundesregierung in Kraft gesetzt wurde. Im Ausgleich für die Lärm- und Umweltbelastung in der Region Schönefeld sollten die Belastungen durch den innerstädtischen Flugverkehr entfallen. Dieser Beschluss wurde in seiner Tragweite von der Bevölkerung zunächst nicht wahrgenommen. Erst als der Berliner Senat im Jahr 2003 laut über ein vorzeitiges Ende des Flugbetriebs in Tempelhof nachdachte, weil der Flughafen „hochdefizitär" arbeite, regte sich Widerstand. Private Fluggesellschaften in Tempelhof versuchten, gerichtlich die Offenhaltung ihres Airports zu erstreiten. Das Oberverwaltungsgericht schlug einen Vergleich und damit die Schließung Tempelhofs erst im Herbst 2008 vor. Diesen Vergleich nahmen die Kläger nicht an - wohl aber der Senat, der das Ende des Flugbetriebs in Tempelhof nun auf den 31. Oktober 2008 festschrieb. Am 4. Dezember 2007 bestätigte das Bundesver-

Dieser Flughafen kann es mit den Großen der Welt aufnehmen: Er wird auf einer Grundfläche von 1.470 Hektar errichtet, das entspricht 2.000 Fußballfeldern. 6.500 Passagiere sollen hier pro Stunde und bis zu 40 Millionen jährlich auf zwei modernen Pisten starten und landen können. Eine gewaltige neue Autobahn wird aus der Stadt direkt bis zum Terminalgebäude zwischen den beiden Start- und Landebahnen führen (Midfield-Airport-Konzept). Mit dem Auto wird der neue Flughafen in 30 Minuten von den Stadtzentren aus erreichbar sein, per Schiene nur in etwa 20 Minuten vom Hauptbahnhof aus. Im Jahr 2007 begann der Bau des unterirdischen Bahnhofs unter dem künftigen Flughafenterminal.

Der BBI-Infotower bietet seit November 2007 einen faszinierenden Blick über die Baustelle des Airports.

waltungsgericht in letzter Instanz die Entscheidung.

Der Rechtsstreit um Tempelhof war damit zwar beendet, die politische Auseinandersetzung keinesfalls. Denn nicht nur Fluggesellschaften, auch eine Bürgerinitiative hatte längst den Kampf im Tempelhof aufgenommen. Der Flughafen sei seit der Luftbrücke (1948/49) Symbol des Freiheitswillens der Stadt und bedeute überdies einen eindeutigen Standortvorteil für den Geschäftsflugverkehr. Tempelhof dürfe deshalb um keinen Preis aufgegeben werden. Bis Februar 2008 sammelten die engagierten Bürgervertreter insgesamt 200.000 Unterschriften und überschritten damit die Schwelle, an der das Gesetz einen Volksentscheid zulässt. Die Berliner stimmten dann am 27. April 2008 wie in einer Parlamentswahl über die Zukunft des Flughafens Tempelhof ab. 530.000 Berliner stimmten dafür, dass Tempelhof

ein Flughafen bleiben sollte. Der Volksentscheid scheiterte, da laut Gesetz 609.000 Stimmen erforderlich gewesen wären, um ein positives Votum herbeizuführen.

Berlins Regierender Bürgermeister bekräftigte noch am Abend es 27. April seine feste Absicht, den Flughafen Tempelhof zum 1. November 2008 zu schließen. Aus rechtlichen Gründen, die im „Konsensbeschluss" von 1996 begründet lägen, bliebe ihm keine andere Wahl, ließ Klaus Wowereit erklären. Der Berliner Senat hatte bis Erscheinen dieser ZEIT REISE noch kein Konzept zur Nachnutzung des Flughafen Tempelhof vorgelegt. Lediglich für die Gestaltung des Flugfeldes mit Wohnbauten, Freizeitanlagen und Parks hatte Bausenatorin Ingeborg Junge-Reyer (SPD) im Frühjahr 2008 erste Planungen veröffentlicht.

Virtuelle Ansichten des zukünftigen Großflughafens.

Architektonisches Bekenntnis zu den Werten der Sozialdemokratie

Nach rund 133 Jahren endete am 10. Mai 1996 eine lange „Wanderschaft" von Leipzig über Bremen, Braunschweig, Dresden, Hamburg, Berlin, Prag, Paris, London, Hannover und Bonn: Als erste Partei kehrte die SPD nach der Wiedervereinigung Deutschlands in die gesamtdeutsche Hauptstadt Berlin zurück und feierte die Eröffnung ihrer neuen Bundeszentrale. Der nach Willy Brandt, dem 1992 verstorbenen Bundeskanzler a.D., Friedensnobelpreisträger und Ehrenvorsitzenden der Sozialdemokratischen Partei Deutschlands benannte neue Hauptsitz präsentiert sich als offenes Haus. Auf dem Grundstück Wilhelmstraße / Ecke Stresemannstraße in der südlichen Friedrichstadt schuf der Wiesbadener Architekt Helge Bofinger einen besonderen „Point de vue" (Blickpunkt), harmonisch in die Umgebung integriert. In seinem Konzept mit Fassaden aus unverspiegeltem Glas, hellem Kalkstein und poliertem Metall nehmen sozialdemokratische Werte architektonisch Gestalt an: Offenheit und Transparenz. Ungewöhnlich für eine Partei-Zentrale: Das Willy-Brandt-Haus versteht sich von Anfang an als Forum für Kultur, Kunst und Wissenschaft.

Für pulsierendes Leben sorgt unter anderem die Nutzungsmischung aus Einzelhandelsgeschäften im Erdgeschoss sowie Büros in der 1. und 2. Etage. Die oberen vier Etagen nutzt der SPD-Parteivorstand (unten). Eine Passage mit Restaurant an der Rückseite des Hauses eröffnet Besuchern auch den Zutritt zum Atrium. Dieses bildet mit 25 Metern Höhe und filigranem Glasdach das Herz des „Tortenstücks" (oben) oder „Parteidampfers", wie die Berliner das sechsstöckige Gebäude wegen seiner dreieckigen Grundfläche nennen. Als optischer Mittelpunkt beherrscht die Willy-Brandt-Plastik von Rainer Fetting das Atrium. Die 3,40 Meter hohe und 500 Kilogramm schwere Bronzeskulptur (rechte Seite) vereint die unterschiedlichen Facetten des Menschen und Politikers Brandt: Als „guter Geist" der Sozialdemokratie scheint der unvergessene Parteichef seine Hand stets über die Geschicke der Parteiführung von heute zu halten .

Mit dem Umzug kehrte die SPD auf „historischen Boden" zurück: In Berlin hatten sich sozialdemokratische Organisationen schon früh entwickelt, nach dem Ende des Sozialistengesetzes 1890 war Berlin Sitz des Parteivorstandes. Von 1905 bis zur Besetzung des Hauses durch die Nationalsozialisten am 2. Mai 1933 arbeiteten Vorstand, Redaktion und Druckerei des „Vorwärts" auf 27.000 m² nur wenige Hundert Meter vom heutigen Willy-Brandt-Haus entfernt in der Lindenstraße.

Elegante Linien eines Ozeanriesen prägen den „Parteidampfer" der SPD: Willy-Brandt-Haus und sein berühmter Namensgeber.

Über seine Architektur und kombinierte Funktion hinaus präsentiert sich das Willy-Brandt-Haus vorbildlich im Bereich ökologischer Bauweise. So markieren niedriger Energieverbrauch, minimierte Emissionen sowie die Nutzung natürlicher Ressourcen und umweltverträglicher Materialien einen Schwerpunkt der Konzeption. Als „Selbstversorger" deckt das Gebäude seinen Strombedarf aus dem eigenen Blockheizkraftwerk - unterstützt von einer Solaranlage. Ein ausgeklügeltes Zusammenspiel verschiedener technischer Systeme, ein teilbegrüntes Dach und Regenwasser-

Natürliches Tageslicht dominiert in den Büroetagen (links) der 8.500 Quadratmeter großen, modernen Parteizentrale und im 25 Meter hohen Atrium (unten), dem Herz des Gebäudes.

speicher sorgen für einen hohen Biostandard, den besonders Mitarbeiter und Besucher des Hauses genießen.
Nicht nur Architekturkritiker bescheinigen: Das gelungene Konzept des Willy-Brandt-Hauses trägt erheblich zur Revitalisierung des ehemals durch die Teilung der Stadt ins Abseits geratene Viertel rund um das „Rondell" bei - ein „Schrittmacher" im neuen, alten Mittelpunkt Berlins.

www.willy-brandt-haus.de

Meilensteine der SPD-Historie dokumentiert die Geschichtswand (Hintergrund) im Willy-Brandt-Haus. Links: Zu den Gründern der deutschen Sozialdemokratie zählen Wilhelm Liebknecht, August Bebel und Ferdinand Lassalle (von links).

Erinnerung auf 180 Quadratmetern

Historische Authentizität wie das abgerissene „Vorwärts-Gebäude" oder das Bonner Erich-Ollenhauer-Haus kann das moderne Willy-Brandt-Haus noch nicht bieten. Stattdessen ist es ein „junges" Heim für eine Partei mit langer Geschichte. Zahlreiche Bildzeugnisse dokumentieren den langen Kampf der SPD für Freiheit, bessere Lebens- und Arbeitsbedingungen sowie für Demokratie. Während in der fünften Etage Portraits wichtiger Persönlichkeiten der Sozialdemokratie wie Ferdinand Lassalle, August Bebel oder Wilhelm Liebknecht zu sehen sind, beleben im vierten Obergeschoss prägnante Plakate die Wände. Als roter Faden verbindet das SPD-Programm Vergangenheit und Gegenwart.

Wichtige Momentaufnahmen der sozialdemokratischen Bewegung präsentiert die „Geschichtswand", ein rund 180 Quadratmeter großes Werk des Bildhauers, Grafikers und Malers Pit Kroke, das sich über zwei Etagen erstreckt. Den Hintergrund bildet eine künstlerisch bearbeitete Fotografie der Maueröffnung am 10. November 1989. In 32 Kästen erinnern Fotos an Meilensteine der SPD-Geschichte. Aus dem Fernsehen abfotografierte „Stopshots" ergänzen das Gesamtbild. Als „Gebärde des Lebendigen", so Kroke, führt dies der historischen Wirklichkeit eine neue Dimension zu und „ermöglicht Reflexionen über das, was hätte sein können oder noch sein kann."

Dank enger Kontakte zu Museen, Galerien und privaten Sammlern weltweit kann der Freundeskreis Willy-Brandt-Haus e.V. Werken namhafter Künstler und Neuentdeckungen ein Forum bieten - finanziert durch Spenden und Sponsoren. Durch freien Eintritt ermöglicht er so „Kunstfreiheit" für alle. Über die zeitgenössische Fotografie hinaus bilden Vorstellungen von historisch-politischen Büchern eine weitere Priorität des kulturellen Programms des Freundeskreises im attraktiven Rahmen des Willy-Brandt-Hauses.

Offener Treffpunkt der Kunst-Szene

Malerei, Grafik und Bildhauerei, Musik, Filmabende sowie experimentelles Theater, Lesungen, Diskussionsrunden und vor allem Fotografie: Der Freundeskreis Willy-Brandt-Haus e.V. hat ein internationales Forum für Kunst und Kultur in der bekannten Berliner Location installiert, seit seiner Gründung 1996 dient das Willy-Brandt-Haus als beliebter Treffpunkt der Kunst- und Kulturszene. Mit mehr als 200 Veranstaltungen und Ausstellungen bereichert der Freundeskreis seither das Spektrum der Hauptstadt und trägt damit auch dem Konzept der Partei-Zentrale als offenes Haus Rechnung. Kunst, die gesellschaftliche Probleme verarbeitet, aber auch zweckfreie Kunst: Die „Sammlung im Willy-Brandt-Haus", die der Freundeskreis zudem betreut, konzentriert sich auf die stilistischen Schwerpunkte Klassische Moderne und Ostdeutsche Kunst nach 1945; außerdem widmet sich die Sammlung zeitgenössischen Kunstpositionen. Sie umfasst mehr als 2.000 Gemälde, Zeichnungen, Grafiken und politische Karikaturen von überwiegend deutschen Kunstschaffenden wie Otto Dix, Käthe Kollwitz, Gerhard Altenbourg, Baselitz und Neo Rauch. Mit 130 Werken von 65 Malern, Grafikern und Karikaturisten aus seiner Sammlung präsentierte der Freundeskreis 2007 in Erinnerung an von Nationalsozialisten verfolgte Künstler die viel beachtete Ausstellung „Verfolgt - verfemt - 'entartet'" (unten rechts mit Wolfgang Thierse, Vorsitzender des Kulturforums der Sozialdemokratie). „Der Erfolg der vergangenen Jahre macht uns Mut und ist Ansporn, auch künftig ein kostenloses Kulturangebot im Willy-Brandt-Haus vorzustellen", erklären Freundeskreis-Geschäftsführer Klaus Wettig sowie die Vorsitzenden Inge Wettig-Danielmeier und Walter Momper.

www.freundeskreis-wbh.de

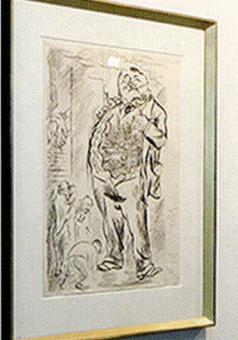

Jugendstil-Juwel: Die Eröffnung der Hackeschen Höfe

Als sie 1907 fertiggestellt wurden, da war Berlin um eine Attraktion reicher geworden. Die Hackeschen Höfe waren schon damals die größte Wohn- und Gewerbehofanlage Deutschlands. Auf 9.200 Quadratmetern gab es in acht Höfen Wohnungen, die für die damalige Zeit hochluxuriös ausgestattet waren, mit Innentoilette, Badezimmer und Balkonen. Es gab ein Buttergeschäft, eine Stempelfabrik, eine Schneiderei, einen Laden für Musikinstrumente und einen

August Endell

Die Höfe vor ihrer Sanierung, Anfang der 1990er-Jahre.

für Stoffhandschuhe. Es gab eine Bankfiliale, eine Kaffee-Import-Gesellschaft, eine Kleiehandlung, außerdem eine Pappenfabrik, ein Weinrestaurant und eine Firma für Büromöbel. Das alles gab es und es gab noch viel mehr. Die Hackeschen Höfe boten eine bis dahin nie gekannte Qualität der Verbindung von Wohnen und Arbeiten. Der erste Hof war vor allem für die Kultur da. Hier, im Quergebäude, lagen unter anderem die Neumannschen Festsäle, in denen Familienfeiern ebenso begangen wurden wir Firmenjubiläen und Vereinsveranstaltungen. Von Beginn an waren die vom Architekten August Endell in einem besonders eigenwilligen Jugendstil gehaltenen Hackeschen Höfe eng verbunden mit der Geschichte der Berliner Juden. Mitten in der Spandauer Vorstadt gelegen, lebten in und um die Hackeschen Höfe sehr viele jüdische Familien.

Der Niedergang der Hackeschen Höfe begann bereits in den 1920er-Jahren. Im Zuge der Wirtschaftskrise mussten Händler aufgeben, Mieter mussten sich kleinere Wohnungen suchen und die Gegend verlassen. Die Neumannschen Festsäle schlossen. Die Atmosphäre veränderte sich. Während der NS-Herrschaft dann vertrieben die Nazis alle jüdischen Bewohner. Wem die Flucht nicht rechtzeitig gelang, der wurde deportiert und ermordet. Nach dem Zweiten Weltkrieg erklärte die DDR die Hackeschen Höfe zum „Volkseigentum". In den ehemaligen, nun geteilten, Neumannschen Festsälen tanzte das Folkloreensemble der DDR. Später

nutzte das DDR-Fernsehen den großen Saal als Probestudio. Wenig erinnerte noch an das reiche, bunte Leben, das die Hofanlage einmal ausgemacht hatte. In den 1960er-Jahren wurde auch noch die Straßenfassade zerstört. Dass die Hoffassaden erhalten blieben, war dem Einsatz der Mieter zu verdanken, die sich gegen bauliche Veränderungen wehrten.

1991 konstituierte sich der „Verein Gesellschaft zur Förderung urbanen Lebens - Hackesche Höfe e. V.". Und nun kam wieder Leben in die Höfe: 1993 wurde der gesamte Komplex an die Erben der ehemaligen Besitzer zurückgegeben, die ihn dann verkauften. Investoren, Agenturen, die Denkmalschutzbehörde, Bewohner und Gewerbetreibende arbeiteten nun gemeinsam an einem neuen Konzept für die Hofanlage. Häuser, Fassaden, Geschäfte, Höfe - alles wurde aufwendig restauriert und saniert. 1997 waren die Arbeiten beendet. Die „neuen" Hackeschen Höfe wurden nun zum Herzstück und Motor der Neuerungen in der gesamten Spandauer Vorstadt.

Heute sind die Hackeschen Höfe einer der Touristenmagnete schlechthin in Berlin. Täglich strömen Tausende Besucher durch die Anlagen zwischen Rosenthaler Straße und Sophienstraße. Für die Bewohner ein zweischneidiges Schwert: So sehr die Gäste willkommen und erwünscht sind, so belastend ist der Lärm, der durch diesen Daueransturm verursacht wird. Trotzdem, die Hackeschen Höfe sind wieder lebendig. Boutiquen, PR- und Werbeagenturen, Cafés, Restau-

Seit 1997 präsentieren sich die Hackeschen Höfe wieder in ihrer alten Pracht.

rants, Buchhandlungen, Friseure und Galerien, der Sophienclub, ein Varieté und ein Laden für Judaica nehmen den Faden wieder auf, der hier 1907 geknüpft wurde.

Kuschlig für den Kaiser, Logis für Charly Chaplin

Was ist ein Hotel? Sicher, man kann es so sehen: Eine Übernachtungsstätte für Stadtfremde. Mit den großen Hotelpalästen aber, die um die Jahrhundertwende überall in Amerika und Europa in Mode kamen, hat das nichts zu tun. In diesen Häusern lebten nicht nur Reisende, hier spielte ein bedeutender Teil des gesellschaftlichen Lebens: Empfänge, Hochzeiten, Kongresse, Bälle, Diners. Es gab aber auch Spielezimmer, Rauchersalons, Bibliotheken und Kaffeehäuser. London und Paris hatten ihr „Ritz", Wien das „Imperial" und im Oktober 1907 öffnete auch in Berlin endlich ein Grand Hotel: Das „Adlon" am Pariser Platz. Der Anspruch, den Gründer Lorenz Adlon sich und seinen Angestellten gestellt hatte: das beste Hotel Deutschlands zu sein. Das gelang dem ehrgeizigen Geschäftsmann aus dem Stand.

Schon wenige Tage nach der Eröffnung berichtete die „Vossische Zeitung": „Während des gestrigen Tages hatten Kaiser, Kaiserin, Prinzessinnen und Prinzen den prächtigen Hotelbau besichtigt und Herrn Adlon ihre Anerkennung des hier Geschaffenen in ehrendster Weise ausgesprochen." Später zog Kaiser Wilhelm II. (1) die angenehmen Suiten des Hotels sogar den zugigen Zimmern seines eigenen Schlosses vor, der Zar von Russland logierte hier ebenso wie indische Maharadschas oder Industrielle wie Ford (3) und Rockefeller, Politiker wie Briand, Rathenau und Stresemann. Nach dem Ersten Weltkrieg kamen vor allem US-amerikanische Gäste wie Charlie Chaplin (2), angeblich wurde die junge Marlene Dietrich im Adlon entdeckt. Mit der Machtergreifung der Nazis verlor das Hotel an Bedeutung. Zur Enttäuschung des Hotelerben Louis Adlon feierten die braunen Bonzen lieber im Kaiserhof in der Wilhelmstraße. Erst, als der ausgebrannt war, wurde wieder am Pariser Platz geschwoft. Freilich

Essenkarte aus der Nachkriegszeit (oben rechts), daneben eine Quittung aus dem Jahr 1929. Links das Grand Hotel im Jahr 1920.

nicht für lange (und zu Feiern gab es für die Nazi-Schergen ohnehin nichts mehr): In der Nacht auf den 3. Mai 1945 brannte das Hotel bis auf einen Seitenflügel nieder. In der DDR diente das Adlon als Internat für Berufsschüler, bis es 1984 niedergerissen wurde - Einsturzgefahr! Die Auferstehung der Ruine begann 1995. Die Fundus-Gruppe hatte das Gelände gekauft und die Architekten Patzschke, Klotz & Partner mit dem Neubau beauftragt. Ganz bewusst übrigens nicht als exakte Kopie, sondern als Interpretation mit den klassischen Bauelementen. Die Neueröffnung war am 23. August 1997 - doch seine Feuertaufe erlebte das Adlon bereits im April des gleichen Jahres, als Bundespräsident Roman Herzog hier seine legendäre „Berliner Rede" hielt, in der er die Deutschen aufforderte, sich aus ihrer Lethargie und Mutlosigkeit zu befreien. Dem Hotel erteilte er

Lorenz Adlon

Im Stil des alten Adlon neu gebaut - das Traditions-Hotel heute. Links ein silberner Trinkbecher mit Lorenz-Adlon-Gravur.

dabei einen erneuten Ritterschlag, als er sagte: „Das neue Adlon steht in gewisser Weise auch für das neue Berlin." Wieder rückte das Hotel ins Zentrum der Berliner Gesellschaft - so wie es Lorenz Adlon sich 90 Jahre vorher gewünscht hatte.

„Aufbruch schaffen"

Auszüge aus Herzogs Adlon-Rede: *„Heute werden in Berlins Mitte, der größten Baustelle Europas, die Konturen der neuen deutschen Hauptstadt sichtbar. In Berlin wird die Zukunft gestaltet. Nirgendwo sonst in unserem Land entsteht so viel Neues. Hier spürt man: Wir können etwas gestalten, ja sogar etwas verändern. Einen neuen Aufbruch schaffen, wie ihn nicht nur Berlin, sondern unser ganzes Land braucht. Ich wünsche mir, dass von dieser Berlin-Erfahrung Impulse auf ganz Deutschland ausgehen. Denn was im Laboratorium Berlin nicht gelingt, das wird auch in ganz Deutschland nicht gelingen…"*

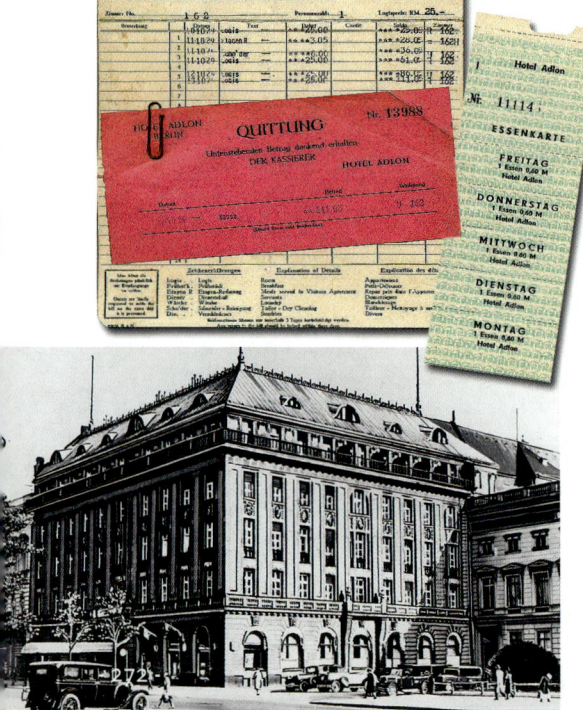

272

Selbst die Kräne tanzten vor Glück

Ein Schnäppchen war Berlins neues Stadtviertel: Für nur 1.505 Mark (rund 750 Euro) pro Quadratmeter kaufte Daimler-Benz im Juli 1990 das historische Areal um den Potsdamer Platz. Gesamtpreis: 92,9 Millionen Mark. Nach der Vorstellung der ersten Pläne der Star-Architekten Renzo Piano und Christoph Kohlbecker zwei Jahre später verstummten die letzten Kritiker, die behaupteten, der Senat habe ein Filetstück verschleudert. Denn atemberaubend war die Vision und in atemberaubender Geschwindigkeit wuchs das Ensemble. Vom 1. Spatenstich im Oktober 1993 bis zur Eröffnung mit mehr als 4.000 Gästen am Vorabend des Einheitstages 1998 - also nur in fünf Jahren - waren rund 20 spektakuläre Neubauten entstanden - vom Debis-Gebäude mit seinem grünen Würfel, den Potsdamer Platz Ar-

kaden, dem spektakulären Hyatt-Hotel (einem Berliner *instant classic*), über das Musical-Theater und Europas größter Spielbank bis zum Volksbank-Gebäude, einem 37.000 Quadratmeter großen Bürohaus nach Plänen des japanischen Architekten Arata Isozaki. Klassiker mussten neuer Architektur nicht weichen: Die Integration des schönen Weinhauses Huth in die Bebauung gelang ebenso wie die des „Kaisersaals" (ehemaliges Hotels Esplanade), der in einer aufwendigen Aktion 75 Meter weit umzog. Alles war gigantisch am Potsdamer Platz, sogar das Richtfest: Daniel Barenboim dirigierte am 26. Oktober 1996 ein Ballett von Baukränen (unten). Weltweit einmalig, unglaublich schön - so schön, dass viele Berliner die Kräne ihrer „größten Baustelle der Welt" noch heute vermissen.

Präsident und Perlhuhn: Clinton in Berlin

Der Nächste, bitte! Am 13. Mai 1998 setzte Bill Clinton (oben) die gute Tradition der Berlin-Besuche durch US-Präsidenten fort. Ein herzlicher Besuch, die Visite eines Freundes bei Freunden. Clinton machte Berlin ein tolles Kompliment („Die Stadt ist ein Vorbild für ein vereintes Europa"), lobte Bundeskanzler Helmut Kohl („Die Welt schuldet ihnen eine Menge"), und der gab es gerne zurück („Im Haus Europa ist immer Platz für Sie"). Ein ganz besonderes, sehr einzigartiges Geschenk machte der Kanzler dem Präsidenten am Nachmittag: Als erster Mensch seit Wilhelm I. durfte Bill Clinton im Schloss Sanssouci speisen. Zwölf Ehrengäste (sechs Amerikaner, sechs Deutsche) saßen an der Tafel bei Brandenburger Perlhuhn, Potsdamer Havelzander, Obstteller mit Bananen, Traube und Äpfel - den Lieblingsgerichten des deutschen Kaisers.

Bezirksreform: aus 23 mach 12

Die ersten Pläne, Berlins Bezirke zu reduzieren, datieren im Jahr 1932. Neun sind genug, dachte Oberbürgermeister Heinrich Sahn. Doch erst im März 1998 beschloss der Senat tatsächlich eine Bezirksreform: Aus den mittlerweile 23 Bezirken der Hauptstadt wurden am 1. Januar 2001 nur noch zwölf. Das sorgte anfangs für einiges Murren, sowohl in den Behörden als auch bei den Bewohnern. Doch wer heute sieht, wie einfach sogar die einzige Fusion eines West- mit einem Ostbezirk funktioniert (Kreuzberg mit Friedrichshain), der wird das Großberlin der Mini-Bezirke wohl nicht mehr vermissen.

Mauerblümchen Mauerdenkmal

An den Mauerfall erinnern sich nicht nur die Berliner lieber als an die Mauer. Und lange tat sich Berlin mit einer Gedenkstätte für den Unrechtswall schwer. 37 Jahre nach dem Mauerbau weihten der Regierende Bürgermeister Eberhard Diepgen und Angela Merkel, damals noch Umweltministerin, die Gedenkstätte an der Bernauer Straße am 13. August 1998 ein (unten).

Chancen genutzt: Berliner Messen weltweit erfolgreich

Der Fall der Mauer und die Öffnung der innereuropäischen Grenzen hatten Berlin ins Zentrum des zusammenwachsenden Europas gerückt. Die Berliner Messegesellschaft nutzte ihre Chancen und firmierte die ursprüngliche AMK Berlin (Ausstellungs-, Messe-, Kongress-GmbH) 1992 nicht nur zur „Messe Berlin GmbH" um, sondern erzielte erstmals ein positives wirtschaftliches Ergebnis. Nach umfangreichen Baumaßnahmen mit Erweiterung der Hallenkapazität führte die Gesellschaft ab 1999 ihr internationales Veranstaltungsprogramm in eine neue Dimension.

Durch die gemeinsame Gründung der Capital Facility GmbH mit den Unternehmen Hochtief und GegenbauerBosse verbesserte die Messe Berlin 2000 ihr Serviceangebot bei den technischen Dienstleistungen. Zusammen mit den Tochterunternehmen Capital Service GmbH und Capital Catering GmbH bietet sie nun Gastveranstaltern, Ausstellern und Besuchern einen umfassenden Service. So betreut die Capital Service GmbH den Virtual Market Place, eine virtuelle Kommunikations- und Informationsplattform für alle Messepartner an 365 Tagen im Jahr.

2008 zählt die Messe Berlin mit 175 Millionen Euro Umsatz zu den zehn umsatzstärksten Messegesellschaften der Welt mit eigenem Gelände. Sie hält auf dem innerstädtisch gelegenen Areal 160.000 Quadratmeter Hallenfläche sowie 100.000 Quadratmeter Freifläche bereit. Das Gelände am Funkturm - architektonisch und organisatorisch unmittelbar verbunden mit Europas größtem Kongresszentrum, dem ICC Berlin - bietet attraktive Möglichkeiten für die Kombination von Kongressen und Messen.

Rund um den Funkturm bewirtschaftet die Messe Berlin GmbH 160.000 Quadratmeter Hallenfläche sowie 100.000 Quadratmeter Freigelände.

www.messe-berlin.de

MESSE BERLIN

Beeindruckend: der multifunktionale Haupteingang Süd gegenüber dem Bahnhof Messe Süd (rechts).

Auch der Einstieg ins Auslandsgeschäft verlief für die Messe Berlin erfolgreich. In den USA richtete die ITB Berlin 2006 gemeinsam mit der American Society of Travel Agents (ASTA) „The Trade Show" erfolgreich aus, eine internationale Tourismusmesse mit angeschlossenem Kongress. Bereits zwei Jahre später brachte die Messe Berlin ihre Kompetenz der ITB und der FRUIT

LOGISTICA bei mehreren neuen Veranstaltungen in Asien ein und war in Bulgarien und der Ukraine ebenfalls aktiv. „Die Messe Berlin fördert das positive Image der Stadt und gilt als das bekannteste wirtschaftliche Aushängeschild der Bundeshauptstadt", so das Ergebnis einer

bundesweiten Befragung 2006. Die Messe Berlin bewirkt einen jährlichen Kaufkraftzufluss von 1,2 Millarden Euro in die Region. Sie sichert 22.000 Arbeitsplätze.

Rechts: Plakat der Berliner Gewerbeausstellung vom 1. Mai bis 15. Oktober 1896

Berlins Messegelände mit Funkhalle und Autohallen um 1928 (links), mit ICC in den 1980er-Jahren (Mitte) sowie eine moderne Ansicht von Süden (rechts).

90.000 begeistert von 300 Metern

Christian Peter Wilhelm Beuth, preußischer Staatsmann und großer Förderer des Gewerbes, initiierte die erste regionale Ausstellung vom 1. September bis 15. Oktober 1822. Im Gewerbehaus in der Klosterstraße zeigten 182 Aussteller insgesamt 9.514 Besuchern 998 verschiedene Erzeugnisse. Im Rahmen der ersten Allgemeinen Deutschen Gewerbe-Ausstellung 1844 im Zeughaus Unter den Linden präsentierten sich 3.040 Aussteller - darunter 685 Berliner Unternehmen - den 260.000 Besuchern. Höhepunkt und Publikumsmagnet der Ausstellung 1879: die erste elektrisch betriebene Eisenbahn des Unternehmens Siemens & Halske. Der damals noch nicht geadelte Werner Siemens stellte seine Entwicklung

am 31. Mai persönlich vor. 90.000 Menschen fuhren während der vier Monate dauernden Ausstellung auf der 300 Meter-Strecke. Um Aufbau und Betrieb des Messegeländes in Charlottenburg kümmerte sich die 1923 gegründete „Gemeinnützige Berliner Messe-Aufbau-GmbH" (ab 1924 „Gemeinnützige Berliner Messe- und Ausstellungs GmbH") mit ihrem ausführenden Organ, dem Berliner Messeamt. Die ersten Erfolge: 1924 Premiere der „Großen Deutschen Funkausstellung", 1926 die erste „Grüne Woche". Der im gleichen Jahr eröffnete Funkturm avancierte bald zum Wahrzeichen der Stadt Berlin und des Messegeländes. Schon 1928, im Jahr der ersten „Internationalen Luftfahrtausstellung", frequentierten rund 2,25 Millionen Menschen die mindestens neun Messen und Ausstellungen in den Hallen am Funkturm.

GRUSS von RIESEN-FERNROHR.

Attraktionen früherer Ausstellungen: die Elektrolokomotive von Werner Siemens (1879, rechts) und das Riesenfernrohr (1896).

Plötzlich war Bonn Geschichte: Regierungsumzug

Laut Langtitel war das Unternehmen die Erfüllung des „Gesetzes zur Umsetzung des Beschlusses des Deutschen Bundestages vom 20. Juni 1991 zur Vollendung der Einheit Deutschlands". Es begann am 5. Juli 1999 um 17 Uhr auf dem Güterbahnhof von Köln/Eifeltor und endete knappe vier Wochen später, genau um 5.01 Uhr am 31. Juli 1999 am Lehrter Stadtbahnhof (damals noch eine S-Bahn-Station). Jetzt war offiziell das geschafft, was vor mehr als acht Jahren in einer leidenschaftlichen Debatte schließlich zugunsten der Hauptstadt beschlossen worden war: der Umzug der Regierung von Bonn nach Berlin. Insgesamt eine Punktlandung leicht neben dem Punkt. Nicht alles war rechtzeitig fertig geworden: Die Abgeordnetenbüros im Spreebogen waren noch Baustellen, vorerst ging es in provisorische Büros in Mitte. An-

deres konnte früher als erwartet bezogen werden. Das Reichstagsgebäude mit der neuen Kuppel von Sir Norman Foster war bereits am 19. April eingeweiht worden und wurde sofort zum Symbol einer transparenten Demokratie - und ein Publikumsmagnet, vor dessen Pforten die Besucher häufig viele Stunden auf Einlass warten mussten. Und auch der Kanzler war schon da. Anfang April war das neue Kanzleramt in Betrieb genommen worden. „Waschmaschine" nennen es die Berliner, sicherlich nicht der beste Gebäude-Spitzname, den sich der Volksmund ausgedacht hat. Gerhard Schröder, der dort als erster Kanzler residierte, mochte ihn nicht sonderlich. Das Gebäude habe sich ein anderer Herr „auf seinen dicken Leib schneidern" lassen, höhnte der Sozialdemokrat und meinte Helmut Kohl. Tatsächlich sind die Dimensionen gewaltig - das Berliner Kanzleramt ist größer als der Elysee-Palast, größer als Downing Street

und selbst größer als das Weiße Haus. 465 Millionen Mark hat das Gebäude damals gekostet; das Architekturbüro Frank und Schultes war aus 836 Entwürfen aus 44 Ländern ausgewählt worden.

Jüdisches Museum - ein schwieriges Haus

Ein schwieriges Haus hat Daniel Libeskind an der Kreuzberger Lindenstraße gebaut, einen zickzackförmigen Neubau in einem Titan-Zink-Mantel, mit vielen spitzen Winkeln, schiefem Boden, schierem Beton. Es gibt vollkommen leere, unbegehbare, Räume („Voids"), den „Garten des Exils" mit seinen 49 sechs Meter hohen Betonstelen, eine von ihnen mit Erde aus Jerusalem gefüllt. Das Museum zeigt hervorragende Ausstellungen, doch die wirkliche Sehenswürdigkeit ist das Jüdische Museum selbst. 1989 hatte Libeskind den Architektenwettbewerb gewonnen, drei Jahre später folgte die Grundsteinlegung für den Neubau. Im Dezember 1997 kam Direktor W. Michael Blumenthal an Bord und am 1. Januar 1999 wurde das Jüdische Museum offiziell gegründet. Eröffnet wurde es erst 2001, der leere Neubau aber war zu diesem Zeitpunkt schon lange für die Besucher geöffnet.

Das Jüdische Museum in einer Luftaufnahme (außen) und einer der Ausstellungsräume.

Der Umzug in Zahlen

Die Arbeitsplätze von 669 Bundestagsabgeordneten, 2.354 Mitarbeitern der Abgeordneten und Fraktionen und 1.123 Mitarbeitern der Verwaltung wurden beim Umzug verlegt. Insgesamt gingen 32.000 Kubikmeter Ladegut auf die Reise: fast 60.000 Bücherkartons, 120.000 Möbelstücke, rund 1.300 Computer. 70 Tresore mit geheimen Akten wurden vom Rhein an die Spree transportiert. Alle Ordner nebeneinander gestellt, hätte eine Strecke von 38 Kilometern ergeben. Kosten allein des „Kisten"-Umzugs: rund zehn Millionen Mark.

Hauptstadt des neuen Millenniums

Der Times Square von New York gilt als schickster Ort für den Jahreswechsel. Zum Jahrtausendwechsel allerdings war das anders: Wer etwas auf sich hielt, wer die größte Party der Welt miterleben wollte, wer sich richtig gut amüsieren wollte, der fuhr nach Berlin.

Weit über eine Million Gäste begrüßte die Stadt am 31. Dezember 1999 - mehr als in den Tagen des Mauerfalls, der Wiedervereinigung, mehr als zu jeder Love-Parade. Und die Stadt hatte sich für die Millenniums-Gäste bestens gerüstet.

Eine vier Kilometer lange Feier-Meile wurde zwischen Siegessäule, Brandenburger Tor und dem Alexanderplatz errichtet, auf der mehr als 1.000 Künstler auftraten. Das Spektrum reichte von Dieter Bohlens wiedervereinigter Band „Modern Talking" bis zum Syntheziser-Papst Mike Oldfield. Hinter den Kulissen: 800.000 Meter Ton- und Lichtkabel sowie 30 Generatoren. Auf fünf Videoleinwänden waren die Feierlichkeiten aus anderen Weltstädten zu sehen. Allein in Mitte zischten drei Großfeuerwerke in den Himmel, mehr als zwei Millionen Menschen reckten hier staunend ihre Köpfe in Richtung Sterne.

Alles ganz friedlich: Die Polizei meldete weniger Einsätze als erwartet. Am nächsten Morgen erwachte eine verkaterte und glückliche Stadt. Der Tourismusverband freute sich am meisten: 400 Millionen Mark hatten die Gäste in der Stadt gelassen.

Die blau illuminierte Siegessäule mit der Victoria.

Ängste vor Computer-Chaos

Den Absturz sämtlicher Computersysteme und damit verbunden den Untergang unserer Zivilisation: Nicht weniger hatten Technik-Zweifler für den 01.01.2000 vorausgesagt - weil die Rechner angeblich den Unterschied zwischen 1900 und 2000 nicht verstehen könnten, die Welt sozusagen auf den Stand der letzten Jahrhundertwende zurückkatapultiert worden wäre. Auch in Berlin zitterten viele, während die meisten feierten. Doch was geschah? Fast nüscht. Um sechs Minuten nach Mitternacht machte der Zentralcomputer der Feuerwehr-Leitstelle schlapp. Grund: Überlastung, kein Millennium-Bug (oben rechts).

Star der letzten Nacht: Helmut Kohl

Der Star der Millenniums-Nacht war der Mann, der maßgeblich daran beteiligt war, dass die Stadt als wiedervereinigte Hauptstadt eines ungeteilten Deutschlands feierte: Helmut Kohl (rechts). Das war keineswegs selbstverständlich, denn der Altbundeskanzler stand zum Jahrtausendwechsel wegen der CDU-Parteispendenaffäre unter Druck. „Ich freue mich sehr, dass ich hier in diesem Kreise feiern kann. Meine Frau hatte die Idee", erklärte Kohl und verspeiste im Unicef-Zelt am Reichstag unter anderem Rehrücken und Hummer. Wenn er denn nicht gestört wurde: Dutzende Autogramme musste er geben und als er sich nach Mitternacht auf den Stufen des Zeltes zeigte, erschallten „Helmut, Helmut"-Rufe.

Der Erste: Florian Vincent

Geplant war er nicht. Berlins Millenniums-Boy war ein purer Zufall, versicherte Mutter Bettina Joswig (18) den Reportern der B.Z.. Glockenschlag 0 Uhr wurde er in der Charité geboren - eine absolute Punktlandung. So genau, dass der kleine Berliner auch Deutschlands Millenniums-Baby war. 3.555 Gramm wog Vincent, maß 53 Zentimeter und seine Eltern durften sich über 10.000 Mark freuen, von der B.Z. als Starthilfe gestiftet.

Ausgelassene Silvesterfeier am Brandenburger Tor.

Berlin schaut nicht weg: 200.000 gegen Rechts

„Wir brauchen einen Aufstand der Anständigen. Wegschauen ist nicht mehr erlaubt", sagte Bundeskanzler Gerhard Schröder und die Anständigen standen auf. Am 9. November 2000, am elften Jahrestag der Maueröffnung, marschierten 200.000 Deutsche von der Berliner Neuen Synagoge zum Brandenburger Tor.

Es war ein abscheuliches Verbrechen, das die Bevölkerung schockiert und die größte Demonstration gegen Fremdenfeindlichkeit mobilisiert hatte: Der Brandanschlag auf eine Düsseldorfer Synagoge am Einheitstag 2000. Nur das beherzte Eingreifen einer Anwohnerin hatte eine Katastrophe verhindern können. Ein Verbrechen von fürchterlichem Symbolismus: Brennende Synagogen in einem wiedervereinigten Deutschland, das seit der Wende und den rassistischen Anschlägen von Mölln über Rostock und jetzt Düsseldorf immer wieder in Gefahr geriet, im Ausland als latent rechts bewertet zu werden. Am meisten schmerzte nach dem Düsseldorfer Anschlag der Ausspruch des Vorsitzenden des Zentralrats der Juden in Deutschland. Paul Spiegel fragte in Berlin öffentlich, ob es „richtig war, Deutschland einen Vertrauensvorschuss zu gewähren und sich hier niederzulassen."

Die wiedervereinigte Bundesrepublik auf dem Prüfstand. Der Kanzler prägte die Worte vom Aufstand der Anständigen und initiierte so den eindrucksvollsten Protest gegen Rechts, den das wiedervereinigte Deutschland gesehen hatte. Am Pariser Platz versammelte sich die Elite der Berliner Republik zu ihrem ersten großen gemeinsamen politischen Bekenntnis - von Gerhard Schröder und Angela Merkel, der Familie Rau, Wolfgang Thierse, Lea Rosh über Manfred Stolpe, Sabine Christiansen, Regine Hildebrandt, Udo Lindenberg, Eberhard Diepgen bis zu Renate Künast, Klaus Wowereit, Mathias Platzeck und Wolfgang Joop. Eine Demonstration des wahren Deutschlands, die einen nachhaltigen Eindruck in der Welt hinterließ. Eine Reifeprüfung, die man als bestanden wertete. Ein symbolträchtiger Tag, der nichts von seiner Kraft verlor, als sich herausstellte, dass der Anschlag nicht von deutschen Neo-Nazis, sondern von in Deutschland lebenden arabischen Antisemiten verübt worden war.

Paul Spiegel, Vorsitzender des Zentralrats der Juden, spricht auf der Kundgebungstribüne. Um ihn herum die politische Prominenz Deutschlands.

Möchte zur Aufarbeitung der DDR-Geschichte beitragen: Günter Schabowski.

Schabowski verlässt das Gefängnis

Vielen mag es als bittere, ungerechte Ironie des Schicksals erschienen sein, dass ausgerechnet am Vorabend des zehnten Jahrestages der Deutschen Einheit ein prominenter Angehöriger des SED-Systems das Gefängnis von Hakenfelde als freier Mann verlassen sollte. Günter Schabowski, 71, Ex-Mitglied des Politbüros und Mauerfall-Verkünder war im August 1997 wegen dreifachen Totschlags zu einer Freiheitsstrafe von drei Jahren verurteilt worden. Im Prozess hatte er sich reumütig gezeigt, die Opfer mehrfach um Verzeihung gebeten. Als Freigänger jedenfalls durfte Schabowski die Justizvollzugsanstalt schon einen Monat vor dem Haft-Ende verlassen. Mit grauer Windjacke, braunem Pullover, darunter einem blauen Hemd trat er aus dem Gefängnis, schrie die Fotografen an („Sie mieser Paparazzi") und gab der B.Z. sein erstes Interview. Er erklärte, nach seiner Entlassung zur Aufarbeitung der DDR-Geschichte beitragen zu wollen...

WIR STEHEN AUF FÜR MENSCHLICHKEIT UND TOLERANZ.

Tourismus boomt zwischen Chanel und Currywurst

Es gibt Städte, in die reist man der Sehenswürdigkeiten wegen. Und es gibt Städte, die sind selbst die Sehenswürdigkeit. Solch eine Stadt ist Berlin. Die Touristenströme am Hackeschen Markt. Was suchen sie? Hand aufs Herz: Die Höfe sind doch schnell erkundet. Trotzdem flanieren täglich Tausende Menschen aus aller Welt zwischen Oranienburger Straße und Rosenthaler Platz. Was sie finden, in den Cafés, in den Boutiquen oder einfach nur beim Döner, ist das Mitte-Feeling: Lässig-schick und doch nicht etepetete, wuselig-schnell, aber ganz entspannt. Der Gendarmenmarkt (Hintergrund). Was gibt´s zu sehen? Sicher: Die beiden Dome, die Friedrichstraße, die Galerie Lafayette. Aber auch sehr viel Ex-DDR in Form von Plattenbau-Hotels. Hier gibt es keine gigantische Kathedrale zu entdecken, keine Königsgräber, keine Katakomben. Aber dafür einen postmodernen Chic, eine merkantile Aufbruchstimmung, eine Gemütlichkeit auch in den Luxus-Restaurants, wie sonst nirgendwo. Loveparade, Christopher Street Day, Karneval der Kulturen. Nicht so bauchfrei-elegant wie der Karneval in Rio und ohne echte Tradition wie der Karneval in Köln. Aber echt und ehrlich und mit dem Herz auf dem rechten Fleck. Tauentzien und Kudamm. Sicher gehört das KaDeWe zu den spektakulärsten Kaufhäusern der Welt. Aber Macy´s ist auch nicht schlecht und die Champs Élysées ganz bestimmt breiter als die Berliner Boulevards. Doch mit der Chanel-Einkaufstüte mal schnell eine Currywurst nehmen und dazu einen Champagner: Lebensgefühl, das so typisch ist für Berlin.

Wannsee und Potsdam. Windsor und Versailles haben die größeren, die prächtigeren Gärten. Aber eine versunkene Welt, nur 20 Minuten von der Hauptprachtstraße? Das gibt´s nur auf der Pfaueninsel. Und Bürgersinn, der eine ganze Stadt mit großer Vergangenheit wieder zu alter Schönheit renoviert? Das ist Potsdam.

Der Checkpoint Charly, der Mauerpark, die East Side Gallery. Das sind Narben in einer Stadt, die mehr erlebt hat als manche Länder. Das ist gelebte Geschichte, ganz nah. Schmerzlich nah: Die Topografie des Terrors, die Nazi-Paläste, in denen jetzt die Ministerien arbeiten. Der düsterste Teil der Geschichte einer Nation lebt mit-

ten in deren hoffnungsvoller Zukunft. Im Jahr 2000 kamen zum ersten Mal mehr als zehn Millionen Besucher nach Berlin.

Alte Nationalgalerie: Wiedereröffnung des Hauses der deutschen Kunst

Der Kanzler kam nicht, aber egal: Als Mann der großen Kultur hatte sich Gerhard Schröder ohnehin nie empfohlen. Und so durfte Kulturstaatsminister Julian Nida-Rümelin am 4. Dezember 2001 nach vierjähriger Bauzeit eine Berliner und eine deutsche Institution wieder eröffnen: Die Alte Nationalgalerie (unten). „Der deutschen Kunst" lautete und lautet die Widmung über dem vielleicht preußischsten der preußischen Museen. 440 Bilder und 80 Skulpturen wurden zur Einweihung präsentiert, eine fantastische Sammlung mit Liebermann, Schadow und Caspar David Friedrich: Eine ideale Werbung für die weiteren Renovierungsarbeiten auf der Museumsinsel.

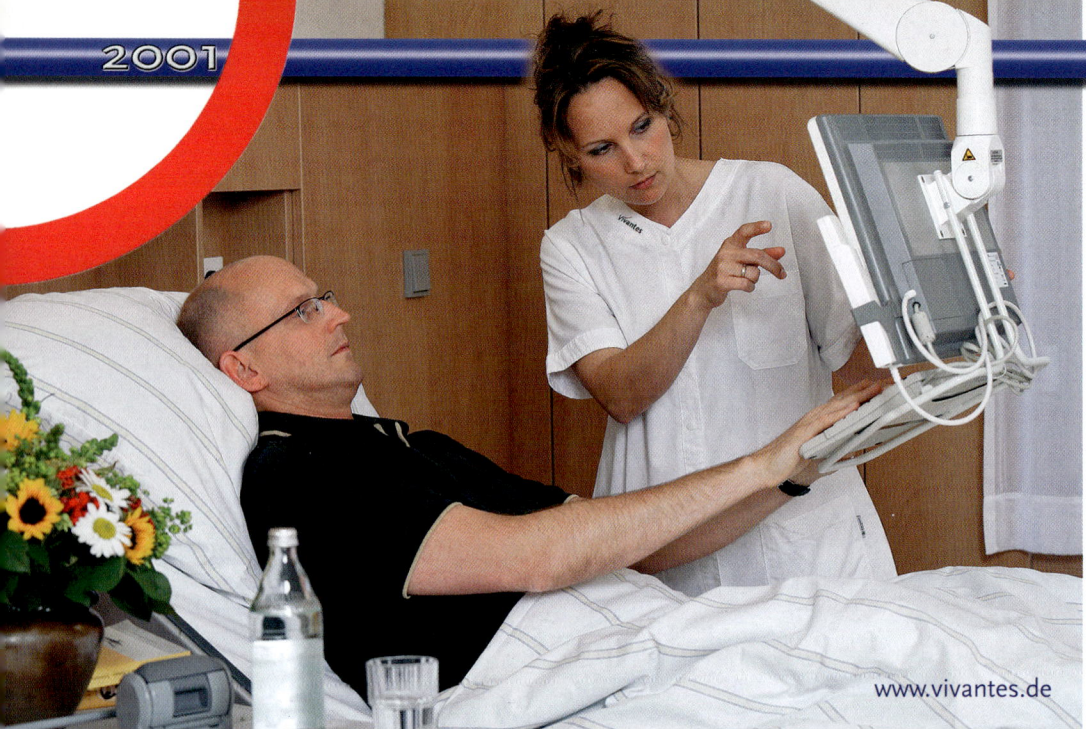

www.vivantes.de

400.000-mal im Jahr: Vertrauen in Medizin, Pflege und Therapie

Ein Drittel aller Patienten in Berlin werden jedes Jahr in einer von rund 100 Kliniken und Instituten von Vivantes behandelt. Das sind insgesamt mehr als 400.000 einzelne Behandlungen im Jahr. Diese Zahl nimmt seit Jahren stetig zu und zeigt, dass die Menschen Vivantes vertrauen. In neun Krankenhäusern mit insgesamt 5.000 Betten und 12 Pflegeheimen mit 1.700 vollstationären Pflegeplätzen bietet Vivantes den Patienten eine qualitativ hochwertige medizinische, pflegerische und sozialtherapeutische Behandlung.

Als größter kommunaler Krankenhauskonzern Deutschlands ist Vivantes heute Vorreiter einer sich im Wandel befindlichen Branche. Unter dem Dach des Vivantes Netzwerks wird Patienten die ganze Bandbreite medizinischer Leistungen geboten.

Zur Vivantes Netzwerk für Gesundheit GmbH gehören neben den Krankenhäusern und Pflegeheimen eine ambulante Rehabilitation, sowie Tochtergesellschaften für Catering, Rcinigung und Wäsche. Der Konzern beschäftigt 13.500 Mitarbeiter.

Wenckebach-Klinikum

Klinikum Spandau

Klinikum im Friedrichshain

Vivantes Wenckebach-Klinikum

Fünf medizinische Fachabteilungen und 434 Betten. 542 Mitarbeiter, darunter 97 Ärzte und 290 Pflegekräfte. Pro Jahr rund 22.800 Patienten, davon etwa 12.800 ambulant und 10.000 stationär. Zum Wenkebach-Klinikum gehören das Zentrum für Altersmedizin, das Tumorzentrum Süd und der Schwerpunkt für Gerontopsychiatrie.

Vivantes Klinikum Spandau

Elf medizinische Fachabteilungen und 525 Betten. 704 Mitarbeiter, darunter 144 Ärzte und 377 Pflegekräfte. Pro Jahr 43.600 Patienten, davon etwa 26.500 ambulant und 17.100 stationär. Zum Klinikum Spandau gehören das Tumorzentrum Nord, das Zentrum für Schwerst-Schädel-Hirnverletzte sowie die Schwer-

Vivantes Netzwerk für Gesundheit prägt Krankenhausversorgung

Das Jahr 2001 hat die Berliner Krankenhauslandschaft nachhaltig geprägt: Zum 1. Januar 2001 hat die Vivantes Netzwerk für Gesundheit GmbH ihren Betrieb aufgenommen. Mit zunächst zehn Krankenhäusern und fünfzehn Pflege- und Seniorenheimen sowie weiterer gesundheitlichen und sozialen Einrichtungen ist Vivantes an den Start gegangen und deckt seither ein Drittel der stationären Gesundheitsversorgung in Berlin ab.

Den Anfang der Geschichte von Vivantes kennzeichnen der Aufbau von Synergien schaffenden Konzernstrukturen im Kerngeschäft und den Servicebereichen sowie Anstrengungen zur Sanierung der Finanzen. Trotz sich verschärfender Rahmenbedingungen durch Budgetkürzungen und Gesundheitsreformen macht das Unternehmen seit 2004 Gewinn, der in die Weiterentwicklung und Erneuerung der Krankenhäuser investiert wird. Vivantes war von Beginn seiner Gründung an der größte kommunale Krankenhauskonzern in Deutschland. Die Berliner Landespolitik hat sich im Laufe der Jahre wiederholt zur kommunalen Trägerschaft von Vivantes bekannt. Das Modell Vivantes gilt heute bundesweit als erfolgreiches Beispiel für die Gesundheitsversorgung einer Metropole und als Alternative zur Krankenhausprivatisierung.

Klinikum Hellersdorf

Humboldt-Klinikum

punkte für Gefäßmedizin, für Orthopädie und das Institut für Tabakentwöhnung und Raucherprävention.

Vivantes Klinikum im Friedrichshain

18 medizinische Fachabteilungen und 668 Betten. 999 Mitarbeiter, darunter 258 Ärzte und 470 Pflegekräfte. Pro Jahr rund 83.250 Patienten, davon 53.250 ambulant und 30.000 stationär. Fast 1.550 Babys kommen jährlich in der Geburtsklinik zur Welt. Zum Klinikum im Friedrichshain gehören die Zentren für Gefäßmedizin, Endoprothetik, Hämophilie und Hämostaseologie, Hyperbare Druckmedizin und Sauerstofftherapie, das Tumorzentrum Mitte sowie die Schwerpunkte für Männergesundheit und Kindergastroenterologie.

Vivantes Klinikum Hellersdorf

Sieben medizinische Fachabteilungen und 438 Betten. 559 Mitarbeiter, darunter 109 Ärzte und 295 Pflegekräfte. Pro Jahr 34.500 Patienten, davon 21.300 ambulant und 13.200 stationär. 1.150 Babys kommen jährlich in der Geburtsklinik zur Welt. Zum Klinikum Hellersdorf gehören ein Zentrum für Typ 1 und 2 Diabetes mellitus, ein Schwerpunkt für Geronto-psychiatrie sowie die Kliniken für Schmerztherapie und für Psychiatrie, Psychotherapie und Psychosomatik.

Vivantes Humboldt-Klinikum

14 medizinische Fachabteilungen und 643 Betten. 955 Mitarbeiter, darunter 205 Ärzte und 485 Pflegekräfte. Pro Jahr 59.300 Patienten, davon etwa 36.800 ambulant und 22.500 stationär. 1.300 Babys kommen jährlich in der Geburtsklinik zur Welt. Zum Humboldt-Klinikum gehören ein Zentrum für Leber- und Endokrine Chirurgie, ein Zentrum für Endometriosebehandlung und für Beckenbodenerkrankungen, das Tumorzentrum Nord, der Schwerpunkt Gefäßchirurgie, das Institut für Tabakentwöhnung und Raucherprävention und das Zentrum für affektive Erkrankungen.

Vivantes Auguste-Viktoria-Klinikum

13 medizinische Fachabteilungen und 642 Betten. 827 Mitarbeiter, darunter 173 Ärzte und 426 Pflegekräfte. Pro Jahr 46.000 Patienten, davon 25.500 ambulant und 20.500 stationär. Fast 1.150 Babys kommen jährlich in der Geburtsklinik zur Welt. Zum Auguste-Viktoria-Klinikum gehören unter anderem ein Zentrum für Infektiologie und HIV, das Tumorzentrum Süd, ein Zentrum für Endoprothetik, der Schwerpunkt onkologische Prostatachirurgie, eine Stroke Unit und die Entwöhnungstherapie in der Hartmut-Spittler-Fachklinik.

Auguste-Viktoria-Klinikum

Klinikum Prenzlauer Berg

Vivantes Klinikum Prenzlauer Berg

Fünf medizinische Fachabteilungen und 211 Betten. 270 Mitarbeiter, darunter 68 Ärzte und 127 Pflegekräfte. Pro Jahr 19.550 Patienten, davon 12.050 ambulant und 7.500 stationär. Zum Klinikum Prenzlauer Berg gehören die Schwerpunkte für Plastische Chirurgie und Fußchirurgie.

Klinikum Am Urban

Vivantes Klinikum Am Urban

13 medizinische Fachabteilungen und 586 Betten. 919 Mitarbeiter, darunter 258 Ärzte und 450 Pflegekräfte. Pro Jahr 60.000 Patienten, davon 37.500 ambulant und 22.500 stationär. 1.300 Babys kommen jährlich in der Geburtsklinik zur Welt. Zum Klinikum Am Urban gehören das Zentrum für Brusterkrankungen, das Tumorzentrum Mitte, eine Stroke Unit, ein Schwerpunkt für gastrointestinale Onkologie und ein Zentrum für Herzrhythmusstörungen.

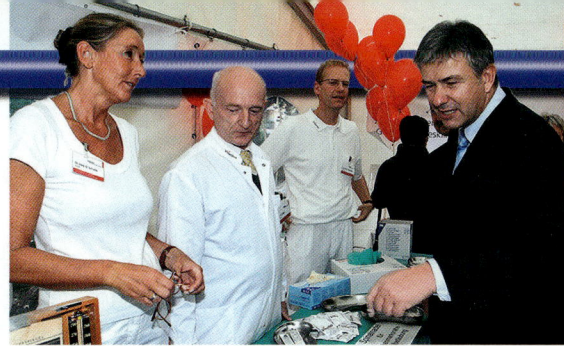
Vivantes Auguste-Viktoria-Klinikum: Ein Haus mit langer Tradition. 2006 feierte das Krankenhaus sein 100-jähriges Bestehen - mit einem Tag der Offenen Tür. Zu Besuch kam auch der Regierende Bürgermeister Klaus Wowereit.

Vivantes Klinikum Neukölln

22 medizinische Fachabteilungen und 1.053 Betten. 1.804 Mitarbeiter, darunter 390 Ärzte und 888 Pflegekräfte. Pro Jahr 163.000 Patienten, davon 120.000 ambulant und 43.000 stationär. 3.400 Babys kommen jährlich in der Geburtsklinik zur Welt. Zum Klinikum Neukölln gehören das Diagnose-und Behandlungszentrum für Kinder und Jugendliche, das Mutter-Kind-Zentrum, ein Perinatalzentrum, ein Sozialpädiatrisches Zentrum, ein Thorax-zentrum, das Tumorzentrum Süd sowie die Zentren für Diabetes und Schwangerschaft, für Typ 1 und 2 Diabetes mellitus, für Beckenbodenerkrankungen und das Institut für Tabakentwöhnung und Raucherprävention.

Klinikum Neukölln

Bankenskandal, Erdbeben - und ein gebrochenes Tabu

2001 geriet die Berliner Bankgesellschaft in große Finanznöte.

„Ich bin schwul - und das ist auch gut so, liebe Genossinnen und Genossen." Einen Moment lang ist es totenstill im Saal des Hotels „Maritim" an der Friedrichstraße. Dann: ein langer Applaus an diesem 10. Juni 2001. Die Berliner SPD ist zu einem Sonderparteitag zusammengetreten. Klaus Wowereit, der damals 47 Jahre alte Chef der sozialdemokratischen Fraktion im Berliner Abgeordnetenhaus, hatte sich als neuer Spitzenkandidat beworben - und dabei die Flucht nach vorn angetreten; sich öffentlich zu seiner Homosexualität bekannt, damit diese gar nicht erst von der Presse „enthüllt" werden könnte. Eine spontane Idee war das, ein durchaus waghalsiger Versuch, der sich aber lohnen sollte: Von einem Tag auf den anderen hatte sich ein unbekannter ehemaliger Tempelhofer Stadtrat Wowereit in den Prominenten verwandelt, einen plötzlich bundesweit bekannten Tabubrecher, dessen Offenheit überall herzliche Sympathie weckte. Der Slogan „...und das ist auch gut so..", war bald nicht nur in Berlin in aller Munde.

Sechs Tage nach seinem spektakulären Outing, am 16. Juni 2001, wurde Klaus Wowereit tatsächlich zum Regierenden Bürgermeister von Berlin gewählt und regierte mit einem von SPD und Grünen gestützten Senat, toleriert von der SED-Nachfolgepartei PDS. Dass Klaus Wowereit am 10. Juni 2001 seine Chance ergriff, war einem politischen Erdbeben zu verdanken, das den Regierenden Bürgermeister Berlins Eberhard Diepgen (CDU) und seine Große Koalition aus CDU und SPD hinweggefegt hatte.

Dieses Erdbeben, das der insgesamt 16-jährigen Amtszeit Diepgens ein jähes Ende bereitete, hatte der „Berliner Bankenskandal" ausgelöst. Die Bankgesellschaft Berlin, gegründet 1994 als Holding für die Landesbank Berlin, die Berliner Hypotheken- und Pfandbriefbank (BerlinHyp) sowie für die Berliner Bank mit dem Ziel, Berlin wieder als internationalen Finanzplatz aufzuwerten, war über umstrittene Immobilienfonds in eine bedrohliche Schieflage geraten. Als die BerlinHyp schließlich der Immobili-

en-Firma Aubis einen 325 Millionen-Euro-Kredit für Plattenbausanierungen gewährte, obwohl die Firma kaum über Eigenkapital verfügte, eskalierte die Situation.

Aubis-Manager, so kam jetzt ans Licht, hatten dem Berliner CDU-Fraktionschef Klaus Rüdiger Landowsky eine Parteispende in Höhe von 20.000 Euro in bar übergeben, den dieser an die Partei weitergeleitet hatte. Landowsky war im Hauptberuf Vorstandschef der Berlin Hyp, die den umstrittenen Kredit an Aubis vergeben hatte. Im März 2001 trat er von allen politischen Ämtern und als Bankchef zurück. Zwei Monate später wurden weitere umstrittene Geschäfte der Bankgesellschaft bekannt, die jetzt nur noch mit einer Kapitalspritze in Höhe von

1,76 Milliarden Euro gerettet werden konnte, die nun das bereits schwer verschuldete Land Berlin aufbringen musste. In der Folge gelang es den Strategen der SPD, den mächtigsten Mann der Berliner CDU, Klaus Rüdiger Landowsky, als den Verursacher und Verantwortlichen der Krise der Bankgesellschaft darzustellen, obwohl Politiker der SPD ebenfalls ganz entscheidende Führungspositionen in dem Finanzinstitut besetzt hatten. So gelang es den Genossen, sich öffentlich vom Schmutz der misslungenen Bankgeschäfte reinzuwaschen und, besser noch, endlich einen handfesten Grund vorzulegen, um einen Ausstieg aus der ungeliebten Koalition mit der CDU zu rechtfertigen, in der die Sozialdemokraten seit mehr als zehn Jahren nur die Junior-Rolle gespielt hatten.

Klaus Wowereit im Wahlkampf 2001.

Blieb nur noch, den Regierenden Bürgermeister Diepgen zu stürzen und Neuwahlen anzustreben. Bei diesen Neuwahlen am 21. Oktober 2001 wurde die Berliner SPD mit 29,7 Prozent der Stimmen und einem Stimmenzuwachs von 7,3 Prozentpunkten erstmals seit 30 Jahren wieder stärkste Kraft. Dem gegenüber stürzte die CDU unter Spitzenkandidat Frank Steffel (rechts) um 17,0 Prozentpunkte auf 23,8 Prozent der Stimmen ab.

Klaus Wowereit setzte nun zum zweiten, ebenfalls erfolgreichen Tabubruch an: Er bildete eine Koalition mit der PDS, die er gegen heftigen Widerstand in den eigenen Reihen durchsetzte. Insbesondere ältere Sozialdemokraten, die noch die Zwangsvereinigung

ihrer Partei mit der KPD 1946 in der sowjetischen Besatzungszone in Erinnerung hatten, protestierten öffentlich. Einige gaben sogar, nach vielen Jahrzehnten der Mitgliedschaft, ihr Partiebuch zurück. Gregor Gysi, der populäre frühere SED- und PDS-Chef, trat in der neuen rot-roten Koalition in Berlin am 17. Januar 2002 den Posten des Wirtschaftssenators und Stellvertreters des Regierenden Bürgermeisters an. Ein halbes Jahr später, es war der 31. Juli 2002, trat er bereits wieder zurück, aus einem vergleichsweise nichtigen Grund: Er reagierte auf den Vorwurf, er habe „Bonus-Meilen" aus einem dienstlichen Vielflieger-Programm privat genutzt. Die rot-rote Koalition indessen hatte Bestand und konnte ihre Regierungsarbeit auch nach den Wahlen vom 17. September 2006 fortsetzen, bei der die PDS zwar um 9,2 Prozentpunkte auf 13,4 Prozent der Stimmen absackte, die SPD aber 1,1 Prozentpunkte zulegte (30,8 Prozent), so dass die Mehrheit der Sitze im Abgeordnetenhaus für rot-rot knapp gesichert blieb.

Der Bankenskandal nahm Jahre später ein glimpfliches Ende. Zwar hatte das Abgeordnetenhaus 2002 beschlossen, eventuelle Risiken aus den Immobiliengeschäften der Bankgesellschaft bis zur astronomi-

Das Berliner Landgericht verurteilte Klaus Rüdiger Landowsky (links) im März 2007 zu einer (vorläufigen) Bewährungsstrafe.

Gregor Gysi (rechts im Gespräch mit Klaus Wowereit) trat nach nur sechs Monaten von seinen Posten als Wirtschaftssenator und stellvertretender Regierender Bürgermeister zurück.

schen Höhe von 21,6 Milliarden Euro zu übernehmen. Doch dann gelang nach einem harten Sanierungskurs der profitable Verkauf großer Teile der inzwischen zerschlagenen Bankgesellschaft: Im Juni 2006 ging die Berliner Bank für für 680 Millionen Euro an die Deutsche Bank AG (rechts die Zentrale in Frankfurt am Main). Ein Jahr später glückte der Verkauf der Landesbank Berlin inklusive der Berliner Sparkasse an den Deutschen Sparkassen- und Giroverband zu einem Preis von 4,6 Milliarden Euro. Der in der öffentlichen Meinung zur „Schlüssel-

figur" des Bankenskandals avancierte Klaus Rüdiger Landowsky wurde am 21. März 2007 vom Berliner Landgericht zu einer Bewährungsstrafe von einem Jahr und vier Monaten wegen Untreue bei der Vergabe von Millionenkrediten verurteilt. Das äußerst umstrittene Urteil war bei Drucklegung dieses Buches noch nicht rechtskräftig. Landowsky, der die Kreditvergabe bis zuletzt gerechtfertigt hatte, legte Revision beim Bundesgerichtshof ein, um einen Freispruch zu erreichen: „Ich kämpfe um meine Ehre".

"Da will ich hin", zeigte sich die 14-jährige Franzi in Hinblick auf die Olympischen Spiele 1992 in Barcelona selbstbewusst.

Franziska van Almsick als „Schmetterling" (oben) und mit dem WM-Gold nach ihrem ersten Freistil-Weltrekord 1994 in Rom (rechts).

„Kesse Göre" verzaubert Gesamtdeutschland

„Mein Schicksalsgold", nannte Franziska van Almsick den größten Triumph ihrer Karriere bei den Schwimm-Europameisterschaften 2002 in Berlin. Nach 200 Metern Freistil-Krimi standen 1:56,64 Minuten auf der Uhr - Weltrekord in der Königsdisziplin der Schwimmer!
Zwei Weltrekorde, einen Europarekord und fünf Goldmedaillen lautete die überragende Bilanz der Berlinerin bei der EM. Die damals 24-Jährige kehrte nach einer langen Durststrecke zurück in die Weltspitze. „Das war mein Sieg, mein Sieg über mich selbst", schrieb sie rückblickend in ihrem Erinnerungsbuch „Aufgetaucht". Nach dem Freistil-Erfolg übermannten sie die Freudentränen (links). Sie sank auf die Knie. Danach erhob sie sich und winkte glücklich in die

Menge. 2.000 Fans hatten lange den Atem angehalten. Dann brach auf den Rängen der Jubel los. 
Das Märchen Franzi - die Geschichte der „kessen Göre" verzauberte ganz Berlin. „Da will ich hin" hatte die ehrgeizige Franzi 1989 (noch vor dem Fall der Mauer) gesagt, als ihr Vater Bernd ihr einen Aufkleber mit der Aufschrift „Barcelona 1992" geschenkt hatte. Noch im selben Jahre schwamm die damals Elfjährige bei der DDR-Spartakiade allen davon, holte neun Titel. Die Mauer fiel („Ich wusste überhaupt nicht, was da passierte und was das bedeutete."), ihr Trainingspensum stieg, sie war auf dem Weg nach Barcelona. Bei ihren ersten Olympischen Spielen in Spanien schaffte sie prompt den Durchbruch. Die 14-Jährige gewann zweimal Silber und zweimal Bronze und dazu die Herzen der Zuschauer. Unbekümmert und frech strahlte sie in alle Kameralinsen, eine ganze Nation verknallte sich in den Teenager aus Treptow - die Geburt des ersten gesamtdeutschen Superstars. Franzi wurde reich, umworben, beneidet. Der Mediendschungel drohte sie zu

schlucken, aber sie biss sich durch. „Ick bleibe, wie ick bin" sagte sie trotzig. Die Almsick schwamm weiter, kämpfte, 1994 schaffte sie bei der WM in Rom den ersten Weltrekord. Erst acht Jahre später knackte jemand ihre Bestmarke über die 200-Meter-Freistil - sie selbst.
Im Anschluss an ihr erstes WM-Gold startete sie die „Jagd" auf das, was sie niemals gewinnen sollte: Olympia-Gold. 1996 in Atlanta errang sie „nur" Silber. Vier Jahre später in Sydney verpasste sie das Finale - der sportliche Tiefpunkt. Doch privat fand sie bei Olympia das Glück: Sie traf Handball-Punk Stefan Kretzschmar. Franzi und Kretzsche - das schillernde Traumpaar des Sports.
Die Liebe verlieh ihr neue Kraft. Sie verpflichtete ihren Ex-Coach Norbert Warnatzsch, wagte einen Neuanfang. Mit dem erfahrenen Trainer an ihrer Seite powerte sie zum Sensations-Comeback im Jahr 2002.
Zwei Jahre später zog sie sich aus dem Sport zurück, nach ihrem letzten Olympia-Auftritt in Athen. Auch diesmal hatte sie das ersehnte Gold verpasst. In Erinne-

rung bleibt der 29. Juli 2002, der Tag an dem Franzi van Almsick ins Berliner Becken tauchte. Unverwechselbar elegant und kraftvoll flog sie durch das Wasser. Dreimal schaffte sie perfekt die von ihr so gefürchtete Wende. Und dann schlug sie an - als schnellste Schwimmerin der Welt.

Seriensieger

Als Seriensieger etablieren sich die Wasserballer der Wasserfreunde Spandau 04. Ihre Titelsammlung von 1979 bis 2007: 27-mal Deutscher Meister, 24-mal Pokalsieger und viermal Europacupsieger. Auch halfen sechs Spandauer 1984 dem Nationalteam auf dem Weg zu olympischer Bronze.

Eisbärenmeisterfeier 2005

BSC-Spiel 1934

Super auf Eis: „Kati", „Pechi" und harte Jungs

Zu den weltweit populärsten und erfolgreichsten Sportlerinnen zählt Eiskunstläuferin Katarina Witt, 1965 in West-Staaken geboren. Sie gewann Gold bei zwei Olympischen Spielen, vier WM- und sechs EM-Titel sowie acht DDR- Meisterschaften. Unvergessen der Wettkampf bei ihrem zweiten Olympiasieg 1988 in Calgary: „Katis" amerikanische Herausforderin Debi Thomas lief die Kür zur gleichen Musik: „Carmen" von Georges Bizet. Die Amerikanerin patzte allerdings gleich zu Beginn.

Schnell auf dem Eis unterwegs: Claudia Pechstein. Mit fünf olympischen

Katarina Witt 1988 als Carmen

Erfolgreichste deutsche Winter-olympionikin: Eisschnellläuferin Claudia Pechstein.

Eisbären (weiß) gegen Skorpione

Goldmedaillen avancierte „Pechi" zur erfolgreichsten deutschen Winter-Olympionikin aller Zeiten (bei Männern und Frauen). Die Eisbären, unter dem Namen „Dynamo" 15-mal DDR-Meister, holten 2005 die lang ersehnte Eishockey-Meistertrophäe in die Hauptstadt und verteidigten sie 2006 im Wellblechpalast erfolgreich. Ein dritter Titel folgte 2008. Rekordhalter als Eishockeymeister: der 1893 gegründete Berliner Schlittschuhclub mit insgesamt 20 Titeln. Die meisten stammen wie die drei Siege um den Spengler-Cup aus den 20er- und 30er-Jahren des 20. Jahrhunderts. 1974 und 1976 konnte das Team um Lorenz Funk und Ernst Köpf, beide Olympia-Bronzemedaillengewinner von 1976, unter Eishockey-Bundestrainer Xaver Unsinn noch zweimal jubeln.

Nach dem Gewinn der Deutschen Meisterschaft 1974 tragen Fans BSC-Kapitän Lorenz Funk auf den Schultern.

Albas Henrik Rödl

Handspiele

Alba Berlins Basketballer sicherten sich von 1997 bis 2003 sieben Deutsche Meisterschaften in Folge. Bislang ohne Titel: die Handballer der Reinickendorfer Füchse (seit 2005 Füchse Berlin). Ihr Spiel aber ist eine Berliner Erfindung: Am 29. Oktober 1917 hatte Oberturnwart Max Heiser festgelegt, das 1915 von ihm für Frauen entworfene Spiel „Torball" solle „Handball" heißen. Mit dem körperlosen Spiel wollte er für Mädchen eine Möglichkeit schaffen, sich auszutoben. Zwei Jahre später entwickelte der Berliner Turnlehrer Carl Schelenz Heisers Spiel weiter, erlaubte Zweikämpfe und führte das Prellen ein. Die erste Deutsche Meisterschaft gewann der TSV 1860 Spandau. Nach dem Zweiten Weltkrieg holte der Berliner SV 1892 dreimal den Titel.

Hurra! Der erste Skandal der Berliner Republik

Kanzler und Regierung da, Stars und Sternchen ebenfalls, Wirtschaftsbosse, Lobbyisten, Investoren und die nationale Klatschpresse-Elite sowieso. Man sitzt im „Borchardt" oder der „Paris Bar", ordert Kobe-Rind und Trüffel-Pasta, spült mit Gavi und Barolo, qualmt Montechristo. Was kostet die Welt? Egal! Die Firma, der Verband, der Steuerzahler zahlt. Eine neue Gesellschaft formiert sich um die Jahrtausendwende in der „Berliner Republik". Was fehlt, ist der erste, richtige, Gendarmenmarkt-erschütternde Skandal, und es soll ausgerechnet der Botschafter der biederen Schweiz sein, der das Zentrum dieser Klatsch-Delikatesse bildet. Thomas Borer-Fielding residiert seit 1999 in der kastenförmigen Eidgenossen-Botschaft (rechts oben), die schon allein durch ihre unmittelbare (und von vielen als anmaßend empfundenen) Nähe zum Bundeskanzleramt die Blicke auf sich zieht. Visuell mindestens genau so magnetisch wirkt das Dekolleté der Botschafter-Gattin. Shawne Borer-Fielding ist eine Frohnatur aus Texas, und das zeigt sie auch gern. „Einen optischen Selbstbedienungsladen" wird ihr eigener Ehemann ihren Brustansatz anlässlich seiner Ernennung zum „Ritter wider den tierischen Ernst" nennen - aber das ist kurz vor seiner Entlassung, so weit sind wir noch nicht...

Tout Berlin liebt 2001 und 2002 die Borer-Fieldings und die Borer-Fieldings lieben Berlin. Keine Party ohne die ehemalige „Miss Dallas" und ihren eloquenten Botschafter-Gatten. Und die besten Feten feiern sie selbst. Stand der Schweizer Nationalfeiertag im „Must-go-Kalender" der Gesellschaft bislang eher auf einer Stufe mit dem Frühjahrsempfang der Botschaft von San Marino, so drängeln sich 2001 mehr als 1.500 Gäste in der Neuen Nationalgalerie und bestaunen das größte Feuerwerk, das Berlin je gesehen hat. Wie das leuchtet, wie das funkelt! Wie es dann knallt und schließlich verglüht! Omen für das Schicksal des Impressario-Ehepaares?

So sehr die Berliner Szene den umtriebigen Borer-Fielding in Berlin mochte, so wenig Verständnis hatten die Eidgenossen daheim für seine Art der Repräsentanz. „Botschafter Lustig" nannte man ihn dort, und wer die zurückhaltenden Schweizer kennt, weiß um die Empörung in diesem Un-Ehrentitel. Fotos von der zu Ross in die Botschaft einreitenden Shawne, ebenjene auf dem Schoß des „Scorpions"-Sängers Klaus Meine und Borer-Fieldings ungeschickte (und unwahre) Bemerkung über eine Homosexualität des Rockers kamen in der Schweiz nicht gut an. Gar nicht gut. Überhaupt nicht gut.

Was auch immer in der Schweizer Botschaft am 21. März 2002 geschah oder nicht geschah, hat monatelang die Leser der Boulevardpresse von Berlin bis Basel amüsiert, geriet zum Evergreen in den Klatsch-Charts der Berliner Gesellschaft und hat Gerichte beschäftigt. Eine Kosmetik-Verkäuferin hatte behauptet, dass sie den Botschafter körperlich verwöhne. Und eine Schweizer Zeitung veröffentlichte genüsslich die Beichte der Fachkraft („Borer und die nackte Frau"). Der Botschafter dementierte, sprach von einer „erbärmlichen Kampagne" und doch half das alles nichts. Am 10. April 2002 verkündete der Schweizer Außenminister Joseph Deiss: „Ich bin zu der Auffassung gekommen, dass Borer unter den gegebenen Umständen nicht mehr wirkungsvoll und würdig und mit der nötigen Gelassenheit und Glaubwürdigkeit seine Mission erfüllen kann." Wenig später verließen Borer und die schöne Shawne Berlin. Auf dass wieder Ruhe einkehrte im kleinen Botschaftskasten neben dem Bundeskanzleramt...

Immer schön lustig: Das Ehepaar Borer-Fielding (rechts) mit Ferfried Prinz von Hohenzollern und Ehefrau Maja beim „Rosenball" im Hotel Interconti.

George W. Bush: Keine Lust auf Tuchers Krebse

„Ich lebe in einer Blase", seufzte George W. Bush den Reportern in die Mikrofone. Nichts habe er von Berlin gesehen, sagte der Besucher, aber beklagen wolle er sich auch nicht. So sei es nun einmal als Präsident der Vereinigten Staaten von Amerika. Und Berlin? Sah auch nicht sehr viel vom hochkarätigen Besucher, seiner Ehefrau Laura und Tochter Jenny. Die Stadt glich Ende Mai 2002 nicht nur einer Festung. Sie war eine. 10.000 Beamte schützten den Präsidenten und seine 900 Mann starke Entourage, der Pariser Platz war komplett und Mitte weitgehend gesperrt. Flüge über der City? Für gut 20 Stunden verboten, Anwohner wurden zu ihren Wohnungen eskortiert und Besucher mussten sich Taschen- und Passkontrollen gefallen lassen.

Als „in höchstem Maße anschlagsgefährdet" sah Innensenator Eberhard Körting den Präsidenten in der deutschen Hauptstadt. So ließ Bush im Adlon dann sogar die Tasse, aus der er seinen Kaffee trank, eine Stunde lang auskochen. Angst vor Bakterien oder vor Giftmischern? Ungeklärt, jedenfalls war der Präsident mit seiner Furcht nicht allein. Alle Lebensmittel, mit denen sein Tross versorgt wurde, wa-

George W. Bush in Berlin: Oben beim Ehrenempfang auf Schloss Bellevue durch Bundespräsident Johannes Rau, unten beim Abendessen mit Bundeskanzler Gerhard Schröder im „Tucher".

ren aus den USA mitgebracht worden. Sogar die Coca Cola.

Gefroren haben wird Bush bei frühsommerlichen Temperaturen in Berlin nicht, doch so richtig warm wurde er nicht mit seinem Gastgeber. Bundeskanzler Gerhard Schröder ließ es sich durchaus nehmen, den Präsidenten am Flughafen abzuholen. Er empfing ihn am Brandenburger Tor - als Geste gesteigerten Selbstbewusstseins. Es trafen sich zwei Männer, die sich unbeholfen auf die Schultern klopften, so wie ehemalige Schulkameraden, die sich schon damals in den Pausen nichts zu sagen gehabt hatten. Das war ja auch alles nicht leicht für Schröder! Einerseits war er mit den Amerikanern in den Krieg gezogen, hatte sogar die sperrige Partnerpartei davon überzeugt, andererseits galt es, einen Wahlkampf zu führen. Und in diesem speziellen war es der leichteste Weg, vom amerikanischen Bündnispartner abzurücken. Und das alles in einer Stadt, in der Mitglieder der SED-Nachfolgepartei am nächsten Tag während der Rede des US-Präsidenten ein Plakat mit der Losung „Mr. Bush, Mr. Schröder. Stop your wars" enthüllten (oben rechts) und erst von den Saaldienern zur Räson gebracht werden konnten.

Am ersten Besuchsabend jedenfalls führte Schröder seinen Gast ins Restaurant „Tucher", wo für Bush Flusskrebs-Spießchen und Schweinshaxenhäppchen vorbereitet waren. Er aß aber lieber einen Apfelstrudel mit Eiscreme, während der Bundeskanzler eine „Literarische" (so steht es tatsächlich auf der Karte) Currywurst verspeiste. Bush erkundigte sich bei Wowereit über die angespannte Finanzlage der Stadt und die Gründe dafür - sicherlich nicht das Lieblingsthema des Berliner Bürgermeisters.

Am nächsten Morgen sprach George W. Bush als erster US-Präsident im alten Reichstagsgebäude und hielt dort pflichtgemäß eine historische Rede. Als die PDS störte, machte Bush eine besonders lässige Handbewegung, die allgemein als Zeichen gedeutet wurde, dass er nicht wirklich sauer war. SPD, CDU, FDP und die Grünen klatschten den Ausführungen zum Anti-Terror-Kampf Beifall. Dann fuhr Bush nach Tegel, flog von dort ab. Und sowohl Gerhard Schröder als auch Klaus Wowereit (rechts) gewannen die jeweils nächste Wahl.

Katerstimmung:
Arbeitslosenquote erreicht 17 Prozent

Wartende Arbeitslose in einem Arbeitsamt.

Mauerfall, Einheits-Euphorie, Millenniums-Optimismus. Berlin hatte gute Jahre hinter sich. Doch Anfang des neuen Jahrtausends legte sich ein düsteres Grau auf die Wirtschaftsdaten und die Stimmung der Stadt. Die Ursachen: Auswirkungen der weltweiten Rezession nach den fürchterlichen Anschlägen vom 11. September 2001. Aber auch viele hausgemachte Probleme.

Die Konsequenzen der Wirtschaftskrise auf die Bevölkerung waren direkt und schmerzhaft: 2002 erreichte die Arbeitslosenquote erstmals 17 Prozent. Im Juli lag die Hauptstadt damit auf dem fünftletzten Platz in der Bundesrepublik. 290.000 Menschen suchten nach Jobs. Doch die gab es in Berlin fast von Monat zu Monat immer weniger. Allein im Baugewerbe sank die Zahl der Mitarbeiter in den ersten sechs Monaten des Jahres um 4.600 Menschen. Seit 1991 war die Wertschöpfung der verarbeitenden Industrie um 30 Prozent gesunken. 2001 waren nur noch 164.000 Menschen in der Industrie tätig – elf Prozent

der Gesamt-Arbeitsplätze. Der Dienstleistungssektor, auf den der Senat und viele Wirtschafts-Experten setzten, hatte die klassische Produktion mit 271.000 Beschäftigten schon überholt - eine Zunahme um zwei Drittel gegenüber 1991. Das machte Hoffnung; doch blieb (und bleibt) der Dienstleistungssektor vielen Arbeitssuchenden mit klassischer Produktions- oder Handwerksausbildung verschlossen. Gerade in diesen Bereichen stiegen die Arbeitslosenzahlen - wiederum mit Auswirkungen auf die Umsätze anderer Branchen wie des Einzelhandels: Minus 7,5 Prozent im zweiten Quartal 2002.

Und nicht nur bei den Arbeitslosenzahlen, sondern auch bei den Pleiten verzeichnete Berlin 2002 einen traurigen Rekord: Rund 3.000 Firmenpleiten und private Insolvenzen wurden im November für das Jahr prognostiziert. Dabei wuchs der Anteil der alteingesessenen Unternehmen an den Insolvenzen. „Viele haben lange durchgehalten, aber jetzt erwischt es sie", sagte „Creditreform"-Geschäftsführer Christian Wolfram dem „Tagesspiegel" im Herbst des Jahres. 39 Prozent der Unternehmen

berichteten von gesunkenen Umsätzen im ersten Halbjahr 2002.

Am 5. November 2002 stellte der Senat eine „extreme Haushaltsnotlage" fest. Rettung hätte sich der Wowereit-Senat am liebsten vom Bund geholt - und sollte damit fünf Jahre später in Karlsruhe scheitern. Dabei ist ausgerechnet Wowereits Finanzsenator Thilo Sarrazin einer der hellsichtigsten Analysten der Misslage Berlins. In einem Beitrag für den „Tagesspiegel" rechnete er im April 2003 vor, dass die Wirtschaftsleistung pro Berliner 10,4 Prozent unter dem Bundesdurchschnitt und nur bei der Hälfte des Hamburger Niveaus lag. Die Staatsquote allerdings, also die Ausgaben pro Bürger für die Verwaltung, lag im gleichen Zeitraum bei 30 Prozent - im Bundesdurchschnitt waren es nur 16 Prozent. Strenges Sparen einerseits (das Haushaltsdefizit lag 2004 bei rund 48 Milliarden Euro) und Schaffung privatwirtschaftlicher Arbeitsplätze andererseits sind nach wie vor der einzige Weg, mit dem Berlin sich aus der Wirtschaftsmisere befreien kann.

Finanzsenator Thilo Sarrazin

1.000 Ideen für den neuen Sender

Es ist lange her. Aber ältere Berliner erinnern sich noch: Am 1. Juni 1954 ging der Sender Freies Berlin (SFB) auf Sendung. „Achtung, Achtung, hier ist Berlin!", tönte es aus den Radiogeräten der Stadt. Und im Hintergrund war das Läuten der Freiheitsglocke zu hören. Sie läutete eine Rundfunkära ein, in der die SFB die besondere Situation der geteilten und umzäunten Stadt dokumentierte und kommentierte. Mit zwei Hörfunkprogrammen begann der Sender, mit SFB 1 und SFB 2. Im September 1954 kommt das Fernsehen dazu: Die Berliner „Abendschau" mit Nachrichten aus der Region wird zum Fixtermin im Tagesablauf des Berliner Fernsehzuschauers. Zu berichten gab es wahrlich genug. Kennedy kam nach Berlin - der SFB berichtete sechs Stunden ohne Pause live. Um am 9. November 1989 ist es der SFB, der als erster Sender um genau 19:23 Uhr die Nachricht von der Maueröffnung sendete. Die Bilder des SFB gingen um die Welt: Tanzende Menschen auf der Mauer, Freudentränen am

1977: Harald Karas (rechts) und Moderator Arvid Wahl von der „Berliner Abendschau".

Grenzübergang, hupende Trabis auf den Straßen Westberlins. Die Mauer war weg, Berlin wieder eine Stadt!
Nur anderthalb Jahre später gab es erneut Grund zum Feiern. Deutschland wurde wiedervereinigt. Im Februar 1991 beschloss der Brandenburger Landtag, eine eigene Rundfunkanstalt zu gründen. Am 1. Januar 1992 um 0:01 ging der ORB auf Sendung, im Fernsehen mit der ersten Sendung „Auf ein Neues, Brandenburg". Im Hörfunk startete der ORB neben dem Sender „Antenne Brandenburg" mit dem Kultur- und Informationsprogramm „Radio Brandenburg" sowie dem Jugendprogramm „RockRadio B". Und während eine Fusion der Länder Berlin und Brandenburg diskutiert, wieder verworfen und erneut diskutiert wird, testen die Sendeanstalten das Miteinander in der Praxis. „Radio B Zwei" wird das erste gemeinsame Hörfunkprogramm von ORB

Wolfgang Thierse (links) und Otmar Schreiner.

und SFB. Es folgt der Jugendsender „Fritz", dann „Inforadio", schließlich „Radioeins" und 1997 dann „Radio Kultur". Während die Brandenburger eine Länderfusion mit Berlin 1996 per Volksentscheid ablehnten, war die Fusion der beiden Sendeanstalten zu diesem Zeitpunkt nur noch eine Frage der Zeit.
Trotzdem, es gab Widerstände. Der Personalrat des SFB, die Gewerkschaft Ver.di sowie der Berliner Journalistenverband kämpften bis zur letzten Minute darum, den Vertrag noch zu kippen. Sie fanden prominente Unterstützer in Bundestagspräsident Wolfgang Thierse sowie dem saarländischen SPD-Bundestagsabgeordneten Otmar Schreiner. Ihrer Ansicht nach waren die Personalvertretungsrechte im künftigen gemeinsamen Rundfunk nicht mehr im bisherigen Ausmaß gesichert. Außerdem befürchteten sie, der Einfluss der Personalräte auf die Programmgestaltung könnte schwinden. Sie konnten sich nicht durchsetzen.
Die Fusionsgespräche zwischen ORB und SFB liefen. Bei einem Ideenwettbewerb gingen rund 1.000 Namensvorschläge für den neuen Sender ein – am Ende hieß er aber doch ganz klassisch rbb. Rundfunk Berlin-Brandenburg. Die Sendeanstalt behielt einen Sitz in Potsdam und einen in Berlin am

Theodor-Heuß-Platz (unten) bei. Außerdem gibt es Studios in Cottbus und Frankfurt an der Oder. Daneben betreibt der rbb bis heute das ARD-Auslandsstudio in Warschau. Und am 1. Mai 2003 war es so weit: Der rbb ging auf Sendung! Mit Dagmar Reim als Intendantin präsentierte der Sender zum ersten Mal eine Frau an der Spitze einer deutschen Rundfunkanstalt.

Dagmar Reim

ORB-Funkanstalt in der Nalepastraße.

„Ein Segen" - gemeinsames Abendmahl contra Veto aus Rom

Einmal mehr präsentierte sich Berlin als Standort der Einheit: Unter dem Motto „Ihr sollt ein Segen sein" begingen vom 28. Mai bis zum 1. Juni 2003 evangelische und katholische Christen gemeinsam den ersten ökumenischen Kirchentag Deutschlands. Auch für die an Massenveranstaltungen gewöhnten Berliner hatte der Kirchentag einiges zu bieten: Fast 200.000 Menschen diskutierten, beteten, sangen und feierten miteinander. 400.000 Teilnehmer kamen zum

Dalai Lama

„Abend der Begegnung". Mehr als 1.000 kirchliche Gruppen stellten sich vor, allein 387 Bläserchöre mit insgesamt mehr als 5.000 Mitgliedern waren angereist. Rund 400 Berliner Schulen öffneten ihre Turnhallen und richteten Gemeinschaftsquartiere ein.

54 Jahre zuvor hatten Reinhold von Thadden-Trieglaff und andere führende Theologen mit dem ersten evangelischen Kirchentag in Hannover erstmals ein Forum geschaffen, das dem Informationsaustausch unter den evangelischen Christen dienen sollte. Ein Erfolgsmodell von Anfang an: Ge-

rade junge Menschen fühlten sich angesprochen und ernst genommen. Eine eigene, populäre Liedkultur entstand. Im Wesentlichen Laienveranstaltung, setzte sich der Kirchentag deutlich ab von theologischen Kongressen und Tagungen - geriet aber gerade dadurch auch immer wieder wegen des Vorwurfs simpler Frömmelei" in Verruf.

Die katholische Parallele zur evangelischen Großveranstaltung fiel schon immer etwas kleiner aus: 1848 als Delegiertenversammlung für katholische Vereine ins Leben gerufen, ist der „Katholikentag" heute eine Laienveranstaltung mit Gottesdiensten, Ausstellungen und Treffen der Kulturen.

Der Weg zum gemeinsamen, zum ökumenischen Kirchentag 2003 war ein langer. Zu viele ungeklärte Fragen machten eine gemeinsame Veranstaltung zu einem äußerst sensiblen Unterfangen. Der Standort Berlin war mit Bedacht gewählt: Die Gemeinschaft sollte im Vordergrund stehen auf diesem Fest der Gläubigen. Die Konfessionen luden ein zum gegenseitigen Kennenlernen. Trotzdem blieben Konflikte nicht aus: Insbesondere die Gestaltung der Abendmahlsfeiern wurde

zum Prüfstein für die Organisatoren. Beim Abendmahl ist nach Überzeugung aller christlichen Kirchen Jesus Christus anwesend, wobei allerdings Uneinigkeit besteht darüber, wie er anwesend ist: Die katholische Kirche geht von einer Realpräsenz aus, also von „wirklicher" Gegenwart. Die evangelische Kirche dagegen betrachtet die Elemente des Abendmahls, also Brot und Wein, als Symbole. Aus diesem Grund hatte Papst Johannes Paul II. bereits vor Beginn des Kirchentages noch einmal bekräftigt, dass ein gemeinsames Abendmahl evangelischer und katholischer Christen aus Sicht der katholischen Kirche verboten ist.

Auch ohne päpstliches Einverständnis: gemeinsames Abendmahl evangelischer und katholischer Christen.

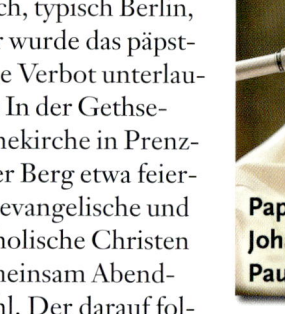

Papst Johannes Paul II.

Doch, typisch Berlin, hier wurde das päpstliche Verbot unterlaufen: In der Gethsemanekirche in Prenzlauer Berg etwa feierten evangelische und katholische Christen gemeinsam Abendmahl. Der darauf folgende Medienrummel und die Tatsache, dass die katholische Kirche konsequent an ihrem Veto zum gemeinsamen Abendmahls festhielt, wurde für zahlreiche Gemeinden Deutschlands zum Problem. Gemeinsame Gottesdienste evangelischer und katholischer Christen wurden nun viel genauer beobachtet. Das gemeinsame Abendmahl, das in manchen Nachbargemeinden längst selbstverständlich war, war nun fast unmöglich geworden.

Zu einem - wenn auch umstrittenen - Glanzpunkt des Festes wurde ausgerechnet der Besuch des Oberhauptes einer ganz anderen Religion: Der Dalai Lama, geistliches Oberhaupt der buddhistischen Tibeter, wurde in der Waldbühne begeistert empfangen und bejubelt.

Der ökumenische Kirchentag 2003 war der erste - und wird nicht der letzte sein: Im Mai 2010 wird in München erneut gemeinsam gefeiert.

Abschluss-Gottesdienst vor dem Reichstag.

Neu-Köln. Warum sich Rheinländer an der Spree so wohlfühlen

Den Rheinländer und den Berliner verbindet eine distanzierte Freundschaft, deren Grundlage eine ähnlich selbstbewusste Einstellung zur Heimat ist. Während beispielsweise der Hamburger manisch bei jeder Gelegenheit betont, aus der „schönsten Stadt der Welt" zu kommen, ist eben dies sowohl für den Berliner als auch für den Rheinländer eine derart gottgegebene und unumstößliche Tatsache, dass sie keineswegs ständig ausgesprochen oder betont werden muss. So war es bis in die späten 90er-Jahre des Wiedervereinigungs-Jahrhunderts: Da

Sony-Center am Potsdamer Platz (links).

konnten beide Städte bestens nebeneinander bestehen. In Köln, da war die Kunst, die Kreativität, der Frohsinn zu Hause, in Berlin die Größe, die Pracht, die Bedeutung. Würde dies ewig so bleiben? Könnte Berlin - anders als Paris oder London – als große Hauptstadt nicht den Rest des Landes aufsaugen? Wie falsch! Die Bundesrepublik Deutschland mag ein nominell föderalistisches Land sein (und das ist auch sehr gut so!). In der gelebten Wirklichkeit aber gibt es Berlin und die Provinz. Und alles, was Rang und Namen hat, strebt nach der Leuchtkraft der Hauptstadt. Das hat in Deutschland eine Zeitlang gedauert - der „Gedanke Berlin" war zunächst gewöhnungsbedürftig. Wer also kam? Die Bahn aus Frankfurt, Sony aus München, Universal aus Hamburg. Das Parlament und die Regierung aus Bonn. Und die Konzessions-Ministerien, die es am Rhein noch gibt, sind ein Steuern schluckendes Ärgernis, nur dazu gut, die Existenz der ebenso Geld vernichtenden Flugbereitschaft zu rechtfertigen. Dass Berlin die Stadt der Zukunft ist, wurde den Bundes-Politikern spätestens dann klar, als der geniale Wirt und flammende Berlin-Gegner Friedel Drautzburg 1997 (kurz nach dem Umzugsbeschluss) seinen öffentlichen Politikerstammtisch von Bonn in die „Ständige Vertretung" am Schiffbauerdamm

verlegte. Aber auch die komplette A-Riege der westdeutschen Kreativ-Prominenz von Günther Uecker bis Günter Jauch (zählen wir Potsdam mal zur erweiterten Hauptstadt) siedelt mittlerweile auf märkischem Grund. Und: Alfred Biolek! Dass die graue TV-Eminenz jemals das Rheinland verlassen könnte, jemals den „Alten Wartesaal", das Wohnzimmer des rheinischen Gutmenschentums (Wolfgang Niedecken, Jürgen Becker, Hella von Sinnen) verlassen würde, war in Köln so undenkbar, wie der Vorschlag, den Dom als Bushaltestellen-Wartehäuschen nach Düsseldorf zu verkaufen. Und heute? Lebt Biolek in Mitte.

Dieter Gorny, Vorstandsvorsitzender der VIVA Media AG (links), zog mit der „popkomm" nach Berlin. Messestände (Hintergrund) und Besucher (Seitenmitte) auf der Musikmesse.

Und wer am Rhein all´ diese Signale nicht gehört hatte, wer immer noch dachte, diese Berlin-Sehnsucht sei eine Art Mode und alle, die da gingen, würden früher oder später schon wieder zurückkommen, reumütig und geläutert, dem wurde im Sommer 2003 endgültig klar, wo der Hammer hängt: In Berlin. Eiskalt, berechnend und doch absolut vernünftig entschied sich Dieter Gorny, seine „Popkomm" von Köln nach Berlin zu verlagern. Jene Messe für leicht angeätzte Jugendkultur, deren Stände nächtliche Clubs waren, deren Produkte nach Bier und Schweiß rochen und die dadurch so sehr Köln war wie kaum etwas anderes. Apropos... Kommen nicht zum Berliner Karneval mittlerweile auch gut eine Million Menschen?

Friedel Drautzburg in seiner „Ständigen Vertretung".

Tschö Hotte, tschüss Pfitze

Zwei Große gingen im Jahr 2003. Zwei Männer, die auf ganz unterschiedliche Art Berlin verkörperten - im Fernsehen, im Film, auf der Bühne. Der eine war der Rebell, ein ewiger jugendlicher Held. Das wurde ihm zum Verhängnis. Der andere Mann war das Abziehbild von Westberlin: Herz mit Schnauze, ohne Rücksicht auf Verluste. Am 3. März starb Horst Buchholz an den Folgen einer Lungenentzündung, die er sich nach einer Operation am Oberschenkelhals zugezogen hatte. Er wurde 70 Jahre alt, doch wirklich altern hatte man ihn nie sehen wollen. Für das kollektive Gedächtnis der Nachkriegsdeutschen war „Hotte" (den Spitznamen hatte er von seiner kleinen Schwester): der ewig jugendliche Rebell, ein Mann ohne Alter (Bilder unten links).

„Die Halbstarken" von 1956 war der Film, der ihn zum Mythos machte - ein Berliner Rockerdrama, so authentisch, dass sich die Westberliner Gang „Totenkopfbande" in „Horst-Buchholz-Bande" umbenannte. Ein

deutscher James Dean war geboren, doch Buchholz war zu klug, um sich ganz diesem Klischee hinzugeben. Er kämpfte (anders als Dean, der dreimal die gleiche Rolle spielte) dagegen an, suchte sich seine Drehbücher mit Bedacht aus. Als „Felix Krull" und in „Monpti" wollte er (an der Seite von Romy Schneider) seine Fähigkeiten im humoristischen Fach beweisen. Und schließlich gelang Buchholz das, wovon alle deutschen Schauspieler in dieser Zeit (und auch noch heute) träumen: der Sprung nach Hollywood.

1960 spielte er unter John Sturges einen der „Glorreichen Sieben", eine unglaubliche Auszeichnung für einen jungen Deutschen nur 15 Jahre nach dem Krieg. Hotte stand kurz vor einer ganz großen Weltkarriere, als der Lauf der Zeit ihm einen Strich durch die Rechnung machte: Als 1961 Billy Wilders hervorragende Ost-West-Komödie „Eins, Zwei, Drei" ins Kino kam, war die Mauer gerade gebaut. Lachen wollte darüber niemand. Erst heute ist der Film Kult.

Buchholz drehte weiter, doch es waren immer mehr italienische B- und deutsche TV-Produktionen. Sein Moderationsversuch in der „Astro-Show" scheiterte 1981 kläglich. Die letzte große Kinorolle hatte er 1997 als KZ-Arzt in Roberto Benignis „Das Leben ist schön". Da war er schon ein alter Mann, dem die Öffentlichkeit sein Alter nicht verzeihen wollte. In den Illustrierten blieb er der ewige Halbstarke. Genau der, der er nie sein wollte.

Auch Günter Pfitzmann (Bildreihe rechts) war zeitlebens auf eine Rolle festgelegt: Die des onkelhaften Berliners Marke West, ein bisschen Filou, ein bisschen Jammern, ein bisschen Witz. Immer das Herz auf dem rechten Fleck. Einer, der sich sehr gern und nachhaltig über „die da oben" be-

schwert und sich dennoch preußisch genau an deren Regeln hält. Die Paraderolle also war die des Otto Krüger in der Currywurst-Saga „Drei Damen vom Grill". Viele Leute in Westdeutschland dachten folglich ab 1977, so seien sie eben, die Berliner. Ganz sympathisch, fand man das - zweifelsohne ein Verdienst von Pfitze. Die Berliner als brave Mittelständler. Ehrlich und fleißig wollten sie ihre Brötchen verdienen, die sie „Schrippen" nennen. Pfitzmann (und seine Mitstreiterinnen Brigitte Mira und Brigitte Grothum) nahmen der Frontstadt Berlin die Kanten. Später auch in der „Praxis Bülowbogen" und als „Havelkaiser".

Dabei war Pfitzmann durchaus ein Mensch mit Schwächen. 50 Zigaretten rauchte er täglich, 1986 musste er sich einer Bypass-Operation unterziehen. „Er war seit jeher ein sehr quirliger und somit nicht unbedingt vorbildlicher Patient", sagte Professor Roland Hetzer, der am 30. Mai in einer fünfstündigen Notoperation um das Leben des Schauspielers kämpfte. Vergeblich. Das Herz war nicht mehr zu retten.

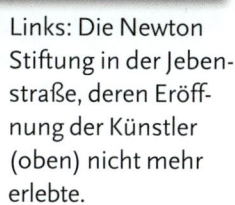

Links: Die Newton Stiftung in der Jeben-straße, deren Eröffnung der Künstler (oben) nicht mehr erlebte.

schen Publikumszeitschriften machten Mode-Püppchen zu Ikonen. Am Gendarmenmarkt gibt es eine „Newton"-Bar, die allerdings eher bei Handelsvertretern auf der Suche nach einer Nachtbegleiterin beliebt ist. Obwohl er seinen Wohnsitz nie mehr nach Berlin verlegte (er lebte im Sommer in Monaco, im Win-ter in Los Angeles) vermachte Newton rund 1.000 Arbeiten der Stiftung Preußischer Kulturbesitz.

Die Eröffnung der ersten Ausstellung im Offizierscasino erlebte Newton nicht mehr: Er starb in der Nacht vom 23. auf den 24. Januar 2004 nach einem Autounfall in Los Angeles.

Mode-Püppchen zu Ikonen

Die „Kameradschaftlichen Vereinigung der Offiziere der Landwehr-Vereinigung", 1909 gegenüber der Fernbahnsteige erbaut, kennt jeder, der schon einmal ab dem Bahnhof Zoo mit dem Zug verreist ist. Seit Juni 2006 beherbergt das ehemalige Offizierscasino die „Helmut Newton Stiftung". Das hatte der große Fotograf vor seinem Tod selbst so bestimmt, denn mit dem Gebäude verband ihn eine ganz besondere Geschichte. Dieses Haus war das letzte seiner Heimatstadt, das Newton 1938 sah, als er

sich - gerade erst 18 Jahre alt - auf den Weg nach Singapur machte. Newton wurde 1920 als Sohn einer wohlhabenden Fabrikantenfamilie geboren, besuchte bis 1936 das Gymnasium, brach aber ab, weil er sich schon in jun-

gen Jahren mehr für die Fotografie interessierte. Genauer: Für die Fotografie und für die Mädchen. Doch die Lehre bei der bekannten Berliner Fotografin Else Simon (Künstlername Yva) war beendet, als Simon ihr Atelier wegen Berufsverbots aufgeben musste.

In Singapur arbeitete Newton als Bildreporter, wurde gefeuert und ging nach Australien. Dort arbeitete er bei der Eisenbahn und als Lkw-Fahrer bei der Armee, bis er genug Geld hatte, um sich 1945 ein kleines Fotostudio leisten zu können. 1948 heiratete er die Schauspielerin June Brunell (unten links). Von Australien aus erarbeitete sich Newton einen hervorragenden Ruf als Modefotograf. Er arbeitete zuerst für die australische Vogue, später für alle nationalen Ausgaben der Mode-Bibel.

Mit seinen Aktfotografien, häufig in Schwarz-Weiß, streng, kühl, unnahbar, revolutionierte Helmut Newton die erotische Fotografie. Obwohl er von Frauenrechtlerinnen wie Alice Schwarzer angefeindet wurde, galt seine Arbeit schon zu Lebzeiten als stilprägend. Und populär war er dazu! Seine Bilder von Supermodels der Schiffer-Generation in den deut-

Jahrhundert-Format: MoMa zu Gast

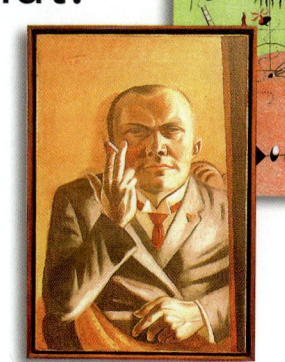

Den Erfolg dieser Ausstellung hatte niemand bezweifelt. Das Ergebnis allerdings übertraf die kühnsten Erwartungen.

Am 20. Februar 2004 eröffnete in der Neuen Nationalgalerie „MoMa in Berlin", eine Schau mit 212 Meisterwerken des New Yorker „Museum of Modern Art"; unter vielen anderen Werke von Dali, Cezanne, Chagall, Dix, Gaugin, Monet, Mondrian. Matisse, Miro, Klimt und Pollock - ein noch nie gezeigtes Portfolio moderner Klassiker. 1,2 Millionen Eintrittskarten für die Ausstellung wurden verkauft (mit 700.000 hatten die Macher gerechnet). Um dem Ansturm der Besuchermassen gerecht zu werden, wurden die Öffnungszeiten erst auf Mitternacht, dann auf zwei Uhr morgens erweitert, schließlich war die Ausstellung rund um die Uhr geöffnet.

6,5 Millionen Euro flossen in die Kasse - Geld, das den Freunden der Neuen Nationalgalerie (unten rechts) um den umtriebigen Peter Raue (links unten) zugute kam. Sie waren es, die es durch gute Kontakte und geschickte Verhandlungen geschafft hatten, eine Ausstellung von Jahrhundert-Format nach Berlin zu holen.

Eine Botschaft im Hintergrund

Am Rande der Mitte. Im Hintergrund von vorne. So könnte man sie bezeichnen, die Lage der neuen amerikanischen Botschaft. Unmittelbar am Brandenburger Tor, sicher, aber einmal um die Ecke. Eine 1a-Lage mit bescheidener Attitüde. Berlin, Deutschland, so scheint die Wahl dieses Ortes zu sagen, liegt den Amerikanern immer noch am Herzen, aber aktiv greift man nicht mehr ein. Ist aber nah genug dran, um alles Wichtige mitzubekommen. Und selbstbewusst genug, um die Rolle der USA in der Geschichte dieser Stadt und dieses Landes zu dokumentieren. Ein Freund, der sich nicht aufdrängt. Irgendwann im Jahr 2008, so der optimistische Wunsch, soll die Botschaft am Pariser Platz 2 fertig sein - 16 Jahre, nachdem der Bau beschlossen wurde. Häufig verzögerten sich die Arbeiten, neue Sicherheitsmaßnahmen, auch städtebaulicher Art, wurden nötig nach den Attacken auf US-Botschaften in Afrika in 1998 und der Weltkatastrophe vom 11. September. Eine 25 Meter breite Sicherheitszone an der Behrendstraße wird errichtet werden. Zu hoffen bleibt: dass die 1,8 Millionen Euro, die sie gekostet hat, sich für immer als verschwendetes Geld erweisen werden.

William R. Timken, amerikanischer Botschafter, während der Bauarbeiten auf dem Dach der US Botschaft.

Gegen die „Sippenhaft vergangener Untaten"

Es waren große Sätze, die Heinz Berggruen sprach, der Kunstsammler und Herzensfreund Berlins. Uneitel, klug, versöhnlich: „Lasst uns nicht, störrisch und mit Scheuklappen zurückblickend, von Sippenhaft vergangener Untaten und von Weißwaschen von Blutgeld sprechen, sondern tolerant und aufgeschlossen in die Zukunft schauen." 270 Ehrengäste klatschten Beifall. Der Redner Berggruen war gerade zum 114. Ehrenbürger der Stadt Berlin ernannt worden. Seine Worte aber schenkte er einem anderen. Einem Mann, der seine Leidenschaft für die Kunst teilt. Für sieben Jahren wollte Friedrich Christian Flick seine 2.500 Werke umfassende und vermutlich mehr als 200 Millionen Euro teure Sammlung der Stadt Berlin überlassen. Im Hamburger Bahnhof sollten die Werke von Gegenwartskünstlern wie Jason Rhoades, David Weiss, Peter Fischli und Roman Signer ausgestellt werden. Das hatten der Sammler Flick und der Bürgermeister Klaus Wowereit im Jahr 2002 besprochen und besiegelt. Doch es regte sich Widerstand in der Hauptstadt – angesichts der Rolle der Familie Flick im Dritten Reich. Der Großvater des Sammlers, Friedrich Flick, hatte zu den größten Rüstungslieferanten des NS-Regimes gezählt und von der Zwangsarbeit profitiert. War also das Geld, mit dem der Flick-Enkel seine Sammlung schuf, geerbtes Blutgeld aus den dunkelsten Tagen deutscher Geschichte? Sollte Berlin auf die großzügige Gabe des Flick-Erben verzichten? So sahen es unter anderem Lea Rosh, die Vorsitzende des Förderkreises Mahnmal, und Salomon Korn, der stellvertretende Präsident des Zentralrats der Juden in Deutschland.

Auf der anderen Seite argumentierten Persönlichkeiten wie Andreas Nachama, der ehemalige Vorsitzende der Jüdischen Gemeinde in Berlin, Michael Blumenthal, der Direktor des Jüdischen Museums und eben Heinz Berggruen. Am 9. Januar 2003 unterzeichneten Flick, die Stiftung Preußischer Kulturbesitz und die Staatlichen Museen Berlin die Vereinbarung, die Sammlung in Berlin zu zeigen. Im September 2004 öffnete die Ausstellung. Auf der Einladungskarte abgebildet: Ein Neonkunstwerk mit dem Titel „Doppeltes Stochern im Auge".

Kleine Abbildungen: Objekte aus der Flick-Sammlung. Innenansicht des Hamburger Bahnhofs (unten).

2.711 Stelen führen in die Finsternis

Da, wo sie stehen, gehören sie hin, ohne jeden Zweifel. In die Mitte von Berlin. In die unmittelbare Nähe des Brandenburger Tores, des stolzen Hotels Adlon, des wunderschönen Tiergartens. Da, wo die Touristen vorbeimarschieren und die Berliner flanieren, da, wo die Bundesrepublik Deutschland ihr neues Zentrum gefunden hat. Nur ein paar Schritte entfernt vom Reichstag, in dem sowohl deutsche Demokratie als auch deutscher Terror ihre Heimat hatten. 2.711 Stelen, die letzte am 15. Dezember 2004 in einem öffentlichen Festakt gesetzt, symbolisieren das, was nicht vorstellbar und trotzdem geschehen ist: Die Verschleppung und Ermordung von mehr als sechs Millionen europäischer Juden. Akribisch geplant, nur 22 Kilometer vom Ort des Mahnmals entfernt, am Großen Wannsee.

1988 regte die Publizistin Lea Rosh den Bau eines Denkmals für die ermordeten Juden Europas an – die Idee hatte ihr der Historiker Eberhard Jäckel bei einem gemeinsamen Besuch der Gedenkstätte in Yad Vashem unterbreitet. Sechs Jahre später dann ein erster Wettbewerb – doch der Siegerentwurf von Christine Jackob-Marks, auf den sich die Stadt Berlin, der Bund und der Förderkreis geeinigt hatten, blieb unverwirklicht: Auftakt einer langen Geschichte von Streitereien um das Mahnmal, viele von ihnen unrühmlich und von Eitelkeiten bestimmt. 1997 jedenfalls diskutierte die Öffentlichkeit erstmals den Vorschlag des Stelenfeldes: Einen gemeinsamen Entwurf des New Yorker Architekten Peter Eisenman und des Bildhauers Richard Serra. Der zog sich ein Jahr später aus dem Projekt zurück, da er die Änderungen (Aufnahme von 40 Bäumen in die Gestaltung und Errichtung eines unterirdischen Museums) nicht mittragen wollte.

Am 25. Juni 1999 beschloss der Deutsche Bundestag mit großer Mehrheit den Bau des Mahnmals und stellte 27,6 Millionen Euro aus Mitteln des Bundeshaushaltes bereit, 900.000 Euro aus Privat-Spenden kamen hinzu. Nach Verzögerungen durch Fehler bei der europaweiten Ausschreibung konnte der Bau erst am 1. April 2003 beginnen. Nur ein halbes Jahr später allerdings wurden die Arbeiten erneut gestoppt – sollte die Degussa (deren Tochterfirma Degesch im Dritten Reich zu den Lieferanten des Todesgases Zyklon B gehört hatte) das Anti-Graffiti-Spray für die Stelen liefern? Im November 2003 beschloss das Kuratorium der Stiftung den Weiterbau: Degussa habe ihre Geschichte vorbildlich aufgearbeitet.

Am 10. Mai 2005 wurde das Denkmal eröffnet. Alle Deutungsversuche des Stelenfeldes liefen ins Leere, auch Peter Eisenman selbst nannte es einen „place of no meaning", Platz ohne bestimmte Bedeutung. Ist die Ähnlichkeit zu den Sarkophag-Gräbern auf dem Ölberg in Jerusalem beabsichtigt? Spiegelt die kaum merkliche Neigung der in den Boden versetzten Stelen die Verunsicherung wider, der sich die deutschen Juden im aufkommenden deutschen Faschismus ausgesetzt sahen?

Der Weg durch das Mahnmal führt den Besucher heraus aus der gewohnten Welt, in eine Enge, eine Finsternis, deren Unfassbarkeit eben genau dies ist: Sie liegt mitten in Berlin.

Bei der Eröffnung des Denkmals der ermordeten Juden Europas (von links): Peter Eisenman, Horst Köhler, Wolfgang Thierse, Lea Rosh, Eberhard Jaeckel und die Holocaust-Überlebende Sabina van der Linden mit Ehemann. Rechts eine Luftaufnahme der Stelen.

„Blaues Wunder" unter leichtem Dach

Am 31. Juli 2004 dirigierte Daniel Barenboim die festliche Gala zur Wiedereröffnung des Olympiastadions im Westen Charlottenburgs . Die Abendsonne sank in den Grunewald, dafür erstrahlte zum ersten Mal die brandneue Lichtanlage. 74.400 Besucher lauschten dem Klassik-Spektakel aus 171 fest am neuen Stadiondach montierten Lautsprechern. Nur eines von unzähligen neuen Hightech-Highlights. Das Olympiastadion präsentierte sich als „5-Sterne-Arena" - vom Keller (632 Tiefgaragenplätze, unterirdische Aufwärmhalle mit Weitsprunggrube) bis zum neuen 42.000 Quadratmeter messenden Dach. Ursprünglich für die Olympischen Spiele 1936 errichtet, wurde das marode Hauptstadt-Oval von 2000 bis 2004 zur modernen Multifunktionsarena ausgebaut. Kosten: 242 Millionen Euro.

Vier Jahre dauerte der Umbau des denkmalgeschützten Bauwerks, ohne dass der Sport leiden musste. Jederzeit hatte die ausführende Firma den Spielbetrieb von Hertha BSC garantiert, auch das ISTAF fand wie gewohnt statt. „Eine organisatorische Meisterleistung", erinnert sich Stadion-Chef Peter von Löbbecke. „Und die Besucher waren sofort verzaubert vom neuen Olympia-

stadion. Sogar die Dach-Kritiker ließen sich von der Leichtigkeit der Konstruktion überzeugen."

Zum Markenzeichen der Hauptstadt-Arena avancierte die blaue Tartanbahn - das „blaue Wunder". Auf Wunsch des Bundesligisten Hertha BSC ließen die beauftragten Architekten die Laufbahn in

der Vereinsfarbe einfärben. ISTAF-Boss Gerhard Janetzky urteilte nach der ersten Prüfung: „Die neue 400-Meter-Bahn ist nicht nur durch ihre Farbe einzigartig in der Welt, sie ist auch schnell." Ein würdiger Belag für die Wettkampfstätte, in der Jesse Owens 1936 viermal olympisches Gold erkämpfte.

Aus Rücksicht auf dem Denkmalschutz blieb der klassische Torso erhalten. Ebenso die Verblendung aus Muschelkalk, deren Platten einzeln nummeriert, gesäubert und an ihre ursprüngliche Stelle montiert wurden. Das Innere des 304 Meter langen und 230 Meter breiten Ovals entkernten die Arbeiter dagegen komplett. Hier entstanden 76 VIP-Logen mit 5662 „Business-Seats", hochmoderne Kabinen, multifunktionale Konferenzräume und sogar eine (überkonfessionelle) Stadion-Kapelle.

Das Olympiastadion präsentierte sich bereit für die WM 2006 - und für alle kommenden Feste und Events. Von den Rolling Stones bis zum Internationalen Deutschen Turnfest 2005, von den regelmäßigen Bundesliga-Auftritten der Hertha bis zur Leichtathletik-Weltmeisterschaft 2009. Nicht zuletzt entpuppte sich das modernisierte Olympiastadion als neuer Touristen-Magnet. Peter von Löbbecke beobachtet aus seinem Büro täglich Dutzende von Reisebussen, die unter den olympischen Ringen am Osttor halten: „Tag für Tag zählen wir bis zu 3.000 Besucher aus aller Welt. Viele kommen einfach zum Staunen, setzen sich auf einen Platz und lassen das Bauwerk auf sich wirken. Kein Wunder, denn auch das leere Stadion ist ein faszinierender Anblick, den man nicht vergisst."

Unter dem 42.000 Quadratmeter großen Dach überrascht das Olympiastadion im Inneren mit seiner blauen Tartanbahn (Hintergrund). Oben: Eröffnungsfeier am 31. Juli 2004.

Bao Bao: Schätzchen kommt nicht zur Sache

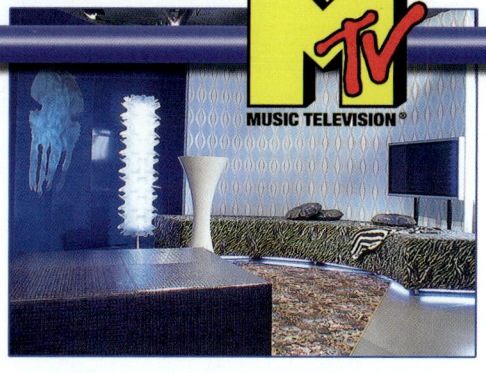

Bao Bao

Schätzchen kam und kommt einfach nicht zur Sache! Das Drama um Bao Bao und den Nachwuchs, genauer um den Nicht-Nachwuchs: Eine *der* Tiergeschichten, die Berlin bewegte. 1979 kam Bundeskanzler Helmut Schmidt mit einer guten Nachricht von einer China-Reise zurück: Der chinesische Partei- und Regierungschef Hua Guofeng hatte dem Kanzler ein Pandabärenpärchen geschenkt. Eine Sensation - die Tiere waren extrem selten, vom Aussterben bedroht und in keinem deutschen Zoo zu sehen. Schmidt sagte die Pandas dem Berliner Zoologischen Garten zu, wo sie am 5. November 1980 eintrafen. Bao Bao („Schätzchen") und Tian Tian („Himmelchen"): Zwei Wildfänge, die tibetanische Jäger in Holzfallen in einem so gut wie unerforschten Bambuswaldgebiet in der Provinz nahe der Stadt Chengdu gefangen hatten, wo sie dann einige Zeit in einem Zoo lebten. Tian Tian galt als zickig, Bao Bao als fröhlicher Geselle, der sogar Purzelbaum schlagen konnte (Fotos unten). Nach dem Umzug lebten sich die Pandas in Berlin auf der eigens für sie gebauten Anlage gut ein. Der Zoo profitierte auf spektakuläre Weise von den exotischen Gästen: Die Einnahmen stiegen im ersten Jahr um 30 Prozent - ein Phänomen, das erst 2007 eine Fortsetzung fand - mit der Geburt eines jungen Eisbären namens Knut.

Dann, 1984, der erste Schicksalsschlag: Noch vor der eigenen Geschlechtsreife wurde Bao Bao zum Witwer: Tian Tian erlag einer Virusinfektion. Ein neues Weibchen war nicht in Sicht, also wurde Bao Bao nach London ausgeliehen, wo man ihn mit Ming Ming („Lichtlein") verkuppeln wollte - ein Fehlschlag, der das Weibchen ein Ohr kostete. Mit zehn Kilogramm Frust-Übergewicht kehrte Bao Bao am 26. Mai 1993 wieder nach Berlin zurück.

Zwei Jahre später erhielt der Berliner Zoo als Dauerleihgabe das Panda-Weibchen Yang Yang („die Schöne"). Doch auch mit ihr wurde nichts aus dem Bärennachwuchs. Bao Bao interessierte sich wenig für Sex - keine gute Vorraussetzung bei einer Rasse, in der das Weibchen nur 36 Stunden im Jahr empfängnisbereit ist. Auch Versuche der künstlichen Befruchtung schlugen fehl. 1999 wurde Yang Yang als Schuldige ausgemacht, die Ärzte stellten Unfruchtbarkeit fest. 2004 stellte der Zoo die Versuche der Pandavermehrung ein, im März 2007 starb Yang Yang mit 22 Jahren und ließ Bao Bao wiederum als Witwer zurück. Mittlerweile ist der 1978 geborene Bär der älteste in Gefangenschaft lebende Panda. Obwohl sich Politiker wie Friedbert Pflüger um eine neue Pandabärin bemühen, gilt der Nachwuchszug für das eigenwillige Schätzchen endgültig als abgefahren.

Hip, jung und sexy im Osthafen

Ritterschlag für die Stadt und ihre Szene, als MTV 2004 von München in den Berliner Osthafen zog. Hip, jung, sexy, dafür steht der Musiksender - und all das fand Senderchefin Catherine Mühlemann (rechts) in Berlin so wie in keiner anderen deutschen Stadt. Nicht, dass die Musik-Kreativen des Viacom-Konzerns lange gesucht hätten. Vor dem Umzug nach Berlin waren erst Hamburg und dann München Stationen des Senders in Deutschland. Und auch im internationalen Vergleich der Hip-Städte kam Berlin bei Mühlemann gut weg: „Berlin ist die jüngste und beweglichste Stadt. Sie findet sich gerade selbst und ist nicht schon so festgelegt wie New York oder London."

Moderator Markus Kavka

Nach welchem Gesetz? „Ehrenmord" an Hatun Sürücü

Was sind das für Menschen in unserer Stadt? Für welchen Glauben und nach welchen Gesetzen leben sie? Fragen, die im Frühjahr 2005 bewegten. Der Anlass waren sechs Morde - „Ehrenmorde", bei denen junge Frauen aus islamischen Familien von Ehemännern, Freunden oder Brüdern getötet wurden, weil sie durch ihren Freiheitsdrang, ihr Recht auf Selbstbestimmung, ihre Emanzipation in den für diese Selbstverständlichkeiten blinden Augen ihrer Familien eine nur ihnen verständliche „Ehre" „beschmutzt" hatten. Drei Frauen wurden vor den Augen ihrer Kinder erstochen. Erwürgt ein weiteres Opfer, ertränkt die fünfte Frau. Doch kein Fall erregte so viel Aufsehen wie der kaltblütige Mord an der 23-jährigen Türkin Hatun Sürücü.

Fotos zeigen eine junge Frau mit dunklen Augen, lachend, im „Blaumann", mit Kollegen, bei der Arbeit. Hatun, die Kämpferin. Im Alter von 16 Jahre war sie zum ersten Mal zwangsverheiratet worden - mit einem Cousin in der Türkei. Den gemeinsamen Sohn brachte sie bereits wieder in Berlin zur Welt, wohin sie sich geflüchtet hatte und wo sie in einem Wohnheim für minderjährige Mütter lebte. Hatun holte den Hauptschulabschluss nach, bezog eine eigene Wohnung in Tempelhof und absolvierte erfolgreich eine Ausbildung als Elektroinstallateurin. Eine alleinerziehende Mutter, berufstätig, eine Frau, die sich durchsetzt so kannten sie ihre Freunde, so lebte Hatun Sürücü, die sich aber doch immer die Versöhnung mit der Familie wünschte und zu ihren Geschwistern Kontakt hielt.

Am Abend des 7. Februar 2005 wurde Hatun Sürücü vor ihrer Wohnung an einer Bushaltestelle in der Tempelhofer Oberlandstraße mit drei Kopfschüssen getötet. Eine Woche später nahm die Polizei die mutmaßlichen Täter fest: Es waren ihre Brüder. Sie wollten, so die Ermittler, durch die Irrsinns-Tat ihre „Familienehre" wiederherstellen, die durch Hatuns westlichen Lebenswandel und die Tatsache, dass sie deutsche Freunde hatte, in den Augen der Familie verletzt worden war.

Eine Gemeinschaftstat - laut Staatsanwaltschaft. Doch am 14. September 2005 nahm Hatuns jüngster Bruder den Mord auf sich. Er allein haben ihn geplant und ausgeführt. Am 13. April 2006 wurde er zu einer Jugendstrafe von neun Jahren und drei Monaten verurteilt. Seine Brüder verließen das Gericht als freie Männer. Zu den erschütternsten Dokumenten im Fall Hatun Sürücü gehörte das Bild der lachenden Familie, die kurz nach dem Urteil mit ihren aus der Haft entlassenen Söhnen durch die Straßen Berlins schlendert.

Emra Sürücü, einer der zwei freigesprochenen Brüder der getöteten Hatun, mit Victory-Zeichen. Der jüngste Bruder gestand die Tat und kam mit einer Jugendstrafe davon ...

Einschulung in Berlin: Schulklassen setzten sich teilweise zu 100 Prozent aus Kindern mit Migrationshintergrund zusammen.

Erste Schule ohne deutsche Kinder

345 Kinder und Jugendliche waren zu Beginn des neuen Schuljahrs 2006 in der Kreuzberger Eberhard-Klein-Oberschule angemeldet. 80 Prozent von ihnen Türken, 15 Prozent Araber, die restlichen fünf Prozent Albaner, Jugoslawen, Afrikaner, Vietnamesen. Zum ersten Mal meldete ein Berliner Direktor, kein einziges deutsches Kind mehr zu unterrichten. „Wenn sich deutsche Eltern hierher verirren, fühle ich mich verpflichtet, ihnen zu raten, ihre Kinder an einer anderen Schule anzumelden", sagte Schuldirektor Bernd Böttig. Schon im Vorjahr waren es nur noch fünf gewesen. „Die kleine Minderheit fühlte sich nicht mehr wohl." Dramatisch ist die Lage in der Schule aber auch für die ausländischen Schüler. Kaum einer von ihnen sprach deutsch. In welchem sozialen Umfeld hätten sie es auch lernen sollen?

Hatun Sürücü - zu „westlicher" Lebenswandel wurde ihr zum Verhängnis.

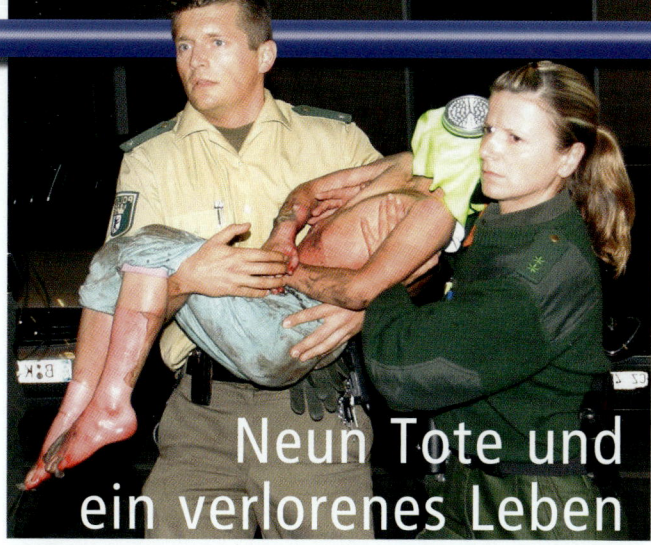

Neun Tote und ein verlorenes Leben

Als die Feuerwehr 8. August 2005 um 23.12 Uhr genau fünf Minuten nach der Alarmierung in der Moabiter Ufnaustraße 8 mit zwei Löschzügen vorfuhr und mit der Arbeit begann, kam sie für neun Menschen zu spät: Eine Familie aus dem Kosovo war verbrannt, die jüngste Tochter Lena wurde nur zwei Jahre alt. Ebenfalls Opfer einer der verheerendsten Brandkatastrophen in Berlin: ein polnischer Familienvater und drei seiner Kinder. Das Drama der Feuernacht aber wird erst eine Woche nach dem Brand klar. Der 12-jährige Cousin der getöteten polnischen Kinder gesteht in der dritten Vernehmung, den Brand gelegt zu haben. Dass es sich um Brandstiftung handelte, war den Ermittlern von Anfang an klar. Jetzt erzählt der Junge, wie er mit Feuerzeug und Zeitung gezündelt und einen Kinderwagen in Brand gesetzt hat. Das Feuer geriet außer Kontrolle, der Brandstifter rief seine Mutter zu Hilfe und musste doch mit ansehen, wie aus seinem Streich eine Katastrophe wurde. Er hatte nicht zum ersten Mal gezündet. Bereits zwei Monate vor der Tat hatte er im Keller ein Feuer gelegt. Die Mutter wollte oder konnte nicht einsehen, dass ihr Sohn für den Tod seiner eigenen Cousinen und Cousins verantwortlich ist. Ein Verfahren wegen Verletzung der Aufsichtspflicht wurde eingeleitet, der Junge selbst schwer traumatisiert unter falschem Namen in Brandenburg untergebracht. Strafmündig war der Junge mit zwölf Jahren nicht. „Er ist ein normales Kind, das wie andere Kinder in seinem Alter vom Feuer fasziniert ist", so das bittere Resümee der Staatsanwältin.

„Fall Christian" erschüttert

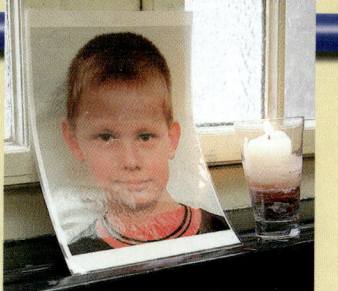

Es gibt Verbrechen, die erschüttern eine ganze Stadt. Der Mord an dem siebenjährigen Christian Sch. im August 2007 vereinte so viel Leid auf der einen und so viel Kaltblütigkeit auf der anderen Seite, dass er wochenlang für Schlagzeilen sorgte.

Das Drama begann auf einem Spielplatz in Charlottenburg. Von dort lockte der 16-jährige Keith M. den siebenjährigen Nachbarjungen in ein Versteck, missbrauchte und tötete das Kind schließlich nach kaum vorstellbaren Qualen auf einem Brachgrundstück. Anschließend ging der Täter nach Hause, duschte. Keine 24 Stunden nach der Tat - die Leiche war von Christians eigenem Vater gefunden worden - gab Keith M. kaltschnäuzig Zeitungsinterviews, in denen er erklärte, häufig mit Christian gespielt, mit dem Mord aber nichts zu tun zu haben. Doch die Ermittler glaubten ihm nicht. Zwei Tage später wurde Keith M. verhaftet und gestand schließlich nach stundenlangen Verhören, Christian zu Tode gefoltert zu haben. Ein Jahr später, im Prozess, sagte er: „Ich wollte schon immer mal einen Menschen töten, um zu sehen, wie das ist." Er wurde zur höchstmöglichen Jugendstrafe von zehn Jahren verurteilt.

Ein Konzern verschwindet

24.000 Menschen arbeiteten 1962 für AEG in Westberlin - dem Synonym für Waschmaschinen und Schienenfahrzeuge höchster deutscher Qualität. Das 1921 in Oberschöneweide gebaute Transformatorenwerk galt einst als Vorzeigefabrik. Nach der Wende fiel es zwar zurück an die AEG, doch brachte die Wiedervereinigung für die Mitarbeiter keine gute Wende. AEG war bereits 1986 von Daimler-Benz geschluckt und dann später zerschlagen worden. Was nicht verkauft werden konnte, wurde geschlossen.

Mit der Schließung des Transformatorenwerks in Oberschöneweide am 17. Juni 1996 starb das letzte Stück AEG in Berlin.

Die Beutezüge von Oma Panzerknacker

Auch im Wahnsinn der Großstadt schützt Alter nicht vor Schaden. Und auch nicht vor Strafe: Im Winter 2006 schüttelten die Berliner ihre Köpfe über Regina L. - die älteste Bankräuberin der Stadt. 997 Euro Rente hatte sie nach 14 Sekretärinnen-Jahren bei verschiedenen Rechtsanwälten. Nicht genug für die fidele Dame. Mit 70 bestellte sie sich - echt professionell - im Versandhandel eine Blondhaar-Perücke, besorgte sich eine Schreckschuss-Pistole und ging auf Beutezug. Der erste Coup gelang: 8.000 Euro in der Sparkasse Wiltbergstraße. Sechs Monate später der zweite Überfall, obwohl überall Fahndungsplakate hingen. Die Verkäuferin wies sie ab. Statt neuem Geldsegen klickten die Handschellen: Drei Jahre Haft für Oma Panzerknacker.

Wertefach contra (?) Religions-Unterricht

RELIGIONSUNTERRICHT BILDET
Wir wählen gern.

Eine Meinung zu diesem Thema hatte eigentlich jeder - nur hatten nicht alle die gleiche. „Der allgemein bildende Anspruch von Werteunterricht ist kein Angriff auf die Religionsgemeinschaften, sondern eine zeitgemäße Antwort auf die Vielfalt unserer Gesellschaft.", fand der Regierende Bürgermeister Klaus Wowereit (SPD). Jürgen Rüttgers dagegen, Vorsitzender der nordrhein-westfälischen CDU, war überzeugt, die Idee des Werteunterrichts als verbindlichem Fach könne „nur von Leuten kommen, die nicht verstanden haben, was Kinder für ein selbstbestimmtes Leben brauchen: Werte und eben Gott."

Kaum ein Thema führte 2005 in Berlin zu heftigeren Diskussionen als der neu erfundene „Werteunterricht". Die SPD hatte auf ihrem Parteitag beschlossen, diesen Unterricht für alle Schüler als Pflichtfach einzuführen. Das Fach sollte ab der 7. Klasse unterrichtet und nicht zugunsten eines Religionsunterrichts abgewählt werden können.

Wenige Monate vorher war in Berlin die 23-jährige Türkin Hatun Sürücü auf offener Straße erschossen worden. Ein „Ehrenmord", der von einigen Schülern mit Migrations-

hintergrund aus der Neuköllner Thomas-Morus-Oberschule offen gutgeheißen wurde. Daraufhin entbrannte in der Hauptstadt ein Streit: Wie lernt ein Schüler, was gut und böse ist? Und von wem? Der Religionsunterricht allein konnte das Problem nicht lösen. Religion war in Berlin ein freiwilliges Fach - offensichtlich zur allgemeinen Freude der Schüler: Gut die Hälfte der 300.000 Berliner Schüler entschieden sich gegen Religion und für ein bisschen mehr Freizeit. Hinzu kam, dass sich die umstrittene Organisation „Islamische Föderation" das Recht erstritten hatte, freiwilligen Islamunterricht an den Schulen zu erteilen. Die Rahmenlehrpläne erstellte die Islamische Föderation.

So sah die Berliner SPD die Idee des verbindlichen Werteunterrichts als Antwort auf eine zunehmende religiöse Vielfalt. Die evangelische und die katholische Kirche argumentierten indessen: Was sprach dagegen, Religion zum Wahlpflichtfach zu machen? Auf diese Weise müssten Schüler wählen zwischen Werteunterricht und Religion. Beide Fächer wären gleichberechtigt Pflicht. Auch zahlreiche SPD-Politiker, wie etwa Bundestagspräsident Wolfgang Thierse, sprachen sich öffentlich für ein Wahlpflichtfach Ethik/Religion aus. Die Bundestagsabgeordnete Christa Nickels (Bündnis 90 / Die Grünen) nahm kein Blatt vor den Mund: „Es kann nicht sein, dass man Ethikunterricht einführt, Religionsunterricht aber sozusagen als Zaungast ansieht und wie eine Bastel-AG behandelt. Das ist unsäglich." Durchsetzen konnte sie sich nicht: Bereits im November 2005 präsentierte Schulsenator Klaus Böger (SPD) die neuen Lehrpläne. Anfang 2006 beschloss der rot-rote Senat die Einführung eines „bekenntnisfreien, staatlichen Werte-Fachs".

Der Senatsbeschluss war nicht das Ende des Streits: Für unsäglich hielten die Gegner des verbindlichen Werteunterrichts auch die nun folgende Vorbereitung des neuen Unterrichtsfaches. In aller Eile wurden Lehrer fortgebildet, die

Demonstration gegen die Bildungspolitik der Berliner SPD und für den Erhalt des Religionsunterricht in Schulen.

den Werteunterricht übernehmen sollten. Ein Lehrer berichtete, an seiner Schule habe der Rektor auf ihn gezeigt: „Sie sind unsere Allroundwaffe, Sie machen jetzt Ethik!" Heute arbeiten in den 800 Berliner Schulen rund 700 Ethiklehrer. Inzwischen bieten die Freie Universität Berlin und die Humboldt-Universität Studiengänge zur Ethik-Ausbildung an. Aber auch die Gegner des verpflichtenden Ethikunterrichts sind aktiv: Im Januar 2008 hatte der Verein „ProReli", der für ein Wahlpflichtfach Ethik/Religion an den Berliner Schulen kämpft, 34.472 Stimmen gesammelt - weit mehr als erforderlich, um ein Volksbegehren gegen den Werteunterricht als Pflichtfach einzuleiten.

Hilfe-Ruf der Rütli-Lehrer erschüttert

Hanno Günther

DEM GEDENKEN DER DURCH NATIONALSOZIALISTISCHE GEWALTHERRSCHAFT UMGEKOMMENEN EHEMALIGEN SCHÜLER DER RÜTLI-OBERSCHULE.

Im Frühjahr 2006 begann in Deutschland eine hitzige Diskussion über Schulen, Gewalt und die Integration von Immigranten-Kindern. Ihren Ausgangspunkt hatte die Debatte in Berlin, an der Rütli-Schule in Neukölln.

Was war geschehen?

Am 28. Februar hatte das Lehrer-Kollegium der Rütli-Schule einen Hilferuf an die Berliner Senatsverwaltung geschickt - einen Brandbrief, der von fürchterlichen Zuständen in der Schule berichtete. Die Lehrer schrieben: „Wir müssen feststellen, dass die Stimmung in einigen Klassen zurzeit geprägt ist von Aggressivität, Respektlosigkeit und Ignoranz uns Erwachsenen gegenüber. Notwendiges Unterrichtsmaterial wird nur von wenigen Schülern mitgebracht. Die Gewaltbereitschaft gegen Sachen wächst: Türen werden eingetreten, Papierkörbe als Fußbälle missbraucht, Knallkörper gezündet und Bilderrahmen von den Flurwänden gerissen. Werden Schüler zur Rede gestellt, schützen sie sich gegenseitig."

Auch gegen Personen, so die Lehrer, richte sich mehr und mehr die Gewalt: „Gegenstände fliegen zielgerichtet gegen Lehrkräfte. Anweisungen werden ignoriert. Einige Kollegen gehen nur noch mit Handy in bestimmte Klassen, damit sie über Funk Hilfe holen können."

Anarchie an einer deutschen Hauptschule, mitten in Berlin?

Die Rütli-Schule wurde 1909 eröffnet, während des Ersten Weltkrieges als Kaserne genutzt. Erst 1920 ging der Lehrbetrieb weiter, jetzt als linke Reform-Modellanstalt: Religionsunterricht gab es nicht, dafür Koedukation, also Jungen und Mädchen in einer Klasse. Nach der Machtergreifung der Nationalsozialisten wurde die Schule geschlossen, einige Schüler um Hanno Günther gingen in den Widerstand. Doch die tapferen Rütli-Schüler flogen auf, wurden im Dezember 1941 hingerichtet. Nach dem Zweiten Weltkrieg galt die jetzt auch offiziell in „Rütli-Oberschule" umbenannte Lehranstalt als Hauptschule mit Anspruch. Ein Schulmuseum wurde errichtet, die Ausstattung mit Informatik-Räumen, Schulküche und drei Turnhallen galt als vorbildlich.

Und doch kippte die Stimmung. Schon 2004 berichtete eine ehemalige Rektorin von Drohungen ihr gegenüber und einer „großen Verzweiflung bei den Lehrern". Schnell wurde vermutet, dass die ethnische Herkunft der Schüler eine Hauptrolle bei den Problemen spielte - hatten die Lehrer doch selbst festgestellt: „Der Gesamtanteil der Jugendlichen n.d.H (nicht deutscher Herkunft) beträgt 83,2 Prozent." Die Ex-Direktorin ortete die „eigentlichen Probleme weder in der arabischen, türkischen oder serbischen, sondern in der sozialen Herkunft der Schüler und ihrer mangelnden Perspektiven". Auch die Rütli-Lehrer selbst plädierten nicht für eine Auflösung ihrer Schule, sondern für eine Reform der Hauptschule im Allgemeinen.

Doch die Diskussion hatte sich zu diesem Zeitpunkt schon in Richtung Integrations-Problematik verschoben - mit teilweise seltsamen Blüten. So erhielt die Herbert-Hoover-Schule im Juni den Deutschen Nationalpreis - für die doch eher selbstverständliche Tatsache, dass man sich darauf geeinigt hatte, auf dem Schulhof Deutsch zu sprechen.

An der Rütli-Schule baten Interims-Rektor Helmut Hochschild und die Schulsprecherin Katrin El-Mahmout im April die Medien und die Politiker, den Streit nicht zum Wahlkampfthema zu machen, um in Ruhe die Probleme in der Schule selbst lösen zu können. Mit verschiedenen Arbeitsgruppen, unter anderem einer Box- und einer „Rütli-Wear"-AG sind die Pädagogen mittlerweile auf einem guten Weg.

Ein vermummter Schüler bewirft Journalisten mit Steinen (links). Oben: Keine Seltenheit - Polizeieinsätze in der Rütli-Schule. Links außen Rütli-Schüler während der Projektwoche „Schooltour", bei der bekannte Musiker in Hip-Hop, Rap und Scratchen Unterricht geben.

Ein Bahnhof verzückt seine Stadt

Dass etwas ganz Besonderes, Einzigartiges, Verführerisches in diesem Sommer geschehen könnte, das bemerkten die Berliner zuerst in den letzten Maitagen 2006. Eine leichte und heitere Stimmung lag über der Stadt und sie manifestierte sich an einem Ort. Schon Tage vor der Eröffnung des neuen Hauptbahnhofes (rechts), zu der 500.000 Schaulustige (und ein verwirrter Messerstecher) kamen, zog es täglich Tausende Besucher an den fast fertiggestellten Monumentalbau. Wozu? Zum Staunen, Lieblingsbeschäftigung der Berliner und ihrer Gäste in diesen wunderbaren Wochen. Über ihre Fußball-Nationalmannschaft, über das schöne Wetter, darüber, dass man so gelassen und heiter staunen kann. Und auch über den neuen Bahnhof, der wie ein glitzernder Schlauch die Sommersonne in die Stadt spiegelte.

Lange hatte Berlin warten müssen. Der Beschluss für einen neuen Bahnhof (und damit gegen die Traditionsbahnhöfe Zoo und Ostbahnhof) war schon im Jahr der Wiedervereinigung gefallen. Im Zentrum der Stadt sollte er stehen, neben einem gigantischen Drehkreuz für die Oswest- und Nordsüd-Strecken der Fernbahn auch als Verteiler für U- und S-Bahnen dienen. Den Architekten-Wettbewerb hatte das Architektenbüro Gerkan, Marg und Partner gewonnen. 700 Millionen Euro sollte der Hauptbahnhof kosten, im Jahr 2002 eröffnet werden. Hofften die Planer jedenfalls 1992.

14 Jahre und gut 300 Millionen Euro später war es dann tatsächlich so weit. Vergessen die ewigen Bau-Verzögerungen, der nicht enden wollende Namensstreit (Lehrter Bahnhof, Hauptbahnhof oder Lehrter Stadtbahnhof -Hauptbahnhof), die

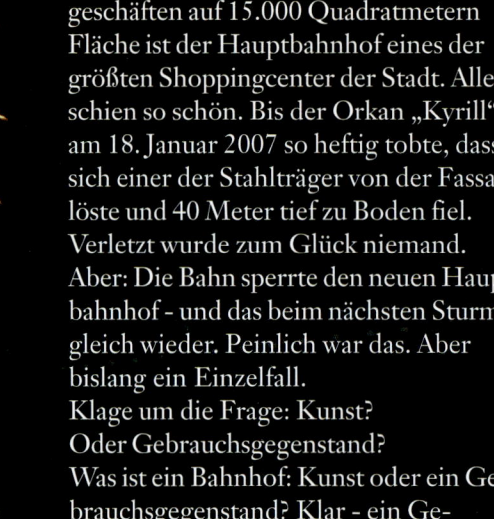

Umleitung der Spree, die Verkehrsstaus, die Nerven zerfetzenden Momente, in denen die vertikal gebauten Bügelkonstruktionen in einem weltweit einzigartigen (besser: niemals geprobten) Verfahren in ihre Liegeposition über dem Bahnhofsdach gelangten.

30.000 Reisende erreichen täglich den im September 2007 als „Bahnhof des Jahres" ausgezeichneten Bau - dazu kommen noch einmal 270.000 Besucher. Sie staunen. Und kaufen: Mit 80 Einzelhandelsgeschäften auf 15.000 Quadratmetern Fläche ist der Hauptbahnhof eines der größten Shoppingcenter der Stadt. Alles schien so schön. Bis der Orkan „Kyrill" am 18. Januar 2007 so heftig tobte, dass sich einer der Stahlträger von der Fassade löste und 40 Meter tief zu Boden fiel. Verletzt wurde zum Glück niemand. Aber: Die Bahn sperrte den neuen Hauptbahnhof - und das beim nächsten Sturm gleich wieder. Peinlich war das. Aber bislang ein Einzelfall.

Klage um die Frage: Kunst? Oder Gebrauchsgegenstand? Was ist ein Bahnhof: Kunst oder ein Gebrauchsgegenstand? Klar - ein Gebrauchsgegenstand, sagt die Bahn. Nein!

Kunst, sagt Ober-Architekt Meinhard von Gerkan. Die Geschichte hinter der Frage: Das Dach des Bahnhofs sollte ursprünglich 321 Meter lang sein, wurde in der Planung auf 430 Meter verlängert. Verwirklicht wurde schließlich die Anfangs-Planung (3212 Meter), weil der Bahnhof sonst nicht rechtzeitig zur WM 2006 fertig geworden wäre. Und: Auch die Innenverkleidung des Hallendaches wurde vom Bauherren Bahn verändert - von einer hellen, gewölbeähnlichen Konstruktion zu einem „schnöden" Flachdach. Der Ursprungsplan des Architekten von Gerkan wäre zu teuer gewesen, war der Standpunkt der Bahn. Die wurde prompt vom Architekten verklagt - wegen Urheberrechtsverletzung. Und tatsächlich fand von Gerkan vor Justitia Recht. Die Decke sei, so das Gericht, „erheblich entstellt", die Bahn wurde verurteilt, den unverfälschten Gerkan-Plan nachzubauen. Das würde 40 Millionen Euro kosten, drei Jahr dauern. Der Rechtsstreit dauert an.

Mit einer gewaltigen Licht- und Feuerwerk-Show eingeweiht: der neue Hauptbahnhof.

Goodbye Bulette

Nein, gut begann das Jahr 2006 nicht für den Berliner Zoo. Eine ganz schlechte Nachricht musste Zoo-Tierarzt Andreas Ochs gleich zu Neujahr verkünden: Noch in den letzten Stunden des alten Jahres war Bulette eingeschläfert worden. Für die Berliner ein Schock. Für das schwer gewichtige Nilpferd eine Erlösung. Ochs damals: „Es ging nicht mehr. Bulette hätte sich sonst nur noch quälen müssen."

Nilpferd-Bulle Knautschke (rechts außen) mit seiner Familie.

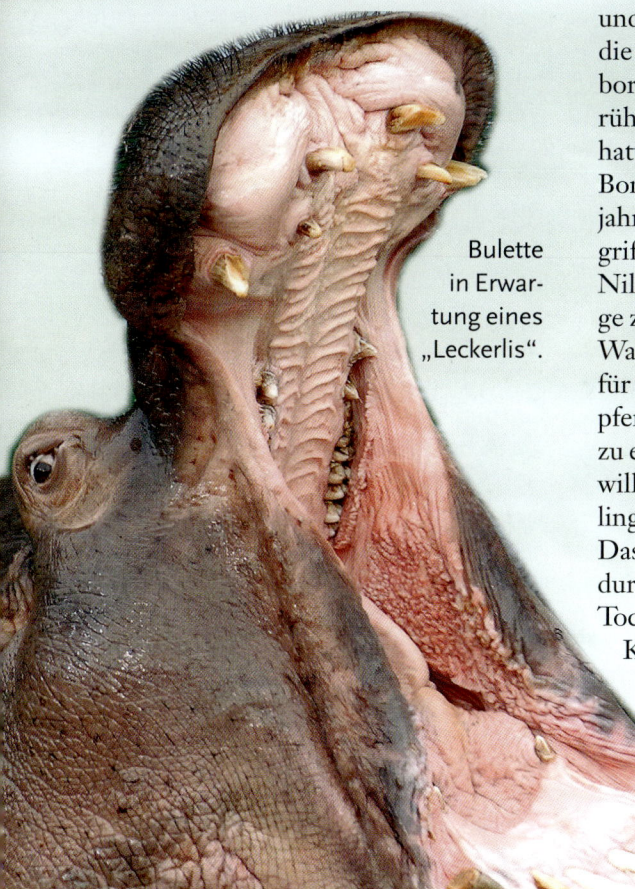

Bulette in Erwartung eines „Leckerlis".

Bulette - sie gehörte zum Berliner Zoo wie das Elefantentor, die Pandas Yin und Yang und Knut, der kleine Eisbär. 1952 wurde die Nilpferd-Dame in Charlottenburg geboren, eine waschechte Berlinerin aus berühmter Familie. Ihr Vater Knautschke hatte als eines der wenigen Großtiere die Bombardements in den letzten Kriegsjahren überlebt. Nach einem Fliegerangriff hatte man ihn im ausgelaufenen Nilpferdbecken gefunden. Weil die Anlage zerstört war, musste er ständig mit Wasser übergossen werden. Ehrensache für die Pfleger in den Ruinen. Der Nilpferd-Grandsigneur Knautschke wurde so zu einem Symbol für den Überlebenswillen der Berliner, zum Publikumsliebling und Zoo-Maskottchen.

Das Wirtschafswunder-Nilpferd hegte durchaus eine Schwäche für die eigene Tochter: Gemeinsam mit Bulette zeugte Knautschke weitere Kinder. Wie beispielsweise den Sohn Nante - der ebenfalls mit Bulette für Nachwuchs sorgte: Polly. Ein munteres Drunter und Drüber also bei den Nilpferden, aber glücklicherweise

waren alle Kinder kerngesund. Einer der Söhne Knautschkes entwickelte sich so prächtig, dass er seinen Vater bei einem Revierkampf so stark verletzte, dass der 1988 mit 46 Jahren eingeschläfert werden musste.

Fortan war also Bulette der Star im Nilpferd-Haus, doch in den ersten Jahren des neuen Jahrtausends ging es der Oldtimerin immer schlechter. „Bei uns werden die Tiere bis ins hohe Alter gehätschelt und gepflegt", erzählte Zoo-Kurator Peter Rahn der „Berliner Morgenpost" nach Bulettes Tod. „Wo wir können, bekommen die Alten bei uns ihr Gnadenbrot". Doch Bulette wurde immer schwächer. Aus Angst vor Kämpfen mit ihren jüngeren Verwandten traute sie sich nur noch nachts ins Wasser. „Oft konnte sie sich nicht mehr auf den Beinen halten. Die Folge waren eitrige Stellen, die dem Tier zusetzten und ihm große Schmerzen bereiteten", so Rahn.

Doch die Libido war ungebrochen - kein Wunder bei dem

Stammbaum! Noch im April 2005 entwickelte die 20-fache Mutter Frühlingsgefühle für den Bullen Ede. Auch für die Tierpfleger extrem überraschend kam es zu einer „ganz munteren Paarung". Eine weitere Schwangerschaft aber wollte der Zoo Bulette ersparen. Bis ein halbes Jahr vor ihrem Tod schluckte die drei Tonnen schwere Nilpferd-Frau daher die Antibaby-Pille. Die hatte die Größe einer Schrippe und wurde Bulette unter ihr Lieblingsgericht gemischt - frisches Heu und Rübenschnitzel. Im Herbst 2005 aber verschlechterte sich der Zustand des Nilpferds immer mehr. Bulette litt so sehr, dass sich die Ärzte um Andreas Ochs schließlich schweren Herzens zum letzten Schritt entschlossen und die Spritze setzten. Die Geschichte der Nilpferd-Familie Knautschke/Bulette ist damit aber nicht am Ende: Ihre Nachkommen leben in Zoos auf der ganzen Welt - und einige ihrer Nachkommen sogar wieder in den afrikanischen Flussgebieten, wo sie ausgewildert wurden.

Verfechter des Gnadenbrots: Zoo-Kurator Peter Rahn.

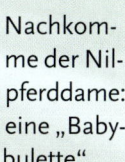

Nachkomme der Nilpferddame: eine „Babybulette".

Schöner, größer, höher: „Rundflug" über die Stadt

Was ist das Wahrzeichen Berlins? Die „Gedächtniskirche" heißt es dann im Westen, oder „Der Funkturm", oder vielleicht „Das Schöneberger Rathaus". Im Osten war es der Fernsehturm am Alexanderplatz, für die Funktionäre natürlich der Palast der Republik. Und dann ist da natürlich das Brandenburger Tor: Symbol der Wiedervereinigung und stilisiert in zahllosen Firmenlogos das Erkennungszeichen für Berlin.

Ab dem Spätsommer 2009 soll ein neues Wahrzeichen für die Stadt stehen. Im Sommer 2006 besiegelten die Politiker nach mehr als drei Jahren Streitigkeiten, endlosen Diskussionen und Konzeptbeschau einen Superlativ für die Stadt: Ein Riesenrad, ähnlich dem London Eye in der britischen Hauptstadt. Natürlich schöner, größer, höher.

Klaus Wowereit, Regierender Bürgermeister von Berlin, Bezirksstadtrat für Stadtentwicklung Ephraim Gothe und Charlottenburg-Wilmersdorfs Bezirksbürgermeisterin Monika Thiemen beim ersten Spatenstich für das „Great Berlin Wheel" (von links).

Die Fakten: Mit 185 Metern wird die Konstruktion etwa doppelt so hoch in den Himmel ragen wie das Europa-Center, imposante 50 Meter gewaltiger als das für die Millenniums-Feierlichkeiten an der Themse errichtete Pendant. Zwei Millionen Besucher pro Jahr sollen sich auf die Fahrt begeben, wobei die Riesen-Radler das Wort „Fahrt" nicht gerne hören - ein „Flug" über Berlin soll es werden. 40 Personen fasst jede der 36 Gondeln, die hier nicht Gondeln, sondern „Kapseln" heißen werden. Abgefertigt werden die Passagiere in einer eigenen „Abflughalle"; die Pläne stellte der Berliner Architekt Ingo Pott im Sommer 2007 vor. Eine Art Welle will er bauen.

„Das Gebäude soll etwas Leichtes, Fließendes haben, das zu dem neuen Wahrzeichen der Stadt passt", sagt Pott, der nach einer Ausschreibung von der Riesenradgesellschaft „Great Berlin Wheel" ausgesucht worden war. Von jener Wellenhalle gelangt der „Fluggast" also in die Kapseln und wird in die Höhe gehievt. 35 Minuten dauert die Reise, sogar der Preis steht schon fest: zwischen elf und zwölf Euro pro Person.

Lange war der Standort für die Super-Attraktion umstritten, und wie in Berlin üblich, hatte auch dieser Zwist seine Wurzeln in der Teilungsgeschichte der Stadt. Im Osten, am Spreeufer, wollte die Schaustellerfamilie um den Riesenrad-Patriarchen Adolf Steiger aus Bad Oeynhausen bauen. Nahe an der „O2"-World mit ihrem neuen Unterhaltungs-Areal sahen viele Politiker einen idealen Ort, die Wirtschaftskraft im Ostteil der Stadt zu stärken. Dazu

Pro Jahr erwarten die Betreiber bis zu zwei Millionen Fluggäste im Terminal.

hätte das Rad perfekt gepasst. Doch letztlich setzten sich die Argumente für den Standort am Zoo durch: Die Planer erhoffen sich eine Kompensation für die Verluste durch den Wegfall des Fernverkehrs im Traditionsbahnhof. Außerdem erlebt die City West seit 2005 eine Renaissance, die durch das Riesenrad fortgeschrieben werden soll.

Errichtet wird das 120-Millionen-Euro-Projekt nun an der Jebenstraße auf dem Gelände des Wirtschaftshofes des Zoos. Der wird großzügig abgefunden, baut neu und hat auch die Bedenken einiger Tierschützer zerstreut. Die befürchteten, den Zootieren würde durch das Rad zu viel Tageslicht genommen. Steht das Riesenrad dann 2009, soll sich das Projekt innerhalb von zehn Jahren amortisiert haben. Nur einen Namen hat es noch nicht. Nicht auszuschließen, dass die Berliner über diesen in einem Wettbewerb entscheiden können.

Stell Dir vor, es ist Tunnel. Und keiner fährt durch

2,4 Kilometer Länge. Elf Jahre Bauzeit, 390 Millionen Euro Kosten. Und ein Rekord: Längster zweispuriger Straßentunnel Deutschlands. Natürlich sollte die Röhre, die sie da vom Potsdamer Platz bis zum neuen Hauptbahnhof gebaut hatten, die wichtigsten Nord-Süd-Probleme Berlins lösen. Für Autofahrer jedenfalls. Durch den Tunnel sollte die schlicht nach ihrer Funktion benannte Entlastungsstraße überflüssig (und nach der Weltmeisterschaft sogar renaturiert) werden. Vom Potsdamer Platz zum Lehrter Bahnhof in wenigen Minuten, ohne lästiges Herumgekurve und vor allem staufrei unter dem Regierungsviertel durch, das war der Plan. Dennoch begegnete selbst Stadtentwicklungssenatorin Ingeborg Junge-Reyer dem Tunnel mit einer gewissen Skepsis: „Das eigentliche Durchfahren wird anfangs noch ungewohnt sein." Jeder Autofahrer, so die Senatorin, der künftig durch den Tunnel rolle, sei um erhöhte Aufmerksamkeit gebeten.

Und falls die undisziplinierten Berliner Autofahrer diese Aufmerksamkeit doch schuldig bleiben würden, war jede Menge Hightech installiert worden: 430 Tunnellautsprecher, aus denen im Ernstfall die beruhigenden Worte „Haben Sie Geduld, Retter sind unterwegs" schnarren sollten. Dazu die ausgeklügelte Notfalltechnik, die bei einem Stau im Tunnel alle Ampeln in der Umgebung auf Rot schalten (und den Stau somit von der Unter- in die Oberwelt verlegen) würde. Außerdem 64 Rauchdetektoren, die permanent die Anzahl der Fahrzeuge im Tunnel ermitteln und im Zweifelsfall eine Reduzierung des Tempos von 50 auf 30 Stundenkilometer empfehlen oder sogar per Schranken den ganzen Tunnel oder einzelne Zufahrten schließen würden. Zu- und Abluftventilatoren, Fluchtwege, Notrufmelder, Feuermeldekabel an der Decke. Eine revolutionäre Tunnelfarbe (Weiß), sicherheitstechnisch hochmodern. Für alles war gesorgt. Doch nichts geschah.

Denn am Tag der Eröffnung, dem 26. März 2006, lief alles nach dem Motto: „Stell Dir vor, es ist Tunnel, doch keiner fährt durch." Nachdem ein zu Schauzwecken zusammengestellter Oldtimer-Korso die Röhre glücklich passiert hatte, blieb der Tunnel so gut wie leer. Kaum ein Berliner benutzte das Multimillionen-Bauwerk: Bilder wie an einem autofreien Sonntag in den 70er-Jahren. Und daran sollte sich auch in den nächsten Tagen kaum etwas ändern. Auf gerade einmal vier Autos in drei Minuten kam der Verkehrswegedienst bei einer Zählung zehn Tage nach Eröffnung. Schon machte das Wort von einer Fehlinvestition die Runde. Während der WM wenige Wochen später aber zeigte sich, wie wichtig der Tiergartentunnel ist: Als die Straße des 17. Juni für vier Wochen lang als Feiermeile ausfiel, war die Röhre die perfekte Alternative zur überirdischen Umfahrung.

WM-Rakete zündet – mit Verspätung

Schwarz-rot-gold sollte die Praxis werden. Doch grau war die Theorie. Und so wartete man in Berlin im Frühling 2006 begierig, dass es sich endlich einstellen würde, das WM-Gefühl, die große Vorfreude, das Jahrhundert-Kribbeln. Vielleicht hatte es damit zu tun, das alles mit Verspätung fertig wurde: Der Tiergarten-Tunnel, der Hauptbahnhof. Und natürlich die Elf, mit der Jürgen Klinsmann aufspielen wollte. Vielleicht waren es auch die vielen, vielen Baustellen, für die sich die Berliner vor den Gästen schämten. Vielleicht war es auch nur die alte Skepsis vor dem Glück: Denn so richtig glaubte in den ersten Monaten des Jahres niemand daran, dass die WM mehr werden würde als eine mehr oder minder spannende Abfolge von Fußballspielen. Erst mit der Bahnhofseröffnung begann der WM-Sommer rasant Fahrt aufzunehmen …

Tunnelblick: Wenig Verkehr in den ersten Wochen. Rechts die Baustelle aus der Vogelperspektive.

Für Fußgänger geöffnet: Besucherandrang am „Tag des offenen Tunnels".

-305-

Die Welt zu Gast bei Freunden

Vorlaute Wetterfrösche hatten den Berlinern für 2006 einen verregneten Sommer prophezeit. Was für ein schöner Irrtum. Es war sooo heiß!

Vier Wochen hielt König Fußball das ganze Land in Atem. Vom Auftakt am 9. Juni in München - bis zu Italiens spektakulärem Endspiel-Sieg am 9. Juli im Berliner Olympiastadion. Was für ein Fest, was für ein Sommer!

Für die ganz großen Gefühle sorgten die „wilden Kerle" von Bundestrainer Jürgen Klinsmann. Ballack & Co. eroberten bei dem Weltturnier im eigenen Land zwar „nur" Platz 3 drei - Millionen Fans feierten sie dennoch als Weltmeister der Herzen.

Ein Sieg der Leidenschaft, des Teamgeistes und der Fairness. Klinsis Elf verwandelte Deutschland in ein fröhliches, schwarz-rot-goldenes Fahnenmeer. Und in Berlin erfüllte sich das WM-Motto - „Die Welt zu Gast bei Freunden" - auf

Bundestrainer Jürgen Klinsmann und sein Assistent und Nachfolger Joachim „Jogi" Löw singen vor dem Viertelfinale gegen Argentinien die Nationalhymne mit.

der Fan-Meile zwischen Brandenburger Tor und „Goldelse". Die WM 2006: ein Sommermärchen voller Emotionen und unvergesslicher Momente. Dabei hatte das Fußballfest in Berlin mit einer Ohrfeige begonnen. Schlagzeile: „Die Fifa sagt unsere Eröffnungs-Gala ab!" Der Künstler André Heller plante für den 7. Juni eine spektakuläre Show im Olympiastadion. Die WM sollte mit einem Feuerwerk der Sinne beginnen. Pop-Superstar Peter Gabriel hatte die Musik bereits komponiert, zahlreiche weltberühmte Künstler saßen auf gepackten Koffern. Trotzdem kippte der Fußball-Weltverband die Gänsehaut-Gala wenige Tage vor dem Event. Absagegrund: Der WM-Rasen ist in Gefahr. Das kostbare Grün stammte übrigens aus Holland… Doch der Berliner verliert die Ruhe nicht - und die gute Laune schon gar nicht (schon gar nicht durch eine Fifa-Posse). Bierchen kalt

stellen, Fernsehgeräte auf die Balkone räumen, Freude einladen: Spree-Athen war pünktlich zum Anstoß im WM-Fieber - von Frohnau bis Lichtenrade, von Spandau bis Köpenick. Kein Schrebergarten ohne WM-Stammtisch, kein Büro ohne Tippgemeinschaft. Im WM-Sommer 2006 war Fußball die schönste Hauptsache der Weltstadt.

Bundestrainer Jürgen Klinsmann und Team-Manager Oliver Bierhoff hatten vor dem Turnier entschieden: Unser Hauptquartier liegt nicht in der Provinz - wir gehen nach Berlin. Im feinen Schlosshotel Grunewald findet der DFB-Tross ideale Bedingungen. Für die Kicker werden Flipper und Videospiele in der Hotelhalle installiert, im blickdicht umzäunten Garten können die Spieler relaxen - ohne Furcht vor neugierigen

Kameralinsen. Und mit dem Teambus sind es nur wenige Minuten zum Olympiastadion (unten vor dem Viertelfinale gegen Argentinien). „Dort wollen wir Weltmeister werden", hatte Klinsmann bei seinem Amtsantritt erklärt. Jetzt galt es, diese Visionen in die Tat umzusetzen. Zum Auftakt reisen Klinsis Jungs nach München - gegen Costa Rica wird das Turnier am 9. Juni eröffnet. Sogar Prominente sind aufgeregt wie kleine Kinder. Claudia Schiffer darf den goldenen WM-Pokal ins Stadion tragen, an der Seite des großen Pelé. „Das ist das Highlight meiner Karriere", erklärt Deutschlands Supermodel. Dann regiert der Sport. 4:2 siegt das DFB-Team, Miro Klose trifft dabei im Doppelpack. Ein Auftakt nach Maß!

WM-Sommermärchen in Berlin

Vor dem ersten Gastspiel in Berlin schießt Oliver Neuville die „Klinsmänner" im zweiten Gruppenspiel in Dortmund (1:0 gegen Polen) in letzter Minute vorzeitig ins Achtelfinale. Am 20. Juni um 16 Uhr endlich der erste große Auftritt in der Sehnsuchtsarena. Gegen Ecuador geht es im Berliner Olympiastadion um den wichtigen Gruppensieg. Die Hütte ist voll, mehr als 70.000 Zuschauer strömen nach Charlottenburg. Und niemand wird enttäuscht. 3:0 heißt es nach 90 Minuten, Klose trifft wieder im Doppelpack, Lukas „Poldi" Podolski ballert sich mit einem Traumtor in die Herzen der Fans. Auf der Ehrentribüne fieberte auch der Regierende mit. Klaus Wowereit bedankte sich nach dem Spiel vor allem bei der Fairness des Publikums: „Bei der Hymne Ecuadors wurde respektvoll geschwiegen, um dann bei der deutschen Hymne aus voller Brust mitzusingen. So können wir stolz sein auf Schwarz-Rot-Gold."

Mindestens genauso wichtig wie der sportliche Erfolg: die rauschende Fußball-Party im Herzen der Hauptstadt. Das Turnier war in vollem Gange, zu jedem Spieltag strömten Hunderttausende auf die Fanmeile im Tiergarten. Friedlich und fröhlich ging es zu, jeden Tag, allen Unkenrufern zum Trotz. Die Welt zu Gast bei Freunden, zu Gast in der weltoffenen Stadt Berlin. Spielten die Brasilianer, tanzte die Menge im heißen Samba-Rhythmus. Friedlich vereint feierten Anhänger aus England, Frankreich und Italiener - genauso wie die Gäste der „Fußballzwerge" Togo und der Elfenbeinküste. Sicherheit war Trumpf, dafür sorgte die Berliner Polizei. Sogar die fußballverrücktesten Beamten schoben Extraschichten, verzichteten im WM-Sommer auf ihren Urlaub. Für den reibungslosen Ablauf des Turniers sorgten nicht zuletzt

WM-Torschützenkönig 2006: Miroslav Klose (links, gegen Schwedens Erik Edman).

Tausende von freiwilligen Helfern. Geld gab's für die „Volunteers" nicht, dafür die Gewissheit: Ich war dabei! Der WM-Sommer hatte Berlin verzaubert. Von Sieg zu Sieg eilte die deutsche Mannschaft, und immer fröhlicher feierte die Hauptstadt. Nach einem 2:0-Sieg gegen Schweden kamen Klinsi & Co. zum Viertelfinale wieder ins Olympiastadion. Diesmal gegen einen der großen Titel-Favoriten: Argentinien. Das DFB-Team drehte einen Thriller. Unentschieden nach 90 Minuten, unentschieden nach der Verlängerung, dann die Nervenschlacht Elfmeterschießen, das deutsche Team triumphierte. Hollywoodstar Daniel Brühl war im Stadion am Rand des Nervenzusammenbruchs: „Das Elfmeterschießen war eine unfassbare Belastung, ich habe am ganzen Körper gezittert." Längst hatte die „geile Meile" im Tiergarten die Millionengrenze gesprengt. Wer träumte inzwischen nicht vom WM-Finale, vom vierten Titelgewinn nach 1954, 1974 und 1990? „Helden von Berlin" wurden unsere Jungs leider nicht. Das sportliche Happy End blieb aus. Im Halbfinale

Fifa-Präsident Josef Blatter, Bundespräsident Horst Köhler, WM-Cheforganisator Franz Beckenbauer (von links) und das Objekt der Begierde.

scheiterte das deutsche Team am späteren Weltmeister Italien (0:2 nach Verlängerung). Mit einem furiosen 3:1-Erfolg gegen Portugal im Spiel um Platz drei endete am 8. Juli für das Team von Jürgen Klinsmann das Sommermärchen.

Nur 24 Stunden später das Finale im Berliner Olympiastadion - Italien gegen Frankreich. Für die „Azzurri" der krönende Abschluss, für die „L'Equipe Tricolore" das bittere Ende des großen Zidane. „Zizou" musste in der 110. Minute nach Kopfstoß-Attacke vom Platz - Italien behielt die Nerven im Elfmeterschießen. Dann knallten Konfettikanonen und Fabio Cannavaro reckte den goldenen WM-Pokal in den Himmel über Berlin (links). Was für ein Fest, was für ein Sommer!

Links: Spieler, Trainer und Betreuer der deutschen Nationalmannschaft bedanken sich am Finaltag auf der Fanmeile bei den Fans. Sie tragen T-Shirts mit der Aufschrift: „Teamgeist 82 Mio." Rechts: Berlins Regierender Bürgermeister Klaus Wowereit (rechts) mit seinem Lebensgefährten Jörn Kubicki während des Halbfinales Deutschland - Italien auf der Fanmeile.

Lebendiges neues Leben unter der goldenen Kuppel

Ein großer Tag, ein Fest für die ganze Stadt. Am 29. Oktober 2006 kehrte die Jüdische Gemeinde zu Berlin an ihren historischen Hauptsitz in der Oranienburger Straße zurück. „Die Gemeinde ist wieder zu Hause angekommen!"; sagte Gideon Joffe, Vorsitzender der jüdischen Gemeinde, in seiner Rede beim Festakt zur Einweihung der Zentrale in der Neuen Synagoge. Hier waren nun Gemeindevorstand und Verwaltung unter einem Dach vereint. Bei ihrer Eröffnung einst im Jahr 1866 sei die Synagoge, so Joffe „das größte und schönste" jüdische Gotteshaus Deutschlands gewesen. Davon konnte zwar nun, 140 Jahre später, keine Rede mehr sein. Denn das kolossale Kirchenschiff war nach der Zerstörung im zweiten Weltkrieg nicht wieder aufgebaut worden. Nur die besonders schöne goldene Kuppel strahlte nach der Wiedervereinigung Berlins wieder in ihrem alten Glanz. Der Umzug an den alten Ort, den die Gemeinde am 29. Oktober 2006 mit Tanz, Zauberei, Gesang, Lesungen und einem

Kabarett feierte, war aber dennoch eine Rückbesinnung auf die alte Größe. Damals, vor 1933, hatten Berlins Juden eine besondere Rolle in Wirtschaft, Wissenschaft und Kultur gespielt. 170.000 Mitglieder zählte die Jüdische Gemeinde zu Berlin. Das war ein Drittel aller deutschen Juden. Sie bildeten einen besonders selbstbewussten und erfolgreichen Teil des Bürgertums der Reichshauptstadt. Nur 6.500 von ihnen überlebten in Berlin den Holocaust. Erst geraume Zeit nach der Wiedervereinigung im Jahr 1990 gelang es ansatzweise, das jüdische Leben in nennenswertem Umfang an die Spree zurück zu holen. Rund 12.000 Mitglieder zählt die Jüdische Gemeinde zu Berlin inzwischen immerhin. Den größten Zustrom verzeichnete sie aus dem Osten Europas. So sind 80 Prozent der Mitglieder heute Zugewanderte aus den Ländern der ehemaligen Sowjetunion. Dergleichen Übergewicht der Einwanderer führte unweigerlich zu Konflikten innerhalb der Jüdischen Gemeinde. Es kam zu

schweren Richtungskämpfen um die kulturelle Ausrichtung zwischen alteingesessenen Berliner Juden und den Zuwanderern. Dabei wurden innerhalb von elf Jahren, zwischen 1997 und 2008, fünfmal neue Gemeindevorsitzende gewählt. Zuletzt gewann im Januar 2008 die 61-jährige Berlinerin Lala Süsskind die Mehrheit, die zuvor versprochen hatte, die Wogen endlich wirksam glätten zu wollen. Die Jüdische Gemeinde zu Berlin ist als Einheitsgemeinde organisiert. Neben sieben Synagogen, zwei rituellen Tauchbädern, Schulen, Einrichtungen für Erwachsenenbildung und Aktivitäten jüdischer Sozialarbeit agieren zahlreiche Gruppen innerhalb und außerhalb der Gemeinde. Acht Rabbiner wirken mittlerweile an der Spree. Neben der Einheitsgemeinde entfaltet sich die kleine orthodoxe Gemeinschaft ADASS JISROEL mit 1.000 Mitgliedern. Darüber hinaus leben mehrere tausend Juden außerhalb der Gemeinde oder von Glaubensgemeinschaften in Berlin. Sogar die traditionelle jüdische Küche kehrt langsam ins Straßenbild zurück. So bieten bereits fünf Restaurants und zehn Geschäfte koschere Lebensmittel an. Fünf große Jüdische Zeitschriften berichten vom Jüdischen Berlin in alle Welt. Sechs Jahrzehnte nach dem Holocaust herrscht heute in Berlin die Überzeugung: Das jüdische Leben hat hier eindeutig wieder eine Zukunft gefunden. Das American Jewish Committee (AJC) gab sogar schon an, Berlin beherberge derzeit die am schnellsten wachsende jüdische Gemeinschaft der Welt.

Prominenz bei der Einweihung der Synagoge in der Oranienburgerstraße am 7. Mai 1995: Ignaz Bubis, Vorsitzender des Zentralrates der Juden in Deutschland (links) und Estrongo Nachama, Oberkantor der Jüdischen Gemeinde zu Berlin (rechts), mit dem Rabbiner David Weisz.

Eine Gedenktafel in der Synagoge erinnert an die im Ersten Weltkrieg gefallenen jüdischen Beamten der Gemeinde. Unten die Neue Synagoge in der Oranienburger Straße in Berlin Mitte.

Alle wollen Knut!

Weltstars aus Berlin - von Marlene Dietrich bis Billy Wilder - gibt´s eine ganze Menge, doch keiner hatte jemals so eine weiße Weste wie Knut, der Eisbär. Verspielt und vom Aussterben bedroht: Diese Mischung machte den Eisbären im Frühjahr 2007 zum meist fotografierten Tier der Welt. Bei seinem ersten öffentlichen Auftritt am 23. März waren 500 Journalisten und Kamerateams angereist, sogar das südkoreanische Fernsehen und CNN berichteten. Knut, dessen größtes Glück zu diesem Zeitpunkt noch die tägliche Ration Brei aus Katzenfutter, Kalzium, Vitaminen, Milchpulver und Lebertran ist, wusste wohl kaum, dass er ab sofort als internationales Symbol für Klimaschutz und „Diplomat" für das Überleben seiner Gattung diente.

Dabei musste der kleine Eisbär selbst ums Überleben kämpfen. Am 5. Dezember 2006, gegen 15 Uhr, brummte die Eisbärin Tosca so seltsam und alarmierte dadurch ihre Pfleger. Wenige Minuten später kam der erste kleine Eisbär zur Welt, 20 Minuten später der nächste. 810 Gramm wog Knut damals, ein Häufchen Elend, ein nackter Wurm. Nach wenigen Stunden verlor die eigene Mutter das Interesse am Nachwuchs - was häufig bei Eisbärinnen geschieht, die lange in Zoos leben.

Das Drama in Kürze: Knuts Bruder überlebte die Zurückweisung seiner Mutter nicht, er starb am dritten Tag und blieb ohne Namen. Das zweite Häuflein Eisbär aber hatte Glück und dieses Glück einen Namen - Thomas Dörflein. Ein Mensch mit dem Herzen eines Bären, Knuts Retter. Tag und Nacht verbrachte Dörflein bei dem Eisbären-Findelkind. Manchmal brachte Dörflein seine Freundin mit, Weihnachten und Silvester beispielsweise, weil es Momente gibt, in denen auch der bärigste Mann eine Frau braucht. Meistens aber waren sie alleine, Knut und sein Mensch. Dann griff Dörflein zur Gitarre und spielte für Knut. Am liebsten hörte der Bär übrigens „Devil in Disguise" von Elvis. Und dann schaffte Dörflein sogar das, was viele Männer noch nicht mal für ihre allergrößte Menschenfrauenliebe schaffen: Er warf die Zigaretten weg, hörte mit dem Rauchen auf.

Aus dem Drama wurde ein Märchen. Für Knut und für den Zoo. Um rund 50 Prozent stieg die Zoo-Aktie, nachdem man sich die Markenrechte an „Knut" gesichert hatte. Drei Millionen Euro Mehreinnahmen wurden allein für 2007 durch Merchandising („Knut"-Bücher, „Knut"-Kuscheltiere, „Knut"-Besucherschlangen) erwartet. Im März, als Dörflein und der kleine Bär ihre

legendäre Knut-Live-Show (Höhepunkt: Knut beißt dem Pfleger zärtlich in den Arm) starteten, gaben 58 Prozent der Bundesbürger an, sich „sehr" für das Leben des Eisbären zu interessieren. Knut hatte seine eigene TV-Show beim rbb, mehrmals wöchentlich Schlagzeilen in der B.Z. und den Bundesumweltminister Sigmar Gabriel als Patenonkel.

Und wenn sie nicht gestorben sind, dann… Nein. Die Knut-Show ist vorbei, aus dem internationalen Kuschelbaby ist ein mittelgroßes Raubtier in der Pubertät geworden. Knut frisst keinen Brei mehr, sondern ganze Heringe mit echten Augen dran und Tierarzt André Schüle, der ihm kurz nach der Geburt das Leben gerettet hatte, musste sich ordentlich in Acht nehmen, als er Knuts beim Raufen verletzte Tatze behandeln wollte.

Nach dem Sommer kam der Herbst und der Bär in Knut war erwacht. Nur die Liebe zu Dörflein, die blieb. Nur, dass die Treffen jetzt wieder heimlich waren. Wie ganz am Anfang…

Knut mit Pfleger Thomas Dörflein

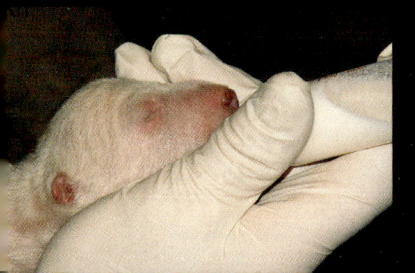

Die Museumsinsel, ihr Flaggschiff und die Zukunft

Bode-Museum

„Ein toller Tag, das Haus ist rammelvoll, die Leute stehen bis zur Dorotheenstraße." Arne Effenberger, Direktor des Bode-Museums, war mit Recht begeistert. Es war ein toller Tag, dieser 19. Oktober 2006, an dem das Bode-Museum nach fast sieben Jahren Umbauzeit wieder eröffnete. In sieben Jahren lässt sich eine Menge erreichen und so wurden die fast 5.000 Menschen, die an diesem Tag kamen, nicht enttäuscht. Jeweils 900 Besucher dürfen sich gleichzeitig im Gebäude aufhalten. Mehr Menschen würden die Raumtemperatur zu sehr ansteigen lassen, was den Exponaten schaden könnte - und das führte zu langen Wartezeiten. Doch die meisten warteten gerne. Im Bode-Museum vereint sind mit dem Münzkabinett, dem Museum für Byzantinische Kunst und der Skulpturensammlung (rechts Apostel Johannes an der Brust Christi, Eichenholz, um 1310) seit 2006 drei Sammlungen von wahrhaft internationalem Rang. Seit der glanzvollen Wiedereröffnung gilt das Bode-Museum als Flaggschiff des „Masterplans Museumsinsel".

1999 hatte die UNESCO die Museumsinsel in Berlin-Mitte zum Weltkulturerbe erklärt. Seitdem plante die Stiftung Preußischer Kulturbesitz, die Museumsinsel im Rahmen eines „Masterplans" teilweise umzugestalten und die fünf Häuser in einem gemeinsamen Raumkonzept zu verbinden. Im Zuge dieser Konzeption wurden die einzelnen Museen saniert: das Alte Museum, das Neue Museum, das berühmte Pergamonmuseum, die Alte Nationalgalerie und auch das Bode-Museum. Zusätzlich aber ist eine weiterer Bau geplant: Ein zentrales Empfangsgebäude wird zukünftig Informationszentrum, Museumsshops, Restaurants und Räume für Sonderausstellungen beherbergen. Eine Galerie soll die einzelnen Häuser verbinden. Klaus-Dieter Lehmann, Präsident der Stiftung Preußischer Kulturbesitz, sieht in dem geplanten Besucherzentrum einen architektonischen „Schlüssel für die Schätze der Weltkulturen". Doch nur wenige hielten den geplanten „Schlüssel" für gelungen. Der bekannte britische Architekt David Chipperfield musste den ursprünglichen Entwurf für das Besucherzentrum auf Kritik der UNESCO hin überarbeiten.

Es war nicht das erste Mal, dass die Ideen zur Umgestaltung der Museumsinsel für Aufruhr sorgten. Während die Alte Nationalgalerie, die nun Skulpturen und Gemälde des 19. Jahrhunderts präsentiert, als erstes Museum nach seiner Sanierung im Jahr 2001 noch in fröhlicher Harmonie wieder eröffnet und von Besuchern und Kritikern gefeiert wurde, sorgten danach schon die Pläne für das Neue Museum für heftige Diskussionen. Auch hier zeichnete David Chipperfield verantwortlich. Zwischen 1843 und 1855 vom Schinkel-Schüler Friedrich August Stüler entworfen, war das Neue Museum im Zweiten Weltkrieg stark beschädigt worden. Chipperfield

David Chipperfield

nun wollte es nicht wieder aufbauen, die vorhandenen Reste der Ruine aber auch nicht abreißen. „Wir wollten beim Neuen Museum, das uns nach 60 Jahren als Ruine überliefert wurde, kein Haus schaffen, das wie eine Stüler-Replik aussieht, nach dem gleichen Prinzip etwa wie in Las Vegas Venedig-Kopien gebaut werden", erklärte Chipperfield. Er versuchte also, die Ruine in einen Neubau mit viel Beton zu integrieren - zu viel für den Geschmack einiger Kritiker. Das Ergebnis blieb umstritten, auch nach dem Richtfest im September 2007, das Besuchern einen ersten Einblick in die Umsetzung der Idee gewährte. Nach der Fertigstellung, voraussichtlich im Oktober 2009, werden im Neuen Museum wie vor der Zerstörung des Gebäudes die Sammlungen des Ägyptischen Museums - einschließlich der Nofretete - und des Museums für Vor- und Frühgeschichte zu sehen sein.

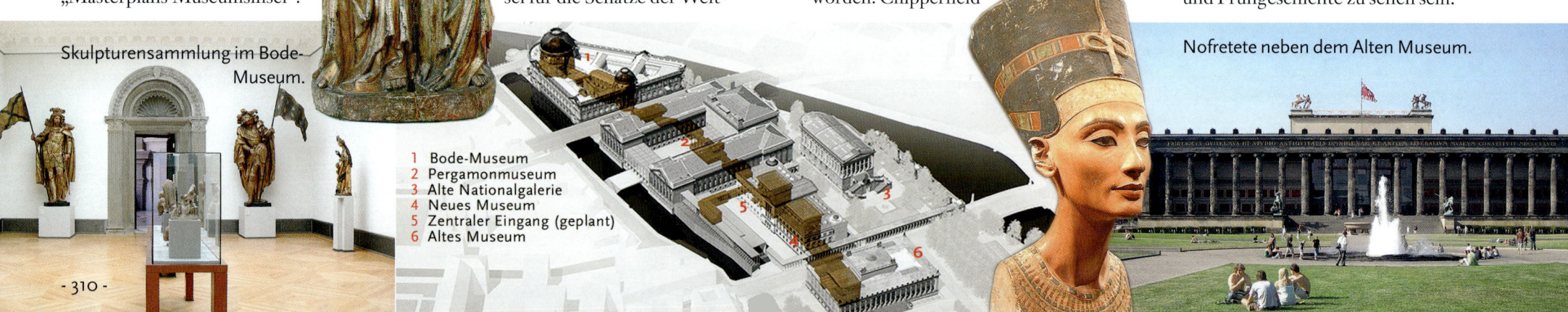

Skulpturensammlung im Bode-Museum.

1 Bode-Museum
2 Pergamonmuseum
3 Alte Nationalgalerie
4 Neues Museum
5 Zentraler Eingang (geplant)
6 Altes Museum

Nofretete neben dem Alten Museum.

Blick auf die Nation - mit Verantwortung und Vernunft

Eine einsame Entscheidung, die auf wenig Verständnis in der deutschen Öffentlichkeit stieß: Als Bundeskanzler Helmut Kohl am 28. Oktober 1987 gegenüber dem Reichstagsgebäude den symbolischen Grundstein für ein künftiges nationales Museum legte, schlug ihm überall Skepsis und Ablehnung entgegen. Kritiker wähnten gar in dem Plan des Kanzlers einen Versuch, neuen Nationalismus unter den Deutschen zu schüren. Einer der Vordenker der Berliner Grünen, Hans Christian Ströbele, sah sogleich seine

Helmut Kohl (Mitte)- links Berlins Regierender Bürgermeister Eberhard Diepgen - überreicht am 28. Oktober 1987 anlässlich des Festakts zur Gründung des DHM Christoph Stölzl, zukünftiger Generaldirektor des Historischen Museums, die erste gedruckte Ausgabe des Deutschlandliedes. Rechts der Südflügel des alten königlich-preußischen Zeughauses - seit Juni 2006 Sitz des DHM.

Hauptaufgabe darin, das „Kohl-Museum" möglichst zu verhindern. Der Kanzler verteidigte seine Idee als Motor eines „vernünftigen National-gefühls". Er sagte, die Europäische Union bestehe schließlich nicht nur aus Verträgen. Notwendig sei vor allem das gegenseitige Verständnis unter den Völkern Europas. Die Deutschen müssten im Verhältnis zu den anderen Europäern deshalb wissen, dass sie „auf dem Rücken immer den Tornister der deutschen Geschichte haben". Nichts anderes als die Kenntnis der eigenen Vergangenheit und ein Gefühl für die Verantwortung, die daraus erwächst, wollte Kohl mit seinem „Deutschen Historischen Museum" vermitteln, für das der renommierte italienische Architekt Aldo Rossi ein aufwendiges Gebäude konzipierte.

Der Rossi-Entwurf allerdings blieb Papier. Stattdessen wurde nach dem Mauerfall das alte königlich-preußische Zeug-

Angela Merkel und Hans Ottomeyer während der Wiedereröffnung des Museums am 2. Juni 2006.

haus Unter den Linden zum Sitz des neuen Museums erklärt. Dort eröffnete unter der Leitung des ambitionierten Gründungsdirektors Christoph Stölzl bereits 1994 die erste Dauerausstellung „Bilder und Zeugnisse der Deutschen Geschichte" mit insgesamt 2.000 Exponaten. Erst zwölf Jahre später, am 2. Juni 2006, konnte das Deutsche Historische Museum (DHM) im Zeughaus eröffnet werden, inzwischen erweitert um einen spektakulären Anbau des chinesisch-amerikanischen Architekten Ieoh Ming Pei. Das DHM, das auf 7.500 Quadratmetern Fläche mit insgesamt 8.000 Exponaten einen Überblick über 2.000 Jahre deutscher Geschichte bietet, zählt seitdem zu den mit Abstand meist besuchten Museen der Hauptstadt.

Einen Monat vor der feierlichen Einweihung des DHM, am 30. April 2006, hatte am Wannsee ein nicht minder wertvolles, wenn auch viel kleineres Kulturzentrum eröffnet: das Liebermann-Museum. Schon 1995 hatten engagierte Kunstfreunde eigens eine „Max-Liebermann-Gesellschaft" gegründet - mit dem Ziel, die alte Villa des weltberühmten Berliner Malers Liebermann (1847 bis1935) zu renovieren. In dem wunderschönen Anwesen am Wannsee, das Liebermanns Witwe Martha 1935 auf massiven Druck der Nazis hatte verkaufen müssen, hatte

Die Liebermann-Villa mit Seeterrasse heute, unten der Künstler in seinem Atelier.

seit 1972 ein Tauchverein sein Quartier aufgeschlagen.

Nun wurde das Haus für drei Millionen Euro aus privatem Spendengeld von Grund auf saniert und als Museum ausgebaut: Im ehemaligen Atelier des Meisters (im Obergeschoss) sind rund 40 Gemälde und Pastelle aus Leihgaben ausgestellt. Im Erdgeschoss wird die Geschichte der Familie Liebermann und die Geschichte des Hauses dokumentiert. Von der Terrasse blickt der Besucher - ganz wie einst Max Liebermann - über das Anwesen bis zum nahen Wannsee-Idyll. Viele der rund 250 Bilder des Impressionisten, die hier entstanden, sind von diesem Zauber inspiriert.

Vorauseilende Kapitulation: Idomeneo-Skandal

Es war das Jahr, in dem die Kluft zwischen Christentum und Islam von Monat zu Monat größer zu werden schien. Eine Zeit, in der der Papst sich für eine Rede entschuldigen musste, in der er für die Gewaltfreiheit der Religionen warb. Eine Zeit, in der Flaggen angezündet wurden und Botschaften mit Steinen beworfen wurden, weil Zeitungen Satire gedruckt hatten. Der Karikaturen-Streit markiert den Anfang einer Diskussion um Kunstfreiheit und Schutz der religiösen Gefühle, die auf der islamistischen Seite mit blindem Hass, fanatischen Demonstrationen und lodernden Flammen geführt wurde. Und auf der Seite des Westens in erster Linie mit Hilflosigkeit.

Einen der Höhepunkte dieser Hilflosigkeit kennzeichnete der „Idomeneo"-Skandal, der das Dilemma der liberalen Gesellschaften im September 2006 nach Berlin katapultiert hatte.

Bereits im August hatte (wie später bekannt wurde) Berlins Innensenator Eberhard Körting bei Kirsten Harms angerufen und die Intendantin der Deutschen

Oper vor der geplanten Wiederaufnahme der Mozart-Oper „Idomeneo" gewarnt. Harms damals: „Er sagte mir, er liebe die Deutsche Oper und wolle nicht eines Tages vorbeifahren und die Oper sei nicht mehr da."

In der bereits 2003 uraufgeführten Mozart-Inszenierung des Regie-Provokateurs Hans Neuenfels wird die Oper, in der es im Kern um die Verantwortung und die Folgen des Kriegs zwischen Griechen und Trojanern geht, um einen Epilog ergänzt.

Dieses Nachspiel zeigt den König Idomeneo, wie er die abgeschlagenen, blutigen Köpfe des Meeresgottes Poseidon und eben die der Religionsstifter Jesus Christus, Buddha und Mohammed präsentiert. Was wollte der Regisseur damit sagen? In der „Süddeutschen Zeitung" erklärte Neuenfels: „Es geht um die subjektive Sicht des Idomeneo, der am Ende den Fanatismus keiner Religion mehr mitmacht und sich aus allen Bindungen löst". 2003 nickte das Publikum die Inszenierung ab. Niemand rief Hurra. Niemand empörte sich.

In der aufgeheizten Atmosphäre des Jahres 2006 aber kamen Beamte des Landeskriminalamts zur Überzeugung, dass die Inszenierung „geeignet sei, religiöse Gefühle zu verletzen". Eine Empfehlung, die Oper abzusetzen, wurde von den Behörden nicht ausgesprochen - aber von der Intendantin offensichtlich so verstanden, wohl auch unterstützt durch Körtings warnende Äußerung. Später sagte Harms, sie habe mit dem Regisseur beraten, ob eine Änderung der Inszenierung in Frage

Schriftsteller Henryk M. Broder mit seinem Beitrag zur Idomeneo-Debatte.

käme. Schließlich habe sie sich entschieden, die Wiederaufnahme abzusetzen.

Harms damals: „Als Künstlerin hätte ich vielleicht anders entschieden. Doch als Intendantin trage ich die Verantwortung für 570 Mitarbeiter."

„Das ist verrückt", stöhnte kurz nach dem Bekanntwerden dieser Nachricht Deutschlands Innenminister Wolfgang Schäuble auf Dienstreise in Washington. „Wenn das wirklich stimmt, dann ist die Deutsche Oper verrückt geworden." Und so sah man es in ganz Deutschland. Der Kniefall der Kunst vor den Fanatikern wurde als verheerend für unsere Gesellschaft gewertet.

Auf der Islam-Konferenz wenige Tage nach der Absetzungs-Pressekonferenz in Berlin versicherten dann auch fast alle muslimischen Vertreter, die auf unbestimmt verschobene Premiere der Wiederaufnahme besuchen zu wollen. Als es im Dezember 2006 schließlich so weit war, kamen nur wenige von ihnen. Demonstranten fehlten ebenfalls. Der „Idomeneo"-Skandal blieb die vorauseilende Kapitulation.

Schauspieler Charles Workman während der umstrittenen Idomeneo-Aufführung in der Deutschen Oper (links außen) mit dem abgeschlagenen Kopf von Jesus Christus.

Drähte der Stasi: Die besten für die Gäste

Noch am Tag vor dem Abriss riefen Gäste an und fragten nach Zimmern. Doch der Mann in der Rezeption konnte ihnen nicht mehr helfen. Höchstens mit einem Fernseh-Gerät aus dem Zimmerbestand. 45 Euro kosteten die Großen, 25 die Kleinen. Das letzte Abendessen im Restaurant war da schon lange verspeist. Gänseleber in Rotweinsauce hat es gegeben, aber die meisten Gäste waren Journalisten, die für ihre Zeitungen Geschichten schrieben, unter Titeln wie „Die letzte Nacht im Interhotel" oder so ähnlich.

Ein Hotel wird abgerissen. Das ist keine große Sache, vor allem nicht, wenn es sich um eines der wohl hässlichsten Hotels der Stadt handelt. Und tatsächlich: Wer als Gast im Hotel „Unter den Linden" an der Ecke zur Friedrichstraße logierte, der hatte das Etablissement nicht gewählt, weil er es besonders hübsch haben wollte...

1966 gebaut, war das „Hotel Unter den Linden" das zweite Interhotel nach dem „Berolina" auf der Karl-Marx-Allee (hinter dem „International"). 331 Zimmer bot das Vorzeigehaus im Stil einer klassischen Platte. Luxus für weite Teile des Perso-nals, minimaler Standard für den Großteil der Gäste: Besucher aus dem Westen, die hier im zentralsten Ostberlin ihren unterschiedlichsten Geschäften nachgingen. Was auch immer sie in der „Hauptstadt der DDR" zu suchen hatten, blieb der Regierung nicht lange verborgen. Wie in allen Hotels im Osten hatte die Staatssicherheit auch im „Unter den Linden" nicht nur die besten Drähte zum Personal, sondern auch die besten Drähte - in den Wänden.

Nach der Wiedervereinigung kamen die, die es gern billig und zentral hatten: 57 Euro für das Einzel- und 98 Euro für ein Doppelzimmer waren konkurrenzlos billig für eine der teuersten Kreuzungen des Landes. Aber zu billig, um das wirtschaftliche Überleben zu sichern. Am 26. Februar 2007 schloss Direktor Andreas Hachmeister die Eingangstür ab, am nächsten Tag begann der Abriss (oben). Wirklich vermisst hat das Haus niemand.

Hotel „Unter den Linden" kurz vor dem Abriss.

Der Jurassic Park in Mitte

Kleine Jungen mögen große Echsen. Und so war es kein Wunder, dass es vor allem die Berliner Steppkes waren, die sehnsüchtig auf die Neueröffnung des Museums für Naturkunde warteten. Am 13. Juli 2007 war es so weit. Nach zweijähriger Renovierungs-Zwangspause schnitt Bundesforschungsministerin Annette Schavan ganz klassisch ein Band durch und eröffnete so den Jurassic Park von Mitte. 18 Millionen Euro hatte die Rekonstruierung der drei denkmalgeschützten Säle gekostet, ein passendes Ambiente (die perfekt renovierten historischen Säulen, die prächtigen Stuckdecken und Wandfliesen) für einige der spektakulärsten Ausstellungsstücke der Welt.

Als „Mona Lisa der Fossilien" bezeichnete Ausstellungsleiter Ferdinand Damaschun das Skelett des Urvogels Archaeopteryx (Mitte rechts). Unschätzbar wertvoll ist dieses Exponat, gilt es doch als weltweit schönstes und vollständigstes Original-Fossil des fliegenden Dinosauriers. Aufbewahrt wird es in einer speziellen Sicherheits-Vitrine, gesponsert übrigens von der Wall AG.

Der Archaeopteryx breitet seine Schwingen im Lichthof aus, zu Fuße einer Herde von sieben gewaltigen Dinosauriern. Auch hier sind Superlative die Normalität: Der Brachiaosaurus brancia ist mit 13 Metern Höhe das größte Saurierskelett, das auf diesem Planeten ausgestellt wird. Vor rund 150 Millionen Jahren stapfte das gewaltige Tier über die Erde, zu einer Zeit, als auch der Allosaurus zu den meistgefürchteten Bewohnern der Tundren und Steppen gehörte. Auch in der Berliner Ausstellung ist „Big Al" der eindrucksvollste Bewohner. Kein Wunder, wurde doch der Schädel (oben) mit den messerscharfen Zahnreihen dreidimensional und somit hyperrealistisch nachgebaut und ragt auf dem Knochenskelett ins Foyer.

Eingangsportal des Museums.

313

Paris Hilton

Adam Sandler

John Goodman

Anastacia

Quentin Tarantino

Jennifer Lopez

Angelina Jolie und Brad Pitt mit ihren Adoptivkindern.

Noch ein Sommer-Märchen...
Suri lernt laufen - im Tiergarten

Hollywoods Elite von Brad Pitt, Susan Sarandon über Angelina Jolie oder Tom Cruise und Katie Holmes machte plötzlich nicht nur eilig Halt in Berlin - für einen PR-Termin, die Berlinale oder einen Kurzauftritt bei „Wetten, dass..?". Sogar von Umzugsplänen und Häuserkauf war die Rede. Und Berlin war plötzlich in den Augen der Welt eine Glitzer-Metropole auf Augenhöhe mit New York, Los Angeles, London und Paris. Im Sommer 2007 wurde Berlin zu einer Stadt, in der die Stars bleiben wollten. Die deutsche Hauptstadt - auf einmal hatte sie so viel mehr zu bieten als ein paar Mauerreste und die verblassende Erinnerung an die ach so goldenen 20er-Jahre.
Danke, Suri!
Suri? Ja. Die kleine Tochter von Tom Cruise und Katie Holmes ließ in diesem Sommer alle Herzen schmelzen. Das Kind, lange von den Eltern aus Angst vor der Paparazzi-Meute von

Los Angeles versteckt (viele bezweifelten tatsächlich, dass es dieses Kind überhaupt gab), bewegte sich mit seiner Mama durch Berlin mit einer Selbstverständlichkeit, als wäre es die kleine Mandy aus der Köpenicker Kasupke-Straße. Die Familie Cruise war für drei Monate angereist, weil Tom in Berlin und Brandenburg den Stauffenberg-Film „Valkyrie" drehte.
Tom, Katie und Nachwuchs zeigten sich oft und gerne in der Stadt. Im Tiergarten beispielsweise, wo Suri ihre ersten Schritte machte und die verblüffte Mutter Katie mit „Run, Mami, run" („Lauf, Mutti, Lauf") zu einem ersten Wettrennen aufforderte. Suri jagte Tauben am Gendarmenmarkt und toddelte im Zoo auf den anderen Mini-Star der Saison (Knut) zu. Die Fotos von B.Z.-Reporter Sebastian Karadshow mit der kleinen Suri und ihrer bezaubernden Mutter zierten Magazin-Titelseiten in aller Welt. Cruise und Holmes waren in dieser Zeit gern gesehene Gäste im Borchardt und im Bocca di Bacco. Zum Abschied hatte Tom Cruise allen Mitarbeitern seiner deutschen Film-Crew einen iPod geschenkt. Und gesagt: „Die Berliner sind supernett. Hier fühle ich mich wohl, ich liebe Berlin." Und er war der erste Star, dem die Menschen das abnahmen.
Die Cruises sind nicht die einzigen Hollywood-Stars, die in diesem Sommer Dauergäste an der Spree waren: Die Besetzung von „Speed Racer" mit John Goodman, Christina Ricci und Susan Sarandon verbrachte mehrere Wochen in der Stadt; vor

allem Oscar-Preisträgerin Sarandon bummelte gern samt Schoßhund durch Mitte. Schon zur Berlinale hatte die Patchwork-Familie um Angelina Jolie und Brad Pitt samt Adoptivkinder-Schar ihren Wohnort wochenweise nach Berlin verlegt. Einkaufsbummel im Prenzlauer Berg (Lieblingsladen „Ratzekatz"), toben im Indoor-Spielplatz „Bambooland" und Latte macchiato schlürfen im „Nolas" am Weinsbergpark. Stille Tage in Berlin, vor allem Brad Pitt entwickelte ein Faible für die Stadt. Mit seinen Freunden vom Architekturbüro „Graft" entwickelte er Projekte in Amerika und in Berlin und schwärmte gegenüber Freunden sogar von der Möglichkeit, eines Tages ganz in die deutsche Hauptstadt zu ziehen. Die Liebe zu Berlin ging sogar so weit, dass Pitt sich von Prag aus (wo Angelina drehte) auf ein Motorrad setzte und in Richtung Spree sauste. Sehr lässig. Sehr Hollywood. Und auch: Sehr Berlin.

Katie Holmes und Suri.

www.ellington-hotel.com

285 Highlights der Innenarchitektur von den Turm- oder Executiv-Suiten bis zu den Standardzimmern: Mit einem offenen Bad-Konzept im hellen Ambiente der Räume gelang ein gestalterischer Clou.

Hier tanzte Berlin: Der „Femina-Palast" stieg unmittelbar nach seiner Eröffnung 1931 zur Spitzen-Adresse auf. Zwei Jahre später eine neue Sensation: Die „Femina-Girls" 1933 im Ballsaal. Heiße Rhythmen dann 1949: Die „Badewanne" avanciert zur wichtigsten Jazz-Bühne Berlins. Duke Ellington, Count Basie oder Ella Fitzgerald begeistern ihr Live-Publikum. 1978 dann ein neues Highlight - die Szene-Disko „Dschungel" mit Gästen wie Rio Reiser, Nick Cave, Frank Zappa, Mick Jagger, David Bowie, Prince und Boy George. 1993 dann das Ende: Die Berliner Finanzverwaltung bezieht nun das gesamte Haus, massive Tresore verwahren die Schätze des Fiskus. Und heute? Statt Steuergeldern sind heute hinter den Panzertüren edle Weine und viel mehr zu finden - im

Lifestyle-Treff an der Nürnberger Straße...

Wo der Duke begeisterte: Bauhaus-Design trifft lässige Eleganz

Das Designhotel ELLINGTON hat mit der Nürnberger Straße 50 - 55 eine renommierte Adresse, die in jedem Berliner Architektur-führer steht. Gebaut in den Jahren 1928 bis 1931 von dem damals sehr erfolgreichen Architekten-Team Richard Bielenberg und Josef Moser, ist das „Haus Nürnberg", wie es ursprünglich hieß, geschmückt mit einer der längsten, auffälligsten und vielleicht schönsten Fassaden Berlins. Hier trifft Bauhaus-Design der „Neuen Sachlichkeit" auf lässige Eleganz eines Top-Hotels von heute. Auch das Innere des unter Denk-

malschutz stehenden Gebäudes hat seinen Charme bewahrt: Weiße und grüne Wandkacheln, Treppenhandläufe aus Messing, Decken-Ornamente und vergoldete Schriftzüge an den Wänden erinnern an die 20er- und 30er-Jahre, als hier alles tanzte, was in Berlin Rang und Namen hatte (Foto links).

Tradition verpflichtet und beflügelt. Nach monatelangen Bauarbeiten hinter der 185 Meter langen Fassade eröffnete im März 2007 ein Designhotel seine Pforten: das ELLINGTON. Klare Linien ziehen sich durch das zeitlose und lässig-elegante Design des Hotels, das mit seinem

stilvollen Ambiente weit mehr als „nur" Wohlfühlatmosphäre bietet. Gedämpftes Licht, das Restaurant DUKE mit offener Showküche, ausgefallene Cocktails und der Sommergarten mit Sonnenzelten und weißen Sitzgruppen - all das bestimmt den neuen Lifestyle-Treff an der Nürnberger Straße. Die Mauern des einstigen „Femina" beherbergen nun einen modernen Veranstaltungsraum; wo früher Kabarett-Stars auf der Bühne standen, frühstücken nun die Hotelgäste; im einstigen Tresor der Finanzverwaltung lagern erlesene Weine. Und die Büros der Finanzbeamten von einst stehen nun den Gästen zur Verfügung - als 285 stilvoll gestaltete Zimmer und Suiten.

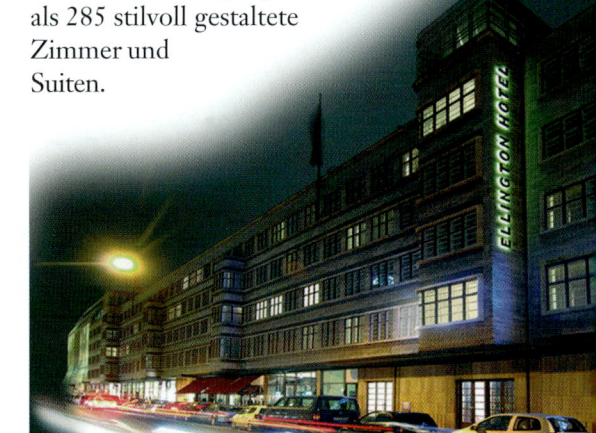

1931... 1933... 1949... 1978... 1993... ...heute

„Berliner Quartett" mit Wilma komplett

Matthias Böning, Vorstandssprecher der mfi AG, unterstreicht die Verbundenheit des Essener Unternehmens mit der deutschen Hauptstadt: „Berlin ist die Hauptstadt der mfi-Arcaden. Ob in Spandau, im Prenzlauer Berg, in Neukölln oder in Charlottenburg - überall bilden sie das Synonym für Einkaufen und Erleben in einer neuen Dimension."

Das „Berliner Quartett", wie die mfi AG ihre vier Zentren in der Hauptstadt nennt, komplettierten die Wilmersdorfer Arcaden (rechts) im Jahr 2007. Das klar strukturierte Bauwerk mit der markanten, grünlich schimmernden Glashaut und der „Wilma" auf dem Dach (oben links), ein Kunstwerk von M+M (Marc Weis und Martin de Mattia) harmoniert mit dem Straßenbild der Fußgängerzone. Viel Licht, Transparenz, hochwertige Materialien und stilvolle Details prägen das Innenleben des Bummel-Boulevards, der die Besucher in einem Halboval durch das Bauwerk führt. Die mehr als 100 Shops offerieren Angebote aus nahezu allen Branchen: Mode, Schuhe, Lederwaren, Sport, Schmuck, Accessoires, Bücher, Parfümerie, Drogerie, Gesundheit, Fitness, Haushalt, Unterhaltungselektronik, Lebensmittel, Feinkost, Frische und Gastronomie.

Shopping, Lifestyle und Events bilden die Säulen der dreigeschossigen, glasüberdachten Flaniermeile. Diese verbindet die beiden Eingänge an der Wilmersdorfer und an der Ecke Schillerstraße.

Mehr als 300 Parkplätze sowie Flächen für Fitness, Büros, Arztpraxen und attraktiv geschnittene Wohnungen ergänzen das Angebot in den oberen Etagen.

Die Arcaden lassen mit einem „Feuerwerk der Aktionen" den Einkauf zum Erlebnis werden - von der Physik-Show „Phaenomena" bis zur Motorrad-Ausstellung, von der Oldie Night bis zur Mode-Gala. Und im Advent verwandelt sich der Bummel-Boulevard in ein weihnachtliches Wunderland.

www.mfi.eu

Links und unten: Als Treffpunkt zum Bummeln und Einkaufen sowie für Freizeit und Unterhaltung haben sich die Spandau Arcaden mit ihrem Wahrzeichen, dem Wassertor des Künstlers Heinz Mack, etabliert. 125 Geschäfte auf vier Etagen sowie ein 16-Bahnen-Bowling-Center und der vielfältige Gastronomie-Bereich sorgen für lebendiges Treiben bis in die späten Abendstunden.

Ausgezeichnet: kunstvolles Bauen

Für alle Arcaden entwickelt die mfi ein individuelles Konzept, um sie optimal in die jeweilige Umgebung zu integrieren. Sie sollen urbanes Leben in den Städten mitgestalten. Bei der Projektentwicklung arbeitete das Unternehmen von Anfang an mit Bürgern und Planungsbehörden zusammen. Seit 1999 beliebtes Einkaufsziel auf der traditionsreichen Schönhauser Allee im östlichen Teil der Hauptstadt: die Allee Arcaden (oben). Mit einer bunten Vielfalt aus 100 Geschäften und Gastronomiebetrieben schaffen sie eine pulsierende Warenwelt für die Prenzelberger.

Auf fünf Etagen bieten 60 Partner auf 27.000 Quadratmetern in den Neukölln Arcaden (unten) eine Erlebniswelt aus Handel, Gastronomie, Dienstleistung, Kino, Fitness, Stadtbibliothek, Kultur und Kommunikation.

Ihre besondere, auf das jeweilige Umfeld abgestimmte, Architektur zeigt sich charakteristisch für alle mfi-Arcaden. Das Unternehmensmotto lautet „Bauen mit Kunst" statt „Architektur von der Stange". Dabei gilt dies nicht nur im übertragenen Sinn, sondern wörtlich: Kunst am Bau ist integrativer Bestandteil der mfi-Immobilien-Konzepte. Darüber hinaus schreibt die Gesellschaft seit 2002 jährlich den „mfi Preis Kunst am Bau" aus - mit 50.000 Euro einer der höchstdotierten Europas. Im Mittelpunkt des Wettbewerbs steht die gelungene Zusammenführung ästhetischer Werke und Architektur. Mehrfach trugen sich in Berlin lebende Künstler in die Siegerliste ein. Für sein künstlerisches Gesamtkonzept im Bundespräsidialamt nahm Lothar Baumgarten die Auszeichnung 2003 entgegen. Zwei Jahre später entschied sich die Jury für Franz Ackermanns „Die große Reise" im Münchner U-Bahnhof Georg-Brauchle-Ring. Mit dem sechsten „mfi Preis Kunst am Bau" zeichnete die Gesellschaft Michael Beutler 2007 für seinen rund 20 Meter hohen Aluminium-Pagodenturm aus. Das Kunstwerk im neuen Lufthansa-Hauptverwaltungsgebäude in Frankfurt besteht aus neun aufeinander geschichteten unterschiedlichen Hütten.

2007 preisgekrönt: Michael Beutlers rund 20 Meter hoher Aluminium-Pagodenturm. Links: eine Detailaufnahme

Nach Abkehr vom Geiz:
Geliebte Technik in zentraler Lage

Nach fünf Jahren trennte sich Saturn 2007 von einem der erfolgreichsten Slogan der Werbegeschichte. Wirtschafts-Experten hatten ihn sogar übernommen und sprachen von der „Geiz ist geil"-Gesellschaft. „Saturn hat sich in den vergangenen Jahren verändert und neben der weiterhin gültigen Konzentration auf den Preis verstärkt auch Aspekte wie Marken, Einkaufserlebnis und Servicequalität

Exquisite Adresse: Zahlreiche Prominente erledigen ihre Elektronik-Einkäufe im zentralen Fachmarkt am Potsdamer Platz (unten).

forciert", erklärt Roland Weise, Vorsitzender der Geschäftsführung der Media-Saturn-Holding GmbH das neue Motto: „Wir hassen teuer!" Saturn-Märkte bieten eine zentrale Innenstadtlage, Vielfalt von bis zu 100.000 Artikeln, großzügige Verkaufsflächen mit bis zu 18.000 Quadratmetern, kompetente Beratung und guten Service - allein elfmal in Berlin. Der 1994 eröffnete und damit erste Berliner Saturn-Markt zählt zu den größten Geschäften am Alexanderplatz. Auf mehr als 5.000 Quadratmetern Fläche präsentiert das Unternehmen eine riesige Auswahl an Neuheiten und Produkten namhafter Hersteller gepaart mit der Kompetenz und dem Fachwissen von mehr als 100 Verkaufsberatern.

www.saturn.de

Erster Saturn Berlins: der Markt am Alexanderplatz

Am Potsdamer Platz, in den Potsdamer Arkaden, kaufen Stars aus Film, Fernsehen und Theater unter anderem CDs und DVDs - nicht nur während der Berlinale. Darüber hinaus entdecken Kunden die vielleicht längste „Laptop-Straße" zum Ausprobieren.

Ein Einkaufserlebnis mit riesiger Auswahl auf sechs Etagen bietet das „Flaggschiff" im Europa-Center, mit 10.000 Quadratmetern größter Saturn Berlins und der zweitgrößte Europas. Regelmäßig geben Künstler Gastspiele auf der Showbühne im Entertainment-Bereich.

Auf drei Etagen (Hintergrund) präsentiert sich der Elektronikhändler in der Steglitzer Schloßstraße 110 auf einer Fläche von mehr als 6.000 Quadratmetern. Besonders hervorzuheben ist hier eine der größten TV-Abteilungen mit mehr als 300 ausgestellten LCD- und Plasma-TV Geräten von 15" (36 cm) bis 103" (261 cm), einem der größten Plasma-Displays der Welt.

ELF
SATURN-MÄRKTE
IN BERLIN

Alexanderplatz
Alexanderplatz 8, 10178 Berlin
Potsdamer Platz
Alte Potsdamer Straße 7, 10785 Berlin
Hellersdorf
Stendaler Straße 24, 12627 Berlin
Treptow
Elsenstraße 111-114, 12435 Berlin
Reinickendorf / Märkische Zeile
Senftenberger Ring 15-17, 13439 Berlin
Steglitz
Schloßstraße 110, 12163 Berlin
Marzahn / Eastgate
Marzahner Promenade 1a, 12679 Berlin
Spandau
Klosterstraße 3, 13581 Berlin
EKZ „Der Clou"
Kurt-Schumacher-Damm 1-15, 13405 Berlin
Wedding / Gesundbrunnen-Center
Badstraße 4, 13357 Berlin
Europa-Center
Tauentzienstraße 9, 10789 Berlin

Los Angeles, City Hall

Lion Feuchtwanger, rechts die Villa Aurora.

Triumphbogen in Paris.

Moskau: Lomonossov-Universität.

Parlamentshaus in London.

Berlins große Partner - in aller Welt

In Berlin bäckt man keine kleinen Brötchen. Brüssel, Budapest, Buenos Aires, Istanbul, Jakarta, London, Los Angeles, Madrid, Mexiko-Stadt, Moskau, Paris, Peking, Prag, Taschkent, Tokio, Warschau und Windhuk: Berlins Partnerstädte zählen zu den ganz Großen in der Welt. Nein, in Berlin bäckt man keine kleine Brötchen, auch nicht wenn es um Freundschaften geht.

Freundschaft ist ein großes Wort, zu groß vielleicht, um die Beziehungen zu einigen der aufgezählten Städte zu beschreiben. Zweifellos ein Freund - und obendrein der älteste Freund - Berlins ist die „Stadt der Engel", das kalifornische Los Angeles. 1967 wurde die Freundschaft offiziell und seitdem kommen Künstler, Orchester und Ausstellungen aus Los Angeles nach Berlin und gehen aus Berlin nach Los Angeles. In Berlin koordiniert die Checkpoint Charlie-Stiftung die partnerschaftlichen Aktivitäten. In Kalifornien ar-

beitet das „Sister City Comittee" an den Projekten. Daneben ist die Villa Aurora Anlaufstelle für Berliner Künstler. Die Villa Aurora hatte Lion Feuchtwanger im Exil zum Treffpunkt deutscher Autoren in Los Angeles gemacht. Heute organisiert das Team der Villa zahlreiche Projekte im Rahmen der Städtepartnerschaft - einer Partnerschaft, aus der echte Freundschaft geworden ist.

Der kulturelle Austausch steht auch in der Beziehung zur Partnerstadt Paris im Vordergrund: Theatergastspiele hier und dort, Schüler- sowie Lehreraustausch, Gastaufenthalte junger Künstler - das alles sind wichtige Bestandteile des Programms. Inzwischen gibt es aber auch ganz neue Ideen: So sollen etwa junge Arbeitslose aus Paris für eine Weile nach Berlin kommen, während junge deutsche Arbeitslose Ausbildungs- und Arbeitsmöglichkeiten in Paris kennenlernen können.

Moskau wurde 1967 Partnerstadt, allerdings von Ostberlin als „Hauptstadt der DDR". Nach der Wiedervereinigung wurde Moskau dann ganz offiziell Partner der wiedervereinigten und freien Stadt Berlin, sodass eine alte Partnerschaft weitergeführt werden konnte. So wurde beispielsweise die Zusammenarbeit zwischen der Lomonossov-Universität Moskau und der Humboldt-Universität zu Berlin fortgesetzt. Schon seit Jahrzehnten arbeiten die Universitäten in einzelnen Projekten zusammen, studieren deutsche Studenten für ein Gastsemester in Moskau und russische Studenten in Berlin. Inzwischen gibt es auch Kooperationen im Bereich der Stadtentwicklung. So wurde 2000 ein Pilotprojekt zur Komplexsanierung von Wohnhäusern in Moskau durch

Berliner Firmen begonnen. Die Berliner Wasserbetriebe stehen in engem Kontakt mit ihren Moskauer Kollegen, den Mosvodokanal.

Die jüngste Partnerschaft besteht erst seit dem Oktober 2000. London und Berlin unterzeichneten eine gemeinsame Erklärung zur zukünftigen Zusammenarbeit - die in diesem Falle nahe liegt. Beide Städte haben in mancherlei Hinsicht ähnliche Probleme: So tauschen sich Berliner und Londoner besonders im Hinblick auf den öffentlichen Nahverkehr und auf neue Maßnahmen zum Umweltschutz in der Großstadt aus.

Im Olympiajahr 2008 ist es die Partnerstadt Peking, die Berlin besonders beschäftigt. Wie Moskau, so war auch Peking ursprünglich Partnerstadt Ostberlins. 1994 wurde die Partnerschaft vom wiedervereinigten Berlin bestätigt. Neben der Anbahnung von Wirtschaftskontakten wurden auch zahlreiche kulturelle Austauschprogramme entwickelt. Rund 20 Berliner Schulen, darunter auch zwei Grundschulen pflegen Kontakte zu Schulen in Peking. Eine Besonderheit der Städtepartnerschaft ist die Zusammenarbeit im Bereich der Justiz: Seit 2002 können hochrangige Pekinger Richter und Beamte Fortbildungen in Berlin besuchen.

Tor des Himmlischen Friedens in Peking.

319

Mit Tradition aus drei Jahrhunderten weltweit auf Erfolgskurs in die Zukunft

„Berlin ist der Wissenschaftsstandort in Deutschland schlechthin!", sagt Bildungssenator Jürgen Zöllner (links). Und nicht nur im Vergleich mit anderen Bundesländern sieht er Berlin ganz vorne. Glaubt man dem Bildungssenator, so ist Berlin für Wissenschaftler durch „Mut, Freiheit, Kreativität, aber auch Selbstkritik, einer der spannendsten und zugleich perspektivreichsten Orte auf dieser Welt."

Verstecken muss die deutsche Hauptstadt sich wirklich nicht. Mehr als 50.000 Wissenschaftler forschen und lehren in Berlin. Die Stadt verfügt über vier Universitäten, sieben Fachhochschulen, drei Kunsthochschulen, mehrere private Hochschulen und mehr als 70 außeruniversitäre Forschungseinrichtungen. Berlin nimmt damit einen Faden wieder auf, der schon über 300 Jahre vorher geknüpft worden war: Bereits in der Regierungszeit des Großen Kurfürsten Friedrich Wilhelm machte Berlin als Wissenschaftsstandort auf sich aufmerksam. 1661 wurde hier die Churfürstlichen Bibliothek zu Cölln an der Spree gegründet. Aus dieser Sammlung ging nach wechselvoller Stiftung die Staatsbibliothek hervor. Sie ist heute die größte wissenschaftliche Universalbibliothek Deutschlands und nicht die

einzige Einrichtung in Berlin, die auf eine lange Geschichte zurückblicken kann. Die Akademie der Wissenschaften, noch heute weit über Berlin hinaus bekannt, ging hervor aus der von Gottfried Wilhelm Leibniz um 1700 gegründeten Kurfürstlichen Brandenburgischen Sozietät der Wissenschaften. Die berühmte Charité, heute die größte Universitätsklinik Europas, fing im Jahr 1710 als Pesthaus und Hospiz an.

1810 gründete der Bildungsreformer Wilhelm von Humboldt die Friedrichs-Wilhelms-Universität, die „Mutter aller modernen Universitäten" (unten rechts). In der Berliner Sternwarte wurde der Planet Neptun entdeckt. An der Berliner Universität lehrten die weltberühmten Brüder Jacob und Wilhelm Grimm. Auf den Berliner Straßen fuhr die von Werner von Siemens entwickelte erste elektrische Straßenbahn, Konrad Zuse entwickelte in einer Wohnung in Berlin Kreuzberg den ersten Computer der Welt. Ob Otto Lilienthal, Albert Einstein, Robert Koch, Rudolf Virchow, Ferdinand Sauerbruch, Max Planck oder Lise Meitner - Berliner Wissenschaftsgeschichte liest sich wie das Who 's Who der Forschung und Entdeckung. Der Zweite Weltkrieg aber und die Teilung der Stadt gingen an den Lehr- und Forschungsanstalten der Stadt nicht spurlos vorüber. Manche Wissenschaftler fanden in Mün-

Die erste elektrische Straßenbahn - konstruiert von Werner von Siemens.

chen bessere Bedingungen für ihre Arbeit, andere wanderten ins Ausland ab, viele in die USA. Heute nun will Berlin anknüpfen an seine große Zeit. Eine besondere Rolle sollen dabei die außeruniversitären Forschungseinrichtungen der Stadt spielen.

So betreibt die berühmte Fraunhofer-Gesellschaft, weltweit eine der größten Organisationen für angewandte Forschung, in Berlin inzwischen einen seiner größten Standorte. Das Robert-Koch-Institut ist nicht nur führend im Bereich der biomedizinischen Forschung, es ist gleichzeitig die zentrale Einrich-

Kurfürst Friedrich Wilhelm

Gottfried Wilhelm Leibniz

Wilhelm von Humboldt

Jacob und Wilhelm Grimm

Sternwarte Berlin

Technologiepark Adlershof

tung der Bundesregierung zur Überwachung und Bekämpfung von Krankheiten. Die Helmholtz-Gemeinschaft, ein Verbund von 15 renommierten Forschungsinstituten, hat ihren Sitz in der Hauptstadt. Eine weitere Besonderheit ist die Wissenschaftsgemeinschaft Gottfried Wilhelm Leibniz, die auch in Brüssel und Bonn vertreten ist. In ihr sind insgesamt 82 Forschungseinrichtungen ganz unterschiedlicher Fachbereiche zusammengeschlossen. Die Leibniz-Gemeinschaft bemüht sich besonders um eine intensive Zusammenarbeit mit den Berliner Universitäten. Fest verankert in der Hauptstadt ist auch die Max-Planck-Gesellschaft, die nicht nur in den Bio- und Naturwissenschaften, sondern auch im Bereich der geisteswissenschaftlichen Forschung führend ist. Tatsächlich sind die Geisteswissenschaften in Berlin ein lebendiges Forschungsterrain: So widmen sich etwa am Wissenschaftszentrum Berlin für Sozialforschung rund 140 Historiker, Soziologen, Ökonomen und Juristen der Analyse von gesell-

schaftlichen und wirtschaftlichen Veränderungen. Die Wissenschaftsszene in Berlin ist lebendig und lebt auch von den ständigen neuen Impulsen durch den Nachwuchs aus den Universitäten. Junge Forscher sind ausdrücklich erwünscht! So fördert etwa die Berlin-Brandenburgische Akademie der Wissenschaften gemeinsam mit der Deutschen Akademie der Naturforscher Leopoldina Jungforscher in der Initiative „Die Junge Akademie".

Ein junger und geradezu explosiv wachsender Zweig der Wissenschaft hat in Berlin eine feste Heimat gefunden: Die Biotechnologie. Inzwischen arbeiten fast 170 Unternehmen dieser Branche in der Stadt - viele von ihnen sind Ausgründungen aus Forschungsinstituten. Die sechs größten Biotechnologieparks der Region haben sich im BioCampus zusammengeschlossen, um den Austausch von Ergebnissen und die Rahmenbedingungen weiter zu verbessern. Etabliert hat sich nun schon seit einigen Jahren der Technologiepark Adlershof, einer der größten Technologieparks der Welt. Rund 400 technologieorientierte Unternehmen arbeiten hier im direkten Austausch mit Forschungseinrichtungen zusammen.

Die Stadt unterstützt die Projekte. Insgesamt rund 1,8 Milliarden Euro öffentlicher Fördergelder fließen jährlich in Berliner Wissenschafts- und Forschungseinrichtungen. 2008 präsentierte der Senat einen „Masterplan", mit dessen Hilfe Berlins Spitzenstellung als Wissenschaftsstandort weiter ausgebaut werden soll. So wird Berlin bis 2011 die Studienplatzkapazität deutlich erhöhen und eine Offensive für

Spitzenforschung starten. Unter dem Motto „Wissenschaft schafft Berlins Zukunft" soll unter anderem die Qualität der Lehre an den Universitäten weiter verbessert werden. Geplant ist ein „Berlin Institute of Professional Teaching in Higher Education", an dem sich Hochschullehrer fortbilden können. Juniorprofessuren werden ausgebaut. Mit einem Fonds von 18 Millionen Euro unterstützt Berlin aussichtsreiche Forschungsvorhaben. Die Freie Universität Berlin zählt seit 2007 zu den im Rahmen der Exzellenzinitiative des Bundes ausgewählten Eliteuniversitäten und erhält aus diesem Programm zusätzliche Fördermittel. Forschung führt zu Ergebnissen! Mehr als elf Prozent der Patentanmeldungen der Wissenschaft in Deutschland kommen bereits aus Berlin. Und manchmal führt erfolgreiche Forschung auch zu ganz ungewöhnlichen Erfolgen: Die Weltmeisterschaft in Roboterfußball, den RoboCup, in Lissabon, gewann 2004 die Mannschaft der Freien Universität Berlin in der „small size league". Ein Jahr später verteidigen die „FU Fighters" den Titel erfolgreich im fernen Osaka in Japan. 2007 brachte die Humboldt-Universität einen Pokal nach Hause. Berliner Wissenschaft: weltweit auf Erfolgskurs.

Staatsbibliothek Berlin

Nordseite der Charité

Konrad Zuse

Otto Lilienthal

Robert Koch

Rudolf Virchow

Ferdinand Sauerbruch

"Eine wahre Hauptstadt ... muss an der Spitze stehen, wenn es um Mut geht und um Experimente." Dieses Wort von Edzard Reuter (Hintergrund) leitet den Regierenden Bürgermeister Klaus Wowereit, *1953 in Berlin, nach dem Abitur 1973 Studium der Rechtswissenschaften an der Freien Universität Berlin, 1981 Abschluss mit der 2. Juristischen Staatsprüfung. Von 1981 bis 1984 als Regierungsrat beim Senator für Inneres beschäftigt.

Seine politische Laufbahn startete der Sozialdemokrat 1979 mit der Wahl in die Tempelhofer Bezirksverordnetenversammlung (Fraktionsvorsitzender von 1981 bis 1984). Danach Tempelhofer Bezirksstadtrat für Volksbildung und Kultur von 1984 bis 1995. Seit 1995 Mitglied des Abgeordnetenhauses von Berlin, von 1999 bis 2001 SPD-Fraktionsvorsitzender. Seit 2001 ist er Regierender Bürgermeister von Berlin (Bundesratspräsident 2001/ 2002). Von 2007 bis 2010 ist Klaus Wowereit Bevollmächtigter der Bundesrepublik Deutschland für kulturelle Angelegenheiten im Rahmen des Vertrages über die deutsch-französische Zusammenarbeit.

Gastbeitrag von Klaus Wowereit:

Meine Visionen für den „place to be"

Es gibt wenige Tage in der Geschichte Berlins, die man als Wendepunkte bezeichnen kann. Der 9. November 1989 ist ein solcher Tag. An ihm öffnete sich die Mauer in Berlin. Der 9. November 1989 hat die Welt verändert und Berlin ist das Symbol dieser Veränderung. Wie in keiner anderen Stadt hat dieses Datum in Berlin Energien freigesetzt und die Fantasie beflügelt. Berlin ist zum Inbegriff einer kreativen und spannenden Metropole geworden, in der es sich zu leben lohnt. Wo liegt die Zukunft Berlins?

Meine Vision für 2020 ist, dass es Berlin gelingt, die wieder gewonnene wirtschaftliche Stärke auszubauen und die Stadt dauerhaft als eine der innovativsten Metropolen Europas zu positionieren. Das werden wir schaffen, wenn wir weiter die Exzellenz in den Berliner Hochschulen fördern. Wir wollen damit Talente aus aller Welt anziehen und Bedingungen schaffen, damit sie Nobelpreise gewinnen. Wichtig ist auch, weiterhin Unternehmen und Wissenschaft zusammenzubringen, so wie es uns in dem Wissenschaftspark Adlershof gelungen ist. Berlin wird nicht mit geringen Lohnstückkosten Erfolg haben, sondern mit neuen Ideen, mit Kreativität und Innovationen. Und Berlin wird dann erfolgreich sein, wenn es die Trends der Zukunft erkennt und daraus einen ökonomischen Vorsprung entwickelt. Das heißt, die vorhandenen Kompetenzfelder auszubauen. In Zeiten, in denen weltweit das Bewusstsein für die Notwendigkeit eines verstärkten Klimaschutzes erkannt wird, bedeutet dies zum Beispiel auch, Umwelt und Energie als Kompetenzfeld zu profilieren und Berlin als Stadt der erneuerbaren Energien zu positionieren. Meine Vision für 2020 ist, dass Berlin zur Referenzstadt für einen entschlossenen Klimaschutz wird.

Eines der größten Potenziale der Stadt ist ihre Internationalität. Meine Vision für 2020 ist, dass es gelingt, Berlin noch mehr für Kreative aus aller Welt zu öffnen. Ich stelle mir eine Willkommenskultur vor,

Wichtiges Zukunftsziel: Gleiche Startchancen für alle Kinder - und Entwicklung einer zweisprachigen Kompetenz.

die es leicht macht, nach Berlin zu kommen - vom neuen Hauptstadt-Flughafen, den wir gerade als neues Eingangstor in die Hauptstadt bauen, über den Service in den Behörden bis zur Mehrsprachigkeit im öffentlichen Raum. In der Vielfalt liegt eine große Chance für die Stadt.

Um die Potenziale der Internationalität auszuschöpfen, müssen wir im Bereich der Bildung insbesondere von Kindern und Jugendlichen einen großen Schritt nach vorne tun. Die Realität in vielen Einwanderungsstädten heute ist leider von enormen Sprachschwierigkeiten speziell

Symbiose von Unternehmen und Forschung: Wissenschaftspark Adlershof (links).
Willkommenskultur der Zukunft (rechts): Der neue Flughafen als Eingangstor der Stadt.

bei Migrantenkindern geprägt. Meine Vision für 2020 ist daher, dass es uns durch ein Ineinandergreifen von frühkindlicher Bildung in den Kitas und allen schulischen Angeboten gelingt, die doppelte Halbsprachigkeit vieler Kinder zu überwinden und eine zweisprachige Kompetenz zu entwickeln. Mehrsprachigkeit und die Kenntnis zweier Kulturen sind im 21. Jahrhundert von großem Vorteil. Der erste Schritt ist allerdings, dass alle Kinder zu Beginn der Schulpflicht gleiche Startchancen haben. Das ist die Basis dafür, dass wir es mittel-

Demografischer Wandel: Chance statt Bedrohung. Referenzprojekte im generationenübergreifenden Wohnen schaffen neue Formen der Kooperation zwischen Staat und Privaten.

fristig schaffen, dass kein Kind mehr ohne Abschluss die Schule verlässt.

Berlin ist so etwas wie ein Seismograf für die bundesrepublikanische Gesellschaft. Hier vollziehen sich viele gesellschaftliche Prozesse, wie die Individualisierung oder die soziale Polarisierung zwischen ärmeren und reicheren Quartieren, früher als anderswo. Berlin hat daher auch die Chance, früher als anderswo Antworten auf neue Fragen zu entwickeln. Meine Vision für 2020 ist, dass es uns in Berlin gelingt, mit wegweisenden Projekten zu zeigen, dass etwa der Demografische Wandel keine Bedrohung ist, sondern - wenn wir uns rechtzeitig darauf einstellen - auch eine Chance sein kann. Schon heute gibt es in Berlin eine Vielzahl von Referenzprojekten im generationenübergreifenden Wohnen. Wir arbeiten an neuen Kooperationsformen zwischen Staat und Privaten. Stiftungen und andere bürgerschaftliche Akteure finden in Berlin vielfältige Betätigungsmöglichkeiten. Berlin ist schon heute eine lebenswerte Metropole. Die Stadt ist aufregend und spannend - neulich sagte jemand, der viel in der Welt unterwegs ist: „Das Herz schlägt in Berlin doppelt so schnell wie

anderswo." Aber: Vor uns liegen große Herausforderungen. So verfügt Berlin über riesige innerstädtische Entwicklungsräume. Meine Vision für 2020 ist, Berlin zur Referenzstadt für ein Stadtmodell der Zukunft zu entwickeln, das in der Tradition der „Europäischen Stadt" Menschen aller Schichten und Altersklassen Platz bietet, und zwar nicht nur an der Peripherie sondern auch in der Innenstadt. Dabei stelle ich mir zum Beispiel die riesigen Flächen der bisherigen Flughäfen Tempelhof oder Tegel als Räume vor, wo Architekten und Stadtplaner eine Verbindung von zukunftsweisender Architektur, generationenübergreifendem Wohnen und neuesten ökologischen Standards schaffen. Berlin ist schon heute ein „place to be" für alle Kreativen. „In New York ist Berlin eine Legende", sagt Wolfgang Joop zu Recht. Doch wir müssen die Kreativwirtschaft noch mehr mit den strategischen Handlungsfeldern der Region verkoppeln. Meine Vision für 2020 ist, dass Berlin so nicht nur zum Mekka der „Kreativen Klasse" wird, sondern mit den vielen - vor allem kleinen und mittleren - Unternehmen der Kreativwirtschaft auch Perspektiven und Arbeitsplätze für alle schafft.

„Edzard Reuter hat einmal gesagt: „Eine wahre Hauptstadt (...) muss an der Spitze stehen, wenn es um Mut geht und um Experimente." Viele Berlinerinnen und Berliner haben Mut bewiesen und Experimente gewagt. Berlin ist die ideale Stadt, in der Mut und Experimente Platz haben. Ich lade dazu ein, nach Berlin zu kommen und die Hauptstadt mitzugestalten.

Zum Finale - Danke!

„Kaum jemals war so viel Geschichte wie in unserer Gegenwart.
Und kaum je hat sich eine Nation kulturell und politisch so sehr
durch ihre Vergangenheit definiert wie Deutschland
seit den 80er-Jahren des 20. Jahrhunderts".
Diese Worte des Berliner Historikers Prof. Dr. Paul Nolte hat sich für uns
bei der Arbeit an unserer 16. ZEIT REISE erneut bestätigt - gerade am
Standort Berlin. Unsere Idee, die Geschichte der Stadt in einer modernen
und durchgängig erzählten Chronik neu aufzuarbeiten, fand durchweg
Wohlwollen und Unterstützung zahlreicher Menschen und
Institutionen unterschiedlichster Coleur.
Deshalb heute, zum Finale - Danke!
Insbesondere danken wir unseren Partnern in Redaktion und Verlag
der B.Z. für Engagement, Ideen und viele gute Themen in diesem Buch.
Dr. Eric Schweitzer, dem Präsidenten der Industrie- und Handelskammer,
sind wir verbunden für die hervorragende Unterstützung des Chronik-
Projektes; ebenso gilt dies für Stephan Schwarz, Präsident der
Handwerkskammer Berlin und Hans Peter Nerger,
Geschäftsführer der Berlin Tourismus Marketing GmbH.
Dietrich Stobbe, Regierender Bürgermeister a.D.,
und der Kulturmanager Klaus Wettig gehören ebenfalls
zu den Persönlichkeiten, deren gute Ratschläge
uns wertvolle Hilfen bei der Veröffentlichung geleistet haben.
Und nicht zuletzt gilt unser Dank dem „Regierenden" Klaus Wowereit
für die Einführung ins Buch und seine Visionen
zu „Berlin 2020" als unser Gastautor.

Mit diesem bereits 16. Band unserer Edition (seit 2003) ist die
ZEIT REISE in Berlin keinesfalls beendet. Redaktion und Verlag
werden kontinuierlich für Aktualisierung und neue Auflagen sorgen.
Dabei streben wir einen lebendigen Dialog mit unserer Leserschaft an:
Mitwirkung an künftigen Publikationen ist ausdrücklich erwünscht!
Und mit der „JOURNEY IN TIME - 1200 Years of Living in Berlin"
planen wir in absehbarer Zeit die Veröffentlichung
einer englischsprachigen Ausgabe.

Die Reise geht also weiter!

Andreas Stephainski

Bildnachweise

Johann H. Addicks, Airbus, Dennis Apel, Archiv Berliner Geschichte / Dr. Jochen P. Ziegelmann, János Balázs, Stefan Baumgartl, BBI / Berliner Flughäfen, Manfred Brückels, Dieter Brügmann, Adam Carr, Jewgeni Chaldej, Georg Dembowski, Georg Feitscher, Chris Flyer, Gugganij, Georg Grosz („Kapitalist" 1932 © VG Kunst-Bild / Bonn), Wolfgang Hunscher, Jorges, Michail Jungierek, Sebastian Karadshow, Armin Kübelbeck, Peter Kuley, Dirk Laessig, Alexander Leschek, Mathias Lück, Michael Lucan, Lufthansa (LH-Bildarchiv, Thomas Düsterhöft, Ted Fahn, Werner Krüger, Gerd Rebenich), Ralf Lutter, Axel Mauruszat, Sven Meissner, Moore Ruble Yudell Architects mi, MTV, Karin Appolonia Müller, Lothar Müller, Chris Mulzer, Roderic Page, Adrian Pingstone, Pott Architects, Andreas Praefcke, Martin Püschel, Siegfried Purschke, Achim Raschka, Stefan Richter, Nathaniel Samson, Kai Schreiweis, Axel Schudy, Lienhard Schulz, Senatskanzlei Berlin, Raimond Spekking, spreepicture, Andreas Steinhoff, Christian Thiele, Harald Thierlein, Marco Urban, Brion Vibber, Matthias Wagner, Hans Weingartz, Arnd Wiegmann, Charles Yunck

Index